U0940837

中国质量检验协会机动车安全检验专业委员会成立大会全体代表合影

多功能通讯指挥系统

机动车全自动检测线

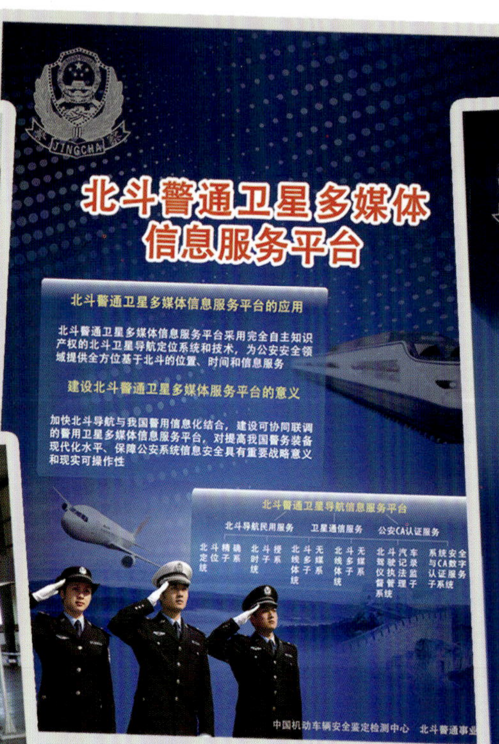

中国机动车辆安全鉴定检测中心（以下简称中国车检中心）成立于1988年6月，系全资国有企业，注册资金人民币1.25亿元。中国车检中心长期坚持以市场为先导，以计算机信息技术、电子技术等高新技术为基础，立足公安市场，拓展国内、国际市场，经过多年的发展，形成了汽车与交通、防伪印刷、智能卡制作以及文化传媒等多元化集团式的发展模式。我们真诚地欢迎国内外的朋友与我们进行多领域、多层次、多形式的合作，共同创造更加辉煌的事业！

车检中心本部涉及的行业及领域：

- ——机动车检测集成测控与管理系统、车管业务系统和警务保障装备等相关产品的推广及销售业务。
- ——机动车安全技术性能检测线系统集成；视频监控工程；卫星通讯指挥车、应急指挥车、照明车、交通刑事勘查车等车辆的改装业务。
- ——从事北斗卫星导航系统产品开发、应用与推广工作，提供基于位置、时间和通信的整体解决方案。目前承担着公安部北斗应用项目的开发与组织实施工作。
- ——机动车安全性能检测线、检测设备及网络测控系统的检验、鉴定和调修，以及机动车基本性能试验等业务。
- ——立足于前沿的计算机、电子、通讯技术，面向众多信息技术相关行业和领域提供优秀的系统与卓越的服务。

计量认证

防伪印刷业

文化传媒

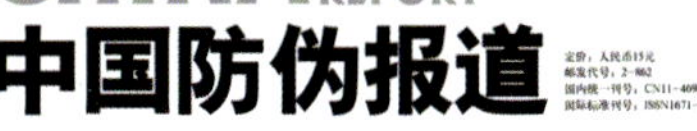

文化传媒

转印膜生产

智能卡制造业

智能卡制造业

车检中心下属企业涉及的行业及领域：

- **防伪印刷业——**
  中国车检中心所属企业北京金辰西维科安全印务有限公司是专业从事出入境旅行证件等高等级安全防伪证件的设计和印刷的国家级安全防伪印刷企业。
- **转印膜生产——**
  中国车检中心下属企业力安邦（北京）科技有限公司是专门从事出入境证件转印膜印制的高新技术企业。
- **文化传媒——**
  中国车检中心所属企业北京安华传媒有限责任公司是从事《汽车与安全》杂志和《中国防伪报道》杂志的发行和广告、会展服务、广告设计制作和交流培训的文化传媒企业。
- **智能卡制造业——**
  中国车检中心下属企业北京中安特科技有限公司是专业从事非接触IC卡生产、研发的高新技术企业。

详情请登录：网址：www.chinacvic.com

中国机动车辆安全鉴定检测中心
地址：北京经济技术开发区荣昌东街甲一号　邮编：100176
电话：0086-10-67866688（总机）　传真：0086-10-67805611

佛山分析仪有限公司

公司坚持以分析仪器技术为核心基础，吸收应用不断进步的现代科学技术，研发、制造、经营高新科技的高品质产品。

公司资质荣誉

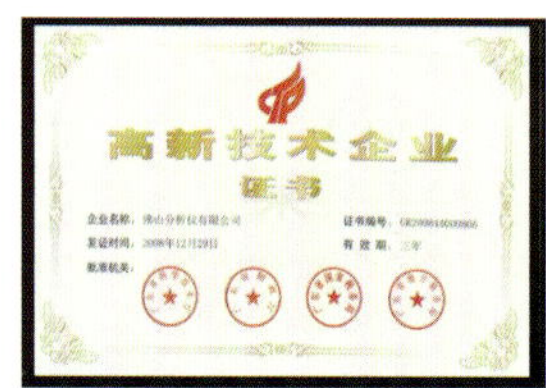

国家高新技术企业

广东省工程技术研究开发中心

中国汽车保修设备
行业协会常务理事单位

中国环境保护产业
协会理事单位

广东省著名商标证书

国家火炬计划
重点高新技术企业

ISO质量管理体系认证证书

测量管理体系
认证证书

机动车检测仪器

汽车排气分析仪

拥有全部制造技术及自主知识产权。达到OIML R99和 ISO 3930 CLASS1等国际标准要求，符合GB 18285-2005双怠速仪器的要求。HC、CO、CO_2采用不分光红外法测量，O_2、NO采用电化学法测量。高精度，压力和温度自动补偿，高稳定性，自动调零，无需经常用标准气体校正，可测量汽油、LPG（液化石油气）、CNG（压缩天然气）及酒精等为燃料的车辆，可用汽车蓄电池供电，便于流动检测站使用（另加电源逆变器、非标准配件）。可选配外置打印机，具有自动记录检测功能，可通过点烟器或电池测量转速。

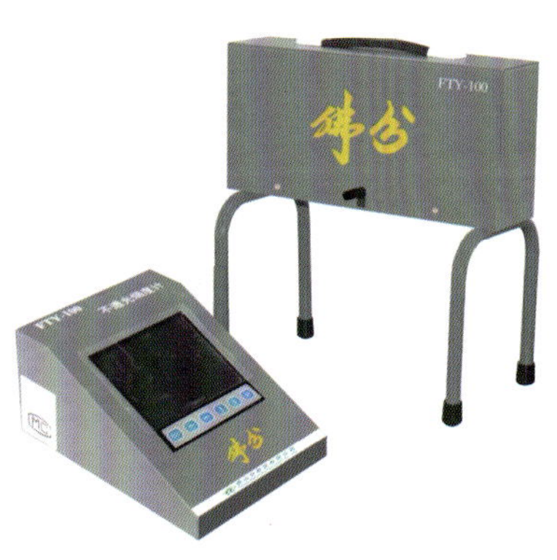

不透光烟度计

本产品采用分体式结构，大屏幕液晶显示，全中文操作菜单，操作方便；测量单元采用“气帘”技术和双光路检测技术，确保光学系统免受污染并减少外界环境影响，提高测量精度；具有自由加速测量、瞬态测量和稳态测量模式；内置打印机，具备与计算机通讯功能；符合ISO 11614和GB 3847-2005的技术要求。适用于对2001年10月1日起生产的在用柴油车自由加速状态下排气烟度的测量。

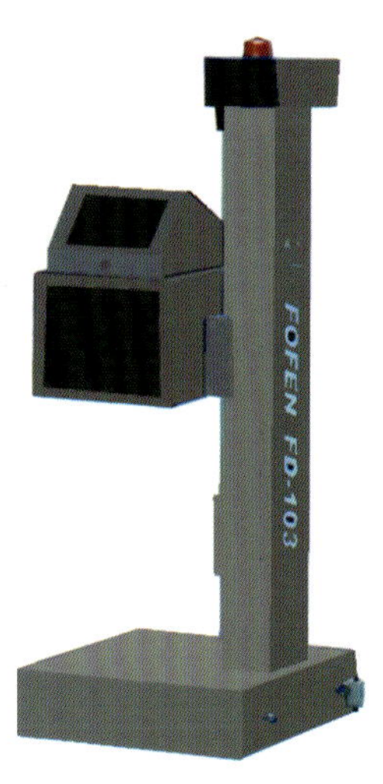

全自动前照灯检测仪

可快速完成机动车前照灯的发光强度以及远光、近光光速照射位置（即光轴偏移量）的精确测量，采用灯光对准技术，单机远/近光检测仪需30秒，也适用于检测站双灯同检，双机同检仅需20秒。检测仪配备高性能嵌入式工控机进行数据采集、分析；触摸屏加超高亮液晶显示器使操作、校准、故障自检更简单方便；具备在线快速调灯检测功能，车灯调节更方便快捷；可通过RS-232接口或RJ45接口与主控电脑连接，方便联网检测。

FOSHAN ANALYTICAL INSTRUMENT CO., LTD.

机动车排放检测系统

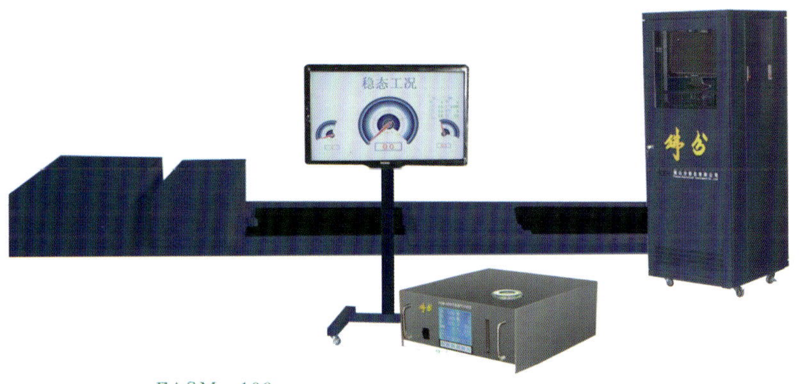

FASM－5000E
汽油车稳态加载工况测试系统

※ FASM-5000E汽油车稳态加载工况测试系统主要由FCDM-100底盘测功机（Φ216）、FAMS-5000五组份汽车排气分析仪（带转速、油温）和计算机自动控制系统组成。产品适用于最大总质量≤3500kg的点燃式发动机汽车。

※ 含双怠速法检测。

※ 满足 GB 18285-2005《点燃式发动机汽车排气污染物排放限值及测量方法(双怠速法及简易工况法)》。

※ 系统可选用司机助提示模式或点阵屏提示模式。

FASM－100
汽车简易瞬态工况排放分析系统

※ 新一代的FAMS-100汽车简易瞬态工况排放分析系统的尾气分析模块、流量测量模块、底盘测功机、计算机自动控制系统是由我公司自主开发。产品适用于最大总质量≤3500kg的点燃式发动机汽车。

※ 含双怠速法检测。

※ 含稳态工况测试。

※ 满足 GB 18285-2005《点燃式发动机汽车排气污染物排放限值及测量方法(双怠速法及简易工况法)》。

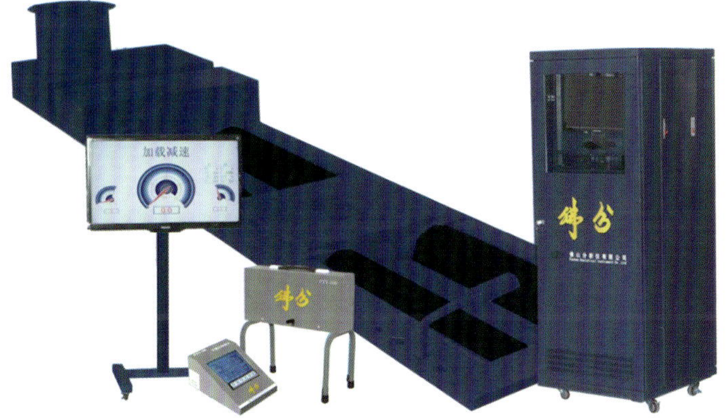

FLDS－100
柴油车加载减速排放系统

※ FLDS-100柴油车加载减速排放系统全面符合最新国家标准以及行业标准、地方标准的测量方法和技术要求。系统由底盘测功机、不透光烟度计和转速模块、计算机自动控制系统等组成。。

※ 对于总质量≤3500kg的柴油车，配FCDM-100(Φ216)底盘测功机对于总质量＞3500kg的柴油机，配FCDM-100(Φ318或Φ420)底盘测功机。

※ 满足 GB 3847-2005《车用压燃式发动机和压燃式发动机汽车排气烟度排放限值及测量方法》。

※ 系统可选用司机助提示模式或点阵屏提示模式。

机动车安全性能检测系统

汽车综合性能检测系统

1、操作维护简单；
2、线路简单、工作相互独立，性能稳定可靠；
3、五工位同时检测，检测效率高；
4、最优化的工位布局；
5、高质量的检测设备；
6、检测的项目分别为：动力性能、尾气排放、车速、灯光、声级、侧滑、制动、轴（轮）重、方向盘转向角和悬挂等。

摩托车安全性能检测系统

1、型号齐全，可检测全车型的摩托车（包括两轮，正三轮和偏三轮摩托车）；
2、三辆车同时上线检测，检测速度快；
3、自动化程度高，结构独特、可靠性高、测量准确操作简便；
4、检测的项目分别为：尾气排放、车速、灯光、声级、定位、制动和轴（轮）重等。

地址：广东省佛山市禅城区港口路16号
传真：(0757) 83829033　　邮编:528041
网址:http://www.fofen.com
电话：(0757) 83826800　83829800　83833068　83104747
客户服务热线：(0757) 83834097 (3条线)　13827735888
电子邮箱:fofen@fofen.com　　sales@fofen.com

浙江江兴汽车检测设备有限公司

20年专业品质
国家标准起草单位

董事长：周申生

汽车综合性能检测线
汽车安全性能检测线
摩托车性能检测线

检测项目：

轴轮重、制动、侧滑、悬架、车速、转角、间隙、底盘测功、烟度、发动机综合检测尾气排放。

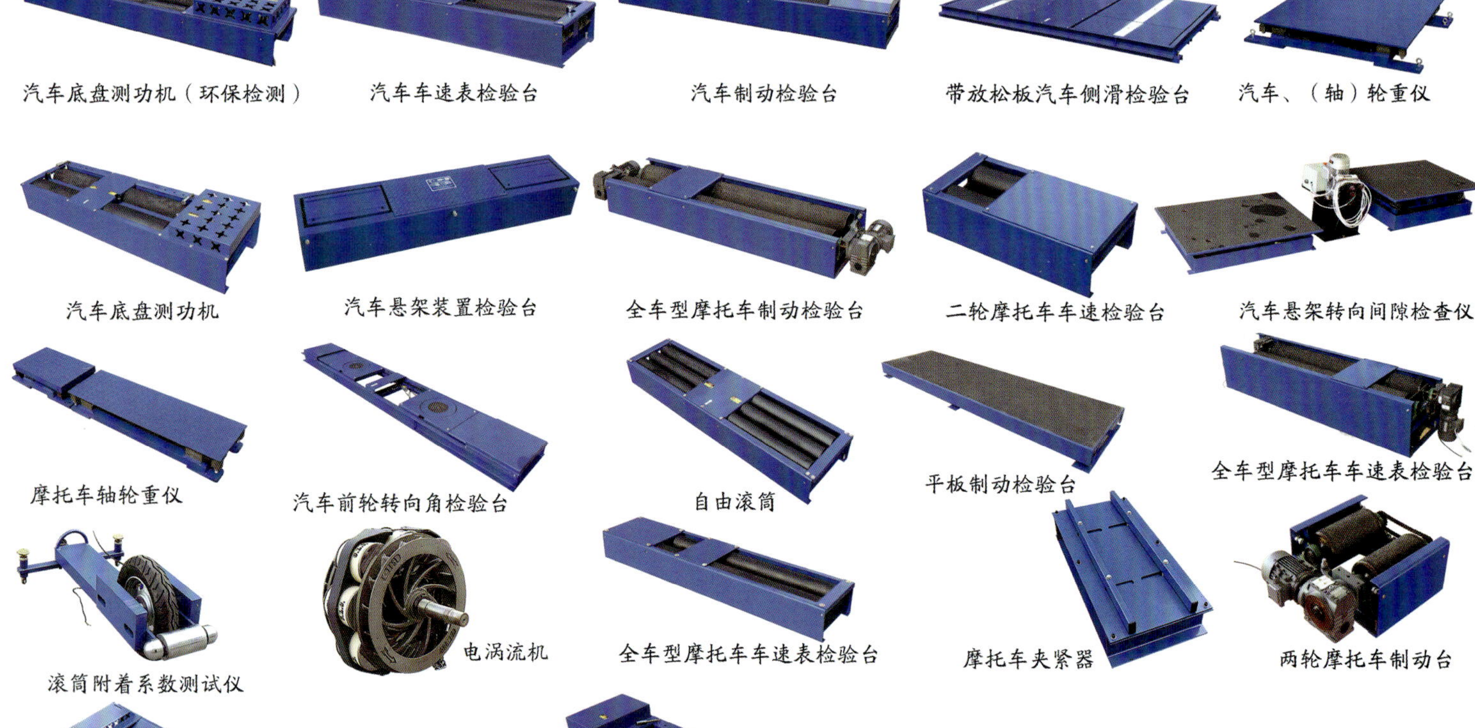

地址：浙江省缙云工业园区新辉路18号　电话/TEL：0579-3218280　3218281
手机：13858868808　13806877888　公司QQ：942567058
网址：Http//www.jiangxingauto.com　邮箱：E-mail:jiangxing@jiangxingauto.com

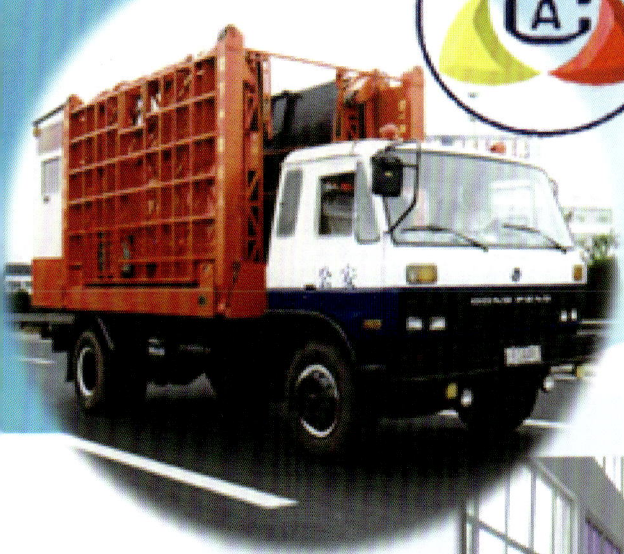

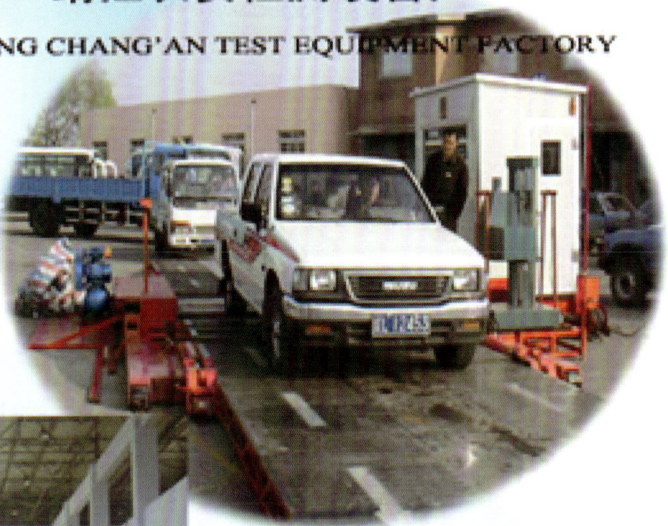

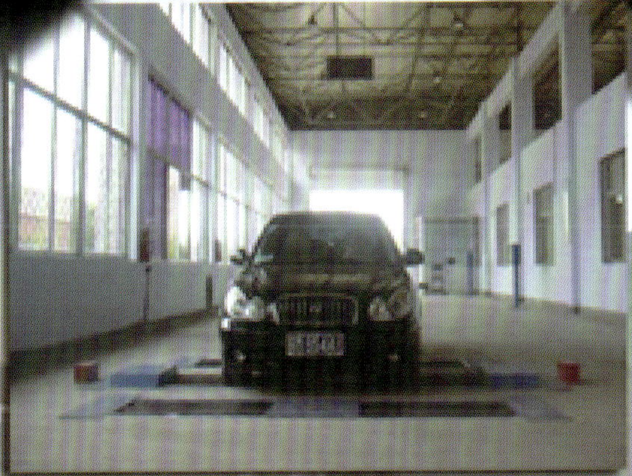

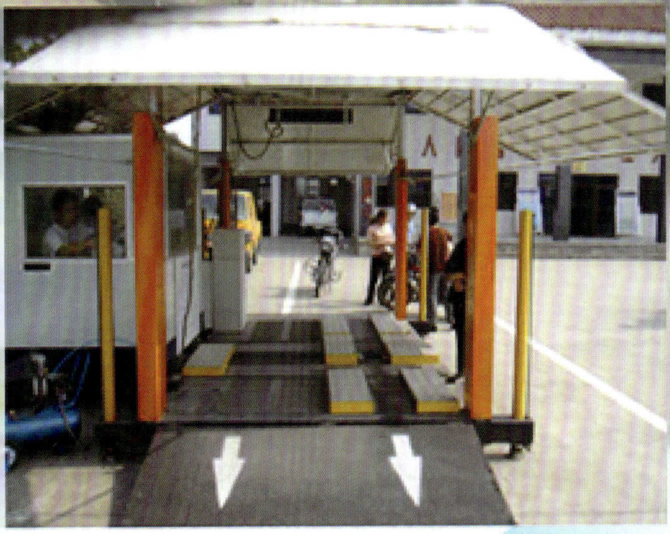

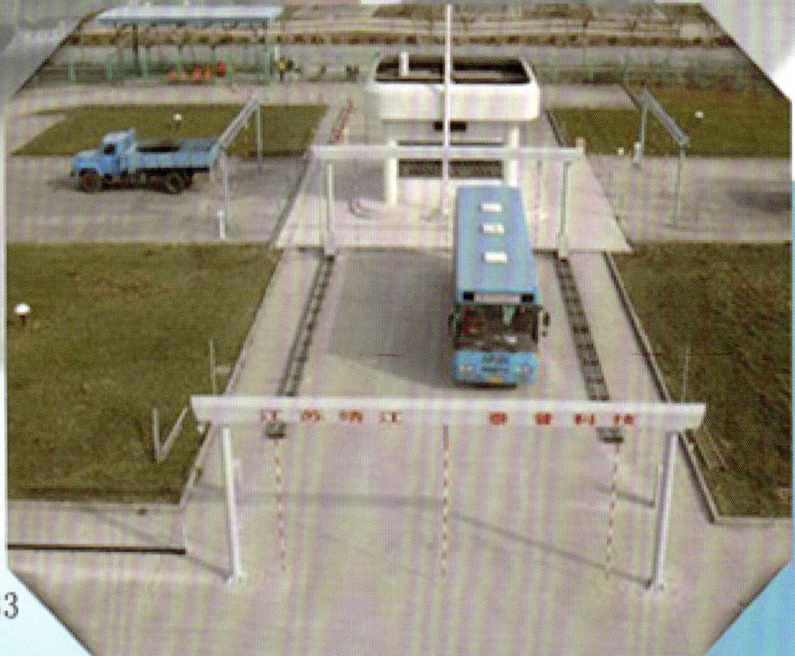

地址：江苏省靖江市城北园区新一路10号

邮编：214500

电话：0523-84856336　传真：0523-84833333

网址：www.cajcsbc.com

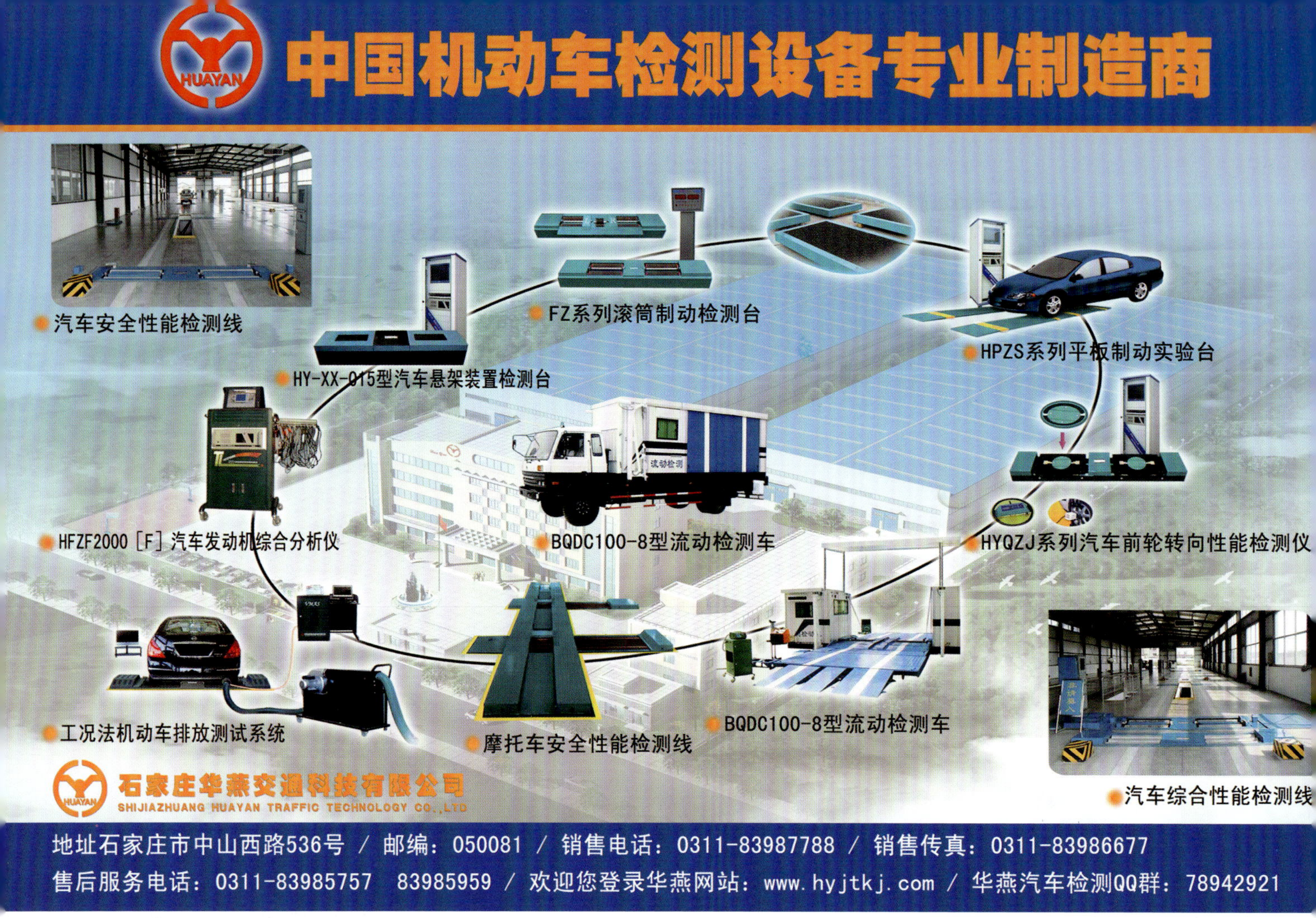

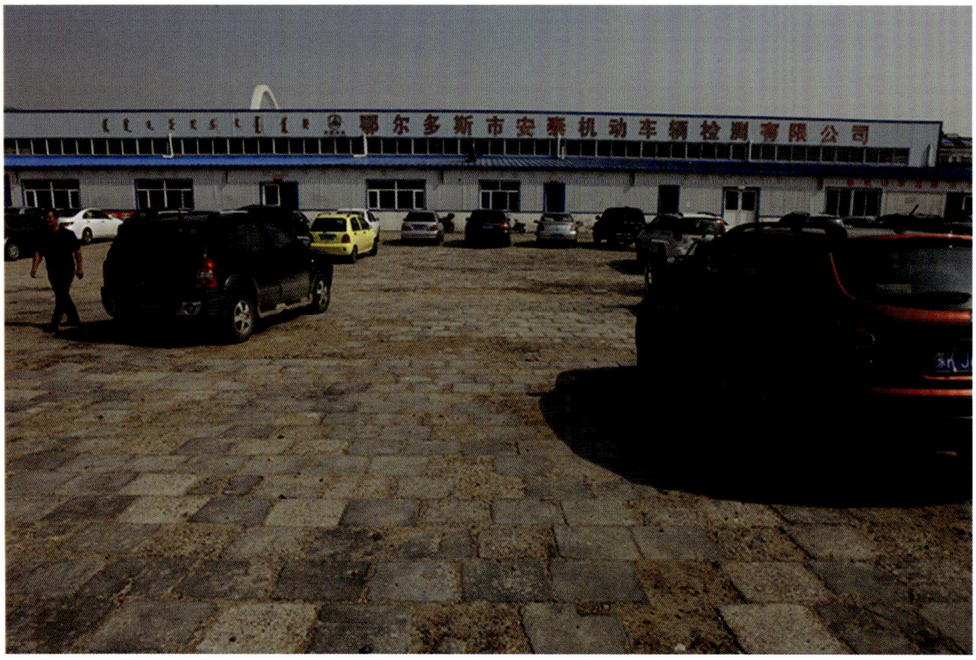

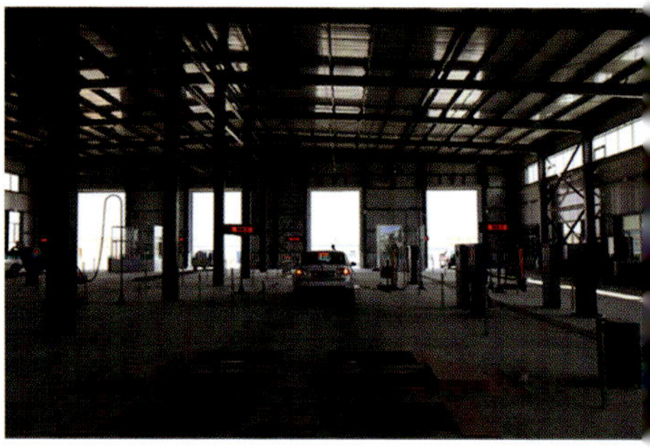

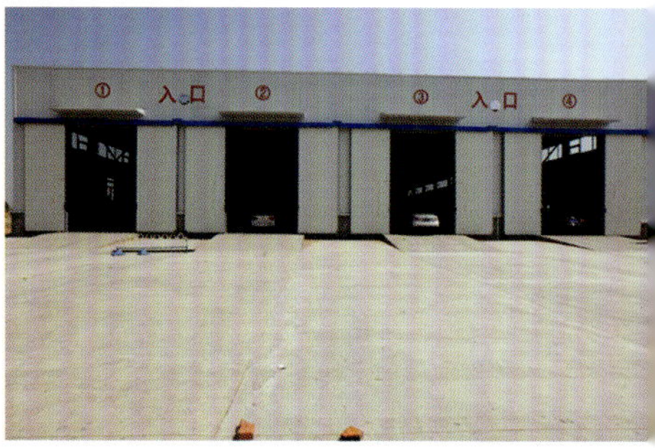

安泰车检

ANTACHEJIAN

地　址：内蒙古自治区鄂尔多斯市东胜铁西新区体育街1号

联系人：刘志华

联系电话：0477-8358488

邮　箱：erdos_at@126.com

鄂尔多斯市安泰机动车检测有限公司简介

鄂尔多斯市安泰机动车检测有限公司位于物华天宝、资源丰富的鄂尔多斯市东胜铁西新区。我公司成立于2008年4月，是经内蒙古自治区质检部门和内蒙古自治区环保部门批准资质的机动车检测机构，也是取得国家质检总局完全质量认证的全自治区两家检测机构的其中之一。

公司主要从事机动车安全技术检验工作和机动车排气检测工作。

公司注册资金为500万元，逐年形成的固定资产约为5000万元左右，现有员工98人，年收入2000万元左右。现有固定检测站5个，共含9条检测线。

我公司的检测工作是以国家标准为依据，以质量第一、信誉第一为宗旨，以公正的态度、严明的纪律、先进的技术、科学的判断为准则，出具准确、可靠的检测数据。公司本着外树形象、内练素质、强化科学管理的原则，建立健全质量保证体系，确保监测工作的公正性、科学性、权威性，切实贯彻质量方针，履行质量承诺，保证质量体系的有效运行，使客户满意率达到99%以上。

多年来，我公司在董事长郭生荣先生的带领下，公司的经营水平持续上升，综合实力显著增强。同时，公司积极应对市场变化，抢抓发展机遇，在本行业领域中不断创造出新的辉煌。

2010
中国机动车检测
年鉴

《中国机动车检测年鉴》编委会
中国质量检验协会机动车安全检验专业委员会 编

中国质检出版社
中国标准出版社
·北 京·

图书在版编目（CIP）数据

中国机动车检测年鉴. 2010 /《中国机动车检测年鉴》编委会，中国质量检验协会机动车安全检验专业委员会编. -- 北京：中国标准出版社，2011

ISBN 978-7-5066-6428-8

Ⅰ. ①中… Ⅱ. ①中… ②中… Ⅲ. ①机动车－检测－中国－2010－年鉴 Ⅳ. ①U472.9-54

中国版本图书馆 CIP 数据核字（2011）第 160247 号

北京安华传媒有限责任公司

广告经营许可证：京大工商广字第 0006 号

中国机动车检测年鉴 2010

《中国机动车检测年鉴》编委会
中国质量检验协会机动车安全检验专业委员会 **编**

责任编辑： 曹剑锋　王颖　马茜
出版发行： 中国质检出版社
中国标准出版社
地　　址： 北京市朝阳区和平里西街甲 2 号（100013）
北京市西城区复外三里河北街 16 号（100045）
网　　址： www.spc.net.cn
电　　话：（010）64275360　68523946
经　　销： 各地新华书店经销
印　　刷： 北京华联印刷有限公司印刷

版　　次： 2011 年 8 月　第 1 版
印　　次： 2011 年 8 月　第 1 次印刷
印　　张： 31.25
开　　本： 880mm × 1230mm　1/16
字　　数： 941 千字

ISBN 978-7-5066-6428-8
定　　价： 298.00 元

《中国机动车检测年鉴2010》编审委员会

《中国机动车检测年鉴2010》编辑部

总结经验，发展成果。

祝机动车安全检验专业委员会創新进取，越办越好！

張綱

二〇一一年八月五日

序 言

时隔六年,《中国机动车检测年鉴2010》又与广大行业同仁见面了。2005年~2010年，是我国机动车检测行业的发展和变革之年，在此期间国家质检总局、公安部、环保部、交通部、工信部等有关部门先后发布了多项与机动车检测有关的标准和文件，国家质检总局开始承担机动车安检机构的主要管理任务。随着检测工作社会化的推进，相关部门对机动车检测机构的管理更加规范、严格，检测机构的检测水平和服务能力也备受社会关注，我国的机动车检测行业进入了一个快速发展时期。

《中国机动车检测年鉴2010》的出版，是我国机动车检测行业史料建设上的一件大事,自年鉴编纂以来受到了社会各界特别是行业同仁的广泛关注。为提高年鉴的编纂质量，编委会专门通过开会和发放调查问卷的形式向行业内的专家、学者以及行业管理部门的领导征求意见，收到了大量有建设性的意见，许多专家在出谋划策的同时还亲自推荐或撰写稿件供年鉴选用，行业管理部门在年鉴相关资料、标准、文件的收集方面也给予了我们大力支持和热情帮助，对此我们表示衷心的感谢。

本年鉴在广泛征稿的基础上，精心选编，力求集知识、信息、情报、数据、资料于一身，将其编成精品奉献给广大行业同仁。本年鉴不但收录了过去几年检测行业政策法规、行业数据、重大事项资料，还着重选录了当今检测行业新技术、新管理方法的探讨以及对我国机动车检测行业未来发展的展望。它不仅是行业发展的见证，更是行业发展的助推剂，对于中国检测行业的从业者具有重要的参考价值。

年鉴是昨天的史实，今天的镜子，未来的见证。《中国机动车检测年鉴2010》是反映中国机动车检测行业发展历程的大型工具书，它的问世凝聚了我们机动车检测人的汗水和心血，也寄托了我们机动车检测行业几代人的希望，让我们不断总结与创新，携起手来，为把我国逐步建设为在机动车检测领域的大国强国而努力奋斗!

王焕德

2011年7月

目 录

第一篇

机动车检测行业发展综述

中国机动车检测事业的发展历程与未来

夏先扬

一、中国机动车检测技术的发展历程

中国机动车检测事业的发展，和新中国60年的发展历史一样辉煌。

60年前的中国，没有自己的汽车工业，而被称作世界汽车的万国博物馆。今天，中国已经是世界汽车的生产大国，2010年汽车生产与市场销售量已达1800万辆，居全球第一，超过美国和日本。

但是，如果按人车比例数来看，中国目前平均18人拥有一台车，而美国是1.8人，日本是2.4人，全球平均数是6.8人，显然，我国人均汽车拥有量与世界水平还有较大差距。此外，中国作为汽车生产大国，却不能称为汽车生产强国，在汽车研究开发技术、零部件生产工艺、材料、制造加工手段、生产效率等方面，与先进国家相比，还有较大差距。而汽车生产的后市场服务（汽车营销、运用、维修、检测、改装、美容、二手车市场运营管理等）则更为滞后，还跟不上汽车生产的快速发展。

目前可以预见，2011年以后，中国汽车市场要想保持30%以上的高增长，已经出现一定困难（诸如能源、环境保护、道路、交通管理、停车场等），会逐步回归常态运行，增速可能在12%～15%左右小幅波动。汽车产业在冷静、理智的心态下，根据中国特有国情，认真调整产能，适度节制井喷式增长，才能保证可持续的科学发展。

机动车检测事业，是汽车产业后市场中重要的一环。

从1949年到1982年，中国没有“机动车检测站”的概念，所有机动车的检测（包括在用车年检、新车入户）都是依靠人工完成。1983年，东北朝阳建立了中国第一个汽车检测站，1984年，更为完善的大连汽车检测站建成，并由交通部组织验收，但是，这两个检测站当时都只能使用外国的检测设备（朝阳站主要是丹麦、英国、德国的设备，大连站主要是日本BANZEI（万岁）的设备）。中国还没有自己的检测规范和标准，用哪个国家的设备就用哪个国家的规范和标准。

国家车检标准GB 7258-1987《机动车运行安全技术条件》1987年出台，结束了我国车检工作无法可依的历史。从1981年起，西安公路学院、交通部成保厂、深圳汽车修理公司等单位就已经开始研究开发制动检验台、侧滑检验台、底盘测功机等车检设备，并已小批量投入生产。

1982年，国务院下达交通部任务，批准交通部成保厂《汽车保修机械和成套检测设备技术引进》项目建议书，并纳入国家经委引进计划。由此，我们开始与科技发达国家的汽车检测设备厂家进行接触：德国的SCHENCK（申克），日本的IYASAKA（弥荣）、ANZEN（安全）、BANZAI（万岁），美国的SNAP-ON（斯纳邦）等。历经4年，经过7次认真的考察、比较和33次艰苦的谈判，最终于1986年10月在成都与日本弥荣（IYASAKA）株式会社签订《汽车检测设备技术转让合同》，交通部成保厂成为中国第一个成套引进国外车检设备先进技术的厂家，并由此在部公路科学研究所的协作下，逐步成长为国内车检设备开发、生产的龙头单位。技术引进不仅迅速缩短了我国和国外发达国家的技术、工艺差

距，生产的产品还开始返销和出口国外。

1987 年，国务院批转国家经委《关于推动引进技术消化吸收和国产化工作报告的通知》精神，将《汽车检测线成套设备一条龙》项目正式下达交通部成保厂组织实施，交通部公路科学研究所作为项目主要参加单位协同开展工作，从此开始了中国汽车检测设备大规模、全面的开发、国产化工作，同时带动了一大批同行业单位和厂家（如交通部公路科学研究所、总参 57 所、济南无线电六厂、佛山分析仪器厂等）参与。该项目的 10 个产品（制动台、侧滑台、速度台、前照灯仪、检测线自动控制系统、底盘测功机、车轮动平衡机、发动机综合测试仪、废气分析仪、烟度计）分别于 1988、1989、1991、1993 年完成，并于 1993 年通过交通部科技司验收鉴定，从此开始，中国有了自己完整的汽车检测设备工业，不再依赖进口。

中国机动车检测技术（包括标准）和设备，经历了如下的历程：

日本模式（1987 年 ~ 1997 年）

日本模式 + 欧洲模式（1997 年 ~ 2004 年）

中国模式（2004 年 ~ 现在）

这三个阶段的划分，实际上也同步体现在国家机动车安全检测技术标准 GB 7258–1987、1997、2004 三个版本上。

GB 7258–1987 国家标准中，所有的检验项目和指标基本上是从日本运输省道路车辆安全法直接引用过来的（侧滑、制动、车速、前照灯、排放，即 A，B，S，H，X）。那时这样做是适合中国国情的，因为我们刚刚起步，没有经验，所用设备又大部分是日本设备（万岁、弥荣、安全自动车，日产贩卖四家为主），国产设备也以日本模式为主流。

GB 7258 于 1997 年修订时，中国已有了十多年的正规车检历史，在公安、交通部门，大专院校，科研部门，已有大批专家、学者涌现，而欧洲车检技术和设备又不断进入中国，日本车检模式的缺陷和不足开始被发现（特别在制动、前照灯、排放方面），引起了中国车检行业同仁的关注。因此，在以上三个方面，修订版引入了一些新的概念，例如：高速（2.5km/h）粘砂大滚筒制动检验台，以近光作为检验校准基准的前照灯，双怠速法测定排放等。

GB 7258 于 2004 年再次修订时，已明确规定必须采用欧模滚筒式制动台，同时，由于高速轿车比例日益增多，基于静态检测制动性能的滚筒式制动台，难以测出动态制动时轴荷转移后的真实制动力，因此，平板式制动检验台被列入制动检验的规定设备。同时，新型前照灯的大量应用（远近光分开的双灯双光轴前照灯，高强度发光灯，氙气灯），如何对其近光找正、正确测量也提上日程。同时，也开始考虑单板侧滑台的限值，放松板侧滑台的使用等。并对车速表的误差范围作了调整（由原 +–，改为只允许 +），在排放检测方面，引入欧盟排放检测方法和标准（欧 Ⅰ ~ 欧Ⅴ），明确规定我国排放检测应按国家环保局标准要求，逐步放弃怠速法、双怠速法，采用工况法（ASM，VMAS，Lug DOWN 等）实现低碳化。

GB 7258–2004 版已发布 6 年，目前正由公安部无锡交通科学管理研究所主持修订中。

与上述 GB 7258 三个版本修订差不多同步的重大变化是，中国机动车检测管理领导机制的变化：交通部→公安部→国家质检总局。

这个变化给全国近 5000 家基层检测机构（检测场站）带来了一定的麻烦与混乱，检测机构重新进行交接、计量认证、验收、授权，新的法规、标准、计量规程不能及时到达基层，工作中许多管理、技术问题难以及时解决。迄今为止，全国检测机构还多处于三分天下（公安、交通、技术监督局）的局面。这一现象，还得需要一个相当长的时间，才可望得到解决。

我国机动车检测设备的生产，经历了引进—国产化的过程，目前已经做到综合性能检测、安全性能检测设备完全国产化，只是在汽车生产制造行业所用的检测、试验设备方面还显得不足。全国检测设备生产厂家已达 100 家以上，年产值超过 2000 万元的厂家也有 30 家以上，最大厂家的年产值已经超过 1 亿元，这个行业在汽车工业高速发展的带动下，也必然有一个欣欣向荣的发展前景。但大好形势之下，也难免鱼龙混杂，泥沙俱下，如何保证产品的质量、服务，让用户选

用到优质的检测设备，保证检测数据的可靠性、稳定性，作为国家管理领导部门还有许多工作要做。目前最迫切的是，在产品管理上制定出检测设备的市场准入制度（型式认定），使用年检标定制度，更新报废制度。目前除第二项外，车检设备的入口和出口控制都还缺失。

在市场经济体制下，任何商品，特别是那些关乎国计民生与安全的商品，国家一旦对其放松控制，后果不堪设想。

我国的检测场站，在数量上、比例上与国外相比，并不占优势。如日本，机动车拥有量为7300万辆，但国家检测场有83个、250条线（都是全自动线，而且全国联网），民间车检场26700个（与维修企业建在一起），称为指定工场。美国则有60000多个（汽车拥有量2亿辆以上），分州管理，检测标准每州都不一样，但重点都在制动和排放上，许多站对车速表、侧滑，甚至前照灯（多用手动前照灯仪检）都不检。在欧洲，平均每5000辆车有一个站，检测半径范围约10km。但是，据我所见，在检测站的建设规模、档次、自动化程度（全自动线）方面，中国却已可居世界前列。

从车检历史来看，世界上最早实行机动车强制年检的是挪威（1927年），继后是比利时（1933年），澳大利亚，西班牙（1934年），法国（1937年）日本（1947年），这些国家都确立了国家法律体系，在政府相应机构（大多是交通部、运输部或陆运部）主持下强制执行。其它国家的强制车检，特别是以私人轿车作为检测对象，则是在第二次世界大战后才开始的。

中国汽车检测设备工业与中国汽车工业最大的不同点在于，它完全是以自主产权、中国品牌生产的，国外品牌和技术基本上没有份额。而且，尽管学习了许多国外技术，但都经过行业同仁的努力，结合了中国国情予以改进，去粗取精，去伪存真，再加以应用。而中国汽车工业迄今为止，仍由美、德、日品牌占据大半壁河山，自主品牌和技术凤毛麟角。

在此期间，中国机动车安全检测技术研究会，交通部公路科学研究所，交通部汽车保修检测标委会，公安部无锡交通科学管理研究所，国家技术监督、计量部门，组织业内专家学者相继编制了大量的有关汽车检测和产品的标准，规程（含GB，JT，GA，JJG等），数量高达百余种，据我和日本、泰国、印度、越南、俄罗斯、德国等国专家接触后的感受，目前在亚洲，乃至全球，在汽车检测和产品的标准化方面，中国并不落后。

今后几年，要着力解决以下几点问题：

1. 因国家经济体制的变革，计划经济转向市场经济，原国有企业大部分改制为股份或民营企业，诸如成保、佛分、新永通之类的国营大厂改制后，元气大损；与此同时，人员流动，重新组合，新生的小型企业如雨后春笋，加之2005年国家质检总局发布的145号公告《中华人民共和国依法管理的计量器具目录》规定，除汽车排放测试仪及烟度计外，所有机动车计量检测设备均不属于依法管理的计量器具，从而取消了原有的型式认证和计量器具生产许可证制度，结果是门槛取消，泥沙俱下，大量不合格产品以低价涌入市场，形成恶性竞争。

汽车检测诊断设备的确可以不纳入通用计量器具管理，但由于它具有量值检测、公正性和可比性，而且又涉及交通安全的重要作用，几乎所有发达国家都把它作为专用设备，由专门的主管部门通过型式认定来管理（如日本为运输省，德国为TÜV，英国为交通部），这项工作，亟待完善，否则后患无穷！

2. 目前车检设备的发展，已经进入更深层次的理论研究领域，但应注意，在用汽车检测（不论安检还是综检）是一项模拟路试的室内台架检测，基于相关性理论，随机因素众多，而且是一门实用科技，没有必要追求过高的理论值和标准，在产品设计、计量标定时，应合理处理先进性与实用性、可靠性间的矛盾。但我感觉，现在不少人爱钻牛角尖，认为标准订得越高越细越好，误差订得越小越好，而且陷入了纯理论的研究范围。这样会引人入歧途。我认为，应多把精力放在材料、工艺和实际应用的效果研究上，扎扎实实做一些具体工作，这会更有意义。

3. 由于政府体制的原因，导致车检工作及设备生产等方面往往政出多门，最明显的是车检技术条件、产品标准、计量检定规程由交通、公安、技监、计量许多部门在作，目前在机动车检测行业具有标准、规程制定修订权限的全国性标准委员会和机构，至少就有五六个之多，而且分属不同的领导部门，彼此难以协调，有时还相互矛盾，基层单位实施起来无所适从。这也是发展中难以避免的现象，可以理解，但也的确需要我们广大从业者和国家领导机关认真努力来解决。

二、关于车检行业未来的发展

根据中国国情，车检行业未来发展重点在如下几方面：

1. 首先理顺管理体制，沟通渠道。在检测站布点规划，认证、授权、车源分配方面，纳入正规渠道，合理安排。在国家法规、标准的统一条件下，按照市场经济规律，充分发挥国营企业和民营企业的优势，建立竞争机制，逐步实现检测行业的最终社会化。

2. 根据先进国家的成功经验，机动车检测，特别是在用车年度安检（包括营运车安检），随着汽车制造质量的提高，数量的增大，人们交通安全意识的提高，检测周期要适度延长（如新车免检，小轿车 2 ~ 3 年年检），检测项目逐步减少（而不是逐步增多），但对关系到安全的重要项目或指标，则应加强。对检测设备的检测数据，要强化人工分析，设备的精度、可靠性、稳定性必须保证。严格执行检测设备的年度标定和更新淘汰制。

3. 随着小轿车大量进入家庭，人们对机动车安全检测的观点也会逐步改变，出于关心自身安全的目的，从强制被检到主动申请检测，是国外发达国家的历史经验。那种蒙混过关，马虎了事的做法，今后会日益减少。

我认为，机动车安全检测应当逐步与汽车保修和车辆保险业务联系起来，目前我国这种把机动车安检仅仅作为一种独立的行政裁判业务，仍然在按买方市场观点办事的方式，并不符合市场经济规律。现实情况是，机动车安检与保修、保险业务之间，有着密不可分、千丝万缕的关系，作为车主，肯定希望不用去对付三个不同的部门，而在一处就解决问题。美国、日本这些汽车工业发达国家，实际上早已有了成熟的经验，可以借鉴。

4. 最后，提出一种长远性的思路供同行参考：

关于机动车安全检测工作，发达国家目前的发展目标是，尽快实现和完善车载自检系统，通过安装在汽车内各个部位的精密传感器和电子元件，将汽车运行的技术状况、各主要零部件的工况，适时诊断并予以显示，车主对车辆技术状况和性能随时随地都了如指掌。随着汽车制造质量、可靠性、使用寿命的不断提高，先进技术与车载自检系统的大量应用，今后，针对汽车安全性能的常规检测项目将日益减少，新车上户免检，初检 2 ~ 3 年，在用车检测周期逐步延长。不久的将来，可能在个别国家，会首先出现局部或全部取消国家强制性车检制度的发展趋势。

21 世纪是人类科学技术高速发展的时代，汽车作为数量最巨大的交通工具必然会向新能源、电子化方面发展，机动车的检测性质和方式也会有革命性的变化，这一点，我们必须具有前瞻性的眼光。

科学准确、标准规范、客观公正是我国机动车安全检验工作健康发展的精髓

田五虎

1 我国机动车安全检验发展历程简要回顾

我国的机动车检测技术研究始于20世纪初期。当时，为了满足机动车维修需要，由交通部主持进行了像发动机汽缸漏气量检测仪、点火正时灯等较简单的检测仪器研究和开发。

进入20世纪70～80年代，我国的机动车检测技术有了较大的发展，汽车不解体检测技术及设备被列为国家科委开发应用项目。随后一批检测设备，像反力滚筒式汽车制动试验台、前照灯检测仪、发动机综合检测仪、汽车尾气分析仪、汽车速度测试台等，陆续被开发出来。

20世纪90年代至21世纪的前十年，伴随着国民经济的高速增长和科学技术特别是计算机技术的突飞猛进，我国的机动车检测技术在标准化、自动化、智能化和网络化方面均取得了前所未有发展。

2004年5月1日，我国首次颁布施行了《中华人民共和国道路交通安全法》和《中华人民共和国道路交通安全法实施条例》。随着新交通法及交通法实施条例的颁布施行，我国机动车安全检验工作的监督管理发生了重大变化。在2005年1月21日之前，我国机动车安全检验主要是在公安交通管理部门的监督管理下开展工作，对各级安检机构主要是采用行政委托的方式加以管理。公安交通管理部门判定在用车辆能否安全上路运行的主要依据就是各级安检机构出具的检验数据。而在2005年1月21日之后，依据交通法及其实施条例，国家质量监督检验检疫总局、公安部、国家认证认可监督管理委员会联合下发了《关于加强机动车安全技术检验机构管理有关工作的通知》（国质检监联[2005]39号），公安部门将机动车安全技术检验机构的管理移交给质量技术监督部门。对安检机构的管理也由原来的行政委托方式转为实施资格管理和计量认证管理，机动车安全检验工作从此掀开了新的篇章。

2 广泛采用新技术可以确保机动车安全检验工作更科学、检测数据更准确

2.1　概述及定义

汽车问世一百多年来，已经成为人们在工作和生活中不可或缺的一种重要交通工具，大大推动了人类文明的发展，给人类社会带来了巨大的利益。但是，机动车一方面在为人类的繁荣发展提供动力，造福于人类；另一方面，也给人类的发展带来了诸如交通安全、大气污染和交通噪音等一系列问题。

机动车尤其是汽车，其本身是一个复杂的系统集成，共有上万个零部件组成。在机动车使用过程中，随着行驶里程的增加和使用时间的延续，其技术状况将不断恶化。因此，一方面要不断研制性能超群，运行可靠，使用寿命长的机动车；另一方面要借助科学的机动车检测手段，通过维护和维修，尽可能恢复其原有技术状况。

机动车检测技术是指在机动车出厂（新车下线）、使用、维护和修理中对机动车的技术状况进行测试和检验的一门综合技术。

2.2　我国机动车检测技术的现状

目前，被广泛利用在机动车安全环保检测领域的单机检测设备诸如滚筒反力式制动检验台、滑板式汽车侧滑检验台、机动车检测专用轴（轮）重仪、滚筒式汽车车速表检验台、机动车方向盘转向力–转向角检测仪、平板式制动检验台、声级计、机动车前照灯检测仪、机动车尾气分析仪、汽车用透光率计和汽车底盘测功机、发动机诊段仪、四轮定位仪、转向力矩测试仪等被利用在机动车综合性能检测领域的几十项检测设备基本上都广泛采用了传感器技术、微型计算机技术、数

字电路技术、自动控制技术等。

图 1 是这些检测设备进行数据采集、处理、输出的典型的工作原理图。

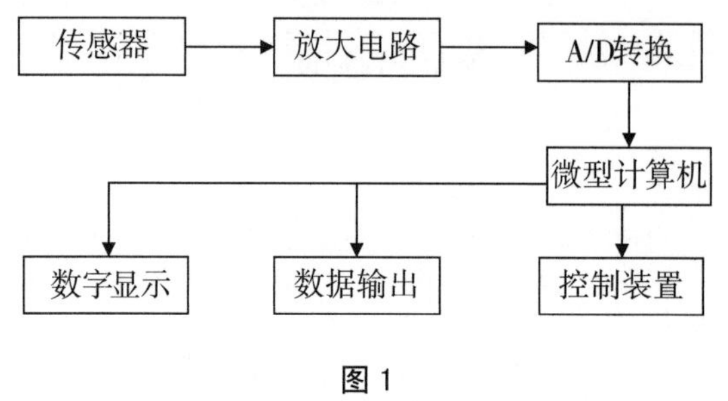

图 1

微型计算机技术、自动控制技术不但被广泛应用在单机检测设备上，还使多台检测设备实现了自动化串联，成功实现了机动车检测的自动化和智能化。以计算机为中央处理器，集检测工艺、操作、数据采集和处理判断、输出打印、储存显示等功能于一体的系统应用软件被大量采用，不仅有效避免了机动车检测过程中人为判断错误，大大提高了检测数据的科学性和准确性，车辆检测效率也得到了显著提升，而且还可以把受检机动车的技术状况储存于计算机中，既可作为下次检测的参考，还可作为处理交通事故的参考。

图 2 就是全自动机动车检测线典型性的工作原理图。

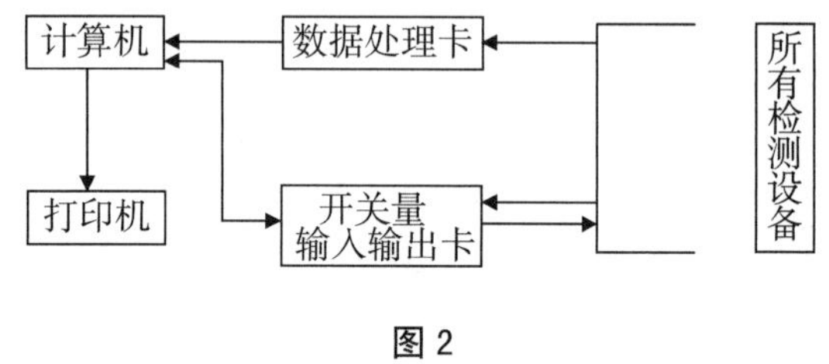

图 2

互联网络技术的突飞猛进及其在机动车检测领域的应用，推动我国机动车检测领域迈上了新的台阶。当前，我国机动车检测线不但形成了单独的局域网，使局域网内各检测设备检测数据处理速度加快、系统软件操作简化、检测流程加快、检测效率进一步提高，还通过互联网技术实现了与外部局域网的成功互联，从而扩大了机动车检测的应用范围，诸如非法车辆查询、检测数据实时上传、远程获取车辆信息、远程维护与技术服务等功能的利用都使机动车检测得到了极大丰富。图 3 所表示的就是检测站局域网与外部局域网通过互联网成功实现了数据和信息共享。让新技术的广泛采用成为确保检测数据更科学更准确的有力保障。

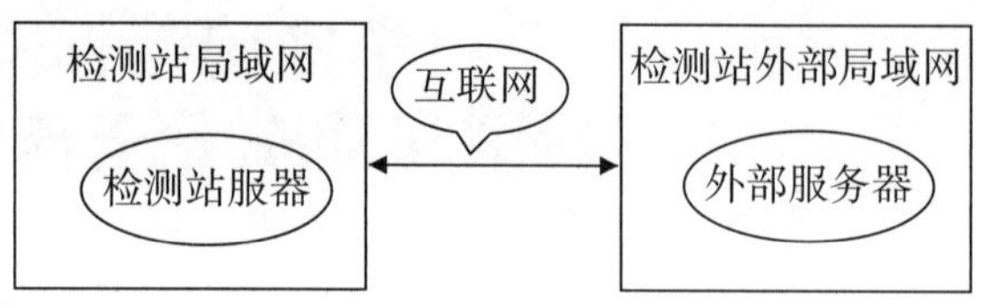

图 3

机动车安全检验工作的核心是要保证出示的检测数据科学准确。只有科学准确的检测数据，才能为被检车辆提供有价值的服务。我国机动车安全检验工作的发展历程，充分证明了要使机动车安全检验工作更科学，检测数据更准确，就必须大力提倡新技术在检测领域的广泛应用。不断推广新技术、不断推出新产品，让新技术引领机动车安全检验的发展趋势，是确保机动车安全检验工作达到科学准确的前提条件。

3 持续完善检测标准和检验方法可以确保机动车检验工作更规范、检验数据更准确、检验方法更合理

3.1　我国机动车安全检验的标准体系

目前，我国机动车安全检验项目主要包括汽车制动、轴重、侧滑、速度、灯光、尾气、烟度、声级（噪声）等项目。

指导我国机动车安全检验工作的技术标准主要分为三类：

第一类是规范机动车检测的技术标准

GB 7258-2004《机动车运行安全技术条件》；

GB 21861-2008《机动车安全技术检验项目和方法》；

与机动车安全、环保检测有关的相关标准如：

GB 1589《道路车辆外廓尺寸、轴荷及质量限值》；

GB 4785《汽车及挂车外部照明和光信号装置的安装规定》；

GB 11567.1《汽车和挂车侧面防护要求》；

GB 18285《点燃式发动机汽车排气污染物排放限值及测量方法》；

GB/T 3847《车用压燃式发动机和压燃式发动机汽车排气烟度排放限值及测量方法》等近 40 余个标准；

各地的地方条例及地方标准。

其中GB 7258-2004《机动车运行安全技术条件》规范了机动车安全运行中各项技术指标的要求；GB 21861-2008《机动车安全技术检验项目和方法》主要是针对不同的安全技术检验类别，规定了机动车安全检验机构应该检验的项目和内容、检验方法、评审方法以及检验报告单格式等。

第二类是规范检测设备生产制造标准

GB/T 13564-2005《滚筒反力式汽车制动检验台》；

GB/T 13563-2007《滚筒式汽车车速表检验台》。

鉴于我国机动车检验的实际情况，机动车检验按照其检测功能不同分别隶属国家不同的主管部门，诸如交通营运部门营运车辆检验、汽车制造厂质量保证检验、军队系统车辆检验等，各主管部门针对检测设备制造制定的行业标准也不尽相同。比较齐全的是交通部门针对综合性能检验所制定的设备制造行业标准。

所有这些规范检测设备生产制造的标准都从产品结构、技术指标、工作的安全性、可靠性以及设备包装、运输、储存等方面提出了要求。

第三类是针对检测设备的计量认证标准

目前指导和规范机动车安全检验设备计量认证的标准主要有国家标准和检定规程两部分组成：

国家标准：

GB 11798—2001《机动车检测设备检定技术条件》。该标准规定了汽车制动检验台、轴（轮）重仪、侧滑检验台、车速表检验台、前照灯检测仪、尾气分析仪、烟度计的检定方法和标准限值。

检定规程：

JJG 1014—2006《机动车检测专用轴（轮）重仪检定规程》；

JJG 908—2009《滑板式汽车侧滑检验台检定规程》；

JJG 909—2009《滚筒式汽车车速表检验台检定规程》；

JJG 906—2009《滚筒反力式制动检验台检定规程》；

JJG 1020—2007《平板式制动检验台检定规程》；

JJF 1225—2009《汽车用透光率计》校准规范;

JJG 745—2002《机动车前照灯检测仪检定规程》；

JJG 188—2002《声级计检定规程》；

GA/T 485《便携式制动性能测试仪》；

JT/T 506《不透光烟度计》；

JT/T 445《汽车底盘测功机》。

3.2 标准体系的不断完善是确保机动车安全检验更规范、检测数据更准确、检验方法更合理的必由之路

我国的机动车检验标准体系经历了从无到有、从有到逐步完善的过程。当前，约束机动车安全检验的标准还存在着有的标准限值不合理、个别项目检验方法不够科学、尚缺乏检测设备动态检定比对标准等问题。

检测标准不断完善的过程是机动车安全检验工作所必需的，也是其内在规律的要求。无论是国家法律——交通法和计量法，还是国家强制性标准都对机动车安全检验工作作出了明确规定，也起到了良好的规范和指导作用，但标准体系的建立也必须依据检测技术的持续发展而不断完善，只有这样才能有效扭转标准体系的建立往往落后于检测技术发展的困境，也才能不断剔除掉检验标准和检验方法中那些不合理的限值和检验方法，从而使机动车安全检验更规范、检测数据更准确、检验方法更合理。

4 不断强化行业管理，全面提高从业人员的综合素质可以使机动车检验工作更公平、更公正

4.1 机动车安全检验机构的现行规定

目前，约束机动车安全检验机构的国家法律、法规和行政条例主要有：

《中华人民共和国道路交通安全法》

2004年5月1日施行；重新修订后的交通法也已于2008年5月1日起施行。

《中华人民共和国道路交通安全法实施条例》

2004年5月1日施行。

《中华人民共和国计量法》

1986年7月1日施行。

《中华人民共和国行政许可法》

2004年7月1日施行。

《关于加强机动车安全技术检验机构管理有关工作的通知》

国家质检总局、公安部和国家认监委于2005年1月21日联合下发。

《机动车安全技术检验机构监督管理办法》

国家质检总局第121号令，2009年8月28日发布，2009年12月1日起施行。

《实验室和检查机构资质认定管理办法》

2006年4月1日施行。

《机动车安全技术检验机构检验资格许可办理程序》

《机动车安全技术检验机构检验资格许可技术条件》

《机动车安全技术检验机构检验资格许可审查员管理规定》

《机动车安全技术检验机构检验资格许可证书和检验专用章管理规定》

《机动车安全技术检验机构监督管理规范》

各地有关机动车安全技术检验机构管理的行政规定。

4.2 机动车安全检验机构存在的普遍问题

目前，机动车安全检验机构普遍存在的问题主要来自五个方面。一是检测设备本身带来的问题。诸如反力滚筒式制动检验台、侧滑检验台就因结构不同、机械制造和装配精度不同、数据采集和处理的差异以及检验员操作时的习惯，会造成对同一台受检机动车检验数据不统一和不一致的结果。二是检验员本身的综合素质偏低，不少检验员资格达不到相关要求造成的问题。诸如不能按照检验设备操作规程进行检验，在标准规定的100多项人工检验项目中存在着弄虚造假、故意作弊现象。三是检验机构管理观念中存在着片面重视检测设备的检验数据而轻视检验员人工检验结果的问题。四是现行安全技术检验价格体系不尽合理，安检收费标准偏低。五是安全技术检测行业整体服务水平与市场需求不匹配，行业自律性不强，存在恶性竞争等不良现象。

4.3 强化行业管理，全面提高从业人员的综合素质是促使机动车检验工作更公平、更公正的有力保障

机动车安全检验机构作为向社会提供检测数据的第三方公正机构，它的建立必须遵循和符合国家相关法规的要求。它的日常运行除了严格执行国家相关标准外，其内部指导检验机构运行的质量文件、程序性文件和作业指导书也必须得到全面的落实。

检验员是机动车安全检验工作的主体。无论检验设备有多么先进，它也只是检验员使用的一种检验工具，因此，检验员的综合素质直接决定着机动车检验质量的高低。只有继续加强对检验员的定期培训制度，不断推广实施检验员资格考核制度，真正做到检验员持证上岗，全面落实对检验机构监管和检测质量责任倒查等管理规定，才能促使我国机动车安全检验工作朝着更公平、更公正和更健康的方向发展。

综上所述，我国机动车安全技术检验工作经过几十年的发展，无论是检测技术、标准体系、检验员综合素质，还是对机动车安全检验机构的监督管理都取得了前所未有的发展，已成为机动车安全运行的重要保障，但要想使机动车安全技术检验工作真正做到科学准确、公正规范，真正做到服务于国家的经济发展大局，为人民的财产安全提供支持，就必须把广泛采用新技术、持续完善标准体系、全面提高从业人员的综合素质、不断强化监督管理、努力提高安检行业自律性等方面的工作落到实处。

论产业技术创新战略联盟
对机动车安全检验行业发展与技术创新的作用

储江伟　李冰　乔广明　崔鹏飞

摘要：本文在阐述产业技术创新战略联盟的定义、构建意义、指导思想、基本原则以及主要任务等内容的基础上，分析了产业技术创新战略联盟构建对机动车安全检验行业发展的必要性与可行性；论述了战略联盟构建对机动车安全检验技术创新的作用与意义；提出了机动车安全技术检验的技术创新体系框架，以及机动车安全技术检验的技术创新的主要方面；并对产业技术创新战略联盟对机动车安全检验行业发展与技术创新的影响进行了分析。

关键词：技术创新；战略联盟；机动车；安全技术检验

1 前言

随着我国机动车保有量的增加，特别是汽车保有量的激增，机动车运行安全问题成为人们关注热点。由于机动车运行的安全性主要取决于设计制造所决定的车辆本质安全性（包括主动安全性和被动安全性），车辆使用过程中有关运行安全的系统、总成或零部件的技术状态变化，以及车辆驾驶者安全意识与操作水平等。因此，重视在用车辆技术状态的变化及其控制发展过程，也是提高机动车运行安全性的必要条件之一。

机动车安全技术检验是依据《中华人民共和国道路交通安全法》及其实施条例的规定，对在用机动车的安全技术状态按照机动车国家安全技术标准等要求进行的定期检测活动。其目的是对在公共环境下使用的机动车的运行安全性进行辨识，最大限度地预防机动车运行过程中发生交通事故的潜在危险，从机动车安全技术状态的保证上减少造成交通事故的可能。据统计，2010 年我国共发生交通事故 23.8 万余起，造成 67759 人死亡、275125 人受伤，直接财产损失 9.1 亿元，其中因机动车辆安全技术状态不符合要求导致的事故比例有所上升。所以，机动车安全检验对减少交通事故的发生具有重要的作用。促进在用机动车安全检验技术的创新，不仅对机动车安全检验行业的发展有利，而且也是保障机动车运行安全性的必不可少条件。

2 关于产业技术创新战略联盟

为深入贯彻落实党的十七大和全国科技大会精神，实施《国家中长期科学和技术发展规划纲要（2006 年 ~ 2020 年）》，加快建立以企业为主体、市场为导向、产学研相结合的技术创新体系，加快提升产业的核心竞争力，科技部、财政部、教育部、国务院国资委、中华全国总工会、国家开发银行六部门联合发布了《关于推动产业技术创新战略联盟构建的指导意见》（国科发政〔2008〕770 号，2008 年 12 月 30 日）。指导意见中就产业技术创新战略联盟（以下简称战略联盟）的概念，推动战略联盟构建的重要意义、指导思想、基本原则以及战略联盟的主要任务、应具备的基本条件和开展战略联盟试点工作都提出了明确的意见和要求。

2.1　战略联盟的定义与构建意义

产业技术创新战略联盟是指由企业、大学、科研机构或其他组织机构，以企业的发展需求和各方的共同利益为基础，以提升产业技术创新能力为目标，以具有法律约束力的契约为保障，形成的联合开发、优势互补、利益共享及风险共担的技术创新合作组织。

产业技术创新战略联盟的构建是加强产学研结合，促进技术创新体系建设的重要举措。党的十七大提出，要加快建立以企业为主体、市场为导向、产学研相结合的技术创新体系，引导和支持创新要素向企业集聚，促进科技成果向现实生产力转化。产业技术创新战略联盟是市场经济条件下产学研结合的新型技术创新组织，有利于提高产学研结合的组织化程度，在战略层面建立持续稳定、有法律保障的合作关系；有利于整合产业技术创新资源，引导创新要素向优势企业集聚；有利于保障科研与生产紧密衔接，实现创新成果的快速产业化；有利于促进技术集成创新，推动产业结构优化升级，提升产业核心竞争力。

2.2 战略联盟构建的指导思想与基本原则

指导意见提出的构建产业技术创新战略联盟指导思想是：以国家战略产业和区域支柱产业的技术创新需求为导向，以形成产业核心竞争力为目标，以企业为主体，围绕产业技术创新链，运用市场机制集聚创新资源，实现企业、大学和科研机构等在战略层面有效结合，共同突破产业发展的技术瓶颈。推动联盟构建应坚持以下基本原则：

（1）遵循市场经济规则。立足于企业创新发展的内在要求和合作各方的共同利益，通过平等协商，建立有法律效力的联盟契约，对联盟成员形成有效的行为约束和利益保护。

（2）体现国家战略目标。符合《规划纲要》确定的重点领域，符合国家产业政策和节能减排等政策导向，符合提升国家核心竞争力的迫切要求。

（3）满足产业发展需求。有利于掌握核心技术和自主知识产权，有利于引导创新要素向企业集聚，有利于形成产业技术创新链，有利于促进区域支柱产业的发展。

（4）发挥政府引导作用。创新政府管理方式，发挥协调引导作用，营造有利的政策和法制环境，围绕经济社会发展的迫切要求推动重点领域联盟的构建。

2.3 战略联盟的主要任务

联盟将组织企业、大学和科研机构等围绕产业技术创新的关键问题，开展技术合作，突破产业发展的核心技术，形成重要的产业技术标准；建立公共技术平台，实现创新资源的有效分工与合理衔接，实行知识产权共享；实施技术转移，加速科技成果的商业化运用，提升产业整体竞争力；联合培养人才，加强人员的交流互动，为产业持续创新提供人才支撑。

3 战略联盟对机动车安全检验行业发展的必要性与可行性分析

3.1 机动车安全检验行业发展与技术现状

机动车安全检验行业主要包括机动车安全检测站、检测设备生产企业、检测技术研究所（院）、机动车安全检验技术专业协会以及有关院校等。机动车安全检验主要是通过检测与车辆运行安全相关系统、总成或零部件的技术状态，并依据相关标准做出安全性判别。我国对机动车强制进行安全技术检验以 GB 7258—1987《机动车运行安全技术条件》的颁布实施为标志，但汽车技术状况检测方法与装备的研发要比其更早。

我国机动车安全检验技术的发展大体上经历了人工检测、购买国外检测设备、引进国外检测设备制造技术、自主研发检测技术与设备及检测设备产业化与检测技术研发自主化等阶段。目前，我国的机动车安全检验设备都已国产化，检验技术具有自主知识产权，基本满足了机动车安全检验工作的需要。此外，我国机动车安全检验标准也从无到有，并随着汽车技术的进步不断的完善。这些标准主要包括：

（1）规范机动车安全检验工作的标准，如 GB 7258—2004《机动车安全运行技术条件》和 GB 21861 2008《机动车安全技术检验项目和方法》等。

（2）规范机动车检测设备生产制造的标准，如 GB/T 13564—2005《滚筒反力式汽车制动检验台》、GB/T 13563—2007《滚筒式汽车车速表检验台》等。

（3）规范检测设备计量认证的标准，如 GB 11798—2001《机动车检测设备检定技术条件》和各类检测设备检定规程等。

目前，我国机动车保有量已超过 2 亿多台。按机动车安全技术检验的规定，年检测量至少也要达到 1.2 亿次，产值 120 多亿元。全国已经取得机动车安全技术检验机构检验资格许可的单位有 2000 多家，从业人员有 60000 余人，机动车安全检测设备生产企业已形成较大的规模。除中国质量检验协会机动车安全检验技术专业委员会外，部分省市也成立了机动车安全检验技术协会。此外，还有相关的科研单位以及大专院校也在从

事机动车安全技术检验的科学研究和人才培养工作。因此，随着我国汽车保有量总体规模的继续增加以及对道路交通安全水平的要求的进一步提高，机动车安全检验行业还将进一步发展，技术要求也将进一步提高。

3.2　构建战略联盟的必要性

机动车安全技术检验对个人和社会有如下意义：第一，可强化在用车辆所有者的安全意识，加强车辆维护，保证行车安全，对个人的生命和财产有利；第二，可促进在用车辆保持良好的技术状态，减少交通事故的发生，对社会的公共安全有益。

在《国家中长期科学和技术发展规划纲要（2006年—2020年）》（国发[2005]第044号）提出的重点领域及其优先主题中，交通运输业被列入第六个重点领域，其中交通运输安全与应急保障被列为第三十九个优先主题。交通运输是国民经济的命脉，全面建设小康社会对交通运输提出更高要求，交通科技面临重大战略需求。在发展思路中特别强调：促进交通运输向节能、环保和更加安全的方向发展，交通运输安全保障、资源节约与环境保护等方面的关键技术取得重大突破并得到广泛应用。“交通运输安全与应急保障”应重点开发交通事故预防预警、应急处理技术，开发运输工具主动与被动安全技术、交通运输事故再现技术、交通应急反应系统和快速搜救等技术。而机动车安全检验技术在交通事故的预防中能起到重要作用，其科学技术研究对提高交通运输的安全水平具有明显的技术支撑意义。

尽管机动车安全技术检验行业未被直接列入国家战略产业和区域支柱产业，但是汽车安全技术的不断进步与更新、机动车交通安全形势对社会经济发展和和谐安定的影响等问题的存在，都要求机动车安全技术检验行业重视检测技术的不断创新，以满足对机动车安全技术检验的技术需求，为汽车工业的科学发展提供技术支持；以及为保障社会公共安全、创造和谐稳定的社会经济发展环境和减少人民生命财产损失提供技术服务。机动车安全技术检验行业的相关企业、大学和科研单位及其他组织机构应按照《指导意见》精神，从产业发展的实际需求出发，遵循市场经济规则，积极构建联盟，探索多种、长效、稳定的产学研结合机制。

3.3　构建战略联盟的可行性

中国质量检验协会机动车安全技术检验专业委员会为全国从事与机动车安全检验相关单位及个人自愿组成的全国机动车安全检验行业性社会团体，是中国质量检验协会的分支机构。其主要工作是：协助政府加强对机动车安全检测行业的管理，维护会员和用户单位的合法权益，在政府与机动车安全检验机构、检测设备生产和经营单位、用户和相关部门单位之间发挥桥梁和纽带作用，为中国机动车安全检测事业服务；努力提高我国机动车安全技术检验水平，建立有中国特色的机动车安全检验模式，促进我国机动车安全技术检验行业的健康、和谐发展。因此，中国质量检验协会机动车安全技术检验专业委员会将是中国机动车安全检验产业技术创新战略联盟构建的最佳主体，也是战略联盟构建的组织保证。

此外，我国机动车安全检测技术的协作研究有着良好的基础，并有定期进行技术交流活动的传统。1988年，中国机动车安全检测研究会成立以来，许多专家、学者不计名利，围绕机动车安全检测开展了大量工作，推动了我国机动车安全检测技术的发展与进步。尽管2000年因社团调整研究会撤销，但是2003年至2009年间，行业同仁仍继续进行了7次机动车安全检测行业专家研讨会，共同研究机动车安全检测领域发展存在的问题，深入交流学术观点。因此，机动车安全技术检验战略联盟的构建有着广泛的社会基础和行业支持。

4 战略联盟对机动车安全检验技术创新的促进作用

4.1　机动车安全技术检验的技术创新体系

机动车安全技术检验的技术创新体系主要由以下部分组成：检测技术研究、检测设备开发、检测机构规划与设计、检验标准制定、计量检定规程编制、检验技术培训、检验质量管理以及检测设备维护等。按技术研究与应用过程可分为：技术方法层、技术标准层及技术应用层。机动车安全检验技术体系框架，如图1所示。

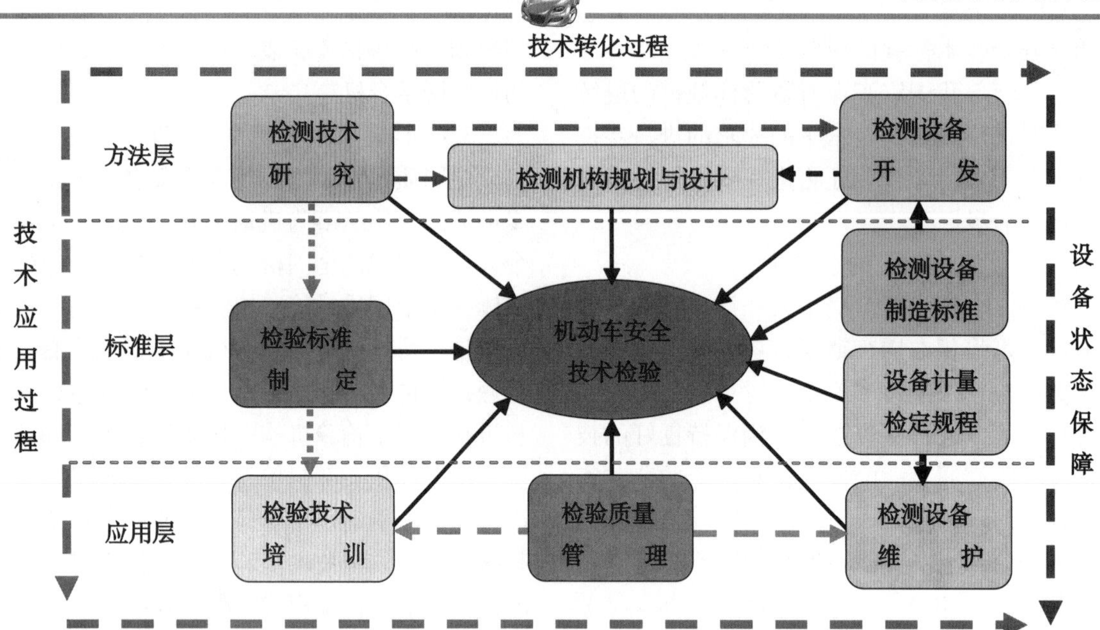

图 1 机动车安全技术检验体系框架

4.2 机动车安全技术检验的技术创新的主要方面

4.2.1 机动车安全技术检验方法创新

机动车安全技术的进步依赖于高新技术在机动车辆上的应用，特别是汽车安全性能的不断提高充分证明了这个事实。汽车本质安全性除由设计制造确定的因素外，还有其他许多与系统、总成或零部件技术状态相关的因素。为提高汽车安全性能，目前已经有各种不同技术特点的系统、总成或零部件在汽车设计制造中得到应用。例如，ABS、ESP、EBD 等。这些装置大多是机 / 电 / 液一体化产品，并采用了计算机控制技术。

机动车安全技术检验就是要确定与车辆运行安全相关的系统、总成或零部件的技术状态。但是，目前机动车安全技术检验方法还不适应汽车安全技术提高的现实，不能对新型汽车的安全系统和装置进行检验。另外，对已经应用但还存在不足的检验方法也应改进技术或探索新的方法。因此，机动车安全技术检验理论、技术与方法的研究还有广阔的创新空间。

4.2.2 机动车安全技术检测设备功能创新

目前，大量使用的机动车安全检测设备基本上都采用了光、机、电一体化技术，具有计算机测控及数据远程通讯能力。但是，检测设备的功能仍然存在着一定的局限性。主要表现在：

（1）机动车安全检测设备主要检测技术状态综合性参数，如制动力、侧滑量等，对工作过程参数的检测还不完善。检测设备的功能以综合性参数检测为主，缺乏对工作过程等动态参数的检验能力。

（2）机动车安全检测设备不具备状态自检测功能，设备计量检定后的技术状态无法监控，影响检测结果的客观公正性。

（3）机动车安全检测设备不具备故障自诊断功能，检测过程中出现故障不能及时发现，影响检测结果的准确性。

因此，随着汽车技术性能的不断提升，应及时改进检测设备的功能；采用新的技术方法，加强对机动车安全技术检测设备的技术状态检测，以保证机动车安全技术检验结果的科学准确、标准规范和客观公正。

4.2.3 机动车安全技术检验信息应用创新

计算机与通讯技术在机动车安全技术检验行业得到了广泛的应用，为机动车安全技术检验信息的采集提供了坚实的技术支撑。但是，机动车安全技术检验信息资源还未得到深入的开发与利用。

机动车安全技术检验信息应用的创新之一是将检验信息传送到机动车安全技术状态监控分析中心，通过对检测数据的处理分析，可以确定某类车型甚至某个品牌车型的机动车安全技术总体状态，提出进行强化检测、正常检测或暂缓检测的意见与建议，为道路交通安全管理以及其他相关部门提供汽车安全技术状态的信息支持。除此之外，利用现有的机动车安全技术检验机构具有检测数据网络传输的功能，还可以为相关行业提供必要的信息服务。基于机动车安全技术检验信息应用系统，如图 2 所示。

4.2.4　机动车安全技术检验运作模式创新

目前，机动车安全技术检验主要采用定期、定点和分类的检验模式。定期是机动车安全检测有具体规定的周期；定点是指机动车安全检测的场所是获得检验资格许可的机动车安全技术检验机构；分类是根据机动车辆类型、营运性质和使用年限对检测年检测频次有不同的要求。但是，随着机动车保有量的不断增加，应兼顾公众需求与个人利益的统一。解决减轻个人负担与提高交通安全水平之间的矛盾，仍是机动车安全技术检验模式探索研究的主要方向。

4.3　机动车安全技术检验创新已具备基础条件

机动车安全技术检验必须随着汽车技术进步而不断创新，并应满足个人消费服务需求和社会公共安全要求。机动车安全技术检验创新已具备以下基础条件：

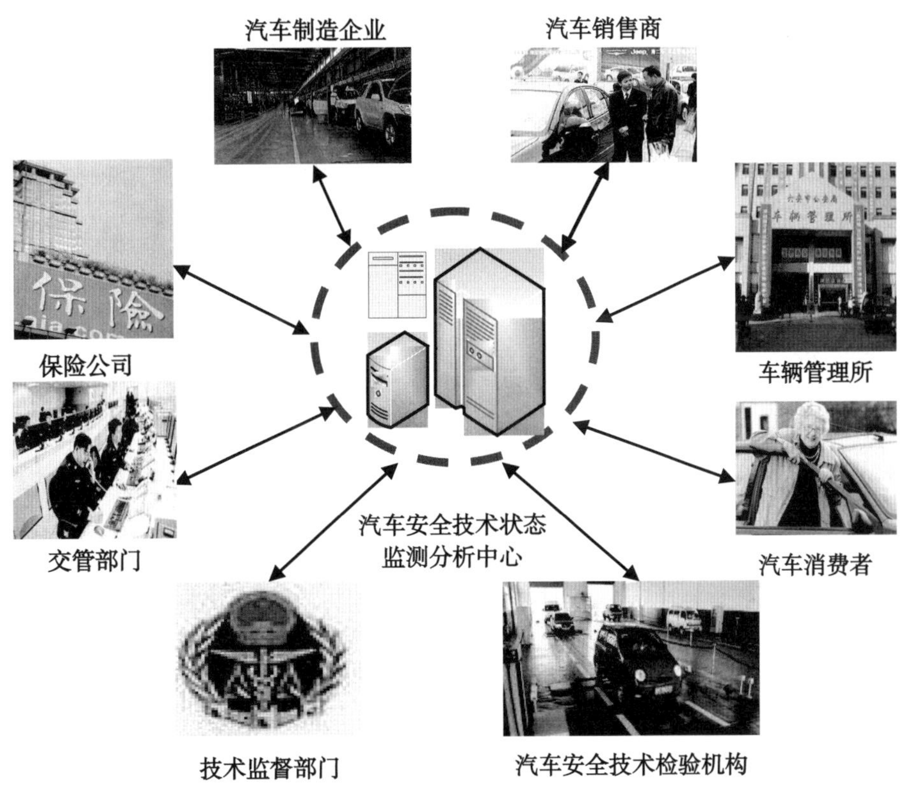

图 2　基于机动车安全技术检验信息应用系统

（1）我国机动车安全技术检验已经历多年的发展，有一批长期从事汽车安全技术检验研究与技术应用的学者专家，积累了丰富的检测技术研究和设备研发经验，具有进行机动车安全技术检验技术创新的智力资源；

（2）我国已经形成了汽车安全技术检验设备生产制造能力，为技术创新打下了物质基础；

（3）我国已经制定了部分汽车安全技术检验标准，为技术创新奠定了法规基础；

（4）我国机动车辆安全检测机构网点布局基本形成，应用信息技术可为汽车安全技术检验的信息化与信息资源的有效利用提供了技术保障。

4.4 战略联盟在机动车安全检验技术创新中的主要任务

4.4.1 专业委员会与战略联盟任务的主要差异

在中国质量检验协会机动车安全技术检验专业委员会章程第二章第九条中，对科学技术研究做出如下说明："接受政府有关部门和企业、事业单位的委托，承接有关机动车安全技术检验科研课题的研究，开发、评估、协助申报成果鉴定等与机动车安全技术检验相关的工作"。尽管机动车安全技术检验专业委员会的业务范围规定了应进行与机动车安全技术检验的相关科学技术研究工作，但是产业技术创新战略联盟的宗旨仍有一定差别。

产业技术创新战略联盟将以技术创新合作组织的形式积极主动地开展技术创新活动，以提升机动车安全技术检验机构与设备制造企业的市场竞争力为目标；以企业为主体，产、学、研、用有机结合，按照平等自愿、风险共担、利益共享的原则，致力于机动车安全技术检验与设备制造行业共性技术的研究开发和成果推广，促进机动车安全技术检验行业的技术不断进步。

产业技术创新战略联盟将以国家和地方相关共性技术攻关项目和课题为载体，围绕国家科技发展重大需求、符合国家战略利益需要，通过富有活力和创新能力的战略联盟，推动机动车安全技术检验机构与设备制造企业的技术进步。通过加强联盟成员间的沟通和技术合作，优势互补，共同发展；围绕机动车安全技术检验与设备制造行业共性技术研发及产业化应用提出项目建议，报送相关部门、组织和机构，积极组织争取国家和地方科技攻关项目并进行组织管理和实施。

4.4.2 战略联盟在机动车安全检验中技术创新的主要工作

（1）贯彻落实《国家中长期科学和技术发展规划纲要（2006 年 -2020 年）》精神，围绕机动车安全技术检验与设备制造的技术需求，进行机动车安全检验技术与设备制造关键、共性技术和重大前沿技术研究，促进机动车安全技术检验与设备制造行业的可持续发展。

（2）以国家和地方相关共性技术攻关项目和课题为载体，组织联盟优势资源，建立协作机制，构建机动车安全技术检验与设备制造技术研发平台，开展机动车安全技术检验与设备制造技术的研究和推广应用。

（3）以市场为导向，以联盟成员为骨干，以互惠互利、优势互补为原则，促进机动车安全技术检验与设备制造技术研究成果的产业化。

（4）成为联盟内成员之间交流、合作的平台，促进资源的共享和有效利用，协助联盟内的企业解决其发展中遇到的问题，凝聚和培育创新人才。

4.4.3 战略联盟在机动车安全检验中技术创新的目标

（1）研究先进的机动车安全技术检验方法和发展检测设备设计理论及制造技术；

（2）研究开发出具有自主知识产权的机动车安全技术检验检测设备；

（3）搭建机动车安全技术检验方法和检测设备技术公共服务平台；

（4）培养较高水平、较高素质的研究和成果推广队伍；

（5）建立起富有成效的战略联盟运行机制和管理体制。

5 结束语

技术创新是机动车安全技术检验行业科学发展的动力。产业技术创新战略联盟要由企业、大学和科研机构等多个独立法人组成，企业处于行业骨干地位；大学或科研机构在合作的技术领域具有前沿水平；其他组织机构也可成为联盟成员。中国质量检验协会机动车安全检验专业委员会应积极推动产业技术创新战略联盟的构建，探索有效的机制和模式、引导联盟的发展和壮大。

上述观点仅供参考，希望读者提出宝贵意见和建议，以共同推进机动车安全技术检验行业科学、和谐和快速发展。

第二篇

机动车检测行业大事记

（2005 年 -2010 年）

◎ 2005年1月21日，国家质检总局、公安部、国家认监委联合下发了《关于加强机动车安全技术检验机构管理有关工作的通知》（以下简称《通知》），规定自通知发布之日至2005年3月31日，机动车安全技术检验机构资格及监督管理工作由公安机关交通管理部门向质检部门移交，国家质检总局开始承担机动车安检机构的主要管理任务，公安交管部门主要负责监督工作。

根据《通知》，从2006年4月起，所有机动车安全技术检验机构取得计量认证后，才能从事机动车辆的安全检验检测工作；凡申请计量认证的机动车安全技术检验机构，应当是法人单位。国家认监委要求，目前暂不具备独立法人资格的公安交通管理部门管理（或委托）的机动车安全技术检验机构，应当在一年内取得相应的独立法人资格。

◎ 2005年4月4日国家认证认可监督管理委员会发布《关于做好机动车安全技术检验机构计量认证工作有关问题的通知》（国认实函[2005]64号），通知规定“根据国家有关法律、行政法规规定，机动车安全技术检验机构应当对出具的安全检验检测结果，独立承担法律责任。凡申请计量认证的机动车安全技术检验机构，应当是法人单位。”“自2005年8月1日起，新从事机动车安全技术检验的机构，必须先取得独立法人资格，方可申请办理计量认证。”

◎ 2005年4月27日，国家环保总局召开新闻发布会，公布了五项机动车污染物排放新标准。国家环保总局科技司副司长罗毅表示，制定和实施更严格的排放标准，降低排放负荷是解决机动车污染问题的必然选择和有效手段。新排放标准是根据国内机动车污染状况、发展需要和环境保护的需要制定的。

新发布的五项排放标准包括：《轻型汽车污染物排放限值及测量方法（中国Ⅲ、Ⅳ阶段）》（即中国轻型汽车Ⅲ、Ⅳ号排放标准）、《装用点燃式发动机重型汽车曲轴箱污染物排放限值》、《装用点燃式发动机重型汽车燃油蒸发污染物排放限值》、《摩托车和轻便摩托车加速行驶噪声限值及测量方法》和《摩托车和轻便摩托车定置噪声限值及测量方法》。其中，轻型汽车Ⅲ号排放标准自2007年7月1日起实施，Ⅳ号排放标准自2010年7月1日起实施，其他标准自2005年7月1日起实施。自实施之日起，上述排放标准将代替现行的轻型汽车Ⅱ号排放标准等九项机动车排放和检测方法标准。

◎ 2005年7月21日国家质检总局发布GB/T 17993—2005《汽车综合性能检测站能力的通用要求》，2005年12月1日实施。

◎ 2005年8月29日商务部、公安部、工商总局、税务总局公布2005年第2号令，《二手车流通管理办法》自2005年10月1日起实施。新的二手车流通管理办法中，规定“二手车交易市场不得直接从事二手车经营，不能对外从事二手车鉴定评估经营活动，二手车鉴定评估机构必须是独立的中介机构”。

◎ 2005年9月7日国家质量监督检验检疫总局发布《关于公布首批承担进出口机动车安全技术检验任务的机构名单的通知》（国质检检【2005】308号）

◎ 2006年1月12日交通部发布交通部2006年第2号令，《机动车驾驶员培训管理规定》自2006年4月1日起施行。《机动车驾驶员培训管理规定》进一步细化培训经营模式的种类，鼓励培训机构专业化经营，增加了道路运输驾驶员从业资格培训和机动车驾驶员培训教练场

经营，以此区别于普通机动车驾驶员培训。道路运输驾驶员从业资格培训分为道路客货运输驾驶员从业资格培训和危险货物运输驾驶员从业资格培训两类。

◎ 2006 年 2 月 27 日国家质量监督检验检疫总局发布第 87 号令，《机动车安全技术检验机构管理规定》自 2006 年 5 月 1 日起实施。

◎ 2006 年 3 月 21 日国务院发布第 462 号令，《机动车交通事故责任强制保险条例》自 2006 年 7 月 1 日起施行。机动车交通事故责任强制保险（以下简称交强险），是国家以法律、行政法规的形式强制机动车的所有人和管理人向保险公司投保的一种保险。当发生交通事故时，驾驶人对受害人应负的人身伤亡、财产损失的赔偿责任，由保险公司在责任限额内承担。交强险制度对于保障机动车交通事故受害人及时获得赔偿，促进道路交通安全具有重要意义。

◎ 2006 年 6 月 26 日，国家质检总局发出通知，要求各省、自治区、直辖市质量技术监督局开展对机动车安全技术检验机构专项监督检查。

通知指出，近期，广东省质量技术监督局经过调查，认定广东东莞华辉机动车检测服务有限公司等 2 家机动车安全技术检验机构在机动车年审安全检测业务中，伪造检测数据，出具虚假检测报告，情节恶劣，后果严重。广东省局对这两家车检机构作出了处理。据了解，其他地区也不同程度地存在上述问题，严重影响了机动车安全技术检验工作，并造成安全隐患。为依法履行对机动车安全技术检验机构（以下简称安检机构）监督管理的职责，质检总局决定在全国范围内立即开展对机动车安检机构的专项监督检查。

◎ 2006 年 8 月 22 日国家标准化管理委员会发布 GB 7258-2004《机动车运行安全技术条件》国家标准第 1 号修改单，于 2006 年 11 月 1 日起实施。

◎ 公安部推出了《服务群众十六项措施》，前十项措施将于 2007 年 7 月 1 日起实施。其中，第三项措施即“关于允许条件具备的汽车销售商、二手机动车交易市场代办机动车牌证”。

◎ 2007 年 6 月 22 日国家标准化管理委员会发布 GB 7258-2004《机动车运行安全技术条件》国家标准第 2 号修改单，于 2007 年 9 月 1 日起实施。

◎ 2007 年 10 月第五次全国机动车安全检测行业专家研讨会在成都召开，研讨会上与会专家就恢复“中国机动车安全检测研究会”或成立新的行业组织问题进行了热烈的讨论，与会专家提出要与国家有关行业主管机关联系并提出相关申请，中国车检中心王焕德总经理当面承诺安排专人做好此项工作。机动车安全检验专委会筹备工作正式启动。

◎ 国家质量监督检验检疫总局发布《关于2007 年机动车安全技术检验机构监督检查情况的通报》（质检办监〔2008〕118 号）。

◎ 2007 年 12 月 24 日,《关于申请恢复原“中国机动车安全检测研究会”的报告》及《恢复研究会后工作方案》送交到国家质检总局产品质量监督司。

国家质检总局产品质量监督司纪正昆司长对此报告非常重视，于 2008 年 1 月 22 日在国家质检总局听取了机动车安全检验专委会筹委会对组建行业协会的意见，明确提出了在中国质量检验协会下面建立分会的设想。

◎ 2008 年 3 月 10 日，机动车安全检验专委会筹委会向中国质量检验协会上报了《关于成立“中国机动车安全检验专业委员会”的报告》，同时起草了专委会章程草案和工作方案一并上报中国质量检验协会。

◎ 2008 年 4 月 1 日至 3 日，国家质检总局产品质量监督司在杭州组织召开了全国机动车安检机构资格许可工作座谈会。31 个省、自治区、直辖市质量技术监督局负责安检机构许可工作的同志参加了会议。会议对全国几年来机动车安检机构资格许可工作进行了小结，分析了全国机动车安检机构资格许可工作存在的问题，结合当前形势对 2008 年安检机构资格许可工作提出了明确要求。

◎ 2008 年 5 月 26 日，国家质量监督检验检疫总局和国家标准化管理委员会发布了国家标准 GB 21861-2008《机动车安全技术检验项目和方法》，自 2009 年 6 月 1 日起实施。该标准对机动车安全检验项目和方法进行了更加规范、具体、清晰和明确的规定。

◎ 2008 年 5 月 27 日公安部发布第 102 号令，修订后的《机动车登记规定》自 2008 年 10 月 1 日起施行。新的《机动车登记规定》最主要的特点就是突出“以人为本”的管理和服务理念，为群众办理机动车牌证提供更多便利。全篇幅都是围绕这一主线展开。主要有以下几个方面：

（一）简化办事流程。

（二）取消部分审批程序。

（三）延伸服务窗口。

（四）改进号牌号码选取方式。在全国范围内实行由机动车所有人自编自选机动车号牌号码，将号牌号码的选择权交给群众，使群众能真正选到自己喜好的号牌号码。

◎ 2008 年 8 月 17 日公安部发布公安部第 104 号令，《道路交通事故处理程序规定》自 2009 年 1 月 1 日起施行。与原法规相比，这部新规对交通事故当事人撤离、涉外道路交通事故处理、交警执法等作出了新要求。新法规规定司机有疏散责任；允许当事人自行协商；事故认定书可以复核；新增强制验血制度；外国人肇事没处理完可限制出境等 5 大亮点，可以更好地保障受害者权益和进行公正执法。

◎ 2008 年 8 月 20 日国家标准化管理委员会发布 GB 7258-2004《机动车运行安全技术条件》国家标准第 3 号修改单，于 2008 年 8 月 20 日起实施。

◎ 2008 年 9 月 19 日公安部发布了 GA 801—2008《机动车查验工作规程》，自 2008 年 10 月 1 日起实施，该标准规定了机动车查验的人员资质、项目、工作要求及其他相关要求，适用于公安机关交通管理部门车辆管理所对机动车进行查验。

◎ 国家质检总局人事司于 2008 年 10 月 29 日以“国质检人 [2008]529 号”文件的形式，正式批复由中国质量检验协会设立“中国质量检验协会机动车安全检验专业委员会”。

◎ 2008 年 11 月 14 日公安部发布关于实施《机动车检验合格标志》行业标准的通知。GA 811—2008《机动车检验合格标志》为公共安全行业强制性标准，已经公安部技术监督委员会批准，并在《发布行业标准公告》中发布，从 2009 年 1 月 1 日起实施。

◎ 2008 年 12 月 20 日公安部发布公安部第 105 号令，修订后的《道路交通安全违法行为处理程序规定》自 2009 年 4 月 1 日起施行。新《道路交通安全违法行为处理程序规定》中，对交通技术监控设备（俗称“电子眼”）的设置以及滞纳金加处罚款上限作出了明确规定，杜绝了高额“滞纳金”。

◎ 2008 年 12 月 26 日国家质量监督检验检疫总局发布《关于 2008 年机动车安全技术检验机构监督检查情况的通报》（国质检监函 [2008]861 号）。

◎ 2009 年 6 月 4 日，国家民政部正式批准成立“中国质量检验协会机动车安全检验专业委员会”（社证字第 3251-7 号）。

◎ 为统一全国环保标志标准，实现环保标志规范化管理，规范和加强机动车尾气排放的监督管理，2009 年 7 月 22 日环境保护部发布了关于印发《机动车环保检验合格标志管理规定》的通知。

◎ 2009 年 8 月 15 日工业和信息化部、国家发展和改革委员会发布第 10 号令，《汽车产业发展政策（2009 年修订）》自 2009 年 9 月 1 日起施行。

◎ 2009 年 10 月 13 日国家质量监督检验检疫总局局务会议审议通过公布了《机动车安全技术检验机构监督管理办法》（以下简称《办法》），《办法》将于 12 月 1 日起施行。《办法》规定，从 12 月 1 日起，未取得检验资格许可证书即擅自开展机动车安全技术检验的，超出批准的检验范围开展机动车安全技术检验的，涂改、倒卖、出租、出借检验资格证书的，将被处以 3 万元以下罚款。要求机动车到指定场所进行维修、保养的，推诿或拒绝处理用户的投诉或异议的，逾期不改正，将被处以 1 万元以下罚款。

◎ 为实施汽车以旧换新，搞活流通，扩大消费，应对国际金融危机，保持国民经济平稳较快发展，2009 年 11 月 26 日商务部、公安部、环境保护部、交通运输部、工商总局等五部门联合发布了《关于加强报废汽车监督管理有关工作的通知》。通知强调加强报废汽车管理，防止报废汽车、拼装车流向社会，是顺利实施汽车以旧换新政策的重要保证。

◎ 2009 年 12 月 1 日国家质量监督检验检疫总局发布了关于印发《机动车安全技术检验机构检验资格许可办理程序》等 5 个规范性文件的通知。

◎ 2009 年 12 月 7 日公安部发布公安部第 111 号令，《公安部关于修改〈机动车驾驶证申领和使用规定〉的决定》自 2010 年 4 月 1 日起施行。《机动车驾驶证申领和使用规定》作为《道路交通安全法》的配套规章，自 2004 年 5 月实施以来，在规范机动车驾驶证管理，严格机动车驾驶人考试工作，强化道路交通安全源头管理等方面发挥了重要作用。此次修改是《机动车驾驶证申领和使用规定》的第二次修改，通过修改进一步满足经济社会快速发展、机动化进程给人民群众生活带来的改变，进一步放宽残疾人驾驶汽车的身体条件、支持保障残疾人驾驶汽车出行，进一步简化办理驾驶证业务程序、方便群众，进一步完善驾驶证管理制度，在源头管理上有效预防和减少道路交通事故，以满足群众的新期待和新要求。

◎ 2009 年 12 月 8 日国家质量监督检验检疫总局发布《关于 2009 年机动车安全技术检验机构监督检查情况的通报》（国质检监函〔2009〕791 号）。

◎ 2009 年 12 月 10 日国家环境保护部发布《机动车环保检验机构管理规定》（以下简称《管理规定》），《管理规定》规定，环检机构必须按照委托证书的范围开展业务，同时不得参与经营机动车维修业务。环检机构要定期进行检测线的比对和检测设备的校准，确保计算机网络畅通，保证检测数据的正常传输。对违反《管理规定》要求的，环保部门可视情况对其进行警告、通报批评和限期整改；情节严重的，省级环保部门取消其承担机动车环保定期检验的委托关系，收回委托证书，并向社会公告。

◎ 在机动车安全检验行业广大同仁的共同努力和国家质检总局的大力支持下，中国质量检验协会机动车安全检验专业委员会已经得到国家质检总局和民政部的正式批准。2009 年 12 月 11 日经中国质量检验协会批准，中国质量检验协会机动车安全检验专业委员会在京成立。大会通过了中国质量检验协会机动车安全检验专业委员会章程和组织架构，选举产生了专委会主任、副主任、常务委员及荣誉副主任、高级顾问，王焕德当选专委会主任。中国质量检验协会机动车安全检验专业委员会的成立，翻开了我国机动车安全检验行业的新篇章。

◎ 为了贯彻落实国家质检总局近期颁布的《机动车安全技术检验机构管理办法》（国家质检总局令 121 号），2009 年 12 月 24 日至 25 日，国家质检总局产品质量监督司在北京召开全国机动车安全技术检验机构监管工作座谈会，参加会议的代表有全国 31 个省（自治区、直辖市）从事机动车安全技术检验机构检验资质管理工作的近 50 位负责同志。

本次会议回顾了全国机动车安全技术检验资格管理工作的发展历程，总结了安检机构检验资格管理工作及全国安检机构发展中取得的经验和存在的不足，宣贯了《机动车安全技术检验机构管理办法》，宣讲了《机动车安全技术检验机构检验资格许可办理程序》等规范性文件及相关技术标准，对进一步做好安检机构检验资格管理工作，认真贯彻执行相关规章及规范性文件，严格检验资格许可工作，规范安检机构检验行为提出了明确要求。

◎ 2010 年 3 月 18 日—21 日第 53 届中国国际汽车保修检测诊断设备（春季）展览会在北京国家会议中心拉开帷幕。本次汽保展展出面积首次突破 6 万平方米，逾 800 家展商携 2000 多个国内外知名汽保品牌亮相此次展会。本次展会主要展出了汽车维修设备、检测设备、美容养护设备以及汽车美容养护产品、汽车涂料、洗车机及教学教具等。

◎ 2010 年 3 月 23 日国家质量监督检验检疫总局、公安部联合印发《关于进一步加强机动车安全技术检验机构和机动车安全技术检验工作监管的通知》，两部门将密切配合，建立联席会议制度、联合监督检查制度、社会监督机制，加强长效监管。从联合发文之日开始，两部门在全国范围内组织开展一次机动车安全技术检验工作专项整治行动。整治工作重点是对安检机构的资质、检验行为、检验人员、检验设备等内容开展监督抽查，切实规范机动车查验工作，组织开展相关培训考核，积极清除非法中介机构和人员，严厉打击各种违法行为。通过整治达到以下工作目标：强化安检机构的主体责任意识，落实责任制；强化监督手段和措施，加强检验工作管理；保证所有检测设备都在计量检定（校准）周期之内；规范检验行为，提高检验技术水平；切实做好机动车查验工作监管；建立健全长效监督机制，使违法违规检测行为得到有效遏止。

◎ 2010 年 4 月 2 日国家标准化管理委员会办公室发布 GB 21861—2008《机动车安全技术检验项目和方法》国家标准第 1 号修改单。

◎ 2010 年 4 月 23 日，受北京市质监局的委托，中国质量检验协会机动车安全检验专业委员会开展的北京市机动车安全技术检验行业发展状况调研项目正式启动，本次调研主要是对北京市的机动车安全技术检验机构进行全面的调查与分析，了解各安检机构管理现状，获得其周边环境、地域分布、经营状况、人员配备等多方面数据。通过分析和论证，就国家检验标准和法律、法规等外部政策对检测业务影响、地域布局合理性、安检机构内部管理、安检行业生存环境与发展现状等方面提出研究结论与建议，为主管部门加强行业管理提供佐证与数据支持。本项目历时四个月，于 2010 年 8 月 30 日完成本次调研报告的编写工作。

◎ 2010 年 6 月 29 日国家质检总局、工业和信息化部、中国残联发布《关于加强残疾人驾驶机动车辅助装置监管有关问题的通知》。

◎ 2010 年 8 月 16 日—18 日，在哈尔滨举行的中国质量检验协会机动车安全检验专业委员会第一届第二次会员大会上，来自全国机动车安全检验行业主管部门、安全检验机构、生产设备企业、科研院所等 120 多名专家和会员代表，全体表决通过了《中国机动车安全检验行业自律公约》。我国机动车安全检验行业首个全国性自律公约的出台，势必会推动我国机动车安全检验行业服务质量的提升，也必将加快机动车安全检验行业的健康持续发展。

◎ 2010 年 9 月 4 日工业和信息化部、公安部发布《关于进一步加强道路机动车辆生产一致性监督管理和注册登记工作的通知》（工信部联产业［2010］453 号），自 2010 年 10 月 1 日起，所有轿车产品以及经工业和信息化部批准、具备生产一致性保证能力的企业生产的其他乘用车、两轮摩托车等车辆产品，在办理机动车注册登记前，不再要求进行机动车安全技术检验。但出厂后两年内未申请注册登记，或者注册登记前发生交通事故的，仍应当进行安全技术检验。

◎ 2010 年 9 月 14 日—16 日“第五届汽车测试及质量监控博览会”在北京全国农业展览馆隆重举行。主承办单位自该展会 2006 年从德国引进以来，已连续在上海成功举办了四届同类型展会。本届参展范围较往届也有新的突破，不但包括原有的汽车测试设备及质量监控技术、生产线各种组装及零部件测试技术、汽车测试场地和技术服务、汽车碰撞测试技术及设备、各种模拟环境场地设备以及软件开发和质量监控系统等方面内容，还新增加了国际间的技术交流与商务合作，其主要内容有：汽车测试和质量监控领域中的学术研讨、项目推介与合作、商品贸易和应用市场开拓等。

◎ 2010 年 10 月 14 日—15 日由交通运输部举办的全国交通行业“卡尔拉得杯”机动车检测维修职业技能竞赛决赛在北京交通运输部管理干部学院举行。来自全国 24 个省（自治区、直辖市）的 238 名选手参加了本次竞赛决赛。

◎ 2010 年 11 月 4 日中华人民共和国环境保护部发布《中国机动车污染防治年报（2010 年度）》，首次公布我国机动车污染物排放情况。结果显示，2009 年我国首次成为世界汽车产销第一大国，机动车污染日益严重，机动车尾气排放成为我国大中城市空气污染的主要来源。

◎ 2010 年 11 月 5 日交通部发布《关于印发机动车检测维修从业人员职业资格标识管理办法的通知》，根据该办法，从 2011 年 6 月 1 日起，将对从事机动车检测维修的企业以及从业人员，实行职业资格标识管理。从业人员职业资格标识表明了从业人员的专业类别，每个专业分成 3 档，分别是检测维修士、检测维修工程师、检测维修

高级工程师。获得标识的从业人员，在工作时要佩戴统一臂章。

◎ 2010 年 11 月 16 日—18 日，第 54 届全国汽车保修检测诊断设备（秋季）展览会在合肥市安徽国际会展中心举行。本届展会展出面积约 12000 平方米，参展企业近三百家，来自安徽全省以及全国各地的专业观众近万人次参展。

◎ 2010 年 12 月 1 日国家质量监督检验检疫总局发布《关于 2010 年机动车安全技术检验机构监督检查情况的通报》（国质检监函［2010］904 号）。

◎ 2010 年 12 月 6 日，中央电视台《焦点访谈》栏目对北京外运机动车检测场、天龙大田机动车检测场涉嫌违规操作进行了曝光。北京市环境保护局在得悉此事后于 12 月 7 日上午立即对有关情况进行了调查。经核查，北京外运机动车检测场在机动车尾气排放检测中确有未认真检查外观和违规操作等违法违规行为。北京市环保局依法收回委托书，停止了该机动车检测场的机动车尾气排放检测业务。

◎ 2010 年 12 月 8 日—11 日第六届上海国际汽车零配件、维修检测诊断设备及服务用品展览会在上海新国际博览中心举行。来自世界 130 个国家及地区的 50 多万名参观者参观了展览会，超过 3100 家参展商在 13.8 万平方米的展出场地上展示各自的最新产品和服务。

◎ 2010 年 12 月 17 日全国机动车安全技术检验机构监管工作座谈会在四川成都召开，全国 31 个省、自治区、直辖市质量技术监督局负责机动车安全技术检验机构监管工作的同志参加了会议。这次会议总结了 2010 年全国机动车安检机构资格管理的有关情况，通报了 2010 年全国机动车安全技术检验机构专项整治工作情况以及机动车安全技术检验机构监督检查情况，听取了各省、自治区、直辖市质量技术监督局开展机动车安检机构监管工作状况，并就普遍关心的问题进行了深入的交流和研讨。

◎ 2010 年 12 月 23 日北京市公布了《〈北京市小客车数量调控暂行规定〉实施细则》，将对小客车实施数量调控和配额管理制度。北京将实行小客车保有量增量调控，缓解机动车过快增长势头。“十二五”期间，北京市各级党政机关、全额拨款事业单位不再增加公务用车指标。北京市将制定小客车年度增长数量和配置比例，按摇号方式无偿分配小客车配置指标。目前已确定 2011 年度小客车总量额度指标为 24 万个（平均每月 2 万个）。指标额度中个人占 88%，营运小客车占 2%，其他单位占 10%。

第三篇

机动车检测行业法律法规及相关标准

汽车产业发展政策（2009年修订）

工业和信息化部、国家发展和改革委员会令　第10号

为适应我国改革开放的需要，工业和信息化部、国家发展和改革委员会决定对《汽车产业发展政策》做如下修改：

一、停止执行第五十二条、第五十三条、第五十五条、第五十六条、第五十七条的规定。

二、停止执行第六十条中“对进口整车、零部件的具体管理办法由海关总署会同有关部门制订，报国务院批准后实施”的规定。

本决定自2009年9月1日起施行。

工业和信息化部部长　李毅中

国家发展和改革委员会主任　张　平

二○○九年八月十五日

中华人民共和国国家发展和改革委员会令　第8号

《汽车产业发展政策》业经国家发展和改革委员会主任办公会议讨论通过，并报国务院批准，现予以发布，并于发布之日起施行。1994年颁布的《汽车工业产业政策》根据国务院国函[2004]30号文件批复从即日起停止执行。

附件：《汽车产业发展政策》

国家发展和改革委员会主任　马　凯

二○○四年五月二十一日

汽车产业发展政策

为适应不断完善社会主义市场经济体制的要求以及加入世贸组织后国内外汽车产业发展的新形势，推进汽车产业结构调整和升级，全面提高汽车产业国际竞争力，满足消费者对汽车产品日益增长的需求，促进汽车产业健康发展，特制定汽车产业发展政策。通过本政策的实施，使我国汽车产业在2010年前发展成为国民经济的支柱产业，为实现全面建设小康社会的目标做出更大的贡献。

第一章 政策目标

第一条 坚持发挥市场配置资源的基础性作用与政府宏观调控相结合的原则，创造公平竞争和统一的市场环境，健全汽车产业的法制化管理体系。政府职能部门依据行政法规和技术规范的强制性要求，对汽车、农用运输车（低速载货车及三轮汽车，下同）、摩托车和零部件生产企业及其产品实施管理，规范各类经济主体在汽车产业领域的市场行为。

第二条 促进汽车产业与关联产业、城市交通基础设施和环境保护协调发展。创造良好的汽车使用环境，培育健康的汽车消费市场，保护消费者权益，推动汽车私人消费。在2010年前使我国成为世界主要汽车制造国，汽车产品满足国内市场大部分需求并批量进入国际市场。

第三条 激励汽车生产企业提高研发能力和技术创新能力，积极开发具有自主知识产权的产品，实施品牌经营战略。2010年汽车生产企业要形成若干驰名的汽车、摩托车和零部件产品品牌。

第四条 推动汽车产业结构调整和重组，扩大企业规模效益，提高产业集中度，避免散、乱、低水平重复建设。

通过市场竞争形成几家具有国际竞争力的大型汽车企业集团，力争到2010年跨入世界500强企业之列。

鼓励汽车生产企业按照市场规律组成企业联盟，实现优势互补和资源共享，扩大经营规模。

培育一批有比较优势的零部件企业实现规模生产并进入国际汽车零部件采购体系，积极参与国际竞争。

第二章 发展规划

第五条 国家依据汽车产业发展政策指导行业发展规划的编制。发展规划包括行业中长期发展规划和大型汽车企业集团发展规划。行业中长期发展规划由国家发展改革委会同有关部门在广泛征求意见的基础上制定，报国务院批准施行。大型汽车企业集团应根据行业中长期发展规划编制本集团发展规划。

第六条 凡具有统一规划、自主开发产品、独立的产品商标和品牌、销售服务体系管理一体化等特征的汽车企业集团，且其核心企业及所属全资子企业、控股企业和中外合资企业所生产的汽车产品国内市场占有率在15%以上的，或汽车整车年销售收入达到全行业整车销售收入15%以上的，可作为大型汽车企业集团单独编报集团发展规划，经国家发展改革委组织论证核准后实施。

第三章 技术政策

第七条 坚持引进技术和自主开发相结合的原则。跟踪研究国际前沿技术，积极开展国际合作，发展具有自主知识产权的先进适用技术。引进技术的产品要具有国际竞争力，并适应国际汽车技术规范的强制性要求发展的需要；自主开发的产品力争与国际技术水平接轨，参与国际竞争。国家在税收政策上对符合技术政策的研发活动给予支持。

第八条 国家引导和鼓励发展节能环保型小排量汽车。汽车产业要结合国家能源结构调整战略和排放标准的要求，积极开展电动汽车、车用动力电池等新型动力的研究和产业化，重点发展混合动力汽车技术和轿车柴油发动机技术。国家在科技研究、技术改造、新技术产业化、政策环境等方面采取措施，促进混合动力汽车的生产和使用。

第九条　国家支持研究开发醇燃料、天然气、混合燃料、氢燃料等新型车用燃料，鼓励汽车生产企业开发生产新型燃料汽车。

第十条　汽车产业及相关产业要注重发展和应用新技术，提高汽车的燃油经济性。2010年前，乘用车新车平均油耗比2003年降低15%以上。要依据有关节能方面技术规范的强制性要求，建立汽车产品油耗公示制度。

第十一条　积极开展轻型材料、可回收材料、环保材料等车用新材料的研究。国家适时制定最低再生材料利用率要求。

第十二条　国家支持汽车电子产品的研发和生产，积极发展汽车电子产业，加速在汽车产品、销售物流和生产企业中运用电子信息技术，推动汽车产业发展。

第四章　结构调整

第十三条　国家鼓励汽车企业集团化发展，形成新的竞争格局。在市场竞争和宏观调控相结合的基础上，通过企业间的战略重组，实现汽车产业结构优化和升级。

战略重组的目标是支持汽车生产企业以资产重组方式发展大型汽车企业集团，鼓励以优势互补、资源共享合作方式结成企业联盟，形成大型汽车企业集团、企业联盟、专用汽车生产企业协调发展的产业格局。

第十四条　汽车整车生产企业要在结构调整中提高专业化生产水平，将内部配套的零部件生产单位逐步调整为面向社会的、独立的专业化零部件生产企业。

第十五条　企业联盟要在产品研究开发、生产配套协作和销售服务等领域广泛开展合作，体现调整产品结构，优化资源配置，降低经营成本，实现规模效益和集约化发展。参与某一企业联盟的企业不应再与其它企业结成联盟，以巩固企业联盟的稳定和市场地位。国家鼓励企业联盟尽快形成以资产为纽带的经济实体。企业联盟的合作发展方案中涉及新建汽车生产企业和跨类别生产汽车的项目，按本政策有关规定执行。

第十六条　国家鼓励汽车、摩托车生产企业开展国际合作，发挥比较优势，参与国际产业分工；支持大型汽车企业集团与国外汽车集团联合兼并重组国内外汽车生产企业，扩大市场经营范围，适应汽车生产全球化趋势。

第十七条　建立汽车整车和摩托车生产企业退出机制，对不能维持正常生产经营的汽车生产企业（含现有改装车生产企业）实行特别公示。该类企业不得向非汽车、摩托车生产企业及个人转让汽车、摩托车生产资格。国家鼓励该类企业转产专用汽车、汽车零部件或与其它汽车整车生产企业进行资产重组。汽车生产企业不得买卖生产资格，破产汽车生产企业同时取消公告名录。

第五章　准入管理

第十八条　制定《道路机动车辆管理条例》。政府职能部门依据《条例》对道路机动车辆的设计、制造、认证、注册、检验、缺陷管理、维修保养、报废回收等环节进行管理。管理要做到责权分明、程序公开、操作方便、易于社会监督。

第十九条　制定道路机动车辆安全、环保、节能、防盗方面的技术规范的强制性要求。所有道路机动车辆执行统一制定的技术规范的强制性要求。要符合我国国情并积极与国际车辆技术规范的强制性要求衔接，以促进汽车产业的技术进步。不符合相应技术规范的强制性要求的道路机动车辆产品，不得生产和销售。农用运输车仅限于在3级以下（含3级）公路行驶，执行相应制定的技术规范的强制性要求。

第二十条　依据本政策和国家认证认可条例建立统一的道路机动车辆生产企业和产品的准入管理制度。符合准入管理制度规定和相关法规、技术规范的强制性要求并通过强制性产品认证的道路机动车辆产品，登录《道路机动车辆生产企业及产品公告》，由国家发展改革委和国家质检总局联合发布。公告内产品必须标识中国强制性认证（3C）标志。不得用进口汽车和进口车身组装汽车替代自产产品进行认证，禁止非法拼装和侵犯知识产权的产品流入市场。

第二十一条　公安交通管理部门依据《道路机动车辆生产企业及产品公告》和中国强制性认证（3C）标志办理车辆注册登记。

第二十二条 政府有关职能部门要按照准入管理制度对汽车、农用运输车和摩托车等产品分类设定企业生产准入条件，对生产企业及产品实行动态管理，凡不符合规定的企业或产品，撤消其在《道路机动车辆生产企业及产品公告》中的名录。企业生产准入条件中应包括产品设计开发能力、产品生产设施能力、产品生产一致性和质量控制能力、产品销售和售后服务能力等要求。

第二十三条 道路机动车辆产品认证机构和检测机构由国家质检总局商国家发展改革委后指定，并按照市场准入管理制度的具体规定开展认证和检测工作。认证机构和检测机构要具备第三方公正地位，不得与汽车生产企业存在资产、管理方面的利益关系，不得对同一产品进行重复检测和收费。国家支持具备第三方公正地位的汽车、摩托车和重点零部件检测机构规范发展。

第六章 商标品牌

第二十四条 汽车、摩托车、发动机和零部件生产企业均要增强企业和产品品牌意识，积极开发具有自主知识产权的产品，重视知识产权保护，在生产经营活动中努力提高企业品牌知名度，维护企业品牌形象。

第二十五条 汽车、摩托车、发动机和零部件生产企业均应依据《商标法》注册本企业自有的商品商标和服务商标。国家鼓励企业制定品牌发展和保护规划，努力实施品牌经营战略。

第二十六条 2005 年起，所有国产汽车和总成部件要标示生产企业的注册商品商标，在国内市场销售的整车产品要在车身外部显著位置标明生产企业商品商标和本企业名称或商品产地，如商品商标中已含有生产企业地理标志的，可不再标明商品产地。所有品牌经销商要在其销售服务场所醒目位置标示生产企业服务商标。

第七章 产品开发

第二十七条 国家支持汽车、摩托车和零部件生产企业建立产品研发机构，形成产品创新能力和自主开发能力。自主开发可采取自行开发、联合开发、委托开发等多种形式。企业自主开发产品的科研设施建设投资凡符合国家促进企业技术进步有关税收规定的，可在所得税前列支。国家将尽快出台鼓励企业自主开发的政策。

第二十八条 汽车生产企业要努力掌握汽车车身开发技术，注重产品工艺技术的开发，并尽快形成底盘和发动机开发能力。国家在产业化改造上支持大型汽车企业集团、企业联盟或汽车零部件生产企业开发具有当代先进水平和自主知识产权的整车或部件总成。

第二十九条 汽车、摩托车和零部件生产企业要积极参加国家组织的重大科技攻关项目，加强与科研机构、高等院校之间的合作研究，注重科研成果的应用和转化。

第八章 零部件及相关产业

第三十条 汽车零部件企业要适应国际产业发展趋势，积极参与主机厂的产品开发工作。在关键汽车零部件领域要逐步形成系统开发能力，在一般汽车零部件领域要形成先进的产品开发和制造能力，满足国内外市场的需要，努力进入国际汽车零部件采购体系。

第三十一条 制定零部件专项发展规划，对汽车零部件产品进行分类指导和支持，引导社会资金投向汽车零部件生产领域，促使有比较优势的零部件企业形成专业化、大批量生产和模块化供货能力。对能为多个独立的汽车整车生产企业配套和进入国际汽车零部件采购体系的零部件生产企业，国家在技术引进、技术改造、融资以及兼并重组等方面予以优先扶持。汽车整车生产企业应逐步采用电子商务、网上采购方式面向社会采购零部件。

第三十二条 根据汽车行业发展规划要求，冶金、石化化工、机械、电子、轻工、纺织、建材等汽车工业相关领域的生产企业应注重在金属材料、机械设备、工装模具、汽车电子、橡胶、工程塑料、纺织品、玻璃、车用油品等方面，提高产品水平和市场竞争能力，与汽车工业同步发展。

重点支持钢铁生产企业实现轿车用板材的供应能力；支持设立专业化的模具设计制造中心，提高汽车模具设计制造能力；支持石化企业技术进步和产品升级，使成品油、润滑油等油品质量达到国际先进水平，满足汽车产业发展的需要。

第九章　营销网络

第三十三条　国家鼓励汽车、摩托车、零部件生产企业和金融、服务贸易企业借鉴国际上成熟的汽车营销方式、管理经验和服务贸易理念，积极发展汽车服务贸易。

第三十四条　为保护汽车消费者的合法权益，使其在汽车购买和使用过程中得到良好的服务，国内外汽车生产企业凡在境内市场销售自产汽车产品的，必须尽快建立起自产汽车品牌销售和服务体系。该体系可由国内外汽车生产企业以自行投资或授权汽车经销商投资方式建立。境内外投资者在得到汽车生产企业授权并按照有关规定办理必要的手续后，均可在境内从事国产汽车或进口汽车的品牌销售和售后服务活动。

第三十五条　2005年起，汽车生产企业自产乘用车均要实现品牌销售和服务；2006年起，所有自产汽车产品均要实现品牌销售和服务。

第三十六条　取消现行有关小轿车销售权核准管理办法，由商务部会同国家工商总局、国家发展改革委等有关部门制定汽车品牌销售管理实施办法。汽车销售商应在工商行政管理部门核准的经营范围内开展汽车经营活动。其中不超过九座的乘用车（含二手车）品牌经销商的经营范围，经国家工商行政管理部门依照有关规定核准、公布。品牌经销商营业执照统一核准为品牌汽车销售。

第三十七条　汽车、摩托车生产企业要加强营销网络的销售管理，规范维修服务；有责任向社会公告停产车型，并采取积极措施保证在合理期限内提供可靠的配件供应用于售后服务和维修；要定期向社会公布其授权和取消授权的品牌销售或维修企业名单；对未经品牌授权和不具备经营条件的经销商，不得提供产品。

第三十八条　汽车、摩托车和零部件销售商在经营活动中应遵守国家有关法律法规。对销售国家禁止或公告停止销售的车辆的，伪造或冒用他人厂名、厂址、合格证销售车辆的，未经汽车生产企业授权或已取消授权仍使用原品牌进行汽车、配件销售和维修服务的，以及经销假冒伪劣汽车配件并为客户提供修理服务的，有关部门要依法予以处罚。

第三十九条　汽车生产企业要兼顾制造和销售服务环节的整体利益，提高综合经济效益。转让销售环节的权益给其它法人机构的，应视为原投资项目可行性研究报告重大变更，除按规定报商务部批准外，需报请原项目审批单位核准。

第十章　投资管理

第四十条　按照有利于企业自主发展和政府实施宏观调控的原则，改革政府对汽车生产企业投资项目的审批管理制度，实行备案和核准两种方式。

第四十一条　实行备案的投资项目：

1. 现有汽车、农用运输车和车用发动机生产企业自筹资金扩大同类别产品生产能力和增加品种，包括异地新建同类别产品的非独立法人生产单位。

2. 投资生产摩托车及其发动机。

3. 投资生产汽车、农用运输车和摩托车的零部件。

第四十二条　实行备案的投资项目中第1款由省级政府投资管理部门或计划单列企业集团报送国家发展改革委备案；第2、3款由企业直接报送省级政府投资管理部门备案。备案内容见附件二。

第四十三条　实行核准的投资项目：

1. 新建汽车、农用运输车、车用发动机生产企业，包括现有汽车生产企业异地建设新的独立法人生产企业。

2. 现有汽车生产企业跨产品类别生产其它类别汽车整车产品。

第四十四条　实行核准的投资项目由省级政府投资管理部门或计划单列企业集团报国家发展改革委审查，其中投资生产专用汽车的项目由省级政府投资管理部门核准后报国家发展改革委备案，新建中外合资轿车项目由国家发展改革委报国务院核准。

第四十五条　经核准的大型汽车企业集团发展规划，其所包含的项目由企业自行实施。

第四十六条　2006年1月1日前，暂停核准新建农用运输车生产企业。

第四十七条　新的投资项目应具备以下条件：

1. 新建摩托车及其发动机生产企业要具备技

术开发的能力和条件，项目总投资不得低于 2 亿元人民币。

2. 专用汽车生产企业注册资本不得低于 2000 万元人民币，要具备产品开发的能力和条件。

3. 跨产品类别生产其它类汽车整车产品的投资项目，项目投资总额（含利用原有固定资产和无形资产等）不得低于 15 亿元人民币，企业资产负债率在 50%之内，银行信用等级 AAA。

4. 跨产品类别生产轿车类、其他乘用车类产品的汽车生产企业应具备批量生产汽车产品的业绩，近三年税后利润累计在 10 亿元以上（具有税务证明）；企业资产负债率在 50%之内，银行信用等级 AAA。

5. 新建汽车生产企业的投资项目，项目投资总额不得低于 20 亿元人民币，其中自有资金不得低于 8 亿元人民币，要建立产品研究开发机构，且投资不得低于 5 亿元人民币。新建乘用车、重型载货车生产企业投资项目应包括为整车配套的发动机生产。

新建车用发动机生产企业的投资项目，项目投资总额不得低于 15 亿元人民币，其中自有资金不得低于 5 亿元人民币，要建立研究开发机构，产品水平要满足不断提高的国家技术规范的强制性要求的要求。

6. 新建下列投资项目的生产规模不得低于：

重型载货车 10000 辆；

乘用车：装载 4 缸发动机 50000 辆；装载 6 缸发动机 30000 辆。

第四十八条 汽车整车、专用汽车、农用运输车和摩托车中外合资生产企业的中方股份比例不得低于 50%。股票上市的汽车整车、专用汽车、农用运输车和摩托车股份公司对外出售法人股份时，中方法人之一必须相对控股且大于外资法人股之和。同一家外商可在国内建立两家（含两家）以下生产同类（乘用车类、商用车类、摩托车类）整车产品的合资企业，如与中方合资伙伴联合兼并国内其它汽车生产企业可不受两家的限制。境外具有法人资格的企业相对控股另一家企业，则视为同一家外商。

第四十九条 国内外汽车生产企业在出口加工区内投资生产出口汽车和车用发动机的项目，可不受本政策有关条款的约束，需报国务院专项审批。

第五十条 中外合资汽车生产企业合营各方延长合营期限、改变合资股比或外方股东的，需按有关规定报原审批部门办理。

第五十一条 实行核准的项目未获得核准通知的，土地管理部门不得办理土地征用，国有银行不得发放贷款，海关不办理免税，证监会不核准发行股票与上市，工商行政管理部门不办理新建企业登记注册手续。国家有关部门不受理生产企业和产品准入申请。

第十一章 进口管理

第五十二条 国家支持汽车生产企业努力提高汽车产品本地化生产能力，带动汽车零部件企业技术进步，发展汽车制造业。

第五十三条 汽车生产企业凡用进口零部件生产汽车构成整车特征的，应如实向商务部、海关总署、国家发展改革委报告，其所涉及车型的进口件必须全部在属地海关报关纳税，以便有关部门实施有效管理。

第五十四条 严格按照进口整车和零部件税率征收关税，防止关税流失。国家有关职能部门要在申领配额、进口报关、产品准入等环节进行核查。

第五十五条 汽车整车特征的认定范围为车身（含驾驶室）总成、发动机总成、变速器总成、驱动桥总成、非驱动桥总成、车架总成、转向系统、制动系统等。

第五十六条 汽车总成（系统）特征的认定范围包括整套总成散件进口，或将总成或系统逐一分解成若干关键件进口。凡进口关键件达到或超过规定数量的，即视为构成总成特征。

第五十七条 按照汽车整车特征的认定范围达到下述状态的，视为构成整车特征：

1. 进口车身（含驾驶室）、发动机两大总成装车的；

2. 进口车身（含驾驶室）和发动机两大总成之一及其余三个总成（含）以上装车的；

3. 进口除车身（含驾驶室）和发动机两大总成以外其余五个总成（含）以上装车的。

第五十八条 国家指定大连新港、天津新港、上海港、黄埔港四个沿海港口和满洲里、深圳（皇

岗）两个陆地口岸，以及新疆阿拉山口口岸（进口新疆自治区自用、原产地为独联体国家的汽车整车）为整车进口口岸。进口汽车整车必须通过以上口岸进口。2005年起，所有进口口岸保税区不得存放以进入国内市场为目的的汽车。

第五十九条　国家禁止以贸易方式和接受捐赠方式进口旧汽车和旧摩托车及其零部件，以及以废钢铁、废金属的名义进口旧汽车总成和零件进行拆解和翻新。对维修境外并复出境的上述产品可在出口加工区内进行，但不得进行旧汽车、旧摩托车的拆解和翻新业务。

第六十条　对进口整车、零部件的具体管理办法由海关总署会同有关部门制订，报国务院批准后实施。对国外送检样车、进境参展等临时进口的汽车，按照海关对暂时进出口货物的管理规定实施管理。

第十二章　汽车消费

第六十一条　培育以私人消费为主体的汽车市场，改善汽车使用环境，维护汽车消费者权益。引导汽车消费者购买和使用低能耗、低污染、小排量、新能源、新动力的汽车，加强环境保护。实现汽车工业与城市交通设施、环境保护、能源节约和相关产业协调发展。

第六十二条　建立全国统一、开放的汽车市场和管理制度，各地政府要鼓励不同地区生产的汽车在本地区市场实现公平竞争，不得对非本地生产的汽车产品实施歧视性政策或可能导致歧视性结果的措施。凡在汽车购置、使用和产权处置方面不符合国家法规和本政策要求的各种限制和附加条件，应一律予以修订或取消。

第六十三条　国家统一制定和公布针对汽车的所有行政事业性收费和政府性基金的收费项目和标准，规范汽车注册登记环节和使用过程中的政府各项收费。各地在汽车购买、登记和使用环节，不得新增行政事业性收费和政府性基金项目和金额，如确需新增，应依据法律、法规或国务院批准的文件按程序报批。除国家规定的收费项目外，任何单位不得对汽车消费者强制收取任何非经营服务性费用。对违反规定强制收取的，汽车消费者有权举报并拒绝交纳。

第六十四条　加强经营服务性收费管理。汽车使用过程中所涉及的维修保养、非法定保险、机动车停放费等经营服务性收费，应以汽车消费者自愿接受服务为原则，由经营服务单位收取。维修保养等竞争性行业的收费及标准，由经营服务者按市场原则自行确定。机动车停放等使用垄断资源进行经营服务的，其收费标准和管理办法由国务院价格主管部门或授权省级价格主管部门制定、公布并监督实施。经营服务者要在收费场所设立收费情况动态告示牌，接受公众监督。

公路收费站点的设立必须符合国家有关规定。所有收费站点均应在收费站醒目位置公布收费依据和收费标准。

第六十五条　积极发展汽车服务贸易，推动汽车消费。国家支持发展汽车信用消费。从事汽车消费信贷业务的金融机构要改进服务，完善汽车信贷抵押办法。在确保信贷安全的前提下，允许消费者以所购汽车作为抵押获取汽车消费贷款。经核准，符合条件的企业可设立专业服务于汽车销售的非银行金融机构，外资可开展汽车消费信贷、租赁等业务。努力拓展汽车租赁、驾驶员培训、储运、救援等各项业务，健全汽车行业信息统计体系，发展汽车网络信息服务和电子商务。支持有条件的单位建立消费者信用信息体系，并实现信息共享。

第六十六条　国家鼓励二手车流通。有关部门要积极创造条件，统一规范二手车交易税费征管办法，方便汽车经销企业进行二手车交易，培育和发展二手车市场。

建立二手车自愿申请评估制度。除涉及国有资产的车辆外，二手车的交易价格由买卖双方商定；当事人可以自愿委托具有资质证书的中介机构进行评估，供交易时参考；任何单位和部门不得强制或变相强制对交易车辆进行评估。

第六十七条　开展二手车经营的企业，应具备相应的资金、场地和专业技术人员，经工商行政管理部门核准登记后开展经营活动。汽车销售商在销售二手车时，应向购车者提供车辆真实情况，不得隐瞒和欺诈。所销售的车辆必须具有《机动车登记证书》和《机动车行驶证》，同时具备公安交通管理部门和环境保护管理部门的有效年检证明。购车者购买的二手车如不能办理机动车转出登记和转入登记时，销售商应无条件接受退车，并承担相应的责任。

第六十八条 完善汽车保险制度。保险制度要根据消费者和投保汽车风险程度的高低来收取保费。鼓励保险业推进汽车保险产品多元化和保险费率市场化。

第六十九条 各城市人民政府要综合研究本市的交通需求和交通方式与城市道路和停车设施等交通资源平衡发展的政策和方法。制定非临时性限制行驶区域交通管制方案要实行听证制度。

第七十条 各城市人民政府应根据本市经济发展状况，以保障交通通畅、方便停车和促进汽车消费为原则，积极搞好停车场所及设施的规划和建设。制定停车场所用地政策和投资鼓励政策，鼓励个人、集体、外资投资建设停车设施。为规范城市停车设施的建设，建设部应制定相应标准，对居住区、商业区、公共场所及娱乐场所等建立停车设施提出明确要求。

第七十一条 国家有关部门统一制定和颁布汽车排放标准，并根据国情分为现行标准和预期标准。各省、自治区、直辖市人民政府根据本地实际情况，选择实行现行标准或预期标准。如选择预期标准为现行标准的，至少提前一年公布实施日期。

第七十二条 实行全国统一的机动车登记、检验管理制度，各地不得自行制定管理办法。在申请办理机动车注册登记和年度检验时，除按国家有关法律法规和国务院规定或授权规定应当提供的凭证（机动车所有人的身份证明、机动车来历证明、国产机动车整车出厂合格证或进口机动车进口证明、有关税收凭证、法定保险的保险费缴费凭证、年度检验合格凭证等）外，公安交通管理部门不得额外要求提交其它凭证。各级人民政府和有关部门也不得要求公安交通管理部门在注册登记和年度检验时增加查验其它凭证。汽车消费者提供的手续符合国家规定的，公安交通管理部门不得拒绝办理注册登记和年度检验。

第七十三条 公安交通和环境保护管理部门要根据汽车产品类别、用途和新旧状况商有关部门制定差别化管理办法。对新车、非营运用车适当延长检验间隔时间，对老旧汽车可适当增加检验频次和检验项目。

第七十四条 公安交通管理部门核发的《机动车登记证书》在汽车租赁、汽车消费信贷、二手车交易时可作为机动车所有人的产权凭证使用，在汽车交易时必须同时将《机动车登记证书》转户。

第十三章 其他

第七十五条 汽车行业组织、中介机构等社会团体要加强自身建设，增强服务意识，努力发挥中介组织的作用；要积极参与国际间相关业界的交流活动，在政府与企业间充分发挥桥梁和纽带作用，促进汽车产业发展。

第七十六条 香港特别行政区、澳门特别行政区和台湾地区的投资者在中国内地投资汽车工业的，从本政策的有关规定执行。

第七十七条 在道路机动车辆产品技术规范的强制性要求出台之前，暂行执行国家强制性标准。

第七十八条 本政策自发布之日起实施，由国家发展改革委负责解释。

附件一：

名词解释

一、道路机动车辆——在道路上行驶的，至少有两个车轮，且最大设计车速超过每小时6公里的各类机动车及其挂车。主要包括汽车、农用运输车、摩托车和其他道路运输机械及挂车。不包括利用轨道行驶的车辆，以及农业、林业、工程等非道路用各种机动机械和拖拉机。

二、汽车、专用汽车、农用运输车、摩托车——《汽车产业发展政策》所称汽车是指国家标

准（GB/T 3730.1—2001）2.1 款定义的车辆，包括汽车整车和专用汽车；所称专用汽车是指国家标准（GB/T 3730.1—2001）2.1.1.11，2.1.2.3.5，2.1.2.3.6 款定义的车辆；所称农用运输车是指国家标准（GB 18320—2001）中定义的车辆；所称摩托车是指国家标准（GB/T 5359.1—1996）中定义的车辆。

三、产品类别——按照国家标准定义的乘用车、商用车和摩托车及其细分类，其中：

（一）乘用车细分类为：

轿车类：国家标准 GB/T 3730.1—2001 中 2.1.1.1 ~ 2.1.1.6

其他乘用车类（包括多用途车和运动用车）：国家标准 GB/T 3730.1—2001 中 2.1.1.7 ~ 2.1.1.11

（二）商用车细分类为：

客车类：国家标准 GB/T 3730.1—2001 中 2.1.2.1

半挂牵引车及货车类：国家标准 GB/T 3730.1—2001 中 2.1.2.2，2.1.2.3

四、新建汽车、农用运输车、车用发动机投资项目——新建汽车整车、专用汽车、农用运输车、车用发动机生产企业（含中外合资企业），现有汽车整车、专用汽车、农用运输车、车用发动机生产企业（含中外合资企业）变更法人股东以及异地建设新的独立法人生产企业。异地是指企业所在市、县之外。

五、项目投资总额——投资项目所需的全部固定资产（含原有固定资产和新增固定资产）投资、无形资产和流动资金的总和。

六、自主产权（自主知识产权）——通过自主开发、联合开发或委托开发获得的产品，企业拥有产品工业产权、产品改进及认可权以及产品技术转让权。

七、汽车生产企业——按照国家规定的审批程序在中国关境内合法注册的汽车整车、专用汽车生产企业（包括中外合资、合作企业）。

八、国内市场占有率——某一集团（企业）全年在国内市场整车销售量占全部国产汽车销售量的比例。

附件二：

汽车投资项目备案内容

备案内容应包括：

一、汽车生产企业或项目投资者的基本情况、法定地址，法定代表姓名。近三年企业经营业绩和银行资信。

二、投资项目建设的必要性和国内外市场分析；产品技术水平分析和技术来源（产品知识产权说明）；项目投资总额、注册资本和资金来源；生产（营业）规模、项目建设内容；建设方式、建设进度安排。

三、中外合资、合作企业外方合资、合作者基本情况，包括外商名称，注册国家、法定地址和法定代表、国籍。外方在华投资情况及经营业绩。本投资项目中外各方股份比例，投资方式和资金来源，合资期限。

四、外方技术转让、技术合作合同。

五、投资项目的经济效益分析。

六、环保、土地、银行承诺文件及所在地政府核准建设文件。

七、地方政府配套条件及优惠政策。

车辆生产企业及产品生产一致性监督管理办法

工信部公告　工产业【2010】第 109 号

根据《国务院对确需保留的行政审批项目设定行政许可的决定》和《汽车产业发展政策》，工业和信息化部制定了《车辆生产企业及产品生产一致性监督管理办法》。现予以公告，请有关单位遵照执行。

本管理办法自 2010 年 7 月 1 日起实施。以前发布的相关规范，与本管理办法不一致的，以本管理办法为准。

各省、自治区、直辖市工业和信息化主管部门要及时将本管理办法精神传达到辖区内有关车辆生产企业，做好宣传贯彻工作。要配合我部对辖区内有关车辆生产企业的生产一致性进行监督管理，督促车辆生产企业保证生产一致性。对本管理办法执行中发现的情况和问题，要及时上报工业和信息化部。

附件：车辆生产企业及产品生产一致性监督管理办法

二〇一〇年六月十四日

第一条　为切实维护国家、社会和公众利益，完善《车辆生产企业及产品公告》(以下简称《公告》)管理制度，规范车辆生产企业行为，根据《国务院对确需保留的行政审批项目设定行政许可的决定》和《汽车产业发展政策》，制定本管理办法。

第二条　国家对车辆生产企业实施生产一致性监督管理制度，中华人民共和国工业和信息化部（以下简称“工业和信息化部”）依法对《公告》内车辆生产企业及产品生产一致性进行监督管理。

第三条　车辆生产企业是生产一致性管理的责任主体，应当建立和完善生产一致性管理体系，保证车辆产品一致性，即保证实际生产销售的车辆产品的有关技术参数、配置和性能指标，与《公告》批准的车辆产品、用于试验的车辆样品、产品《合格证》及出厂车辆上传信息中的有关技术参数、配置和性能指标一致。

第四条　车辆生产企业应当编制、执行、适时调整《企业生产一致性保证计划》（编制要求见附件 1），并存档、备查；定期编制《企业生产一致性信息年报》（编制要求见附件 2），并存档、备查。

第五条　工业和信息化部通过指导编制并监督实施《企业生产一致性保证计划》、检查《企业生产一致性信息年报》、组织生产一致性监督检查等工作，对《公告》车辆生产企业及产品进行生产一致性监督管理。其中，生产一致性监督检查将在车辆生产、销售、注册登记等环节进行。

工业和信息化部委托相关中介机构承担生产一致性监督管理的技术性工作。

第六条　工业和信息化部每年制定并公布生产一致性监督检查年度工作方案，确定该年度重点实施生产一致性监督检查的企业范围、产品类型及项目，并组织实施（《生产一致性监督检查实施细则》见附件 3）。必要时，工业和信息化部可根据实际情况制定专项工作方案，作为年度工作方案的补充。

第七条　生产一致性监督检查结果由工业和

信息化部通告车辆生产企业。车辆生产企业对生产一致性监督检查结果存在异议的，可以向工业和信息化部提出申诉。工业和信息化部将及时处理车辆生产企业申诉，并将结果通知有关车辆生产企业。

第八条　车辆生产企业可以主动向工业和信息化部申请生产一致性监督检查，经检查符合生产一致性要求的车辆生产企业，其产品在工业和信息化部备案后，在办理车辆注册登记时可申请免予安全技术检验。

在本管理办法实施前已获得的产品备案继续有效。同一生产一致性保证体系下的新产品及改进产品，可自动获得备案。

第九条　自本管理办法实施之日起，车辆生产企业在申报产品《公告》时，不再报送定型试验中的道路可靠性试验内容。

第十条　对于不能保证产品生产一致性的车辆生产企业，工业和信息化部将视情节轻重，依法分别采取通报、限期整改、暂停或撤销“免予安全技术检验”备案、暂停或撤销其相关产品《公告》等措施。

附件 1：

《企业生产一致性保证计划》编制要求

一、目的

车辆生产企业通过编制、执行《企业生产一致性保证计划》（以下简称《保证计划》），保证生产和销售的车辆产品的有关技术参数、配置和性能指标，与《公告》批准的车辆产品、用于试验的车辆样品、产品《合格证》及出厂车辆上传信息中的有关技术参数、配置和性能指标一致，并持续符合国家政策和管理规定以及强制性标准、法规要求。

二、《保证计划》的内容

（一）《保证计划》适用范围

《保证计划》应明确其所覆盖的车辆产品。对于产品结构、生产控制要求相同或相似的车辆产品，可以使用相同的《保证计划》，但不同类型（M1 类、M2+M3 类、N1 类、N2+N3 类、O 类、L 类、三轮汽车、低速货车）的车辆必须分别制定《保证计划》。

（二）所执行的标准

《保证计划》所覆盖车辆产品执行的强制性标准、法规、行业标准、企业标准等。

（三）产品描述

1. 车辆产品主要技术参数和主要配置备案表

企业《保证计划》所覆盖车辆产品的《主要技术参数和主要配置备案表》。

2. 自制件、外购件清单

主要是与《公告》产品参数、配置和性能等一致性要求有关的总成部件（或系统）的清单，包括总成部件的名称、型号（或图号、零件号）、生产企业名称等。

（四）有关产品一致性的控制措施

原材料与外购件采购过程、自制件生产过程、装配过程等过程控制文件。

（五）有关生产和检验测量设备的控制措施

生产和检验测量设备台账、设备管理制度文件。

（六）有关人员能力、资格的控制措施

与生产一致性相关人员的能力、资格要求等控制文件。

（七）有关检验的控制措施

与产品生产过程相关的各类检验或检查的内容、方法、频次、偏差范围、结果分析、记录及保存的控制文件。特别是与整车出厂检验相关的控制文件。

（八）有关《合格证》管理的措施

《合格证》发放、出厂车辆信息上传等的控

制文件。

（九）恢复措施

当产品在生产、销售、使用中出现与一致性相关的问题时，为恢复生产一致性应采取的必要措施，包括：原因分析、不合格品处理及追溯、纠正和预防措施要求。

（十）生产一致性的自我检查措施

1. 产品一致性的自我检查措施

产品一致性自查控制要求文件，包括产品范围确定、检验项目的内容、依据、方法、频次及问题处理等内容。

2. 生产一致性保证能力的自我检查措施

生产一致性保证能力自查控制要求文件，包括内容、范围、实施及问题处理等内容。

（十一）其他要求

1.《保证计划》可以是上述（一）至（十）内容的文件汇编，也可以是上述（一）至（十）内容的文件检索目录。

2. 文字描述要清晰、明确，可用列表、简图、照片等直观方法表达。

3.《保证计划》要有编号、版本号，编制日期。

4. 要有编制、审核、批准人员的签字。

5.《保证计划》更改时要有记录。

6.《保证计划》要有存档、更改、作废、销毁等控制要求。

三、《保证计划》调整与存档的要求

当车辆产品的制造过程、生产环境等发生变化时，车辆生产企业应适时调整《保证计划》，所有《保证计划》（含过期作废版本）应存档、备查。

《保证计划》的保存期限不少于其所覆盖车型《公告》撤销后十二个月。

附件 2：

《企业生产一致性信息年报》编制要求

一、要求

《企业生产一致性信息年报》（以下简称《年报》）是车辆生产企业编制、执行和调整《企业生产一致性保证计划》（以下简称《保证计划》）的年度总结。

《年报》应如实、全面、准确地记录生产一致性管理所进行的工作和重要变更，对于发生的生产不一致情况应重点说明其原因、处理及追溯结果、采取的纠正和预防措施等。

二、《年报》的内容

（一）综述

企业基本情况概述，年度生产销售情况，国家有关政策和强制性标准、法规的执行情况，《合格证》管理规定的执行情况，国家相关部门对企业和产品的监督检查情况等。

（二）总结

1. 对照《保证计划》，逐项总结生产一致性管理所开展的工作。

2. 产品在安全、环保、节能、防盗性能方面的主要改进和提高的结果等。

（三）《保证计划》的变更

1.《保证计划》中的控制要求和检验方法等的修改、调整和增补情况。

2.《保证计划》变更后实施效果的评价。

（四）生产一致性自我检查结果

1. 产品一致性自查报告。

2. 生产一致性保证能力自查报告。

（五）其他要求

1. 文字描述要清晰、明确，可用列表、简图、照片等直观方法表达。

2.《年报》要有编号、版本号，编制日期。

3. 要有编制、审核、批准人员的签字。

三、时间要求

车辆生产企业应在每年 4 月 1 日前完成上年度《年报》编制工作并存档、备查。

《年报》的保存期限不少于五年。

附件 3：

生产一致性监督检查实施细则

一、目的

为规范生产一致性监督检查工作，保证科学、准确、公正地开展监督检查工作，制定本实施细则。

二、工业和信息化部组织的生产一致性监督检查

工业和信息化部通过生产一致性监督检查，确认车辆生产企业生产和销售的产品是否满足一致性要求，是否符合国家政策和管理规定以及强制性标准、法规要求。

（一）要求

1. 被抽查车辆的实测技术参数应与《公告》发布参数一致，标准规定有误差要求的按标准要求，没有误差要求的应符合《公告》管理的有关规定。

2. 被抽查车辆的配置应与《车辆产品主要技术参数和主要配置备案表》一致（含在规定时间内申报的备案参数的补充或者变更）。

3. 被抽查车辆的强制性检验项目的性能指标应符合相关标准要求。

（1）对标准有生产一致性要求的，按标准规定的生产一致性要求进行检验、判定。

（2）对标准没有生产一致性要求的，按型式试验要求进行抽样、检验和判定。如不符合标准要求，则进行加倍抽样；如加倍抽样的样品均符合标准要求，则判定为符合要求，否则判定为不符合要求。

（3）对标准没有生产一致性要求、也没有型式试验样品数量要求的，则抽取一个样品进行检验（破坏性检验项目，可每个破坏性检验项目抽取一个样品）；如不符合标准要求，则进行加倍抽样；如加倍抽样的样品均符合标准要求，则判定为符合要求，否则判定为不符合要求。

（4）《公告》规定的强制性标准项目的检验结果均符合要求时，判定为性能符合要求。

4. 被抽查车辆的参数应与《合格证》及出厂车辆上传信息一致。

（二）判定

经核查，符合（一）要求的，判定一致性检查通过；有一项及以上不符合的，则判定一致性检查不通过。

（三）样车（样件）

1. 中介机构负责抽取样车（样件）。

2. 一致性检查的样车（样件），在企业成品（零件）库或生产线、销售、车辆注册登记等环节随机抽取。

3. 样车（样件）应由企业代表在封样单上签字确认。

（四）实施

1. 工业和信息化部制定并公布生产一致性监督检查《年度工作方案》，确定重点实施生产一致性监督检查的企业范围、产品类型及项目。必要时，工业和信息化部可根据实际情况制定《专项工作方案》，作为《年度工作方案》的补充。制定《年度工作方案》和《专项工作方案》的主要信息来源包括：工业和信息化部掌握的企业生产一致性相关信息，公安交管部门通报的涉嫌违规机动车产品信息，国家有关部门发布的缺陷车辆产品召回信息、车辆环保生产一致性监督管理信息，有关管理部门及媒体反馈的产品一致性问题和顾客投诉信息，车辆生产企业上传的出厂车辆信息，针对企业生产一致性问题的举报信息等。

2. 生产一致性监督检查的主要方式是在生产企业、市场销售、注册登记等环节抽取车辆，进行安全、环保、节能等方面的一致性检查。

3. 生产一致性监督检查结果由工业和信息化部通知相关车辆生产企业。

4. 在监督检查中发现问题的车辆生产企业，应及时采取必要措施，分析原因、追溯和纠正不符合生产一致性要求的产品（包括已销售产品），

恢复生产一致性保证能力；并采取切实有效的纠正和预防措施，防止类似问题再次发生。

（五）现场检查

工业和信息化部组织中介机构，对车辆生产企业进行以下内容的现场检查：

1. 企业的生产一致性保证能力；

2.《企业生产一致性保证计划》；

3.《企业生产一致性信息年报》；

4. 生产一致性监督检查中发现问题的原因；

5. 生产一致性监督检查中发现问题的影响范围；

6. 生产一致性监督检查中发现问题的严重程度；

7. 企业限期整改的效果验证；

8. 企业《合格证》的发放和出厂车辆信息上传管理的情况；

9. 其他有必要现场确认的事项。

中介机构进行现场检查时，应明确检查内容（上述 1 ～ 9 的全部或部分），成立检查组并指定检查组长；检查组实施现场检查并将检查报告报送中介机构；中介机构对现场检查报告进行技术审查后，将检查结果上报工业和信息化部。

三、企业主动申请的生产一致性监督检查

开展企业主动申请的生产一致性监督检查遵循企业自愿的原则。

车辆生产企业可以主动向工业和信息化部申请生产一致性监督检查。经检查符合生产一致性要求的车辆生产企业，其有关产品在工业和信息化部备案（以下称免检备案）后，可在办理车辆注册登记时申请免予安全技术检验。可申请免检备案的车辆类型由工业和信息化部商有关部门确定，并根据实际情况适时调整。

（一）申请条件

1. 车辆生产企业及产品必须列入《车辆生产企业及产品公告》。

（1）申请的汽车企业应是获得生产准入许可、列入《公告》的独立法人企业，申请车型应覆盖该企业在《公告》内所有生产地址的全部车型。

（2）申请的摩托车企业应是获得生产准入许可、列入《公告》的集团公司，或独立企业（指在《公告》中具有独立序号的企业），申请须包括自身及其下属的所有子公司、分公司及被委托加工企业；申请车型应覆盖本企业在《公告》内的全部车型（轻便摩托车和三轮摩托车除外，下同），包括下属子公司、分公司以及委托加工生产的全部车型。新增独立企业在获得生产准入许可一年后，方可主动申请生产一致性监督检查；集团公司新增的下属子公司或分公司，在获得生产准入许可一年后，方可由集团公司主动申请生产一致性监督检查。

2. 车辆产品应当符合国家有关法律、法规和标准要求，满足《合格证》、车辆识别代号（VIN）备案及使用等行业管理规定，无侵犯他人知识产权行为，无重大质量投诉事件发生。

3. 车辆企业应当遵纪守法，认真执行国家产业政策；车辆企业应当具备与产品相适应的生产规模，生产经营状态良好、质量管理体系有效运行。

4.《企业生产一致性保证计划》得到有效实施。

5. 所有车辆产品在批量生产时，能够持续、稳定地满足一致性要求。

（二）申请程序

1. 企业主动申请生产一致性监督检查时应提交以下申请资料：

（1）企业主动申请生产一致性监督检查申请书（见附表 1）。

（2）《企业生产一致性保证计划》。

2. 工业和信息化部委托中介机构，组织专家对企业提交的申请资料进行审查，资料审查合格的企业，经工业和信息化部同意，中介机构组织检查组对企业进行生产一致性监督检查。

（三）检查及批准程序

1. 中介机构组织的检查组由车辆行业产品专家，检测试验专家，具有汽车行业背景、经国家认可的第三方认证机构的质量管理体系审核员及其他相关专家组成，实行组长负责制。现场检查“人日数”依据企业的规模确定。

2. 现场检查内容主要包括：

（1）企业执行国家有关规定、标准情况审查

现场检查了解企业有关产品的技术来源、《合格证》发放和出厂车辆信息上传管理、车辆识别代号（VIN）备案及使用、子公司（分公司）设立等情况。

（2）企业生产一致性保证能力审查

按照《生产一致性保证能力审查表》（见附表2）审查企业在技术管理、采购、生产、检验等过程中是否具备保证产品生产一致性的能力，以及《企业生产一致性保证计划》是否有效执行。

（3）整车生产场地及配置核查

核查车辆产品批量生产时的地址与《公告》地址的一致性；核查现场生产过程中使用的重要总成和零部件的名称、型号、主要参数、生产企业等信息与《车辆产品主要技术参数和主要配置备案表》内容的一致性。

（4）整车检测线审查

审查检测线能否完成新车注册登记所有安全技术检验项目（指《机动车安全技术检验项目和方法》（GB 21861）中规定的线内和线外检验项目）。

审查检测线检测能力是否与生产批量相适应；检测线的布局是否合理；设备、仪器的准确度是否满足被测参数的要求；设备、仪器的检定、校准状况及标识；审查检测线管理文件的制定及实施等。

在检测线终端应建立计算机处理控制系统，能自动显示、打印和存储检测线内检测的数据和结果，检测数据应满足五年以上存档的要求。

（5）在生产现场或成品库抽取样车再上线检查

从企业自检合格的成品车中随机抽取样车，重新进行检测线覆盖项目的检测。当某种型号的样车某项检验结果出现不合格时，允许加倍抽样进行一次相同项目检验；当加倍抽样的样车均合格时，则判定该项目合格，否则判定为不合格。

（6）关键总成和零部件的强制性检验

关键总成和零部件的强制性检验项目由现场检查组根据产品特点、企业生产情况和市场反馈信息来确定。检查组抽取总成和零部件样品，委托指定的检测机构进行强制性检验项目检验。抽取的样品封样后由企业在规定的时间内送达指定的检测机构。

3. 产品一致性监督检查的程序

中介机构或其委托的检测机构，在市场销售环节或企业成品库随机抽取样车进行产品一致性检查，抽样时须覆盖企业每种商标以及主要结构型式的车辆；抽取的样车封样后由企业在规定的时间内送达指定的检测机构，对全部强制性检验项目进行评价或检验。

4. 判定

出现下列情况之一时检查结论为“不通过”，否则，检查结论为“通过”：

（1）企业在执行产业政策及行业管理规定方面出现违法、违规或不符合情况。

（2）产品生产一致性保证能力审查出现否决条款不符合，或一般条款的不符合率超过20%。

（3）整车生产场地及配置核查不符合，对产品一致性产生影响。

（4）在生产现场或成品库抽取样车再上线检查结果为不合格。

（5）关键总成和零部件的强制性检验结果为不合格。

（6）产品一致性检查结果为不合格。

未通过主动申请生产一致性监督检查的企业，经认真整改后方可重新提出申请。

5. 检查组在检查工作结束后，向中介机构提交检查报告（包括企业质量体系、产品检测情况等内容）。中介机构对检查报告进行技术审查后，将检查结果上报工业和信息化部。工业和信息化部对中介机构提交的检查结果进行审查，对符合生产一致性要求的车辆生产企业的产品办理免检备案，备案产品在办理车辆登记时可申请免予安全技术检验。

（四）免检备案的变更管理

1. 已经获得免检备案的产品的生产条件发生变化（包括但不限于生产场地变化、产能变化、主要生产过程及加工方式变化、关键生产设备变化、检测线变化等），对企业生产一致性保证能力产生重大影响时，需及时报告工业和信息化部，工业和信息化部将根据情况进行补充检查或重新检查。

2. 已经获得免检备案的产品发生变化，涉及《公告》变更或扩展时，需及时报告工业和信息

化部，并按《公告》管理相关要求申请变更或扩展，获得《公告》批准的变更或扩展的产品可自动获得免检备案，但该产品将作为今后跟踪评价的重点。

3. 企业的产品已经获得免检备案，若企业生产条件没有发生变化，且能够满足新产品增加所带来的扩大生产能力和检验能力的要求时，获得《公告》批准的同类新产品可自动获得免检备案，但该产品将作为今后跟踪评价的重点。

（五）跟踪评价

1. 产品免检备案自工业和信息化部批准之日起，有效期为四年，到期自动终止，企业可在有效期满前三个月重新提出申请并接受检查。

2. 有效期内，企业应于每年 4 月 30 日前向工业和信息化部报送《企业生产一致性信息年报》。

3. 有效期内，工业和信息化部每年对已经获得产品免检备案的企业进行一次跟踪评价，必要时也可随时进行抽查。

4. 对于在本《实施细则》实施前已获得免检备案的企业及产品，在本《实施细则》实施后，可以进行一次跟踪评价，以确认产品是否可以继续保持免检备案。

（六）整改、暂停或撤销

获得产品免检备案的企业，出现下列情况之一的，由工业和信息化部责令其限期整改、暂停或撤销其部分或全部产品免检备案：

1. 在工业和信息化部组织的生产一致性监督检查中不能满足生产一致性要求；

2. 违反国家有关政策和《公告》、《合格证》、VIN 等相关管理规定；

3. 申请材料弄虚作假；

4. 企业未在规定时间内报送《企业生产一致性信息年报》；

5. 在跟踪评价中发现企业的生产一致性保证能力存在问题，对产品一致性产生影响；

6. 在跟踪评价中发现产品一致性不符合要求，如产品安全、环保、节能等不能满足强制性标准、法规要求，或技术参数、配置和性能指标与《公告》批准的不一致等；

7. 国家相关部门在监督管理中发现严重问题；

8. 生产条件发生重大变化或有效期满，未重新申请生产一致性监督检查。

被责令限期整改、暂停产品免检备案的企业，应及时对存在的问题进行整改。整改期满后仍不合格的，撤销产品免检备案。

被撤销产品免检备案的企业，自公布撤销之日起，自动撤销产品的免检备案。

获得免检备案的产品，应当在出厂之日起 2 年内办理注册登记；超过 2 年的，应重新进行安全技术检验。

四、附则

（一）中介机构负责提出参与生产一致性监督检查的机构和人员，经工业和信息化部同意后，对机构及人员进行资格认定和备案。

（二）生产一致性监督检查涉及的各类记录（如计划、报告等）由中介机构存档。

（三）车辆生产企业应当：

1. 在管理层指定生产一致性负责人，明确其职责和权限；

2. 在生产一致性监督检查过程中提供必要的支持和配合；

3. 对样车（样件）进行确认；

4. 配合提供各类资料、信息和相关资源；

5. 对在生产一致性监督检查中发现的问题采取整改措施。

（四）承担生产一致性监督检查技术性工作的中介机构、检测机构，如有违反有关规定弄虚作假的，由工业和信息化部视情节轻重分别处以责令改正、通报批评、暂停相关委托业务直至撤销对其委托。

（五）从事生产一致性监督检查的工作人员，徇私舞弊、玩忽职守、滥用职权的，由工业和信息化部取消其资格；构成犯罪的，依法追究刑事责任。

附表：

1. 企业主动申请生产一致性监督检查申请书

2. 生产一致性保证能力审查表

附表 1：

企业主动申请生产一致性监督检查

申　请　书

申请企业：________________________

填表日期：______年______月______日

企　业　声　明

1. 本企业自愿申请“生产一致性监督检查”，请予受理。

2. 本企业保证所提供的资料和信息真实无误。

3. 本企业自愿遵守车辆生产企业及产品生产一致性监督管理的有关规定。

4. 本企业承诺满足《生产一致性监督检查实施细则》中“企业主动申请生产一致性监督检查”申请条件的要求，所有整车产品全部列入申请范围。

5. 本企业自愿提供实施生产一致性监督检查所需的任何信息、资料和产品，并积极配合生产一致性监督检查。

6. 本企业保证按要求交纳相关费用。

申请企业法人代表签名：

申请企业盖章：

年　月　日

企业基本情况

<table>
<tr><td colspan="5">企业名称（盖章）：</td></tr>
<tr><td colspan="5">申请类别：</td></tr>
<tr><td colspan="5">□首次申请　□期满再申请　□生产条件变化　□产品变更扩展
□新增产品　□暂停申请恢复　□撤销重新申请　□其他：__________</td></tr>
<tr><td colspan="5">法定代表人：</td></tr>
<tr><td colspan="5">企业性质：□国有企业 □民营企业 □中外合资企业 □股份公司 □其他</td></tr>
<tr><td colspan="5">注册地址：</td></tr>
<tr><td colspan="5">生产地址：</td></tr>
<tr><td colspan="2">邮编：</td><td colspan="2">电话：</td><td>传真：</td></tr>
<tr><td colspan="2">一致性负责人：</td><td colspan="2">职务：</td><td>电话：</td></tr>
<tr><td colspan="2">联系人：</td><td colspan="2">职务：</td><td>电话：</td></tr>
<tr><td rowspan="5">质量体系通过第三方认证情况</td><td rowspan="4">已通过</td><td>质量体系名称</td><td colspan="2"></td></tr>
<tr><td>发证机构名称</td><td colspan="2"></td></tr>
<tr><td>取证时间</td><td colspan="2"></td></tr>
<tr><td>证书编号</td><td colspan="2"></td></tr>
<tr><td>未通过</td><td>计划通过时间</td><td colspan="2"></td></tr>
<tr><td colspan="5">企业简介（企业历史、资产、人员、生产条件、《公告》产品情况、与一致性相关的需要说明的情况等）：</td></tr>
</table>

注：摩托车申请企业及每个子公司、分公司以及受委托加工企业各填写一份。

生产一致性监督检查申请车型目录

企业名称：

序号	产品型号	商标	生产地点	对应生产线	对应检测线	备注

注：摩托车申请企业及每个子公司、分公司以及受委托加工企业各填写一份。

摩托车生产企业主动申请生产一致性监督检查

企业汇总表

申请企业名称：

序号	企业名称	与申请企业的关系	生产准入审查情况	生产准入公告批次

附表 2：

生产一致性保证能力审查表

序号	检 查 内 容
1	企业遵守国家法律、法规、产业政策及相关管理规定、强制性标准、生产一致性管理要求等的承诺及实际状况。
2*	企业应建立使产品持续满足要求的质量管理体系，体系应覆盖所有生产一致性保证能力审查所申请的产品。
3	企业的技术文件至少应包括下列内容，且有效、受控： （1）产品企业标准（技术指标应不低于相关国家标准，并按照相关规定备案）； （2）产品图样； （3）零部件汇总表； （4）自制件、外购件清单； （5）关键件、重要性能件的特性表（或类似文件）； （6）工序明细及工序作业指导书（或类似文件）； （7）检验作业指导书； （8）产品出厂检查规范； （9）使用说明书及维修手册。
4*	产品图样及相关技术文件应完整，并可以指导生产。
5	企业应有可靠的渠道及时获得与产品有关的国家和行业标准。
6	企业应评审最新颁布的强制性标准（或技术法规）对现有产品的影响，采取相应的措施，并保存记录。
7*	企业应将与产品有关的强制性标准（或技术法规）要求转化为可操作的信息，并在产品文件（企业标准及产品图样等）、过程操作文件（工艺文件及作业指导书等）中体现。
8	企业应在管理层指定生产一致性负责人，明确其职责和权限。建立和落实与产品质量有关的人员能力评价和考核制度，并应保持适当的记录。与产品质量有关的人员均应具备相应的资格、专业技能及知识。
9*	企业应具备保证产品生产一致性所必需的生产设备、工装和模具，配备操作规程，并进行预防性、预见性的维护和保养，且能提供相应的运行和维护保养记录。关键设备提供必要的备件储备，确保其正常运行。
10*	企业应配备为保证产品生产一致性所必需的进货检验、过程检验、出厂检验等设备和辅助检具，检验项目覆盖整车主要技术特性参数、功能和性能方面的检验内容，检测设备性能指标应满足相关技术标准的要求，且与所要求的测量能力一致。
11*	企业应对检验设备（包括有关的程序、软件）进行控制，按照规定的时间间隔或在使用前进行校准或检定，并标识其状态；在搬运、维护、贮存期间防止损坏和失效；当发现检验设备不符合要求时，应对以往测量结果的有效性进行评价，并对该检验设备和有关产品采取适当的措施；应编制专用测量设备使用作业指导书。
12*	企业的出厂检验检测线应能完成新车注册登记所有安全技术检验项目（指《机动车安全技术检验项目和方法》GB 21861 中规定的线内和线外检验项目）。
13	企业检测线检测能力应与生产批量相适应；检测线应布局合理；设备、仪器的准确度应满足被测参数的要求；应编制检测线《检验作业指导书》。
14	企业检测线终端应建立计算机处理控制系统，能自动显示、打印和存储检测线内检测的数据和结果，检测数据应满足五年以上存档的要求。

表（续）

序号	检 查 内 容
15	企业应按产品和制造过程的设计策划的要求对产品和制造过程的设计和开发进行完整的评审、验证和确认，对结果进行记录并采取必要的措施。
16*	企业在产品和制造过程更改前，应进行评审、验证和确认。对与《公告》及生产一致性相关的更改应符合有关管理规定。
17	企业采购的与安全、环保等有关的重要原材料和零部件均应有明确的技术要求和质量标准，以适当的方式传递给供方并达成一致，保存相应记录。
18	企业应以适当的方式对供方进行评价和选择，对与安全、环保等有关的重要原材料、零部件供方的评价内容应包括产品实物质量、质量体系状况、制造能力、技术能力、检验能力和质量改进状况等，并保存相应记录。
19*	企业对与安全、环保等有关的重要零部件，应有样件试装和小批量试装的过程，在验证确认符合有关强制性标准（或技术法规）后方可进行批量采购，并保存相应记录。
20*	与安全、环保等有关的重要原材料、零部件，均应从合格供方处采购，且要求其与产品设计文件规定的规格型号及性能参数相符。
21*	列入国家强检项目的零部件，如安全、环保性能不能满足规定要求，不准让步接收。
22	供方或其提供的产品发生变更，应对其进行必要的评审和验证，并保存相应记录。
23	企业应持续监控供应商的质量保证能力和产品实物质量，保留合格供应商的质量记录、供货业绩，对产品出现质量问题时有应急措施。
24*	生产过程应具备文件化的控制计划、工艺文件和作业指导书。对与安全、环保等有关的产品特性和制造过程特性，应有明确的控制方法和检验手段。对与安全、环保等有关的产品特性形成工序，应确定并持续保持过程能力满足要求。应分析、评价相关测量系统的可接受性。
25*	整车标志，包括产品标牌、车辆识别代号、发动机型号等应符合《机动车运行安全技术条件》GB 7258有关整车标志的要求。
26*	企业应建立从关键零部件总成供应方至整车出厂的完整的产品可追溯体系。应建立整车产品信息记录和存储系统，存档期限为车辆的设计使用年限。当产品质量、安全、环保等方面发生重大共性问题和设计缺陷时（包括由于供应方原因引起的问题），应能迅速查明原因，确定召回范围，并采取必要措施。
27	企业应对销售过程进行控制，确保产品从出厂到交付给最终顾客这一过程的产品一致性。
28	企业应实施过程监视和测量（特别是与安全、环保等有关的产品特性形成过程，如采购、加工、装配、最终检验等），编制作业指导书，保存过程监视和测量记录。
29	企业应制定计划并实施产品一致性自查和生产一致性保证体系自查。
30	企业应对产品实现过程中发现的不合格品进行标识、记录、评价和处置。
31	企业应建立内外部生产一致性、产品质量等有关信息的收集渠道，使用适当的统计技术进行分析，必要时采取纠正和预防措施，实施并验证其效果。
32*	企业应建立《合格证》管理制度和《合格证》信息数据库，按照《合格证》管理有关规定制作、配发符合要求的产品《合格证》，在规定期限内上传出厂车辆信息，保存《合格证》制作和发放记录。
33	企业应制订《企业生产一致性保证计划》，《企业生产一致性保证计划》的内容应符合编制要求的有关规定并得到充分实施。

注：*号项为否决项。

二手车流通管理办法

商务部、公安部、工商总局、税务总局令　2005 年第 2 号

《二手车流通管理办法》已经 2004 年 12 月 18 日商务部第 18 次部务会议审议通过，并经公安部、工商总局、税务总局同意，现予公布，自 2005 年 10 月 1 日起施行。

商务部　部长　薄熙来
公安部　部长　周永康
工商总局　局长　王众孚
税务总局　局长　谢旭人

二〇〇五年八月二十九日

第一章　总则

第一条　为加强二手车流通管理，规范二手车经营行为，保障二手车交易双方的合法权益，促进二手车流通健康发展，依据国家有关法律、行政法规，制定本办法。

第二条　在中华人民共和国境内从事二手车经营活动或者与二手车相关的活动，适用本办法。

本办法所称二手车，是指从办理完注册登记手续到达到国家强制报废标准之前进行交易并转移所有权的汽车（包括三轮汽车、低速载货汽车，即原农用运输车，下同）、挂车和摩托车。

第三条　二手车交易市场是指依法设立、为买卖双方提供二手车集中交易和相关服务的场所。

第四条　二手车经营主体是指经工商行政管理部门依法登记，从事二手车经销、拍卖、经纪、鉴定评估的企业。

第五条　二手车经营行为是指二手车经销、拍卖、经纪、鉴定评估等。

（一）二手车经销是指二手车经销企业收购、销售二手车的经营活动；

（二）二手车拍卖是指二手车拍卖企业以公开竞价的形式将二手车转让给最高应价者的经营活动；

（三）二手车经纪是指二手车经纪机构以收取佣金为目的，为促成他人交易二手车而从事居间、行纪或者代理等经营活动；

（四）二手车鉴定评估是指二手车鉴定评估机构对二手车技术状况及其价值进行鉴定评估的经营活动。

第六条　二手车直接交易是指二手车所有人不通过经销企业、拍卖企业和经纪机构将车辆直接出售给买方的交易行为。二手车直接交易应当在二手车交易市场进行。

第七条　国务院商务主管部门、工商行政管理部门、税务部门在各自的职责范围内负责二手车流通有关监督管理工作。

省、自治区、直辖市和计划单列市商务主管部门（以下简称省级商务主管部门）、工商行政管理部门、税务部门在各自的职责范围内负责辖区内二手车流通有关监督管理工作。

第二章　设立条件和程序

第八条　二手车交易市场经营者、二手车经销企业和经纪机构应当具备企业法人条件，并依

法到工商行政管理部门办理登记。

第九条　二手车鉴定评估机构应当具备下列条件：

（一）是独立的中介机构；

（二）有固定的经营场所和从事经营活动的必要设施；

（三）有3名以上从事二手车鉴定评估业务的专业人员（包括本办法实施之前取得国家职业资格证书的旧机动车鉴定估价师）；

（四）有规范的规章制度。

第十条　设立二手车鉴定评估机构，应当按下列程序办理：

（一）申请人向拟设立二手车鉴定评估机构所在地省级商务主管部门提出书面申请，并提交符合本办法第九条规定的相关材料；

（二）省级商务主管部门自收到全部申请材料之日起20个工作日内作出是否予以核准的决定，对予以核准的，颁发《二手车鉴定评估机构核准证书》；不予核准的，应当说明理由；

（三）申请人持《二手车鉴定评估机构核准证书》到工商行政管理部门办理登记手续。

第十一条　外商投资设立二手车交易市场、经销企业、经纪机构、鉴定评估机构的申请人，应当分别持符合第八条、第九条规定和《外商投资商业领域管理办法》、有关外商投资法律规定的相关材料报省级商务主管部门。省级商务主管部门进行初审后，自收到全部申请材料之日起1个月内上报国务院商务主管部门。合资中方有国家计划单列企业集团的，可直接将申请材料报送国务院商务主管部门。国务院商务主管部门自收到全部申请材料3个月内会同国务院工商行政管理部门，作出是否予以批准的决定，对予以批准的，颁发或者换发《外商投资企业批准证书》；不予批准的，应当说明理由。

申请人持《外商投资企业批准证书》到工商行政管理部门办理登记手续。

第十二条　设立二手车拍卖企业（含外商投资二手车拍卖企业）应当符合《中华人民共和国拍卖法》和《拍卖管理办法》有关规定，并按《拍卖管理办法》规定的程序办理。

第十三条　外资并购二手车交易市场和经营主体及已设立的外商投资企业增加二手车经营范围的，应当按第十一条、第十二条规定的程序办理。

第三章　行为规范

第十四条　二手车交易市场经营者和二手车经营主体应当依法经营和纳税，遵守商业道德，接受依法实施的监督检查。

第十五条　二手车卖方应当拥有车辆的所有权或者处置权。二手车交易市场经营者和二手车经营主体应当确认卖方的身份证明，车辆的号牌、《机动车登记证书》、《机动车行驶证》，有效的机动车安全技术检验合格标志、车辆保险单、交纳税费凭证等。

国家机关、国有企事业单位在出售、委托拍卖车辆时，应持有本单位或者上级单位出具的资产处理证明。

第十六条　出售、拍卖无所有权或者处置权车辆的，应承担相应的法律责任。

第十七条　二手车卖方应当向买方提供车辆的使用、修理、事故、检验以及是否办理抵押登记、交纳税费、报废期等真实情况和信息。买方购买的车辆如因卖方隐瞒和欺诈不能办理转移登记，卖方应当无条件接受退车，并退还购车款等费用。

第十八条　二手车经销企业销售二手车时应当向买方提供质量保证及售后服务承诺，并在经营场所予以明示。

第十九条　进行二手车交易应当签订合同。合同示范文本由国务院工商行政管理部门制定。

第二十条　二手车所有人委托他人办理车辆出售的，应当与受托人签订委托书。

第二十一条　委托二手车经纪机构购买二手车时，双方应当按以下要求进行：

（一）委托人向二手车经纪机构提供合法身份证明；

（二）二手车经纪机构依据委托人要求选择车辆，并及时向其通报市场信息；

（三）二手车经纪机构接受委托购买时，双方签订合同；

（四）二手车经纪机构根据委托人要求代为办理车辆鉴定评估，鉴定评估所发生的费用由委托人承担。

第二十二条 二手车交易完成后，卖方应当及时向买方交付车辆、号牌及车辆法定证明、凭证。车辆法定证明、凭证主要包括：

（一）《机动车登记证书》；

（二）《机动车行驶证》；

（三）有效的机动车安全技术检验合格标志；

（四）车辆购置税完税证明；

（五）养路费缴付凭证；

（六）车船使用税缴付凭证；

（七）车辆保险单。

第二十三条 下列车辆禁止经销、买卖、拍卖和经纪：

（一）已报废或者达到国家强制报废标准的车辆；

（二）在抵押期间或者未经海关批准交易的海关监管车辆；

（三）在人民法院、人民检察院、行政执法部门依法查封、扣押期间的车辆；

（四）通过盗窃、抢劫、诈骗等违法犯罪手段获得的车辆；

（五）发动机号码、车辆识别代号或者车架号码与登记号码不相符，或者有凿改迹象的车辆；

（六）走私、非法拼（组）装的车辆；

（七）不具有第二十二条所列证明、凭证的车辆；

（八）在本行政辖区以外的公安机关交通管理部门注册登记的车辆；

（九）国家法律、行政法规禁止经营的车辆。

二手车交易市场经营者和二手车经营主体发现车辆具有（四）、（五）、（六）情形之一的，应当及时报告公安机关、工商行政管理部门等执法机关。

对交易违法车辆的，二手车交易市场经营者和二手车经营主体应当承担连带赔偿责任和其他相应的法律责任。

第二十四条 二手车经销企业销售、拍卖企业拍卖二手车时，应当按规定向买方开具税务机关监制的统一发票。

进行二手车直接交易和通过二手车经纪机构进行二手车交易的，应当由二手车交易市场经营者按规定向买方开具税务机关监制的统一发票。

第二十五条 二手车交易完成后，现车辆所有人应当凭税务机关监制的统一发票，按法律、法规有关规定办理转移登记手续。

第二十六条 二手车交易市场经营者应当为二手车经营主体提供固定场所和设施，并为客户提供办理二手车鉴定评估、转移登记、保险、纳税等手续的条件。二手车经销企业、经纪机构应当根据客户要求，代办二手车鉴定评估、转移登记、保险、纳税等手续。

第二十七条 二手车鉴定评估应当本着买卖双方自愿的原则，不得强制进行；属国有资产的二手车应当按国家有关规定进行鉴定评估。

第二十八条 二手车鉴定评估机构应当遵循客观、真实、公正和公开原则，依据国家法律法规开展二手车鉴定评估业务，出具车辆鉴定评估报告；并对鉴定评估报告中车辆技术状况，包括是否属事故车辆等评估内容负法律责任。

第二十九条 二手车鉴定评估机构和人员可以按国家有关规定从事涉案、事故车辆鉴定等评估业务。

第三十条 二手车交易市场经营者和二手车经营主体应当建立完整的二手车交易购销、买卖、拍卖、经纪以及鉴定评估档案。

第三十一条 设立二手车交易市场、二手车经销企业开设店铺，应当符合所在地城市发展及城市商业发展有关规定。

第四章 监督与管理

第三十二条 二手车流通监督管理遵循破除垄断，鼓励竞争，促进发展和公平、公正、公开的原则。

第三十三条 建立二手车交易市场经营者和二手车经营主体备案制度。凡经工商行政管理部门依法登记，取得营业执照的二手车交易市场经营者和二手车经营主体，应当自取得营业执照之日起2个月内向省级商务主管部门备案。省级商务主管部门应当将二手车交易市场经营者和二手车经营主体有关备案情况定期报送国务院商务主管部门。

第三十四条 建立和完善二手车流通信息报送、公布制度。二手车交易市场经营者和二手车经营主体应当定期将二手车交易量、交易额等信息通过所在地商务主管部门报送省级商务主管部门。省级商务主管部门将上述信息汇总后报送国务院商务主管部门。国务院商务主管部门定期向社会公布全国二手车流通信息。

第三十五条 商务主管部门、工商行政管理部门应当在各自的职责范围内采取有效措施，加强对二手车交易市场经营者和经营主体的监督管理，依法查处违法违规行为，维护市场秩序，保护消费者的合法权益。

第三十六条 国务院工商行政管理部门会同商务主管部门建立二手车交易市场经营者和二手车经营主体信用档案，定期公布违规企业名单。

第五章 附则

第三十七条 本办法自2005年10月1日起施行，原《商务部办公厅关于规范旧机动车鉴定评估管理工作的通知》(商建字【2004】第70号)、《关于加强旧机动车市场管理工作的通知》(国经贸贸易【2001】1281号)、《旧机动车交易管理办法》(内贸机字【1998】第33号)及据此发布的各类文件同时废止。

机动车交通事故责任强制保险条例

中华人民共和国国务院令　第 462 号

《机动车交通事故责任强制保险条例》已经 2006 年 3 月 1 日国务院第 127 次常务会议通过，现予公布，自 2006 年 7 月 1 日起施行。

总理　温家宝

二〇〇六年三月二十一日

机动车交通事故责任强制保险条例

第一章　总则

第一条　为了保障机动车道路交通事故受害人依法得到赔偿，促进道路交通安全，根据《中华人民共和国道路交通安全法》、《中华人民共和国保险法》，制定本条例。

第二条　在中华人民共和国境内道路上行驶的机动车的所有人或者管理人，应当依照《中华人民共和国道路交通安全法》的规定投保机动车交通事故责任强制保险。

机动车交通事故责任强制保险的投保、赔偿和监督管理，适用本条例。

第三条　本条例所称机动车交通事故责任强制保险，是指由保险公司对被保险机动车发生道路交通事故造成本车人员、被保险人以外的受害人的人身伤亡、财产损失，在责任限额内予以赔偿的强制性责任保险。

第四条　国务院保险监督管理机构（以下称保监会）依法对保险公司的机动车交通事故责任强制保险业务实施监督管理。

公安机关交通管理部门、农业（农业机械）主管部门（以下统称机动车管理部门）应当依法对机动车参加机动车交通事故责任强制保险的情况实施监督检查。对未参加机动车交通事故责任强制保险的机动车，机动车管理部门不得予以登记，机动车安全技术检验机构不得予以检验。

公安机关交通管理部门及其交通警察在调查处理道路交通安全违法行为和道路交通事故时，应当依法检查机动车交通事故责任强制保险的保险标志。

第二章　投保

第五条　中资保险公司（以下称保险公司）经保监会批准，可以从事机动车交通事故责任强制保险业务。

为了保证机动车交通事故责任强制保险制度的实行，保监会有权要求保险公司从事机动车交通事故责任强制保险业务。

未经保监会批准，任何单位或者个人不得从事机动车交通事故责任强制保险业务。

第六条　机动车交通事故责任强制保险实行统一的保险条款和基础保险费率。保监会按照机动车交通事故责任强制保险业务总体上不盈利不亏损的原则审批保险费率。

保监会在审批保险费率时，可以聘请有关专业机构进行评估，可以举行听证会听取公众意见。

第七条　保险公司的机动车交通事故责任强制保险业务，应当与其他保险业务分开管理，单独核算。

保监会应当每年对保险公司的机动车交通事

故责任强制保险业务情况进行核查，并向社会公布；根据保险公司机动车交通事故责任强制保险业务的总体盈利或者亏损情况，可以要求或者允许保险公司相应调整保险费率。

调整保险费率的幅度较大的，保监会应当进行听证。

第八条　被保险机动车没有发生道路交通安全违法行为和道路交通事故的，保险公司应当在下一年度降低其保险费率。在此后的年度内，被保险机动车仍然没有发生道路交通安全违法行为和道路交通事故的，保险公司应当继续降低其保险费率，直至最低标准。被保险机动车发生道路交通安全违法行为或者道路交通事故的，保险公司应当在下一年度提高其保险费率。多次发生道路交通安全违法行为、道路交通事故，或者发生重大道路交通事故的，保险公司应当加大提高其保险费率的幅度。在道路交通事故中被保险人没有过错的，不提高其保险费率。降低或者提高保险费率的标准，由保监会会同国务院公安部门制定。

第九条　保监会、国务院公安部门、国务院农业主管部门以及其他有关部门应当逐步建立有关机动车交通事故责任强制保险、道路交通安全违法行为和道路交通事故的信息共享机制。

第十条　投保人在投保时应当选择具备从事机动车交通事故责任强制保险业务资格的保险公司，被选择的保险公司不得拒绝或者拖延承保。

保监会应当将具备从事机动车交通事故责任强制保险业务资格的保险公司向社会公示。

第十一条　投保人投保时，应当向保险公司如实告知重要事项。

重要事项包括机动车的种类、厂牌型号、识别代码、牌照号码、使用性质和机动车所有人或者管理人的姓名（名称）、性别、年龄、住所、身份证或者驾驶证号码（组织机构代码）、续保前该机动车发生事故的情况以及保监会规定的其他事项。

第十二条　签订机动车交通事故责任强制保险合同时，投保人应当一次支付全部保险费；保险公司应当向投保人签发保险单、保险标志。保险单、保险标志应当注明保险单号码、车牌号码、保险期限、保险公司的名称、地址和理赔电话号码。

被保险人应当在被保险机动车上放置保险标志。

保险标志式样全国统一。保险单、保险标志由保监会监制。任何单位或者个人不得伪造、变造或者使用伪造、变造的保险单、保险标志。

第十三条　签订机动车交通事故责任强制保险合同时，投保人不得在保险条款和保险费率之外，向保险公司提出附加其他条件的要求。

签订机动车交通事故责任强制保险合同时，保险公司不得强制投保人订立商业保险合同以及提出附加其他条件的要求。

第十四条　保险公司不得解除机动车交通事故责任强制保险合同；但是，投保人对重要事项未履行如实告知义务的除外。

投保人对重要事项未履行如实告知义务，保险公司解除合同前，应当书面通知投保人，投保人应当自收到通知之日起5日内履行如实告知义务；投保人在上述期限内履行如实告知义务的，保险公司不得解除合同。

第十五条　保险公司解除机动车交通事故责任强制保险合同的，应当收回保险单和保险标志，并书面通知机动车管理部门。

第十六条　投保人不得解除机动车交通事故责任强制保险合同，但有下列情形之一的除外：

（一）被保险机动车被依法注销登记的；

（二）被保险机动车办理停驶的；

（三）被保险机动车经公安机关证实丢失的。

第十七条　机动车交通事故责任强制保险合同解除前，保险公司应当按照合同承担保险责任。

合同解除时，保险公司可以收取自保险责任开始之日起至合同解除之日止的保险费，剩余部分的保险费退还投保人。

第十八条　被保险机动车所有权转移的，应当办理机动车交通事故责任强制保险合同变更手续。

第十九条　机动车交通事故责任强制保险合同期满，投保人应当及时续保，并提供上一年度的保险单。

第二十条　机动车交通事故责任强制保险的

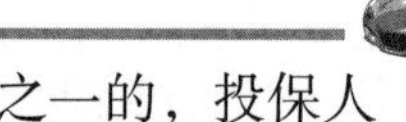

保险期间为 1 年，但有下列情形之一的，投保人可以投保短期机动车交通事故责任强制保险：

（一）境外机动车临时入境的；

（二）机动车临时上道路行驶的；

（三）机动车距规定的报废期限不足 1 年的；

（四）保监会规定的其他情形。

第三章　赔偿

第二十一条　被保险机动车发生道路交通事故造成本车人员、被保险人以外的受害人人身伤亡、财产损失的，由保险公司依法在机动车交通事故责任强制保险责任限额范围内予以赔偿。

道路交通事故的损失是由受害人故意造成的，保险公司不予赔偿。

第二十二条　有下列情形之一的，保险公司在机动车交通事故责任强制保险责任限额范围内垫付抢救费用，并有权向致害人追偿：

（一）驾驶人未取得驾驶资格或者醉酒的；

（二）被保险机动车被盗抢期间肇事的；

（三）被保险人故意制造道路交通事故的。

有前款所列情形之一，发生道路交通事故的，造成受害人的财产损失，保险公司不承担赔偿责任。

第二十三条　机动车交通事故责任强制保险在全国范围内实行统一的责任限额。责任限额分为死亡伤残赔偿限额、医疗费用赔偿限额、财产损失赔偿限额以及被保险人在道路交通事故中无责任的赔偿限额。

机动车交通事故责任强制保险责任限额由保监会会同国务院公安部门、国务院卫生主管部门、国务院农业主管部门规定。

第二十四条　国家设立道路交通事故社会救助基金（以下简称救助基金）。有下列情形之一时，道路交通事故中受害人人身伤亡的丧葬费用、部分或者全部抢救费用，由救助基金先行垫付，救助基金管理机构有权向道路交通事故责任人追偿：

（一）抢救费用超过机动车交通事故责任强制保险责任限额的；

（二）肇事机动车未参加机动车交通事故责任强制保险的；

（三）机动车肇事后逃逸的。

第二十五条　救助基金的来源包括：

（一）按照机动车交通事故责任强制保险的保险费的一定比例提取的资金；

（二）对未按照规定投保机动车交通事故责任强制保险的机动车的所有人、管理人的罚款；

（三）救助基金管理机构依法向道路交通事故责任人追偿的资金；

（四）救助基金孳息；

（五）其他资金。

第二十六条　救助基金的具体管理办法，由国务院财政部门会同保监会、国务院公安部门、国务院卫生主管部门、国务院农业主管部门制定试行。

第二十七条　被保险机动车发生道路交通事故，被保险人或者受害人通知保险公司的，保险公司应当立即给予答复，告知被保险人或者受害人具体的赔偿程序等有关事项。

第二十八条　被保险机动车发生道路交通事故的，由被保险人向保险公司申请赔偿保险金。保险公司应当自收到赔偿申请之日起 1 日内，书面告知被保险人需要向保险公司提供的与赔偿有关的证明和资料。

第二十九条　保险公司应当自收到被保险人提供的证明和资料之日起 5 日内，对是否属于保险责任作出核定，并将结果通知被保险人；对不属于保险责任的，应当书面说明理由；对属于保险责任的，在与被保险人达成赔偿保险金的协议后 10 日内，赔偿保险金。

第三十条　被保险人与保险公司对赔偿有争议的，可以依法申请仲裁或者向人民法院提起诉讼。

第三十一条　保险公司可以向被保险人赔偿保险金，也可以直接向受害人赔偿保险金。但是，因抢救受伤人员需要保险公司支付或者垫付抢救费用的，保险公司在接到公安机关交通管理部门通知后，经核对应当及时向医疗机构支付或者垫付抢救费用。

因抢救受伤人员需要救助基金管理机构垫付抢救费用的，救助基金管理机构在接到公安机关交通管理部门通知后，经核对应当及时向医疗机构垫付抢救费用。

第三十二条　医疗机构应当参照国务院卫生主管部门组织制定的有关临床诊疗指南，抢救、治疗道路交通事故中的受伤人员。

第三十三条　保险公司赔偿保险金或者垫付抢救费用，救助基金管理机构垫付抢救费用，需要向有关部门、医疗机构核实有关情况的，有关部门、医疗机构应当予以配合。

第三十四条　保险公司、救助基金管理机构的工作人员对当事人的个人隐私应当保密。

第三十五条　道路交通事故损害赔偿项目和标准依照有关法律的规定执行。

第四章　罚则

第三十六条　未经保监会批准，非法从事机动车交通事故责任强制保险业务的，由保监会予以取缔；构成犯罪的，依法追究刑事责任；尚不构成犯罪的，由保监会没收违法所得，违法所得20万元以上的，并处违法所得1倍以上5倍以下罚款；没有违法所得或者违法所得不足20万元的，处20万元以上100万元以下罚款。

第三十七条　保险公司未经保监会批准从事机动车交通事故责任强制保险业务的，由保监会责令改正，责令退还收取的保险费，没收违法所得，违法所得10万元以上的，并处违法所得1倍以上5倍以下罚款；没有违法所得或者违法所得不足10万元的，处10万元以上50万元以下罚款；逾期不改正或者造成严重后果的，责令停业整顿或者吊销经营保险业务许可证。

第三十八条　保险公司违反本条例规定，有下列行为之一的，由保监会责令改正，处5万元以上30万元以下罚款；情节严重的，可以限制业务范围、责令停止接受新业务或者吊销经营保险业务许可证：

（一）拒绝或者拖延承保机动车交通事故责任强制保险的；

（二）未按照统一的保险条款和基础保险费率从事机动车交通事故责任强制保险业务的；

（三）未将机动车交通事故责任强制保险业务和其他保险业务分开管理，单独核算的；

（四）强制投保人订立商业保险合同的；

（五）违反规定解除机动车交通事故责任强制保险合同的；

（六）拒不履行约定的赔偿保险金义务的；

（七）未按照规定及时支付或者垫付抢救费用的。

第三十九条　机动车所有人、管理人未按照规定投保机动车交通事故责任强制保险的，由公安机关交通管理部门扣留机动车，通知机动车所有人、管理人依照规定投保，处依照规定投保最低责任限额应缴纳的保险费的2倍罚款。

机动车所有人、管理人依照规定补办机动车交通事故责任强制保险的，应当及时退还机动车。

第四十条　上道路行驶的机动车未放置保险标志的，公安机关交通管理部门应当扣留机动车，通知当事人提供保险标志或者补办相应手续，可以处警告或者20元以上200元以下罚款。

当事人提供保险标志或者补办相应手续的，应当及时退还机动车。

第四十一条　伪造、变造或者使用伪造、变造的保险标志，或者使用其他机动车的保险标志，由公安机关交通管理部门予以收缴，扣留该机动车，处200元以上2000元以下罚款；构成犯罪的，依法追究刑事责任。

当事人提供相应的合法证明或者补办相应手续的，应当及时退还机动车。

第五章　附则

第四十二条　本条例下列用语的含义：

（一）投保人，是指与保险公司订立机动车交通事故责任强制保险合同，并按照合同负有支付保险费义务的机动车的所有人、管理人。

（二）被保险人，是指投保人及其允许的合法驾驶人。

（三）抢救费用，是指机动车发生道路交通事故导致人员受伤时，医疗机构参照国务院卫生主管部门组织制定的有关临床诊疗指南，对生命体征不平稳和虽然生命体征平稳但如果不采取处理措施会产生生命危险，或者导致残疾、器官功能障碍，或者导致病程明显延长的受伤人员，采取必要的处理措施所发生的医疗费用。

第四十三条　机动车在道路以外的地方通行

时发生事故，造成人身伤亡、财产损失的赔偿，比照适用本条例。

第四十四条 中国人民解放军和中国人民武装警察部队在编机动车参加机动车交通事故责任强制保险的办法，由中国人民解放军和中国人民武装警察部队另行规定。

第四十五条 机动车所有人、管理人自本条例施行之日起 3 个月内投保机动车交通事故责任强制保险；本条例施行前已经投保商业性机动车第三者责任保险的，保险期满，应当投保机动车交通事故责任强制保险。

第四十六条 本条例自 2006 年 7 月 1 日起施行。

机动车登记规定

（公安部令第102号）

修订后的《机动车登记规定》已经2008年4月21日公安部部长办公会议通过，现予发布，自2008年10月1日起施行。

公安部部长　孟建柱

二〇〇八年五月二十七日

目　　录

第一章　总则

第一条　根据《中华人民共和国道路交通安全法》及其实施条例的规定，制定本规定。

第二条　本规定由公安机关交通管理部门负责实施。

省级公安机关交通管理部门负责本省（自治区、直辖市）机动车登记工作的指导、检查和监督。直辖市公安机关交通管理部门车辆管理所、设区的市或者相当于同级的公安机关交通管理部门车辆管理所负责办理本行政辖区内机动车登记业务。

县级公安机关交通管理部门车辆管理所可以办理本行政辖区内摩托车、三轮汽车、低速载货汽车登记业务。条件具备的，可以办理除进口机动车、危险化学品运输车、校车、中型以上载客汽车以外的其他机动车登记业务。具体业务范围和办理条件由省级公安机关交通管理部门确定。

警用车辆登记业务按照有关规定办理。

第三条　车辆管理所办理机动车登记，应当遵循公开、公正、便民的原则。

车辆管理所在受理机动车登记申请时，对申请材料齐全并符合法律、行政法规和本规定的，应当在规定的时限内办结。对申请材料不齐全或者其他不符合法定形式的，应当一次告知申请人需要补正的全部内容。对不符合规定的，应当书面告知不予受理、登记的理由。

车辆管理所应当将法律、行政法规和本规定的有关机动车登记的事项、条件、依据、程序、期限以及收费标准、需要提交的全部材料的目录和申请表示范文本等在办理登记的场所公示。

省级、设区的市或者相当于同级的公安机关交通管理部门应当在互联网上建立主页，发布信

息，便于群众查阅机动车登记的有关规定，下载、使用有关表格。

第四条 车辆管理所应当使用计算机登记系统办理机动车登记，并建立数据库。不使用计算机登记系统登记的，登记无效。

计算机登记系统的数据库标准和登记软件全国统一。数据库能够完整、准确记录登记内容，记录办理过程和经办人员信息，并能够实时将有关登记内容传送到全国公安交通管理信息系统。计算机登记系统应当与交通违法信息系统和交通事故信息系统实行联网。

第二章 登记

第一节 注册登记

第五条 初次申领机动车号牌、行驶证的，机动车所有人应当向住所地的车辆管理所申请注册登记。

第六条 机动车所有人应当到机动车安全技术检验机构对机动车进行安全技术检验，取得机动车安全技术检验合格证明后申请注册登记。但经海关进口的机动车和国务院机动车产品主管部门认定免予安全技术检验的机动车除外。

免予安全技术检验的机动车有下列情形之一的，应当进行安全技术检验：

（一）国产机动车出厂后两年内未申请注册登记的；

（二）经海关进口的机动车进口后两年内未申请注册登记的；

（三）申请注册登记前发生交通事故的。

第七条 申请注册登记的，机动车所有人应当填写申请表，交验机动车，并提交以下证明、凭证：

（一）机动车所有人的身份证明；

（二）购车发票等机动车来历证明；

（三）机动车整车出厂合格证明或者进口机动车进口凭证；

（四）车辆购置税完税证明或者免税凭证；

（五）机动车交通事故责任强制保险凭证；

（六）法律、行政法规规定应当在机动车注册登记时提交的其他证明、凭证。

不属于经海关进口的机动车和国务院机动车产品主管部门规定免予安全技术检验的机动车，还应当提交机动车安全技术检验合格证明。

车辆管理所应当自受理申请之日起二日内，确认机动车，核对车辆识别代号拓印膜，审查提交的证明、凭证，核发机动车登记证书、号牌、行驶证和检验合格标志。

第八条 车辆管理所办理消防车、救护车、工程救险车注册登记时，应当对车辆的使用性质、标志图案、标志灯具和警报器进行审查。

车辆管理所办理全挂汽车列车和半挂汽车列车注册登记时，应当对牵引车和挂车分别核发机动车登记证书、号牌和行驶证。

第九条 有下列情形之一的，不予办理注册登记：

（一）机动车所有人提交的证明、凭证无效的；

（二）机动车来历证明被涂改或者机动车来历证明记载的机动车所有人与身份证明不符的；

（三）机动车所有人提交的证明、凭证与机动车不符的；

（四）机动车未经国务院机动车产品主管部门许可生产或者未经国家进口机动车主管部门许可进口的；

（五）机动车的有关技术数据与国务院机动车产品主管部门公告的数据不符的；

（六）机动车的型号、发动机号码、车辆识别代号或者有关技术数据不符合国家安全技术标准的；

（七）机动车达到国家规定的强制报废标准的；

（八）机动车被人民法院、人民检察院、行政执法部门依法查封、扣押的；

（九）机动车属于被盗抢的；

（十）其他不符合法律、行政法规规定的情形。

第二节 变更登记

第十条 已注册登记的机动车有下列情形之一的，机动车所有人应当向登记地车辆管理所申请变更登记：

（一）改变车身颜色的；

（二）更换发动机的；

（三）更换车身或者车架的；

（四）因质量问题更换整车的；

（五）营运机动车改为非营运机动车或者非营运机动车改为营运机动车等使用性质改变的；

（六）机动车所有人的住所迁出或者迁入车辆管理所管辖区域的。

机动车所有人为两人以上，需要将登记的所有人姓名变更为其他所有人姓名的，可以向登记地车辆管理所申请变更登记。

属于本条第一款第（一）项、第（二）项和第（三）项规定的变更事项的，机动车所有人应当在变更后十日内向车辆管理所申请变更登记；属于本条第一款第（六）项规定的变更事项的，机动车所有人申请转出前，应当将涉及该车的道路交通安全违法行为和交通事故处理完毕。

第十一条 申请变更登记的，机动车所有人应当填写申请表，交验机动车，并提交以下证明、凭证：

（一）机动车所有人的身份证明；

（二）机动车登记证书；

（三）机动车行驶证；

（四）属于更换发动机、车身或者车架的，还应当提交机动车安全技术检验合格证明；

（五）属于因质量问题更换整车的，还应当提交机动车安全技术检验合格证明，但经海关进口的机动车和国务院机动车产品主管部门认定免予安全技术检验的机动车除外。

车辆管理所应当自受理之日起一日内，确认机动车，审查提交的证明、凭证，在机动车登记证书上签注变更事项，收回行驶证，重新核发行驶证。

车辆管理所办理本规定第十条第一款第（三）项、第（四）项和第（六）项规定的变更登记事项的，应当核对车辆识别代号拓印膜。

第十二条 车辆管理所办理机动车变更登记时，需要改变机动车号牌号码的，收回号牌、行驶证，确定新的机动车号牌号码，重新核发号牌、行驶证和检验合格标志。

第十三条 机动车所有人的住所迁出车辆管理所管辖区域的，车辆管理所应当自受理之日起三日内，在机动车登记证书上签注变更事项，收回号牌、行驶证，核发有效期为三十日的临时行驶车号牌，将机动车档案交机动车所有人。机动车所有人应当在临时行驶车号牌的有效期限内到住所地车辆管理所申请机动车转入。

申请机动车转入的，机动车所有人应当填写申请表，提交身份证明、机动车登记证书、机动车档案，并交验机动车。机动车在转入时已超过检验有效期的，应当在转入地进行安全技术检验并提交机动车安全技术检验合格证明和交通事故责任强制保险凭证。车辆管理所应当自受理之日起三日内，确认机动车，核对车辆识别代号拓印膜，审查相关证明、凭证和机动车档案，在机动车登记证书上签注转入信息，核发号牌、行驶证和检验合格标志。

第十四条 机动车所有人为两人以上，需要将登记的所有人姓名变更为其他所有人姓名的，应当提交机动车登记证书、行驶证、变更前和变更后机动车所有人的身份证明和共同所有的公证证明，但属于夫妻双方共同所有的，可以提供《结婚证》或者证明夫妻关系的《居民户口簿》。

变更后机动车所有人的住所在车辆管理所管辖区域内的，车辆管理所按照本规定第十一条第二款的规定办理变更登记。变更后机动车所有人的住所不在车辆管理所管辖区域内的，迁出地和迁入地车辆管理所按照本规定第十三条的规定办理变更登记。

第十五条 有下列情形之一的，不予办理变更登记：

（一）改变机动车的品牌、型号和发动机型号的，但经国务院机动车产品主管部门许可选装的发动机除外；

（二）改变已登记的机动车外形和有关技术数据的，但法律、法规和国家强制性标准另有规定的除外；

（三）有本规定第九条第（一）项、第（七）项、第（八）项、第（九）项规定情形的。

第十六条 有下列情形之一，在不影响安全和识别号牌的情况下，机动车所有人不需要办理变更登记：

（一）小型、微型载客汽车加装前后防撞装置；

（二）货运机动车加装防风罩、水箱、工具箱、备胎架等；

（三）增加机动车车内装饰。

第十七条 已注册登记的机动车，机动车所有人住所在车辆管理所管辖区域内迁移或者机动车所有人姓名（单位名称）、联系方式变更的，应当向登记地车辆管理所备案。

（一）机动车所有人住所在车辆管理所管辖区域内迁移、机动车所有人姓名（单位名称）变更的，机动车所有人应当提交身份证明、机动车登记证书、行驶证和相关变更证明。车辆管理所应当自受理之日起一日内，在机动车登记证书上签注备案事项，重新核发行驶证。

（二）机动车所有人联系方式变更的，机动车所有人应当提交身份证明和行驶证。车辆管理所应当自受理之日起一日内办理备案。

机动车所有人的身份证明名称或者号码变更的，可以向登记地车辆管理所申请备案。机动车所有人应当提交身份证明、机动车登记证书。车辆管理所应当自受理之日起一日内，在机动车登记证书上签注备案事项。

发动机号码、车辆识别代号因磨损、锈蚀、事故等原因辨认不清或者损坏的，可以向登记地车辆管理所申请备案。机动车所有人应当提交身份证明、机动车登记证书、行驶证。车辆管理所应当自受理之日起一日内，在发动机、车身或者车架上打刻原发动机号码或者原车辆识别代号，在机动车登记证书上签注备案事项。

第三节 转移登记

第十八条 已注册登记的机动车所有权发生转移的，现机动车所有人应当自机动车交付之日起三十日内向登记地车辆管理所申请转移登记。

机动车所有人申请转移登记前，应当将涉及该车的道路交通安全违法行为和交通事故处理完毕。

第十九条 申请转移登记的，现机动车所有人应当填写申请表，交验机动车，并提交以下证明、凭证：

（一）现机动车所有人的身份证明；

（二）机动车所有权转移的证明、凭证；

（三）机动车登记证书；

（四）机动车行驶证；

（五）属于海关监管的机动车，还应当提交《中华人民共和国海关监管车辆解除监管证明书》或者海关批准的转让证明；

（六）属于超过检验有效期的机动车，还应当提交机动车安全技术检验合格证明和交通事故责任强制保险凭证。

现机动车所有人住所在车辆管理所管辖区域内的，车辆管理所应当自受理申请之日起一日内，确认机动车，核对车辆识别代号拓印膜，审查提交的证明、凭证，收回号牌、行驶证，确定新的机动车号牌号码，在机动车登记证书上签注转移事项，重新核发号牌、行驶证和检验合格标志。

现机动车所有人住所不在车辆管理所管辖区域内的，车辆管理所应当按照本规定第十三条的规定办理。

第二十条 有下列情形之一的，不予办理转移登记：

（一）机动车与该车档案记载内容不一致的；

（二）属于海关监管的机动车，海关未解除监管或者批准转让的；

（三）机动车在抵押登记、质押备案期间的；

（四）有本规定第九条第（一）项、第（二）项、第（七）项、第（八）项、第（九）项规定情形的。

第二十一条 被人民法院、人民检察院和行政执法部门依法没收并拍卖，或者被仲裁机构依法仲裁裁决，或者被人民法院调解、裁定、判决机动车所有权转移时，原机动车所有人未向现机动车所有人提供机动车登记证书、号牌或者行驶证的，现机动车所有人在办理转移登记时，应当提交人民法院出具的未得到机动车登记证书、号牌或者行驶证的《协助执行通知书》，或者人民检察院、行政执法部门出具的未得到机动车登记证书、号牌或者行驶证的证明。车辆管理所应当公告原机动车登记证书、号牌或者行驶证作废，并在办理转移登记的同时，补发机动车登记证书。

第四节 抵押登记

第二十二条 机动车所有人将机动车作为抵押物抵押的，应当向登记地车辆管理所申请抵押登记；抵押权消灭的，应当向登记地车辆管理所

申请解除抵押登记。

第二十三条　申请抵押登记的，机动车所有人应当填写申请表，由机动车所有人和抵押权人共同申请，并提交下列证明、凭证：

（一）机动车所有人和抵押权人的身份证明；

（二）机动车登记证书；

（三）机动车所有人和抵押权人依法订立的主合同和抵押合同。

车辆管理所应当自受理之日起一日内，审查提交的证明、凭证，在机动车登记证书上签注抵押登记的内容和日期。

第二十四条　申请解除抵押登记的，机动车所有人应当填写申请表，由机动车所有人和抵押权人共同申请，并提交下列证明、凭证：

（一）机动车所有人和抵押权人的身份证明；

（二）机动车登记证书。

人民法院调解、裁定、判决解除抵押的，机动车所有人或者抵押权人应当填写申请表，提交机动车登记证书、人民法院出具的已经生效的《调解书》、《裁定书》或者《判决书》，以及相应的《协助执行通知书》。

车辆管理所应当自受理之日起一日内，审查提交的证明、凭证，在机动车登记证书上签注解除抵押登记的内容和日期。

第二十五条　机动车抵押登记日期、解除抵押登记日期可以供公众查询。

第二十六条　有本规定第九条第（一）项、第（七）项、第（八）项、第（九）项或者第二十条第（二）项规定情形之一的，不予办理抵押登记。对机动车所有人提交的证明、凭证无效，或者机动车被人民法院、人民检察院、行政执法部门依法查封、扣押的，不予办理解除抵押登记。

第五节　注销登记

第二十七条　已达到国家强制报废标准的机动车，机动车所有人向机动车回收企业交售机动车时，应当填写申请表，提交机动车登记证书、号牌和行驶证。机动车回收企业应当确认机动车并解体，向机动车所有人出具《报废机动车回收证明》。报废的大型客、货车及其他营运车辆应当在车辆管理所的监督下解体。

机动车回收企业应当在机动车解体后七日内将申请表、机动车登记证书、号牌、行驶证和《报废机动车回收证明》副本提交车辆管理所，申请注销登记。

车辆管理所应当自受理之日起一日内，审查提交的证明、凭证，收回机动车登记证书、号牌、行驶证，出具注销证明。

第二十八条　除本规定第二十七条规定的情形外，机动车有下列情形之一的，机动车所有人应当向登记地车辆管理所申请注销登记：

（一）机动车灭失的；

（二）机动车因故不在我国境内使用的；

（三）因质量问题退车的。

已注册登记的机动车有下列情形之一的，登记地车辆管理所应当办理注销登记：

（一）机动车登记被依法撤销的；

（二）达到国家强制报废标准的机动车被依法收缴并强制报废的。

属于本条第一款第（二）项和第（三）项规定情形之一的，机动车所有人申请注销登记前，应当将涉及该车的道路交通安全违法行为和交通事故处理完毕。

第二十九条　属于本规定第二十八条第一款规定的情形，机动车所有人申请注销登记的，应当填写申请表，并提交以下证明、凭证：

（一）机动车登记证书；

（二）机动车行驶证；

（三）属于机动车灭失的，还应当提交机动车所有人的身份证明和机动车灭失证明；

（四）属于机动车因故不在我国境内使用的，还应当提交机动车所有人的身份证明和出境证明，其中属于海关监管的机动车，还应当提交海关出具的《中华人民共和国海关监管车辆进（出）境领（销）牌照通知书》；

（五）属于因质量问题退车的，还应当提交机动车所有人的身份证明和机动车制造厂或者经销商出具的退车证明。

车辆管理所应当自受理之日起一日内，审查提交的证明、凭证，收回机动车登记证书、号牌、行驶证，出具注销证明。

第三十条　因车辆损坏无法驶回登记地的，

机动车所有人可以向车辆所在地机动车回收企业交售报废机动车。交售机动车时应当填写申请表，提交机动车登记证书、号牌和行驶证。机动车回收企业应当确认机动车并解体，向机动车所有人出具《报废机动车回收证明》。报废的大型客、货车及其他营运车辆应当在报废地车辆管理所的监督下解体。

机动车回收企业应当在机动车解体后七日内将申请表、机动车登记证书、号牌、行驶证和《报废机动车回收证明》副本提交报废地车辆管理所，申请注销登记。

报废地车辆管理所应当自受理之日起一日内，审查提交的证明、凭证，收回机动车登记证书、号牌、行驶证，并通过计算机登记系统将机动车报废信息传递给登记地车辆管理所。

登记地车辆管理所应当自接到机动车报废信息之日起一日内办理注销登记，并出具注销证明。

第三十一条　已注册登记的机动车有下列情形之一的，车辆管理所应当公告机动车登记证书、号牌、行驶证作废：

（一）达到国家强制报废标准，机动车所有人逾期不办理注销登记的；

（二）机动车登记被依法撤销后，未收缴机动车登记证书、号牌、行驶证的；

（三）达到国家强制报废标准的机动车被依法收缴并强制报废的；

（四）机动车所有人办理注销登记时未交回机动车登记证书、号牌、行驶证的。

第三十二条　有本规定第九条第（一）项、第（八）项、第（九）项或者第二十条第（一）项、第（三）项规定情形之一的，不予办理注销登记。

第三章　其他规定

第三十三条　申请办理机动车质押备案或者解除质押备案的，由机动车所有人和典当行共同申请，机动车所有人应当填写申请表，并提交以下证明、凭证：

（一）机动车所有人和典当行的身份证明；

（二）机动车登记证书。

车辆管理所应当自受理之日起一日内，审查提交的证明、凭证，在机动车登记证书上签注质押备案或者解除质押备案的内容和日期。

有本规定第九条第（一）项、第（七）项、第（八）项、第（九）项规定情形之一的，不予办理质押备案。对机动车所有人提交的证明、凭证无效，或者机动车被人民法院、人民检察院、行政执法部门依法查封、扣押的，不予办理解除质押备案。

第三十四条　机动车登记证书灭失、丢失或者损毁的，机动车所有人应当向登记地车辆管理所申请补领、换领。申请时，机动车所有人应当填写申请表并提交身份证明，属于补领机动车登记证书的，还应当交验机动车。车辆管理所应当自受理之日起一日内，确认机动车，审查提交的证明、凭证，补发、换发机动车登记证书。

启用机动车登记证书前已注册登记的机动车未申领机动车登记证书的，机动车所有人可以向登记地车辆管理所申领机动车登记证书。但属于机动车所有人申请变更、转移或者抵押登记的，应当在申请前向车辆管理所申领机动车登记证书。申请时，机动车所有人应当填写申请表，交验机动车并提交身份证明。车辆管理所应当自受理之日起五日内，确认机动车，核对车辆识别代号拓印膜，审查提交的证明、凭证，核发机动车登记证书。

第三十五条　机动车号牌、行驶证灭失、丢失或者损毁的，机动车所有人应当向登记地车辆管理所申请补领、换领。申请时，机动车所有人应当填写申请表并提交身份证明。

车辆管理所应当审查提交的证明、凭证，收回未灭失、丢失或者损毁的号牌、行驶证，自受理之日起一日内补发、换发行驶证，自受理之日起十五日内补发、换发号牌，原机动车号牌号码不变。

补发、换发号牌期间应当核发有效期不超过十五日的临时行驶车号牌。

第三十六条　机动车具有下列情形之一，需要临时上道路行驶的，机动车所有人应当向车辆管理所申领临时行驶车号牌：

（一）未销售的；

（二）购买、调拨、赠予等方式获得机动车后尚未注册登记的；

（三）进行科研、定型试验的；

（四）因轴荷、总质量、外廓尺寸超出国家标准不予办理注册登记的特型机动车。

第三十七条　机动车所有人申领临时行驶车号牌应当提交以下证明、凭证：

（一）机动车所有人的身份证明；

（二）机动车交通事故责任强制保险凭证；

（三）属于本规定第三十六条第（一）项、第（四）项规定情形的，还应当提交机动车整车出厂合格证明或者进口机动车进口凭证；

（四）属于本规定第三十六条第（二）项规定情形的，还应当提交机动车来历证明，以及机动车整车出厂合格证明或者进口机动车进口凭证；

（五）属于本规定第三十六条第（三）项规定情形的，还应当提交书面申请和机动车安全技术检验合格证明。

车辆管理所应当自受理之日起一日内，审查提交的证明、凭证，属于本规定第三十六条第（一）项、第（二）项规定情形，需要在本行政辖区内临时行驶的，核发有效期不超过十五日的临时行驶车号牌；需要跨行政辖区临时行驶的，核发有效期不超过三十日的临时行驶车号牌。属于本规定第三十六条第（三）项、第（四）项规定情形的，核发有效期不超过九十日的临时行驶车号牌。

因号牌制作的原因，无法在规定时限内核发号牌的，车辆管理所应当核发有效期不超过十五日的临时行驶车号牌。

对具有本规定第三十六条第（一）项、第（二）项规定情形之一，机动车所有人需要多次申领临时行驶车号牌的，车辆管理所核发临时行驶车号牌不得超过三次。

第三十八条　机动车所有人发现登记内容有错误的，应当及时要求车辆管理所更正。车辆管理所应当自受理之日起五日内予以确认。确属登记错误的，在机动车登记证书上更正相关内容，换发行驶证。需要改变机动车号牌号码的，应当收回号牌、行驶证，确定新的机动车号牌号码，重新核发号牌、行驶证和检验合格标志。

第三十九条　已注册登记的机动车被盗抢的，车辆管理所应当根据刑侦部门提供的情况，在计算机登记系统内记录，停止办理该车的各项登记和业务。被盗抢机动车发还后，车辆管理所应当恢复办理该车的各项登记和业务。

机动车在被盗抢期间，发动机号码、车辆识别代号或者车身颜色被改变的，车辆管理所应当凭有关技术鉴定证明办理变更备案。

第四十条　机动车所有人可以在机动车检验有效期满前三个月内向登记地车辆管理所申请检验合格标志。

申请前，机动车所有人应当将涉及该车的道路交通安全违法行为和交通事故处理完毕。申请时，机动车所有人应当填写申请表并提交行驶证、机动车交通事故责任强制保险凭证、机动车安全技术检验合格证明。

车辆管理所应当自受理之日起一日内，确认机动车，审查提交的证明、凭证，核发检验合格标志。

第四十一条　除大型载客汽车以外的机动车因故不能在登记地检验的，机动车所有人可以向登记地车辆管理所申请委托核发检验合格标志。申请前，机动车所有人应当将涉及机动车的道路交通安全违法行为和交通事故处理完毕。申请时，应当提交机动车登记证书或者行驶证。

车辆管理所应当自受理之日起一日内，出具核发检验合格标志的委托书。

机动车在检验地检验合格后，机动车所有人应当按照本规定第四十条第二款的规定向被委托地车辆管理所申请检验合格标志，并提交核发检验合格标志的委托书。被委托地车辆管理所应当自受理之日起一日内，按照本规定第四十条第三款的规定核发检验合格标志。

第四十二条　机动车检验合格标志灭失、丢失或者损毁的，机动车所有人应当持行驶证向机动车登记地或者检验合格标志核发地车辆管理所申请补领或者换领。车辆管理所应当自受理之日起一日内补发或者换发。

第四十三条　办理机动车转移登记或者注销登记后，原机动车所有人申请办理新购机动车注册登记时，可以向车辆管理所申请使用原机动车号牌号码。

申请使用原机动车号牌号码应当符合下列

条件：

（一）在办理转移登记或者注销登记后六个月内提出申请；

（二）机动车所有人拥有原机动车三年以上；

（三）涉及原机动车的道路交通安全违法行为和交通事故处理完毕。

第四十四条 确定机动车号牌号码采用计算机自动选取和由机动车所有人按照机动车号牌标准规定自行编排的方式。

第四十五条 机动车所有人可以委托代理人代理申请各项机动车登记和业务，但申请补领机动车登记证书的除外。对机动车所有人因死亡、出境、重病、伤残或者不可抗力等原因不能到场申请补领机动车登记证书的，可以凭相关证明委托代理人代理申领。

代理人申请机动车登记和业务时，应当提交代理人的身份证明和机动车所有人的书面委托。

第四十六条 机动车所有人或者代理人申请机动车登记和业务，应当如实向车辆管理所提交规定的材料和反映真实情况，并对其申请材料实质内容的真实性负责。

第四章 法律责任

第四十七条 有下列情形之一的，由公安机关交通管理部门处警告或者二百元以下罚款：

（一）重型、中型载货汽车及其挂车的车身或者车厢后部未按照规定喷涂放大的牌号或者放大的牌号不清晰的；

（二）机动车喷涂、粘贴标识或者车身广告，影响安全驾驶的；

（三）载货汽车、挂车未按照规定安装侧面及后下部防护装置、粘贴车身反光标识的；

（四）机动车未按照规定期限进行安全技术检验的；

（五）改变车身颜色、更换发动机、车身或者车架，未按照本规定第十条规定的时限办理变更登记的；

（六）机动车所有权转移后，现机动车所有人未按照本规定第十八条规定的时限办理转移登记的；

（七）机动车所有人办理变更登记、转移登记，机动车档案转出登记地车辆管理所后，未按照本规定第十三条规定的时限到住所地车辆管理所申请机动车转入的。

第四十八条 除本规定第十条和第十六条规定的情形外，擅自改变机动车外形和已登记的有关技术数据的，由公安机关交通管理部门责令恢复原状，并处警告或者五百元以下罚款。

第四十九条 以欺骗、贿赂等不正当手段取得机动车登记的，由公安机关交通管理部门收缴机动车登记证书、号牌、行驶证，撤销机动车登记；申请人在三年内不得申请机动车登记。对涉嫌走私、盗抢的机动车，移交有关部门处理。

以欺骗、贿赂等不正当手段办理补、换领机动车登记证书、号牌、行驶证和检验合格标志等业务的，由公安机关交通管理部门处警告或者二百元以下罚款。

第五十条 省、自治区、直辖市公安厅、局可以根据本地区的实际情况，在本规定的处罚幅度范围内，制定具体的执行标准。

对本规定的道路交通安全违法行为的处理程序按照《道路交通安全违法行为处理程序规定》执行。

第五十一条 交通警察违反规定为被盗抢、走私、非法拼（组）装、达到国家强制报废标准的机动车办理登记的，按照国家有关规定给予处分，经教育不改又不宜给予开除处分的，按照《公安机关组织管理条例》规定予以辞退；对聘用人员予以解聘。构成犯罪的，依法追究刑事责任。

第五十二条 交通警察有下列情形之一的，按照国家有关规定给予处分；对聘用人员予以解聘。构成犯罪的，依法追究刑事责任：

（一）不按照规定确认机动车和审查证明、凭证的；

（二）故意刁难，拖延或者拒绝办理机动车登记的；

（三）违反本规定增加机动车登记条件或者提交的证明、凭证的；

（四）违反本规定第四十四条的规定，采用其他方式确定机动车号牌号码的；

（五）违反规定跨行政辖区办理机动车登记

和业务的；

（六）超越职权进入计算机登记系统办理机动车登记和业务，或者不按规定使用机动车登记系统办理登记和业务的；

（七）向他人泄漏、传播计算机登记系统密码，造成系统数据被篡改、丢失或者破坏的；

（八）利用职务上的便利索取、收受他人财物或者谋取其他利益的；

（九）强令车辆管理所违反本规定办理机动车登记的。

第五十三条 公安机关交通管理部门有本规定第五十一条、第五十二条所列行为之一的，按照国家有关规定对直接负责的主管人员和其他直接责任人员给予相应的处分。

公安机关交通管理部门及其工作人员有本规定第五十一条、第五十二条所列行为之一，给当事人造成损失的，应当依法承担赔偿责任。

第五章 附 则

第五十四条 机动车登记证书、号牌、行驶证、检验合格标志的种类、式样，以及各类登记表格式样等由公安部制定。机动车登记证书由公安部统一印制。

机动车登记证书、号牌、行驶证、检验合格标志的制作应当符合有关标准。

第五十五条 本规定下列用语的含义：

（一）进口机动车是指：

1. 经国家限定口岸海关进口的汽车；

2. 经各口岸海关进口的其他机动车；

3. 海关监管的机动车；

4. 国家授权的执法部门没收的走私、无合法进口证明和利用进口关键件非法拼（组）装的机动车。

（二）进口机动车的进口凭证是指：

1. 进口汽车的进口凭证，是国家限定口岸海关签发的《货物进口证明书》；

2. 其他进口机动车的进口凭证，是各口岸海关签发的《货物进口证明书》；

3. 海关监管的机动车的进口凭证，是监管地海关出具的《中华人民共和国海关监管车辆进（出）境领（销）牌照通知书》；

4. 国家授权的执法部门没收的走私、无进口证明和利用进口关键件非法拼（组）装的机动车的进口凭证，是该部门签发的《没收走私汽车、摩托车证明书》。

（三）机动车所有人是指拥有机动车的个人或者单位。

1. 个人是指我国内地的居民和军人（含武警）以及香港、澳门特别行政区、台湾地区居民、华侨和外国人；

2. 单位是指机关、企业、事业单位和社会团体以及外国驻华使馆、领馆和外国驻华办事机构、国际组织驻华代表机构。

（四）身份证明是指：

1. 机关、企业、事业单位、社会团体的身份证明，是该单位的《组织机构代码证书》、加盖单位公章的委托书和被委托人的身份证明。机动车所有人为单位的内设机构，本身不具备领取《组织机构代码证书》条件的，可以使用上级单位的《组织机构代码证书》作为机动车所有人的身份证明。上述单位已注销、撤销或者破产，其机动车需要办理变更登记、转移登记、解除抵押登记、注销登记、解除质押备案、申领机动车登记证书和补、换领机动车登记证书、号牌、行驶证的，已注销的企业的身份证明，是工商行政管理部门出具的注销证明。已撤销的机关、事业单位、社会团体的身份证明，是其上级主管机关出具的有关证明。已破产的企业的身份证明，是依法成立的财产清算机构出具的有关证明；

2. 外国驻华使馆、领馆和外国驻华办事机构、国际组织驻华代表机构的身份证明，是该使馆、领馆或者该办事机构、代表机构出具的证明；

3. 居民的身份证明，是《居民身份证》或者《临时居民身份证》。在暂住地居住的内地居民，其身份证明是《居民身份证》或者《临时居民身份证》，以及公安机关核发的居住、暂住证明；

4. 军人（含武警）的身份证明，是《居民身份证》或者《临时居民身份证》。在未办理《居民身份证》前，是指军队有关部门核发的《军官证》、《文职干部证》、《士兵证》、《离休证》、《退休证》等有效军人身份证件，以及其所在的团级以上单位出具的本人住所证明；

5. 香港、澳门特别行政区居民的身份证明，是其入境时所持有的《港澳居民来往内地通行证》或者《港澳同胞回乡证》、香港、澳门特别行政区《居民身份证》和公安机关核发的居住、暂住证明；

6. 台湾地区居民的身份证明，是其所持有的有效期六个月以上的公安机关核发的《台湾居民来往大陆通行证》或者外交部核发的《中华人民共和国旅行证》和公安机关核发的居住、暂住证明；

7. 华侨的身份证明，是《中华人民共和国护照》和公安机关核发的居住、暂住证明；

8. 外国人的身份证明，是其入境时所持有的护照或者其他旅行证件、居（停）留期为六个月以上的有效签证或者居留许可，以及公安机关出具的住宿登记证明；

9. 外国驻华使馆、领馆人员、国际组织驻华代表机构人员的身份证明，是外交部核发的有效身份证件。

（五）住所是指：

1. 单位的住所为其主要办事机构所在地的地址；

2. 个人的住所为其身份证明记载的地址。在暂住地居住的内地居民的住所是公安机关核发的居住、暂住证明记载的地址。

（六）机动车来历证明是指：

1. 在国内购买的机动车，其来历证明是全国统一的机动车销售发票或者二手车交易发票。在国外购买的机动车，其来历证明是该车销售单位开具的销售发票及其翻译文本，但海关监管的机动车不需提供来历证明；

2. 人民法院调解、裁定或者判决转移的机动车，其来历证明是人民法院出具的已经生效的《调解书》、《裁定书》或者《判决书》，以及相应的《协助执行通知书》；

3. 仲裁机构仲裁裁决转移的机动车，其来历证明是《仲裁裁决书》和人民法院出具的《协助执行通知书》；

4. 继承、赠予、中奖、协议离婚和协议抵偿债务的机动车，其来历证明是继承、赠予、中奖、协议离婚、协议抵偿债务的相关文书和公证机关出具的《公证书》；

5. 资产重组或者资产整体买卖中包含的机动车，其来历证明是资产主管部门的批准文件；

6. 机关、企业、事业单位和社会团体统一采购并调拨到下属单位未注册登记的机动车，其来历证明是全国统一的机动车销售发票和该部门出具的调拨证明；

7. 机关、企业、事业单位和社会团体已注册登记并调拨到下属单位的机动车，其来历证明是该单位出具的调拨证明。被上级单位调回或者调拨到其他下属单位的机动车，其来历证明是上级单位出具的调拨证明；

8. 经公安机关破案发还的被盗抢且已向原机动车所有人理赔完毕的机动车，其来历证明是《权益转让证明书》。

（七）机动车整车出厂合格证明是指：

1. 机动车整车厂生产的汽车、摩托车、挂车，其出厂合格证明是该厂出具的《机动车整车出厂合格证》；

2. 使用国产或者进口底盘改装的机动车，其出厂合格证明是机动车底盘生产厂出具的《机动车底盘出厂合格证》或者进口机动车底盘的进口凭证和机动车改装厂出具的《机动车整车出厂合格证》；

3. 使用国产或者进口整车改装的机动车，其出厂合格证明是机动车生产厂出具的《机动车整车出厂合格证》或者进口机动车的进口凭证和机动车改装厂出具的《机动车整车出厂合格证》；

4. 人民法院、人民检察院或者行政执法机关依法扣留、没收并拍卖的未注册登记的国产机动车，未能提供出厂合格证明的，可以凭人民法院、人民检察院或者行政执法机关出具的证明替代。

（八）机动车灭失证明是指：

1. 因自然灾害造成机动车灭失的证明是，自然灾害发生地的街道、乡、镇以上政府部门出具的机动车因自然灾害造成灭失的证明；

2. 因失火造成机动车灭失的证明是，火灾发生地的县级以上公安机关消防部门出具的机动车因失火造成灭失的证明；

3. 因交通事故造成机动车灭失的证明是，交通事故发生地的县级以上公安机关交通管理部门出具的机动车因交通事故造成灭失的证明。

（九）本规定所称“一日”、“二日”、“三日”、“五日”、“七日”、“十日”、“十五日”，是指工作日，不包括节假日。

临时行驶车号牌的最长有效期“十五日”、“三十日”、“九十日”，包括工作日和节假日。

本规定所称以下、以上、以内，包括本数。

第五十六条　本规定自2008年10月1日起施行。2004年4月30日公安部发布的《机动车登记规定》（公安部令第72号）同时废止。本规定实施前公安部发布的其他规定与本规定不一致的，以本规定为准。

机动车安全技术检验机构监督管理办法

国家质检总局局长令第 121 号

《机动车安全技术检验机构监督管理办法》已经2009年8月28日国家质量监督检验检疫总局局务会议审议通过，现予公布，自2009年12月1日起施行。2006年2月27日国家质量监督检验检疫总局公布的《机动车安全技术检验机构管理规定》同时废止。

局　长　王勇

二〇〇九年十月十三日

第一章　总　则

第一条　为了加强对机动车安全技术检验机构的监督管理，根据《中华人民共和国行政许可法》、《中华人民共和国道路交通安全法》及其实施条例、《中华人民共和国计量法》及其实施细则等有关法律法规，制定本办法。

第二条　机动车安全技术检验机构（以下简称“安检机构”）开展机动车安全技术检验以及对安检机构实施监督管理应当遵守本办法。

本办法所称机动车安全技术检验，是指根据《中华人民共和国道路交通安全法》及其实施条例规定，按照机动车国家安全技术标准等要求，对上道路行驶的机动车进行检验检测的活动，包括机动车注册登记时的初次安全技术检验和登记后的定期安全技术检验。

本办法所称安检机构，是指在中华人民共和国境内，根据《中华人民共和国道路交通安全法》及其实施条例的规定，按照机动车国家安全技术标准等要求，对上道路行驶的机动车进行检验，并向社会出具公证数据的检验机构。

第三条　国家质量监督检验检疫总局（以下简称“国家质检总局”）对全国安检机构实施统一监督管理。

各省级质量技术监督部门负责本行政区域内安检机构的监督管理工作。市县级质量技术监督部门在各自的职责范围内负责本行政区域内安检机构的监督管理工作。

第四条　各级质量技术监督部门应当遵循科学、公正、廉洁、高效的原则，依法对安检机构实施监督管理。

第五条　安检机构应当严格依据国家有关法律法规规定，按照机动车国家安全技术标准和有关规定对机动车实施检验，并对检验结果负责。

第二章　安检机构资格许可

第六条　安检机构的设置，应当遵循统筹规划、合理布局、方便检测的原则。

第七条　国家对安检机构实行资格管理和计量认证管理。

安检机构应当依照国家有关法律法规的规定，取得计量认证、检验资格许可后，方可在批准的检验范围内承担机动车安全技术检验。

省级质量技术监督部门负责实施本行政区域内安检机构检验资格许可申请的受理、审查、决定和发证。

第八条　安检机构的计量认证管理依照计量有关法律法规的规定执行。

第九条　安检机构计量认证、检验资格许可的申请及其受理、现场审查、发证应当一并办理。

第十条 申请取得安检机构检验资格许可，应当具备以下基本条件：

（一）具有法人资格；

（二）具有满足机动车安全技术检验工作需要的，并经省级质量技术监督部门考核合格的从事机动车安全技术检验工作的技术人员；

（三）有完善的工作管理制度，有齐全的机动车安全技术检验标准等技术规范文件资料；

（四）具有申请检测车辆类型和项目所需的机动车安全技术检验的设备及其校准设备；

（五）机动车安全技术检验设备应当通过合法有效的型式认定，在用计量器具应当依法经质量技术监督部门授权的计量技术机构计量检定合格或校准，并在检定或校准有效期内；

（六）具有满足机动车安全技术检验的设施、工作场所和工作环境；

（七）其他应当具备的条件。

第十一条 申请安检机构检验资格许可，应当向所在地省级质量技术监督部门提交以下申请材料：

（一）申请书；

（二）法人证明及复印件；

（三）检验人员考核合格证书及复印件；

（四）计量器具检定或校准证书及复印件；

（五）检测线配置明细以及检测、校准设备清单；

（六）地理位置、场地及厂房平面图，相应的所有权或合法使用权证明及复印件；

（七）其他有关合法证明材料。

第十二条 省级质量技术监督部门接到申请后，应当按照《中华人民共和国行政许可法》关于许可受理的规定，根据申请不同情况，分别做出处理。

第十三条 省级质量技术监督部门在受理申请后，应当及时组织审查人员对申请人进行审查，审查包括资料审查和现场核查。

审查人员应当具备相应的专业知识和实践工作经验。

第十四条 省级质量技术监督部门对申请人进行审查后，应当根据《中华人民共和国行政许可法》关于许可审查和决定的程序、期限等规定，作出是否批准检验资格许可的决定。

第十五条 省级质量技术监督部门应当及时向获得检验资格许可的申请人颁发安检机构检验资格许可证书和检验专用印章。

安检机构检验资格许可证书的式样、编号规则和检验专用印章的式样，由国家质检总局统一规定。

第十六条 安检机构检验资格许可证书有效期为 3 年。

安检机构检验资格有效期期满，继续从事机动车安全技术检验活动的，应当于期满前 3 个月向所在地省级质量技术监督部门重新提出申请；安检机构迁址、改建或增加检测线的应当及时向省级质量技术监督部门提出申请；申请的受理、审查和决定按照本规定执行。

第三章 安检机构行为规范

第十七条 安检机构应当遵循独立、客观、公正、诚信的原则开展机动车安全技术检验活动。

第十八条 安检机构应当保持信息系统通畅，及时向质量技术监督部门提供机动车安全技术检验信息。

第十九条 安检机构应当保证在用设备正常完好，在用计量器具依法进行计量检定或校准，并按照质量技术监督部门的要求定期参加检验能力比对试验。

第二十条 安检机构应当建立健全各项规章制度和机动车安全技术检验档案，按照国家有关规定对检验结果和有关技术资料进行保存，有保密要求的，应当遵守保密规定。

第二十一条 安检机构应当加强机动车安全技术检验人员培训和内部管理，不断提高检验服务水平。

第二十二条 安检机构应当接受质量技术监督部门的监督检查和管理，每年 1 月底之前向所在地质量技术监督部门提交上年度工作报告。

年度工作报告内容应当包括：

（一）安检机构基本情况；

（二）机动车年检验车型及其数量等机动车安全技术检验业务开展情况；

（三）在用检测设备的变更情况和计量器具

检定或校准情况；

（四）检验人员培训、考核及变更情况；

（五）投诉、异议处理情况；

（六）其他应当报告的事项。

第二十三条 安检机构在机动车安全技术检验活动中发现普遍性质量安全问题的，应当及时向质量技术监督部门等有关部门报告。

第二十四条 安检机构如需停止机动车安全技术检验工作3个月以上的，应当报省级质量技术监督部门备案，上交检验资格许可证书和检验专用印章，并于停业前1个月向社会公告。

安检机构停止机动车安全技术检验工作1年以上的，由省级质量技术监督部门注销安检机构检验资格。

第二十五条 安检机构不得有下列行为：

（一）涂改、倒卖、出租、出借检验资格许可证书；

（二）超出批准的检验范围开展机动车安全技术检验；

（三）不按照机动车国家安全技术标准进行检验；

（四）未经检验即出具检验报告等出具虚假检验结果的行为；

（五）要求机动车到指定的场所进行维修、保养；

（六）使用未经省级质量技术监督部门考核或者考核不合格的人员从事检验工作；

（七）无正当理由推诿或拒绝处理用户的投诉或异议；

（八）其他违法行为。

第四章 监督管理

第二十六条 各级质量技术监督部门应当在各自的职责范围内，对本行政区域内安检机构及其工作情况组织监督检查。

监督检查可以采取以下方式进行：

（一）查阅原始检验记录、检验报告；

（二）现场检查机动车安全技术检验过程；

（三）检验能力比对试验；

（四）审核年度工作报告；

（五）听取有关方面对安检机构机动车安全技术检验工作的评价；

（六）调查处理投诉案件；

（七）联网监察或者其他能够反映安检机构工作质量的监督检查方式。

第二十七条 各级质量技术监督部门在进行监督检查时，应当记录监督检查的情况和处理结果，由监督检查人员签字后归档。

第二十八条 县级以上地方质量技术监督部门对在安检机构监督检查工作中发现的问题，应当依法进行处理。对发现的重大问题，应当及时向上级质量技术监督部门汇报，并将情况通报公安机关交通管理等相关部门。

第二十九条 各级质量技术监督部门应当建立投诉举报制度，接受投诉举报的质量技术监督部门应当及时核实、处理。

第三十条 各级质量技术监督在监督检查或者受理投诉举报时，发现安检机构不按照机动车国家安全技术标准开展机动车安全技术检验，出具虚假检验结果的，应当及时移交公安机关交通管理部门。

第五章 法律责任

第三十一条 未取得检验资格许可证书擅自开展机动车安全技术检验的，由县级以上地方质量技术监督部门予以警告，并处3万元以下罚款。安检机构超出批准的检验范围开展机动车安全技术检验的，由县级以上地方质量技术监督部门责令改正，处3万元以下罚款；情节严重的，由省级质量技术监督部门撤销安检机构检验资格。

第三十二条 有下列情形之一的，构成犯罪的，依法追究刑事责任；构成有关法律法规规定的违法行为的，依法予以行政处罚；未构成有关法律法规规定的违法行为的，由县级以上地方质量技术监督部门予以警告，并处3万元以下罚款；情节严重的，由省级质量技术监督部门依法撤销安检机构检验资格：

（一）涂改、倒卖、出租、出借检验资格证书的；

（二）未按照规定参加检验能力比对试验的；

（三）未按照国家有关规定对检验结果和有

关技术资料进行保存，逾期未改的；

（四）未经省级质量技术监督部门批准，擅自迁址、改建或增加检测线开展机动车安全技术检验的；

（五）拒不接受监督检查和管理的。

第三十三条　安检机构使用未经考核或者考核不合格的人员从事机动车安全技术检验工作的，由县级以上地方质量技术监督部门予以警告，并处安检机构5千元以上1万元以下罚款；情节严重的，由省级质量技术监督部门依法撤销安检机构检验资格。

第三十四条　有下列情形之一的，由县级以上地方质量技术监督部门责令改正，逾期不改正的，处以1万元以下罚款：

（一）未按照规定提交年度工作报告或检验信息的；

（二）要求机动车到指定的场所进行维修、保养的；

（三）推诿或拒绝处理用户的投诉或异议的。

第三十五条　安检机构停止机动车安全技术检验工作3个月以上，未报省级质量技术监督部门备案的，或未上交检验资格证书、检验专用印章的，或停止机动车安全技术检验未向社会公告的，由县级以上地方质量技术监督部门责令改正，并处1万元以上3万元以下罚款。

第三十六条　安检机构不按照机动车国家安全技术标准开展机动车安全技术检验，未经检验即出具检验报告等出具虚假检验结果的，由有关部门依法予以处罚。

第三十七条　从事机动车安全技术检验工作的人员在检验活动中接受贿赂，以职谋私的，由省级质量技术监督部门依法撤销其考核合格资质；情节严重的，移送有关部门追究责任。

第三十八条　质量技术监督部门的工作人员在安检机构监督管理活动中滥用职权、玩忽职守、徇私舞弊的，依法给予行政处分；构成犯罪的，依法追究刑事责任。

第六章　附则

第三十九条　承担进出口机动车安全技术检验的机构的监督管理，按照《中华人民共和国进出口商品检验法》及其实施条例的有关规定执行。

第四十条　军用及特殊管理的机动车安全技术检验，按照有关规定执行。

第四十一条　本办法由国家质检总局负责解释。

第四十二条　本办法自2009年12月1日起施行。2006年2月27日国家质检总局发布的《机动车安全技术检验机构管理规定》同时废止。

关于印发《机动车安全技术检验机构检验资格许可办理程序》等5个规范性文件的通知

国质检监【2009】521号

各省、自治区、直辖市质量技术监督局：

为了加强机动车安全技术检验机构的资格管理工作，规范机动车安全技术检验行为，促进机动车安全技术检验机构健康有序发展。依据《中华人民共和国道路交通安全法》及其实施条例、《机动车安全技术检验机构监督管理办法》（国家质量监督检验检疫总局令第121号），总局制定了《机动车安全技术检验机构检验资格许可办理程序》、《机动车安全技术检验机构检验资格许可技术条件》、《机动车安全技术检验机构检验资格许可审查员管理规定》、《机动车安全技术检验机构检验资格许可证书和检验专用章管理规范》、《机动车安全技术检验机构监督管理规范》，现印发你们，请遵照执行。总局制定的原《机动车安全技术检验机构资格许可办理程序》（国质检监[2006]378号）、《机动车安全技术检验机构常规检验资格许可审查员管理办法》（国质检监[2006]380号）、《机动车安全技术检验机构常规检验资格许可技术条件》（国质检监[2006]379号）、《机动车安全技术检验机构监督管理规范》（国质检监[2007]369号）、《机动车安全技术检验机构检验资格许可证书管理规范》（国质检监[2007]369号）、《机动车安全技术检验机构设置规划管理规定》（国质检监[2007]127号）同时废止。

二〇〇九年十一月二十六日

机动车安全技术检验机构检验资格许可办理程序

第一章　申请和受理

第一条　机动车安全技术检验机构（以下简称“安检机构”）申请机动车安全技术检验资格许可的或者检验资格许可变更、延续的，应当向其所在地省级质量技术监督部门提出申请（提出申请的安检机构以下简称“申请人”），并提交以下申请材料：

（一）《机动车安全技术检验机构检验资格许可申请书》；

（二）法人证明及复印件；

（三）检验人员考核合格证书及复印件；

（四）计量器具检定或者校准证书及复印件；

（五）地理位置、场地及厂房平面图，相应的所有权或者合法使用权证明及复印件；

（六）其他有关证明材料。

本条第（二）至（五）项的原件在受理时确认了复印件的真实性后归还申请人。上述申请书原件和其他材料复印件一式2份。

第二条　对没有通过计量认证或者计量认证有效期到期需要复评审的，申请人应当同时提交计量认证申请，由安检机构检验资格许可申请受理部门一同办理。

第三条　省级质量技术监督部门收到申请人的申请后，对申请材料的内容和完整性符合《机动车安全技术检验机构监督管理办法》（国家质量监督检验检疫总局令第121号，以下简称“《管理办法》”）要求的，准予受理，在申请书中填写受理意见，并自收到申请人申请之日起5日内向申请人发送《行政许可申请受理决定书》。

第四条　对申请材料的内容和完整性不符合《管理办法》要求，但可以通过补正达到要求的，应当当场或者在5日内向申请人发送《行政许可申请材料补正告知书》一次告知，逾期不告知的，自收到申请材料之日起即为受理；对申请材料的内容和完整性不符合要求的，应当做出不予受理的决定，在申请书中填写受理意见，并在5日内向申请人发出《行政许可申请不予受理决定书》。

第二章　资料审查和现场核查

第五条　省级质量技术监督部门组织对受理的申请人申请资料进行审查，对现场检验能力、管理状况进行核查。

第六条　省级质量技术监督部门委派2名以上（含）审查员组成审查组负责完成现场核查工作。

第七条　从事现场核查的审查员，应当符合《机动车安全技术检验机构检验资格许可审查员管理规定》的规定。

第八条　现场核查前，应当向申请人送达《机动车安全技术检验机构检验资格许可技术条件现场核查告知书》（以下简称《现场核查告知书》），《现场核查告知书》可以采用电话、传真、电子邮件等方式送达，并必须在正式核查前将《现场核查告知书》原件送交申请人。

第九条　申请人应当予以配合，保证现场核查工作有序进行。

第十条　审查员对申请人现场核查结果负责，并实行组长负责制。

第十一条　审查组应当在规定的时间内完成对申请人的现场核查，并形成《机动车安全技术检验机构检验资格许可技术条件现场核查报告》（以下简称《现场核查报告》）。

第十二条　《现场核查报告》结论分为“合格”和“不合格”。

第十三条　《现场核查报告》结论为“合格”的，报省级质量技术监督部门。

第十四条　《现场核查报告》结论为“不合格”的，审查组应当填写《机动车安全技术检验机构检验资格许可技术条件现场核查不符合项目汇总表》(以下简称《现场核查不符合项目汇总表》)一式2份，审查组和申请人双方签字确认，各保存1份，核查组将《现场核查报告》和《现场核查不符合项目汇总表》报省级质量技术监督部门。

第十五条 省级质量技术监督部门对有关资料进行审核，在申请书中填写审核结论。

第十六条 《现场核查报告》结论为“不合格”的申请人应当在规定时限内完成整改纠正，并向省级质量技术监督部门提交《机动车安全技术检验机构检验资格许可技术条件现场核查不符合项目纠正报告》、纠正后状态的相关佐证资料及纠正措施（防止不符合再发生的相关资料）。经省级质量技术监督部门审核，对不需要现场再确认的不符合项目，审核合格的，审核结论为“合格”；对需要现场再确认的不符合项目，由省级质量技术监督部门决定现场再确认的方式，现场再确认人员（一般应当为审查员）填写《机动车安全技术检验机构检验资格许可技术条件现场核查补充报告》(以下简称《现场核查补充报告》)。现场再确认合格的，经省级质量技术监督部门审核合格的，审核结论为“合格”。

第十七条 对整改纠正后仍不合格的申请人，省级质量技术监督部门确定申请人现场核查结论“不合格”，并由省级质量技术监督部门及时送达《机动车安全技术检验机构检验资格许可技术条件现场核查结论告知书》（以下简称《现场核查结论告知书》。

第十八条 申请人对现场核查结论有异议的，可以在接到《现场核查结论告知书》之日起15日内，向省级质量技术监督部门提交书面异议申请。

第三章 许可的批准

第十九条 省级质量技术监督部门应当在对申请人进行资料审查和现场核查后，作出是否准予检验资格许可的决定。

第二十条 作出“准予行政许可”决定后的10日内，省级质量技术监督部门应当将检验资格许可证书和检验专用章颁发给申请人。做出“不予行政许可”决定后，省级质量技术监督部门应当向申请人发送《不予行政许可决定书》，并写明不予行政许可的理由。

第二十一条 对准予行政许可的申请人，省级质量技术监督部门应当向社会公布。

第四章 变更与延续

第二十二条 申请人在获得了检验资格许可后，需要变更“申请人名称”、“法定代表人”、“申请人住所”、“检验车型范围减少”等信息的，申请人可以向省级质量技术监督部门提交1份《机动车安全技术检验机构信息变更说明书》和相关证明材料备案。

第二十三条 申请人变更检测场所(迁址)、增加检测线、增加检验车型等检测条件的，应当提出申请，提交《机动车安全技术检验机构检验资格许可申请书》，办理程序参照第一章至第三章的规定执行。

第二十四条 对需要变更检验资格许可证书和检验专用章的，省级质量技术监督部门应当及时给与变更。

第二十五条 安检机构检验资格许可证书有效期为3年。

安检机构检验资格许可有效期满，继续从事机动车安全技术检验活动的，应当于期满前3个月向所在地省级质量技术监督部门重新提出申请。

第五章 其他

第二十六条 对有两个或者两个以上检测场所的安检机构，每个检测场所应当分别申请、受理、审核、批准。

检测场所是指具有完整的可单独承担机动车安全技术检验的一个检测场（站），通常在同一地点，可以有一条检测线，也可以有多条检测线。

第二十七条 安检机构检验资格许可的有关文书，由国家质量监督检验检疫总局统一规定，文书格式见附件1至12。

附件：

1.《机动车安全技术检验机构检验资格许可申请书》；

2.《行政许可申请受理决定书》；

3.《行政许可申请材料补正告知书》；

4.《行政许可申请不予受理决定书》；

5.《机动车安全技术检验机构检验资格许可技术条件现场核查告知书》；

6.《机动车安全技术检验机构检验资格许可技术条件现场核查报告》；

7.《机动车安全技术检验机构检验资格许可技术条件现场核查不符合项目汇总表》；

8.《机动车安全技术检验机构检验资格许可技术条件现场核查不符合项目纠正报告》；

9.《机动车安全技术检验机构检验资格许可技术条件现场核查补充报告》；

10.《机动车安全技术检验机构检验资格许可技术条件现场核查结论告知书》；

11.《不予行政许可决定书》；

12.《机动车安全技术检验机构信息变更说明书》；

13. 机动车安全技术检验机构检验资格许可工作流程图。

附件 1：

机动车安全技术检验机构检验资格许可

申　请　书

机构名称：＿＿＿＿＿＿＿＿＿＿（公章）

联系电话：＿＿＿＿＿＿＿＿＿＿＿＿＿＿

联　系　人：＿＿＿＿＿＿＿＿＿＿＿＿＿＿

申请类别：＿＿＿＿＿＿＿＿＿＿＿＿＿＿

资格证号：＿＿＿＿（仅申请换证时填写）

申请日期：＿＿＿＿年＿＿＿＿月＿＿＿＿日

国家质量监督检验检疫总局印制

一、申请机构基本情况

<table>
<tr><td>检验机构名称</td><td colspan="3"></td></tr>
<tr><td>检验机构住所</td><td colspan="3">省 市（地） 区（县） 乡（镇） 路（街道） 号</td></tr>
<tr><td>检测场所地址</td><td colspan="3">省 市（地） 区（县） 乡（镇） 路（街道） 号</td></tr>
<tr><td>邮政编码</td><td></td><td>电 话</td><td></td></tr>
<tr><td>传 真</td><td></td><td>电子邮箱</td><td></td></tr>
<tr><td>企（事）业代码号</td><td></td><td>经济类型</td><td></td></tr>
<tr><td>法定代表人</td><td></td><td>联系人</td><td></td></tr>
<tr><td>固定资产（万元）</td><td></td><td>注册或开办资金（万元）</td><td></td></tr>
<tr><td>技术负责人</td><td></td><td>质量负责人</td><td></td></tr>
<tr><td>检验技术人员总数</td><td></td><td>从业人员总数</td><td></td></tr>
<tr><td>成立日期</td><td></td><td>经营期限（如有）</td><td></td></tr>
<tr><td>其他需要
说明的情况</td><td colspan="3"></td></tr>
</table>

二、申请检验车型的基本情况

<table>
<tr><td>项目总投资（万元）</td><td colspan="3"></td></tr>
<tr><td>大型车检测线数量</td><td></td><td>设计年检验能力（辆）</td><td></td></tr>
<tr><td>小型车检测线数量</td><td></td><td>设计年检验能力（辆）</td><td></td></tr>
<tr><td>两轮摩托车检测线数量</td><td></td><td>设计年检验能力（辆）</td><td></td></tr>
<tr><td>三轮摩托车检测线数量</td><td></td><td>设计年检验能力（辆）</td><td></td></tr>
<tr><td>其他形式检测线数量及说明</td><td colspan="3"></td></tr>
<tr><td>其他车型检验能力（辆）</td><td colspan="3"></td></tr>
<tr><td>车型名称</td><td>车型代号</td><td colspan="2">申请检验车型范围</td></tr>
<tr><td>大型客车、城市公交车</td><td>A1、A3</td><td colspan="2"></td></tr>
<tr><td>大型货车</td><td>B2</td><td colspan="2"></td></tr>
<tr><td>牵引车</td><td>A2</td><td colspan="2"></td></tr>
<tr><td>中型客车、小型汽车、小型自动挡汽车</td><td>B1、C1、C2</td><td colspan="2"></td></tr>
<tr><td>低速货车</td><td>C3</td><td colspan="2"></td></tr>
<tr><td>三轮汽车、普通三轮摩托车</td><td>C4、D</td><td colspan="2"></td></tr>
<tr><td>摩托车</td><td>E、F</td><td colspan="2"></td></tr>
<tr><td>轮式自行机械车</td><td>M</td><td colspan="2"></td></tr>
</table>

三、机构主要负责人和检验技术人员情况

序号	姓名	性别	身份证号码	职务	职称	学历	所学专业	从事机动车检验年限	工作岗位

四、主要检测仪器、设备和相关校准设备清单

序号	名称	规格型号	不确定度（准确度、精度等级）	完好状态	生产企业	购置日期	检定（或校准）有效期

五、检测线检验工位和仪器、设备布置图

六、受理、审查、批准意见

<table>
<tr><td>受理意见</td><td>经手人（签字）　　　　　　　　　　　　　　年　月　日（盖章）</td></tr>
<tr><td rowspan="2">审核结论</td><td>审核人员签字　　　　　　　　　　　　　　年　月　日</td></tr>
<tr><td>审核人员签字　　　　　　　　　　　　　　年　月　日</td></tr>
<tr><td>审批意见</td><td>年　月　日（盖章）</td></tr>
</table>

七、提交的文件资料目录

序号	文件资料名称	页数
1	申请人法人证明复印件	
2	检验人员考核合格证明复印件	
3	计量器具检定或者校准证书复印件	
4	检测场所地理位置、场地平面图，检测厂房、土地所有权或者合法使用权证明复印件	
5	其他要求提供的有关证明材料	

机动车安全技术检验机构检验资格许可申请书
填写说明

1 适用范围

《机动车安全技术检验机构检验资格许可申请书》（以下简称《申请书》）适用于机动车安全技术检验机构（以下简称“机构”）发证、延续、迁址、增项等的检验资格许可申请。增项包括增加检验车型、增加检测线等。

2 封面

2.1　机构名称：填写机构企业法人、事业法人、社团法人证书上的注册名称，并加盖公章。

2.2　联系电话：填写有效的联系电话（固定电话必须填写）。

2.3　联系人：填写机构负责办理许可工作的人员姓名。

2.4　申请类别：根据机构申请的情况分别填写“发证、迁址、增项、延续、其他”，增加检验车型、增加检测线等的，填写“增项”。

2.5　资格证号：该项内容在迁址、增项、延续等申请换证时填写，新申请机构填写“/”符号。

2.6　申请日期：填写机构的实际申请时间，用大写数字填写，如：“二〇〇九年三月十五日”。

3 申请机构基本情况

3.1　机构名称、住所、经济类型等：填写企业法人、事业法人、社团法人证书上的名称、住所、经济类型等。

3.2　检测场所地址：填写申请机构实际进行车辆检测场地的详细地址，要注明省（自治区、直辖市）、市（地）、区（县）、路（街道、社区、乡、镇）、号（村）等。

3.3　技术负责人：一般为负责本机构总体技术工作的人员，在相应的栏内填写姓名。

3.4　质量负责人：指对日常的安检机构检验工作质量进行全面管理的负责人员，在相应的栏内填写姓名。

3.5　技术负责人和质量负责人可以兼任，但不能由一人同时兼任。

3.6　检验技术人员总数：指具有相应机动车安全技术检验业务知识，并经省级质量技术监督部门考核合格的从事机动车安全技术检验工作的技术人员。

4 申请检验车型的基本情况

4.1　设计年检验能力：指在正常工作情况下（不需加班），本检测线一年的平均检验能力，单位（辆）。

4.2　大型车检测线数量：指本机构所拥有的能检测大型车（载重＞3 吨）的检测线数量。

4.3　小型车检测线数量：指本机构所拥有的能检测小型车（载重≤3 吨）的检测线数量。

4.4　两轮摩托车检测线数量：指本机构所拥有的能检测摩托车（含轻便摩托车）的检测线数量。

4.5　三轮摩托车检测线数量：指本机构所拥有的能检测三轮摩托车（含三轮汽车）的检测线数量（同时具有检测两轮摩托车功能的予以注明“两、三轮综合检测线”）。

4.6　其他形式检测线数量及说明：上述 4 种检测线之外的其他检测线数量能力的说明。

4.7　其他车型检验能力：指本机构所能完成的上述 4 种检测线不能检测的车型的检测能力。

4.8　车型代号：见公安部令第 91 号。

4.9　申请检验车型范围：指本机构申请所能从事检验的车型范围。

5 机构主要负责人和检验技术人员情况

5.1　技术负责人和质量负责人，兼职时在工作岗位栏内用“（兼）”标注。

5.2　职务填写方式：行政职务 / 技术职务，当只有一个时填写一个即可。

5.3　一页写不下时可附页，并写明“三、机构主要负责人和检验技术人员情况（附页）”。

6 主要检测仪器、设备和相关校准设备清单

6.1　主要检测仪器、设备和相关校准设备清单，一页写不下时可附页，并写明“四、主要检测仪器、设备和相关校准设备清单（附页）”。

6.2　不确定度：指采用该仪器或者设备测试结果的不确定度，应当同时标注置信因子（或者包含因子）k，k=2 时可不填写 k 值。对没有进行不确定度分析的设备，也可填写设备的准确度或者精度等级。

6.3　主要检测仪器、设备指本机构内满足 GB 21861-2008《机动车安全技术检验项目和方法》标准中规定检验项目所应具备的检测设备，以及其他单台价值 2000 元及以上的全部仪器、设备。

7 检测线检验工位和仪器、设备布置图

7.1　提供一套布置图，一页填写不下时可附页，并写明“五、检测线检验工位和仪器、设备布置图（附页）”。

7.2　该布置图是检测线相关的布置图，不同于检测场所地理位置、场地厂房平面图。

8 受理、审查、批准意见

8.1　受理意见

由省级质量技术监督部门填写“同意受理”或者“不同意受理”，写明收到申请材料的日期并注明受理申请的日期，加盖省级质量技术监督部门受理专用章。作出不同意受理意见时要写明理由。

8.2　审核结论

审核结论由省级质量技术监督部门组织对有关材料审核确认，并填写“合格”或者“不合格”结论，审核人员签字，注明填写日期。审核结论项目有两栏，当第一次对安检机构的现场核查结果为不合格时，核查组的委派部门在第一栏内填写审核结论和拟办意见，如需要组织有关人员进行第二次现场复查时，对复查结果的审核结论填写在第二栏内。审核结论栏内要详细记录核查过程。

8.3　审批意见

省级质量技术监督部门负责审批，填写“同意许可”或者“不予许可”，做出“不予许可”意见时要写明理由。审批人员签字或者盖章，注明填写日期。

9 提交的文件资料目录

提交的文件资料应当至少包括：

（1）申请人法人证明复印件；

（2）检验人员考核合格证明复印件；

（3）计量器具检定或者校准证书复印件；

（4）安检机构地理位置、场地及厂房平面图，相应的所有权或者合法使用权证明复印件；

（5）其他要求提供的有关证明材料。

10 其他

10.1　填写要实事求是，不得弄虚作假。

10.2　申请书一律用 A4 纸填写（或者打印），字迹清晰，工整，不得涂改。

10.3　有关内容填写不下时可增加附页或者续表。

10.4　法律法规要求的有关证明。

附件 2：

行政许可申请受理决定书

（　　）受字【　】第　　号

______________________________：

你（单位）提出<u>　机动车安全技术检验机构检验资格　</u>的申请和所提供（出示）的材料，符合该项目申请条件。根据《行政许可法》第三十二条第五项规定，决定予以受理。

如需咨询，请与______________________________联系，电话______________________________

（许可专用章）

年　月　日

附件 3：

行政许可申请材料补正告知书

（　　）补告字【　　】第　　号

________________________：

你（单位）申请的 机动车安全技术检验机构检验资格 ，所提供（出示）的材料不齐全 / 不符合法定形式。根据《行政许可法》第三十二条第三、四项规定，请做如下补正：

____

____

____

____

______________________________________。

如需咨询，请与____________________联系，电话____________________

（许可专用章）

年　月　日

附件 4：

行政许可申请不予受理决定书

（　　）未受字【　　】第　　号

______________________________：

你（单位）申请的<u>　机动车安全技术检验机构检验资格　</u>（1）（不予受理的原因），（不予受理的依据）；（2）（不予受理的原因），（不予受理的依据）；……，决定不予受理。

（许可专用章）

年　月　日

说明：

1.“不予受理的原因”，“不予受理的依据”示例如下：

（1）不具有法人资格，根据《机动车安全技术检验机构监督管理办法》（国家质量监督检验检疫总局令第 121 号）第十条第一项的规定；

（2）检验人员没有经过省级质量技术监督部门考核合格，根据《机动车安全技术检验机构监督管理办法》（国家质量监督检验检疫总局令第 121 号）第十条第二项的规定；

（3）隐瞒有关情况；提供虚假材料申请行政许可未满一年，根据《行政许可法》第七十八条的规定；

（4）以欺骗、贿赂等不正当手段取得行政许可处罚未满三年，根据《行政许可法》第七十九条的规定；

2. 对不予受理的原因和依据，要全部列出。

附件 5：

机动车安全技术检验机构检验资格许可技术条件现场核查告知书

________________________：

根据你单位的申请，我局现委派　　　　　　等　　　　　名人员组成审查组，对你单位申请机动车安全技术检验机构检验资格许可的技术条件进行现场核查，请予配合。

如对委派的审查组人员有异议请及时提出并说明理由。

联系人：　　　　　　　　　　　　　　　　　联系电话：

核查组成员名单：

	姓名	所属单位	职称 / 职务
审查组长			
审查员			

（委派部门专用章）

年　月　日

附件 6：

机动车安全技术检验机构检验资格许可技术条件现场核查报告

核查编号：

<table>
<tr><td>受核查机构名称：</td><td colspan="2"></td><td colspan="3">申请检验车型 *：</td></tr>
<tr><td>受核查机构住所：</td><td colspan="2"></td><td>邮编：</td><td colspan="2">电话：</td></tr>
<tr><td>检测场所地址：</td><td colspan="2"></td><td>联系人：</td><td colspan="2">传真：</td></tr>
<tr><td>审查结论</td><td colspan="3">核查组根据《机动车安全技术检验机构监督管理办法》和《机动车安全技术检验机构检验资格许可技术条件》中的规定，于　　年　月　日至　　月　日对该机构进行了核查，共计核查出：不符合　项。
经评价，本核查组对该机构的核查结论是：＿＿＿＿＿＿。
（注：核查结论填写：合格或者不合格）</td><td colspan="2">审查组长：
年　月　日
核查组织单位（章）：
年　月　日</td></tr>
<tr><td rowspan="5">审查组成员</td><td>姓名（签字）</td><td>单　位</td><td>职称（职务）</td><td>核查分工</td><td>审查员证书编号</td></tr>
<tr><td></td><td></td><td></td><td></td><td></td></tr>
<tr><td></td><td></td><td></td><td></td><td></td></tr>
<tr><td></td><td></td><td></td><td></td><td></td></tr>
<tr><td></td><td></td><td></td><td></td><td></td></tr>
</table>

注：如核查结论为合格，则只填写核查合格的申请检验车型。

受核查机构负责人签字：

附件 7：

核查编号：

机动车安全技术检验机构检验资格许可技术条件现场核查不符合项目汇总表

共　　页 第　　页

<table>
<tr><td colspan="2">受核查机构名称</td><td></td></tr>
<tr><td>序号</td><td>不符合条款号</td><td>不符合内容描述</td></tr>
<tr><td></td><td></td><td></td></tr>
<tr><td></td><td></td><td></td></tr>
<tr><td></td><td></td><td></td></tr>
<tr><td></td><td></td><td></td></tr>
<tr><td></td><td></td><td></td></tr>
<tr><td></td><td></td><td></td></tr>
<tr><td></td><td></td><td></td></tr>
<tr><td></td><td></td><td></td></tr>
<tr><td></td><td></td><td></td></tr>
<tr><td></td><td></td><td></td></tr>
<tr><td></td><td></td><td></td></tr>
<tr><td></td><td></td><td></td></tr>
<tr><td></td><td></td><td></td></tr>
<tr><td></td><td></td><td></td></tr>
<tr><td colspan="2">审查组长（签字）：
年　月　日</td><td>受核查机构代表（签字）：
年　月　日</td></tr>
<tr><td>备注</td><td colspan="2"></td></tr>
</table>

附件 8：

核查编号：

机动车安全技术检验机构检验资格许可技术条件现场核查不符合项目纠正报告

受核查机构名称（盖章）：　　　　　　　　　　　年　　月　　日

序号	需纠正条款号	存在问题	原因分析	纠正方法	责任部门	完成时间	完成情况

注：请附纠正已完成并达到要求的佐证材料，写不下时可附页。

附件 9：

核查编号：

机动车安全技术检验机构检验资格许可技术条件
现场核查补充报告

<table>
<tr><td>受核查机构名称</td><td colspan="3"></td></tr>
<tr><td>检测场所地址</td><td colspan="3"></td></tr>
<tr><td>法定代表人</td><td></td><td>申请检验类型</td><td></td></tr>
<tr><td>联系人</td><td></td><td>联系电话</td><td></td></tr>
<tr><td>申请检验车型</td><td colspan="3"></td></tr>
<tr><td>审查组长</td><td></td><td>联系电话</td><td></td></tr>
<tr><td>核查的不符合项目</td><td colspan="2">纠正确认情况描述</td><td>佐证材料说明</td></tr>
<tr><td></td><td colspan="2"></td><td></td></tr>
<tr><td></td><td colspan="2"></td><td></td></tr>
<tr><td></td><td colspan="2"></td><td></td></tr>
<tr><td></td><td colspan="2"></td><td></td></tr>
<tr><td></td><td colspan="2"></td><td></td></tr>
<tr><td></td><td colspan="2"></td><td></td></tr>
<tr><td></td><td colspan="2"></td><td></td></tr>
<tr><td></td><td colspan="2"></td><td></td></tr>
<tr><td></td><td colspan="2"></td><td></td></tr>
<tr><td></td><td colspan="2"></td><td></td></tr>
<tr><td>纠正后的复核结论</td><td colspan="3"></td></tr>
<tr><td></td><td colspan="3">复核人员签字：　　　　　　　　　　年　月　日</td></tr>
</table>

受核查机构负责人签字：

注：核查的不符合项目填写不下时可附页。

附件 10：

机动车安全技术检验机构检验资格许可技术条件
现场核查结论告知书

______________________：

地址______________________邮编__________电话________________________

法定代表人____________职务______________电话________________________

你（单位）申请<u>机动车安全技术检验机构检验资格许可</u>，经现场技术条件核查，不符合《机动车安全技术检验机构检验资格许可技术条件》的规定要求，现场核查结论为不合格，特此告知。

如对现场核查结论有异议，可在收到本告知书后的 15 日内，向________________质量技术监督局提出书面异议申请。

______________________质量技术监督局联系方式：

邮政编码：
通信地址：
联 系 人：
联系电话：
传　　真：

（单位印章）

年　月　日

附件 11：

不予行政许可决定书

（　　）未许字【　　】第　　号

________________________：

企（事）业代码号__________________________

地址_______________邮编___________________电话________________

法定代表人___________职务_________________电话__________________

你（单位）申请机动车安全技术检验机构检验资格_____________，经核查，不符合该项目规定要求，决定____________。

理由____
____。

如不服本决定，可以在收到本决定之日起 60 日内，依法向____________或者__________申请行政复议或者 3 个月内（法律、法规另有规定的按照规定）向人民法院提起行政诉讼。

（单位印章）

年　月　日

附件 12：

机动车安全技术检验机构信息变更说明书

机构名称：________________________（公章）

联系电话：________________________

联 系 人：________________________

申请日期：______年______月______日

国家质量监督检验检疫总局印制

一、申请机构基本情况

现机构名称			
现住所			
检测场所地址	省（区、市） 市（地） 区（县） 乡（镇） 路（街道） 号		
邮政编码		电　话	
传　真		联系人	
资格证号		有效期	年 月 日—— 年 月 日
变更内容			
变更内容（简要）			

二、变更内容

变更事项	变更前	变更后
机构名称		
机构住所		
法定代表人		
检验车型范围		

现机构负责人签字： 年 月 日

三、提交的文件资料目录

序号	文件资料名称	页数
1		
2		
3		
4		
5		
6		
7		
8		

省（自治区、直辖市）质量技术监督局 受理与审查意见	
变更后的核查结论	审查人员签字： 年　月　日
附加说明	

机动车安全技术检验机构信息变更说明书
填写说明

1 适用范围

《机动车安全技术检验机构信息变更说明书》适用于机动车安全技术检验机构（以下简称“机构”）的机构名称、法定代表人、减少检验车型范围变更时使用。

2 封面

2.1　机构名称：填写机构企业法人、事业法人、社团法人证书上的注册名称，并加盖公章。

2.2　联系电话：填写有效的联系电话（固定电话必填）。

2.3　联系人：填写机构负责办理变更工作的人员姓名。

2.4　申请日期：填写机构的实际申请时间，用大写数字填写，如：“二〇〇九年三月十五日”。

3 申请机构基本情况

3.1　现机构名称、现住所：填写机构现在的名称、住所。

3.2　检验场所地址：填写申请机构实际进行车辆检测场地的详细地址，要注明省（自治区、直辖市）、市（地）、区（县）、路（街道、社区、乡、镇）、号（村）等。检测场所不得变更。

3.3　资格证号：填写机构检验资格许可证的编号。

4 变更内容

4.1　机构名称：变更前为原资格证书中的机构名称，变更后为现机构名称。

4.2　法定代表人：变更前为原资格证书中的法定代表人，变更后现在机构的法定代表人。

4.3　检验车型范围：变更只能用于减少原有检验车型，车型分类方法按公安部令第 91 号的规定执行。

4.4　车型代号：见公安部令第 91 号。

5 变更后的核查结论

检验机构的变更由省级质量技术监督部门组织核查，并填写“符合变更规定”或者“不符合变更规定”，审查人员签字，注明填写日期。不符合规定时不予备案，写明理由。

6 其他

6.1　填写要实事求是，不得弄虚作假。

6.2　申请书一律用 A4 纸钢笔填写（或者打印），字迹清晰，工整，不得涂改。

6.3　有关内容填写不下时可增加附页或者续表。

6.4　有关变更请提供相应的证明（复印件）。

附件 13：

机动车安全技术检验机构检验资格许可工作流程图

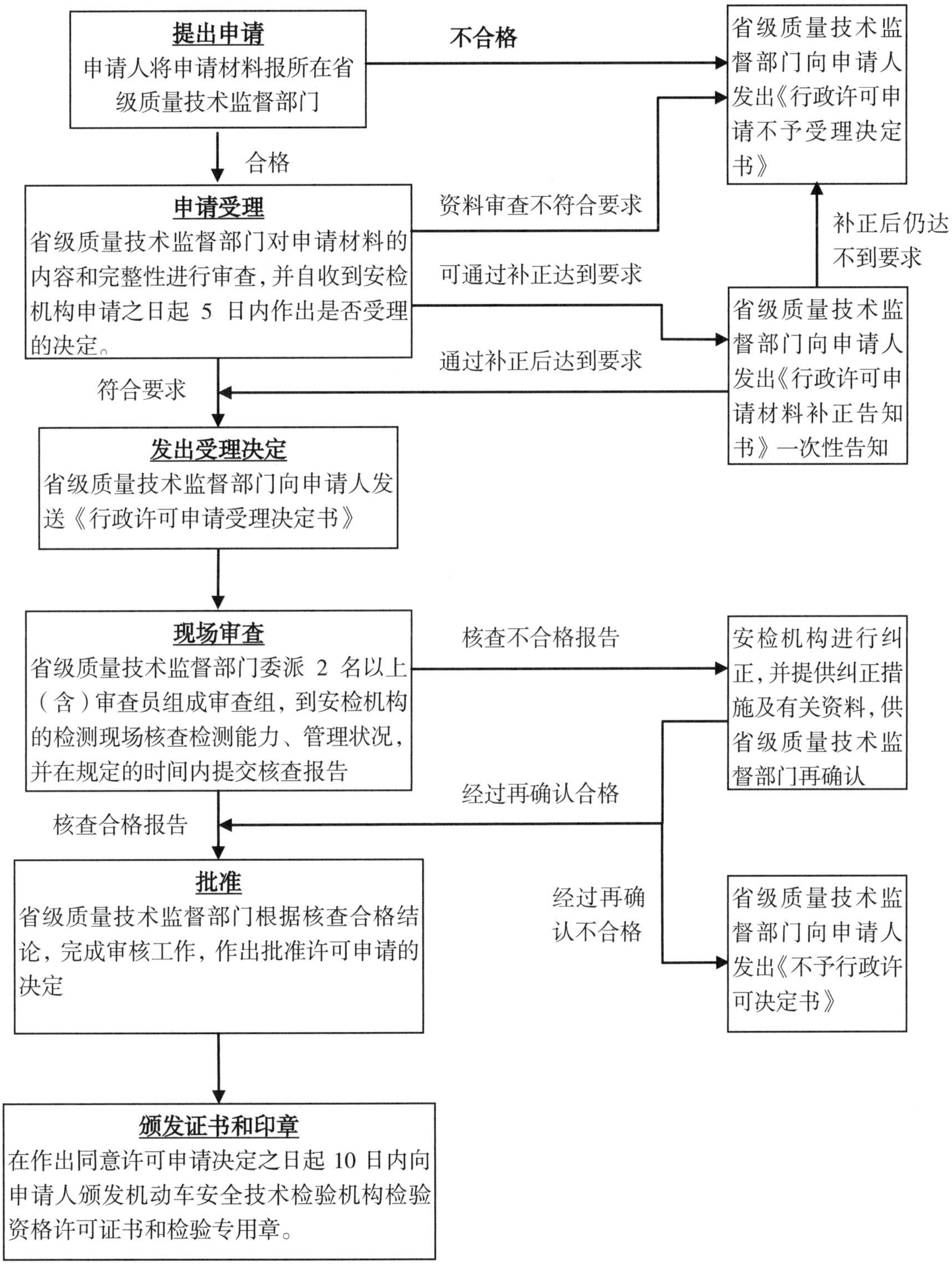

提出申请
申请人将申请材料报所在省级质量技术监督部门

不合格 → 省级质量技术监督部门向申请人发出《行政许可申请不予受理决定书》

合格 ↓

申请受理
省级质量技术监督部门对申请材料的内容和完整性进行审查，并自收到安检机构申请之日起 5 日内作出是否受理的决定。

资料审查不符合要求 → 省级质量技术监督部门向申请人发出《行政许可申请不予受理决定书》

可通过补正达到要求 → 省级质量技术监督部门向申请人发出《行政许可申请材料补正告知书》一次性告知

补正后仍达不到要求 → 省级质量技术监督部门向申请人发出《行政许可申请不予受理决定书》

通过补正后达到要求 → 发出受理决定

符合要求 ↓

发出受理决定
省级质量技术监督部门向申请人发送《行政许可申请受理决定书》

↓

现场审查
省级质量技术监督部门委派 2 名以上（含）审查员组成审查组，到安检机构的检测现场核查检测能力、管理状况，并在规定的时间内提交核查报告

核查不合格报告 → 安检机构进行纠正，并提供纠正措施及有关资料，供省级质量技术监督部门再确认

经过再确认合格 → 批准

经过再确认不合格 → 省级质量技术监督部门向申请人发出《不予行政许可决定书》

核查合格报告 ↓

批准
省级质量技术监督部门根据核查合格结论，完成审核工作，作出批准许可申请的决定

↓

颁发证书和印章
在作出同意许可申请决定之日起 10 日内向申请人颁发机动车安全技术检验机构检验资格许可证书和检验专用章。

机动车安全技术检验机构检验资格许可技术条件

为了规范机动车安全技术检验(以下简称“安检”)机构的检验资格许可，保障安检机构有序运行和规范安检机构工作，根据《中华人民共和国道路交通安全法》及其实施条例、《中华人民共和国行政许可法》、《中华人民共和国产品质量法》、《中华人民共和国计量法》及其实施细则、《机动车安全技术检验机构监督管理办法》（国家质量监督检验检疫总局令第121号，以下简称《管理办法》）等有关法律、法规和行政规章，制定本技术条件。

一、法人资格

安检机构应当依法设立，具有法人资格，并承担相应的法律责任。

二、依法经营

安检机构应当遵守国家的法律法规，依法经营。企业的经营范围、事业法人和社团法人的业务范围应当涵盖机动车安全技术检验。

三、人员

安检机构应当具有与其从事检验、设备维护检查活动相适应的管理人员和专业技术人员。

（一）安检机构应当设有机构负责人、技术负责人、质量负责人、报告授权签字人，同时还应当设有引车员、外观检验员、底盘检验员、登录员等检验人员以及设备维护人员、网络维护人员。

（二）安检机构的技术负责人、质量负责人、报告授权签字人、检验人员、设备维护人员、网络维护人员等检验技术人员，应当经省级质量技术监督部门考核合格，持证上岗。

（三）安检机构上述岗位人员应当具备以下条件：

1. 机构负责人应当熟悉机动车检验业务，了解与安检相关的法律法规和标准。

2. 技术负责人、质量负责人、报告授权签字人应当具备以下条件：

（1）熟悉相关的法律法规、标准和安检业务；

（2）具有机动车相关专业的大专及以上学历或者中级以上工程技术职称（含）或者技师以上技术等级（含）；

（3）熟悉机动车的理论与构造，熟悉各检验工位业务、流程及相关专业知识；

（4）有3年以上的机动车检验的工作经历；

（5）熟悉安检机构资格许可技术条件要求。

3. 检验人员应当具备以下条件：

（1）了解机动车性能、构造及有关使用的一般知识；

（2）熟悉检测仪器设备的结构及性能，熟练掌握检测仪器设备的操作规程；

（3）了解机动车安全技术相关标准，掌握检验项目的技术标准及本机构的检验工艺流程；

（4）掌握计算机操作技能，登录员应当熟练使用、管理计算机；

（5）引车员应当持有与检测车型相对应的有效机动车驾驶证；

（6）外观检查员和底盘检查员还应当熟悉相应的机动车性能、构造及有关使用的专业知识。

4. 设备维护人员应当具备以下条件：

（1）掌握机动车构造和原理的一般知识；

（2）掌握检测仪器设备的性能和使用要求，具备检测仪器设备管理知识，能对检测仪器设备进行维护、保养、校准。

5. 网络维护人员应当具备以下条件：

（1）应当具备计算机及其网络维护、管理、维修等相关知识；

（2）可以由其他检验技术人员兼任。

四、法律法规、行政规章、技术标准和管理制度

（一）法律法规和行政规章

安检机构应当具有下列法律法规和行政规章：

1.《中华人民共和国道路交通安全法》及其实施条例；

2.《中华人民共和国产品质量法》；

3.《中华人民共和国计量法》及其实施细则；

4.《中华人民共和国标准化法》；

5.《机动车安全技术检验机构监督管理办法》（国家质检总局令第121号）；

（二）技术标准

1.安检机构应当具有下列必备标准：

（1）GB 7258《机动车运行安全技术条件》及其相应的修改单；

（2）GB 21861《机动车安全技术检验项目和方法》。

2.安检机构应当具有与车辆安全、环保有关的相关标准，见附件1。

3.安检机构应当具有的检测设备技术标准，见附件2。

4.安检机构应当关注机动车安全标准的现行有效性，及时收集有效版本并采用。

（三）管理制度

1.安检机构应当制定下列制度并执行：

安检机构专业技术人员和管理人员的岗位职责；

安检机构专业技术人员和管理人员的培训、考核制度；

安检机构专业技术人员和管理人员的行为规范；

检测仪器设备（含标准物质）的采购、验收、使用、保管、报废等程序或者制度；

检验事故分析报告程序或者制度；

检验记录、检验报告等技术文件和资料档案的修改、保存、销毁等程序或者制度及保密制度；

检测车间管理制度；

普遍性质量安全问题的分析报告制度；

安检机构年度报告制度。

2.安检机构应当建立机动车安全技术检验档案，按照国家有关规定对有关技术资料进行保存，有保密要求的，应当遵守保密规定。

（四）检验结果的管理

检验记录和检验报告应当签字齐全、完整。

复检或者路试记录、报告也要作为检验结果一并保存，确保检验结果可追溯。

五、检测仪器设备

安检机构应当具备正确进行检验活动所需要的检测仪器设备，汽车主要检测仪器设备应当采用固定式，摩托车检验可以采用移动式。固定式的检测仪器设备通常组成检测线。

（一）根据检验车型的不同，检测线一般可分为大型车辆检测线、小型车辆检测线及摩托车检测线。

安检机构配置的检测仪器设备应当满足按照GB 21861《机动车安全技术检验项目和方法》中所规定的项目开展检验的要求。

不同车型检验应当具备的检测线要求见附件3。

不同车型检测仪器设备、设施的配置见附件4。

（二）检测仪器设备应当结构先进、可靠，采用数字式二次仪表并具有数据通讯接口，能够进行联网控制。

（三）检测仪器设备要通过合法有效的型式认定。

（四）检测仪器设备上应当有清晰的产品铭牌等标识。

（五）检测线检测仪器设备应当采用计算机联网，实现自动检测、打印报告。计算机联网检测控制系统，不得改变联网检测仪器设备的测试原理、分辨率、测量结果数据的有效位数和检测结果数据。检测参数的采集、计算、判定应当符合有关标准规定。

（六）在用检测设备和计量器具，应当经法定或者授权的计量检定机构周期检定、校准或者测试，并取得计量检定合格证、校准或者测试报告，并且在有效期内。校准或者测试报告经过分析确定应当能够满足检验要求。

（七）检测仪器设备在以下特殊情况下要重新进行检定、校准或者测试。

1.检测设备修理后；

2.新购设备使用前；

3.固定式检验设备移装后；

4.日常设备检查或者设备期间核查发现有异常时。

（八）应当有仪器设备的检定周期表，内容包括：仪器设备的名称、编号、检定周期、检定单位、最近检定日期、送检负责人。

（九）检测仪器设备，应当有明显、统一格式的标识。标识分为“合格”“准用”“停用”三种，并分别以绿、黄、红三种颜色表示。标识的内容包括：仪器编号、检定结论、检定日期及下次检定日期、检定单位。

（十）应当建立主要检测仪器设备的档案，内容包括设备、仪器合格证书、使用说明书、检定证书、校准或者测试报告、安装基础图、电器原理图、故障及维修记录等。

六、信息联网设施

计算机联网检测系统应当在软硬件上具备与质量技术监督部门及相关业务部门联网的能力，实现信息共享。

七、总体布局

安检机构应当具备固定的工作场所，其工作环境应当保证检验结果的真实、准确。

（一）安检机构周边道路宽阔、交通顺畅、便捷、进出的道路视线良好。

（二）安检机构的场地建筑必须能够满足安检现行标准（如 GB 7258、GB 21861 等）规定的安检项目的实际需要，有用于安检的检验车间、试验车道、驻车坡道，有业务大厅、停车场、站内道路、办公区、微机房等设施。

1. 试验车道长度和宽度应当满足检验工作的要求，铺设有平坦、硬实、清洁的水泥或者沥青路面，并设有规范的交通标志标线，路面附着系数应当不小于 0.7。

2. 应当具备坡度分别为 15％和 20％的驻车坡道各一个，坡道的长度应当比承检车型的最大轴距长 1m，宽度应当比承检车型的最大宽度宽 1m，坡道路面附着系数应当不小于 0.7。摩托车检验不要求。

3. 停车场地面积应当与检测能力相适应，不得占用站外道路停车。停车场地应当为水泥、沥青或者其他硬地面，能承受车辆的碾压，并在场内划分停车线和车辆行驶通道，保持进出口畅通；要设置足够的消防、安全、照明设备。如检测站内安全性能检测区和尾气排放检测区分开设置，停车场应当分别对应分开设置以避免检测车辆交叉干扰。

4. 站内道路应当为水泥或者沥青路面，并设置交通标志、标线、引导牌。道路应当视线良好、保持通畅。检测线出入口两端的道路应当有一定的坡度，以保证雨水不流入检测线内；但坡度不应过大，便于车辆进出检测线。道路的转弯半径、长度应当能满足各类车辆出入的需要。

5. 业务大厅应当便民，并满足以下要求：

（1）各业务窗口应当分工明确，设置标牌。其数量能满足实际办公的需要；

（2）室内应当宽敞明亮；

（3）大厅内应当设公示栏，公示各种手续规定、收费项目及标准、各岗位职责。

6. 微机房应当符合微机房建筑的有关要求。

7. 应当设置车辆检验流程图、监督橱窗等服务性设施，各设施布局应当合理。

八、检验厂房

为了保证安全技术检验工作的正常进行，检测车间各工位要有相应的检测面积，厂房要宽敞，保证通风、照明、排水、防雨、防火，安全防护等设施良好。

（一）车间内部尺寸和车间出入门尺寸应当满足连续检测相应车型的需要。

（二）检测车间应当充分考虑车间的空气流通，必要时要设有排风装置，加快车间内的空气流动，尽量降低车间内的空气污染。

（三）底盘检查地坑应当有一定的操作空间，照明、通风、信号装置应当齐全。

（四）电缆沟应当便于打开检查，并注意防火、防水、防潮和防鼠。电缆沟应当覆盖好，覆盖件应当有一定的强度并能承受一定的重量。

（五）人行通道应当设置隔离栏与检测通道隔离，宽度不小于 1m。

（六）消防通道和消防设施应当符合有关消防规定。

（七）检测车间应当铺设易清除污物的硬地面（如水泥、水磨石等），地面强度应当满足被检车辆的承载要求，行车路面纵向和横向坡度不大于 0.1％，制动性能检测工位前、后大型车辆检测线 6m 内、小型车辆检测线 3m 内的行车地面附着系数应当不小于 0.7（使用平板制动检验台时除外）。

（八）微机房的安全条件应当按《计算机站

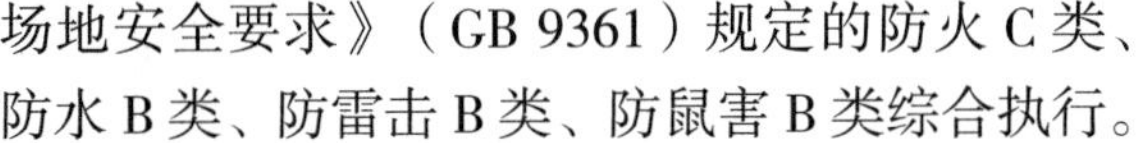

场地安全要求》（GB 9361）规定的防火 C 类、防水 B 类、防雷击 B 类、防鼠害 B 类综合执行。

（九）检测车间出入口应当设有引车道和必要的交通标志。

（十）检测车间照明应当符合 GB 50034《工业企业照明设计标准》的要求。

（十一）检测车间采光应当符合 GB 50033《工业企业采光设计标准》的要求。

（十二）检测车间防火应当符合 GB J16《建筑设计防火规范》的要求。

（十三）检测车间防雷设施应当符合 GB 50057《建筑物防雷设计规范》的要求。

附件 1：

与机动车安全、环保有关的相关标准

序号	标准编号	标准名称
1	GB 1589	道路车辆外廓尺寸、轴荷及质量限值
2	GB 4094	汽车操纵件、指示器及信号装置的标志
3	GB 4599	汽车用灯丝灯泡前照灯
4	GB 4785	汽车及挂车外部照明和光信号装置的安装规定
5	GB 5948	摩托车白炽丝光源前照灯配光性能
6	GB 8108	车用电子警报器
7	GB 8410	汽车内饰材料的燃烧特性
8	GB 9656	汽车安全玻璃
9	GB 10395.1	农林机械　安全第 1 部分：总则
10	GB 10396	农林拖拉机和机械、草坪和园艺动力机械安全标志和危险图形　总则
11	GB 11567.1	汽车和挂车侧面防护要求
12	GB 11567.2	汽车和挂车后下部防护要求
13	GB 13392	道路运输危险货物车辆标志
14	GB/T 13594	机动车和挂车防抱制动性能和试验方法
15	GB 13954	警车、消防车、救护车、工程救险车标志灯具
16	GB 15084	机动车辆后视镜的性能和安装要求
17	GB 15365	摩托车和轻便摩托车操纵件、指示器及信号装置的图形符号
18	GB 16735	道路车辆车辆识别代号（VIN）
19	GB 17352	摩托车和轻便摩托车后视镜的性能和安装要求
20	GB/T 17676	天然气汽车和液化石油气汽车标志
21	GB 18100	摩托车照明和光信号装置的安装规定
22	GB/T 18411	道路车辆　产品标牌
23	GB/T 18697	声学汽车车内噪声测量方法
24	GB/T 19056	汽车行驶记录仪
25	GB 19151	机动车用三角警告牌
26	GB 19152	轻便摩托车前照灯配光性能
27	GA 406	车身反光标识
28	GB 18285	点燃式发动机汽车排气污染物排放限值及测量方法（双怠速法及简易工况法）
29	GB 3847	车用压燃式发动机和压燃式发动机汽车排气烟度排放限值及测量方法
30	GB/T 16887	卧铺客车结构安全要求
31	GB 14621	摩托车和轻便摩托车排气污染物限值及测量方法（怠速法）

附件 2：

安检机构检测设备技术标准

序号	标准编号	标准名称
1	GB/T 11798.1	机动车安全检测设备 检定技术条件 第 1 部分：滑板式汽车侧滑试验台检定技术条件
2	GB/T 11798.2	机动车安全检测设备 检定技术条件 第 2 部分：滚筒反力式制动试验台检定技术条件
3	GB/T 11798.3	机动车安全检测设备 检定技术条件 第 3 部分：汽油车排气分析仪检定技术条件
4	GB/T 11798.4	机动车安全检测设备 检定技术条件 第 4 部分：滚筒式车速表试验台检定技术条件
5	GB/T 11798.5	机动车安全检测设备 检定技术条件 第 5 部分：滤纸式烟度计检定技术条件
6	GB/T 11798.6	机动车安全检测设备 检定技术条件 第 6 部分：对称光前照灯检测仪检定技术条件
7	GB/T 11798.7	机动车安全检测设备 检定技术条件 第 7 部分：轴（轮）重仪检定技术条件
8	GB/T 11798.8	机动车安全检测设备 检定技术条件 第 8 部分：摩托车轮偏检测仪检定技术条件
9	GB/T 11798.9	机动车安全检测设备 检定技术条件 第 9 部分：平板制动试验台检定技术条件
10	GA/T 485	便携式制动性能测试仪
11	JT/T 506	不透光烟度计
12	JT/T 445	汽车底盘测功机

附件 3：

不同车型检验应当具备的检测线要求

<table>
<tr><th>车型</th><th>检测线要求</th><th>代号</th><th>车型说明</th><th>应当具备的检测仪器设备（不适用检测线时）</th></tr>
<tr><td>大型客车</td><td rowspan="4">大型车辆检测线</td><td>A1</td><td>大型载客汽车</td><td>三轴及三轴以上车辆可采用路试</td></tr>
<tr><td>牵引车</td><td>A2</td><td>重型、中型全挂、半挂汽车列车</td><td>可采用路试</td></tr>
<tr><td>城市公交车</td><td>A3</td><td>核载 10 人以上的城市公共汽车</td><td>三轴及三轴以上车辆可采用路试</td></tr>
<tr><td>大型货车</td><td>B2</td><td>重型、中型载货汽车；大、重、中型专项作业车</td><td>三轴及三轴以上车辆可采用路试</td></tr>
<tr><td>中型客车</td><td rowspan="4">小型车辆检测线</td><td>B1</td><td>中型载客汽车（含核载 10 人以上、19 人以下的城市公共汽车）</td><td></td></tr>
<tr><td>小型汽车</td><td>C1</td><td>小型、微型载客汽车以及轻型、微型载货汽车、轻、小、微型专项作业车</td><td></td></tr>
<tr><td>小型自动挡汽车</td><td>C2</td><td>小型、微型自动挡载客汽车以及轻型、微型自动挡载货汽车</td><td></td></tr>
<tr><td>低速货车</td><td>C3</td><td>低速载货汽车（原四轮农用运输车）</td><td></td></tr>
<tr><td>三轮汽车</td><td>三轮汽车检测线</td><td>C4</td><td>三轮汽车</td><td></td></tr>
<tr><td>普通三轮摩托车</td><td>三轮摩托车检测线</td><td>D</td><td>发动机排量大于 50mL 或者最大设计车速大于 50km/h 的三轮摩托车</td><td></td></tr>
<tr><td>普通二轮摩托车</td><td>两轮摩托车检测线</td><td>E</td><td>发动机排量大于 50mL 或者最大设计车速大于 50km/h 的二轮摩托车</td><td></td></tr>
<tr><td>轻便摩托车</td><td></td><td>F</td><td>发动机排量小于等于 50mL，最大设计车速小于等于 50km/h 的摩托车</td><td></td></tr>
<tr><td>轮式自行机械车</td><td></td><td>M</td><td>轮式自行机械车</td><td>可采用路试</td></tr>
<tr><td>无轨电车</td><td></td><td>N</td><td>无轨电车</td><td>可采用路试</td></tr>
<tr><td colspan="5">注：1. 大型车辆检测线检定（或者校准）结果能满足小型车辆检测线要求的，可检测小型车辆。
2. 其他无法上线车辆可采用路试。</td></tr>
</table>

附件 4：

不同车型检测仪器设备、设施的配置

序号	设备、设施名称	承检车型代号										设备相关标准
		A1 A3	A2 B2	B1 C1 C2	C3	C4	D	E F	M	N	轴荷 10000kg 以上、三轴及三轴以上车辆	
1	轮重仪	√	√	√	√	√			√			GB/T 11798.7
	滚筒反力式汽车制动检验台	√	√	√	√				√			GB/T 11798.2
2	平板式制动检验台（用于小型车检测线）			√	√				√			GB/T 11798.9
3	滚筒式汽车车速表检验台	√		√	√				√			GB/T 11798.4
4	汽车侧滑检验台	√		√	√				√		√	GB/T 11798.1
5	汽油车排气分析仪 ※	√	√	√			√	√	√	√	√	GB/T 11798.3
6	滤纸式烟度计 ※	√	√	√	√	√			√	√	√	GB/T 11798.5
7	不透光烟度计 ※	√	√	√	√	√			√	√	√	
8	机动车前照灯检测仪	√	√	√	√	√			√	√	√	GB/T 11798.6
9	底盘测功机											承检 20 年以上的非营运乘用车
10	驻车坡道	√	√	√	√	√			√	√	√	
11	试验道路	√	√	√	√	√			√	√	√	
12	声级计	√	√	√	√	√	√	√	√	√	√	GB/T 17181
13	便携式制动性能测试仪	√	√	√	√	√			√	√	√	GA/T 485
14	非接触式汽车速度测试仪	√	√	√	√	√			√	√	√	
15	发动机转速表	√	√	√					√	√	√	
16	踏板力计	√	√	√	√	√			√	√	√	
17	手制动力计	√	√	√	√	√					√	
18	方向盘转向力－转向角检测仪	√	√	√	√	√			√	√	√	
19	透光率计	√	√	√								
20	轮胎花纹深度计	√	√	√	√	√	√	√	√	√	√	
21	轮胎气压表	√	√	√	√	√	√	√	√	√	√	
22	秒表	√	√	√	√	√	√	√	√	√	√	
23	钢卷尺	√	√	√	√	√	√	√	√	√	√	
24	钢直尺	√	√	√	√	√	√	√	√	√	√	
25	摩托车轮重仪						√	√				
26	摩托车制动试验台						√	√				
27	摩托车制动试验设备						√	√				
28	摩托车测速装置						√	√				
29	摩托车灯光测试装置						√	√				
30	摩托车轮偏仪测试台							√				GB/T 11798.8

注：有√的表示需要配备，设备的功能需满足规定的车型检测，其量程也需满足对应车型的要求。序号 1 和 2 有一种即可；序号 13 和 14 有一种即可。

有 ※ 标注的设备在实行环保检验合格标志的地方不要求。

机动车安全技术检验机构检验资格许可审查员管理规定

一、总　则

（一）为规范机动车安全技术检验机构（以下简称“安检机构”）检验资格许可核查工作，加强安检机构检验资格许可审查员（以下简称“审查员”）的管理，统一审查员的条件、考核、注册、职责，制定本规定。

（二）审查员由省级质量技术监督部门组织考核、注册、使用和日常管理，报国家质量监督检验检疫总局备案。

二、条　件

（一）原则上年龄不超过60周岁，身体健康，所在单位推荐，并具备下列条件之一：

1. 大专（含）以上学历或中级（含）以上专业技术职称，从事车辆相关工作满3年或从事机动车安全技术检验满2年；

2. 中专学历或助理工程师技术职称，从事机动车安检工作满5年。

（二）经省级质量技术监督部门组织的考核合格。

（三）担任组长的审查员还需要具备以下条件：

1. 具有一定的组织、协调和语言文字表达能力；

2. 具有较强的现场条件核查技能和丰富的核查经验。

三、考　核

（一）现场条件核查工作程序和机动车安全技术检验流程。

（二）机动车安全技术检验依据的法律法规和有关规定。

（三）机动车安全技术检验依据的技术条件和方法标准。

（四）机动车安全技术检验使用的检测仪器设备的基本性能和适用范围，有关仪器设备的标准，检定规程或校准方法。

（五）质量管理的基本理论和安检机构检验资格许可条件及核查方式、方法、技巧等。

四、注　册

（一）经考核合格的人员可以向省级质量技术监督部门申请审查员注册。

（二）审查员注册应当提供下列资料：

1. 审查员申请表，见附件1；

2. 学历证明复印件；

3. 技术职称证明复印件；

4. 其他需要提供的证明文件的复印件。

（三）经省级质量技术监督部门确认合格的申请人员给予注册，发放审查员证书，见附件7。

（四）审查员证书有效期为3年，期满后经考核合格，可以继续申请注册。

（五）国家公务员不得申请注册。

五、职　责

（一）审查组长职责

安检机构资格许可审查工作实行审查组长负责制，对核查工作的质量负责。其职责如下：

1. 分配审查组各成员工作，合理编制现场核查计划，严格按程序组织策划现场核查活动；

2. 主持召开首、末次会议，组织实施现场核查活动，组织审查组内部会议，讨论核查情况；

3. 组织完成不符合项的汇总和核查结论的确定，编制现场核查报告；

4. 代表审查组与安检机构沟通和联络，妥善处理核查活动中的异常和争议；

5. 协调审查组内各项工作，指导审查员独立完成任务，并对审查员的工作进行评价；

6. 完成与本次核查工作有关的其他事项；

7. 及时向省级质量技术监督部门提交对安检机构核查的完整资料。

（二）审查组员的职责：

1. 在组长的领导下，按分工完成具体的核查工作；

2. 向组长汇报现场核查情况，提交有关的核查记录；

3. 参与核查报告的讨论和确定；

4. 对核查现场所发现的问题提出建议；

5. 对分工审查的项目负责；

6. 协助审查组长完成其他工作。

六、工作纪律

（一）严格遵守《机动车安全技术检验机构检验资格许可审查员守则》，见附件 2。

（二）服从省级质量技术监督部门的管理和工作安排。

（三）在接受核查等相关工作时，要事先征得所在工作单位的同意。

七、日常管理

省级质量技术监督部门每年要对注册审查员进行考核，考核方式主要有以下几种：

（一）收集、汇总安检机构的反馈信息，对审查员进行考核；

（二）对审查员现场核查工作质量进行抽查；

（三）对审查员进行年度考核。

八、暂停与注销

（一）凡是出现下列情况之一的，暂停 6 个月审查员资格，情节严重的注销审查员资格：

1. 不履行审查员职责，未遵守《机动车安全技术检验机构检验资格许可现场核查审查员守则》的；

2. 对安检机构的核查中，一个年度内累计出现 2 次工作失误的；

3. 无故不服从派遣或在其资格有效期内不参加规定项目考核或考核不合格的；

4. 以权谋私，侵害安检机构正当权益的，或借机推销产品和服务项目的。

（二）因本人健康原因或其他原因不能继续从事核查工作，本人提出申请的，予以注销。

（三）凡受到 2 次以上（含）暂停资格的审查员，注销其审查员资格。

（四）被注销的审查员，不得再次申请注册。

九、资格的恢复

对受到暂停资格的审查员，在暂停期间对其过错行为认识深刻，并认真予以纠正的，可在暂停期结束后，由本人提出恢复资格申请，经省级质量技术监督部门批准，予以恢复审查员资格。

附件：

1. 机动车安全技术检验机构检验资格许可审查员申请表；

2. 机动车安全技术检验机构检验资格许可现场核查审查员守则；

3. 机动车安全技术检验机构检验资格许可审查员注册备案汇总表；

4. 机动车安全技术检验机构检验资格许可现场核查审查员声明；

5. 机动车安全技术检验机构检验资格许可现场核查审查员承诺；

6. 机动车安全技术检验机构检验资格许可现场核查工作反馈单；

7. 机动车安全技术检验机构检验资格许可审查员证书。

附件 1：

机动车安全技术检验机构检验资格许可
审查员申请表

<table>
<tr><td rowspan="4">照片</td><td>申请人姓名</td><td></td><td>性别</td><td></td><td>出生年月</td><td></td></tr>
<tr><td>学历</td><td></td><td>专业</td><td colspan="3"></td></tr>
<tr><td>毕业院校</td><td colspan="3"></td><td>技术职称</td><td></td></tr>
<tr><td>身份证号码</td><td colspan="3"></td><td>E-mail</td><td></td></tr>
<tr><td>工作单位</td><td colspan="4"></td><td>邮编</td><td></td></tr>
<tr><td>通讯地址</td><td colspan="4"></td><td>传真</td><td></td></tr>
<tr><td>联系电话</td><td colspan="4"></td><td>手机</td><td></td></tr>
<tr><td>现从事专业及年限</td><td colspan="6"></td></tr>
<tr><td>有关专业技术
工作经历说明</td><td colspan="6"></td></tr>
<tr><td>申请人所在单位
推荐意见</td><td colspan="6">（单位公章）：　　　　　　　　　　日期：</td></tr>
</table>

有关专业技术工作经历说明：指有关机动车辆检测、车辆设计、制造的学习和工作经历。

附件 2：

机动车安全技术检验机构检验资格许可现场核查审查员守则

1. 认真执行国家对机动车安检机构有关的法律、法规、规章及有关规定；

2. 参加核查时主动出示审查员证书；

3. 工作中坚持公正科学的原则，实事求是，作风正派，忠于职守，秉公办事；

4. 认真履行职责，严格执行工作程序，依照规定进行核查，保证核查工作质量；

5. 主动回避与本人有经济利益关系的安检机构核查；

6. 不借核查工作向受核查安检机构推销产品和服务；

7. 严格遵守各项廉政纪律，不利用工作之便接受安检机构的馈赠或参加机构安排的娱乐活动；

8. 严格遵守保密制度，不向任何第三方透露受核查安检机构的商业和技术秘密（国家法律法规有规定的除外）；

9. 未经省级质量技术监督部门委托，不擅自开展核查活动。

附件 3：

机动车安全技术检验机构检验资格许可
审查员注册备案汇总表

省份：________________　　　　　（审批部门公章）

序号	姓名	性别	出生年月	学历	专业	职称 / 职务	身份证号码	工作单位	联系电话	审查员编号	备注
1											
2											
3											
4											
5											
6											
7											
8											
9											
10											
11											
12											

附件 4：

机动车安全技术检验机构检验资格许可
现场核查审查员声明

本人将遵守以下工作纪律：

1. 以客观公正和科学严谨的态度从事核查工作，任何结论都必须以客观事实为依据，不徇私舞弊；
2. 不泄露在核查过程中获得的受核查机构的相关信息；
3. 不接受受核查机构安排的游览、娱乐等活动，不接受馈赠；
4. 如实上报核查结果，对相关事实不隐瞒，不漏报，对所承担的核查结果负责；
5. 在核查工作中所借用的有关资料或物品，在核查工作结束后将及时归还。

声明人：

注：该声明交受核查机构，请给予监督。

附件 5：

机动车安全技术检验机构检验资格许可现场核查审查员承诺

1. 自愿参加机动车安全技术检验机构检验资格许可现场核查工作，并已知晓有关工作要求及规定；

2. 过去两年没有与受核查机构发生直接经济利益关系；

3. 以客观、公正和科学、严谨的态度从事核查工作，任何结论都必须以客观事实为依据，不徇私舞弊，对所承担的核查结果负责；

4. 不泄露质量监督部门尚未公布的信息；

5. 不接受受核查机构安排的游览、娱乐等活动，不接受馈赠；

6. 如实上报核查结果，对相关事实不隐瞒，不漏报。

承诺人：

注：该承诺交省级质量技术监督部门。

附件 6：

审查编号：

机动车安全技术检验机构检验资格许可
现场核查工作反馈单

受核查机构名称		联系电话	
通讯地址		邮政编码	
核查日期	自　　年　　月　　日至　　年　　月　　日		
审查组成员	组长：　　　　组员：		
审查员是否有违反《现场审查员守则》的行为			
审查员是否有故意刁难的情况			
审查员是否有其他违纪、违法的行为			
其他需要说明的问题：			
备注	本反馈单要求受核查机构认真如实填写，并请在核查工作结束后 15 日内寄到审查组的派出单位。见下列地址： 邮编： 地址： 收信人：××××质量技术监督局×××处		

受核查机构负责人签字：　　　　　　　　　　（机构盖章）

年　月　日

附件 7：

机动车安全技术检验机构检验资格许可审查员证书

（封面）

机动车安全技术检验机构
检验资格许可

审查员证书

×××××质量技术监督局

（第 1 页）

照
片

发证机构盖章

证件编号：__________

发证日期：　　年　　月　　日

有效期至：　　年　　月　　日

（第 2 页）

姓名：__________

性别：__________

出生日期：　　年　　月　　日

工作单位：______________

____

注册时间：　　年　　月　　日

（第 3 页）

考 核 记 录

考核时间	考核结果	审核章

（第 4 页）

注意事项

1.此证书系机动车安全技术检验机构检验资格许可审查员的有效证件。

2.此证书不得伪造、涂改和转借。

3.如有遗失，必须立即报告发证部门申明作废。

4.换证、调职或撤消时，将此证书交还发证部门。

5.此证书未加盖发证部门公章无效。

（封底）

机动车安全技术检验机构检验资格许可证书和检验专用章管理规范

一、总则

（一）为了规范机动车安全技术检验机构（以下简称“安检机构”）检验资格许可证书和检验专用章的式样、发放、使用、更正、更换、收回、销毁等，制定本规范。

（二）安检机构检验资格许可证书（以下简称“证书”），是由省级质量技术监督部门根据机动车安全技术检验工作的需要，通过法定程序对本行政区域内经核查合格的安检机构颁发的、准予从事机动车安全技术检验的资格证明文件的公开形式。证书只有正本，没有副本。证书自批准之日起3年内有效。

（三）检验专用章（以下简称“印章”）是取得证书的安检机构开展机动车安全技术检验，在出具的检验报告上确认检验报告生效需加盖的印章。印章由省级质量技术监督部门对获得机动车安全技术检验资格许可的安检机构颁发。

二、证书和印章的式样

（一）国家质量监督检验检疫总局统一制定证书和印章的式样，省级质量技术监督部门负责制作，其他任何单位和个人不得仿制。证书上加盖省级质量技术监督部门印章。

（二）证书应当载明机构名称、检验范围、住所、检测地址、证书编号、发证日期、有效日期。

1. 证书上的机构名称应当与企业、事业、社团法人证书上的名称相一致；

2. 证书检验范围应当注明现场条件核查确认的具有检验能力的车辆类型；

3. 证书住所应当注明企业、事业、社团法人证书住所地址；

4. 证书检测地址应当注明安检机构检测场所的地址；

5. 证书有效期应当注明发证部门批准的许可截止日期；

6. 证书式样见附件1。

（三）印章上应当载明机构名称、检验专用章字样。一个安检机构有2个以上独立的检测场所时，印章上应当有检测场所序号标识。印章式样见附件2。

三、证书和印章的使用

（一）安检机构应当将证书悬挂在检测场所、客户能看到的明显位置。

（二）证书上有涂改、挖补或者损毁的，该证书作废。

（三）证书仅供取得检验资格的安检机构使用，不得转借、出让。

（四）印章仅用于机动车安全技术检验报告，检验报告加盖印章后生效。

四、证书和印章的变更

（一）安检机构的证书或印章破损可辨认的，可以向省级质量技术监督部门申请更换新证书，将原证书或印章交回省级质量技术监督部门。

（二）安检机构取得证书后，需要变更机构名称或住所、减少检测车型或减少检测线的，应当向省级质量技术监督部门提交相关证明材料备案，对符合变更规定的，省级质量技术监督部门收回原证书，更换新证书，证书有效期与原证书有效期保持相同。对印章内容需要变更的，省级质量技术监督部门应当同时更换印章。

五、证书和印章的补领

（一）安检机构遗失或者毁损证书、印章的，应当向安检机构所在地省级质量技术监督部门提出补发证书或者印章申请。

（二）由法定代表人携带法人证书和个人身份证件到省级质量技术监督部门登记，申请补发证书，并公开声明原证书或印章作废。

（三）省级质量技术监督部门自受理安检机构补发证书或印章申请之日起5日内，做出是否受理的决定。

（四）省级质量技术监督部门应当自受理安检机构补发证书或印章申请之日起 20 日内，完成申报材料的书面审核，并做出是否准予补发的决定。对于符合条件的，重新颁发证书，有效期不变；不符合条件的，书面告知申请人，并说明理由。

六、证书和印章的收回和销毁

（一）安检机构违反国家法律、法规和有关规定，被暂时停止检验资格的，或者安检机构需要停止检验工作 3 个月以上的，由省级质量技术监督部门暂时收回证书和印章，在恢复检验资格时发还。撤销、注销检验资格许可的，由省级质量技术监督部门收回证书和印章。

（二）省级质量技术监督部门负责对收回的作废证书和印章，实行统一销毁。

七、其他情况的处理

（一）安检机构增项，包括在原机构内增加检测线、增加检测车型的，可向省级质量技术监督部门提出申请，取得检验资格许可的，应当重新颁发证书，证书有效期与原证书有效期保持相同，印章不变。

（二）机动车安全技术检验依据的标准内容发生较大变化的，由省级质量技术监督部门决定现有检验资格的有效期，有关决定未发布之前，安检机构原证书和印章继续有效。

标准内容变化较小的，安检机构应当根据标准变化的要求，及时补充检测能力，安检机构持有的原检验资格证书继续有效。影响部分车型检验的，按检验能力变更处理，更换新证书，证书有效期与原证书有效期相同，印章不变。

（三）国家有关法律法规、有关标准及技术要求发生较大改变而修订安检机构检验资格许可技术条件时，国家质检总局将根据需要决定是否重新进行现场核查。对需要重新核查的，收回原有证书标注“作废”字样，重新颁发证书，对不需要重新进行现场核查的，原有证书不变。

（四）在证书有效期内，安检机构的检测设备、检测环境、检验技术人员发生较大变化的（包括检测线重大技术改造等），安检机构应当及时向省级质量技术监督部门提出申请，省级质量技术监督部门应当重新组织进行现场核查。符合要求的，重新颁发证书。证书有效期按重新颁发的日期计算。

（五）安检机构迁址应当向其所在地省级质量技术监督部门提出申请，对符合有关规定的，省级质量技术监督部门应当受理，并组织进行现场核查、审批，对符合要求的，发放新证书，证书的有效期自批准之日起计算。迁址安检机构原有证书收回。需要变更印章的，同时更换印章。

八、证书的编号规则

（一）证书编号由两部分组成，第一部分由两位字母“XK”表示，字母“XK”代表“许可”；第二部分为核查编号，形式如“苏 2009001”，前面的汉字用安检机构所在省份的简称，汉字后面的前 4 位数表示对安检机构核查发证的年份，最后的 3 位数表示安检机构在该省份的许可顺序号，由各省级质量技术监督部门对本行政区域内的安检机构检验资格许可统一编号。

（二）证书变更后采用新的证书编号，补发的证书采用原编号。

附件：

1. 检验资格许可证书式样
2. 检验专用章式样

附件1：

检验资格许可证书式样

机动车安全技术检验机构检验资格许可证

（机构名称）＿＿＿＿＿＿：

经审查，你单位具备机动车安全技术检验资格许可条件，特发此证。

检验范围：A1、A2、A3、B2；B1、C1、C2、C3、C4、D、E、F、M、N、P

限制范围：不检轴重3吨以上的车辆。

住　　所：

检测地址：

证书编号：

有效期至：　　　　年　　月　　日

有效期届满3个月前，应当提出换证申请。

附件2：

检验专用章式样

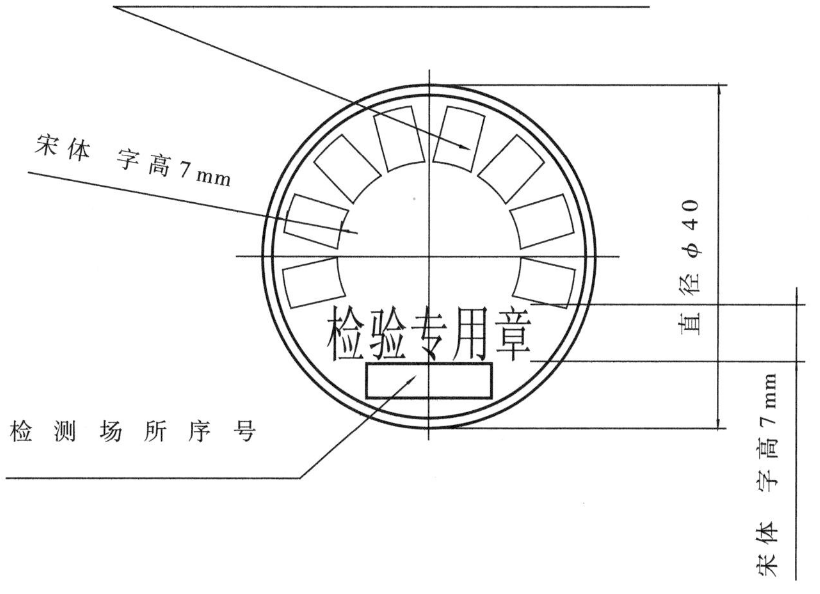

机动车安全技术检验机构监督管理规范

一、总　则

为了规范机动车安全技术检验机构（以下简称安检机构）监督管理工作，不断提高安检机构检验技术水平，促进安检机构健康有序发展，保护人民群众的合法权益，根据《中华人民共和国道路交通安全法》及其实施条例、《机动车安全技术检验机构监督管理办法》（国家质量监督检验检疫总局令第 121 号），制定本规范。

二、监督管理的范围

（一）对安检机构的监督管理主要包括：对安检机构检验资格许可工作人员的监督，对获得检验资格许可安检机构的日常监督，对未获得检验资格许可的机构开展检验活动的查处等。

（二）对安检机构资格许可工作人员的监督主要包括对安检机构资格许可工作中涉及受理、审查、批准的有关人员的监督。

（三）对获得检验资格许可安检机构的监督主要包括：资格有效性的情况；依法开展检验工作的情况；技术条件的保持情况；计量认证的情况；检验仪器设备的检定或者校准情况及其是否处于完好的状态；检验技术人员的培训提高情况；检验结果的真实性、准确性等。

三、质量技术监督部门的职责

（一）县级以上地方质量技术监督部门应当在各自的职责范围内，负责对本行政区域内安检机构的监督管理。监督检查中发现的问题，应当依法进行处理。对发现的重大问题，应当及时向上级质量技术监督部门报告，并将情况通报公安交通管理等相关部门。

（二）国家质检总局职责

1. 指导地方质量技术监督部门开展的安检机构监督检查工作。

2. 对机动车安检机构开展监督抽查。

3. 及时组织处理对安检机构的投诉和举报。

（三）地方质量技术监督部门职责

1. 依据法律、法规的规定，组织对安检机构的监督抽查。

2. 根据需要可以组织安检机构进行比对试验，督促安检机构保持必要的检验能力。

3. 通报安检机构监管信息。

4. 及时处理对安检机构的投诉和举报，调查处理安检机构的违法违规行为。

5. 每年向上级质量技术监督部门提交机动车安检机构资格管理工作报告。

四、质量技术监督部门资格管理人员的要求

（一）依法进行安检机构的受理、审查、批准。不得违反工作程序对安检机构进行许可。

（二）在受理、审查、决定过程中，应当向申请人、利害关系人履行法定告知义务。

（三）申请人提交的申请材料不齐全、不符合法定形式，受理人员应当一次书面告知申请人必须补正的全部内容，除非现场能及时完成更改的。

（四）在办理安检机构资格许可时，不得索取或者收受申请人财物或者谋取其他利益。

（五）及时查处并报告安检机构的违法违规事实，积极查处无证安检的行为。

五、安检机构的职责和守则

（一）安检机构的职责：

1. 遵循独立、客观、公正、诚信的原则开展机动车安全技术检验活动；

2. 保持信息系统通畅，及时向质量技术监督部门提供机动车安全技术检验信息；

3. 保证在用设备正常完好，在用计量器具依法进行计量检定或校准，并按照质量技术监督部门的要求参加检验能力比对试验；

4. 建立健全各项规章制度和机动车安全技术检验档案，按照国家有关规定对检验结果和有关技术资料进行保存，有保密要求的，遵守保密规定；

5. 加强机动车安全技术检验人员培训和内部管理；

6. 接受质量技术监督部门的监督检查和管理，每年1月底之前向所在地质量技术监督部门提交上一年度工作报告；

7. 在机动车安全技术检验活动中发现普遍性质量安全问题的，应当及时向质量技术监督部门等有关部门报告；

8. 安检机构如需停止机动车安全技术检验工作3个月以上的，应当报省级质量技术监督部门备案，上交检验资格许可证书和检验专用印章，并向社会公告；

9. 建立严格的报告审批制度，对检验报告的真实性、准确性负责；

10. 有条件的地方可以与质量技术监督部门联网；

11. 积极配合各级质量技术监督部门的监督检查，如实提供有关情况和材料。

（二）安检机构守则：

1. 不得涂改、倒卖、出租、出借检验资格许可证书；

2. 不得超出许可的检验范围开展机动车安全技术检验；

3. 按照国家机动车安全技术标准进行检验；

4. 不得出具虚假检测结果；

5. 不得要求机动车到指定的场所进行维修、保养；

6. 不得使用未经省级质量技术监督部门考核合格的人员从事检验工作；

7. 不得推诿或拒绝处理用户的投诉或异议；

8. 不得在工作中以权谋私、索要或者收取礼品、礼金及其他物品，收取贿赂；

9. 不得从事其他法律法规禁止的行为。

六、主要监管方式

（一）对安检机构资格许可行政审批人员的监督管理主要通过检查许可工作过程中的有关资料、行政相对人的投诉和有关工作汇报等方式进行。

（二）对安检机构的监管方式主要有：查阅原始检验记录、检验报告，现场检查机动车安全技术检验过程，组织检验能力比对试验，审核年度工作报告，听取有关方面对安检机构机动车安全技术检验工作的评价，调查处理投诉案件，其他能够反映安检机构工作质量的监督检查方式等。

1. 查阅原始检验记录和检验报告：质量技术监督部门组织对安检机构检验机动车的原始检验记录和所出具的检验报告进行抽样检查。检查原始检验记录和检验报告的内容，应当符合有关规定，结论应当真实、准确。同一辆机动车的原始检验记录和检验报告中的检验数据应当一致，若同一辆机动车的原始检验记录和检验报告中的检验数据不一致，应当组织技术人员进行分析，对因人为因素造成的，应当追究有关人员的责任。已实现联网监察安检机构的地区，可以通过网络进行抽查。

2. 现场检查机动车安全技术检验过程：主要检查安检机构是否存在违法、违规的行为；检验项目的齐全性和检验结果判定的准确性；检查检验工作流程的符合性；检查计量认证证书和检验资格许可证书是否在有效期内；检查检验所用仪器、设备的准确度和有效性以及是否按期进行检定或校准，检查原始记录和检验报告是否正确、规范、保存完好。针对问题突出的有关项目组织开展的检查。可针对审查安检机构年度工作报告中发现的问题和有关部门、群众反映的问题进行的抽查。根据工作需要，质量技术监督部门可以就专项内容进行检查，如检查仪器设备的检定或校准情况，是否有出具虚假数据的情况，是否有漏检、少检项目或不检车只收费的情况等。

3. 检验能力比对试验：质量技术监督部门组织安检机构进行检验能力比对试验，考察安检机构检验水平。

4. 审核年度工作报告：质量技术监督部门每年组织对安检机构年度工作报告进行审核。年度工作报告应当反映安检机构的有关变化、资格许可条件的保持和检查等情况，包括：

（1）安检机构基本情况；

（2）机动车年检验车型及其数量等机动车安全技术检验业务开展情况；

（3）在用检测设备的变更情况和计量器具检定或校准情况；

（4）检验人员培训、考核情况，人员变更情况；

（5）投诉、异议处理情况；

（6）其他应当报告的事项。

5. 听取有关方面对安检机构机动车安全技术检验工作的评价：质量技术监督部门通过走访、电话、征求意见表、座谈会的方式保持与当地公安交通管理部门、被检车辆所有人或者使用人以及社会各界人士的沟通，征询他们对安检工作的建议，就安检机构的检验流程、检验质量等诸方面广泛地听取意见，并及时汇总整理形成书面材料。反映的问题一经核实，均要求安检机构限期整改，并跟踪检查。

6. 调查处理投诉案件：质量技术监督部门在接到投诉案件时，应当及时做好记录、调查、处理、存档工作。重大案件应当报上级质量技术监督部门，调查情况属实时，应当对产生的原因、案件造成的影响进行分析，并依法对责任机构进行处理。

7. 联网监察：在有条件的地区可通过计算机联网管理系统对安检工作进行适时、有效监管。通过联网系统的实时监测功能，检查安检机构检测线的检测情况，检查对国家机动车安全技术现行有效检验标准的执行情况；查阅检验报告；抽查是否存在不按照标准进行检验，是否存在超许可范围检验的现象。

七、质量技术监督部门实施监督检查的要求

（一）工作人员应当熟悉相关法律、法规、规章和国家有关规定。

（二）监督检查不得事先通知被检查安检机构。

（三）监督检查中尽量避免影响安检机构的正常经营活动。

（四）不得索取或者收受安检机构的财物或者谋取其他利益。

（五）在实施监督检查时，应当有2名或2名以上工作人员参加并出示有效证件。

（六）实施监督检查时，应当记录监督检查的情况和处理结果，由监督检查人员和被检查机构的代表签字确认。监督检查情况和处理结果应当及时归档，并保存3年。

八、监督检查结果的处理

（一）组织实施监督检查的部门应当及时将检查结果通知被检查安检机构，同时向有关方面通报情况。

（二）对监督检查发现的问题，应当责令限期整改。安检机构整改完成后，应当向组织检查的部门提交整改报告。组织检查的部门应当对安检机构整改情况进行核查。

（三）对监督检查发现的违法违规行为，依法实施处罚。

（四）对依法撤消检验资格许可的，省级质量技术监督部门应当及时通报公安交通管理部门并予以公告。

（五）安检机构的检验资格许可被撤销后，必须立即停止机动车安全技术检验活动。

九、违法行为的查处

（一）查处范围：

1. 未取得计量认证证书和检验资格许可证书擅自开展机动车安全技术检验的；

2. 安检机构在用计量器具未经计量检定、超过检定周期、经检定不合格继续使用的；

3. 安检机构超出许可检验范围开展机动车安全技术检验的；

4. 涂改、倒卖、出租、出借检验资格证书的；

5. 不按照规定参加比对试验的；

6. 未按照国家有关规定对检验结果和有关技术资料进行保存，逾期未改的；

7. 未经省级质量技术监督部门批准，擅自迁址、改建或者增加检测线开展机动车安全技术检验的；

8. 拒不接受监督检查和管理的；

9. 使用未经考核或者考核不合格的人员从事机动车安全技术检验工作的；

10. 未按照规定提交年度工作报告或者检验信息的；

11. 要求机动车到指定的场所进行维修、保养的；

12. 推诿或拒绝处理用户的投诉或异议的；

13. 安检机构停止机动车安全技术检验工作3个月以上，未报省级质量技术监督部门备案的，或未上缴检验资格证书、检验专用章的，或停止机动车安全技术检验未向社会公告的；

14. 出具虚假检验结果的。

（二）对无证从事安检的责任者，各级质量技术监督部门应当视情节轻重，依照有关法律、法规的规定予以处罚。构成犯罪的，移送司法机关追究其刑事责任。

（三）获证安检机构未在检验报告上标明检验资格许可证编号和未在检验报告上加盖检验专用章的，应当责令改正，逾期不改正的，予以通报批评，对连续两次通报批评仍不改正的安检机构，应当组织安检机构负责人和有关责任人员进行学习，重新对有关责任人员进行检验资格考核。

十、安检机构检验资格许可的撤销和注销

（一）撤销

有下列情形之一的，许可审批机关应当撤销检验资格许可，但是撤销检验资格许可可能对公共利益造成重大损害的除外：

1. 行政机关工作人员滥用职权、玩忽职守做出准予检验资格许可决定的；

2. 超越法定职权做出准予检验资格许可决定的；

3. 违反法定程序做出准予检验资格许可决定的；

4. 对不具备申请资格或者不符合法定条件的申请人准予检验资格许可的；

5. 被许可人以欺骗、贿赂等不正当手段取得检验资格许可的；

6. 安检机构不履行职责、违反安检机构守则，情节严重的；

7. 依法可以撤销检验资格许可的其他情形。

（二）注销

有下列情形之一的，许可审批机关应当注销检验资格许可，并办理有关手续：

1. 被许可人不再从事机动车安全技术检验的；

2. 检验资格许可有效期满未按规定重新申请取证的；

3. 法人资格依法终止的；

4. 因不可抗力导致行政许可事项无法实施的；

5. 安检机构停止机动车安全技术检验工作 1 年以上的；

6. 法律、法规规定的应当注销检验资格许可的其他情形；

7. 对注销检验资格许可的，省级质量技术监督部门应当及时通报公安交通管理部门，并予以公告。

十一、其　他

从事机动车安全技术检验工作的人员在检验活动中接受贿赂，以职谋私的，由省级质量技术监督部门依法撤销其考核合格资质。

十二、机动车安检机构对机动车安检许可、行政处罚的异议

对行政处罚有异议的，可以依法申请行政复议或者提起行政诉讼。

关于印发机动车检测维修从业人员职业资格标识管理办法的通知

交评价发〔2010〕636 号

各省、自治区、直辖市、新疆生产建设兵团交通运输厅（局、委）：

为加强机动车检测维修行业诚信体系建设，提高机动车检测维修从业人员服务质量，根据国家机动车检测维修职业资格及从业人员管理有关规定，部制定了《机动车检测维修从业人员职业资格标识管理办法》，现印发给你们，请遵照执行。实施过程中有何问题，请及时与部评价中心联系，电话：010-65299036。

中华人民共和国交通运输部

二〇一〇年十一月五日

机动车检测维修从业人员职业资格标识管理办法

第一条 为加强机动车检测维修行业诚信体系建设，提高机动车检测维修从业人员服务质量，提升从业人员职业形象，根据国家机动车检测维修职业资格及从业人员管理有关规定，制定本办法。

第二条 机动车检测维修从业人员和检测维修企业的职业资格标识发放、使用及管理工作，适用本办法。

第三条 机动车检测维修从业人员职业资格标识是从业人员通过机动车检测维修专业技术人员职业水平考试的标志之一，表明标识持有人员具有良好的机动车检测维修服务技能。

第四条 机动车检测维修从业人员职业资格标识由公示牌和臂章两部分组成，全国统一式样（见附件 1）。

第五条 机动车检测维修从业人员职业资格标识根据机动车检测维修专业技术人员职业水平评价制度的专业和级别设置，分为机动车机电维修技术、机动车车身修复技术、机动车检测评估与运用技术 3 个专业，每个专业均分为机动车检测维修士、机动车检测维修工程师、机动车检测维修高级工程师 3 个级别。

第六条 交通运输部负责全国机动车检测维修从业人员和检测维修企业的职业资格标识管理工作，具体工作由交通运输部职业资格管理机构承担。

设区的市级以上道路运输管理机构负责本行政区域内的机动车检测维修从业人员和检测维修企业的职业资格标识管理工作。

第七条 经机动车检测维修专业技术人员职业水平考试合格并登记的人员即可领取相应专业和级别的机动车检测维修从业人员职业资格标识。

第八条 已获得标识的从业人员在通过机动车检测维修职业资格水平评价更高级别考试后，可在登记时申请换发相应专业和级别的标识。

第九条 机动车检测维修从业人员职业资格标识有效期 3 年，到期后需进行机动车检测维修专业技术人员职业水平评价证书再次登记后标识方继续有效。

第十条 获得标识的从业人员在工作时应当佩戴臂章，主动接受消费者监督。

第十一条 机动车检测维修企业应当在工作场所醒目位置张贴从业人员的标识公示牌，并标明设区的市级道路运输管理机构的投诉电话。

消费者可以根据标识公示牌自主选择维修技术人员进行服务。

第十二条 机动车检测维修从业人员在从业单位发生变更时，应当向变更后机动车检测维修企业所在地设区的市级道路运输管理机构申请变更公示牌信息，并申领新的公示牌。

第十三条 机动车检测维修企业同时满足以下条件可获得机动车检测维修企业职业资格标识（见附件 2）：

（一）有至少 75%的机动车检测维修技术人员取得机动车检测维修从业人员职业资格标识；

（二）取得机动车检测维修从业人员职业资格标识的人员应当涵盖企业所提供的机动车机电维修、机动车车身修复、机动车检测评估与运用等服务领域；

（三）上一年度信誉考核合格，并且信誉考核等级为 AA 级以上。

第十四条 机动车检测维修企业职业资格标识由企业向所在地设区的市级道路运输管理机构提出申请，设区的市级道路运输管理机构负责初审，省级道路运输管理机构终审。符合条件的，由省级道路运输管理机构发放机动车检测维修企业职业资格标识，并报交通运输部职业资格管理机构备案。

第十五条 企业在申请机动车检测维修企业职业资格标识时应当提供以下材料：

（一）机动车检测维修企业职业资格标识申请表（见附件 3）；

（二）机动车维修经营许可证复印件；

（三）已取得职业资格标识人员的标识公示牌复印件；

（四）上一年度信誉考核证明。

第十六条 对获得机动车检测维修企业职业资格标识的机动车检测维修企业，在质量信誉考核时给予加分，具体办法另行制定。

第十七条 机动车检测维修企业职业资格标识有效期为 1 年，到期后由企业提出标识延续申请，设区的市级道路运输管理机构审查合格后批准并加盖标识延续印章。延续印章由各设区的市级道路运输管理机构根据统一式样（见附件 4）自行刻制。标识延续有效期为 1 年，到期后可继续申请延续。

第十八条 获得标识的机动车检测维修企业应当根据《机动车维修管理规定》（交通部令 2005 年第 7 号）的要求建立统一格式的机动车检测维修电子档案，并逐步在获得标识的机动车检测维修企业间实现信息共享。

第十九条 交通运输部职业资格管理机构建立全国统一的机动车检测维修从业人员和检测维修企业职业资格标识管理信息平台（www.jtzyzg.org.cn），对获得职业资格标识的人员和企业予以公布，并提供标识查询、投诉处理结果公布等服务。

第二十条 设区的市级道路运输管理机构应当设立并公布职业资格标识投诉电话，负责受理并查处辖区内的机动车检测维修从业人员和检测维修企业职业资格标识相关投诉，具体工作按照《道路运输服务质量投诉管理规定》（交公路发〔1999〕535 号）和《汽车维修质量纠纷调解办法》（交公路发〔1998〕349 号）的要求开展。

经查实因获得标识的从业人员违反机动车检测维修相关法律法规，以及因职业道德、技术水平、服务质量等造成严重后果的，由设区的市级道路运输管理机构宣布其公示牌和臂章作废，并将投诉及处理结果逐级报交通运输部职业资格管理机构，由交通运输部职业资格管理机构在标识管理信息平台上公布。

第二十一条 获得机动车检测维修企业职业资格标识的机动车检测维修企业因获得标识的从业人员被投诉并宣布标识作废的，在质量信誉考核时对机动车检测维修企业给予扣分，具体办法另行制定；造成机动车检测维修企业无法满足本办法第十三条要求的，由设区的市级道路运输管理机构查实后报省级道路运输管理机构收回机动车检测维修企业职业资格标识。

第二十二条 机动车检测维修从业人员职业

资格标识丢失或者损毁的，由标识持有人向企业所在地设区的市级道路运输管理机构提出标识补发申请，设区的市级道路运输管理机构核查无误后，予以补发。

第二十三条 机动车检测维修从业人员职业资格标识公示牌和臂章由交通运输部职业资格管理机构统一制作，并逐级发放。

第二十四条 本办法自 2011 年 6 月 1 日起施行。

附件：（略）

1. 机动车检测维修从业人员职业资格标识式样

2. 机动车检测维修企业职业资格标识式样

3. 机动车检测维修企业职业资格标识申请表

4. 机动车检测维修企业职业资格标识延续注册印章式样

关于印发《机动车环保检验机构管理规定》的通知

环发【2009】145 号

各省、自治区、直辖市环境保护厅（局），新疆生产建设兵团环境保护局，解放军环境保护局，113 个环保重点城市环境保护局：

为加强在用机动车环保定期检验工作，规范机动车环保检验机构的管理，我部组织制定了《机动车环保检验机构管理规定》，现印发给你们。请结合本地区实际，认真组织实施。

附件：机动车环保检验机构管理规定

二〇〇九年十二月十日

附件：

机动车环保检验机构管理规定

第一条　为进一步加强在用机动车环保定期检验工作，规范机动车环保检验机构的管理，依据《中华人民共和国大气污染防治法》、《中华人民共和国噪声污染防治法》等，制定本规定。

第二条　本规定适用于环保部门对在用机动车环保检验机构（以下简称“环检机构”）依法实施监督管理。

第三条　省级环保部门负责本行政区内环检机构的委托和监督性抽查。

城市环保部门对本行政区内环检机构实施日常监督管理，定期组织环检机构间比对实验，受理公众投诉。

第四条　省级环保部门应按照统筹规划、合理布局、方便群众、数量控制和社会化运作的原则编制环检机构发展规划。

第五条　申请开展在用机动车环保定期检验的机构（以下简称“申请人”），应具备以下基本条件：

（一）具有法人资格；

（二）通过省级质量技术监督部门的计量认证，取得计量认证证书，并在认证合格有效期内；

（三）检测设备符合有关标准和规范要求，并具备与城市环保部门联网的条件；

（四）质量负责人和技术负责人各 1 名，每条检测线至少配备 3 名专职检测人员，与检测相关的人员应满足《在用机动车排放污染物检测机构技术规范》（以下简称《技术规范》）的规定；

（五）满足《技术规范》的其他规定。

第六条　申请人应向省级环保部门提出机动车环保定期检验委托申请，并提交以下材料：

（一）机动车环保定期检验申请书（见附一）；

（二）工商营业执照复印件；

（三）环评报告书（表）及批复复印件；

（四）计量认证合格证书、检测设备检定证书复印件；

（五）检测工位设置平面示意图；

（六）工作岗位设置及相关职责文件；

（七）《技术规范》规定的其他证明材料。

第七条　省级环保部门接到申请材料后，会同申请人所在地城市环保部门组织专家，按照《技术规范》的要求对申请人进行评审，对通过评审的申请人在当地媒体上予以公示。

省级环保部门对合格的申请人进行委托，颁发机动车环保定期检验委托证书（以下简称“委托证书”），向社会公告，并报环境保护部备案。

第八条 委托证书由环境保护部统一监制，其式样、规格和编号规则见附二。

委托证书由省级环保部门负责印制，并套印省级环保部门公章。

委托证书有效期为 2 年。

第九条 委托证书有效期满，法人、检验类别、范围、场地和检测线无变化，继续开展在用机动车环保定期检验的，环检机构应当于委托证书有效期期满 3 个月前向省级环保部门提出续延申请，并提交续延申请书（见附三）。

省级环保部门接到申请材料后，会同申请人所在地城市环保部门对申请人进行审核，对审核通过的申请人继续委托，颁发委托证书，向社会公告，并报环境保护部备案。

第十条 环检机构地址、质量负责人和技术负责人等主要人员、联系方式等信息发生变化的，环检机构应向省级环保部门提交变更备案表（见附四）和相关证明材料。

第十一条 机构法人发生变动的，机构类别升级、检验场地搬迁（迁址）、检验范围扩大、检测线数量增加、检测线重大技术改造等检测条件发生变化的，环检机构应按照本规定第六条重新提出委托申请。

第十二条 不再继续从事机动车环保定期检验的，环检机构应当向省级环保部门提出终止委托的书面申请。

省级环保部门应当终止其环保定期检验委托，收回委托证书，并向社会公告。

第十三条 环检机构必须按照委托证书规定的业务范围、机构地址、检验地址、有效期限开展在用机动车环保定期检验工作。

第十四条 环检机构不得以任何方式经营或参与经营机动车维修业务。

第十五条 环检机构应参加环保部门组织的比对试验，定期开展环检机构内部检测线的比对和检测设备的校准，确保所提供的在用机动车环保定期检验信息准确、可靠。

第十六条 环检机构应确保计算机网络畅通，数据传输符合有关要求。

第十七条 环检机构对检验信息和有关技术资料至少保存 2 年，对过期和报废的材料实行统一销毁。

第十八条 环检机构应接受环保部门的监督检查，如实提供有关情况和材料。

第十九条 环检机构应于每年 1 月 15 日前向城市环保部门提交上一年度工作报告，城市环保部门应于每年 2 月 15 日前向省级环保部门报送环检机构日常监督管理年度报告，省级环保部门每年 3 月 15 日前向环境保护部报送环检机构监督管理年度报告，年度报告提纲参见附五。

第二十条 环检机构检验收费标准应执行省级价格主管部门的规定。

第二十一条 已经开展机动车环保定期检验委托的省、自治区、直辖市，应当在原委托有效期期满时，按照本规定进行委托。

第二十二条 环检机构未取得省级环保部门委托开展机动车环保定期检验、进行机动车排气污染检测的，或者在检验中弄虚作假的，按照《中华人民共和国大气污染防治法》第五十五条处罚。

第二十三条 对违反本规定第十条、第十一条、第十三条、第十四条、第十五条、第十六条、第十七条、第十八条要求的环检机构，环保部门可视情况对其进行警告、通报批评和限期整改；情节严重的，省级环保部门取消其承担机动车环保定期检验的委托关系，收回委托证书，并向社会公告。

第二十四条 本规定所称机动车，是指已经注册登记取得号牌的汽车、摩托车、低速货车和三轮汽车。

本规定所称机动车环保定期检验，是指依据国家有关法律法规，按照标准和规范定期对在用机动车环保性能进行检验的活动。

本规定所称城市环保部门，是指直辖市、副省级市、地级市、地区、自治州、盟环保部门。

第二十五条 中国人民解放军和中国人民武装警察部队的环检机构管理，由中国人民解放军和中国人民武装警察部队有关部门负责。

第二十六条 本规定自 2010 年 1 月 1 日起施行。

附一：

机动车环保定期检验

申　请　书

机构名称：＿＿＿＿＿＿＿＿（公章）

联 系 人：＿＿＿＿＿＿＿＿＿＿

联系电话：＿＿＿＿＿＿＿＿＿＿

申请日期：＿＿＿＿＿＿＿＿＿＿

中华人民共和国环境保护部制

表 1　机构基本情况

<table>
<tr><td>检验机构地址</td><td colspan="4">省　　市（地）　　区（县）　　乡（镇）　　路（街道）　　号</td></tr>
<tr><td>组织机构代码</td><td colspan="2"></td><td>经济类型</td><td></td></tr>
<tr><td>固定资产（万元）</td><td colspan="2"></td><td>注册资金（万元）</td><td></td></tr>
<tr><td>成立时间</td><td colspan="2"></td><td>法　人</td><td></td></tr>
<tr><td>电　话</td><td colspan="2"></td><td>邮政编码</td><td></td></tr>
<tr><td>检验场地地址</td><td colspan="4">省 市（地）区（县）乡（镇）路（街道）号</td></tr>
<tr><td>场地面积</td><td colspan="2"></td><td>检验场地联系人</td><td></td></tr>
<tr><td>电　话</td><td colspan="2"></td><td>邮政编码</td><td></td></tr>
<tr><td>申请机构类别</td><td colspan="2">A 类□ B 类□
B 类升 A 类□</td><td>申请检验服务区域</td><td></td></tr>
<tr><td rowspan="7">申请委托
业务范围</td><td>序号</td><td>检测内容</td><td>标准编号</td><td>检测线数量</td></tr>
<tr><td></td><td></td><td></td><td></td></tr>
<tr><td></td><td></td><td></td><td></td></tr>
<tr><td></td><td></td><td></td><td></td></tr>
<tr><td></td><td></td><td></td><td></td></tr>
<tr><td></td><td></td><td></td><td></td></tr>
<tr><td></td><td></td><td></td><td></td></tr>
</table>

表 2　职工概况

<table>
<tr><td>职工总数</td><td colspan="5">（人）</td><td>考核合格人数</td><td colspan="3">（人）</td></tr>
<tr><td>高级工程师人数</td><td colspan="5">（人）</td><td>工程师人数</td><td colspan="3">（人）</td></tr>
<tr><td>助理工程师人数</td><td colspan="5">（人）</td><td>技术员人数</td><td colspan="3">（人）</td></tr>
<tr><td>技术负责人</td><td colspan="5"></td><td>质量负责人</td><td colspan="3"></td></tr>
<tr><td>序号</td><td>姓名</td><td>性别</td><td>年龄</td><td>文化程度</td><td>职务
/ 职称</td><td>所学专业</td><td>所在部门岗位</td><td>岗位考核
证书编号</td><td>备注</td></tr>
<tr><td></td><td></td><td></td><td></td><td></td><td></td><td></td><td></td><td></td><td></td></tr>
<tr><td></td><td></td><td></td><td></td><td></td><td></td><td></td><td></td><td></td><td></td></tr>
<tr><td></td><td></td><td></td><td></td><td></td><td></td><td></td><td></td><td></td><td></td></tr>
<tr><td></td><td></td><td></td><td></td><td></td><td></td><td></td><td></td><td></td><td></td></tr>
<tr><td></td><td></td><td></td><td></td><td></td><td></td><td></td><td></td><td></td><td></td></tr>
<tr><td></td><td></td><td></td><td></td><td></td><td></td><td></td><td></td><td></td><td></td></tr>
<tr><td></td><td></td><td></td><td></td><td></td><td></td><td></td><td></td><td></td><td></td></tr>
<tr><td></td><td></td><td></td><td></td><td></td><td></td><td></td><td></td><td></td><td></td></tr>
<tr><td></td><td></td><td></td><td></td><td></td><td></td><td></td><td></td><td></td><td></td></tr>
<tr><td></td><td></td><td></td><td></td><td></td><td></td><td></td><td></td><td></td><td></td></tr>
<tr><td></td><td></td><td></td><td></td><td></td><td></td><td></td><td></td><td></td><td></td></tr>
<tr><td></td><td></td><td></td><td></td><td></td><td></td><td></td><td></td><td></td><td></td></tr>
<tr><td></td><td></td><td></td><td></td><td></td><td></td><td></td><td></td><td></td><td></td></tr>
</table>

表 3　主要环保检测设备及标准物质配置概况

序号	检测项目	检测设备 / 标准物质名称	型号 / 规格	技术指标		制造单位	检定单位	检定周期	检定有效日期	编号	使用地点	备注
				测量范围	精确度							

说明：变更检测设备，请在“备注”栏注明“变更”字样及原因。

表 4　环保部门评审意见

城市环保部门意见	单位盖章 年　月　日
省级环保部门意见	单位盖章 年　月　日

说明：向直辖市环保部门提交的申请书，不填写城市环保部门意见。

附二：

机动车环保定期检验委托证书

一、式　样

机动车环保定期检验委托证书

xxxxxxx 公司＿＿＿＿＿＿＿：

根据《中华人民共和国大气污染防治法》等有关规定，经审核，委托你单位承担机动车环保定期检验。

机构类别：
业务范围：
机构地址：
检验地址：
证书编号：
有效期至：

二○XX年X月X日

二、规　格

1. 尺寸

整体尺寸为宽 42cm，高 29.7cm。

2. 颜色

图案背景颜色为 R：254，G：245，B：240；花边颜色为 R：91，G：173，B：103。

3. 文字

证书文字为黑色，中宋，50pt; 内容文字为黑色，中宋，33pt; 公司、机构类别等、日期文字为黑色，宋体，22pt。

三、编号规则

编号规则为“地区代码 + 年份 + 环检机构编号”，具体如下：

1. 地区代码：4 位数，按照国家标准 GB/T 2260-2007 全国县及县以上行政区划分代码表，县以上行政区代码前四位编号参见 http://www.stats.gov.cn/TJBZ/xzqhdm/t20080215_402462675.htm;

2. 年份：2 位数，年份；

3. 环检机构编号：3 位数，某一地区内环检机构编号。

四、填写说明

1. 机构类别：A 类或 B 类；

2. 证书编号：按编号规则编号；

3. 业务范围，在以下范围内选择：

汽油车：双怠速、稳态、简易瞬态和瞬态；

柴油车：自由加速和加载减速；

摩托车：怠速、急加速烟度；

三轮汽车和低速货车：自由加速烟度。

附三：

机动车环保定期检验

续延申请书

机构名称：________________（公章）

联 系 人：____________________

联系电话：____________________

申请日期：____________________

中华人民共和国环境保护部制

检验机构地址		省　　市（地）　　区（县）　　乡（镇）　　路（街道）　　号			
机构类别		A类□ B类□		检验服务区域	
组织机构代码				法　人	
电　话				邮政编码	
检验场地地址		省　　市（地）　　区（县）　　乡（镇）　　路（街道）　　号			
场地面积				检验场地联系人	
电　话				邮政编码	
委托业务范围	序号	检测内容	标准编号	检测线数量	
申请人声明	我单位在上一个有效期内按规定完成各项任务，法人、检验类别、范围、场地和检测线均未发生变化，申请续延委托。				
城市环保部门意见	单位盖章 年　　月　　日				
省级环保部门意见	单位盖章 年　　月　　日				

说明：向直辖市环保部门提交的申请书，不填写城市环保部门意见。

附四：

机动车环保定期检验

变 更 备 案 表

机构名称：____________（公章）
联 系 人：____________
联系电话：____________
申请日期：____________

中华人民共和国环境保护部制

<table>
<tr><td colspan="2">机构类别</td><td>A 类□ B 类□</td><td>检验服务区域</td><td></td></tr>
<tr><td colspan="2">组织机构代码</td><td></td><td>法　人</td><td></td></tr>
<tr><td colspan="2">检验场地地址</td><td colspan="3">省　市（地）　区（县）　乡（镇）　路（街道）　号</td></tr>
<tr><td rowspan="12">委托业务范围</td><td>序　号</td><td>检测内容</td><td>标准编号</td><td>检测线数量</td></tr>
<tr><td></td><td></td><td></td><td></td></tr>
<tr><td></td><td></td><td></td><td></td></tr>
<tr><td></td><td></td><td></td><td></td></tr>
<tr><td></td><td></td><td></td><td></td></tr>
<tr><td></td><td></td><td></td><td></td></tr>
<tr><td></td><td></td><td></td><td></td></tr>
<tr><td></td><td></td><td></td><td></td></tr>
<tr><td></td><td></td><td></td><td></td></tr>
<tr><td></td><td></td><td></td><td></td></tr>
<tr><td></td><td></td><td></td><td></td></tr>
<tr><td></td><td></td><td></td><td></td></tr>
<tr><td colspan="5">以下为变更内容</td></tr>
<tr><td>序　号</td><td colspan="2">变更前</td><td colspan="2">变更后</td></tr>
<tr><td></td><td colspan="2"></td><td colspan="2"></td></tr>
<tr><td></td><td colspan="2"></td><td colspan="2"></td></tr>
<tr><td></td><td colspan="2"></td><td colspan="2"></td></tr>
<tr><td></td><td colspan="2"></td><td colspan="2"></td></tr>
<tr><td></td><td colspan="2"></td><td colspan="2"></td></tr>
<tr><td></td><td colspan="2"></td><td colspan="2"></td></tr>
<tr><td></td><td colspan="2"></td><td colspan="2"></td></tr>
<tr><td></td><td colspan="2"></td><td colspan="2"></td></tr>
<tr><td></td><td colspan="2"></td><td colspan="2"></td></tr>
</table>

附五：

年度报告提纲

一、环检机构情况（名录、规模、类别等）；
二、环检机构人员情况（人员基本情况、人员培训和考核状况等）；
三、环检机构内部管理情况（内部检测线的比对和检测设备的校准等）；
四、环检机构在用检测设备情况（检测设备检定情况、数据传输、比对等）；
五、在用机动车环保定期检验情况及存在问题（发现的排放控制装置缺陷等）；
六、环检机构监督检查情况；
七、设置规划和实施方案状况；
八、其他。

关于印发《机动车环保检验合格标志管理规定》的通知

环发【2009】87号

各省、自治区、直辖市环境保护厅（局）：

为统一全国环保标志标准，实现环保标志规范化管理，规范和加强机动车尾气排放的监督管理，我部组织制定了《机动车环保检验合格标志管理规定》，现印发给你们。请结合本地区实际，认真组织实施。

附件：机动车环保检验合格标志管理规定

二○○九年七月二十二日

主题词：环保　机动车　环保检验合格标志　管理　通知

附件：

机动车环保检验合格标志管理规定

一、为贯彻落实《国务院办公厅关于转发发展改革委等部门促进扩大内需鼓励汽车家电以旧换新实施方案的通知》（国办发〔2009〕44号）等有关规定，规范机动车环保检验合格标志的管理，制定本规定。

二、本规定适用于在中华人民共和国境内登记的机动车。

三、对按照国家有关在用机动车污染物排放标准，经定期检验合格的机动车，核发机动车环保检验合格标志。

四、机动车环保检验合格标志及其副本的式样和规格，由环境保护部规定（见附一），并统一监制。

五、省级环境保护行政主管部门依据《大气污染防治法》负责机动车环保定期检验机构的委托，并组织机动车环保检验合格标志的核发和管理工作。

六、机动车环保检验合格标志按照国家新生产机动车污染物排放标准分阶段实施步骤，分为绿色环保检验合格标志和黄色环保检验合格标志。

七、装用点燃式发动机汽车达到国I及以上标准的、装用压燃式发动机汽车达到国III及以上标准的，核发绿色环保检验合格标志。

摩托车和轻便摩托车达到国III及以上标准的，核发绿色环保检验合格标志。

未达到上述标准的机动车，核发黄色环保检验合格标志。

八、机动车环保检验合格标志的有效期：

（一）5年以内的营运载客汽车，有效期为1年；超过5年的，有效期为6个月；

（二）10年以内的载货汽车和大型、中型非营运载客汽车，有效期为1年；超过10年的，有效期为6个月；

（三）6年以内的小型、微型非营运载客汽车，有效期为2年；超过6年的，有效期为1年；超过15年的，有效期为6个月；

（四）摩托车、轻便摩托车、三轮汽车和低

速货车有效期为 1 年。

九、新购置机动车环保检验合格标志核发程序：

（一）新购置机动车注册登记前，机动车所有者应当在拟注册登记地申请核发环保检验合格标志。

（二）环保检验合格标志核发人员应当依据环保达标车型查询系统的查询结果，凭机动车整车出厂合格证明或者进口机动车进口凭证以及机动车购置发票，核发环保检验合格标志。

十、在用机动车环保检验合格标志首次核发程序：

（一）在用机动车所有者应当在机动车登记地，申请首次核发环保检验合格标志。

（二）环保检验合格标志核发人员应当依据环保达标车型查询系统的查询结果，凭有效期内的检验合格证明、机动车行驶证和机动车登记证书，核发环保检验合格标志。

（三）在用机动车首次核发的环保检验合格标志，其有效期至下次环保定期检验日期止。

（四）环保达标车型查询系统中无法查询到的车型，按照环保检验合格标志判定方法（见附二）处理。

十一、在用机动车环保检验合格标志换发程序：

（一）机动车所有者应当在环保检验合格标志有效期期满前 3 个月内，到机动车登记地环境保护行政主管部门委托的机动车环保定期检验机构进行环保定期检验。

（二）经检验合格的机动车，凭有效的环保定期检验报告和机动车行驶证，在机动车登记地换发环保检验合格标志。

十二、在用机动车环保检验合格标志补发程序：

有效期内的环保检验合格标志损坏或者遗失的，机动车所有者需凭机动车行驶证和机动车登记证书，在机动车登记地办理环保检验合格标志的补发手续。

十三、环境保护部统一规划建设全国机动车环保检验合格标志管理信息系统，建立国家、省、地级市三级信息管理制度。

各级环境保护行政主管部门应当建设相应的环保检验合格标志信息管理系统，实现环保检验合格标志信息的逐级上报，环保检验合格标志须按规定内容（见附三）报送。

十四、环保检验合格标志管理信息系统须具备联网更新、联机打印环保检验合格标志背面及副本信息、自动存储核发记录、保证不被人工非法修改以及信息上传等功能。

环保检验合格标志管理信息系统按编号规则（见附四），对环保检验合格标志进行自动编号。编号须印制在环保检验合格标志背面及副本。

十五、各地可视情况逐步开展摩托车、轻便摩托车、三轮汽车和低速货车的环保检验合格标志核发和管理工作。

十六、民族自治地方在环保检验合格标志中，可同时采用汉字和少数民族文字。

十七、已经实施机动车环保检验合格标志管理的城市或者地区，应当在原环保检验合格标志有效期期满时，按照本规定换发环保检验合格标志。

十八、已实施环保检验合格标志电子信息化管理的地区，环保检验合格标志及副本的式样和规格应当符合本规定要求。

十九、中国人民解放军和中国人民武装警察部队环保检验合格标志管理工作，按照中国人民解放军、中国人民武装警察部队有关规定执行。

二十、本规定自二〇〇九年十月一日起施行。

附一：

环保检验合格标志式样和规格

环保检验合格标志正面式样：

绿色环保检验合格标志

黄色环保检验合格标志

注：环保检验合格标志正面年份为下次环保定期检验的年份，被打孔的月份为下次环保定期检验的月份。

环保检验合格标志反面式样：

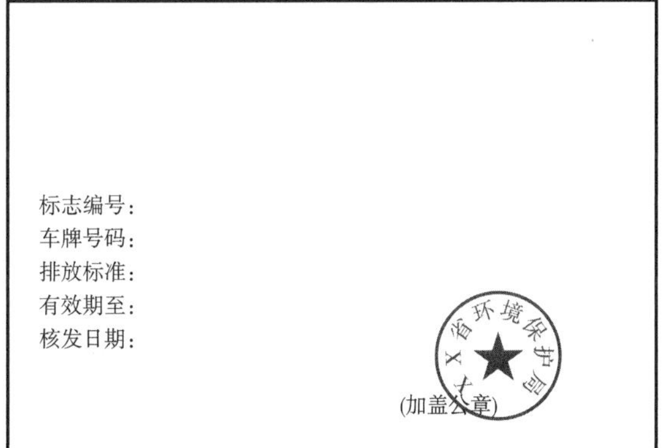

标志编号：
车牌号码：
排放标准：
有效期至：
核发日期：
(加盖公章)

环保检验合格标志规格：

尺寸：85 mm × 85 mm；文字字体：中文是“大宋”，阿拉伯数字是“Arial Black”；绿色环保检验合格标志颜色：白色文字C：0，M：0，Y：0，K：0，绿色背景C：90，Y：80；黄环保检验合格标志颜色：白色文字C：0，M：0，Y：0，K：0，黄色背景M：55，Y：100。

环保检验合格标志副本式样：

环保检验合格标志副本

标志编号：
车辆牌照号：
车辆登记日期：
车辆燃油种类：
车辆排放标准：
有效期至：
核发日期：　　　　(加盖公章)

正　面

注：

1. 副本与机动车行驶证一并保存，随车携带以便随时检查。限本年使用，不得转让。
2. 在有效期内发现尾气排放超标的，由环保部门收回副本。
3. 副本不得涂改、伪造，否则按有关规定严肃处理。

背　面

环保检验合格标志副本规格：

尺寸：88 mm × 60 mm; 正面“环保检验合格标志副本”字体：黑体 12 pt；正面内容字体：宋体 7.5 pt；背面注字体：黑体 12 pt；背面内容字体：宋体 7.5 pt。

附二：

环保检验合格标志判定方法

对于环保达标车型查询系统无法查询到的车型，按照机动车注册登记时间核发环保检验合格标志。对于按照机动车注册登记时间核发环保检验合格标志有异议的，可采用技术鉴别方式核发环保检验合格标志。

一、按机动车注册登记时间核发环保检验合格标志规定如下：

（一）符合下列条件的机动车核发绿色环保检验合格标志

1、2000 年 7 月 1 日之后注册登记的第一类点燃式发动机轻型汽车；

2、2001 年 10 月 1 日之后注册登记的第二类点燃式发动机轻型汽车；

3、2003 年 7 月 1 日之后注册登记的点燃式发动机重型汽车。

（二）不符合上述条件的机动车，核发黄色环保检验合格标志。

二、采用技术鉴别方式核发环保检验合格标志规定如下：

装用电喷发动机、三元催化净化装置和氧传感器的点燃式发动机汽车，核发绿色环保检验合格标志；

装用电控喷油装置的压燃式发动机汽车，核发绿色环保检验合格标志。

附三：

环保检验合格标志信息报送内容

标志编号	
车牌号码	
标志类别	黄色环保检验合格标志 / 绿色环保检验合格标志
车辆型号	
排放标准	国 0/ 国Ⅰ / 国Ⅱ / 国Ⅲ / 国Ⅳ / 国Ⅴ
使用性质	营运 / 非营运
车辆登记日期	
燃料类型	汽油 / 柴油 /LPG/CNG/ 双燃料 / 其他
标志核发日期	
标志有效期至	

附四：

环保检验合格标志编号规则

环保检验合格标志编号暂时采用数字编号，考虑到后续应当用的扩展，有条件地区可采用条形码打印，便于直接扫描读取机动车信息。数字编号规则为“地区代码 + 年份 + 核发机构编号 + 工位编号 + 顺序编号”。实例如下：

地区代码	年份	核发机构编号	工位编号	顺序编号
1100	09	01	01	000001

一、地区代码：参考国家标准 GB/T 2260-2007 全国县及县以上行政区划分代码表，按照县以上行政区代码前四位编号（见 http://www.stats.gov.cn/TJBZ/xzqhdm/t20080215_402462675.htm）；

二、年份：2 位数，年份；

三、核发机构编号：2 位数，某一地区环保检验合格标志核发机构编号；

四、工位编号：2 位数，某一环保检验合格标志核发机构工位编号；

五、顺序编号：6 位数，某一工位所核发的环保检验合格标志顺序编号。

GB 7258-2004《机动车运行安全技术条件》

国家标准第 1 号修改单

本修改单经国家标准化管理委员会于 2006 年月 22 日批准，自 2006 年 11 月 1 日起实施。标准名称：GB 7258—2004《机动车运行安全技术条件》

一、删除第 8.4.3 条。

二、第 8.4.7.3 条中的“在检验前照灯远光光束及远光单光束灯照射位置时”改为：“在检验前照灯远光照射位置时，对于能单独调整远光光束的前照灯”。

GB 7258-2004《机动车运行安全技术条件》

国家标准第 2 号修改单

本修改单经国家标准化管理委员会于2007年6月22日批准，自2007年9月1日起实施。标准名称：GB 7258—2004《机动车运行安全技术条件》

一、增加第3.2.10条和第3.2.10.1、3.2.10.2、3.2.10.3、3.2.10.4条：

“3.2.10

校车 school bus

用于运送不少于5名幼儿园、小学、中学等教育机构的学生及其照管人员上下学的客车和乘用车。按乘坐对象分为幼儿校车、小学生校车和其他校车，按车辆属性分为专用校车和非专用校车。

3.2.10.1

幼儿校车 school bus for infants

运送3岁以上学龄前幼儿上下学的校车。

3.2.10.2

小学生校车 school bus for schoolchildren

运送小学生上下学的校车。

3.2.10.3

专用校车 special school bus

设计和制造上专门用于运送学生的校车。

3.2.10.4

非专用校车 non-special school bus

设计和制造上不是专门用于运送学生的校车。”

二、将第4.5.2.2条修改为：

“除前排座位外的其他排座位，在能保证与前一排座位的间距不小于600mm且座垫深度不小于400mm（对第二排以后的可折叠座椅座间距不小于570mm且座垫深度不小于350mm）时，按座垫中间位置测量的乘客舱内部宽度每400mm核定1人。但上述座位作为儿童座位使用时，对于幼儿校车座间距不小于420mm时按每280 mm核定一人，对于小学生校车座间距不小于500mm时按每350 mm核定一人。

注1：可折叠座椅是指靠背、座垫铰接且折叠在一起后能完全收起的座椅。

注2：儿童座位是指幼儿校车上专门供幼儿乘坐的座位和小学生校车上专门供小学生乘坐的座位。

注3：座间距应在通过（单人）座椅中心线的垂直平面内，在座垫上表面最高点所处平面与地板上方620mm高度范围内水平测量。测量时，座椅座垫和靠背均不应被压陷；驾驶员座椅应处于滑轨中间位置（可取最前和最后两个位置测量值的平均值），其他可调节座椅的前后位置可根据需要调整以使相关座椅的座间距均能满足要求；靠背角度可调式座椅的靠背角度及座椅其他调整量应处于制造厂规定的正常使用位置。”

三、将第4.5.3.2条中的“座垫宽按每1人不小于400mm核定”修改为：

“长条座椅（指座垫靠背均为条形的供两人或多人乘坐的座椅）按座垫宽每400mm核定1人，但作为儿童座位使用时，对幼儿校车按每280 mm核定1人，对小学生校车按每350 mm核定1人；单人座椅座垫宽不小于400mm时核定1人，但可折叠的单人座椅不得作为儿童座位核定人数。”

四、将第4.5.3.2条中的“长途客车和旅游客车及车长不大于6 m的客车不允许核定站立人数”修改为：

“长途客车和旅游客车、专用校车及车长不大于6 m的客车不允许核定站立人数，非专用幼儿校车和非专用小学生校车运送学生时也不允许核定站立人数。”

五、将第 4.5.3.4 条修改为：

“幼儿校车和小学生校车按 4.5.3.2 核定乘员数，其他客车以 4.5.3.1、4.5.3.2 及 4.5.3.3 计算的乘员数取最小值核定乘员数。”

六、增加第 4.8.7 条：

“4.8.7 专用校车应喷涂有符合规定的外观标识，非专用校车运送学生时应在前风窗玻璃右下角和后风窗玻璃适当位置各放置一块可以从车外清楚识别的标牌。”

七、在第 11.1 条的最后增加：

“车长小于 6m 的专用校车的车身应为两厢式车身，且一半以上的发动机长度应位于车辆前风窗玻璃最前点以前。”

八、在第 11.6.4 条的最后增加：

“校车所有车窗玻璃的可见光透射比均应不小于 50%，且不应张贴有不透明和带任何镜面反光材料之色纸或隔热纸。幼儿校车、小学生校车的侧窗下边缘距其下方座椅上表面的高度应不小于 250mm，否则应加装防护装置。”

九、将第 11.8 条修改为：

“乘用车和客车的乘员座椅应合理布置，无特殊要求时应尽可能均匀分布。长途客车和旅游客车的乘员座椅、校车的儿童座位应纵向布置(与车辆前进的方向相同）；校车的儿童座位椅垫面不应前倾，靠近通道的儿童座位还应在通道一侧设置平行于椅垫面的座椅扶手。幼儿校车和小学生校车儿童座位的座间距应分别不小于 420 mm 和 500 mm；其他客车同方向座椅的座间距应不小于 650 mm，相向座椅的座间距应不小于 1200 mm。客车车身及地板应密合并有足够强度，座椅及其车辆固定件的强度应符合 GB 13057 的规定。”

十、在第 12.1.2 条的最后增加：

“专用校车的每一个儿童座位均应装置安全带。”

GB 7258－2004《机动车运行安全技术条件》

国家标准第 3 号修改单

本修改单经国家标准化管理委员会于 2008 年 8 月 20 日批准，自发布之日起实施。标准名称：GB 7258－2004《机动车运行安全技术条件》

一、删除前言“本标准实施的过渡期要求”部分第 1 列项中“8.2.7 部分机动车应设置车身反光标识的要求”。

二、在前言“本标准实施的过渡期要求”部分的最后增加 3 个列项：

“——8.2.7 和 8.2.8 有关设置车身反光标识的要求，对新出厂或者已出厂但未注册登记的货车和挂车，自本修改单实施之日起实施；对本修改单实施前已注册登记的货车和挂车，自本修改单实施之日起 2 个月后实施。

——12.19 有关安装侧面及后下部防护装置的要求，对新出厂或者已出厂但未注册登记的货车和挂车，自本修改单实施之日起实施；对本修改单实施前已注册登记的货车和挂车，自本修改单实施之日起 6 个月后实施。

——对已经注册登记的货车和挂车设置车身反光标识或安装侧面及后下部防护装置的要求，条件具备的省、自治区、直辖市可提前实施。”

三、将前言中“本标准的附录 A、附录 B、附录 C、附录 D、附录 E、附录 F 为规范性附录，附录 G 为资料性附录”修改为“本标准的附录 A、附录 B、附录 C、附录 D、附录 E、附录 F 为规范性附录，附录 G、附录 H 为资料性附录”。

四、将第 8.2.7 条修改为：

“所有货车（含三轮汽车、低速货车以及载货类汽车底盘改装的专用作业车）和挂车应在后部、侧面设置车身反光标识，后部的车身反光标识应能体现机动车后部的高度和宽度，侧面的车身反光标识长度应不小于车长的 50％，三轮汽车的侧面车身反光标识长度不应小于 1.2m，货厢长度不足车长 50％的货车的侧面车身反光标识长度应为货厢长度。厢式货车和厢式挂车后部、侧面的车身反光标识应能体现货厢轮廓。”

五、将第 8.2.8 条修改为：

“各类货车和挂车车身反光标识的设置和车身反光标识材料应符合相关国家标准和 GA 406 的规定，粘贴式样参照附录 H。”

六、增加第 8.2.9 条：

“货车和挂车设置的车身反光标识被遮挡的，应在被遮挡的车身后部和侧面至少水平固定一块 2000mm × 150mm 的柔性反光标识。”

七、原第 8.2.9 条和第 8.2.10 条分别改为第 8.2.10 条和第 8.2.11 条。

八、增加：附录 H（资料性附录）《典型车型车身反光标识粘贴示例及要求》。

附　录　H（资料性附录）

典型车型车身反光标识粘贴示例及要求

H.1　粘贴基本要求

H.1.1　粘贴施工要求

车身反光标识均应粘贴在无遮挡、易见、平整、连续，且无灰尘、无水渍、无油渍、无锈迹、无漆层起翘的车身表面。

粘贴前应将待粘贴表面灰尘擦净。有油渍、污渍的部位，应用软布蘸脱脂类溶剂或清洗剂进行清除，干燥后进行粘贴。对于油漆已经松软、粉化、锈蚀或起翘的部位，应除去这部分油漆，用砂纸对该部位进行打磨并做防锈处理，然后再粘贴车身反光标识。

H.1.2　通用粘贴要求

车身后部的车身反光标识应由白色单元开始、白色单元结束。侧面可以由红色单元开始，但靠近车辆尾部的最后一个单元应为白色单元。

粘贴车身反光标识后，不应影响本标准规定的车辆照明和信号装置的性能。

粘贴车身反光标识后，不应在车身反光标识上钻孔、开槽。

车身表面无法直接粘贴车身反光标识时，应先将车身反光标识粘贴在具有一定刚度、强度、抗老化的条形衬板上，再将条形衬板牢固地粘贴或铆接到车身上。

车身反光标识离地面的高度最低为380mm。

H.1.3　后部车身反光标识粘贴要求

H.1.3.1　后部车身反光标识应尽可能体现车辆后部宽度和高度，水平粘贴的车身反光标识体现车辆后部宽度，沿后部两侧边缘垂直粘贴的车身反光标识体现车辆后部高度，货厢后部边角相交部分应为白色单元。三轮汽车、低速货车、微型货车及部分轻型货车因后部货厢结构不能满足白色单元相交要求时可以红、白相交，但垂直粘贴的单元上部应为白色单元。厢式货车和厢式挂车后部的车身反光标识应能体现货厢轮廓。

H.1.3.2　不同级别的车身反光标识材料不应同时应用于车辆后部，采用一级车身反光标识材料时，其与后反射器的面积之和不应小于 $0.1m^2$；采用二级车身反光标识材料时，其与后反射器的面积之和不应小于 $0.2m^2$。

H.1.3.3　后部车身反光标识应连续粘贴，无法连续粘贴时可以断续粘贴，但每一连续段长度不应小于300mm，且应包含红、白色车身反光标识至少各一个单元，粘贴间隔不应大于100mm。特殊情况下，允许红、白单元分开粘贴，但应保持红、白相间，每一连续段长度不应小于150mm，粘贴间隔不应大于100mm。如果不能沿车厢后部两侧边缘垂直粘贴，可在最接近边缘的宽度达到50mm的可粘贴表面粘贴，车身反光标识的上边缘尽可能接近车厢后部的上边缘。

H.1.4　侧面车身反光标识粘贴要求

侧面车身反光标识的粘贴允许中断，但其总长度（不含间隔部分）不应小于车长的50%，每一连续段长度不应小于300mm，且应包含红、白色车身反光标识至少各一个单元，二级车身反光标识材料粘贴间隔不应大于150mm，一级车身反光标识材料粘贴间隔不应大于300mm，粘贴应尽可能纵向均匀分布。特殊情况下，允许红、白单元分开粘贴，但仍应保持红、白相间，每一连续段长度不应小于150mm，二级车身反光标识材料粘贴间隔不应大于150mm，一级车身反光标识材料粘贴间隔不应大于300mm。

侧面车身反光标识的长度对三轮汽车不应小于1.2m；对货厢长度不足车长50%的货车应为货厢长度；侧面车身结构无连续表面的混凝土搅拌车和专用作业车，其粘贴总长度不应小于车长的30%。厢式货车和厢式挂车侧面的车身反光标识应能体现货厢轮廓。

侧面车身反光标识材料的级别可不同于后部车身反光标识材料。

H.2　栏板式货车、栏板式挂车、三轮汽车、低速货车粘贴示例

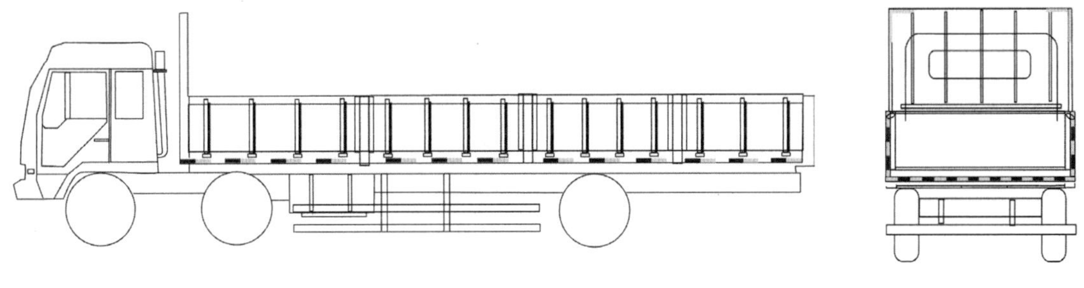

a）侧面粘贴示例　　b）后部粘贴示例

图 H.1 栏板式货车、栏板式挂车、三轮汽车、低速货车粘贴示例

注：三轮汽车、低速货车、部分微型货车和轻型货车后部栏板高度不足以粘贴连续长度为 300mm 的车身反光标识（含红、白各 1 个单元）时，可只粘贴长 150mm 的白色单元。中型和重型栏板式货车、栏板式挂车应在驾驶室后方围栏上方两侧或驾驶室后部上方两侧边角用白色车身反光标识拼接成“倒 L”，“倒 L”水平方向和垂直方向均由 2 个长度为 150mm 的白色单元拼接而成。图 H.1b）是二级车身反光标识材料的粘贴示例，三轮汽车、低速货车、微型货车及部分轻型货车，后部可粘贴成“□”形以满足粘贴面积的要求。后部使用一级车身反光标识材料时，可以断续粘贴，垂直方向最上方和最下方应粘贴，水平方向最左侧、最右侧和中间部位应粘贴。

H.3　厢式低速货车、厢式货车、厢式挂车粘贴示例

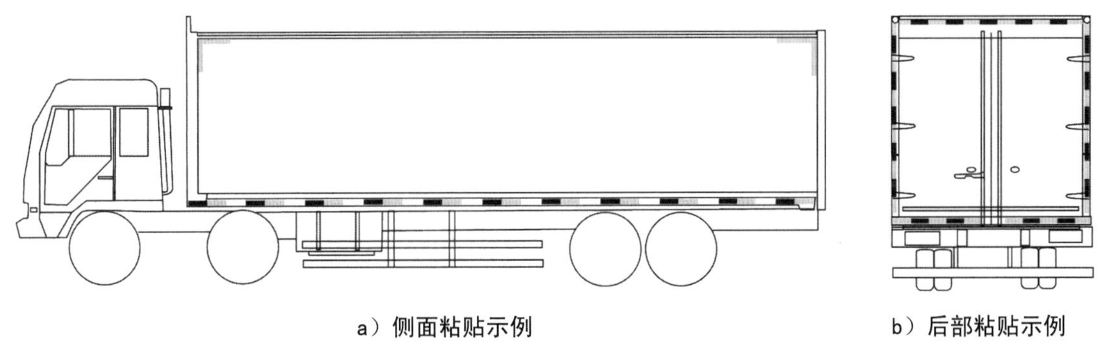

a）侧面粘贴示例　　b）后部粘贴示例

图 H.2 厢式低速货车、厢式货车、厢式挂车粘贴示例

注：侧面车身反光标识应沿车厢下边缘粘贴，在侧面车厢上部两侧边角用白色车身反光标识拼接成“倒 L”，“倒 L”水平方向和垂直方向均由 2 个长度为 150mm 的白色单元拼接而成。后部车身反光标识应勾勒出车厢后部的轮廓，四个角应为白色单元相接。图 H.2 b）是二级车身反光标识材料的粘贴示例，使用一级车身反光标识材料时，货厢后部四角应用白色单元勾勒轮廓，其他部位采用断续粘贴。

H.4 封闭式货车粘贴示例

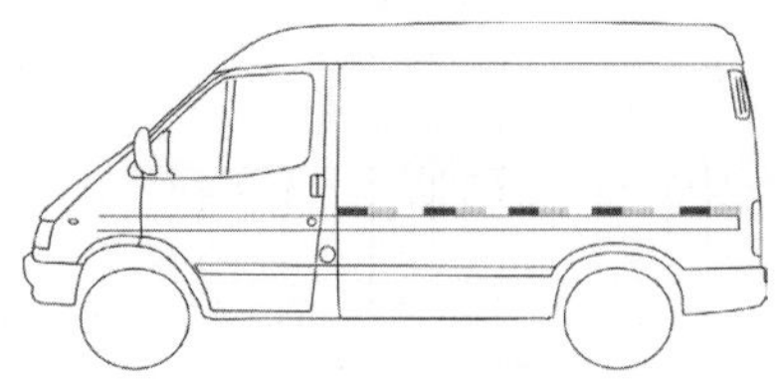

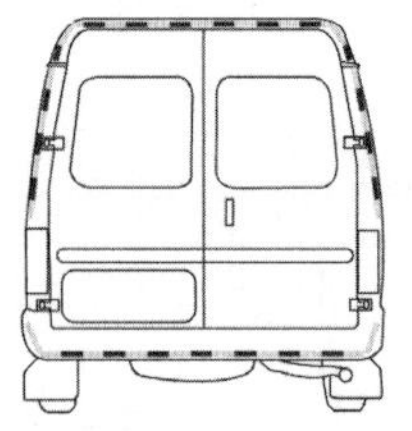

a）侧面粘贴示例　　b）后部粘贴示例

图 H.3 封闭式货车粘贴示例

注：后部车身反光标识应勾勒出车辆后部轮廓，四个角应为白色单元相接。因铰链等无法连续粘贴时，允许断续粘贴。图 H.3 b）是二级车身反光标识材料的粘贴示例，使用一级车身反光标识材料时，货厢后部四角应用白色单元勾勒轮廓，其他部位采用断续粘贴。

H.5 仓栅式货车、仓栅式挂车粘贴示例

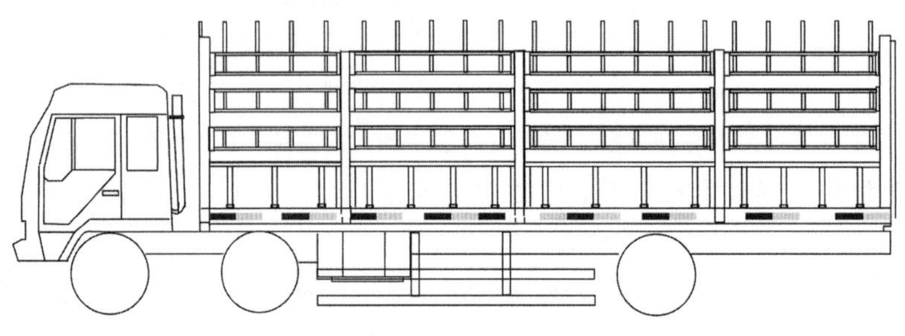

a）侧面粘贴示例

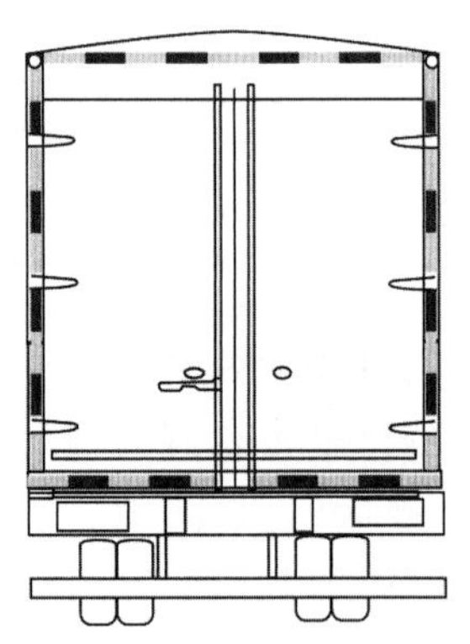

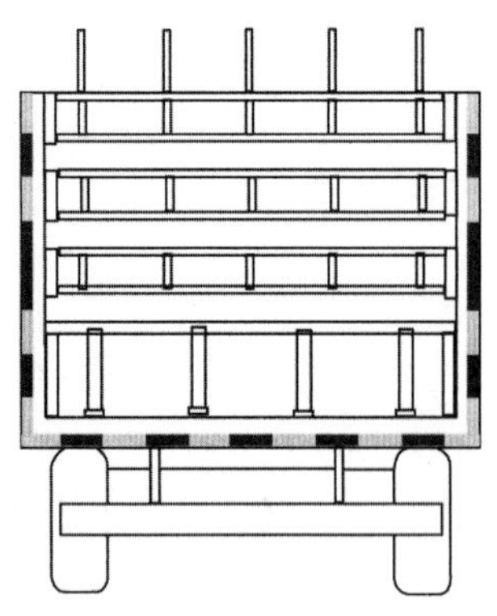

b）后部装有货厢门的粘贴示例　　c）后部没有货厢门的粘贴示例

图 H.4 仓栅式货车、仓栅式挂车粘贴示例

注：图 H.4 中 b）是二级车身反光标识材料的粘贴示例，使用一级车身反光标识材料时，货厢后部四角应用白色单元勾勒轮廓，其他部位采用断续粘贴；图 H.4 中 c）是二级车身反光标识材料的粘贴示例，使用一级车身反光标识材料时，采用断续粘贴，垂直方向最上方和最下方应粘贴，水平方向最左侧、最右侧和中间部位应粘贴。

H.6　自卸式低速货车、自卸式货车粘贴示例

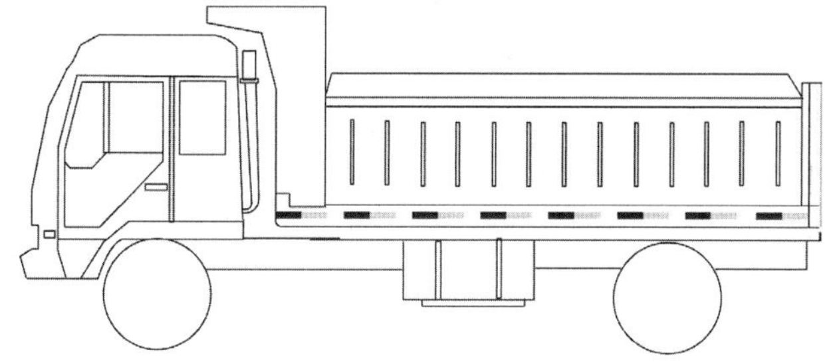

a）侧面粘贴示例

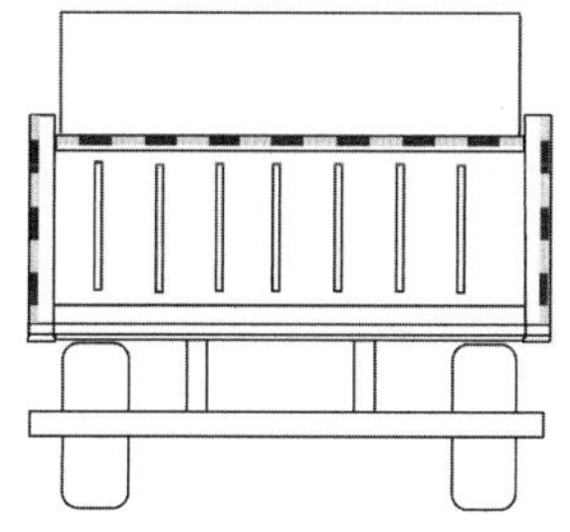

b）后部粘贴示例

图 H.5 自卸式低速货车、自卸式货车粘贴示例

注：后部水平方向粘贴除了栏板上部，还可粘贴在栏板下部或后下部防护装置等其他位置。图 H.5 b）是二级车身反光标识材料的粘贴示例，使用一级车身反光标识材料时，在确保体现车辆后部宽度和高度的前提下，采用断续粘贴，垂直方向最上方和最下方应粘贴，水平方向最左侧、最右侧和中间部位应粘贴。

H.7　平板货车、平板挂车、低平板挂车、集装箱挂车粘贴示例

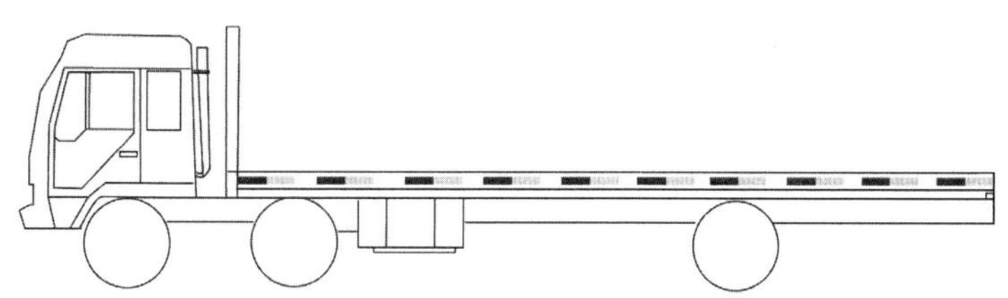

a）侧面粘贴示例

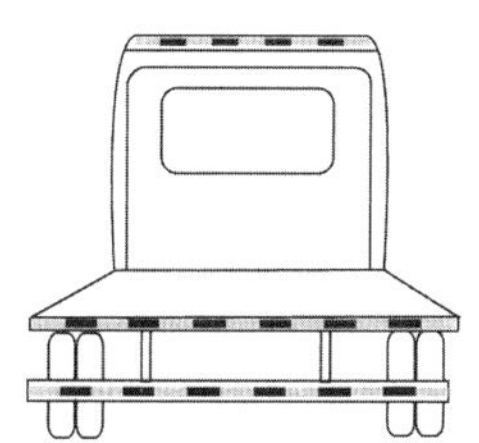

b）后部粘贴示例

图 H.6 平板货车粘贴示例

注：图 H.6 b）是二级车身反光标识材料粘贴示例，如果平板后部无法粘贴，应在后下部防护装置上水平并列连续粘贴两排车身反光标识，粘贴面积不应低于 $0.2m^2$。后部使用一级车身反光标识材料时，可在平板后部或后下部防护装置上水平连续粘贴，粘贴面积不应低于 $0.1m^2$。

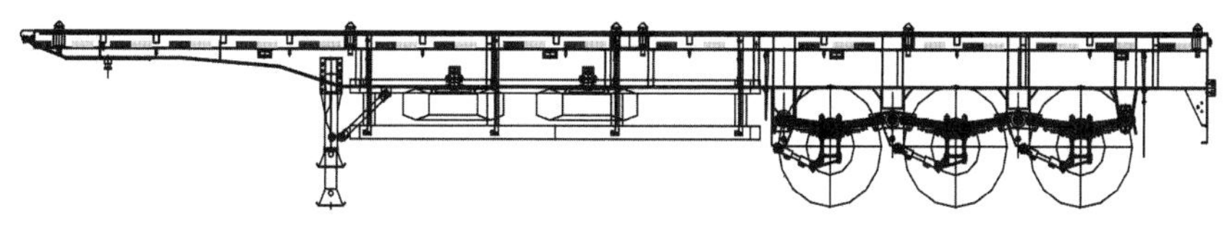

a）侧面粘贴示例

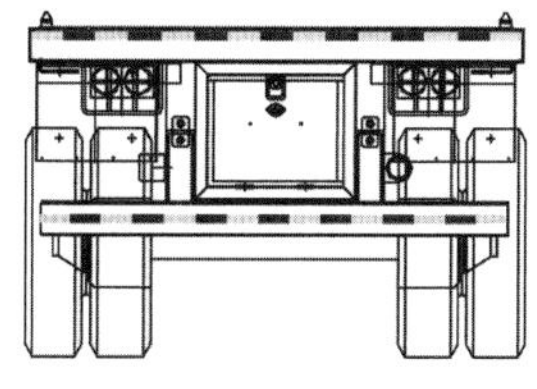

b）后部粘贴示例

图 H.7 平板挂车、集装箱挂车粘贴示例

注：侧面车身反光标识沿车架侧面水平粘贴，因车架结构原因，侧面粘贴的车身反光标识可不在同一水平面上。后部有后下部防护装置，则后下部防护装置上应粘贴。平板后部、后下部防护装置应连续粘贴二级车身反光标识材料，使用一级车身反光标识材料时，可断续粘贴。集装箱挂车装载集装箱时，应在集装箱后部和侧面至少水平固定一块 2000mm × 150mm 的柔性反光标识，安装部位应尽可能接近集装箱顶部。

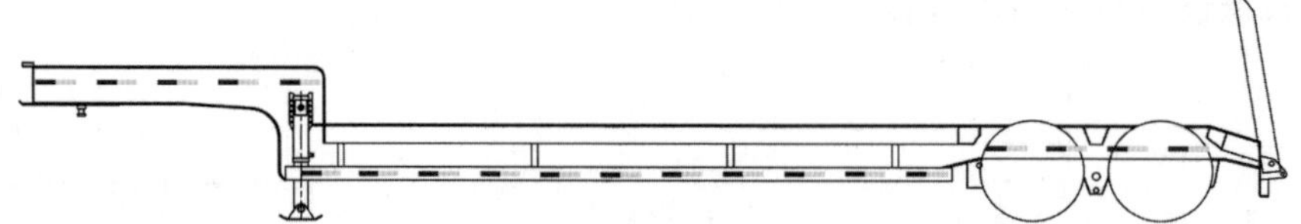

a）侧面粘贴示例

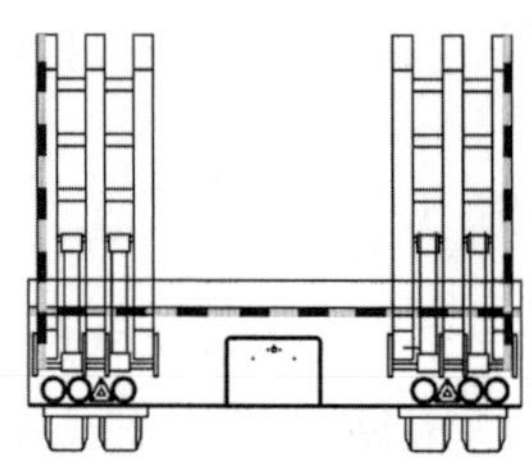

b）后部粘贴示例

图 H.8 低平板挂车粘贴示例

注：侧面沿车架平整的连续表面粘贴，因车架结构原因，侧面粘贴的车身反光标识可不在同一水平面上。平板后部应连续粘贴二级车身反光标识材料，使用一级车身反光标识材料时，可断续粘贴。车辆后部如有爬梯，还应在两个爬梯最外侧的爬梯架上粘贴车身反光标识，至少应在爬梯架的最上端、中间和最下端粘贴。

H.8 罐式货车、罐式挂车粘贴示例

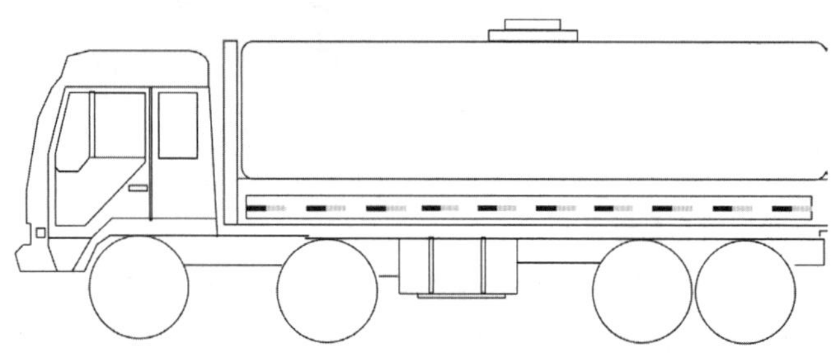

a）侧面粘贴示例

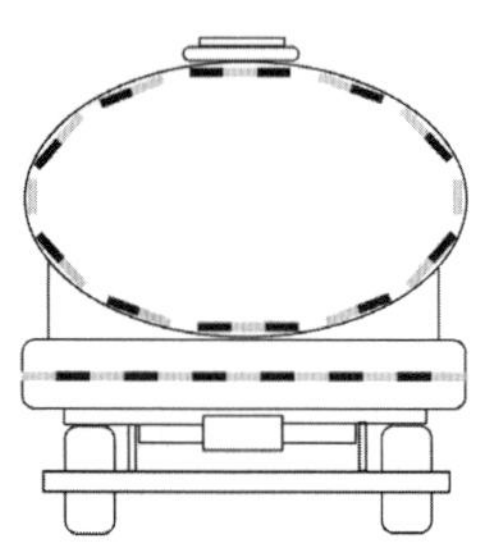

b）后部粘贴示例

图 H.9 罐式货车、罐式挂车粘贴示例

注：罐式货车、罐式挂车侧面车身反光标识应在车身侧面的车架或罐体中间部位水平粘贴，体现罐体长度。不规则罐式挂车侧面车身反光标识应粘贴在罐体侧面中间位置，体现罐体长度。罐体后部用车身反光标识勾勒罐体轮廓，二级车身反光标识材料的粘贴间隔应不大于 50mm，一级车身反光标识材料的粘贴间隔应不大于 100mm。

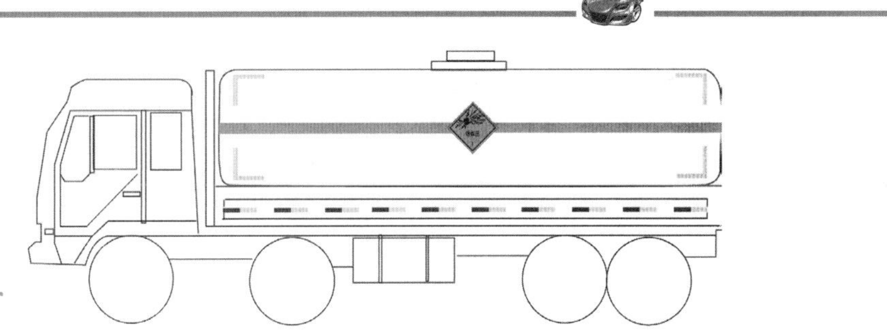

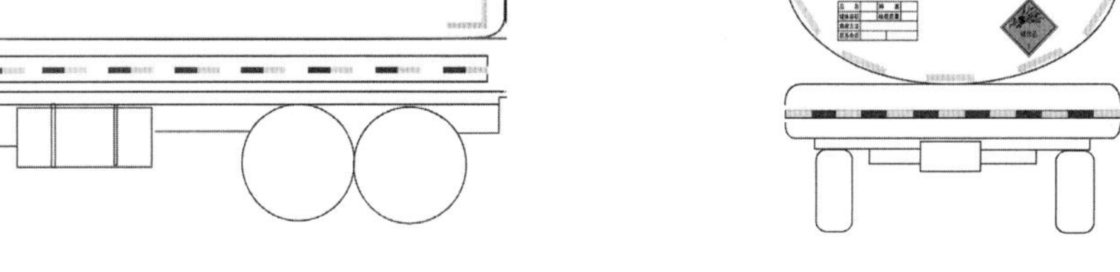

a）侧面粘贴示例　　b）后部粘贴示例

图 H.10 运输剧毒化学品或爆炸品的罐式货车粘贴示例

注：侧面车身反光标识应在车身侧面的车架部位水平粘贴，体现车架长度，并在罐体侧面用边长为 300mm（2 个 150mm 长的单元拼接）白色车身反光标识拼接成“L”和“倒 L”，上部车身反光标识最下沿与橙色反光带的距离应在 100mm 至 300mm 内，下部车身反光标识最上沿与橙色反光带的距离应在 100mm 至 300mm 内，车身反光标识与罐体前、后端的最大距离应不大于 300mm。罐体后部应用白色车身反光标识勾勒轮廓，二级车身反光标识材料的粘贴间隔应不大于 50mm，一级车身反光标识材料的粘贴间隔应不大于 100mm。

H.9　混凝土搅拌车粘贴示例

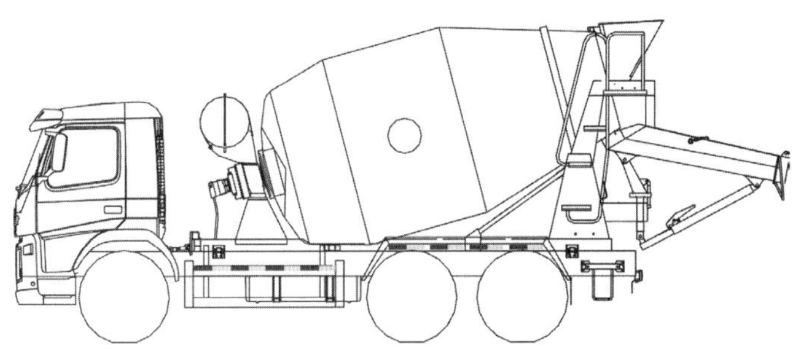

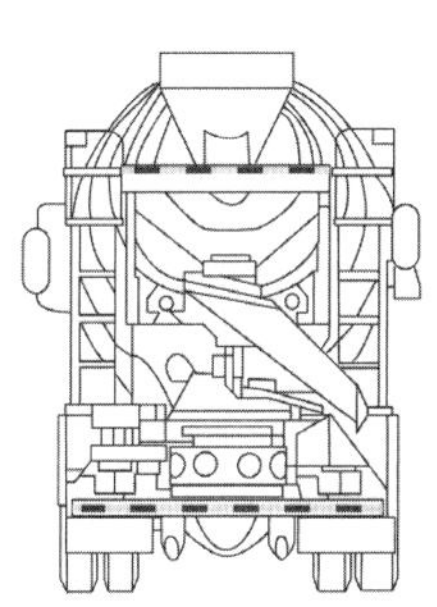

a）侧面粘贴示例　　b）后部粘贴示例

图 H.11 混凝土搅拌车粘贴示例

注：混凝土搅拌车侧面车身反光标识应在可粘贴部位（如侧防护装置）连续粘贴，粘贴总长度可以小于车长的 50%，但不应少于车长的 30%，断开间隔不受限制。车辆后部应尽可能选取能够体现车身后部宽度和高度的连续平面粘贴，如后下部防护装置、金属挡泥板等固定结构件。

H.10　专用作业车粘贴示例

专用作业车上车身反光标识的粘贴应尽可能按前述基本粘贴要求进行粘贴，部分专用作业车除驾驶室外的车身结构无连续平面，不能满足要求时，车辆后部应尽可能选取能够体现车身后部宽度和高度的连续平面粘贴，如后下部防护装置、金属挡泥板等固定结构件；侧面车身反光标识应在可粘贴部位（如侧防护装置）连续粘贴，粘贴总长度可以小于车辆长度的 50%，但不应少于车辆长度的 30%，断开间隔不受限制。

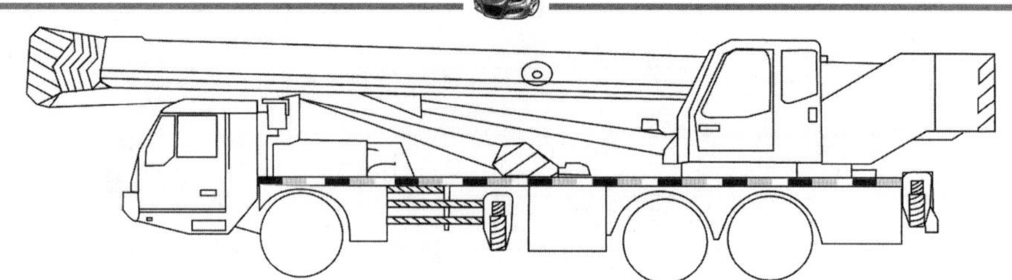

a）侧面粘贴示例

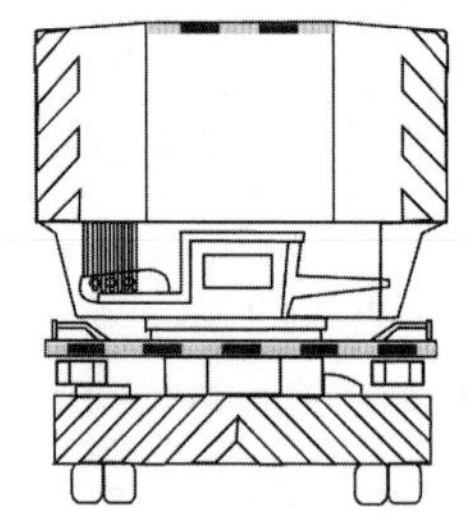

b）后部粘贴示例

图 H. 12 汽车起重机粘贴示例

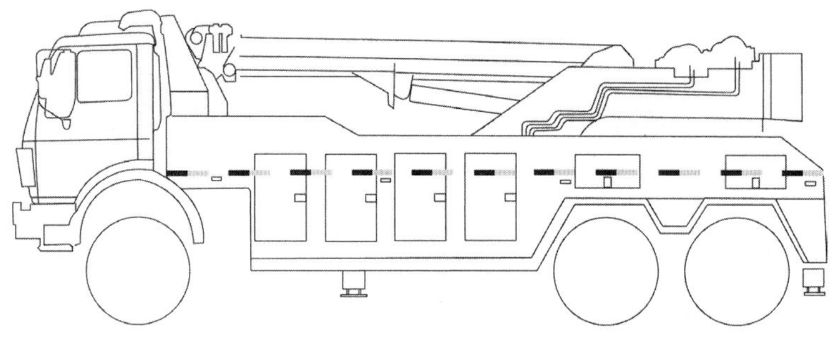

a）侧面粘贴示例

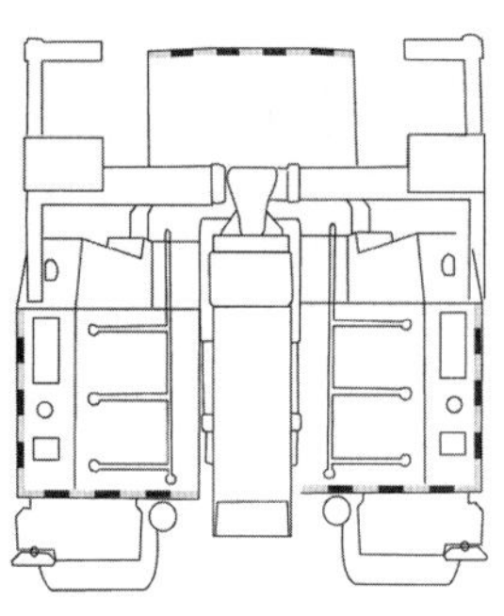

b）后部粘贴示例

图 H. 13 清障车粘贴示例

H. 11 牵引车粘贴示例

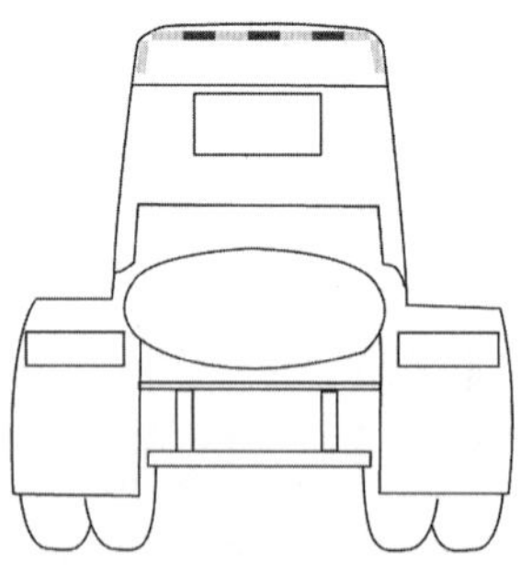

图 H. 14 牵引车粘贴示例

注：牵引车的侧面无须粘贴车身反光标识，后部应在驾驶室后部粘贴，使用二级车身反光标识材料时，水平方向应并列连续粘贴 2 排，垂直方向每侧应各粘贴 2 个长 150mm 的白色单元；使用一级车身反光标识材料时，水平方向应连续粘贴，垂直方向每侧应各粘贴 1 个长 150mm 的白色单元。

机动车安全技术检验项目和方法

GB 21861—2008

前　言

本标准第4章的4.1～4.3、第6章、第12章的12.1～12.4及附录A、附录B、附录C、附录D为强制性，其余均为推荐性。

本标准附录A、附录B、附录C、附录D、附录E、附录F、附录G、附录H为规范性附录。

本标准由中华人民共和国公安部提出。

本标准由公安部道路交通管理标准化技术委员会归口。

本标准实施的过渡期要求：

——第4章表1中对使用年限超过20年的非营运乘用车进行底盘输出功率测试的要求，自2009年7月1日起实施；

——本标准中涉及机动车安全技术检验机构与公安机关交通管理部门联网的条文（如联网查询送检机动车是否发生过交通事故及涉及尚未处理完毕的交通安全违法行为），在条件具备后实施，条件不具备时暂不实施。

本标准负责起草单位：公安部交通管理科学研究所。

本标准参加起草单位：公安部交通安全产品质量监督检测中心、北京市公安局公安交通管理局车辆管理所、成都市公安局机动车安全检测中心、中国质量认证中心、温州市江兴汽车检测设备厂、石家庄华燕交通科技有限公司。

本标准主要起草人：应朝阳、俞春俊、赵德军、周向东、谢鹏鸿、周申生、陈南峰、秦东炜、于荣春、张涛、廖庆斌、张竑钧、吴云强、褚桂旸。

本标准为首次制定。

引　言

《中华人民共和国道路交通安全法实施条例》第十五条第一款规定：“机动车安全技术检验由机动车安全技术检验机构实施。机动车安全技术检验机构应当按照国家机动车安全技术检验标准对机动车进行检验，对检验结果承担法律责任”。目前，我国尚未出台机动车安全技术检验的国家标准，机动车安全技术检验机构主要按照公共安全行业标准《机动车安全检验项目和方法》（GA 468-2004）对机动车进行安全技术检验，确认机动车所检项目的技术条件是否符合国家标准《机动车运行安全技术条件》（GB 7258）等机动车国家安全技术标准的要求。

《中华人民共和国道路交通安全法》第十三条第二款明确规定：“对机动车的安全技术检验实行社会化。具体办法由国务院规定。”而《中华人民共和国道路交通安全法实施条例》第十五条第二款则进一步规定：“质量技术监督部门负责对机动车安全技术检验机构实行资格管理和计量认证管理，对机动车安全技术检验设备进行检定，对执行国家机动车安全技术检验标准的情况进行监督”。这说明，机动车安全技术检验行为已经由公安机关交通管理部门的一种行政行为转化为由具有第三方公正性的检验机构向社会出具检验检测数据的行为，机动车安全技术检验机构的资格管理和监督职责也主要由质量技术监督部门承担。此外，国家质量监督检验检疫总局和国家标准化管理委员会已于2004年7月12日联合批准发布了GB 7258-2004，而GA 468-2004的主要制定依据是GB 7258-1997，许多GB 7258-2004新增的要求在GA 468-2004中并没有得到反映。因此，尽快制定机动车安全技术检验国家标准，在全国范围内统一机动车安全技术检验的项目和方法，既是进一步规范机动车安全技术检验行为的客观要求，也是切实贯彻《中华人民共和国道路交通安全法》及其实施条例的具体举措之一。

本标准在制定过程中确定的主要原则有：

a）参照GB 7258-2004新增的技术要求，结合我国道路交通安全管理的实际需要，根据《中华人民共和国道路交通安全法》及其实施条例等现行道路交通安全法律

法规的规定，在 GA 468-2004 的基础上制定机动车安全技术检验项目和方法国家标准。

b）明确注册登记检验和在用机动车检验的不同要求，强化机动车安全技术检验的“源头管理”作用，确保国家现行机动车管理法律、法规、政策有效实施。

c）明确机动车安全技术检验项目，细化检验方法和审核要求，以期进一步提高标准的科学性和可操作性。

本标准列出了尾气排放的检验项目，但考虑到北京等部分地区已经实行了“机动车环保检验合格标志”，且国家环保总局也正酝酿在全国范围内推广“机动车环保检验合格标志”，本标准规定：实行“机动车环保检验合格标志”的地方，排放（排气污染物测量）不再列入安全技术检验。

需要说明的是，根据《中华人民共和国道路交通安全法》及其实施条例的相关规定，经国家机动车产品主管部门依据机动车国家安全技术标准认定的企业生产的机动车型，该车型的新车在出厂时经检验符合机动车国家安全技术标准，获得检验合格证的，申请机动车登记时，免于安全技术检验。

1 范围

本标准规定了机动车安全技术检验的检验项目和检验方法等要求。

本标准适用于机动车安全技术检验机构对在我国道路上行驶的机动车进行安全技术检验，本标准也适用于进出口机动车检验机构对入境机动车进行安全技术检验。对经有关部门批准进行实际道路试验的机动车进行安全技术检验时，可参照本标准进行。

2 规范性引用文件

下列文件中的条款通过本标准的引用而成为本标准的条款。凡是注日期的引用文件，其随后所有的修改单（不包括勘误的内容）或修订版均不适用于本标准，然而，鼓励根据本标准达成协议的各方研究是否可使用这些文件的最新版本。凡是不注日期的引用文件，其最新版本适用于本标准。

GB 7258 机动车运行安全技术条件

3 术语和定义

GB 7258 确定的及下列术语和定义适用于本标准。

3.1 注册登记检验 inspection for unregistered vehicles

机动车安全技术检验机构对经国家有关部门许可生产（入境），或经有关执法部门罚没、拍卖，需领取机动车牌证上道路行驶的机动车，在其申请注册登记时进行的安全技术检验。

3.2 在用机动车检验 inspection for in-use power-driven vehicles

机动车安全技术检验机构对已注册登记的机动车进行的安全技术检验。

3.3 车辆唯一性认定 identification of vehicles

对机动车的号牌号码、车辆类型、品牌/型号、颜色、发动机号码、车辆识别代号（或整车出厂编号）及主要特征和技术参数进行核查，核对车辆识别代号（或整车出厂编号）的拓印膜，以确认送检机动车的唯一性。

3.4 底盘动态检验 chassis operating inspection

在行驶状态下，定性地判断送检机动车的转向系、传动系、制动系、仪表和指示器是否符合运行安全要求。

4 检验方式和检验项目

4.1 四轮及四轮以上机动车（轮式专用机械车除外）的安全技术检验的检验方式和检验项目见表 1，二、三轮机动车的安全技术检验的检验方式和检验项目见表 2。

4.2 进出口机动车检验机构对需领取机动车牌证方可上道路行驶的入境机动车进行检验时，其检验项目应覆盖表 1（包括附录 A 和附录 B，下同）和表 2（包括附录 A 和附录 C）规定的注册登记检验项目。

4.3 检验项目按属性分为否决项和建议维护项。仪器设备检验项目中，排放、制动、前照灯远光光束发光强度、轮偏和底盘输出功率为否决项，其余为建议维护项。人工检查项目的项目属性见附录 B 的表 B.1、表 B.2、表 B.3 和附录 C 的表 C.1 的“项目属性”栏。

4.4 轮式专用机械车的安全技术检验项目按

照相关国家标准和行业标准的要求参照表1确定。

4.5　拖拉机运输机组等上道路行驶的拖拉机的安全技术检验项目另行制定。

表1　机动车安全技术检验的检验方式和检验项目（四轮及四轮以上机动车）

<table>
<tr><th>检验方式</th><th colspan="2">检验项目</th><th>备注</th></tr>
<tr><td>车辆唯一性认定</td><td colspan="2">①号牌号码；②车辆类型；③品牌／型号；④颜色；⑤发动机号码；⑥车辆识别代号（或整车出厂编号）及打刻特征；⑦主要特征及技术参数[a]</td><td></td></tr>
<tr><td>联网查询</td><td colspan="2">查询送检机动车是否发生过交通事故及涉及尚未处理完毕的道路交通安全违法行为</td><td></td></tr>
<tr><td rowspan="2">线外检验</td><td>车辆外观检查</td><td>①车身外观；②照明和电气信号装置；③发动机舱；④驾驶室（区）；⑤发动机运转状况；⑥客车内部；⑦底盘件；⑧车轮；⑨其他</td><td>具体检查项目见附录B的表B.1</td></tr>
<tr><td>底盘动态检验</td><td>①转向系；②传动系；③制动系；④仪表和指示器</td><td>具体检验项目见附录B的表B.2</td></tr>
<tr><td rowspan="8">线内检验</td><td>车速[b]</td><td>车速表指示误差</td><td>仅对最高设计车速超过40km/h的车辆要求</td></tr>
<tr><td>排放[c]</td><td>1. 点燃式发动机汽车双怠速法排气污染物：CO、HC的体积分数，过量空气系数λ。
2. 压燃式发动机汽车自由加速法排气烟度：排气光吸收系数（对2001年10月1日起生产的汽车）或滤纸式烟度值（对2001年9月30日及该日期以前生产的汽车）。
3. 低速货车自由加速法排气烟度：滤纸式烟度值。</td><td>过量空气系数λ的测试仅对使用闭环控制电子燃油喷射系统和三元催化转化器技术的点燃式发动机汽车进行。
采用简易工况法进行排放测量时，检验项目另行确定</td></tr>
<tr><td>制动[d]（含轮重）</td><td>①轮重；②左、右轮最大制动力；③制动力增长全过程中的左右轮制动力最大差值；④制动协调时间；⑤车轮阻滞力；⑥驻车制动力</td><td>制动协调时间（④）在用滚筒式制动检验台检验时不要求；车轮阻滞力（⑤）仅对汽车要求</td></tr>
<tr><td>侧滑</td><td>转向轮横向侧滑量</td><td>前轴采用独立悬架的汽车侧滑量测试值不做评判依据</td></tr>
<tr><td>前照灯</td><td>①前照灯远光光束发光强度；②前照灯远光光束照射位置（光束中心左右偏移量及上下偏移量）；③前照灯近光光束照射位置（明暗截止线转角折点位置）</td><td>前照灯远光光束照射位置检验仅对远光光束能单独调整的前照灯要求</td></tr>
<tr><td>车辆底盘</td><td>①转向系；②传动系；③行驶系；④制动系；⑤电器线路；⑥底盘其他部件</td><td>具体检查项目见附录B的表B.3</td></tr>
<tr><td>功率</td><td>底盘输出功率</td><td>仅对使用年限超过20年的非营运乘用车要求</td></tr>
<tr><td colspan="3" style="display:none"></td></tr>
<tr><td rowspan="3">路试检验</td><td>行车制动</td><td>制动距离和制动稳定性，或充分发出的平均减速度、制动协调时间和制动稳定性。</td><td rowspan="2">通常只对无法上线检验的车辆及线内检验结果有质疑的车辆进行</td></tr>
<tr><td>驻车制动</td><td>驻车制动性能。</td></tr>
<tr><td>车速</td><td>车速表指示误差。</td><td>仅在相关管理部门有要求时对全时四驱车辆等无法上线检测车速表指示误差的车辆进行</td></tr>
<tr><td colspan="4">[a] 主要特征及技术参数是指机动车已认证（登记）的结构、构造或者特征，以及国家机动车产品主管部门公告的数据（详见附录A）；
[b] 对全时四驱车辆等无法上线检测车速表指示误差的车辆不进行；
[c] 实行环保检验合格标志的地方，排放（排气污染物测量）不再列入安全技术检验；
[d] 轴荷超过检验设备允许承载能力的车辆、多轴无法上线的车辆不进行线内制动检验，应路试。</td></tr>
</table>

表 2　机动车安全技术检验的检验方式和检验项目（二、三轮机动车）

<table>
<tr><th>检验方式</th><th colspan="2">检验项目</th><th>备注</th></tr>
<tr><td>车辆唯一性认定</td><td colspan="2">①号牌号码；②车辆类型；③品牌 / 型号；④颜色；⑤发动机号码；⑥车辆识别代号（或整车出厂编号）及打刻特征；⑦主要特征及技术参数[a]</td><td></td></tr>
<tr><td>联网查询</td><td colspan="2">查询送检机动车是否发生过交通事故及涉及尚未处理完毕的道路交通安全违法行为</td><td></td></tr>
<tr><td rowspan="2">线外检验</td><td>外观检查</td><td>①车辆外观；②发动机运转状况；③照明和信号装置；④安全防护装置；⑤电器线路；⑥其他部件</td><td>具体检查项目见附录 C</td></tr>
<tr><td>动态检验</td><td>①转向系；②离合器；③变速器；④传动装置；⑤制动系</td><td>具体检验项目见附录 C</td></tr>
<tr><td rowspan="6">线内检验</td><td>车速</td><td>车速表指示误差</td><td>仅对最高设计车速大于 40km/h 的车辆要求</td></tr>
<tr><td>排放[b]</td><td>1. 摩托车和轻便摩托车怠速法排气污染物：
CO、HC 的体积分数。
2. 三轮汽车自由加速法排气烟度：
滤纸式烟度值。</td><td></td></tr>
<tr><td>制动（含轮重）</td><td>①轮重；②各轮最大制动力；③制动力增长全过程中左右轮制动力最大差值；④驻车制动力</td><td>③、④仅对三轮汽车和正三轮摩托车要求</td></tr>
<tr><td>轮偏</td><td>前后轮中心平面偏差</td><td>仅对二轮机动车和边三轮摩托车主车要求</td></tr>
<tr><td>前照灯</td><td>① 前照灯远光光束发光强度；② 前照灯远光光束照射位置（光束中心左右偏移量及上下偏移量）；③ 前照灯近光光束照射位置（明暗截止线转角折点位置）</td><td>对装用一只前照灯的机动车只检验远光光束发光强度，远近光光束照射位置仅做功能性检查；对其他机动车，前照灯远光光束照射位置检验仅适用于远光光束能单独调整的前照灯</td></tr>
<tr><td>下部检查</td><td>① 车架；② 电器线路固定；③ 相关部件</td><td>具体检查项目见附录 C</td></tr>
<tr><td rowspan="2">路试检验</td><td>行车制动</td><td>制动距离和制动稳定性，或充分发出的平均减速度、制动协调时间和制动稳定性</td><td rowspan="2">通常只对无法上线检验或线内检验结果有质疑的三轮机动车进行</td></tr>
<tr><td>驻车制动</td><td>驻车制动性能</td></tr>
<tr><td colspan="4">[a] 主要特征及技术参数是指机动车已认证（登记）的结构、构造或者特征，以及国家机动车产品主管部门公告的数据（详见附录 A）；
[b] 实行环保检验合格标志的地方，排放（排气污染物测量）不再列入安全技术检验。</td></tr>
</table>

5 检验流程和对送检机动车的基本要求

5.1　检验流程

机动车安全技术检验的检验流程见图 1，机动车安全技术检验机构可根据自身情况对图 1 所示流程适当加以调整。

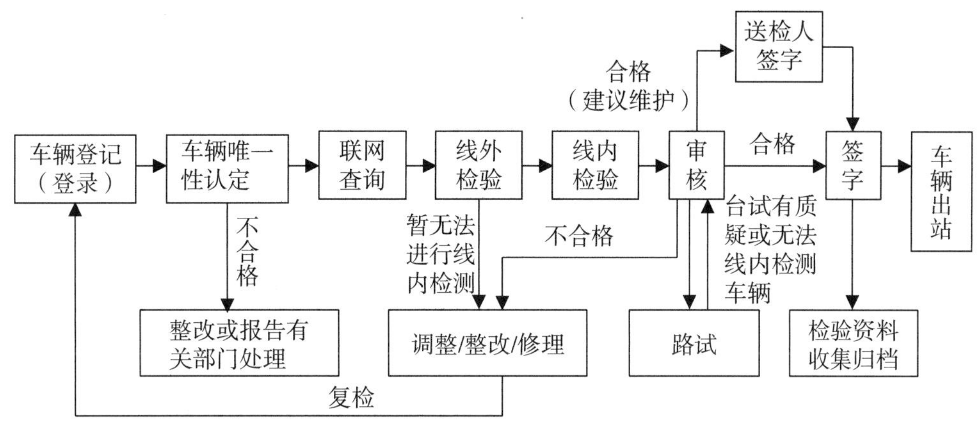

图 1　机动车安全技术检验流程图

5.2　对送检机动车的基本要求

5.2.1　送检机动车应清洁，无明显漏油、漏水、漏气现象，轮胎完好，轮胎气压正常且胎冠花纹中无异物，发动机怠速应正常。对达不到以上基本要求的送检机动车，机动车安全技术检验机构应要求整改符合要求后再进行安全技术检验。

5.2.2　在用车检验时，送检人应提供送检机动车的机动车行驶证和有效的机动车第三者责任强制保险凭证，对不能提供以上证件、凭证的送检机动车，机动车安全技术检验机构不应予以安全技术检验。

6 车辆唯一性认定

送检机动车应停放在指定位置，发动机停转。

车辆唯一性认定工作中的主要特征及技术参数认定宜结合车辆外观检查和车辆底盘检查进行。检查时常用的设备和工具主要有：长度测量工具（钢卷尺、钢直尺等）、铅锤、照明器具及称重设备。

6.1　注册登记检验

6.1.1　检验项目和要求

应逐一核对送检机动车的车辆类型、品牌/型号、颜色、车辆识别代号（或整车型号和出厂编号）和发动机号码，认定机动车的主要特征和技术参数（详见附录 A），对货车（含三轮汽车、低速货车，下同）应测算后悬，对具有牵引功能的机动车还应测算比功率，确认是否符合 GB 7258 等机动车国家安全技术标准并与国产机动车的整车出厂合格证明、进口机动车的进口凭证等证明、凭证记载及车辆产品标牌的内容一致。对货车、挂车、车长大于 6m 的客车应用量具测量相关尺寸参数，对货车、挂车还应用称重设备测量相关质量参数。同时，还应核对车辆识别代号（或整车出厂编号）的拓印膜，查验车辆识别代号（或整车出厂编号）、发动机号码有无被凿改嫌疑。

6.1.2　异常情形的处理

6.1.2.1　发现送检机动车有被盗抢嫌疑［如车辆识别代号（或整车型号和出厂编号）、发动机号码有凿改、挖补、打磨痕迹或垫片、擅自另外打刻等异常情形的，或车辆识别代号（或整车型号和出厂编号）、发动机号码与相关证明、凭证记载不一致的］或非法拼装嫌疑时，此次安全技术检验终止，机动车安全技术检验机构及其检验员应详细登记该送检机动车的相关信息并立即向公安机关有关部门报告，等待有关部门核实查处。

6.1.2.2　发现送检机动车的外廓尺寸、后悬及整备质量、核载、比功率等主要特征及技术参数、技术指标不符合 GB 7258 等机动车国家安全技术标准或与公告的数据不一致时，此次安全技术检验终止，机动车安全技术检验机构及其检验员应详细登记送检机动车的车辆类型、品牌 / 型号、车辆识别代号（或整车型号和出厂编号）、发动机号码、整车生产厂家、生产日期、公告批次（进口机动车除外）等信息，并尽快向所在地公安机关交通管理部门和质量技术监督部门报告。

6.2 在用车检验

6.2.1 检验项目和要求

应逐一核对送检机动车的号牌号码、车辆类型、品牌 / 型号、颜色、车辆识别代号（或整车型号和出厂编号）和发动机号码，确认是否与送检机动车的机动车行驶证记载的内容及其它相关资料一致；核对车辆识别代号（或整车出厂编号）拓印膜，查验车辆识别代号（或整车型号和出厂编号）、发动机号码有无被凿改嫌疑。同时，还应检查送检机动车是否具有私自改装或擅自改变机动车已登记的结构、构造、特征的情形，必要时应用量具测量相关尺寸参数、用称重设备测量相关质量参数。对变更车身 / 车架或变更发动机后的在用机动车进行安全技术检验时，还应核对车身 / 车架和发动机的来历凭证及公安机关交通管理部门批准允许变更车身 / 车架的相关证明材料。

6.2.2 异常情形的处理

6.2.2.1 发现送检机动车的车辆识别代号（或整车型号和出厂编号）、发动机号码与机动车行驶证记载不一致，或者有凿改、挖补、打磨痕迹或垫片、擅自另外打刻等异常情形的，或者送检机动车有私自改装或擅自改变机动车已登记的结构、构造或者特征的情形时，此次机动车安全技术检验立即终止。送检机动车有被盗抢嫌疑时，机动车安全技术检验机构及其检验员应详细登记送检机动车的相关信息并尽快向所在地公安机关有关部门报告，等待有关部门核实查处；送检机动车有私自改装或擅自改变机动车已登记的结构、构造、特征的情形时，机动车安全技术检验机构应书面告知车主需将车辆恢复原状后才能再次进行安全技术检验，并同时将相关信息报告所在地公安机关交通管理部门和工商行政管理部门。

6.2.2.2 对变更车身 / 车架或变更发动机后的在用机动车进行安全技术检验时，对不能提供相关证明材料的，此次机动车安全技术检验立即终止，机动车安全技术检验机构及其检验员应详细登记送检机动车的相关信息并尽快向所在地公安机关交通管理部门报告。

7 联网查询

7.1 应联网查询送检机动车是否发生过交通事故及涉及尚未处理完毕的道路交通安全违法行为。

7.2 对发生过交通事故的送检机动车，应根据交通事故时送检机动车的损伤部位和损伤情况确定需重点检查的部位和项目。

7.3 对涉及尚未处理完毕的道路交通安全违法行为的送检机动车，应在《机动车安全技术检验报告》的“备注”栏中简要说明情况，提醒机动车所有人及时到公安机关交通管理部门处理道路交通安全违法行为。

8 线外检验

8.1 车辆外观检查

送检机动车应停放在指定位置，发动机停转（“发动机运转状况”项目除外）。

检查时常用的设备和工具主要有：轮胎气压表、轮胎花纹深度计、透光率计、长度测量工具、手锤、铁钩及照明器具。

8.1.1 车身外观

8.1.1.1 目视检查以下各项，必要时应用钢直尺等量具测量相关尺寸参数：

a）保险杠、后视镜、下视镜等部件是否完好；

b）风窗玻璃是否完好及是否张贴有镜面反光遮阳膜；

c）车体是否周正，车体外缘左右对称部位高度差是否符合规定，车身外部可能触及行人、骑自行车人等交通参与者的任何部件、构件是否有任何可能使人致伤的尖锐凸起物（如尖角、锐边等）；

d）车身（车厢）及其漆面是否有明显的锈蚀、破损现象；

e）货厢安装是否牢固，其栏板和底板是否规整及强度是否明显不足，装置的安全架是否完好无损；

f）车长大于 7.5m 的客车是否设置有车外顶

行李架，其他客车设置的车外顶行李架是否长度不超过车长的1/3且高度不超过300mm。

g）车身（或车厢）外部的图形和文字标志是否符合规定：

——车长大于6m或总质量大于4500kg的货车、挂车，其车身（车厢）后部是否喷涂有符合规定的放大牌号；

注：地方性法规规定应喷涂放大牌号的车辆类型比《道路交通安全法实施条例》更广时，应按地方性法规规定的车辆类型检查车辆是否喷涂了符合规定的放大牌号。

——气体燃料汽车、两用燃料汽车和双燃料汽车，其车身是否按照规定标注了其使用的燃料类型；

——消防车、救护车、工程救险车和警车的车身颜色、外观制式是否符合相关规定；

h）喷涂、粘贴的标识或车身广告是否影响安全驾驶；

i）乘用车自行加装的前后防撞装置及货运机动车自行加装的防风罩、水箱、工具箱、备胎架，是否影响安全和号牌识别。

8.1.1.2　注册登记检验时，应记录汽车是否在前风窗玻璃右上角粘贴有符合规定的整车3C标志并检查以下各项：

a）机动车是否设置了能够满足号牌安装要求的号牌板（架）；

b）车身外表面易见部位是否至少装置有一个能永久保持的商标（或厂标）；

c）汽车（三轮汽车和低速货车除外）是否设置了规定数量和类型的后视镜，其他机动车是否在左右至少各设置有一面后视镜，车长大于6m的平头货车和平头客车在车前是否至少设置有一面前下视镜；

d）乘用车和车长小于6m的客车的前后部是否设置了保险杠，货车（三轮汽车除外）是否设置了前保险杠；

e）货车货箱（自卸车、装载质量1000 kg以下的货车除外）前部是否安装有比驾驶室高至少70mm的安全架。

8.1.2　照明和电气信号装置

8.1.2.1　目视检查以下各项：

a）前位灯、前转向信号灯、前部危险警告信号灯、示廓灯和牵引杆挂车标志灯等前部照明和信号装置是否齐全完好，前照灯的远、近光光束变换功能，近光光形是否有明显的明暗截止线；

b）后位灯、后转向信号灯、后部危险警告信号灯、示廓灯、制动灯、后雾灯、后牌照灯、倒车灯、后反射器是否齐全完好，制动灯的发光强度是否明显大于后位灯的发光强度；

c）侧转向信号灯、侧标志灯和侧反射器是否齐全完好；

d）对称设置、功能相同的灯具的光色和亮度是否有明显差异；

e）除转向信号灯、危险警告信号及消防车、救护车、工程救险车和警车安装使用的标志灯具外，其他外部灯具是否有闪烁的情形；

f）道路运输危险货物车辆标识是否符合相关规定，必要时应用量具测量相关尺寸参数；

g）消防车、救护车、工程救险车和警车安装使用的标志灯具是否完好有效；

h）附加的灯具、反射器或附属装置是否影响GB 7258规定安装的灯具和信号装置的性能或对其他的道路使用者造成不利影响。

8.1.2.2　检查机动车设置的喇叭是否具有连续发声功能，工作是否可靠，必要时应用声级计测量其喇叭声级是否符合规定。

8.1.2.3　对2005年2月1日起注册登记的总质量不小于12000kg的货车和总质量大于3500kg的挂车，检查其后部车身反光标识的粘贴技术规范及车身反光标识材料的式样（颜色、宽度等）是否符合相关标准的规定；对2005年2月1日起注册登记的车长不小于10m的货车和总质量大于3500kg的挂车，检查其侧面车身反光标识的粘贴技术规范及车身反光标识材料的式样是否符合相关规定；必要时应使用量具测量相关尺寸参数。

8.1.2.4　注册登记检验时，应重点检查车辆外部照明和信号装置的数量、位置、光色是否符合相关标准的规定，必要时应用量具测量相关尺寸参数。对2006年12月1日起新出厂的总质量不小于12000kg的货车和总质量大于3500kg的挂车，还应检查其安装的车身反光标识材料的白色单元上是否加施有符合规定的3C标志。

8.1.3 发动机舱

8.1.3.1 打开发动机罩（或翻转驾驶室），检查目视可见的发动机各系统机件是否齐全有效；检查蓄电池桩头与导线连接是否牢固；检查目视可见的电器导线捆扎、固定、绝缘保护等是否完好，各种管路是否完好、固定可靠。

对于使用液压制动（含液压传动离合）的汽车，目视检查储液器的液面高度及有无泄漏。

注：自1999年7月1日起出厂的使用液压制动的汽车，其储液器的加注口必须易于接近，且从结构设计上必须保证在不打开容器的条件下就能很容易地检查液面；若不能满足该条件，则必须安装制动液面过低报警装置。

8.1.3.2 注册登记检验时，如气缸体上打刻（或铸出）的发动机型号和出厂编号不易见，应检查在发动机易见部位是否具有能永久保持的发动机型号和出厂编号的标识。如车辆产品标牌位于发动机舱，还应检查车辆产品标牌是否能永久保持及其内容是否规范、清晰耐久。

8.1.4 驾驶室（区）

8.1.4.1 记录里程表读数，目视检查以下各项：

a）门锁及门铰链是否完好；

b）驾驶员座椅固定是否可靠，汽车（三轮汽车除外）驾驶员座椅前后位置调节装置能否正常工作，安全带是否齐全有效；2005年8月1日起出厂的座位数不大于5的乘用车及2006年2月1日起出厂的座位数大于5的乘用车的所有座椅（第三排及第三排以后的可折叠座椅除外）是否均配置了有效的安全带；

c）前风窗玻璃及风窗以外玻璃用于驾驶员视区部位的可见光透射比是否不小于70%（必要时用透光率计检查可见光透射比）；

注：风窗以外玻璃驾驶人视区部位是指驾驶员驾驶时用于观察后视镜的部位。

d）刮水器、洗涤器能否正常工作；

e）2005年2月1日起新注册登记的车长大于9m的长途客车和旅游客车是否安装了汽车行驶记录仪；对安装有汽车行驶记录仪的长途客车和旅游客车、道路运输危险货物车辆、半挂牵引车、总质量不小于12000kg的货车，其汽车行驶记录仪的固定、连接是否安全、可靠，能否正常显示；

f）折翻式驾驶室的固定是否可靠。

8.1.4.2 注册登记检验时，还应检查：

a）车辆是否按照规定装备了各种仪表；

b）车辆是否设置了符合规定的操纵件、指示器及信号装置的图形标志；

c）对乘用车和货运机动车，按照相关标准核定的乘坐人数是否与机动车注册登记证明、凭证记载的内容一致；

d）车长大于9m的长途客车和旅游客车是否安装了符合规定的汽车行驶记录仪；2006年12月1日起新出厂的，安装有汽车行驶记录仪的长途客车和旅游客车、道路运输危险货物车辆、半挂牵引车、总质量不小于12000kg的货车，其行驶记录仪主机外壳的易见部位是否加施有符合规定的3C标志；

e）机动车的警告性文字是否有中文标注，折翻式驾驶室翻转操纵机构附近易见部位是否有提醒驾驶员如何正确使用该操纵机构的文字；

f）车辆产品标牌［如位于驾驶室（区）］是否能永久保持及其内容是否规范、清晰耐久。

8.1.5 发动机运转状况

检查发动机能否正常起动；起动发动机，检查怠速运转、电源充电状况、各仪表及指示器工作是否正常；检查发动机急加速过程中及在较高转速时急松油门能否回至怠速状态和有无“回火”、“放炮”等异常状况；检查有无漏水、漏油、漏气现象及水温、油压指示是否正常；检查点火开关关闭后发动机能否迅速熄火；对柴油车还应检查停机装置是否灵活、有效。

8.1.6 客车内部

8.1.6.1 目视检查以下各项：

a）客车座椅/卧铺的数量是否与机动车行驶证记载内容一致，座椅间距是否符合规定，座椅扶手和卧铺护栏安装是否牢固；

b）车厢灯、门灯能否正常工作；

c）客车地板密封是否良好，车内行李架的安装是否牢固；

d）客车配备的灭火器是否齐全有效、固定

可靠；

e）长途客车和旅游客车安全出口处标注的“安全出口”字样是否完好，车内是否按照规定装备了用于击碎安全出口玻璃的专用手锤，安全门是否锁止可靠及能否正常开启；

f）卧铺客车每个铺位的安全带是否齐全有效，长途客车和旅游客车前面没有座椅的座椅、前面护栏不能起到有效防护作用的座椅及其他按照规定应安装安全带的座椅的安全带是否齐全、有效。

8.1.6.2 注册登记检验时，还应检查客车安全出口的数量、位置和大小及座椅/卧铺位的数量和布置是否符合规定，乘客通道的宽度和高度是否能保证符合规定的通道测量装置顺利通过，通向安全门的通道宽度是否符合要求。

8.1.7 底盘件

8.1.7.1 目视检查以下各项：

a）燃料箱是否固定可靠，燃料箱盖是否完好；

b）挡泥板、牵引钩是否完好；

c）蓄电池、蓄电池架的固定是否牢固可靠；

d）贮气筒排污阀功能是否有效；

e）钢板弹簧的形式、片数是否符合规定，有无裂纹和断片，安装是否紧固；

f）2003年3月1日起出厂的总质量大于3500kg的货车和挂车，其装备的侧面及后下部防护装置是否完好有效，货车列车的牵引车和挂车之间是否装备了有效的侧面防护装置；

g）汽车列车的牵引连接装置是否连接可靠且装有防止车辆行驶中脱开的安全装置。

8.1.7.2 注册登记检验时，应重点检查货车和挂车的侧面防护装置的下缘离地高度、防护范围和前缘形式及后下部防护装置的离地高度、宽度、横截面宽度是否符合相关规定（必要时应用量具测量相关尺寸参数），检查后下部防护装置的强度是否具有明显不足的情形。

8.1.8 车轮

8.1.8.1 目视检查以下各项，必要时应使用轮胎花纹深度计或量具测量：

a）同轴两侧是否装用同一型号、规格轮胎；

b）轮胎的型号、速度级别及胎冠花纹深度、轮胎气压是否符合规定，乘用车轮胎的胎面磨损标志是否已可见；

c）轮胎的胎面、胎壁有无长度超过25mm或深度足以暴露出轮胎帘布层的破裂和割伤及其它影响使用的缺损、异常磨损和变形；

d）轮胎螺栓、半轴螺栓是否齐全、紧固。

8.1.8.2 若送检机动车装用轮胎的型号、速度级别不符合规定，或所装用轮胎的胎面、胎壁和胎冠花纹深度不符合规定，此次安全技术检验终止，应要求送检人换装符合规定的轮胎复检。若送检机动车轮胎气压不符合规定，应要求送检人将轮胎气压调整到规定气压后再进行其他项目的检验。

8.1.8.3 注册登记检验时，对2004年10月1日起出厂的使用小规格备胎的乘用车，检查在备胎附近明显位置（或其他适当位置）是否装置有能永久保持的、提醒驾驶员正确使用备胎的标识及标识的相关提示内容是否有中文。

8.2 底盘动态检验

起步并行驶一段距离，检验转向系、传动系、制动系。底盘动态检验可结合其他检验方式进行。

8.2.1 转向系

检查方向盘的最大自由转动量是否符合要求及行驶时转向是否沉重，必要时应用方向盘转向力-转向角检测仪检测；行驶时检查车辆是否具有自动回正能力及保持直线行驶的能力。

8.2.2 传动系

在车辆行驶过程中检查：

a）离合器接合是否平稳，有无异响、打滑、抖动、沉重、分离不彻底等现象；

b）变速器倒档能否锁止，换档是否正常，有无异响；

c）传动轴/链有无异响、抖动；驱动桥的主减速器和差速器有无异响。

8.2.3 制动系

以20km/h左右的速度正直行驶，双手轻扶方向盘，急踩制动踏板后迅速放松，初步掌握车辆制动协调时间、释放时间和有无跑偏现象。对气压制动汽车，踩下并放松制动踏板若干次，使制动气压下降至低于起步气压（未标起步气压者，按400kPa计），检查低气压报警装置是否报警；对装用弹簧储能制动器的车辆，报警后起步行驶，检查在低气压时弹簧储能制动器自锁装置是否有效。

对 2005 年 2 月 1 日起新注册登记的总质量大于 12000kg 的长途客车和旅游客车、总质量大于 10000kg 的挂车、总质量大于 16000kg 允许挂接总质量大于 10000kg 的挂车的货车、半挂牵引车，还应检查其装备的防抱制动装置自检功能是否正常。

8.2.4 仪表和指示器

底盘动态检验过程中，检验员应注意观察车辆配备的各种仪表和指示器是否有异常情形。

8.3 发现否决项不合格时的处理

检验出现否决项不合格的情形时，检验员应继续进行其他线外检验项目的检验。不合格项不会影响仪器设备检验结果的，还应进行线内检验。

8.4 发现其他不符合机动车国家安全技术标准情形时的处理

在车辆外观检查和底盘动态检验过程中，如发现有其他不符合 GB 7258 等机动车国家安全技术标准的情形［如：2005 年 2 月 1 日起新注册登记机动车的警告性文字没有中文；汽车（三轮汽车除外）未按规定装备三角警告牌，或装备的三角警告牌在车上未妥善放置；消防车、救护车、工程救险车和警车未装备与其功能相适应的装置，或装备的装置布局不合理、固定不可靠等］，检验员应在人工检验记录单备注栏内记录不符合现象。

9 线内检验

机动车上线检验前，应对检测设备 / 仪器进行检查，保证其工作正常。

9.1 车速表指示误差检验

9.1.1 检验设备的选择

车速表指示误差检验宜在滚筒式车速表检验台上进行。

9.1.2 检验程序

a）将车辆正直居中驶上检验台，驱动轮停放在测速滚筒上；

b）降下举升器或放松滚筒锁止机构，必要时在非驱动轮前部加止动块（前轮驱动车使用驻车制动）；

c）当车速表指示 40km/h 时，测取实际车速，检验结束；

d）升起举升器或锁止滚筒，将车辆驶出检验台。

9.1.3 注意事项

a）测速时车辆前、后方及驱动轮两旁不准站立人员；

b）检验结束后，检验员不可采取任何紧急制动措施使滚筒停止转动；

c）对于不能在车速表检验台上检验的车辆，应路试检验车速表指示误差。

9.2 排气污染物测量

按照国家环境保护行政主管部门的相关规定进行。

9.3 台试制动性能检验

9.3.1 检验设备的选择

a）机动车制动性能的检验宜采用滚筒反力式制动检验台或平板制动检验台进行，对于前轴驱动的乘用车，更宜采用平板制动检验台测试。采用滚筒反力式制动检验台时，制动检验台的电气系统应能分别控制左右两组滚筒停机以测得左、右车轮的最大制动力。

b）对于部分无法在滚筒反力式制动检验台上检测的车辆（如全时四轮驱动车辆、多轴半挂车等），应路试检验制动性能；平板制动检验台能检验时，可用平板制动检验台检验。

9.3.2 检验前准备

a）制动检验台滚筒（或平板）表面应清洁，没有异物及油污；

b）检验辅助器具应齐全；

c）气压制动的车辆，贮气筒压力应能保证该车各轴制动力测试完毕时，气压仍不低于起步气压（未标起步气压者，按 400kPa 计）；

d）液压制动的车辆，根据需要将踏板力计装在制动踏板上。

9.3.3 用滚筒反力式制动检验台检验

a）被检车辆正直居中行驶，各轴依次停放在轮重仪上，并按仪器说明书规定的时间停放，分别测出静态轮荷（轮重、制动分列式）。

b）被检车辆正直居中行驶，将被测试车轮停放在滚筒上，变速器置于空挡。

c）起动滚筒电机，在 2s 后开始采样并保持足够的采样时间（5s），测取采样过程的平均值作为阻滞力。按附录D的D.1规定计算各车轮的阻滞力百分比。

d）检验员按显示屏指示在5s ~ 8s内（或按厂家规定的速率）将制动踏板逐渐踩到底（对气压制动车辆）或踩到制动性能检验时规定的制动踏板力，测得左、右车轮制动力增长全过程的数值及左、右车轮最大制动力，并依次测试各车轴；对驻车制动轴，操纵驻车制动操纵装置，测得驻车制动力数值。按附录D的D.1规定计算各车轴的制动率、左右轮制动力差百分比、整车制动率、驻车制动力百分比。

e）制动检验时，如果被测试车轮在滚筒上抱死，但制动率未达到合格要求的，应采用f）或g）方法进行检验。

f）在车辆上增加足够的附加质量或相当于附加质量的作用力（在设备额定载荷以内，附加质量或作用力应在该轴左右车轮之间对称作用，不计入轴荷）。为防止被检车辆在滚筒反力式制动检验台上后移，可在非测试车轮后方垫三角垫块或采取整车牵引的方法。

g）用平板制动检验台检验制动力或按标准规定的路试方法检验制动距离或充分发出的平均减速度和制动协调时间。

h）台试检验左右轮制动力差不合格，但底盘动态检验过程中点制动时车辆无明显跑偏现象的，应换用平板制动检验台或采用路试方法检验。

9.3.4　用平板制动检验台检验

a）检验员将被检车辆以5km/h ~ 10km/h的速度（或制动检验台生产厂家推荐的速度）滑行，置变速器于空挡后（对自动变速器车辆可位于“D”挡），正直平稳驶上平板；

b）当被测试车轮均驶上平板时，急踩制动，使车辆停止，测得各车轮的轮荷（对乘用车应为动态轮荷）、阻滞力、最大轮制动力等数值，按照附录D的D.2规定计算各车轴的制动率、左右轮制动力差百分比、整车制动率等指标；

c）重新起动车辆，待车辆驻车制动轴驶上平板时操纵驻车制动操纵装置，测得驻车制动力数值，按照附录D的D.2规定计算驻车制动力百分比；

d）车辆制动停止时如被测试车轮已离开平板，则此次制动测试无效，应重新测试；

e）对制动反应迟缓的车辆，必要时应连接踏板开关信号，检验车辆制动协调时间是否符合规定。

9.4　转向轮横向侧滑量检验

9.4.1　检验设备的选择

转向轮横向侧滑量的检验应在侧滑检验台上进行，侧滑检验台宜具有轮胎侧向力释放功能。

9.4.2　检验程序

将车辆正直居中驶近侧滑检验台，并使转向轮处于正中位置，在驱动状态以不高于5km/h的车速平稳通过侧滑检验台，读取最大示值。

9.4.3　注意事项

a）车辆通过侧滑检验台时，不得转动方向盘；

b）不得在侧滑检验台上制动或停车；

c）应保持侧滑检验台滑板下部的清洁，防止锈蚀或阻滞。

9.5　前照灯检验

9.5.1　检验设备的选择

前照灯光束照射位置检验及前照灯远光光束发光强度测量应使用具备远近光光束照射位置检验功能的前照灯检测仪。

9.5.2　检验前仪器及车辆准备

a）检测仪受光面应清洁；

b）对手动式前照灯检测仪应检查其电池电压是否在规定范围内；

c）轨道内应无杂物，使仪器移动轻便；

d）前照灯应清洁。

9.5.3　检验方法

用自动式前照灯检测仪检验时：

a）车辆沿引导线居中行驶至规定的检测距离处停止，车辆的纵向轴线应与引导线平行，如不平行，车辆应重新停放，或采用车辆摆正装置进行拨正；

b）置变速器于空挡，车辆电源处于充电状态，开启前照灯远光灯；

c）给自动式前照灯检测仪发出启动测量的指令，仪器自动搜寻被检前照灯，并测量其远光发光强度及远光照射位置偏移值；

注：前照灯远光照射位置偏移值检验仅对远光光

束能单独调整的前照灯进行；远光光束能单独调整的前照灯是指手工或通过使用专用工具能够在不影响近光光束照射角度的情况下调整远光光束照射角度的前照灯，通常情况下远近光束一体的前照灯其远光光束照射角度不能单独进行调整。

d）被检前照灯转换为近光光束，自动式前照灯检测仪自动检测其近光光束明暗截止线转角（或中点）的照射位置偏移值；

e）按上述 c）、d）步骤完成车辆所有前照灯的检测；

f）在对并列的前照灯（四灯制前照灯）进行检验时，应将与受检灯相邻的灯遮蔽。用手动式前照灯检测仪检验时，参照上述方法进行。

9.6　底盘输出功率测试

9.6.1　检验设备的选择

底盘输出功率测试应在汽车底盘测功机上进行。

9.6.2 测试前仪器及车辆准备

测试时发动机冷却水和润滑油温度应达到汽车使用说明书所规定的热状态。

9.6.3　测试程序

a）将待检汽车驱动轮置于底盘测功机滚筒上，举升器下降，做好安全防护；

b）关闭空调系统等非汽车运行所必须的耗能装置，启动汽车。手动挡汽车逐步加速并换至直接挡，使汽车以直接挡的最低车速稳定运转；自动挡汽车挂正常行车挡起步；

c）将油门踏板踩到底，扫描最大功率点（设最大功率点速度为 V_P）；

d）设定测功机按速度 V_P 进行定速测功；

e）待汽车速度在设定的检测速度 V_P 下稳定 5s 后，记录仪表显示不少于 3s 内的汽车底盘输出功率值平均值；在读数期间，实际检测速度与设定检测速度的允差为 ±0.5km/h；

f）测试结束，车辆停车，举升器上升，车辆驶离。

9.6.4　注意事项

a）测试时车辆前方及驱动轮两旁不准站立人员。

b）在底盘测功机滚筒高速旋转时，不得在底盘测功机上急踩制动。

c）如对同一辆车连续重复测试，应用风机对准发动机部位吹风散热。

9.7　车辆底盘检查

9.7.1　待检车辆准备

车辆停放在地沟上方的指定位置，发动机停止运转。

9.7.2　转向系检查

由驾驶室操作人员配合来回转动方向盘，检查转向器固定情况（宜使用汽车悬架转向系间隙检查仪）；检查转向机构各部件紧固、锁止、限位情况，检查在转向过程中有无干涉或摩擦痕迹 / 现象，检查各机件有无损伤和横、直拉杆是否有拼焊情况。

注：检查各部件有无损伤、管线是否固定时应使用专用手锤，以下 9.7.3—9.7.7 同。

9.7.3　传动系检查

a）检查变速器及分动器支架连接是否可靠；

b）检查传动各部件连接是否可靠；传动轴、万向节安装是否正确及中间轴承及支架有无裂纹和松旷现象；检查有无漏油现象。

9.7.4　行驶系检查

a）检查钢板吊耳及销有无松旷；中心螺栓、U 形螺栓是否紧固；检查有无车桥移位现象（必要时用卷尺测量左、右侧轴距差值）；

b）检查车架纵梁、横梁有无变形、损伤，铆钉、螺栓有无缺少或松动；

c）检查车桥与悬架之间的拉杆和导杆有无松旷和移位，检查减震器有无漏油。

9.7.5　制动系检查

a）检查制动系部件有无擅自改动；

b）检查制动主缸、轮缸、制动管路等有无漏气、漏油，制动软管有无老化；

c）检查制动系管路与其他部件有无摩擦和固定松动现象。

9.7.6　电器线路检查

检查电器导线是否布置整齐、捆扎成束、固定卡紧及线路有无破损现象；检查接头是否牢固并有绝缘套，在导线穿越孔洞时是否装设绝缘套管。

9.7.7　底盘其他部件检查

a）检查发动机的固定是否可靠；

b）检查排气管、消声器是否完好，固定是否可靠；排气管口指向是否符合要求；

c）检查燃料箱、燃料管路是否固定可靠；燃料管路与其他部件有无碰擦及软管有无明显老化现象。

10 路试检验

10.1　行车制动

10.1.1　路试制动性能检验应在纵向坡度不大于 1%、轮胎与地面间的附着系数不小于 0.7 的硬实、清洁、干燥的水泥或沥青路面上进行。检验时车辆变速器应置于空挡。

10.1.2　对于无法上制动检验台检验的车辆及经台架检验后对其制动性能有质疑的车辆，用制动距离或者充分发出的平均减速度和制动协调时间判定制动性能。必要时应安装踏板力计，检查达到规定制动效能时的制动踏板力是否符合标准。

10.1.3　在试验路面上，按照 GB 7258 划出规定的试车道的边线，被测车辆沿着试车道的中线行驶。使用便携式制动性能测试仪进行测试时，行驶至规定初速度后，置变速器于空挡，急踩制动，使车辆停止，测量充分发出的平均减速度（MFDD）和制动协调时间，并检查车辆有无驶出车道边线；当使用第五轮仪或非接触式速度仪进行测试时，行驶至高于规定的初速度后，置变速器于空挡，滑行到规定的初速度时，急踩制动，使车辆停止，测量车辆的制动距离和检查车辆有无驶出车道边线。

10.1.4　对已在制动检验台上检验过的车辆，制动力平衡及前轴制动率符合要求，但整车制动率未达到合格要求时，用便携式制动性能测试仪检测，对于乘用车及其他总质量不大于 4500kg 的汽车的制动初速度应不低于 30km/h，对于其他汽车、汽车列车及无轨电车，制动初速度应不低于 20km/h，急踩制动后测取 MFDD 及制动协调时间。

10.2　驻车制动

将车辆驶上坡度为 20%（总质量为整备质量的 1.2 倍以下的车辆为 15%），附着系数不小于 0.7（混凝土或沥青路面）的坡道上，按正反两个方向保持固定不动，其时间不少于 5min，检验车辆的驻车制动是否符合要求。

10.3　车速表指示误差

对全时四驱车辆、具有驱动防滑控制功能的车辆等无法上线检验车速表指示误差的车辆，可采用第五轮仪等仪器进行路试检验。

11 二、三轮机动车检验的补充说明

11.1　线外检验

11.1.1　外观检查

外观检查时，应注意检查二、三轮机动车的前、后减振器、转向上下联板和方向把是否有变形和裂损，左右后视镜是否齐全有效，座垫、扶手（或拉带）、脚蹬和挡泥板是否齐全、牢固可靠；对无驾驶室的三轮汽车，还应检查货箱前部是否安装有高出驾驶员座垫平面至少 800mm 的安全架，并确认安全架的强度是否明显不符合要求。外观检查的其他项目参照 8.1.1 进行。

11.1.2　动态检验

车辆静止时，检验员左右转动方向把检验转向轮转动是否灵活，有无发卡和松旷现象；起步并行驶一段距离，检查离合器、变速器换挡、转向、油门操纵是否正常；运行中检查传动轴 / 链有无异响、明显松旷现象；车速在 15km/h 左右时，检验制动是否正常，检查是否有漏油及操纵发卡现象。

11.2　线内检验

11.2.1　车速表指示误差

摩托车及最高设计车速大于 40km/h 的轻便摩托车应进行车速表指示误差检验，检验方法如下：

a）将车辆被测试车轮推上车速表检验台的前、后滚筒之间；

b）扶正方向把，启动夹紧装置夹紧非测试车轮，使被测车轮尽可能与滚筒成垂直状态；

c）启动电机逐渐加速，当车辆速度表指示值达到规定的检测速度（30km/h）时，读取车速表检验台的数值，数值在 23.6km/h ~ 30km/h 时为合格；

d）检测完毕，关闭电机，松开车轮夹紧装置，将车辆推下车速表检验台。

11.2.2　排气污染物测量

按照国家环境保护行政主管部门的相关规定进行。

11.2.3　台试制动性能检验

参照 9.3 进行。

11.2.4　轮偏检验

两轮摩托车、两轮轻便摩托车及边三轮摩托车的主车应进行轮偏检验：

a）将被检机动车推行至轮偏检测仪，并使前、后轮分别处于相应的前、后夹紧装置的中间位置；

b）使摩托车处于直线行驶的状态，轻扶方向把，启动车轮夹紧装置；

c）测取前、后轮偏移量数值（mm）；

d）测试结束后，松开前、后轮夹紧装置，把被检机动车推下轮偏检测仪。

11.2.5　前照灯检验

a）将车辆停止在规定的位置；

b）保持前照灯正对检测仪，有夹紧装置的将车轮夹紧；

c）开启前照灯检测仪进行检测，检测过程中车辆应处于充电状态（挡位置于空档，无级变速的车辆应实施制动）；

d）对装用一只前照灯的机动车，记录前照灯远光光束发光强度。对装用两只或两只以上前照灯的机动车，还应记录近光光束明暗截止线转角（或中点）偏移值，对远光光束能单独调整的前照灯，则还应记录远光光束照射位置偏移值。

11.2.6　下部检查

检查二、三轮机动车的车架有无明显的变形、损伤；检查电器线路固定是否完好、有效；检查排气管、消声器、燃料箱及燃料管路是否完好、固定可靠。

下部检查宜与外观检查同步进行。

12 检验结果审核和检验报告处置

12.1　全自动检测线各检测设备的检验数据应通过计算机网络自动传输、存储及判断，车辆外观检查、底盘动态检验、车辆底盘检查、路试等工位的检验员应根据车辆出厂日期和注册登记日期按照 GB 7258 等机动车国家安全技术标准确认检验结果是否符合要求。车辆外观检查、底盘动态检验、车辆底盘检查等工位的不合格项目及路试、线内仪器设备检验项目的检验数据和检验结果应打印在《机动车安全技术检验报告》上。

12.2　授权签字人对检验数据应认真分析，根据检验类型（注册登记检验、在用车检验等）对检验结果逐项确认并签注整车检验评判结论，评判结论分为合格、合格（建议维护）、不合格三类：

12.2.1　送检机动车所有检验项目的检验结果均合格的，评判结论为合格。

12.2.2　送检机动车检验项目中，所有否决项的检验结果均合格，检验结果为不合格的建议维护项小于等于 6 项的，评判结论为合格（建议维护）。

12.2.3　送检机动车检验项目中，有任一否决项的检验结果不合格，或检验结论为不合格的建议维护项多于 6 项的，评判结果为不合格。

12.2.4　项目数对人工检验项目按附录 E、附录 G 编号计算，一个编号对应的项目包括多项检查内容时，有任一项检查内容不合格则该项目不合格；对仪器设备检验项目，建议维护项按 4 项计算，分别为：前照灯远光偏移、前照灯近光偏移、车速表指示误差、转向轮横向侧滑量。

12.3　发现异常情况，机动车安全技术检验机构应及时分析处理，发现误判或对检验结果有质疑时应重新检验。

12.4　检验报告评判结论为“合格（建议维护）”时，送检人应在《机动车安全技术检验报告》上签字。机动车所有人应及时调修建议维护项目。

12.5　人工检验记录单格式见附录 E 和附录 G，《机动车安全技术检验报告》格式见附录 F 和附录 H。

13 检验报告签发与资料收存

13.1　机动车安全技术检验完毕后，机动车安全技术检验机构应签发《机动车安全技术检验报告》。

13.2　机动车安全技术检验机构应妥善保管人工检验记录单（含车辆识别代号拓印膜）和《机动车安全技术检验报告》副本（纸质或电子档案）等资料，保存期限应不少于 2 年。

附　录 A（规范性附录）

主要特征和技术参数

A.1　基本信息

制造国、制造厂名称

车辆类型、车辆品牌 / 型号

车辆识别代号或整车出厂编号 / 发动机号码

出厂日期

车身颜色

A.2　技术参数

发动机型号、排量 / 功率、燃料种类

外廓尺寸

货箱内部尺寸

轴数、轴距

轮距、轮胎数、轮胎规格

总质量、整备质量

核定载质量

比功率、准牵引总质量

后轴钢板弹簧片数

转向形式

核定载客人数 / 驾驶室载客人数

A.3　车辆安全装置配备情况

汽车安全带

汽车行驶记录仪

防抱制动装置（ABS）

侧面及后下部防护装置

车身反光标识

道路运输危险货物车辆标识

机动车用三角警告牌

灭火器

注：车辆安全装置配备情况检查仅对按照 GB 7258 等机动车国家安全技术标准及道路交通安全法律法规相关规定应配备上述车辆安全装置的车辆进行。

附　录　B（规范性附录）

车辆外观检查、底盘动态检验和车辆底盘检查检验项目

表 B.1　车辆外观检查项目表

序号	检验项目	内容	项目属性
1	车身外观	保险杠	注册登记检验时为否决项
		后视镜、下视镜、车窗玻璃	否决项
		车体周正、尖锐突出物	否决项
		漆面	建议维护项
		货厢、安全架、车外顶行李架	否决项
		外部喷涂与文字标志、标识和车身广告	否决项
		自行加装装置对号牌识别的影响	否决项
		号牌板（架）	注册登记检验，否决项
		商标（或厂标）	注册登记检验，否决项
2	照明和电气信号装置	前后位灯 / 后牌照灯 / 示廓灯 / 挂车标志灯	否决项
		转向信号灯（前、侧、后），危险警告信号灯	否决项
		前照灯（远光、近光）	否决项
		制动灯、后反射器、后雾灯、倒车灯	否决项
		侧标志灯、侧反射器	否决项
		道路运输危险货物车辆标识	否决项
		特种车辆标志灯具	否决项
		附加的灯具、反射器或附属装置	否决项
		喇叭（功能性检查）	否决项
		车身反光标识	否决项
3	发动机舱	发动机各系统机件	建议维护项
		蓄电池桩头及联线	建议维护项
		电器导线、各种管路	否决项
		储液器（使用液压制动的汽车）	否决项
		发动机标识	注册登记检验，否决项

表 B.1（续）

序号	检验项目	内容	项目属性
4	驾驶室（区）	门锁及门铰链	建议维护项
		驾驶员座椅	否决项
		安全带	否决项
		前风窗玻璃及其他风窗玻璃用于驾驶员视区的部位	否决项
		刮水器	否决项
		洗涤器	建议维护项
		汽车行驶记录仪	否决项
		驾驶室固定	否决项
		仪表数量类型，操纵件、指示器及信号装置图形标志	注册登记检验，否决项
		警告性文字的中文标注，车辆产品标牌	注册登记检验，否决项
5	发动机运转状况	起动性能	否决项
		怠速、电源充电、仪表及指示器	建议维护项
		加速踏板控制	建议维护项
		漏水、漏油、漏气，水温、油压	建议维护项
		关电熄火 /（柴油车）停机装置	否决项
6	客车内部	座椅 / 卧铺数量、座椅间距	否决项
		扶手和卧铺护栏	建议维护项
		车厢灯、门灯	建议维护项
		客车地板、车内行李架	建议维护项
		灭火器、安全出口标识、安全手锤、安全门	否决项
		安全带	否决项
		安全出口的数量、位置和尺寸	注册登记检验，否决项
		乘客通道，通往安全门的通道	注册登记检验，否决项
7	底盘件	燃料箱、燃料箱盖	否决项
		挡泥板 / 牵引钩、蓄电池、蓄电池架	建议维护项
		贮气筒排污阀	建议维护项
		钢板弹簧	否决项
		侧面及后下部防护装置	否决项
		牵引连接装置	建议维护项
8	车轮	轮胎型号 / 规格 / 速度级别	否决项
		轮胎胎冠花纹深度，胎面破裂 / 割伤、磨损 / 变形	否决项
		轮胎螺栓、半轴螺栓	否决项
		备胎标识	注册登记检验，否决项
9	其他	整车 3C 标志	注册登记检验，记录项
		其他不符合 GB 7258 等机动车国家安全技术标准的情形	注册登记检验时为否决项

表 B.2　底盘动态检验项目

序　号	检验项目	内　容	项目属性
1	转向系	方向盘最大自由转动量	否决项
		转向沉重	否决项
		自动回正、保持直线行驶能力	建议维护项
2	传动系	离合器	建议维护项
		变速器	建议维护项
		传动轴 / 链	建议维护项
		驱动桥	建议维护项
3	制动系	点制动跑偏（20km/h）	建议维护项
		低气压报警装置	否决项
		弹簧储能制动器	建议维护项
		防抱制动装置指示灯（自检功能）	注册登记检验，否决项
4	驾驶区	仪表和指示器	否决项

表 B.3　车辆底盘检查项目

序　号	检验项目	内　容	项目属性
1	转向系	转向器固定	否决项
		转向各部件	否决项
2	传动系	变速器及分动器支架	否决项
		传动各部件	否决项
3	行驶系	钢板吊耳及销	否决项
		中心螺栓、U 型螺栓	建议维护项
		车桥移位	否决项
		车架纵梁、横梁	建议维护项
		悬架杆系	建议维护项
4	制动系	制动系部件、结构改动	否决项
		制动主缸、轮缸、制动管路漏气、漏油	否决项
		制动软管老化	否决项
		制动管路固定	否决项
5	电器线路	电器线路检查	否决项
6	底盘其他部件	发动机固定	否决项
		排气管、消声器	否决项
		燃料管路	否决项

注：表 B.1、表 B.2、表 B.3 的项目属性栏中，“否决项”指该项目在注册登记检验和在用车检验时均要进行，且均为否决项；“建议维护项”指该项目在注册登记检验和在用车检验时均要进行，但均为建议维护项；“注册登记检验时为否决项”指该项目在注册登记检验和在用车检验时均要进行，但仅在注册登记检验时为否决项，在用车检验时则为建议维护项；“注册登记检验，否决项”指该项目仅在注册登记检验时进行且为否决项，在用车检验时不进行；“注册登记检验，记录项”指该项目仅在注册登记检验时记录相关情况。

附　录 C（规范性附录）

二、三轮机动车人工检验项目

表 C.1　二、三轮机动车人工检验项目

序号	检验项目	内　容	项目属性	适用车型
1	外观检查	后视镜	否决项	二、三轮机动车
		前风窗玻璃及其他风窗玻璃、刮水器	否决项	有驾驶室的三轮机动车
		货厢、安全架	建议维护项	三轮机动车
		漆面	建议维护项	二、三轮机动车
		仪表	建议维护项	二、三轮机动车
		前照灯（远、近光）	否决项	二、三轮机动车
		转向信号灯（前、后）	否决项	二、三轮机动车
		后位灯、后牌照灯、制动灯、后反射器	否决项	二、三轮机动车
		侧反射器	建议维护项	二、三轮机动车
		喇叭（功能性检测）	否决项	二、三轮机动车
		轮胎型号 / 规格	否决项	二、三轮机动车
		胎冠花纹深度，胎面破裂 / 割伤 / 磨损 / 变形	否决项	二、三轮机动车
		轮胎螺栓	否决项	三轮机动车
		前、后减振器	建议维护项	二、三轮机动车
		转向上下联板、方向把	否决项	二、三轮机动车
		座垫、扶手（或拉带）、脚蹬和挡泥板	建议维护项	二、三轮机动车
		仪表数量和类型	注册登记检验，否决项	二、三轮机动车
		车辆产品标牌	注册登记检验，否决项	二、三轮机动车
		整车 3C 标志	注册登记检验，记录项	摩托车及轻便摩托车
		其他不符合 GB 7258 等机动车国家安全技术标准的情形	注册登记检验时为否决项	二、三轮机动车
2	发动机运转状况	起动性能	否决项	二、三轮机动车
		怠速、电源充电、仪表及指示器	建议维护项	二、三轮机动车
		加速手把 / 踏板控制	建议维护项	二、三轮机动车
		（柴油车）停机装置	否决项	三轮汽车
3	动态检验	转向轮左右转角	否决项	二、三轮机动车
		方向盘最大自由转动量	否决项	采用方向盘转向的三轮机动车
		离合装置	建议维护项	二、三轮机动车
		变速器	建议维护项	二、三轮机动车
		传动装置	建议维护项	二、三轮机动车
		油门控制	建议维护项	二、三轮机动车
		制动性能	建议维护项	二、三轮机动车

表 C.1（续）

序号	检验项目	内　容	项目属性	适用车型
4	下部检查	车架	建议维护项	二、三轮机动车
		电器线路固定	否决项	二、三轮机动车
		排气管 / 消声器	否决项	二、三轮机动车
		燃料箱	否决项	二、三轮机动车
		燃料管路	否决项	二、三轮机动车

注：“否决项”指该项目在注册登记检验和在用车检验时均要进行，且均为否决项；“建议维护项”指该项目在注册登记检验和在用车检验时均要进行，但均为建议维护项；“注册登记检验时为否决项”指该项目在注册登记检验和在用车检验时均要进行，但仅在注册登记检验时为否决项，在用车检验时则为建议维护项；“注册登记检验，否决项”指该项目仅在注册登记检验时进行且为否决项，在用车检验时不进行；“注册登记检验，记录项”指该项目仅在注册登记检验时记录相关情况。

附　录 D（规范性附录）

制动性能参数计算方法

D.1 用滚筒反力式制动检验台检验时

D.1.1 车轮阻滞力百分比为测得的该车轮阻滞力与该车轮所在轴（静态）轴荷之百分比。

D.1.2 轴制动率为测得的该轴左、右车轮最大制动力之和与该轴（静态）轴荷之百分比。

D.1.3 以同轴左、右轮任一车轮产生抱死滑移或左、右轮两个车轮均达到最大制动力时为取值终点，取制动力增长过程中测得的同时刻左右轮制动力差最大值为左右车轮制动力差的最大值，用该值除以左、右车轮最大制动力中的大值或（静态）轴荷，得到左右轮制动力差最大值百分比。

D.1.4 整车制动率为测得的各轮最大制动力之和与该车各轴（静态）轴荷之和之百分比。

D.1.5 驻车制动力百分比为测得的驻车制动力与该车各轴（静态）轴荷之和之百分比。

D.2 用平板制动检验台检验时

D.2.1 轴制动率为测得的该轴左、右车轮最大制动力之和与该轴轴荷之百分比，对乘用车轴荷取左、右轮制动力最大时刻所分别对应的左、右轮荷之和，对其他机动车轴荷取该轴静态轴荷。

D.2.2 左右轮制动力差最大值百分比、整车制动率、驻车制动力百分比等指标的计算见附录 D 的 D.1。

附　录E（规范性附录）

机动车安全技术检验记录单（人工检验部分）

号牌号码（编号）：　　　　车辆类型：　　　　里程表读数：　　　km

车辆出厂日期：　　年　　月　　日　初次登记日期：　　年　　月　　日　　检验日期：　　年　　月　　日

方式	检验项目	检验内容	判定
车辆外观检查	车辆唯一性认定*	1. 车辆号牌 2. 车辆类型、品牌/型号 3. 车身颜色 4. VIN（整车出厂编号） 5. 发动机号码	
		6. 主要特征及技术参数	
	车身外观	7. 保险杠	
		8. 后视镜*/下视镜* 9. 车窗玻璃* 10. 车体周正、尖锐突出物*	
		11. 漆面	
		12. 货箱/安全架/车外顶行李架* 13. 车身广告与文字标志、标识* 14. 自行加装装置*	
		15. 整车3C标志	
		16. 其他注册登记检验增加项目*	
车辆外观检查	车身外观照明和电气信号装置*	17. 前位灯/后位灯、侧标志灯 18. 后牌照灯 19. 示廓灯/挂车标志灯 20. 转向信号灯（前、后、侧）、危险警告信号灯 21. 前照灯（远光、近光） 22. 制动灯 23. 后反射器、侧反射器 24. 后雾灯 25. 倒车灯	
		26. 道路运输危险货物车辆标识 27. 特种车辆标志灯具 28. 附加灯具、反射器或附属装置	
		29. 喇叭	
		30. 车身反光标识	
	发动机舱	31. 发动机各系统机件 32. 蓄电池桩头及联线	
		33. 电器导线、各种管路* 34. 液压制动储液器液面*	
		35. 发动机标识*	
	驾驶室（区）	36. 门锁及门铰链	
		37. 驾驶员座椅* 38. 安全带*	

方式	检验项目	检验内容	判定
车辆外观检查	驾驶室（区）	39. 风窗玻璃驾驶员视区部位* 40. 刮水器*	
		41. 洗涤器	
		42. 汽车行驶记录仪* 43. 驾驶室固定、安全带*	
		44. 仪表数量和类型*	
		45. 操纵件、指示器及信号装置的图形标志* 46. 警告性文字的中文标注* 47. 车辆产品标牌*	
	发动机运转状况	48. 起动*	
		49. 怠速、仪表、电源充电 50. 加速踏板控制 51. 漏水、油、气/水温、油压	
		52. 关电熄火/柴油车停机装置*	
车辆外观检查	客车内部	53. 座椅/卧铺数量，座椅间距*	
		54. 扶手和卧铺护栏 55. 车厢灯、门灯 56. 客车地板、车内行李架	
		57. 灭火器、安全出口标识、安全手锤、安全门* 58. 安全带*	
		59. 安全出口的数量、位置和尺寸* 60. 乘客通道，通往安全门的通道*	
	底盘件	61. 燃料箱、燃料箱盖*	
		62. 挡泥板/牵引钩、蓄电池、蓄电池架 63. 贮气筒排污阀	
		64. 钢板弹簧* 65. 侧面及后下部防护装置*	
		66. 牵引连接装置	
	轮胎	67. 轮胎型号/规格/速度级别* 68. 胎冠花纹深度、胎面* 69. 轮胎螺栓、半轴螺栓*	
		70. 备胎标识*	
	其他	71. 其他不符合规定的情形	

机动车安全技术检验记录单（人工检验部分）（续）

号牌号码（编号）： 车辆类型： 里程表读数： km

车辆出厂日期： 年 月 日 初次登记日期： 年 月 日 检验日期： 年 月 日

方式	检验项目	检验内容	判定
底盘动态检验	转向系	72. 方向盘最大自由转动量 * 73. 转向沉重 *	
		74. 自动回正、直线行驶能力	
	传动系	75. 离合器 76. 变速器 77. 传动轴 / 链 78. 驱动桥	
	制动系	79. 点制动跑偏（20km/h）	
		80. 低气压报警装置 *	
		81. 弹簧储能制动器	
		82. 防抱制动装置 *	
	驾驶区	83. 仪表和指示器 *	
车辆底盘	转向系 *	84. 转向器固定 85. 转向各部件	
	传动系 *	86. 变速器支架 87. 分动器支架 88. 传动各部件	

方式	检验项目	检验内容	判定
车辆底盘	行驶系	89. 钢板吊耳 * 90. 吊耳销 *	
		91. 中心螺栓 92. U 型螺栓	
		93. 车桥移位 *	
		94. 车架纵梁 95. 车架横梁 96. 悬架杆系	
	制动系 *	97. 制动系部件、结构改动 98. 制动主缸、轮缸、制动管路漏气、漏油 99. 制动软管老化 100. 制动管路固定	
	电器线路	101. 电器线路检查 *	
	底盘其他部件 *	102. 发动机固定 103. 排气管、消声器 104. 燃料管路	

检验方式	不合格项	检验员签字
车辆外观检查		
底盘动态检验		
车辆底盘检查		

备注
（VIN 拓印膜粘贴区）

注：判定栏中√为合格；数字为相应不合格项。带*项为否决项，否决项不合格，车辆检验为不合格。

附　录 F（规范性附录）

机动车安全技术检验报告（正面）

代号：××× 检验日期：×××××× 检验流水号：××× 资格许可证号：×××× 电话：××××××

号牌（自编）号						所有人								
号牌种类						车辆类型				品牌 / 型号				
VIN（出厂编号）						发动机号				燃料类别				
驱动型式						驻车轴				转向轴悬架形式				
前照灯制						前照灯远光光束能否单独调整								
初次登记日期					出厂年月					里程表读数				
检验类别					检验项目				登录员		引车员			
代号	台试检测项目		轮（轴）荷（kg）		最大制动力（10N）		过程差最大差值点（10N）		制动率（%）	不平衡率（%）	阻滞率（%）		项目判定	单项次数
			左	右	左	右	左	右			左	右		
B	制动 *	一轴												
		二轴												
		三轴												
		四轴												
		驻车												
		整车												
		动态轮荷（左 / 右）（kg）				1 轴　/		2 轴　/		3 轴　/		4 轴　/		
H	前照灯	项目	远光发光强度 *（cd）		远光偏移				近光偏移				灯中心高 mm	
					垂直（mm/10m）		水平（mm/10m）		垂直（mm/10m）		水平（mm/10m）			
		左外灯												
		左内灯												
		右内灯												
		右外灯												
X	排放 *	高怠速	CO（%）		HC（10^{-6}）		λ		怠　速		CO（%）		HC（10^{-6}）	
		排气烟度			1）		2）		3）		平均值			
S	车速表		km/h											
A	侧滑		m/km											
路试制动性能 *									路试检验员					
人工检验项目			不合格否决项（打编号）						不合格建议维护项（打编号）				检验员	
1	车辆外观检查													
2	底盘动态检验													
3	车辆底盘检查													
检验结论					批准人				整车判定 / 总检次数					
备　注					送检人（签字）				单位盖章		×××××××× 检测站			

重要提示：《道路交通安全法》规定，上道路行驶的机动车未放置有效检验合格标志的，公安机关交通管理部门将扣留机动车并处以罚款。检验合格后请及时到公安机关交通管理部门办理相关手续并领取检验合格标志，有不合格建议维护项时请及时调修车辆。

机动车安全技术检验报告（反面）

说明：

⑴ 报告中带“*”项为否决项，否决项不合格，车辆检验不合格。

⑵ 报告中项目判定栏及单项不合格指标后所用标记含义为：

O：合格；

×：不合格；

—：未检；

※：车轮抱死。

⑶ 人工检验项目各栏中，标注为“无”则表示无不合格项。

⑷ 柴油车排放测试方式及单位由微机打入空格中［光吸收系数（m^{-1}）或烟度（Rb）］。

⑸ 路试制动性能中按选择的如下路试检测项目打印项目名称（单位）、数据：

制动初速度，制动距离（m），制动稳定性；

制动初速度，MFDD（m/s^2），协调时间（s），制动稳定性。

⑹ 制动动态轮荷仅在使用平板制动检验台检测乘用车时需打印。

⑺ 单项次数栏打印本检验周期内单项检测的次数（含初复检）、以便明确该数据是第几次检测结果。

⑻ 总检次数栏打印本检验周期内该车总上线检测的次数（含初复检）。

附　录 G（规范性附录）

二、三轮机动车安全技术检验记录单（人工检验部分）

二、三轮机动车安全技术检验记录单（人工检验部分）

号牌号码（编号）：　　　　车辆类型：　　　　里程表读数：　　km

车辆出厂日期：　年　月　日　　初次登记日期：　年　月　日　　检验日期：　年　月　日

方式	检验项目	检验内容	判定	方式	检验项目	检验内容	判定
外观检查	车辆唯一性认定＊	1. 号牌及安装 2. 车辆类型、品牌 / 型号 3. 车身颜色 4.VIN（整车出厂编号） 5. 发动机号		外观检查	发动机运转状况	33. 起动性能＊	
						34. 怠速 35. 电源充电 36. 仪表及指示器 37. 加速手把 / 踏板控制	
		6. 主要特征及技术参数				38. 柴油车停机装置 ※＊	
	外观	7. 后视镜＊ 8. 风窗玻璃 ※＊ 9. 刮水器 ※＊		动态检验	转向系	39. 转向轮左右转角＊ 40. 方向盘最大自由转动量 ※＊	
		10. 货厢、安全架 ※			离合器变速器传动装置油门	41. 离合器接合情况 42. 变速器换档 43. 传动轴 / 链及传动各部件 44. 油门控制	
		11. 漆面					
	仪表照明和电气信号装置	12. 仪表			制动	45. 制动性能	
		13. 前照灯（远、近光）＊ 14. 转向信号灯（前、后）＊ 15. 后位灯＊、后牌照灯＊ 16. 制动灯＊ 17. 后反射器＊		下部检查	车架	46. 车架	
					电器线路	47. 电器线路固定＊	
					相关部件	48. 排气管＊ 49. 消声器＊	
		18. 侧反射器				50. 燃料箱、燃料管路＊	
		19. 喇叭＊		检验方式		不合格项	检验员
	轮胎＊	20. 轮胎型号规格 21. 轮胎花纹深度 22. 胎面破裂 / 割伤 / 磨损 / 变形 23. 轮胎螺栓 ※		外观检查			
				动态检验			
				下部检查			
	转向系行驶系	24. 前后减振器		备注			
		25. 转向上、下联板＊ 26. 方向把＊					
	安全防护装置	27. 座垫、扶手（或拉带）、脚蹬 28. 挡泥板					
	注册登记检验项目	29. 仪表数量和类型＊ 30. 车辆产品标牌＊					
		31. 整车 3C 标志					
	其他	32. 其他不符合规定情形					
（VIN 拓印膜粘贴区）							

标记说明：1. ※ 为三轮机动车检验项目，带＊项为否决项。

2. 判定栏中✓为合格；数字为相应不合格项编号。

附 录H（规范性附录）

二、三轮机动车安全技术检验记录单

二、三轮机动车安全技术检验报告

代号：××× 检验日期：×××××× 检验流水号：××× 资格许可证号：×××× 电话：××××××

<table>
<tr><td colspan="3">号牌（自编）号</td><td colspan="2"></td><td colspan="2">所有人</td><td colspan="6"></td></tr>
<tr><td colspan="3">号牌种类</td><td colspan="2"></td><td colspan="2">车辆类型</td><td colspan="3"></td><td>品牌/型号</td><td colspan="2"></td></tr>
<tr><td colspan="3">VIN（出厂编号）</td><td colspan="2"></td><td colspan="2">发动机号</td><td colspan="3"></td><td>燃料种类</td><td colspan="2"></td></tr>
<tr><td colspan="3">前照灯制</td><td colspan="2"></td><td colspan="5">前照灯远光光束能否单独调整</td><td colspan="3"></td></tr>
<tr><td colspan="3">初次登记日期</td><td colspan="2"></td><td colspan="2">出厂年月</td><td colspan="3"></td><td>里程表读数</td><td colspan="2"></td></tr>
<tr><td colspan="3">检验类别</td><td colspan="2"></td><td colspan="2">检测项目</td><td colspan="3"></td><td>登录员</td><td colspan="2"></td></tr>
<tr><td colspan="9">台试检测数据</td><td>引车员</td><td colspan="3"></td></tr>
<tr><td rowspan="2">代号</td><td colspan="2" rowspan="2">项目</td><td colspan="2">质量（kg）</td><td colspan="2">制动力（10N）</td><td colspan="2">过程差最大差值点（10N）</td><td rowspan="2">制动率（%）</td><td rowspan="2">不平衡率（%）</td><td rowspan="2">项目判定</td><td rowspan="2">单项次数</td></tr>
<tr><td>左</td><td>右</td><td>左</td><td>右</td><td>左</td><td>右</td></tr>
<tr><td rowspan="4">B</td><td rowspan="4">制动*</td><td>前轮</td><td></td><td></td><td></td><td></td><td></td><td></td><td></td><td></td><td></td><td></td></tr>
<tr><td>后轮（轴）</td><td></td><td></td><td></td><td></td><td></td><td></td><td></td><td></td><td></td><td></td></tr>
<tr><td>驻车</td><td colspan="2"></td><td colspan="2"></td><td colspan="2" rowspan="2"></td><td></td><td></td><td></td><td></td></tr>
<tr><td>整车</td><td colspan="2"></td><td colspan="2"></td><td></td><td></td><td></td><td></td></tr>
<tr><td rowspan="4">H</td><td rowspan="4">前照灯</td><td rowspan="2">项目</td><td colspan="2" rowspan="2">远光发光强度*（cd）</td><td colspan="4">远光偏移</td><td colspan="2">近光偏移</td><td colspan="2" rowspan="2">灯中心高（mm）</td></tr>
<tr><td colspan="2">垂直（mm/10m）</td><td colspan="2">水平（mm/10m）</td><td>垂直（mm/10m）</td><td>水平（mm/10m）</td></tr>
<tr><td>左（单）灯</td><td colspan="2"></td><td colspan="2"></td><td colspan="2"></td><td></td><td></td><td></td><td></td></tr>
<tr><td>右灯</td><td colspan="2"></td><td colspan="2"></td><td colspan="2"></td><td></td><td></td><td></td><td></td></tr>
<tr><td rowspan="2">X</td><td rowspan="2">排放*</td><td>摩托车/轻便摩托车</td><td colspan="4">CO： %</td><td colspan="4">HC： 10^{-6}</td><td></td><td></td></tr>
<tr><td>三轮汽车</td><td colspan="3">1） Rb</td><td colspan="3">2） Rb</td><td>3） Rb</td><td>平均 Rb</td><td></td><td></td></tr>
<tr><td>S</td><td colspan="2">车速表</td><td colspan="8">km/h</td><td></td><td></td></tr>
<tr><td>A</td><td colspan="2">轮偏*</td><td colspan="8">mm</td><td></td><td></td></tr>
<tr><td colspan="3">路试制动性能*</td><td colspan="6"></td><td>检验员</td><td></td><td></td><td></td></tr>
<tr><td colspan="3">人工检验项目</td><td colspan="4">不合格否决项（打编号）</td><td colspan="4">不合格建议维护项（打编号）</td><td colspan="2">检验员</td></tr>
<tr><td>1</td><td colspan="2">外观检查</td><td colspan="4"></td><td colspan="4"></td><td colspan="2"></td></tr>
<tr><td>2</td><td colspan="2">动态检验</td><td colspan="4"></td><td colspan="4"></td><td colspan="2"></td></tr>
<tr><td>3</td><td colspan="2">下部检查</td><td colspan="4"></td><td colspan="4"></td><td colspan="2"></td></tr>
<tr><td colspan="2">检验结论</td><td colspan="3"></td><td>批准人</td><td colspan="3"></td><td colspan="2">整车判定/总检次数</td><td></td><td></td></tr>
<tr><td colspan="2">备注</td><td colspan="3"></td><td>送检人（签字）</td><td colspan="3"></td><td>单位盖章</td><td colspan="3">××××× 检测站</td></tr>
</table>

标记说明：*：否决项；0：合格；×：不合格（项目判定栏及单项不合格指标后）；一：未检；※：车轮抱死。

重要提示：《道路交通安全法》规定，上道路行驶的机动车未放置有效检验合格标志的，公安机关交通管理部门将扣留机动车并处以罚款。检验合格后请及时到公安机关交通管理部门办理相关手续并领取检验合格标志，有不合格建议维护项时请及时调修车辆。

GB 21861-2008《机动车安全技术检验项目和方法》

国家标准第 1 号修改单

本修改单经国家标准化管理委员会于 2010 年 4 月 2 日以国标委工一函【2010】6 号文批准，自批准之日起实施。

本修改单第二、三、十一、十二条为强制性，其余均为推荐性。

一、第 1 章范围中：第二段修改为：

“本标准适用于机动车安全技术检验机构对在我国道路上行驶的机动车进行安全技术检验，本标准也适用于进出口机动车检验机构对入境机动车进行安全技术检验。加装肢体残疾人操纵辅助装置的汽车，应按照本标准进行安全技术检验。经有关部门批准进行实际道路试验的机动车，可参照本标准进行安全技术检验。”

二、第 6.1.1 条在“认定机动车的主要特征和技术参数（详见附录 A），”之后增加：“加装肢体残疾人操纵辅助装置的，应检查操纵辅助装置铭牌标明的产品型号和产品编号，确认是否与操纵辅助装置加装合格证明记录的产品型号和产品编号一致；”。

三、第 6.2.1 条的“对变更车身 / 车架或变更发动机后的在用机动车进行安全技术检验时，还应核对车身 / 车架和发动机的来历凭证及公安机关交通管理部门批准允许变更车身 / 车架的相关证明材料”修改为：“加装肢体残疾人操纵辅助装置的，应检查操纵辅助装置铭牌标明的产品型号和产品编号，确认是否与操纵辅助装置加装合格证明或机动车行驶证记录的产品型号和产品编号一致。对变更车身 / 车架或变更发动机后的在用机动车进行安全技术检验时，还应核对车身 / 车架和发动机的来历凭证。”

四、删除第 6.2.2.2 条。

五、第 8.1.1.1 条增加：

“j）对加装肢体残疾人操纵辅助装置的汽车，检查设置的残疾人机动车专用标志是否符合相关规定。”

六、第 8.1.4.1 条增加：

“g）对加装肢体残疾人操纵辅助装置的汽车，检查加装的操纵辅助装置部件是否齐全完整、紧固件有无松动。”

七、增加第 9.3.5 条：

“9.3.5 加装肢体残疾人操纵辅助装置的汽车检验的特殊要求对加装肢体残疾人操纵辅助装置的汽车，应通过操纵辅助装置检验制动性能。检验行车制动性能时施加在制动和加速迁延手柄表面上的正压力不应大于 300N，检验驻车制动性能时驻车制动辅助手柄的操纵力应不大于 200N。”

八、第 13.1 条修改为：

“13.1 机动车安全技术检验完毕后，机动车安全技术检验机构应签发《机动车安全技术检验报告》，并将安全技术检验的相关数据及图像传送给公安交通管理部门等相关部门。”

九、增加第 14 章：

“14 其他规定机动车安全技术检验每个工位的最少检验时间见表 3。”

十、增加表 3：

表 3 机动车安全技术检验各工位最少检验时间

单位为秒

检验工位	最少检验时间		
	大（重）、中型汽车	小（轻）、微型汽车	摩托车
车辆外观检查及底盘动态检验	300	180	90
车辆底盘检查（下部检查）	100	60[a]	
制动（含轮重）[b]	60	60	30
前照灯	60[c]	60[c]	30
车速	20	20	15
排放	120[d, e]	120[d, e]	120

[a] 对小型、微型载客汽车为 40s；

[b] 使用平板式制动检验台时，最少检验时间对汽车和摩托车均为 15s；

[c] 使用左右前照灯检测仪同时检测时，最少检验时间对汽车为 40s；

[d] 对柴油车最少检验时间为 60s；使用工况法进行检测时，最少检验时间根据检测方法另行制定；

[e] 不包括安装转速计等准备环节的时间。

十一、在附录 A 的“A.2 技术参数”的最后增加：“操纵辅助装置的产品型号和产品编号”。

十二、在附录 B 的“表 B.1 车辆外观检查项目”的“4 驾驶室（区）”的“驾驶室固定”行下方增加一行：“操纵辅助装置，否决项”。

十三、将附录 E 的“机动车安全技术检验记录单（人工检验部分）”中的“43. 驾驶室固定、安全带 *”更改为“43. 驾驶室固定、操纵辅助装置 *”。

国家环境保护总局关于发布《车用压燃式、气体燃料点燃式发动机与汽车排气污染物排放限值及测量方法（中国Ⅲ、Ⅳ、Ⅴ阶段）》等四项国家污染物排放标准的公告

为贯彻《中华人民共和国大气污染防治法》，防治环境污染，保护和改善生活环境和生态环境，保障人体健康，现批准《车用压燃式、气体燃料点燃式发动机与汽车排气污染物排放限值及测量方法（中国Ⅲ、Ⅳ、Ⅴ阶段）》等四项标准为国家污染物排放标准，并由我局与国家质量监督检验检疫总局联合发布。

标准名称、编号及实施方案如下：

一、车用压燃式、气体燃料点燃式发动机与汽车排气污染物排放限值及测量方法（中国III、Ⅳ、Ⅴ阶段）（GB 17691-2005）

自2007年1月1日起实施。自实施之日起，代替《车用压燃式发动机排气污染物排放限值及测量方法（GB 17691-2001）》和《车用点燃式发动机及装用点燃式发动机汽车排气污染物排放限值及测量方法（GB 14762-2002）》中的气体燃料点燃式发动机部分。

二、车用压燃式发动机和压燃式发动机汽车排气烟度排放限值及测量方法（GB 3847-2005）

自2005年7月1日起实施。自实施之日起，代替《压燃式发动机和装用压燃式发动机的车辆排气可见污染物限值及测试方法（GB 3847-1999）》、《汽车柴油机全负荷烟度排放标准（GB 14761.7-93）》、《汽车柴油机全负荷烟度测量方法（GB 3847-83）》、《柴油车自由加速烟度排放标准（GB 14761.6-93）》、《柴油车自由加速烟度的测量 滤纸烟度法（GB/T 3846-93）》和《在用汽车排气污染物限值及测试方法（GB 18285-2000）》中的压燃式发动机汽车部分。

三、点燃式发动机汽车排气污染物排放限值及测量方法（双怠速法及简易工况法）（GB 18285-2005）

自2005年7月1日起实施。自实施之日起，代替《汽油车怠速污染物排放标准（GB 14761.5-93）》、《汽油车排气污染物的测量怠速法（GB/T 3845-93）》和《在用汽车排气污染物排放限值及测试方法（GB 18285-2000）》中的点燃式发动机汽车部分。

四、摩托车和轻便摩托车排气烟度排放限值及测量方法（GB 19758-2005）

自2005年7月1日起实施。

二〇〇五年五月三十日

机动车查验工作规程

GA 801—2008

前　言

本标准的全部技术性内容均为强制性。

本标准的附录 B、附录 C 为规范性附录，附录 A 为资料性附录。

本标准由公安部道路交通管理标准化技术委员会提出并归口。

本标准负责起草单位：公安部交通管理科学研究所。

本标准参加起草单位：公安部交通管理局车辆管理处。

本标准主要起草人：应朝阳、刘雪梅、吴云强、秦东炜、张军。

1　范围

本标准规定了机动车查验的人员资质、项目、工作要求及其他相关要求。

本标准适用于公安机关交通管理部门车辆管理所对机动车进行查验。

2　规范性引用文件

下列文件中的条款通过本标准的引用而成为本标准的条款。凡是注日期的引用文件，其随后所有的修改单（不包括勘误的内容）或修订版均不适用于本标准，然而，鼓励根据本标准达成协议的各方研究是否可使用这些文件的最新版本。凡是不注日期的引用文件，其最新版本适用于本标准。

GB 7258 机动车运行安全技术条件

公安部令第 102 号《机动车登记规定》

3　术语和定义

下列术语和定义适用于本标准。

3.1　查验 inspect

公安机关交通管理部门车辆管理所办理机动车登记业务时，依据道路交通安全法律法规和相关标准，确认机动车是否符合相关规定。

3.2　查验员 inspector

具有相应的知识和技能，经培训考试合格并获得查验员资格证书，从事机动车查验工作的人员。

4　查验员资质

4.1　省级公安机关交通管理部门负责对本省（自治区、直辖市）范围内的查验员进行培训、考试，核发查验员资格证书。

4.2　从事机动车查验工作的人员应具有查验员资质。

4.3　民警负责进口机动车、中型（含）以上载客汽车、中型（含）以上载货汽车、专项作业车、三轮汽车和低速货车、挂车、危险化学品运输车（即道路运输危险货物车辆，下同）的注册登记、变更登记及法定监销机动车的报废解体监销等业务的机动车查验，并采用现场监督、抽查复核等方式对其他车辆类型和业务种类的机动车查验进行监督。

5　查验项目

5.1　注册登记

5.1.1　对申请注册登记的机动车，应当核对机动车标准照片和使用性质，确定车身颜色、核定载人数和车辆类型，并查验以下项目：

a）基本信息：车辆识别代号（或整车出厂编号，下同）、发动机号码（包括发动机型号和出厂编号，下同）、车辆品牌和型号；

b）主要特征和技术参数：车辆号牌板（架）、车辆外观形状、轮胎完好情况。

5.1.2　根据申请注册登记机动车的车辆类型和用途的不同，还应当查验以下项目：

a）对汽车（三轮汽车除外），查验机动车用三角警告牌；

b）对最大设计车速大于等于100km/h的载货汽车（包括半挂牵引车），专用校车、公路客运载客汽车和旅游客运载客汽车、微、小、中型载客汽车，查验汽车安全带；

c）对中型（含）以上载货汽车、三轮汽车和低速货车、挂车、危险化学品运输车，查验外廓尺寸、轴数和轮胎规格；其他类型的机动车在有疑问时查验；

d）对所有货车（包括三轮汽车、低速货车和载货类汽车底盘改装的专用汽车）和挂车，按照规定查验车身反光标识；

e）对除半挂牵引车外的总质量大于3500kg的载货汽车和挂车，按照规定查验侧面及后下部防护装置；

f）对危险化学品运输车、中型（含）以上载客汽车，查验灭火器；

g）对道路运输爆炸品和剧毒化学品车辆、车长大于9000mm的公路客运载客汽车和旅游客运载客汽车，查验行驶记录装置；

h）对大型载客汽车（车长小于6000mm的除外），查验安全出口和安全手锤；

i）对危险化学品运输车、专用校车、燃气汽车（包括气体燃料汽车、两用燃料汽车和双燃料汽车，下同），查验外部标识、文字；

j）对警车、消防车、救护车和工程救险车，查验车辆外观制式、标志灯具和车用电子警报器。

5.1.3　对按照公安部令第102号规定在申请注册登记前应当进行安全技术检验的机动车，审核安全技术检验合格证明。

5.2　核发机动车检验合格标志

5.2.1　对申请核发机动车检验合格标志的机动车，应当查验以下项目并审核安全技术检验合格证明：

a）基本信息：车辆识别代号、车身颜色；

b）主要特征和技术参数：核定载人数、车辆号牌、车辆外观形状、轮胎完好情况；

c）5.1.2的a）、b）、d）～f）和h）～j）规定的项目。

5.2.2　根据申请核发机动车检验合格标志机动车的车辆类型、出厂日期和注册登记日期、用途的不同，还应当查验以下项目：

a）对重型、中型载货汽车和挂车，查验号牌放大号，对非专用校车，查验校车标牌；

b）对2005年2月1日起注册登记的车长大于9000mm的公路客运载客汽车和旅游客运载客汽车，及2006年11月1日起出厂的道路运输爆炸品和剧毒化学品车辆，查验行驶记录装置；

c）对车辆外廓尺寸、轴数和轮胎规格等主要特征和技术参数存在疑问时，可增加查验。

5.3　变更登记和变更备案

5.3.1　对因变更车身颜色或使用性质申请变更登记的机动车，核对变更颜色（或使用性质）后的机动车标准照片，查验车辆识别代号、车辆号牌、车辆外观形状和轮胎完好情况，确认车身颜色，并按5.1.2的d）、e）、i）、j）和5.2.2的a）的规定查验机动车。

5.3.2　对因更换车身或者车架申请变更登记的机动车，核对变更后的机动车标准照片，查验车辆识别代号、发动机号码、车身颜色、车辆号牌、车辆外观形状和轮胎完好情况，审核安全技术检验合格证明，并按5.1.2条的d）、e）、i）、j）和5.2.2的a）、b）的规定查验机动车。有疑问时还应查验核定载人数及外廓尺寸。

5.3.3　对因更换发动机申请变更登记的机动车，查验车辆识别代号、发动机号码、车辆号牌，审核安全技术检验合格证明。

5.3.4　对因质量问题更换整车申请变更登记的，按5.1的规定查验机动车。

5.3.5　对转入的机动车进行查验时，按5.1.1、5.1.2的a）～f）和h）～j）及5.2.2的b）的规定查验机动车。

5.3.6　对因重新打刻车辆识别代号申请变更备案的机动车，查验车辆识别代号、发动机号码，车身颜色、车辆号牌、车辆外观形状和轮胎完好情况，并按5.1.2的d）、e）、i）、j）和5.2.2的a）的规定查验机动车。

5.3.7　对因重新打刻发动机号申请变更备案的机动车，查验车辆识别代号、发动机号码和车辆号牌。

5.4　其他业务

5.4.1　对申请转移登记或者变更迁出的机动车，查验发动机号码，并按5.2的规定查验机动车，但5.2.2的a）规定的项目除外。

5.4.2 对申领、补领机动车登记证书的机动车，按5.1.2的d）、e）、i）、j）、5.2.1的a）、b）和5.2.2的a）、c）的规定查验机动车。

5.4.3 监销报废解体的机动车时，应查验被报废解体机动车的车辆识别代号，确认车辆五大总成（车身/车架、发动机、方向机、变速器、后桥）是否齐全。

6 工作要求

6.1 查验机动车应在照明良好的条件下进行，用于查验机动车的场地应平坦、硬实。

6.2 查验员应当按照规定的项目查验机动车，按照相关法律法规和GB 7258等机动车国家安全技术标准确认所查验项目是否符合规定（参见附录A）。

《机动车查验记录表》（见附录B）所列查验项目发现不合格情形时，应在对应的判定栏内签注“×”，必要时还应在备注栏简要予以说明；对按照规定不须查验的项目，在对应的判定栏内签注“—”；发现有不符合GB 7258等机动车国家安全技术标准和相关法律法规的其他情形时，应在《机动车查验记录表》的备注栏内记录相关情况。对申请注册登记的机动车进行查验时，查验员应在对应的判定栏内签注确定的“车身颜色”、“核定载人数”及“车辆类型”；若相关凭证记载有相应的内容，还应在签注内容后签注“√”或“×”。对申请变更车身颜色的机动车进行查验时，查验员应在对应的判定栏内签注确定的“车身颜色”。

按规定应当查验的项目全部合格且未发现其他不合格情形时，查验员应在《机动车查验记录表》对应的位置签注“合格”、签字并签注日期；具有不合格情形时，查验员应签注“不合格”、签字并签注日期。

查验不合格的机动车复检合格时，查验员在《机动车查验记录表》对应的位置签字并签注日期；复检仍不合格的，不签注。

6.3 查验车辆识别代号时，应实车查看车辆识别代号的号码，核对是否与机动车整车出厂合格证明、货物进口证明书或者机动车行驶证等凭证一致，确认车辆识别代号有无被凿改嫌疑。办理机动车注册登记、转入、转移登记、变更迁出、更换车身或者车架、更换整车、申领机动车登记证书等业务及重新打刻车辆识别代号变更备案时，还应当核对车辆识别代号拓印膜。更换车身或者车架时不属于打刻原车辆识别代号的，在《机动车查验记录表》的备注栏内记录新的车辆识别代号。

6.4 查验发动机号码时，应实车查看打刻（或铸出）的发动机型号和出厂编号，核对是否与机动车整车出厂合格证明、货物进口证明书或机动车行驶证等凭证一致，确认发动机号码有无被凿改嫌疑。如打刻（或铸出）的发动机型号和出厂编号不易见，则只查看发动机易见部位上能永久保持的标有发动机型号和出厂编号的标识，对2004年4月30日前注册登记的机动车有疑问时可核对发动机出厂编号拓印膜。更换发动机时不属于打刻原发动机号码的，在《机动车查验记录表》的备注栏内记录新的发动机型号和出厂编号。

6.5 查验车辆外廓尺寸时，应当使用量具测量相关尺寸参数；对侧面及后下部防护装置离地高度、车身反光标识面积等参数有疑问时，也应当使用量具测量相关尺寸。

6.6 审核机动车安全技术检验合格证明时，应审查安全技术检验合格证明上是否有具有资质的机动车安全技术检验机构的签章，确认安全技术检验的项目是否齐全及制动、灯光等主要安全项目的检验结果是否符合相关技术标准。

6.7 监销报废解体的机动车时，如发现车辆的五大总成不齐全，应要求机动车所有人出具相应的书面材料予以说明，但车身/车架缺失时应认定为车辆缺失。

6.8 省、自治区、直辖市和社区的市公安机关交通管理部门，可以根据GB 7258等机动车国家安全技术标准增加查验项目，根据地方性法规或地方政府规章扩大安全装置的配置和查验范围，在附录B的基础上增加《机动车查验记录表》的填写事项。各地实际执行的机动车查验工作要求应报公安部交通管理局备案。

6.9 省、自治区、直辖市和设区的市公安机关交通管理部门，可以根据需要对在辖区内首次注册登记的新车型进行技术参数确认，建立新车型的技术参数库。

7　特殊情形的处理

7.1　查验中发现机动车存在被盗抢嫌疑、走私嫌疑、违法改装、非法拼组装等情形时，应详细记录机动车的基本信息并在计算机系统中注明。属于被盗抢嫌疑和走私嫌疑的，进入嫌疑车辆调查程序；属于违法改装的，应责令机动车车主将机动车恢复原状；属于非法拼组装的，应按照相关规定移交有关部门予以拆解、报废。属于办理业务前经机动车安全技术检验机构安全技术检验合格的，应将相关信息通报给当地质量技术监督部门。

7.2　查验申请注册登记的机动车时，发现车辆外廓尺寸等主要特征和技术参数不符合GB 7258等机动车国家安全技术标准或与公告的数据不一致时，或发现公告的技术参数不符合GB 7258等机动车国家安全技术标准时，车辆管理所应做好取证工作，在计算机系统中详细记录机动车的基本信息及整车生产厂家、生产日期、公告批次（对进口机动车为进口证明凭证名称、编号）等信息，填写《违规机动车产品通报表》（见附录C）向当地质量技术监督部门通报并通过网络逐级上报。

附　录 A（资料性附录）

机动车查验合格要求

机动车查验合格要求见表 A.1。

表 A.1　机动车查验合格要求

序号	项　目	合格要求
1	车辆识别代号（整车出厂编号）	汽车、摩托车（含轻便摩托车）、半挂车应至少有一个易见且易于拓印的车辆识别代号打刻在车架（无车架的机动车为车身主要承载且不能拆卸的部件）上；其他机动车应打刻整车型号和出厂编号，型号在前，出厂编号在后，出厂编号两端应打刻起止标记。同一辆车上标识的所有车辆识别代号（或整车出厂编号，下同）内容应相同。同一辆车上不允许既打刻车辆识别代号，又打刻整车型号和出厂编号。打刻的车辆识别代号内容应与相关凭证（机动车整车出厂合格证明、货物进口证明书或《机动车行驶证》）记载及整车产品标牌标明的车辆识别代号内容一致，并且不应有明显的更改、变动、凿改、挖补、打磨痕迹或垫片、擅自另外打刻等异常情形。 注 1：2004 年 10 月 1 日前出厂的改装汽车可能有两个不同内容的车辆识别代号，此时应有一个车辆识别代号的内容与相关凭证相同。 注 2：核发检验合格标志时，可不查看整车产品标牌。 注 3：2007 年 4 月 1 日起出厂的三轮汽车和低速货车必须按照规定打刻车辆识别代号
2	发动机型号和出厂编号	发动机型号和出厂编号应打刻（或铸出）在气缸体上且应能永久保持；打刻的发动机出厂编号不应有明显的凿改、挖补、打磨痕迹或擅自另外打刻等异常情形。若打刻（或铸出）的发动机型号和出厂编号不易见，则应在发动机易见部位增加能永久保持的发动机型号和出厂编号的标识。 相关凭证上记载的“发动机型号和出厂编号”应与发动机缸体上打刻或铸出（或标识上标明）及整车产品标牌上标明的发动机型号和出厂编号一致。 注 1：2004 年 10 月 1 日前出厂的机动车打刻的发动机型号和出厂编号不易见时，其发动机的易见部位不一定有发动机标识。 注 2：核发检验合格标志时，也可核对发动机型号和出厂编号
3	车辆品牌 / 型号	注册登记查验时，机动车整车出厂合格证明（对国产机动车）、海关货物进口证明书（对进口机动车）等凭证上记载的“车辆品牌”和“车辆型号”与整车产品标牌上标明的车辆品牌、型号应一致。
4	车身颜色	注册登记查验时，按照标准核定车身颜色；变更车身颜色时，按照实车填写车身颜色。其他情况下，车身颜色应与《机动车行驶证》记载的车身颜色一致
5	核定载人数	注册登记查验时，按照 GB 7258-2004 及其第 2 号修改单的 4.5.2 ~ 4.5.5 及 11.8 核定载客人数 / 驾驶室乘坐人数。对实行《公告》管理的国产机动车，载货汽车和专项作业车核定的驾驶室乘坐人数可小于《公告》和机动车整车出厂合格证明标明的驾驶室乘坐人数，但载客汽车核定的乘坐人数与机动车整车出厂合格证明标明的乘坐人数的数值应一致且符合《公告》管理的相关规定。 其他情况下，座位 / 铺位数应与《机动车行驶证》记载的内容一致
6	号牌板（架）/ 车辆号牌	注册登记查验时，检查机动车号牌板（架）：前号牌板（架）应设于前面中部或右侧（按机动车前进方向），后号牌板（架）应设于后面中部或左侧，号牌板（架）应能安装符合 GA 36—2007 要求的机动车号牌。其他情况下，检查车辆号牌：号牌应安装在号牌板（架）处，号牌应正置、横向水平、纵向基本垂直且使用符合标准的固封装置固封，号牌应无变形、遮盖和破损、涂改，号牌号码和种类应与《机动车行驶证》的记录一致，其汉字、字母和数字应清晰可辨、颜色应无明显色差。不允许使用可拆卸号牌架和可翻转号牌架

表 A.1（续）

序号	项　目	合格要求
7	车辆外观形状	外部照明灯具的透光面均应齐全，对称设置、功能相同的外部照明灯具的透光面颜色不应有明显差异。机动车配备的后视镜和下视镜应完好。所有车窗玻璃应完好且未粘贴镜面反光遮阳膜。校车（包括专用校车和非专用校车）所有车窗玻璃均不应张贴有不透明和带任何镜面反光材料之色纸或隔热纸。 注：机动车标准相片的规格为：长度 88mm ± 0.5mm，宽度 60mm ± 0.5mm，圆角半径为 4mm ± 0.1mm。拍摄汽车类机动车的相片时，应当从车前方左侧 45° 角拍摄，拍摄其他机动车相片时，应当从车后方左侧 45° 角拍摄；机动车影像应占相片的三分之二。机动车标准相片应当能够清晰辨认车身颜色及外观特征，如悬挂有机动车号牌，其号牌号码和号牌类型应与《机动车行驶证》记载的内容一致。查验员可以通过采集机动车标准照片信息核对机动车标准照片
8	轮胎完好情况	轮胎胎冠花纹深度应符合 GB 7258-2004 中 9.1.1 的要求，轮胎胎面及胎壁应无影响使用的破裂、缺损、异常磨损和割伤，轮胎螺母应完整齐全。 注册登记查验时，轮胎数应与机动车整车出厂合格证明等相关凭证记载的数据一致；其他情况下，轮胎数应与《机动车行驶证》上机动车标准照片记载的轮胎数一致
9	机动车用三角警告牌	汽车（三轮汽车除外）应配备机动车用三角警告牌，三角警告牌在车上应妥善放置，式样及尺寸应符合 GB 19151-2003 相关规定。 注：警告牌应是中空的，外侧为红色的回复反射区，内侧邻接的为红色荧光区，均为同心的等边三角形。警告牌的理论边长为 500mm ± 50mm，中空区域的边长最小为 70mm
10	汽车安全带	微、小、中型载客汽车及最大设计车速大于等于 100km/h 的载货汽车（包括半挂牵引车）的前排座椅，公路客运载客汽车和旅游客运载客汽车的驾驶员座椅、前面没有座椅的座椅及前面护栏不能起到必要防护作用的座椅，应装置汽车安全带；卧铺客车的每个铺位均应安装两点式汽车安全带。 2005 年 8 月 1 日起新出厂的座位数不大于 5 的小型载客汽车，及 2006 年 2 月 1 日起新出厂的座位数大于 5 的载客汽车，所有座椅（第三排及第三排以后的可折叠座椅除外）均应装置汽车安全带。 2005 年 8 月 1 日起新出厂的公路客运载客汽车和旅游客运载客汽车，当（同向）座椅的座间距大于 1000mm 且座垫前面沿座椅纵向不大于 600mm 的范围内没有能起到防护作用的护栏或其他物体时，也应装置汽车安全带。 专用校车的每一个儿童座位都应装置汽车安全带。 汽车安全带应齐全且能正常使用
11	车辆外廓尺寸	汽车及汽车列车、挂车的实际外廓尺寸不得超出 GB 1589-2004 及其第 1 号修改单规定的限值，摩托车及轻便摩托车的实际外廓尺寸不得超出 GB 7258-2004 的 4.2 中表 2 规定的限值。 注册登记查验时，车辆的长、宽、高应与机动车整车出厂合格证明等相关凭证上记载的数值一致；其他情况下，应与《机动车行驶证》上记载的数值一致。外廓尺寸参数公差允许范围对汽车（低速货车和三轮汽车除外）为 ±1%，对其他机动车为 ±3%
12	轴数	注册登记查验时，轴数（包括浮动轴）应与机动车整车出厂合格证明等相关凭证上记载的数据一致；其他情况下，轴数应与《机动车行驶证》上机动车标准照片记载的轴数一致
13	轮胎规格	同一轴上的轮胎规格和花纹应相同，轮胎规格应与机动车整车出厂合格证明等相关凭证（或资料）记载的内容一致
14	车身反光标识	车身反光标识应为红白单元相间的条状反光膜材料，表面应完好、无破损。红白单元每一单元的长度应不小于 150mm 且不大于 450mm，宽度可为 50mm，75mm 或 100mm。 机动车粘贴的车身反光标识的白色单元上应加施有符合规定的“3C”标识。 后部车身反光标识应能体现机动车后部宽度和高度，其离地高度应不小于 380mm。后部车身反光标识与后反射器的面积之和，使用一级车身反光标识材料时应不小于 0.1m²，使用二级车身反光标识材料时应不小于 0.2m²。 侧面车身反光标识允许分隔粘贴，但应保持红白单元相间。侧面的车身反光标识长度应不小于车长的 50%，三轮汽车的侧面车身反光标识长度不应小于 1200mm，货厢长度不足车长 50% 的载货汽车的侧面车身反光标识长度应为货厢长度。 粘贴的车身反光标识式样应符合相关规定。厢式货车和厢式挂车后部、侧面的车身反光标识应能体现货厢轮廓。 道路运输剧毒化学品和爆炸品车辆还应在车辆的后部和两侧粘贴能标示车辆轮廓的、宽度为 150mm ± 20mm 的橙色反光带

表 A.1（续）

序号	项　目	合格要求
15	侧面及后下部防护装置	侧面及后下部防护装置应固定可靠，与车架或车体的可靠部位有效连接，不会因车辆正常行驶而松动。 后下部防护装置任一端的最外缘应与这一侧车辆后轴车轮最外端的横向水平距离不大于 100mm；后下部防护装置整个宽度上的下边缘离地高度对于后下部防护装置状态可调整的车辆应不大于 450mm，对后下部防护装置状态不可调整的车辆应不大于 550mm；后下部防护装置的横向构件的截面高度（对格构式圆钢结构的后下部防护装置，截面高度为横向布置圆钢的直径之和）应不小于 100mm，端部不应有尖锐边缘；后下部防护装置应具有足够的强度。 侧面防护装置的下缘任何一点的离地高度应不大于 550mm。侧面防护装置的前缘和后缘应处在最靠近它的轮胎周向切面之后（前）300mm 的范围之内。但对于全挂车，前缘位于 500mm 的范围之内即可；对于半挂车，前缘与支腿中心横截面距离小于等于 250mm 即可；对于长头载货汽车，前缘与驾驶室后壁板件的间隙小于等于 100mm 内时即可
16	灭火器	中型（含）以上载客汽车、危险化学品运输车应配备处于有效期内的灭火器，灭火器在车身应安装牢靠并便于使用
17	行驶记录装置	行驶记录装置及其连接导线在车上应固定可靠，行驶记录装置应能正常显示。2006 年 12 月 1 日起新出厂汽车装置的汽车行驶记录仪，其主机外表面的易见部位应铭刻有符合规定的“3C”标识
18	安全出口 / 安全手锤	车长大于等于 6000mm 的载客汽车，如车身右侧仅有一个供乘客上下的车门时，应设置安全门或安全窗。车长大于 7000mm 的公路客运载客汽车和旅游客运载客汽车应设置车顶安全出口（安全顶窗）。 使用安全窗时，应采用易于迅速从车内、外开启的装置；或采用安全玻璃，并在车内明显部位装备用于击碎出口玻璃的手锤。 每个安全出口（安全门、安全窗和安全顶窗）应在其附近设有“安全出口”字样，安全出口的应急控制器应在其附近标有清晰的符号或字样并注明其操作方法，字体高度应不小于 20mm
19	外部标识、文字	车长大于等于 6000mm 或总质量大于等于 4500kg 的载货汽车、挂车，车身（车厢）后部应喷涂有符合规定的放大牌号。 危险化学品运输车应装置符合 GB 13392-2005 规定的标志（包括标志灯和标志牌）及符合《公安部关于贯彻执行〈剧毒化学品购买和公路运输许可证件管理办法〉有关问题的通知》（公通字 [2005]38 号）规定的矩形安全标示牌。 燃气汽车（天然气汽车和液化石油气汽车）应按规定在车辆前端和后端醒目位置分别设置标注其使用的气体燃料类型的识别标志，标志图形为有边框的菱形，在方框中分别居中匀称地布置有大写印刷体英文字母“CNG”（压缩天然气汽车）、“LNG”（液化天然气汽车）、“ANG”（吸附天然气汽车）、“LPG”（液化石油气汽车）。 专用校车及专门用于运送学生上下学的非专用校车应按相关规定喷涂外部标识、文字，其他非专用校车应配备有符合规定的校车标牌
20	外观制式、标志灯具、电子警报器	警车的外观制式应符合相关公共安全行业标准的规定；消防车的车身颜色应为大红色；救护车的车身颜色应为白色，左、右侧及车后正中应喷涂符合规定的图案；工程救险车的车身颜色应为中黄色，车身两侧应喷“工程救险”字样；其他机动车不允许喷涂上述车辆专用的或与其类似的标志图案。 警车、消防车、救护车和工程救险车应安装符合规定的标志灯具和车用电子警报器，标志灯具和警报器应固定可靠；其他车辆不允许安装上述车辆专用的标志灯具和警报器
21	安全技术检验合格证明	安全技术检验合格证明应有具备资质的安检机构的印章及授权签字人签名，其内容至少应包括人工检查项目（车辆外观检查、底盘动态检验和车辆底盘检查）的检查结果、线内仪器设备检查项目（制动、灯光等）的检测数据和判定结果（因不能上线检测而未进行线内仪器设备检查时除外）、路试数据和判定结果（如进行）及整车检验结论。 安检机构与车辆管理所已联网且车辆管理所通过计算机系统自动比对上述项目和数据时，安全技术检验合格证明可不反映相关内容

附　录 B（规范性附录）

机动车查验记录表

机动车查验记录表见表 B.1。

表 B.1　机动车查验记录表

号牌号码（流水号或其他与车辆能对应的号码）：　　　　　号牌种类：

<table>
<tr><td colspan="8">业务类型：注册登记　转入　转移登记　变更迁出　变更车身颜色　核发检验合格标志　更换车身或者车架
更换发动机　变更使用性质　重新打刻 VIN　重新打刻发动机号　更换整车　申领登记证书　补领登记证书　监销　其他</td></tr>
<tr><td>类别</td><td>序号</td><td>查验项目</td><td>判定</td><td>类别</td><td>序号</td><td>查验项目</td><td>判定</td></tr>
<tr><td rowspan="9">通用项目</td><td>1</td><td>车辆识别代号</td><td></td><td rowspan="4">大中型客车、校车、危险化学品运输车</td><td>14</td><td>灭火器</td><td></td></tr>
<tr><td>2</td><td>发动机型号 / 号码</td><td></td><td>15</td><td>行驶记录装置</td><td></td></tr>
<tr><td>3</td><td>车辆品牌 / 型号</td><td></td><td>16</td><td>安全出口 / 安全手锤</td><td></td></tr>
<tr><td>4</td><td>车身颜色</td><td></td><td>17</td><td>外部标识、文字</td><td></td></tr>
<tr><td>5</td><td>核定载人数</td><td></td><td rowspan="2">其他</td><td>18</td><td>标志灯具、警报器</td><td></td></tr>
<tr><td>6</td><td>车辆类型</td><td></td><td>19</td><td>安全技术检验合格证明</td><td></td></tr>
<tr><td>7</td><td>号牌 / 车辆外观形状</td><td></td><td colspan="3" rowspan="3">查验结论：</td><td></td></tr>
<tr><td>8</td><td>轮胎完好情况</td><td></td><td></td></tr>
<tr><td>9</td><td>安全带、三角警告牌</td><td></td><td></td></tr>
<tr><td rowspan="4">货车挂车</td><td>10</td><td>外廓尺寸、轴数</td><td></td><td colspan="3" rowspan="2">查验员：
年　月　日</td><td></td></tr>
<tr><td>11</td><td>轮胎规格</td><td></td><td></td></tr>
<tr><td>12</td><td>侧后部防护装置</td><td></td><td rowspan="2">复检合格</td><td colspan="2" rowspan="2">查验员：
年　月　日</td><td></td></tr>
<tr><td>13</td><td>车身反光标识</td><td></td><td></td></tr>
<tr><td colspan="5">机动车照片
（注册登记、转移登记、需要制作照片的变更登记、转入、监销）</td><td colspan="3">备注：</td></tr>
<tr><td colspan="8">车辆识别代号（车架号）拓印膜
（注册登记、转移登记、转出、转入、更换车身或者车架、更换整车、
申领登记证书、重新打刻 VIN）</td></tr>
</table>

说明：1. 填表时应在对应的业务类型名称上划“✓”；2. 对按照规定不须查验的项目，在对应的判定栏内划“—”；3. 本表所列查验项目判定不合格时在对应栏划“×”，本表以外的查验项目不合格时，在备注栏内注明情况，查验结论签注为“不合格”；所有查验项目合格，查验结论签注为“合格”；4. 复检合格时，查验员签字并签注日期；复检仍不合格的，不签注；5. 注册登记查验时，“车身颜色、核定载人数、车辆类型”判定栏内签注查验确定的相应内容，变更颜色查验时签注车身颜色。

附 录C（规范性附录）

违规机动车产品通报表

违规机动车产品通报表见表C.1。

表C.1 违规机动车产品通报表

编号：

<table>
<tr><td rowspan="2">通报单位</td><td colspan="4">1.（当地质量技术监督部门）</td></tr>
<tr><td colspan="4">2.（通过网络上级公安机关交通管理部门）</td></tr>
<tr><td rowspan="4">机动车
基本信息</td><td>车辆品牌</td><td>车辆型号</td><td>车辆识别代号</td><td>发动机号码</td></tr>
<tr><td></td><td></td><td></td><td></td></tr>
<tr><td>车辆生产厂家</td><td>生产日期</td><td colspan="2">机动车整车出厂合格证编号（国产车）/
进口凭证名称、编号（进口车）</td></tr>
<tr><td></td><td></td><td colspan="2"></td></tr>
<tr><td rowspan="2">机动车
违规信息</td><td colspan="4">（一）违规类型：
1. 主要特征和技术参数、技术指标不符合GB 7258等机动车国家安全技术标准；
2. 主要特征和技术参数、技术指标与公告数据不一致；
3. 公告数据不符合GB 7258等机动车国家安全技术标准；
4. 其他。</td></tr>
<tr><td colspan="4">（二）违规情形（可附相关资料和照片）</td></tr>
<tr><td rowspan="3">填报信息</td><td>填报单位</td><td colspan="3"></td></tr>
<tr><td>填报人/电话</td><td colspan="3"></td></tr>
<tr><td>填报时间</td><td colspan="3"></td></tr>
</table>

（一式两份，加盖公章）

机动车检验合格标志

GA 811—2008

前　言

本标准的全部技术内容为强制性。

本标准的附录 A、附录 B、附录 C 为规范性附录。

本标准由公安部交通管理局提出。

本标准由公安部道路交通管理标准化技术委员会归口。

本标准起草单位：公安部交通管理科学研究所。

本标准主要起草人：傅姣、虞力英、刘雪梅、邵咏秋、李坤、应朝阳、是建荣。

1　范　围

本标准规定了机动车检验合格标志的分类、规格、适用范围、技术要求、检验方法、检验规则以及标志、包装、运输及贮存和生产管理。

本标准适用于机动车检验合格标志。

2　规范性引用文件

下列文件中的条款通过本标准的引用而成为本标准的条款。凡是注日期的引用文件，其随后所有的修改单（不包括勘误的内容）或修订版均不适用于本标准，然而，鼓励根据本标准达成协议的各方研究是否可使用这些文件的最新版本。凡是不注日期的引用文件，其最新版本适用于本标准。

GB/T 191-2008 包装储运图示标志（ISO 780：1997，MOD）

GB/T 2260 中华人民共和国行政区划代码

GB/T 2943 胶粘剂术语

GB/T 5698-2001 颜色术语

GB/T 10335.1-2005 涂布纸和纸板 涂布美术印刷纸（铜版纸）

GA 802—2008 机动车类型术语和定义

GA 803—2008 车辆和驾驶人管理印章

CY/T 5—1999 平版印刷品质量要求及检验方法

3　术语和定义

GB/T 2943、GB/T 5698—2001、GA 802—2008、GA 803-2008 确立的以及下列术语和定义适用于本标准。

3.1 机动车检验合格标志 motor vehicle inspection decal

机动车经安全技术检验合格，准予上道路行驶的法定证件，包括正方形机动车检验合格标志和菱形机动车检验合格标志。

3.2 签注 endorse

在正方形机动车检验合格标志背面通过机动车登记系统打印或手工填写、加盖机动车专属信息和检验信息。

4　分类、规格及适用范围

机动车检验合格标志的分类、规格及适用范围见表 1。

表 1　机动车检验合格标志的分类、规格及适用范围

序号	分类	规格	适用范围
1	正方形机动车检验合格标志	（75 ± 0.5）mm ×（75 ± 0.5）mm 模切圆角半径为 5mm ± 0.1mm，见附录 A 的图 A.1	汽车、有轨电车、挂车、轮式专用机械车
2	菱形机动车检验合格标志	（42 ± 0.5）mm ×（24 ± 0.5）mm 边框尺寸为（35 ± 0.5）mm ×（20 ± 0.5）mm，见附录 B 的图 B.1	摩托车

5 技术要求

5.1 式样

5.1.1 正方形机动车检验合格标志

5.1.1.1 式样

正方形机动车检验合格标志的式样按照附录A的规定。

5.1.1.2 文字

正面：检验月份数字字符的字体为18pt方正小标宋体；“机动车检验合格标志”字体为17.5pt方正大黑体，字宽为85%；“检”字体为39pt黑体，字宽为176.3%；检验年份数字字符的字体为87pt方正小标宋体，字宽为95%。

背面：检验月份数字字符的字体为18pt方正小标宋体；“机动车检验合格标志”字体为17pt黑体，字宽为95%，下划线线形为实线，粗细为1pt；“合格标志号”、“号牌号码”等文字为13pt汉仪楷体，字宽为80%；“注：1.此标志正面的年份为下次检验的年份，被打孔的月份为下次检验年的月份。2.请将此标志粘贴在机动车前窗右上角。”等文字为8pt汉仪楷体。

5.1.1.3 合格标志号

合格标志号由12位阿拉伯数字组成，其中第1、2位为检验有效期止年份代码，第3、4位为省、自治区、直辖市行政区划代码，行政区划代码应按照GB/T 2260的规定；其余八位为顺序码，顺序码的编排为00000001 ~ 99999999。

5.1.1.4 机动车检验业务专用章签注区外框规格

机动车检验业务专用章签注区外框规格为（65±0.5）mm×（7±0.5）mm，框内为机动车检验业务专用章签注区。

5.1.2 菱形机动车检验合格标志

5.1.2.1 式样

菱形机动车检验合格标志式样按照附录B的规定。

5.1.2.2 文字

“机动车检验合格标志”字体为7pt黑体，字宽为58%；“检”字体为13.4pt黑体，字宽为168.8%；检验年份数字字符的字体为19pt方正小标宋体，字宽为103.7%。

5.2 材质

机动车检验合格标志纸张应使用定量为115g/m^2 ~ 157g/m^2、双面涂布、有光型、质量为一等品及以上等级的铜版纸，技术指标应符合GB/T 10335.1—2005的规定。

5.3 印刷

5.3.1 外观

版面干净。文字和底纹清晰完整，无花、糊，无缺笔道等现象。

5.3.2 底纹颜色

检验年份为2011年的机动车检验合格标志底纹颜色为GB/T 5698—2001中的黄色（M=30，Y=100）；检验年份为2012年的机动车检验合格标志底纹颜色为GB/T 5698—2001中的绿色（C=100，M=50，Y=100）；检验年份为2013年的机动车检验合格标志底纹颜色为GB/T 5698—2001中的蓝色（C=100，M=50，K=20）。以后每三年循环一次，颜色式样按照附录C的规定。

5.3.3 套印

图像轮廓清晰，套印允许误差应小于0.1mm。

5.3.4 网点

网点清晰，角度准确，不出现重影，50%的增大值范围为10% ~ 20%。

5.3.5 实地密度

黑色：1.40 ~ 1.70；红色：1.25 ~ 1.50。

5.4 签注

5.4.1 适用范围

正方形机动车检验合格标志需要签注，菱形机动车检验合格标志不需要签注。

5.4.2 机动车专属信息

正方形机动车检验合格标志背面的机动车专属信息按栏目签注，通过机动车登记系统打印签注的字体为专用字体，签注颜色为黑色；人工签注使用黑色墨水笔手工填写。

5.4.3 机动车检验业务专用章

机动车检验业务专用章签注应按照GA 803—2008中6.2.2的规定，签注的年份应与机动车检验合格标志的年份一致。

5.4.4 检验月份打孔

正方形机动车检验合格标志检验月份打孔的位置应与机动车检验业务专用章签注的月份相对

应。检验月份孔外径为 Φ8mm ± 0.1mm。

5.5　粘贴或放置

正方形机动车检验合格标志正面涂覆压敏胶粘剂并附防粘纸。有前风窗玻璃的机动车，应将机动车检验合格标志平整地粘贴在车内前风窗玻璃右上角，应不影响机动车驾驶的安全视野；无前风窗玻璃的机动车，应将机动车检验合格标志随车放置。

菱形机动车检验合格标志背面涂覆压敏胶粘剂并附防粘纸。应将机动车检验合格标志平整地粘贴在驾驶座下部明显的位置上或随车放置。

6　检验方法

6.1　外观

目测机动车检验合格标志的外观，应符合5.3.1、5.3.2的要求。

6.2　规格尺寸

用精度为0.1mm的长度测量工具测量规格尺寸，用精度为0.1mm的半径规测量圆角和孔径，应符合5.1、5.4.4的要求。

6.3　印刷

除外观和规格尺寸外，按CY/T 5—1999规定的检验方法进行检验，应符合5.3.2、5.3.3、5.3.4、5.3.5的要求。

7　检验规则

7.1　检验分类

机动车检验合格标志的检验分为型式检验、出厂检验。

7.2　型式检验

7.2.1　型式检验的条件

型式检验在以下几种情况下进行：

——产品新设计试生产；

——转产或转厂；

——停产后复产；

——结构、材料或工艺有重大改变；

——国家有关产品质量监督检测机构提出要求；

——合同规定等。

7.2.2　检验项目、方法及判定

按第6章规定的检验项目和方法进行型式检验，检验的数量不得少于500枚。如果有一项检验结果不符合第4章、第5章相关条款的要求，则判定机动车检验合格标志型式检验不合格。

7.3　出厂检验

每批次产品均应进行出厂检验，检验的数量为每200件不得少于20件。如有一件不符合本标准的规定，则加倍数量抽验。如仍有一件不合格，则该批产品为全部不合格。出厂检验由生产企业的质检部门依据本标准进行，出厂检验项目至少包括外观、规格尺寸和印刷，按6.1、6.2、6.3规定的检验方法检验。

8　标志、包装、运输及贮存

8.1　标志

包装箱体上应有产品名称、数量、标准号、证件起止编号、包装箱外廓尺寸、总质量、生产单位名称、地址、出厂日期及注意事项的标记。

包装箱体上应有“小心轻放”、“勿受潮湿”等标志。标志的使用应符合GB/T 191—2008的要求。

8.2　包装

机动车检验合格标志每500枚为一小包装，每10件小包装为一大包装，使用防潮纸板箱进行加封。

包装箱内应有合格证，合格证上应记录产品名称、数量、生产单位、出厂日期、检验人员章等。

8.3　运输

在运输过程中，产品应采取防雨和防潮措施。

8.4　贮存

产品应保存在温度低于30℃，相对湿度不大于60%的仓库内，远离热源。

9　生产管理

机动车检验合格标志由公安部交通管理局统一提供印刷源文件，由省级公安机关交通管理部门统一制作。

附　录 A（规范性附录）

正方形机动车检验合格标志式样

A.1 正方形机动车检验合格标志正面

正方形机动车检验合格标志正面式样见图 A.1。

单位为毫米

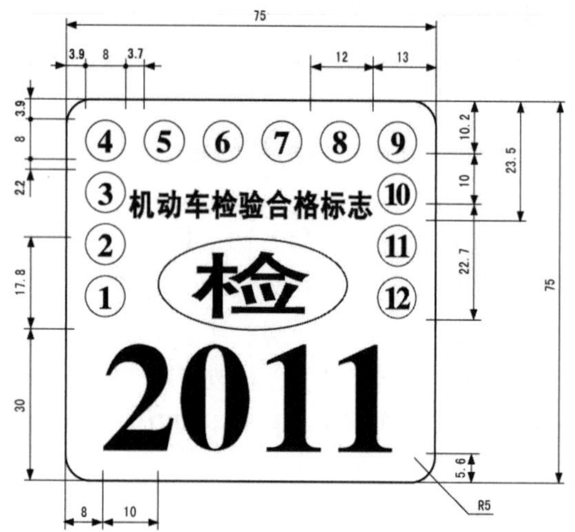

图 A.1 正方形机动车检验合格标志正面

A.2 正方形机动车检验合格标志背面

正方形机动车检验合格标志背面式样见图 A.2。

单位为毫米

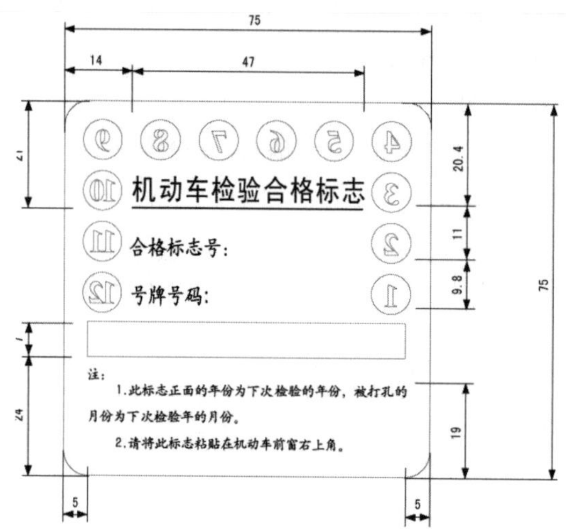

图 A.2 正方形机动车检验合格标志背面

附 录 B（规范性附录）

菱形机动车检验合格标志式样

B.1 菱形机动车检验合格标志正面

菱形机动车检验合格标志正面式样见图B.1。

单位为毫米

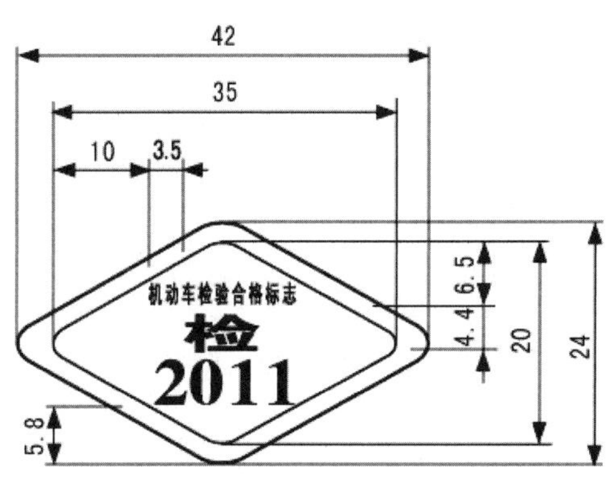

图B.1 菱形机动车检验合格标志正面

B.2 菱形机动车检验合格标志背面

菱形机动车检验合格标志背面式样见图B.2。

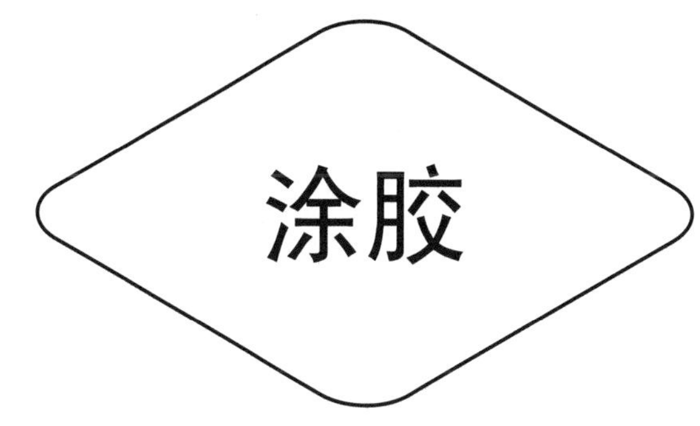

图B.2 菱形机动车检验合格标志背面

附　录 C（规范性附录）

机动车检验合格标志颜色式样

C.1 黄色机动车检验合格标志

C.1.1 黄色正方形机动车检验合格标志

黄色正方形机动车检验合格标志式样见图 C.1。

图 C.1 黄色正方形机动车检验合格标志

C.1.2 黄色菱形机动车检验合格标志

黄色菱形机动车检验合格标志式样见图 C.2。

图 C.2 黄色菱形机动车检验合格标志

C.2 绿色机动车检验合格标志

C.2.1 绿色正方形机动车检验合格标志

绿色正方形机动车检验合格标志式样见图 C.3。

图 C.3 绿色正方形机动车检验合格标志

C.2.2 绿色菱形机动车检验合格标志

绿色菱形机动车检验合格标志式样见图 C.4。

图 C.4 绿色菱形机动车检验合格标志

C.3 蓝色机动车检验合格标志

C.3.1 蓝色正方形机动车检验合格标志

蓝色正方形机动车检验合格标志式样见图 C.5。

图 C.5 蓝色正方形机动车检验合格标志

C.3.2 蓝色菱形机动车检验合格标志

蓝色菱形机动车检验合格标志式样见图 C.6。

图 C.6 蓝色菱形机动车检验合格标志

汽车综合性能检测站能力的通用要求

GB/T 17993—2005

代替 GB/T 17993—1999

前 言

本标准代替 GB/T 17993—1999《汽车综合性能检测站通用技术条件》。

本标准与 GB/T 17993—1999 相比主要变化如下：

——修改第 1 章关于本标准涉及的范围；

——调整并新增加了一些引用标准；

——取消对汽车综合性能检测站的分类，增加对汽车综合性能检测站的服务功能要求；

——修改了标准结构，并充实和细化了对汽车综合性能检测站质量管理和技术能力、场地和设施的要求。

本标准的附录 A 为规范性附录。

本标准由中华人民共和国交通部提出。

本标准由全国汽车维修标准化技术委员会（SAC/TC 247）归口。

本标准负责起草单位：交通部公路科学研究所。

本标准参加起草单位：江苏省交通厅运输管理局、辽宁省交通厅运输管理局、江苏省（南通）汽车综合性能检测中心站、辽宁省（大连）汽车综合性能检测中心站、安徽省汽车检测中心、深圳市安车科技有限公司、石家庄华燕汽车检测设备厂。

本标准主要起草人：刘元鹏、王晓辉、殷国祥、范健、陈南峰、王建国、李良儒、贺宪宁、张其胜、姚健、金诚仁。

本标准所代替标准的历次版本发布情况为：GB/T 17993—1999。

1 范 围

本标准规定了汽车综合性能检测站开展汽车综合性能检测工作应具备的服务功能、管理、技术能力以及场地和设施的要求。

本标准适用于汽车综合性能检测站建设、运行管理以及对汽车综合性能检测站能力认定、委托检测和监督管理。

2 规范性引用文件

下列文件中的条款通过本标准的引用而成为本标准的条款。凡是注日期的引用文件，其随后所有的修改单（不包括勘误的内容）或修订版均不适用于本标准，然而，鼓励根据本标准达成协议的各方研究是否可使用这些文件的最新版本。凡是不注日期的引用文件，其最新版本适用于本标准。

GB 1589 道路车辆外廓尺寸、轴荷及质量限值

GB 7258 机动车运行安全技术条件

GB/T 11798.9 机动车安全检测设备检定技术条件　第 9 部分：平板制动试验台检定技术条件

GB/T 12480 客车防雨密封性试验方法

GB/T 12534 汽车道路试验方法通则

GB/T 13563 滚筒式汽车车速表检验台

GB/T 13564 滚筒反力式汽车制动检验台

GB/T 15481 检测和校准实验室能力的通用要求

GB/T 15746.1 汽车修理质量检查评定标准　整车大修

GB/T 15746.2 汽车修理质量检查评定标准　发动机大修

GB/T 15746.3 汽车修理质量检查评定校准　车身大修

GB/T 18344 汽车维护、检测、诊断技术规范

GB 18565 营运车辆综合性能要求和检验

方法

GB/T 50033 建筑采光设计标准

GB 50034 建筑照明设计标准

GB 50055 通用用电设备配电设计规范

GB 50057 建筑物防雷设施规范

GBZ1 工业企业设计卫生标准

GA 468 机动车安全检验项目和方法

JT/T 198 汽车技术等级评定标准

JT/T 386 汽车排气分析仪

JT/T 445 汽车底盘测功机通用技术条件

JT/T 448 汽车悬架装置检测台

JT/T 478 汽车检测站计算机控制系统技术规范

JT/T 503 汽车发动机综合检测仪

JT/T 504 前轮定位仪

JT/T 505 四轮定位仪

JT/T 506 不透光烟度计

JT/T 507 汽车侧滑检验台

JT/T 508 机动车前照灯检测仪

JT/T 510 汽车防抱制动系统检测技术条件

JJG 188 声级计检定规程

JJG 653 测功装置检定规程

JJG 688 汽车排放气体测试仪检定规程

JJG 745 汽车前照灯检测仪检定规程

JJG 847 滤纸式烟度计

JJG 906 滚筒反力式制动检验台检定规程

JJG 907 轴（轮）重仪检定规程

JJG 908 滑板式侧滑检验台检定规程

JJG 909 滚筒式车速表检测台检定规程

JJG 976 透射式烟度计

JJG（交通）007 汽车转向盘转向力—转向角检测仪检定规程

JJG（交通）008 汽车制动踏板力计检定规程

JJG（交通）009 四活塞联动式油耗计检定规程

JJG（交通）013 汽车发动机检测仪检定规程

JJG（汽车）02 汽车速度计

3　术语和定义

下列术语和定义适用于本标准。

3.1　汽车综合性能 automotive multiple-function

在用汽车动力性、安全性、燃料经济性、使用可靠性、排气污染物和噪声以及整车装备完整性与状态、防雨密封性等多种技术性能的组合。

3.2　汽车综合性能检测站 automotive multiple-function test station

按照规定的程序、方法，通过一系列技术操作行为，对在用汽车综合性能进行检测（验）评价工作并提供检测数据、报告的社会化服务机构。简称综检站。

4　服务功能

4.1　依法对营运车辆的技术状况进行检测。

4.2　依法对车辆维修竣工质量进行检测。

4.3　接受委托，对车辆改装（造）、延长报废期、及其相关新技术、科研鉴定等项目进行检测。

4.4　接受交通、公安、环保、商检、计量、保险和司法机关等部门、机构的委托，为其进行规定项目的检测。

5　管理要求

5.1　组织

5.1.1　综检站应具有明确的法律地位，应为独立承担法律责任的社会化法人机构（非独立法人的需经所属独立法人授权）。

5.1.2　综检站从事检测工作应符合本标准的要求。

5.1.3　综检站的组织管理应覆盖检测工作的各个方面。

5.1.4　综检站应设置管理、检测操作、质量审核监督等基本岗位，各岗位人员的数量、素质应与其工作相适应，需规定对检测质量有影响的主要岗位人员的职责、权力和相互关系，并通过明示的方法被客户所了解。

5.2　质量体系

5.2.1　综检站应按 GB/T 15481 建立、健全质量体系，应将其政策、制度、计划、管理程序、检测规范等制定成文件，构成质量体系文件，应符合计量认证的相关规定。

5.2.2　质量体系文件包括内部制订文件和外来文件。

内部制定文件应至少包括：质量手册、支持性程序文件、主要仪器设备操作规程、检测作业指导书、委托检测受理程序、外部抱怨处理程序、生产安全保障制度、检验人员守则、服务公约等。

外来文件应至少包括：所有开展检测工作依据标准、委托检测机构有关管理政策、相关法规等文件。

5.2.3 综检站的质量体系应覆盖检测工作的各个方面。

5.2.4 综检站应实施并保持与其承担的检测工作相适应的质量体系。

5.3 文件控制

5.3.1 质量体系文件应由综检站最高管理者或其授权人员审查并批准后使用，并通过适当的标识确保其现行有效。

5.3.2 质量体系文件应传达至有关人员，并被其获取、理解和执行。

5.3.3 应定期核查质量体系文件的适用性和时效性，确保其现行有效。

5.3.4 质量体系文件的修改、变更应经过最高管理者或其授权人员审查并批准，并确保所有发放使用的受控文件被替换。

5.3.5 全部质量体系文件原件应存档，应建立适用的档案管理制度，并规定不同文件的保存周期。

5.3.6 应有保护客户机密信息和所有权的措施，包括电子存储和结果数据传输等。

5.4 服务

5.4.1 综检站应通过适当的方式，保证各类检测的具体项目、收费价格、检测工作的具体流程、检测适用标准、被检参数的限值和依据方便客户了解，并依据相关标准的要求、程序和规范开展检测服务。

5.4.2 检测报告应采用规范的格式或委托方要求的格式提供给客户。

5.4.3 应制定程序并采用适当手段，在不影响检测工作和保护其他客户机密的条件下，允许客户监督对其委托业务进行的检测工作。

5.5 抱怨处理

5.5.1 应有程序文件处理来自客户的抱怨，并有效实施。抱怨包括对检测工作质量、检测数据结果有异议的申诉和损害客户利益的投诉以及改进检测工作的意见和建议等。

5.5.2 抱怨处理程序应包括责任部门、处理程序、受理范围、受理期限、经济责任等，并以适当的方式明示，被客户了解。

5.6 事故、差错控制

5.6.1 应有程序文件处理检测过程中出现的事故和差错，并有效实施。

5.6.2 程序文件应包括责任部门和责任人、处理程序、纠正和预防措施的实施、不良后果的挽回措施和客户损失的补偿以及处理结果的跟踪等。

5.7 记录、报告的控制

5.7.1 应建立记录、报告控制文件，包括质量记录、技术记录、结果报告等。质量记录应包括来自内部质量管理的过程记录等；技术记录、结果报告包括检测过程记录、检测报告、检测结果统计、分析报告等。

5.7.2 记录、报告格式应符合一定的规范要求，包含的信息齐全，并有授权签字人确认。

5.7.3 记录、报告应以便于存取的方式保存在安全的环境中，并符合相关法规、政策、制度、标准的规定，记录、报告的保存期限不少于 2 年。

5.7.4 应制定计算机自动生成、存档记录、报告控制程序，防止未经授权的侵入或修改以及数据的丢失。

5.8 质量审核和评审

5.8.1 应制订程序文件定期对检测工作、质量体系运行的各要素进行审核和评审，以保证检测工作、质量保证体系合理、有效运行，并持续改进。

5.8.2 质量审核、评审应涉及质量体系的全部要素，包括与检测业务相关的管理工作和检测工作。

5.8.3 应定期对检测工作进行质量审核（每年不少于两次）、评审（每年应至少一次）。

6 技术能力要求

6.1 人员

6.1.1 基本要求

6.1.1.1 综检站应设站长（或其他称谓）、技术负责人、质量负责人、计算机控制网络系统管理员、检测员、引车员，以及仪器、设备（维护）管理员、文件资料档案管理员等主要岗位。

注：本标准主要岗位人员设置允许 1 人多岗，但均须达到本标准规定的从业岗位的要求，质量负责人不宜兼职。

6.1.1.2　应制定人员培训制度，并有效实施，保证检测有关人员能按新的检测标准开展检测工作。

6.1.1.3　对持证上岗从业人员，应通过专门培训，取得岗位从业资格证书后，方可上岗。

6.1.2　站长

6.1.2.1　熟悉国家、行业、地方关于汽车检测方面的政策、法令、法规、规定、相关标准。

6.1.2.2　熟悉汽车检测业务，具有大专（含）以上学历、中级（含）以上职称，具备企业经营、管理能力。

6.1.3　技术负责人

6.1.3.1　应具有汽车运用工程或相近专业大专（含）以上学历和中级（含）以上工程技术职称。

6.1.3.2　掌握汽车理论和汽车构造知识，有 3 年以上的汽车维修或检测工作经历。

6.1.3.3　熟悉国家、行业、地方有关汽车维修检测方面的政策、法规、规定及相关标准。

6.1.3.4　掌握检测设备的性能，具有使用检测设备的知识和分析测量误差的能力，能组织检测仪器、设备校准和计量检定工作。

6.1.4　质量负责人

6.1.4.1　应具有汽车运用工程或相近专业大专（含）以上学历和中级（含）以上工程技术职称。

6.1.4.2　熟悉检测技术标准和检测仪器、设备检定规程，熟知计量认证和质量控制要素，胜任检测站全面质量管理工作。

6.1.5　计算机控制网络系统管理员

6.1.5.1　应具有计算机相关专业大专（含）以上学历，具备计算机网络管理知识。

6.1.5.2　掌握检测技术标准，熟悉检测仪器、设备的控制原理、计算机控制系统的构架、各业务节点的操作和设置、数据库的结构和维护管理等。

6.1.6　检测员

6.1.6.1　应具有高中（含）以上学历，了解汽车各系统的工作原理、构造和有关使用、安全性能知识及维修经验。

6.1.6.2　熟悉所在工位检测仪器、设备的性能，具备使用检测仪器、设备的知识，熟练掌握检测操作规程。

6.1.6.3　掌握检测项目的技术标准，能独立进行一般数据处理工作。

6.1.6.4　了解综检站计算机控制网络的构成和业务节点，熟知汽车综合性能检测工艺流程及相关标准，具有计算机操作和计算机网络系统的基本知识。

6.1.7　引车员

6.1.7.1　应具备 6.1.6.1、6.1.6.2 规定的检测员资格条件。

6.1.7.2　应持有与驾驶车型相对应的机动车驾驶证，从事汽车驾驶 3 年以上的工作经历，并取得汽车驾驶中级及其以上等级证书。

6.1.8　仪器设备管理员

6.1.8.1　应具有中专或相当于中专（含）以上学历和技术员（含）以上技术职称。

6.1.8.2　掌握汽车构造和原理的一般知识。

6.1.8.3　掌握检测仪器设备的性能和使用要求，具备检测设备管理知识，能对检测仪器设备进行维护、保养、校准。

6.1.9　文件资料档案管理员

6.1.9.1　应具有中专（含）或相当于中专以上学历，熟悉国家档案管理、保密法规和综检站管理工作程序。

6.1.9.2　了解综检站使用的检测标准、方法，能为检测人员提供受控标准和更新。

6.1.9.3　胜任综检站质量体系文件及其运行、验证等资料的管理工作。

6.2　检测项目与参数

6.2.1　综检站应具备附录 A 所示检测项目或参数的能力。

6.2.2　综检站应依据相关标准或根据客户委托制定的检测方法开展检测工作。

6.2.3　综检站按 GB 18565、GB 7258、JT/T 198、GB/T 18344、GB/T 15746.1 ~ 15746.3、GB 1589、GA 468 规定的要求开展检测工作，应采用计算机控制联网方式进行检测。

6.2.4　综检站应制定开展新的检测工作的程序，保证所开展检测工作能满足预定用途或应用领域的要求。

6.3　检测仪器设备

6.3.1 综检站应配备与检测项目或技术参数相适应的检测仪器设备。仪器设备主要技术要求应符合附录A中的规定。

6.3.2 综检站配备的检测仪器设备应通过产品型式认定，并有产品检验合格证制造计量器具许可证标志。进口检测设备参照执行。

6.3.3 综检站配备的检测仪器设备应符合相应检测仪器设备计量检定规程，测量范围、分辨力、准确度等级或允许误差等要求，应满足相应仪器设备国家、行业产品标准的要求，使用的计量检测仪器设备应按规定周期检定并合格。

6.3.4 综检站配备的检测仪器设备应与被检测车辆的主要技术参数相适应。

6.3.5 主要检测仪器设备应能进行计算机联网，实现自动检测，应具备计算机联网受控检测功能的仪器设备见附录A。

6.4 计算机控制检测系统

6.4.1 控制系统应具有车辆信息的登录、规定项目与参数的受控自动检测、检测数据的自动传输与存档、检测报告与统计报表的自动生成、指定信息的查询等功能，所有记录（包括报告和报表）格式及内容均应符合有关规定。

6.4.2 控制系统配置的计算机等硬件和操作系统等软件应符合相关标准的要求。

6.4.3 控制系统应建立适用检测车型数据库和适用检测标准项目、参数限值数据库，并符合相关委托检测行业管理的要求。

6.4.4 控制系统不应改变联网检测仪器设备的测试原理、分辨力、测量结果数据有效位数和检测结果数据，检测参数的采集、计算、判定应符合有关标准。

6.4.5 应具有人工检验项目和未能联网的检测仪器设备检测结果的人工录入功能（IC卡或其他方式）。

6.4.6 应设置检测标准、系统参数等数据修改的访问权限及操作日志。

6.4.7 计算机控制系统其它要求应符合JT/T 478的有关规定。

7 场地和设施

7.1 基本要求

7.1.1 综检站应有科学的总体规划设计和工艺布局，合理设置汽车检测线、检测间、检测工位、计算机控制系统、停车场、试车道路、业务厅等设施。

7.1.2 综检站的设计和使用须有消防通道、消防设施等，并严格执行国家、行业、地方有关消防条例、法规的规定。

7.1.3 综检站应有必要的绿化面积和卫生设施，符合GBZ1的有关规定。

7.1.4 综检站的供电设施应符合GB 50055的有关规定。

7.1.5 综检站的建筑物防雷措施、防雷装置均应符合GB 50057的有关规定。

7.2 检测线

7.2.1 检测线应布置在检测间内，应按规定的检测项目配置检测工位。

7.2.2 检测工艺流程应布置合理，各检测工位应有足够的检测面积，检测时各工位应互不干涉。

7.2.3 检测线出入口应设引车道和必要的交通标志，应有醒目的工位标志、检测流程指示信号，应有避免非检测人员误入检测工作区的安全防护装置等。

7.3 检测间

7.3.1 检测间的长度、宽度、高度应满足检测车型检测工作的需要，并符合建筑标准的要求。

7.3.2 检测间应通风、防雨，并设置排（换）气、排水装置，检测间内空气质量应符合GBZ1的有关规定。

7.3.3 检测间通道地面的纵向、横向坡度在全长和任意10m长范围内应不大于1.0%，平整度应不大于3.0‰，在汽车制动检验台前后相应距离内，地面附着系数应不低于0.7。

7.3.4 检测间内采光和照明应符合GB/T 50033和GB 50034的有关规定。

7.4 停车场和试车道路

7.4.1 停车场的面积应与检测能力相适应，不允许与检测场地、试车道路和行车道路等设施共用。

7.4.2 试车道路的承载能力应满足受检汽车的轴荷需要，试车道路应符合GB/T 12534、GB 7258的相关要求。

附　录 A（规范性附录）

检测项目、技术参数能力

A.1　车辆唯一性确认能力应满足表 A.1 规定。

A.1　车辆唯一性确认能力

序号	项　目	确 认 方 式	计算机控制管理方式
1	车牌号码 / 颜色 / 车主（单位）	人工检验	人工录入 检验结果
2	整备质量或座位数		
3	车型类别 / 整车外廓尺寸		
4	厂牌型号和出厂编号（或 VIN 代码）		
5	车架号码 / 悬架型式		
6	发动机型式 / 号码		
7	驱动型式		
8	燃油类别		
9	车身颜色		
10	制动型式		
11	车辆轴数		
12	前照灯制式		

A.2 整车装备完整有效性基本检验能力应满足表 A.2 规定。

表 A.2 整车装备完整有效性基本检验能力

序号	项目或参数	检验方式	仪器设备及主要技术要求				计算机控制管理方式
			名称	测量范围	分辨力	准确度等级或允许误差	
1	车容、漆面	人工使用量具实施测量与检验	—	—	—	—	人工录入测量与检验结果
2	后、侧、下视镜						
3	车门、行李舱门、车窗及门窗玻璃						
4	车门手把、车门锁、行李舱锁						
5	安全门、安全窗、安全带、灭火器						
6	刮水器 / 洗涤器						
7	灯光、仪表、信号装置及控制						
8	车内地板						
9	车身外缘对称部位左右差		钢卷尺（铅锤）	（0 ~ 5000）mm	1mm	3 级	
10	车身对称部位高度差			（0 ~ 20000）mm			
11	左右轴距差						
12	挡泥板		—	—	—	—	
13	轮胎气压		轮胎压力表	（0 ~ 1000）kPa	10kPa	2.5 级	
14	备胎		—	—	—	—	
15	轮胎规格及胎冠花纹深度		轮胎花纹深度尺	（0 ~ 15）mm	0.1mm	2 级	
16	牵引车与挂车联接机构		—	—	—	—	
17	可见螺栓、管、线紧固						
18	漏油、漏水、漏气、漏电						
19	离合器操纵装置自由行程		钢直尺	（0 ~ 500）mm	1mm	3 级	
20	行车制动系统操纵装置自由行程						
21	应急制动系统操纵装置自由行程						
22	驻车制动系统操纵装置自由行程						

A.3　发动机技术性能检测能力应满足表 A.3 规定。

表 A.3　发动机技术性能检测能力

<table>
<tr><th rowspan="2">序号</th><th rowspan="2">项目或参数</th><th rowspan="2">检测方式</th><th colspan="4">仪器设备及主要技术要求</th><th rowspan="2">计算机控制管理方式</th></tr>
<tr><th>名称</th><th>测量范围</th><th>分辨力</th><th>准确度等级或允许误差</th></tr>
<tr><td>1</td><td>起动、燃料供给、润滑、冷却、排气系统机件齐全及功能</td><td rowspan="2">人工检验</td><td rowspan="2">—</td><td rowspan="2">—</td><td rowspan="2">—</td><td rowspan="2">—</td><td rowspan="2">人工录入</td></tr>
<tr><td>2</td><td>柴油机停机装置及功能</td></tr>
<tr><td>3</td><td>发动机功率</td><td rowspan="16">仪器有线连接、规定工况采样、数据自动处理、记忆、输出</td><td rowspan="16">发动机综合性能检测仪</td><td colspan="3" rowspan="16">应符合 JT/T 503 和 JJG（交通）013 的规定</td><td rowspan="16">受控</td></tr>
<tr><td>4</td><td>最低稳定转速</td></tr>
<tr><td>5</td><td>最高转速</td></tr>
<tr><td>6</td><td>单缸转速降</td></tr>
<tr><td>7</td><td>相对气缸压力</td></tr>
<tr><td>8</td><td>点火提前角</td></tr>
<tr><td>9</td><td>触点闭合角</td></tr>
<tr><td>10</td><td>分电器重叠角</td></tr>
<tr><td>11</td><td>供（喷）油提前角</td></tr>
<tr><td>12</td><td>火花塞点火电压</td></tr>
<tr><td>13</td><td>起动电流</td></tr>
<tr><td>14</td><td>起动电压</td></tr>
<tr><td rowspan="5">15</td><td>电喷系</td></tr>
<tr><td>a）电压</td></tr>
<tr><td>b）电阻</td></tr>
<tr><td>c）脉冲频率</td></tr>
<tr><td>d）脉宽</td></tr>
<tr><td>16</td><td>气缸压力</td><td rowspan="2">人工检验</td><td>气缸压力表</td><td>（0 ~ 50）MPa</td><td>10kPa</td><td>1 级</td><td rowspan="2">人工录入</td></tr>
<tr><td>17</td><td>机油污染指数</td><td>润滑油质分析仪</td><td>0 ~ 10</td><td>0.01%</td><td>±0.1%</td></tr>
</table>

A.4　使用可靠性基本检验能力应满足表 A.4 规定。

表 A.4　使用可靠性基本检验能力

序号	项目或参数	检验方式	仪器设备及主要技术要求				计算机控制管理方式
			名称	测量范围	分辨力	准确度等级或允许误差	
1	发动机异响	人工检验	—	—	—	—	人工录入
	a）敲缸						
	b）活塞销						
	c）连杆轴瓦						
	d）曲轴轴瓦						
	e）气门敲击						
	f）其他						
2	底盘异响		—	—	—	—	
	a）离合器						
	b）变速器						
	c）传动轴						
	d）主减速器						
3	总成紧固螺栓、铆钉	人工辅以扭力扳手及专用手锤检验	—	—	—	—	
	a）发动机（附离合器）紧固						
	b）底盘传动系紧固						
	c）转向装置紧固						
	d）悬挂装置紧固						
	e）制动器（系）紧固						
	f）轮胎螺栓（母）、半轴螺栓（母）紧固						
	g）备胎紧固						
	h）车轴 U 型螺栓（母）紧固						
	i）油箱螺栓（母）紧固						
4	主要部件间隙	人工辅以地沟和专用设备检验	底盘间隙观察仪（注：可选配）	支撑板平分线 4 个垂直方向位移量分别（20 ~ 50）mm	—	—	
	a）车轮轮毂						
	b）传动轴万向节						
	c）传动轴过桥轴承						
	d）传动轴滑动槽						
	e）转向横直拉杆球头						
	f）转向节主销						
	g）钢板弹簧衬套（销）						
	h）减振器杆件衬套（销）						
	i）传动轴跳动量						
5	重要部位缺陷	人工辅以专用手锤检验	—	—	—	—	
	a）承载轴（桥）裂纹						
	b）转向系杆件（臂）裂纹						
	c）悬架弹性组件裂纹及位移						
	d）车架裂纹						
	e）制动管路磨损、老化、龟裂						

A.5 动力性检测能力应满足表 A.5 规定。

表 A.5 动力性检测能力

序号	项目或参数	检测方式	仪器设备及主要技术要求				计算机控制管理方式
			名称	测量范围	分辨力	准确度等级或允许误差	
1	校正驱动轮输出功率	台架程序测试	汽车底盘测功机	应符合 JT/T 445 和 JJG 653 的规定			受控
		人工采集测试现场环境要素	大气压力表	（80 ~ 170）kPa	0.1kPa	应符合气象测试仪表要求	人工录入气象要素，工位计算机自动换算校正系数
			温度计	（-50 ~ +100）℃	1℃		
			湿度计	（0 ~ 100）%	2%		
2	整车外特性曲线	自动跟踪采样	汽车底盘测功机	应符合 JT/T 445 和 JJG 653 的规定			受控
3	加速性能	台架程序测试					
4	加速性能曲线	自动跟踪采样					

A.6 燃料经济性检测能力应满足表 A.6 规定。

表 A.6 燃料经济性检测能力

项目或参数	检测方式	仪器设备及主要技术要求				计算机控制管理方式
		名称	测量范围	分辨力	准确度等级或允许误差	
等速百公里燃料消耗量	台架程控测试或道路试验	汽车底盘测功机	应符合 JT/T 445 和 JJG 653 的规定			受 控
		油耗计	应符合 JJG（交通）009 的规定			
		非接触式速度计或五轮仪（注：可选配）	应符合 JJG（汽车）02 的规定			仪器自行采集、处理、记忆、存贮数据

A.7 整车滑行性能检测能力应满足表 A.7 规定。

表 A.7 整车滑行性能检测能力

序号	项目或参数	检测方式	仪器设备及主要技术要求				计算机控制管理方式
			名称	测量范围	分辨力	准确度等级或允许误差	
1	滑行距离	台架程控测试或路试	汽车底盘测功机（注：宜选配惯量模拟装置）	应符合 JT/T 445 和 JJG 653 的规定			受控或人工录入
2	滑行时间						
3	滑行阻力	道路试验	拉力计	（0 ~ 10）kN	10N	2 级或 ±2%	人工录入

A.8 噪声控制检测能力应满足表 A.8 规定。

表 A.8　噪声控制检测能力

<table>
<tr><th rowspan="2">序号</th><th rowspan="2">项目或参数</th><th rowspan="2">检测方式</th><th colspan="4">仪器设备及主要技术要求</th><th rowspan="2">计算机控制管理方式</th></tr>
<tr><th>名称</th><th>测量范围</th><th>分辨力</th><th>准确度等级或允许误差</th></tr>
<tr><td>1</td><td>车辆定置噪声</td><td rowspan="3">场地检测或道路试验</td><td rowspan="4">声级计</td><td colspan="3" rowspan="4">应符合 JJG 188 的规定</td><td rowspan="3">人工录入</td></tr>
<tr><td>2</td><td>客车车内噪声</td></tr>
<tr><td>3</td><td>驾驶员耳旁噪声</td></tr>
<tr><td>4</td><td>喇叭声级</td><td>仪器程控测试</td><td>受控</td></tr>
</table>

A.9 车速表、里程表核准检测能力应满足表 A.9 规定。

表 A.9　车速表、里程表核准检测能力

<table>
<tr><th rowspan="2">序号</th><th rowspan="2">项目或参数</th><th rowspan="2">检测方式</th><th colspan="4">仪器设备及主要技术要求</th><th rowspan="2">计算机控制管理方式</th></tr>
<tr><th>名称</th><th>测量范围</th><th>分辨力</th><th>准确度等级或允许误差</th></tr>
<tr><td>1</td><td>车速表示值误差</td><td rowspan="2">台架程控测试</td><td>汽车车速表检验台</td><td colspan="3">应符合 GB/T 13563 和 JJG 909 的规定</td><td>受控</td></tr>
<tr><td>2</td><td>里程表示值误差</td><td>汽车底盘测功机</td><td colspan="3">应符合 JT/T 445 和 JJG 653 的规定</td><td>受控</td></tr>
</table>

A.10 制动性能检测能力应满足表 A.10 规定。

表 A.10　制动性能检测能力

<table>
<tr><th rowspan="2">序号</th><th rowspan="2">项目或参数</th><th rowspan="2">检测方式</th><th colspan="4">仪器设备及主要技术要求</th><th rowspan="2">计算机控制管理方式</th></tr>
<tr><th>名称</th><th>测量范围</th><th>分辨力</th><th>准确度等级或允许误差</th></tr>
<tr><td>1</td><td>轴（轮）重量</td><td rowspan="9">台架程控测试</td><td rowspan="2">轴（轮）重仪</td><td colspan="3" rowspan="2">应符合 JJG 907 的规定</td><td rowspan="9">受控</td></tr>
<tr><td>2</td><td>整备质量变化率</td></tr>
<tr><td>3</td><td>制动力</td><td rowspan="8">滚筒反力式制动检验台或平板式制动检验台</td><td colspan="3" rowspan="8">滚筒式应符合 GB/T 13564 和 JJG 906 的规定
平板式应符合 GB/T 11798.9 的规定</td></tr>
<tr><td rowspan="2">4</td><td>a）前轴制动力因数</td></tr>
<tr><td>b）整车制动力因数</td></tr>
<tr><td>5</td><td>制动力平衡因数</td></tr>
<tr><td>6</td><td>车轮阻滞力因数</td></tr>
<tr><td>7</td><td>驻车制动力</td></tr>
<tr><td>8</td><td>制动协调时间</td></tr>
<tr><td>9</td><td>制动力特性曲线</td><td>自动跟踪扫描</td><td rowspan="3">受控或人工录入</td></tr>
<tr><td>10</td><td>轮产生最大制动力时的踏板力</td><td rowspan="2">监控</td><td>制动踏板力计</td><td colspan="3">应符合 JJG（交通）008 的规定</td></tr>
<tr><td>11</td><td>产生最大驻车制动力时的操纵力</td><td>驻车制动操纵力计</td><td>（0 ~ 1）kN</td><td>5N</td><td>± 3.0%</td></tr>
<tr><td>12</td><td>驻车制动</td><td rowspan="5">道路试验</td><td>标准坡道</td><td colspan="3">20%和 15%，坡道长度与被检车型相适应</td><td rowspan="5">人工录入</td></tr>
<tr><td>13</td><td>制动距离</td><td>非接触式速度计或五轮仪</td><td colspan="3">应符合 JJG（汽车）02 的规定</td></tr>
<tr><td rowspan="2">14</td><td rowspan="2">制动减速度</td><td rowspan="2">制动性能测试仪或非接触式速度计</td><td>时间：（0 ~ 10）s</td><td>0.01s</td><td>± 1%</td></tr>
<tr><td>减速度：（0 ~ 9.8）m/s^2</td><td>0.01m/s^2</td><td>2% ± 0.05m/s^2</td></tr>
<tr><td>15</td><td>制动跑偏量</td><td>标准试车道路</td><td colspan="3">应符合 GB 7258 的规定</td></tr>
<tr><td>16</td><td>ABS 防抱制动性能</td><td>台架程控测试或道路测试</td><td>ABS 防抱制动检验台（注：可选配）</td><td colspan="3">应符合 JT/T 510 的规定</td><td>受控</td></tr>
</table>

A.11 转向操纵性检测能力应满足表 A.11 规定。

表 A.11　转向操纵性检测能力

序号	项目或参数	检测方式	仪器设备及主要技术要求				计算机控制管理方式
			名称	测量范围	分辨力	准确度等级或允许误差	
1	转向自动回正能力	道路试验	人工检验	—	—	—	人工录入
2	转向盘自由转动量	人工辅以仪器测试	转向盘转向力—角仪	应符合 JJG（交通）007 的规定			人工录入或受控
3	转向盘操纵力						
4	转向轮最大转角		转向轮转角仪	左右各 50°	0.1°	± 1°	
5	转向轮侧滑量		侧滑检验台	应符合 JT/T 507 和 JJG 908 的规定			
6	车轮定位	人工辅助作业	前轮定位仪或四轮定位仪（注：均可选配）	前轮定位仪应符合 JT/T 504 的规定 四轮定位仪应符合 JT/T 505 的规定			人工录入或受控
	a）转向轮前束值 / 张角						
	b）转向轮外倾角						
	c）转向轮主销内倾角						
	d）转向轮主销后倾角						
	e）后轮外倾角						
	f）后轮前束值 / 前张角						
	g）推进角						
	h）车轮轮距						
	i）转向 20° 的张角						

A.12 前照灯性能检测能力应满足表 A.12 规定。

表 A.12　前照灯性能检测能力

序号	项目或参数	检测方式	仪器设备及主要技术要求				计算机控制管理方式
			名称	测量范围	分辨力	准确度等级或允许误差	
1	基准中心高度	程控测试	前照灯检测仪	应符合 JT/T 508 和 JJG 745 的规定			受控
2	远光光强						
3	远光光束中心垂直方向上、下偏角（或偏距）						
4	远光光束中心水平方向左、右偏角（或偏距）						
5	近光光束中心垂直方向上、下偏角（或偏距）						
6	近光光束中心水平方向左、右偏角（或偏距）						

A.13 排气污染物检测能力应满足表 A.13 规定。

表 A.13 排气污染物检测能力

<table>
<tr><th rowspan="2">序号</th><th rowspan="2">项目或参数</th><th rowspan="2">检测方式</th><th colspan="4">仪器设备及主要技术要求</th><th rowspan="2">计算机控制管理方式</th></tr>
<tr><th>名称</th><th>测量范围</th><th>分辨力</th><th>准确度等级或允许误差</th></tr>
<tr><td rowspan="4">1</td><td>点燃式发动机</td><td rowspan="3">仪器程控测试</td><td rowspan="3">排气分析仪（注：宜带有发动机转速显示功能）</td><td colspan="3" rowspan="3">应符合 JT/T 386 和 JJG 688 的规定</td><td rowspan="7">受控</td></tr>
<tr><td>a）怠速工况法
CO
HC</td></tr>
<tr><td>b）双怠速工况法
CO
HC</td></tr>
<tr><td>c）加速模拟工况法
CO
HC
NO</td><td>仪器、设备程控测试</td><td>汽车底盘测功机排气分析仪</td><td colspan="3">应符合 GB 18285 的规定</td></tr>
<tr><td rowspan="3">2</td><td>压燃式发动机</td><td rowspan="3">仪器程控测试</td><td></td><td colspan="3"></td></tr>
<tr><td>a）烟度</td><td>滤纸式烟度计</td><td colspan="3">应符合 JJG 847 的规定</td></tr>
<tr><td>b）光吸收系数</td><td>不透光烟度计</td><td colspan="3">应符合 JT/T 506 和 JJG 976 的规定</td></tr>
</table>

A.14 悬架特性检测能力应满足表 A.14 规定。

表 A.14 悬架特性检测能力

<table>
<tr><th rowspan="2">序号</th><th rowspan="2">项目或参数</th><th rowspan="2">检测方式</th><th colspan="4">仪器设备及主要技术要求</th><th rowspan="2">计算机控制管理方式</th></tr>
<tr><th>名称</th><th>测量范围</th><th>分辨力</th><th>准确度等级或允许误差</th></tr>
<tr><td>1</td><td>吸收率</td><td rowspan="5">台架程控测试</td><td rowspan="5">悬架装置检测台</td><td colspan="3" rowspan="5">应符合 JT/T 448 的规定</td><td rowspan="5">受控</td></tr>
<tr><td>2</td><td>左右轮吸收率差</td></tr>
<tr><td>3</td><td>悬架特性曲线</td></tr>
<tr><td>4</td><td>悬架效率</td></tr>
<tr><td>5</td><td>左右轮悬架效率差</td></tr>
</table>

A.15 客车防雨密封性检测能力应满足表 A.15 规定。

表 A.15 客车防雨密封性检测能力

项目或参数	检测方式	设备名称	仪器设备及主要技术要求	计算机控制管理方式
客车防雨密封性	人工辅以装置测试	喷淋装置（注：可选配）	应符合 GB/T 12480 的规定	人工检验并录入结果

第四篇
机动车检测行业数据统计分析

2006年全国机动车和驾驶人统计分析

截止2006年底，全国机动车保有量为145228994辆。其中，汽车49847807辆，摩托车81313715辆，挂车729958辆，上道路行驶的拖拉机13317487辆，其他机动车20027辆。全国机动车驾驶人150122072人，其中汽车驾驶人94848367人。综合分析2006年全国机动车和驾驶人情况，有以下特点：

一、机动车保有量保持高增长态势，但增幅趋缓，山东、广东、河南、江苏、河北机动车保有量位居全国前五位

全国机动车保有量为145228994辆，与2005年相比，增加14834469辆，增长11.38%，比2005年增幅下降9.54个百分点。其中，汽车（含三轮汽车和低速载货汽车）增加6560869辆，摩托车增加5748990辆，上道路行驶的拖拉机增加2483824辆，分别增长15.16%、7.61%、22.93%。

全国机动车保有量中，山东、广东、河南、江苏、河北机动车保有量位居前五位，分别为16588474辆、15429418辆、13733631辆、11084635辆、11002131辆，总计占全国机动车保有量的46.71%。

二、载客汽车保持高速增长，载货汽车微增长

全国载客汽车保有量为26117415辆，与2005年相比，增加4776045辆，增长22.38%，增幅与2005年基本持平。其中，小型载客汽车增加4562770辆，增长28.10%（轿车增加3300426辆，增长27.16%）；大型、中型和微型载客汽车分别增加50959辆、42503辆、119813辆，增长6.22%、3.23%和4.03%。

从载客汽车的构成比例看，大型载客汽车869889辆，占载客汽车总数的3.33%；中型载客汽车1358485辆，占5.20%；小型载客汽车20798754辆，占79.64%（轿车15452060辆，占59.16%）；微型载客汽车3090287辆，占11.83%。

全国载货汽车保有量为9743223辆，与2005年度相比，增加27182辆，增长0.28%，增幅较2005年下降4.17个百分点。

三、私人机动车增长较快

全国私人机动车保有量为109605968辆，占机动车总量的75.47%。与2005年相比，增加11230503辆，增长11.42%，增幅较2005年下降3.47个百分点。其中，私人摩托车78525611辆，占私人机动车保有量的71.64%。

私人拥有小型载客汽车14884054辆，占私人机动车保有量的13.58%，私人拥有大型载客汽车和中型载客汽车603838辆，占私人机动车保有量的0.55%。

2007年全国机动车和驾驶人统计分析

截止2007年底，全国机动车保有量为159777589辆。其中，汽车56967765辆，摩托车87096613辆，挂车869124辆，上道路行驶的拖拉机14823703辆，其他机动车20384辆。全国机动车驾驶人163887372人，其中汽车驾驶人107087137人。

一、机动车保持快速增长，汽车、摩托车为机动车的主要构成部分

全国机动车保有量为159777589辆，与2006年相比，增加14548595辆，增长10.02%，增幅下降1.36个百分点。从车辆类型看，汽车（含三轮汽车和低速载货汽车）保有量56967765辆、摩托车保有量87096613辆，占全国机动车总量的90.61%，是机动车的主要构成部分。与2006年相比，汽车保有量增加7119958辆，增长14.28%，增幅下降0.88个百分点；摩托车保有量增加5782898辆，增长7.11%，增幅下降0.5个百分点。

二、载客汽车增长较快

全国载客汽车保有量为31827355辆，与2006年相比，增加5709940辆，增长21.86%，增幅与2006年基本持平。其中，大型载客汽车932552辆，占载客汽车总量的2.93%；中型载客汽车1404001辆，占4.41%；小型载客汽车26346625辆，占82.78%；微型载客汽车3144177辆，占9.88%。

三、载货汽车增长相对缓慢

全国载货汽车保有量为10465404辆，与2006年相比，增加722181辆，增长7.41%。其中，重型载货汽车1827596辆，占载货汽车总量的17.46%；中型载货汽车2420461辆，占23.13%；轻型载货汽车5863787辆，占56.03%；轻型载货汽车353560辆，占3.38%。

四、营运机动车稳步增长

营运机动车保有量为14715666辆，与2006年相比，增加1520011辆，增长11.52%，增幅上升0.8个百分点。其中，公路客运1157700辆，公交客运359444辆，出租客运1275458辆，旅游客运62468辆，货车11801069辆，租赁59527辆。

五、私人机动车继续保持增长

全国私人机动车保有量为121571500辆，占机动车总量的76.09%。与2006年相比，增加11965532辆，增长10.92%，增幅下降0.5个百分点。其中，私人摩托车84389008辆，占摩托车保有量的96.89%；私人汽车35337531辆，占汽车保有量的62.03%。私人轿车保有量为15217911辆，占轿车总量的77.73%。与2006年相比，增加3729800辆，增长32.47%，增幅下降0.98个百分点。

六、进口汽车保有量继续增长

全国进口机动车保有量为2821718辆。其中，进口汽车1996776辆，占总量的70.76%。与2006年相比，增加175885辆，增长9.66%，增幅上升2.11个百分点；进口摩托车821799辆，占总量的29.12%。与2006年相比，减少576438辆。

七、机动车驾驶人保持高增长态势

全国机动车驾驶人数量达到163887372人，与2006年相比，增加13765300人，增长9.17%，增幅下降2.79个百分点。其中，汽车驾驶人数量为107087137人，与2006年相比，增加12238770人，增长12.9%，增幅上升0.6个百分点。

2008年全国机动车和驾驶人统计分析

截止2008年底，全国机动车保有量为169887744辆。其中，汽车64672053辆，摩托车89537775辆，挂车1014380辆，上道路行驶的拖拉机14642694辆，其他机动车20842辆。全国机动车驾驶人180660736人，其中汽车驾驶人122092132人。

一、机动车保持增长，汽车和摩托车是机动车的构成主体

全国机动车保有量为169887744辆，与2007年相比，增加10110155辆，增长6.33%，增幅下降3.69个百分点。其中，汽车64672053辆、摩托车89537775辆，分别占全国机动车总量的38.07%、52.70%，是机动车的主要构成部分。与2007年相比，汽车、摩托车分别增加7704288辆、2441162辆，分别增长13.52%、2.80%。

二、载客汽车增长较快

全国载客汽车保有量为38502646辆，与2007年相比，增加6675291辆，增长20.97%，增幅下降0.91个百分点。其中，大型载客汽车1006975辆，占载客汽车总量的2.62%；中型载客汽车1441125辆，占3.74%；小型载客汽车32811389辆，占85.22%；微型载客汽车3243157辆，占8.42%。小型载客汽车继续保持快速增长势头，与2007年相比，增加6464764辆，增长24.54%。

三、载货汽车增长缓慢

全国载货汽车保有量为11254105辆，与2007年相比，增加788701辆，增长7.54%。其中，重型载货汽车2007121辆，占载货汽车总量的17.83%；中型载货汽车2490491辆，占22.13%；轻型载货汽车6455031辆，占57.36%；微型载货汽车301462辆，占2.68%。

四、营运机动车增长平稳

全国营运机动车保有量为16273085辆，与2007年相比，增加1557419辆，增长10.58%，增幅下降0.94个百分点。其中，公路客运1129633辆，公交客运403202辆，出租客运1321277辆，旅游客运69101辆，货运13288354辆，租赁61518辆。

五、私人机动车增速减缓

全国私人机动车保有量为129348249辆，占机动车总量的76.14%，与2007年相比，增加7776749辆，增长6.40%，增幅下降4.52个百分点。其中，私人摩托车87322818辆，占摩托车保有量的97.53%；私人汽车41733867辆，占汽车保有量的64.53%。

六、进口汽车保持较快增长

全国进口机动车保有量为2771618辆，其中，进口汽车2257491辆，占总量的81.45%，与2007年相比，增加260715辆，增长13.06%；进口摩托车511740辆，占总量的18.46%，比2007年减少310059辆。

七、机动车驾驶人保持高增长态势

全国机动车驾驶人数量达到180660736人，与2007年相比，增加16773364人，增长10.23%，增幅上升1.06个百分点。其中，汽车驾驶人数量为122092132人，占67.58%，与2007年相比，增加15004995人，增长14.01%，增幅上升1.11个百分点。

2009年全国机动车和驾驶人统计分析

今年以来，为应对国际金融危机、确保经济平稳较快增长，国家出台了一系列促进汽车、摩托车消费的政策，有效刺激了消费市场，机动车保有量呈快速增长趋势，机动车驾驶人也相应大幅增长。截至2009年底，全国机动车保有量为186580658辆。其中，汽车（含三轮汽车和低速载货汽车）76193055辆，摩托车94530658辆，挂车1201519辆，上道路行驶的拖拉机14633456辆，其他机动车21970辆。全国机动车驾驶人为199765889人，其中汽车驾驶人138203911人。

一、机动车保有量增幅明显，区域分布相对集中

2009年，全国机动车保有量为186580658辆，与2008年相比，增加16692914辆，增长9.83%，增幅上升3.5个百分点；机动车保有量月均增加1391076辆，明显高于2008年月均842513辆的增量。从统计情况看，在购置税下调、汽车摩托车下乡、汽车以旧换新等利好政策的有力刺激下，2009年机动车消费市场回暖，扭转了自2005年以来增量递减的趋势。同时，我局推出的车管所“一窗式”综合服务、开通互联网业务受理、扩大县级车管所业务权限、开设汽车摩托车下乡服务点等一系列方便城乡群众办理牌证的服务措施，进一步提高了办牌办证效率，有效保障了国家政策的顺利实施。

从分布省份看，山东、广东、河南、江苏、河北、浙江机动车保有量超过1000万辆，居全国前6位，分别为18997597辆、17825413辆、15463174辆、13573960辆、12552256辆、10051948辆，占全国机动车总量的47.41%；从行政区域看，华东和中南地区机动车保有量相对较大，占全国机动车总量的61.68%。

从全国36个大城市情况看，机动车保有量为37934922辆，占全国机动车保有量的20.33%。其中，北京、上海、成都机动车保有量超过200万辆，分别为3909335辆、2430836辆、2358952辆。据统计，全国共有16个城市机动车保有量超过100万辆。

二、汽车保有量保持快速增长，汽车所占比率逐年提高

2009年，全国汽车保有量为76193055辆，摩托车保有量为94530658辆，分别占全国机动车总量的40.84%、50.66%，是机动车的主要构成部分。与2008年相比，汽车、摩托车分别增加11521002辆、4992883辆，分别增长17.81%、5.58%，增幅分别上升4.29、2.78个百分点。从统计情况看，近年来汽车保有量呈快速增长趋势，2009年汽车保有量增幅是近五年来最大的一年，明显高于摩托车保有量增幅。汽车占机动车的比率逐年提高，从2005年的33.2%提高到40.84%。据相关统计，今年我国汽车产销量超过1300万辆，新车注册登记量与产销量比为94.76%。

三、载客汽车增长迅速，小型载客汽车是主要增长点

2009年，全国载客汽车保有量为48408063辆，占汽车总量的63.53%，与2008年相比，增加9905417辆（占汽车增量的85.98%），增长25.73%，增幅上升4.76个百分点。其中，大型载客汽车1077365辆，占载客汽车总量的2.23%；中型载客汽车1462739辆，占3.02%；小型载客汽车42426778辆，占87.64%；微型载客汽车3441181辆，占7.11%。从统计情况看，近年来，载客汽车保持平稳快速增长的趋势，2009年载客汽车增幅最大；从载客汽车构成来看，小型载客汽车所占比例较大。

小型载客汽车既是载客汽车的主要组成部分，也是汽车的构成主体，占汽车保有量的55.68%。从统计情况看，2009年，小型载客汽车继续保持快速增长，与2008年相比，增加9615389辆，增长29.31%。大型、中型和微型载客汽车分别增加70390辆、21614辆、198024辆，增长6.99%、1.50%和6.11%。

受小排量汽车购置税减免和汽车下乡政策的影响，1.6升及以下排量载客汽车保有量增长迅速。2009年，1.6升及以下排量载客汽车保有量为32247549辆，占载客汽车总量的66.62%，与2008年相比，增加7164742辆，增长28.56%，是载客汽车快速增长的重要因素。

四、载货汽车增长较快，轻型载货汽车增幅较大

2009年，全国载货汽车保有量为13686050辆，占汽车总量的17.96%，与2008年相比，增加2431945辆，增长21.61%。其中，重型载货汽车3177497辆，占载货汽车总量的23.22%；中型载货汽车2610292辆，占19.07%；轻型载货汽车7644750辆，占55.86%；微型载货汽车253511辆，占1.85%。从统计情况看，近年来载货汽车保有量保持平缓增长的趋势，2009年增幅比较明显。

今年以来，受汽车摩托车下乡政策对购买轻型载货汽车给予财政补贴的影响，轻型载货汽车保有量大幅增加，截至2009年底，轻型载货汽车保有量已达到7644750辆，比2008年增加1189719辆，增长18.43%。

五、营运机动车保持增长，从事公路客运机动车呈减少趋势

2009年，全国营运机动车保有量为18159658辆，占机动车总量的9.73%，与2008年相比，增加1886573辆，增长11.59%，增幅上升1.01个百分点。其中，公路客运1074151辆，公交客运435425辆，出租客运1357781辆，旅游客运76493辆，货运14985013辆，租赁65693辆，危险化学品运输车34415辆，教练车130614辆。从统计情况看，货运机动车仍是营运机动车的主要组成部分。

2009年，公路客运机动车保有量为1074151辆，占营运机动车总量的5.92%，与2008年相比，减少55482辆，下降4.91%。其中，大型载客汽车379597辆，占公路客运机动车总量的35.34%，与2008年相比，增加10366辆；中型载客汽车280250辆，占26.09%，与2008年相比，减少6372辆，下降2.22%。从统计情况看，2005年以来，从事公路客运的机动车保有量呈现逐年递减的趋势。分析原因，主要是由于私人汽车的大幅增长，更多群众选择自驾车的出行方式，另外铁路、航空等运输行业的迅速发展也对公路客运造成一定冲击。

六、进口汽车保持增长，进口摩托车降幅明显

2009年，全国进口机动车保有量为2808207辆。其中，进口汽车保有量2546869辆，占进口机动车总量的90.69%，与2008年相比，增加289378辆，增长12.82%。进口摩托车保有量259540辆，占进口机动车总量的9.24%，与2008年相比，减少252200辆，下降49.28%。从进口汽车类型看，载客汽车2455100辆，占进口机动车保有量的87.43%；载货汽车56933辆，占2.03%。从统计情况看，近年来进口机动车保有量总体呈现下降趋势，特别是进口摩托车保有量下降明显。

七、机动车驾驶人数量大幅增长，广东、山东等7个省的驾驶人数量超过1000万

2009年，全国机动车驾驶人数量达到199765889人，与2008年相比，增加19105153人，增长10.58%，增幅上升0.25个百分点。其中，汽车驾驶人138203911人，占驾驶人总数的69.18%，是汽车保有量的1.81倍；与2008年相比，增加16111779人，增长为13.20%。从统计情况看，随着机动车保有量的快速增长，机动车驾驶人数量也呈现大幅增长，2009年是近年来机动车驾驶人增幅最大的一年。

从各地情况看，广东、山东、河南、江苏、河北、四川、浙江的驾驶人数量超过1000万人，分别是19624057人、15906078人、15415572人、14609400人、10827269人、10323362人、10147119人，分别占全国驾驶人总量的9.82%、7.96%、7.72%、7.31%、5.42%、5.17%、5.08%。

八、驾驶人年龄段相对集中，新驾驶人比例较高

从驾驶人年龄看，26至50岁之间的驾驶人有158889431人，占总数的79.54%；18至25岁的驾驶人有19226667人，占总数的9.62%；51至60岁的驾驶人有18617090人，占总数的9.32%；超过60岁的驾驶人有3032701人，占总数的

1.52%。

从驾驶人驾龄看，3年以下驾龄的驾驶人有69433158人，占驾驶人总数的34.76%，比2008年上升0.3个百分点。其中，驾龄不满1年的驾驶人有20888254人，占全国机动车驾驶人总数的10.46%，比2008年上升0.47个百分点。从统计情况，近年来随着驾驶人数量的快速增长，驾龄不满1年的新驾驶人所占比率逐渐提高。

九、大型客车驾驶证（A1）增长缓慢，小型汽车驾驶证数量（C1）增长较快

2009年，准驾车型为大型客车的驾驶证（A1）数量为3894401本，与2008年相比，增加96446本，增长2.54%；准驾车型为小型汽车的驾驶证（C1）数量为66480514本，与2008年相比，增加17580330本，增长35.95%。从统计情况看，准驾车型为小型汽车的驾驶证数量呈快速增长趋势，与小型汽车保有量大幅增长保持一致。

十、机动车和驾驶人业务量保持增长

2009年，全国车辆管理部门办理机动车业务89595206笔，其中，办理新车注册登记业务23303717笔，转移登记业务6776798笔，变更登记业务1360222笔，注销登记业务2688252笔，抵押登记业务1606783笔，核发检验合格标志业务41246787笔，补（换）牌证业务3102581笔，其他业务9510066笔。办理驾驶人业务95213555笔，其中，办理初次申领业务20588537笔，增驾申请业务3130596笔，补（换）领驾驶证业务28627674笔，驾驶证注销业务2253277笔，转入换证业务901641笔，提交身体条件证明业务36747915笔，其他业务2963915笔。机动车和驾驶人业务共计184808761笔。

2010年全国机动车和驾驶人统计分析

截至2010年底，全国机动车保有量达207061286辆。其中，汽车90859439辆，摩托车100004714辆，挂车1511963辆，上道路行驶的拖拉机14662023辆，其他机动车23147辆。全国机动车驾驶人达212937140人，其中汽车驾驶人151819016人。

一、近五年机动车保有量年均增加1500多万辆，2010年全年增加2048万辆，其中12月增量达253万辆

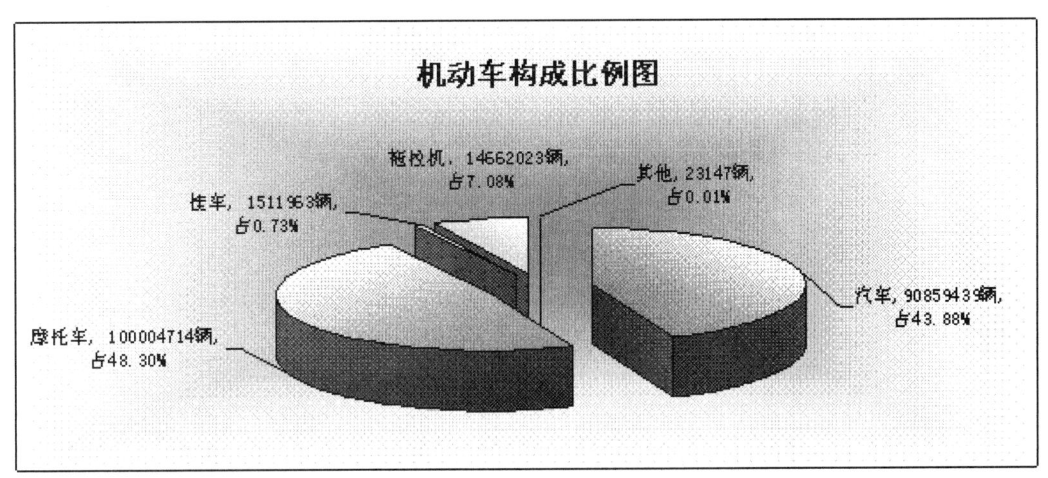

截至2010年底，全国机动车保有量为207061286辆，与2009年底相比，增加20480628辆，增长10.98%，增幅上升1.15个百分点。从统计情况看，近五年机动车保有量保持较快增长速度，年均增量达15333352辆，其中2008年增幅略有下降，2009年呈现快速增长趋势，2010年机动车年增量为近五年来最高水平。分析原因，2009年以来，为应对国际金融危机、确保经济平稳较快增长，国家出台汽车摩托车下乡、小排量汽车购置税减免等一系列促进机动车消费政策，有效刺激了消费市场，加上机动车刚性需求旺盛，促使机动车保有量呈快速增长趋势。

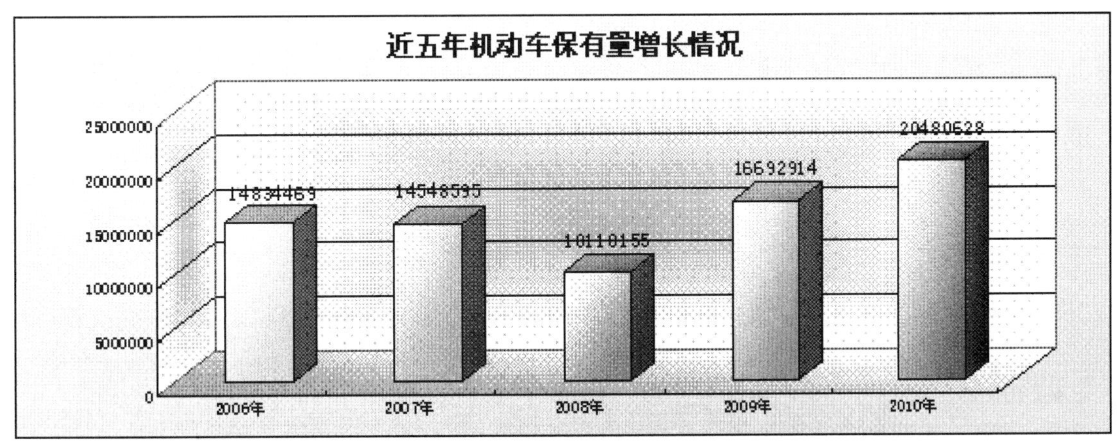

从月增长情况看，2010年1月至12月，机动车保有量月均增加1648167辆，明显高于2009年月均1391076辆的增量。从统计情况看，11月和12月机动车月增量超过200万辆，明显高于其他月份，其中12月增量达到253万辆，是历年来单月增量最大的月份。分析原因，由于受到小排量汽车购置税减免、汽车下乡、汽车以旧换新等购车优惠政策将于年底停止执行的影响，2010年11月和12月机动车消费市场活跃，机动车增量连续2个月超过200万辆。

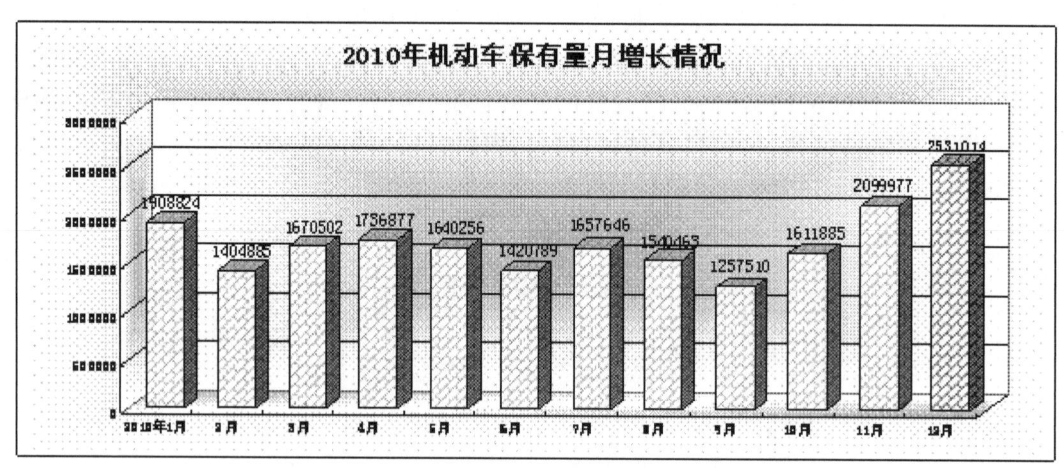

二、机动车区域分布相对集中，大中城市机动车保有量增长迅速，全国20个城市机动车保有量超过100万辆

从机动车分布省份看，山东、广东、河南、江苏、河北、浙江机动车保有量超过1000万辆，居全国前6位，分别为20372867辆、19281331辆、16457141辆、14583037辆、13147399辆、11240664辆，占全国机动车总量的45.92％。2010年，广东、山东、四川、浙江、陕西、云南、江苏共7个省的机动车年增量超过100万辆，其中广东省2010年机动车年增量全国最高，达1455918辆。从行政区域看，华东和中南地区占全国机动车总量的63.45％。

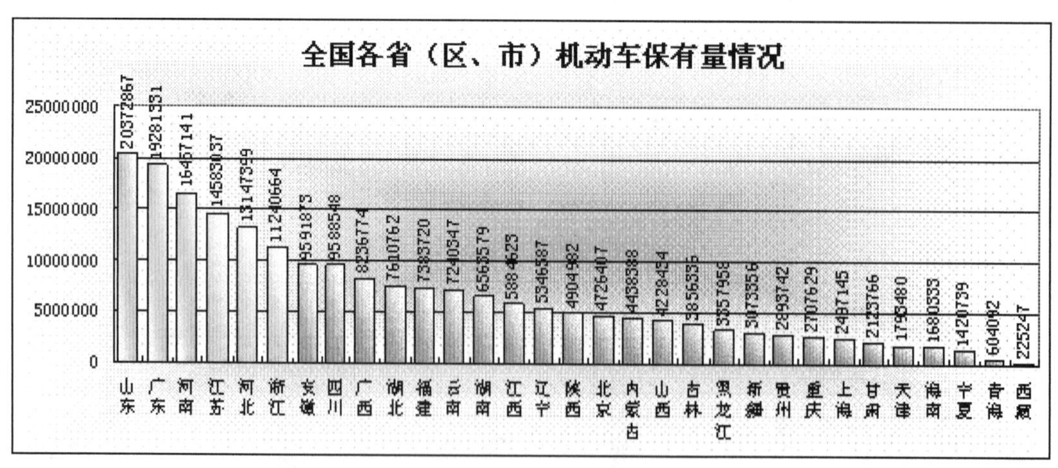

2010年，直辖市、省会市、自治区首府市和经济计划单列市等36个大城市机动车保有量共计44008492辆，占全国机动车保有量的21.25％，所占比率较去年上升0.92个百分点。全国共20个城市的机动车保有量超过100万辆，其中，北京、重庆、成都、上海、广州的机动车保有量超过200万辆。从统计情况看，北京、重庆、上海、天津等4个直辖市的机动车保有量共计11724661辆，占36个大城市机动车保有量的26.64％，占全国机动车保有量的5.66％。

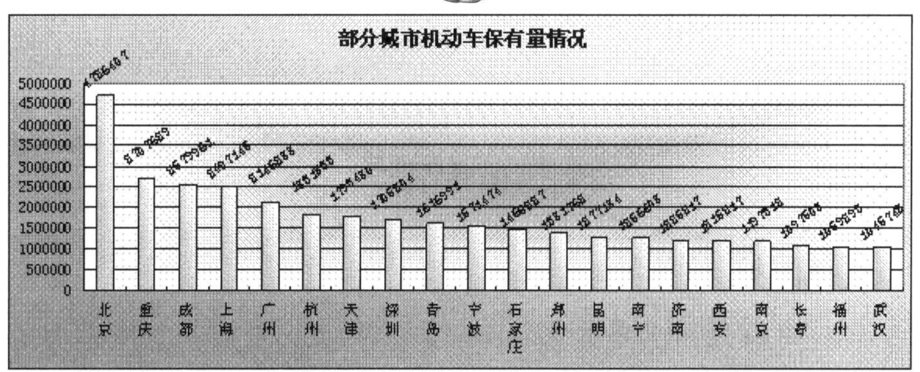

三、汽车、摩托车全年分别增加 1467 万和 547 万辆，汽车保有量突破 9000 万辆，摩托车保有量超过 1 亿辆

截至 2010 年底，全国汽车保有量为 90859439 辆，摩托车保有量为 100004714 辆，分别占全国机动车总量的 43.88%、48.30%，是机动车的主要构成部分。与 2009 年底相比，汽车、摩托车分别增加 14666384 辆、5474056 辆，分别增长 19.25%、5.79%，增幅分别上升 1.43、0.21 个百分点。从统计情况看，近年来汽车保有量呈快速增长趋势，摩托车保有量增长相对比较缓慢，汽车占机动车的比率逐年提高，从 2006 年的 33.2%提高到 2010 年的 43.88%。分析原因，随着经济社会的不断发展，越来越多的人选择汽车作为出行代步工具，汽车占机动车的比率不断提高，我国机动车类型结构正由摩托车为主向汽车为主转变。

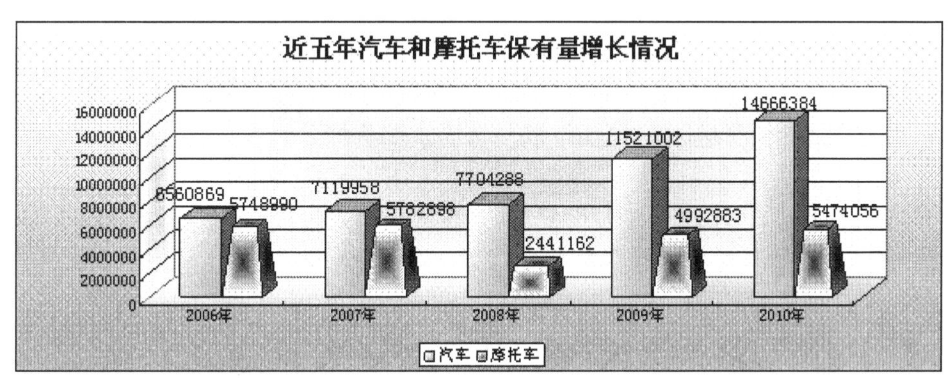

截至 2010 年底，36 个大城市汽车保有量共计 31205237 辆，占全国汽车保有量的 34.34%。其中，有 8 个城市的汽车保有量超过 100 万辆。从统计情况看，北京汽车保有量超过 450 万辆，明显高于其他城市，2010 年增加 839063 辆，增长 22.92%。

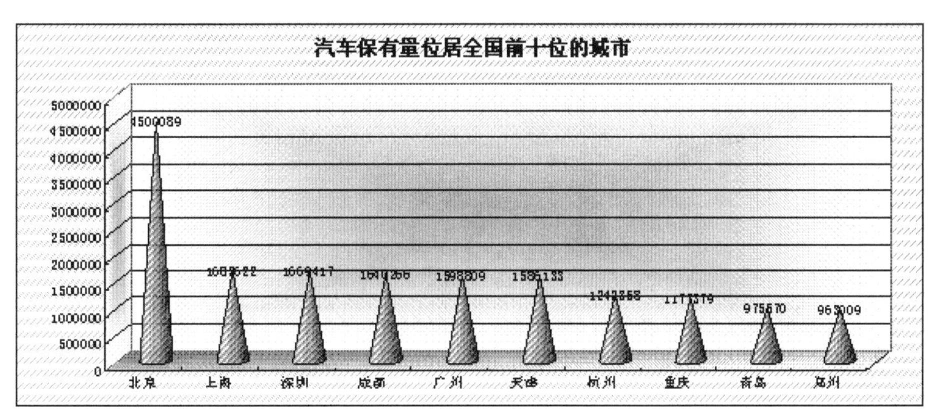

四、载客汽车年增量占汽车年增量的87.18%，私人小型、微型载客汽车保有量超过4900万辆

截至2010年底，全国载客汽车保有量为61194447辆，占汽车总量的67.35%，与2009年底相比，增加12786384辆，增长26.41%，增幅上升0.69个百分点。其中，大型载客汽车1160695辆，占载客汽车总量的1.90%；中型载客汽车1463426辆，占2.39%；小型载客汽车54948145辆，占89.79%；微型载客汽车3622181辆，占5.92%。从统计情况看，近年来载客汽车保持快速增长的趋势，2010年载客汽车保有量增幅最大，年增量占汽车年增量的87.18%，占机动车年增量的62.43%。从载客汽车构成来看，小型载客汽车所占比例较大，大型、中型载客汽车所占比例较低。

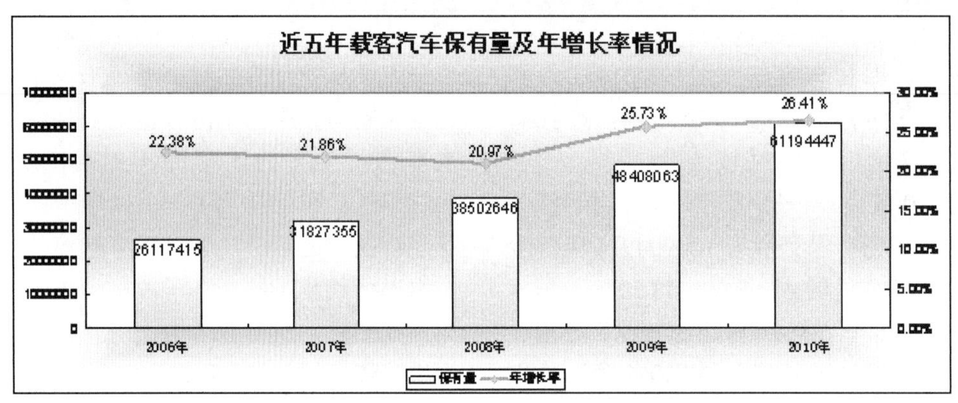

小型载客汽车既是载客汽车的主要组成部分，也是汽车的构成主体，占汽车保有量的60.48%。2010年，小型载客汽车继续保持快速增长势头，与2009年底相比，增加12521367辆，增长29.51%；大型、中型和微型载客汽车分别增加83330辆、687辆、181000辆，增长7.73%、0.05%和5.26%。从统计情况看，2010年私人小、微型载客汽车达49115899辆，占小、微型载客汽车的83.86%。私人小、微型载客汽车的迅速增长，反映出我国汽车进入家庭的速度不断加快，群众物质生活水平不断提升。

五、载货汽车保有量平稳增长，轻型载货汽车是主要增长点，增量占63.99%

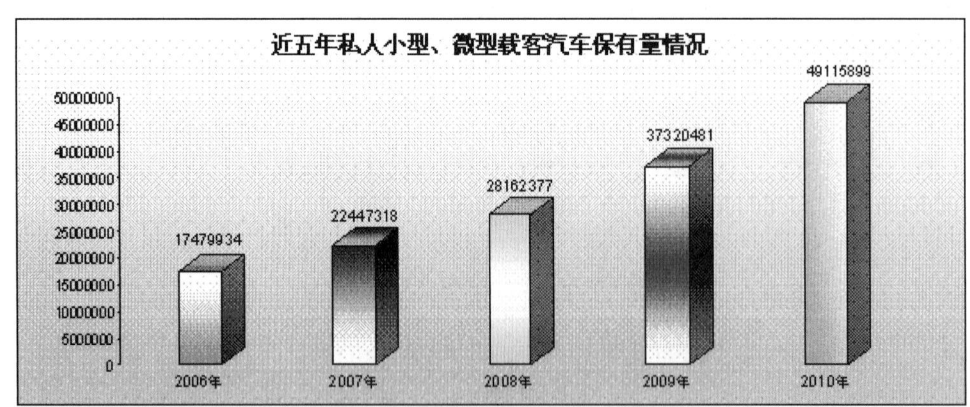

截至2010年底，全国载货汽车保有量为15965596辆，占汽车总量的17.57%，与2009年底相比，增加2279546辆，增长16.66%。其中，重型载货汽车3978087辆，占载货汽车总量的24.92%；中型载货汽车2679314辆，占16.78%；轻型载货汽车9103353辆，占57.02%；微型载货汽车204842辆，占1.28%。与2009年底相比，重型、中型、轻型载货汽车分别增加800590辆、69022辆、1458603辆，增长25.20%、2.64%、19.08%；微型载货汽车减少48669辆，下降19.20%。

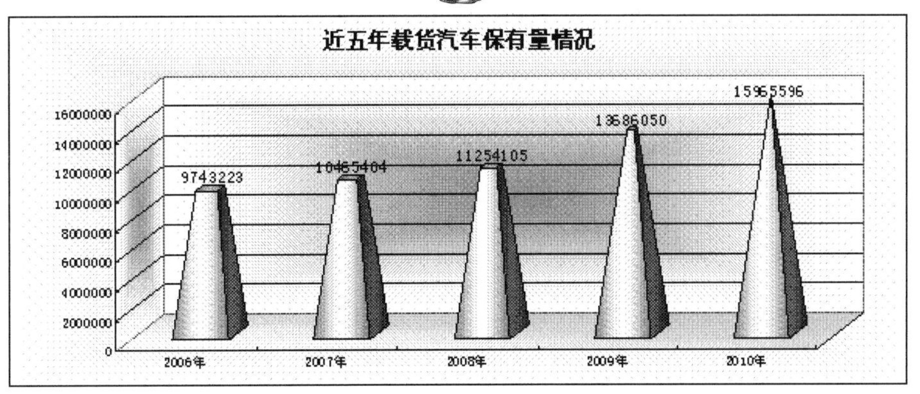

从统计情况看，2009年以来轻型载货汽车保有量增幅明显，2010年为近年来增幅最大。分析原因，国家于2009年出台汽车摩托车下乡政策对购买轻型载货汽车给予财政补贴，刺激了农村轻型载货汽车消费市场，促使轻型载货汽车连续两年保持快速增长水平。

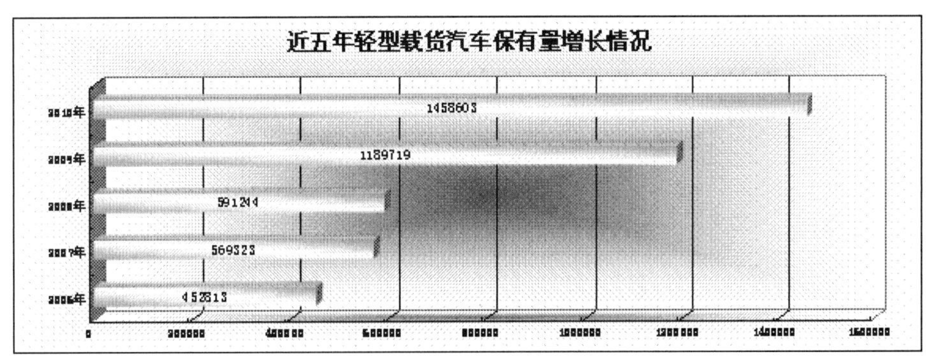

六、货运机动车占营运机动车83.61%，公路客运机动车保有量逐年减少

截至2010年底，全国营运机动车保有量为20424177辆，占机动车总量的9.86%，与2009年相比，增加2270432辆，增长12.51%，增幅上升0.92个百分点。其中，公路客运1006432辆，公交客运464066辆，出租客运1375220辆，旅游客运88625辆，货运17075714辆，租赁71930辆，危险化学品运输车84910辆，教练车256740辆。从统计情况看，货运机动车仍是营运机动车的主要组成部分。

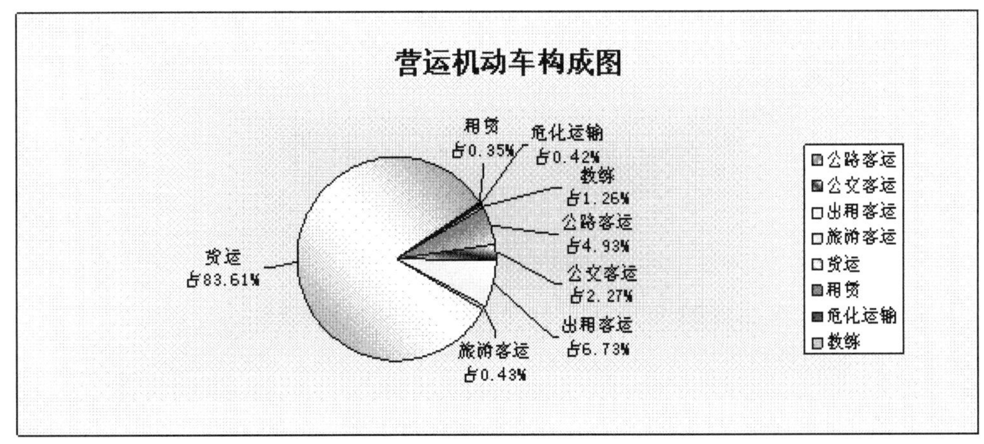

截至2010年底，公路客运机动车保有量为1006432辆，占营运机动车总量的14.37%，与2009年相比，减少55482辆，下降4.91%。其中，大型载客汽车384648辆，占公路客运机动车总量的38.22%，与2009年底相比，增加5051辆；中型载客汽车265341辆，占26.36%，与2009年底相比，减少14909辆。从统计情况看，2006年以来，从事公路客运的机动车保有量呈现逐年递减的趋势。分析原因，私人机动车的大幅增长以及铁路、航空等运输行业的迅速发展对公路客运行业造成很大冲击，导致公路客运机动车保有量呈减少趋势。

七、进口汽车保有量连续五年保持快速增长，进口摩托车保有量不断减少

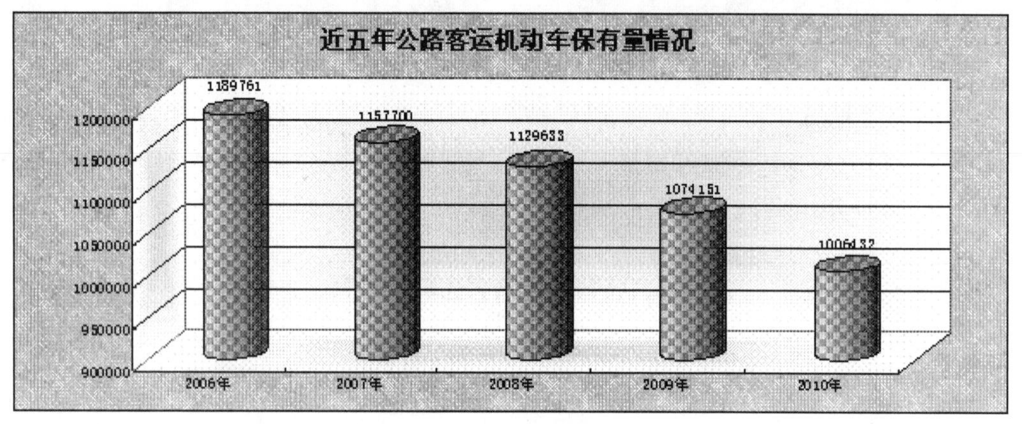

截至2010年底，全国进口机动车保有量为3298426辆。其中，进口汽车保有量3158202辆，占进口机动车总量的95.75%，与2009年相比，增加611979辆，增长24.03%。进口摩托车保有量138721辆，占进口机动车总量的4.21%，比2009年相比，减少120834辆，下降46.55%。从统计情况看，2006年以来，进口汽车保有量以年均334328辆的速度迅速增长，进口汽车占进口机动车比率从2006年的56.5%提高到2010年的95.75%。进口摩托车保有量以年均314879辆的速度迅速减少，占进口机动车比率仅为4.21%。分析原因，随着我国居民购买力的提高，对进口汽车的消费需求日益旺盛，促使进口汽车保有量迅速增长。

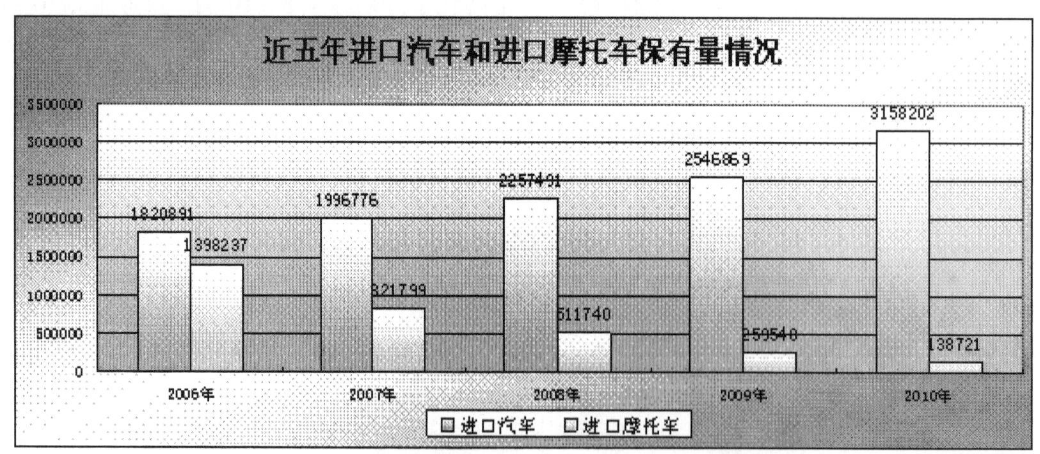

八、机动车定期检验率比2009年提高2.66个百分点，摩托车检验率低是影响机动车整体检验率的主要因素。

截至2010年底，机动车定期检验率为61.52%，比2009年底上升2.66个百分点，全国共有79704125辆机动车逾期未参加检验。其中，载客汽车定期检验率为89.17%，比2009年底上升1.79个百分点，大型、中型、小型和微型载客汽车定期检验率分别为81.82%、67.54%、91.84%、59.72%。载货汽车定期检验率相对较低，为73.74%，比2009年底上升4个百分点，其中重型、中型、轻型、微型载货汽车分别为77.81%、

60.93%、75.82%、69.53%。摩托车定期检验率最低，仅为36.44%，有63567338辆摩托车未参加定期检验，占未参加检验机动车总量的79.75%。摩托车定期检验率低是造成机动车整体定期检验率不高的主要原因。从各地情况看，机动车定期检验率居前五位的是北京、天津、上海、青海、甘肃，分别为87.67%、79.19%、77.58%、74.07%、71.56%，福建、湖北检验率不到50%。

九、机动车驾驶人数量超过2.1亿，广东、山东等7省驾驶人数量超过1000万人

2010年，全国机动车驾驶人数量达到212937140人，与2009年底相比，增加13171251人，增长6.59%，增幅下降3.98个百分点。其中，汽车驾驶人为151819016人，占驾驶人总数的71.30%，与2009年底相比，增加13615105人，增长为9.85%。汽车驾驶人数与汽车保有量比率为1.67：1。从统计情况看，随着机动车保有量的快速增长，近年来机动车驾驶人数量也呈现大幅增长趋势，年均增量达1577万人。

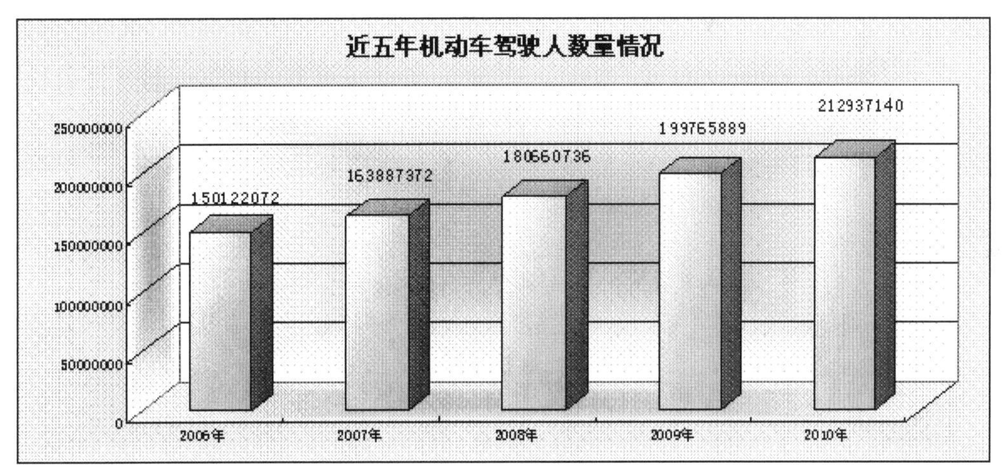

从各地情况看，广东、山东、河南、江苏、四川、河北、浙江的驾驶人数量超过1000万人，分别是19938268人、16639887人、15895316人、15327342人、11482419人、11169030人、11043117人，分别占全国驾驶人总量的9.36%、7.81%、7.46%、7.20%、5.39%、5.25%、5.19%。

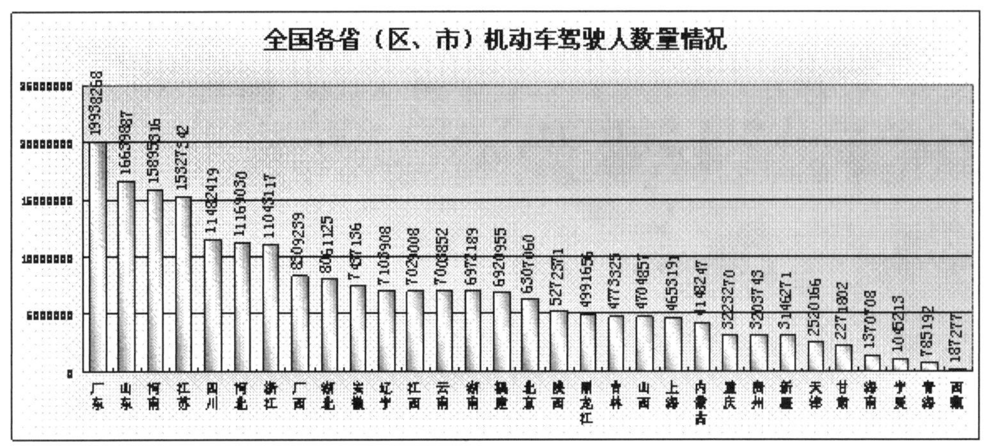

十、驾驶人年龄段相对集中，驾龄不满1年的新驾驶人所占比率达到11.52%。

从驾驶人年龄看，26至50岁之间的驾驶人有169158577人，占总数的79.44%；18至25岁的驾驶人有22575225人，占总数的10.60%；51至60岁的驾驶人有18808925人，占总数的8.83%；超过60岁的驾驶人有3032701人，占总数的1.25%。从统计情况看，驾驶人年龄段主要集中于26至50岁，25岁以下驾驶人所占比例有所提高，比2009年底上升0.98个百分点。

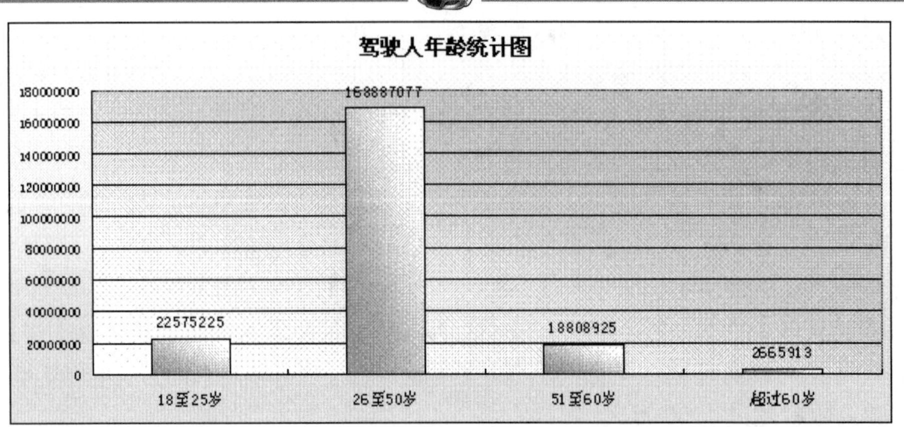

从驾驶人驾龄看，3 年以下驾龄的驾驶人有 79613161 人，占驾驶人总数的 37.39%。其中，驾龄不满 1 年的驾驶人有 24539363 人，占全国机动车驾驶人总数的 11.52%，与 2009 年底相比上升 1.06 个百分点。从统计情况看，近年来随着驾驶人数量的快速增长，驾龄不满 1 年的新驾驶人所占比率逐渐提高。另外，男性驾驶人为 175481395 人，占驾驶人总数的 82.41%，女性驾驶人 37455745 人，占 17.59%。

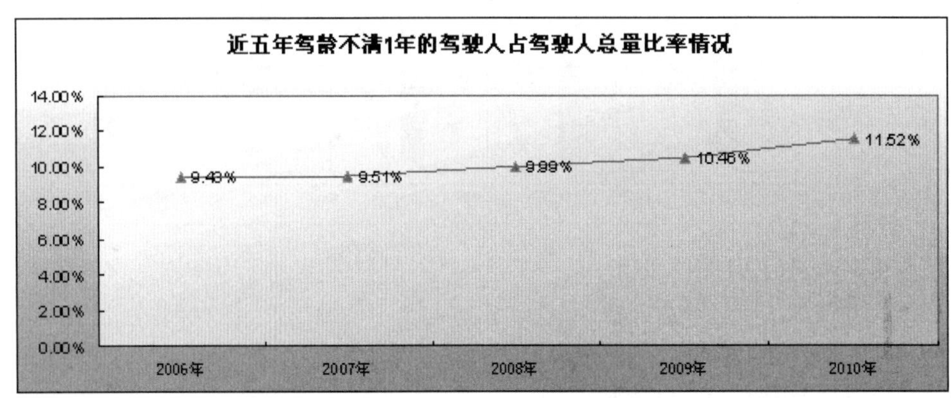

十一、全国办理机动车和驾驶人业务超过 2 亿笔

2010 年，全国公安机关交通管理部门办理机动车和驾驶人业务 206080884 笔，比去年增加 21272123 笔，增长 11.51%。其中，办理机动车业务 106396493 笔，比去年增加 16801287 笔，增长 18.75%；办理驾驶人业务 99684391 笔，比去年增加 4470836 笔，增长 4.70%。

2009年全国机动车保有量和驾驶人数量统计表

省份	机动车										机动车驾驶人			
	保有量	占全国比重	比上月增长	汽车			摩托车	挂车	上道路行驶的拖拉机	其他机动车	数量	占全国比重	比上月增长	其中汽车驾驶人
					载客汽车	载货汽车								
全国	186580658		0.99%	76193055	48408063	13686050	94530658	1201519	14633456	21970	199765889		0.78%	138203911
北京	3905912	2.09%	0.00%	3661025	3393311	190568	193847	7845	41661	1534	5862727	2.93%	0.83%	5624733
天津	1557264	0.83%	1.38%	1304227	1119275	166052	204863	14091	32299	1784	2388073	1.20%	0.67%	2265971
河北	12552256	6.73%	1.01%	6258177	2860688	1043645	4605295	205522	1481687	1575	10827269	5.42%	0.73%	8991323
山西	3781016	2.03%	0.85%	2644242	1555324	485446	1012258	69570	54622	324	4395690	2.20%	1.02%	3765625
内蒙古	4086632	2.19%	0.90%	1994960	1061528	421962	1570847	93918	426839	68	3860830	1.93%	0.97%	3115389
辽宁	4743721	2.54%	1.25%	3273230	1852587	571038	1338959	46890	79636	5006	6742811	3.38%	0.60%	5738498
吉林	3525654	1.89%	0.98%	1464880	949575	281362	1738115	18643	303336	680	4776786	2.39%	0.24%	3432525
黑龙江	2974843	1.59%	1.31%	1744537	1169978	412662	686335	43601	499717	653	4848732	2.43%	0.90%	3913795
上海	2442711	1.31%	0.40%	1483476	1244726	216903	917111	28708	11874	1542	4109166	2.06%	0.74%	3619646
江苏	13573960	7.28%	0.63%	4581074	3704819	612575	8181543	50711	760583	49	14609400	7.31%	0.51%	9120065
浙江	10051948	5.39%	1.00%	4333031	3514725	766460	5505510	28406	184910	91	10147119	5.08%	0.55%	7161639
安徽	8723688	4.68%	0.79%	2023124	1083802	566023	3643039	76246	2981059	220	6617005	3.31%	0.56%	4111761
福建	6680951	3.58%	0.80%	1622123	1192518	384572	4900514	24208	134101	5	6328928	3.17%	0.00%	3357134
江西	5243036	2.81%	1.03%	1180840	722377	334191	3839919	26208	196046	23	6392897	3.20%	1.00%	3561840
山东	18997597	10.18%	0.77%	7096893	4358395	1128721	9632938	170172	2097004	590	15906078	7.96%	0.43%	11372101
河南	15463174	8.29%	0.55%	7638433	2366669	763457	5086866	115007	2622642	226	15415572	7.72%	0.68%	8998834
湖北	6929790	3.71%	1.19%	1869706	1197631	460565	4692720	17311	348649	1404	7895091	3.95%	0.70%	5479244
湖南	5663370	3.04%	1.76%	2000650	1251078	410692	3638551	11959	12192	18	6208076	3.11%	1.67%	3999007
广东	17825413	9.55%	0.59%	6602356	5203768	1332362	10757004	51362	414327	364	19624057	9.82%	0.59%	12147101
广西	7411165	3.97%	0.78%	1232850	877748	300961	5888115	10381	279655	164	7477638	3.74%	2.01%	3463043
海南	1312073	0.70%	2.30%	321656	232692	69958	956127	594	33695	1	1140160	0.57%	1.36%	846460
重庆	2007857	1.08%	2.18%	953913	596382	282273	1048537	2835	2572	0	2674682	1.34%	0.98%	1960111
四川	8359701	4.48%	2.04%	2886772	2208418	612433	5328525	5028	138095	1281	10323362	5.17%	1.62%	7117555
贵州	2317602	1.24%	2.24%	968294	634025	272928	1288834	694	59780	0	2949155	1.48%	0.90%	2239473
云南	6171989	3.31%	1.86%	1986026	1333836	545549	3888648	2915	294300	100	6353118	3.18%	0.86%	3784575
西藏	200718	0.11%	1.09%	150920	89592	58338	32781	1178	15837	2	209939	0.11%	1.36%	202946
陕西	3749126	2.01%	1.14%	1843357	1150088	289718	1669384	22608	211676	2101	5065100	2.54%	0.89%	3891483
甘肃	1780392	0.95%	1.64%	1074909	438573	209129	549822	7065	148047	549	2014229	1.01%	1.18%	1487741
青海	530789	0.28%	5.93%	268979	164902	74183	97081	2050	162636	43	734310	0.37%	0.88%	574003
宁夏	1278607	0.69%	0.97%	621861	201143	107536	443632	14064	198630	420	959267	0.48%	0.50%	668103
新疆	2737703	1.47%	0.86%	1106534	677890	313788	1192938	31729	405349	1153	2908622	1.46%	0.56%	2192187

2009年全国发生交通事故 机动车安全状态、机动车事故现场、机动车事故形态 四项数据统计

2009年机动车安全状态－四项数据统计

	事故起数		死亡人数		受伤人数		直接财产损失／元	
	数量	占总数	数量	占总数	数量	占总数	数量	占总数
合计	225096	100%	64781	100%	262254	100%	893746907	100%
正常	212985	94.62%	59269	91.49%	248324	94.69%	844145277	94.45%
制动失效	1197	0.53%	667	1.03%	1713	0.65%	7968100	0.89%
制动不良	7680	3.41%	3405	5.26%	8217	3.13%	23369407	2.61%
转向失效	204	0.09%	93	0.14%	326	0.12%	1363143	0.15%
照明与信号装置失效	1084	0.48%	419	0.65%	1164	0.44%	1997620	0.22%
爆胎	381	0.17%	245	0.38%	642	0.24%	6842740	0.77%
其他机械故障	1565	0.70%	683	1.05%	1868	0.71%	8060620	0.90%

2009年机动车事故现场－四项数据统计

	事故起数		死亡人数		受伤人数		直接财产损失／元	
	数量	占总数	数量	占总数	数量	占总数	数量	占总数
合计	238351	100%	67759	100%	275125	100%	914368329	100%
原始	192614	80.81%	56014	82.67%	226951	82.49%	810796081	88.67%
变动	23256	9.76%	5166	7.62%	28112	10.22%	59356555	6.49%
驾车逃逸	12285	5.15%	4942	7.29%	9801	3.56%	25424701	2.78%
弃车逃逸	2431	1.02%	1030	1.52%	2521	0.92%	9620733	1.05%
无现场	7569	3.18%	528	0.78%	7500	2.73%	7779630	0.85%
二次现场	196	0.08%	79	0.12%	240	0.09%	1390629	0.15%

2009年机动车事故形态－四项数据统计

	事故起数		死亡人数		受伤人数		直接财产损失／元	
	数量	占总数	数量	占总数	数量	占总数	数量	占总数
合计	238351	100%	67759	100%	275125	100%	914368329	100%
正面相撞	60580	25.42%	18258	26.95%	73314	26.65%	194133899	21.23%
侧面相撞	88892	37.29%	17247	25.45%	103788	37.72%	226642099	24.79%
尾随相撞	25033	10.50%	9276	13.69%	29370	10.68%	217622472	23.80%
对向刮擦	5126	2.15%	1054	1.56%	6913	2.51%	13538309	1.48%
同向刮擦	7528	3.16%	1585	2.34%	8311	3.02%	18748166	2.05%
刮撞行人	26278	11.02%	7203	10.63%	24606	8.94%	33672978	3.68%
碾压	3166	1.33%	2164	3.19%	1448	0.53%	4132839	0.45%
翻车	6361	2.67%	4056	5.99%	9988	3.63%	62370016	6.82%
坠车	1107	0.46%	1072	1.58%	1860	0.68%	15239197	1.67%
失火	56	0.02%	19	0.03%	19	0.01%	6504975	0.71%
撞固定物	6551	2.75%	2970	4.38%	7275	2.64%	76573377	8.38%
撞静止车辆	2165	0.91%	1111	1.64%	2428	0.88%	25407580	2.78%
撞动物	61	0.03%	9	0.01%	52	0.02%	125799	0.01%
其他	5447	2.29%	1735	2.56%	5753	2.09%	19656623	2.15%

（以上统计资料摘自公安部交通管理局统计年报）

北京市安检机构检测设备与检测量统计（2010 年 4 月）

一、检测线数量统计

截止 2010 年 4 月，北京全市检测线中安检线数量为 113 条，环保线数量为 235 条，具体不同类型的检测线构成和更新改造情况已在下面的图表中详细列出（见表 1、图 1、图 2、图 3、图 4、图 5）。

表 1　全市各类型检测线总数统计表

选项	样本数	数量	百分比
一、检测线总数（全部）	42	348	
二、安检线数量	42	113	
3 吨检测线		46	40.71%
6 吨检测线		6	5.31%
10 吨及以上检测线		50	44.25%
摩托车检测线		11	9.73%
三、环保线数量	42	235	
汽油检测线		187	79.57%
轻柴油检测线		24	10.21%
重柴油检测线		24	10.21%
四、安检线更新改造情况	39		
1 年内		43	38.05%
1 ~ 3 年内		11	9.73%
3 ~ 5 年内		5	4.42%
5 年以上		26	23.01%
未改造		28	24.78%
五、环保线更新改造情况	37		
1 年内		31	13.19%
1 ~ 3 年内		30	12.77%
3 ~ 5 年内		12	5.11%
5 年以上		54	22.98%
未改造		108	45.96%
六、计算机网络改造情况	34		
已完成改造		32	94.12%
未改造		2	5.88%

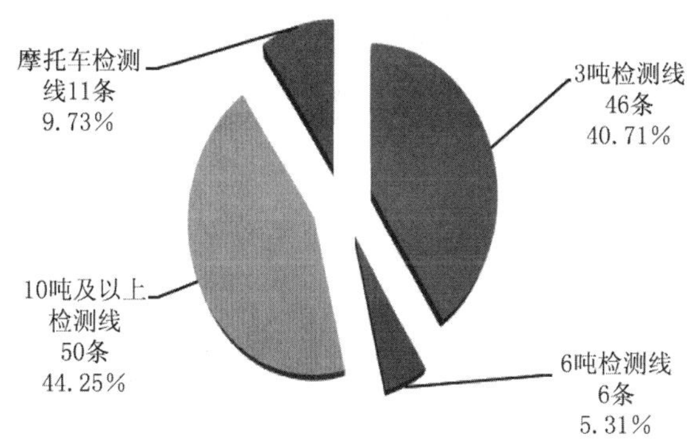

图 1　全市安检线构成情况（39 个样本）

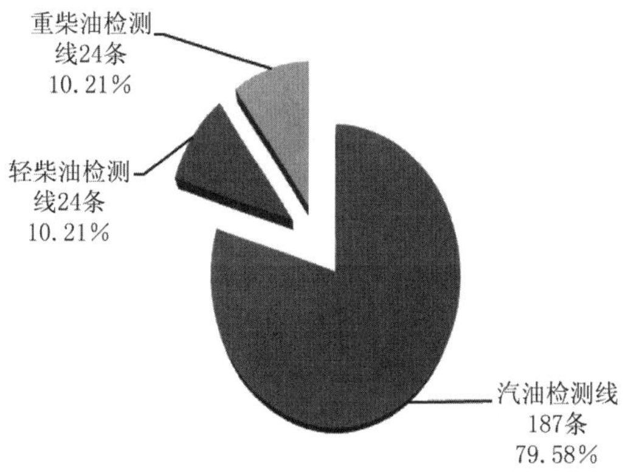

图 2　全市环保线构成情况（37 个样本）

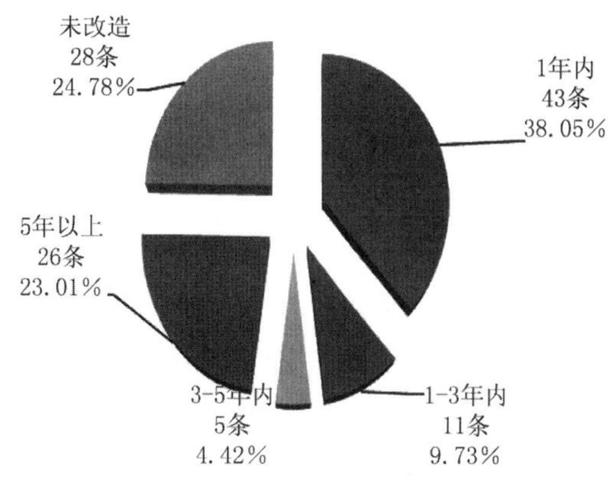

图 3　全市安检线更新改造情况（39 个样本）

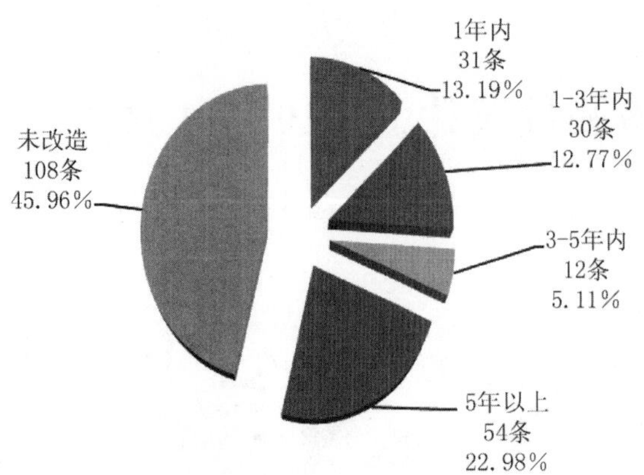

图 4　全市环保线更新改造情况（37 个样本）

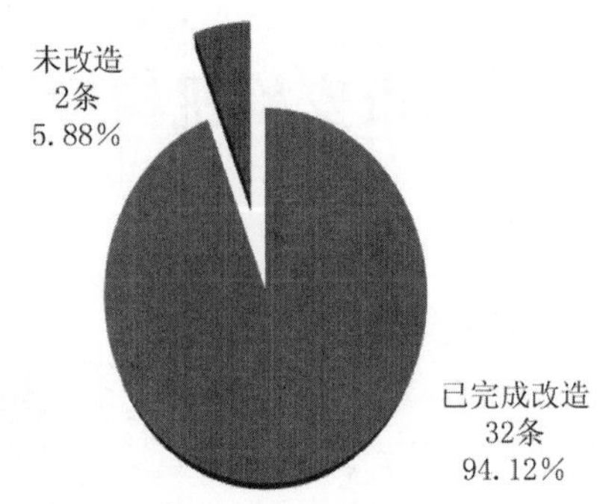

图 5　全市检测场计算机网络更新改造情况（34 个样本）

二、近三年检测量统计

通过对 20 个样本检测量数据的统计，我们可以清楚的看到，近几年来检测机构的业务量呈快速增长态势，以安检线为例，如果以 2007 年检测量为基准，2009 年总检测量定基期比提高 44.07%，环比提高 15.94%，其中新车定基期比提高 60.62%，环比提高 45.03%，年检车定基期比提高 38.24%，环比提高 7.14%。可见，新车的检测量增幅高于年检车，这与本市机动车保有量的快速增加是相一致的（见表 2、图 6、图 7、图 8）。

表 2　近三年检测量数据汇总表（发标数）

样本数：20 个					
选项	2007 年	2008 年	2009 年	2010 年 1–4 月	预计 2010 年全年
安检线总检测量	938505	1166232	1352128	490388	1961552
定基期比	1	24.26%	44.07%		109.01%
环比	1	24.26%	15.94%		45.07%
安检线新车	244609	270906	392903	137391	549564
定基期比	1	10.75%	60.62%		124.67%
环比	1	10.75%	45.03%		39.87%
安检线年检车	693896	895326	959225	352997	1411988
定基期比	1	29.03%	38.24%		103.49%
环比	1	29.03%	7.14%		47.20%
环保线总检测量	1016228	1193214	1353219	463470	1853880
定基期比	1	17.42%	33.16%		82.43%
环比	1	17.42%	13.41%		37.00%
环保线新车	186855	208845	289509	102800	411200
定基期比	1	11.77%	54.94%		120.06%
环比	1	11.77%	38.62%		42.03%
环保线年检车	829373	984369	1063710	360670	1442680
定基期比	1	18.69%	28.25%		73.95%
环比	1	18.69%	8.06%		35.63%

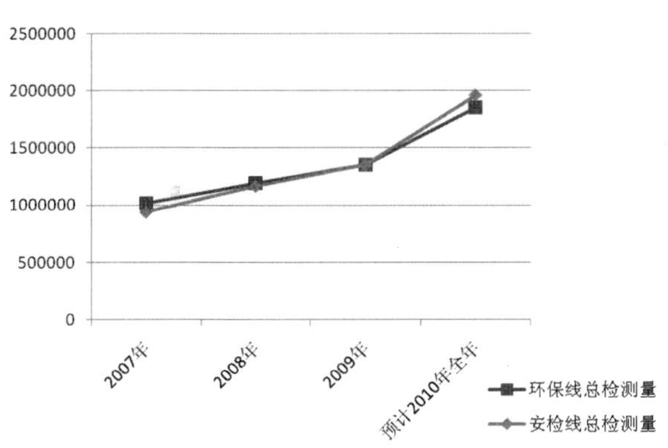

图 6　近三年检测总量变化趋势

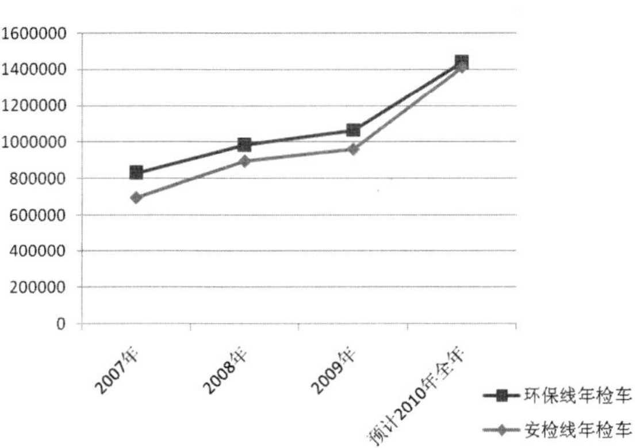

图 7　近三年年检车检测量变化趋势

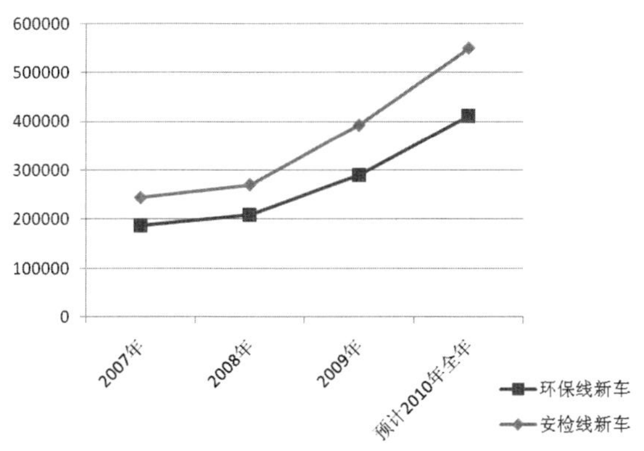

图 8　近三年新车检测量变化趋势

三、安检线每车平均上线次数

对于安检线的每车上线次数，我们可以使用“检测辆次”与年检车“发标数”的比值计算获得，再计算所有样本的算术平均值，可得到每车上线次数的估算值。

我们选取 2009 年数据进行取样，获得有效样本数 14 个，经计算得出安检线每车上线次数的平均值为 1.299，即每辆车在年检过程中平均需要上线约 1.3 次（参见表 3）。

表 3　根据发标数与检测量次计算平均每辆年检车上线次数

样本数：14 个	（选取 2009 年有效数据）	
年检车（发标数）	年检车(检测辆次)	每车上线次数
104556	125467	1.200
48430	48520	1.002
68738	85000	1.237
2788	5281	1.894
47419	47725	1.006
48644	52795	1.085
22337	40993	1.835
38931	99208	2.548
30688	30774	1.003
23126	28281	1.223
66489	66456	1.000
100853	107127	1.062
4560	4630	1.015
4460	4794	1.075
平均每车上线次数		1.299

北京市机动车安检机构基本情况统计

1 北京市行政区划基本情况

北京市位于北纬 39°56′，东经 116°20′，地处华北大平原的北部，东面与天津市毗连，其余均与河北省相邻。北京市辖 16 个市辖区、2 个县。共有 129 个街道、142 个镇、43 个乡。总面积 16410.54 平方千米。山地 10417.5 平方千米，占总面积的 62%；平原面积 6390.3 平方千米，占总面积的 38%。西北高、东南低。西部、北部和东北部三面环山，东南部是一片缓缓向渤海倾斜的平原。

截至 2009 年末，全市常住人口 1755 万人，比 08 年末增加 60 万人。[1]

近十年来，我市机动车保有量增长较快。1997 年 2 月，我市机动车保有量达到 100 万辆，从 1949 年算起，达到这 100 万辆历时 48 年。2003 年 8 月，机动车保有量达到第二个 100 万辆，历时 6 年半。2007 年 5 月，机动车保有量达到第三个 100 万辆，历时 3 年 9 个月。2009 年 12 月，机动车保有量达到第四个 100 万辆，历时仅 2 年 7 个月。目前，我市机动车保有量已突破 450 万辆，其中 1 ~ 8 月份共净增机动车 46.1 万辆，平均每天净增机动车 1900 辆左右，由此可见我市机动车保有量的增长还在加速，车辆检验量也逐年递增。

2 检测机构的基本情况

目前我市共有机动车安检机构 42 家，分布在除西城以外的 15 个区县，共有安全技术检验人员 2730 余人，检测场从业人员 4040 余人。

全市在营业安检机构 41 家（1 家迁址停业），在用安检线数量共计 113 条，其中 3 吨检测线 46 条，6 吨检测线 6 条，10 吨及以上检测线 50 条，摩托车检测线 11 条。全市环保检测线数量共计 235 条，其中汽油检测线 187 条，轻柴油检测线 24 条，重柴油检测线 24 条。

2.1 检测机构分布

目前全市共计 42 家检测机构，朝阳区拥有检测机构数量最多为 9 家。具备新车检测资格的共计 18 家，占总数的 42.86%（参见图 1、图 2、图 3）。按照公路环线为界，四环内检测机构数量有 5 家，占全部数量的 11.9%，处于六环外的有 11 家，占 26.19%，其余 26 家处于 4 ~ 6 环之间，占到总数的 61.91%（参见图 4、图 5）。

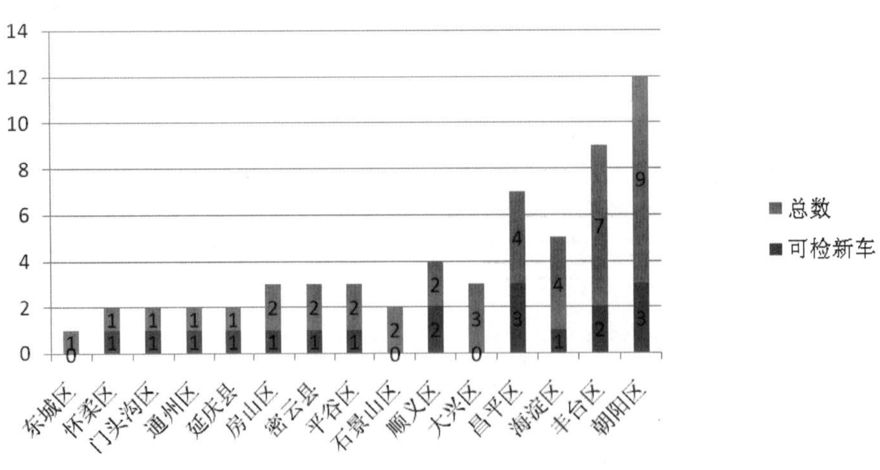

图 1　各区县检测机构数量

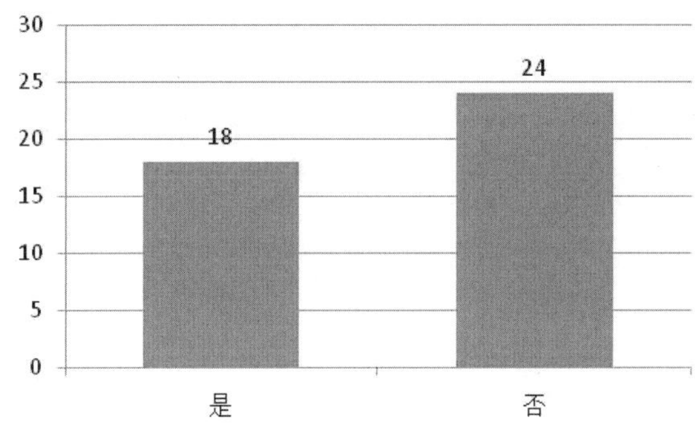

图 2　可检测新车机构数量

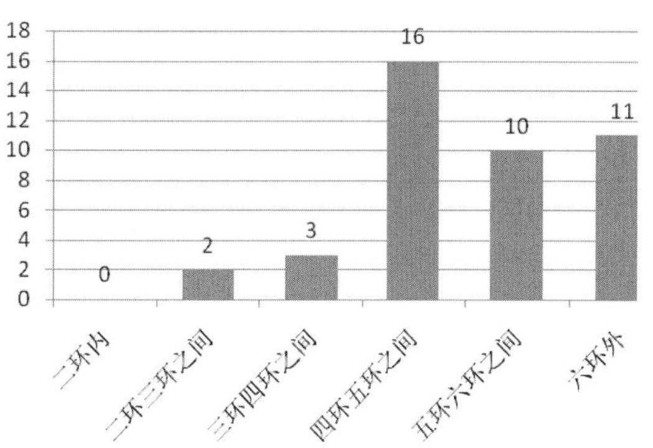

图 4　检测机构在各环线间的数量分布

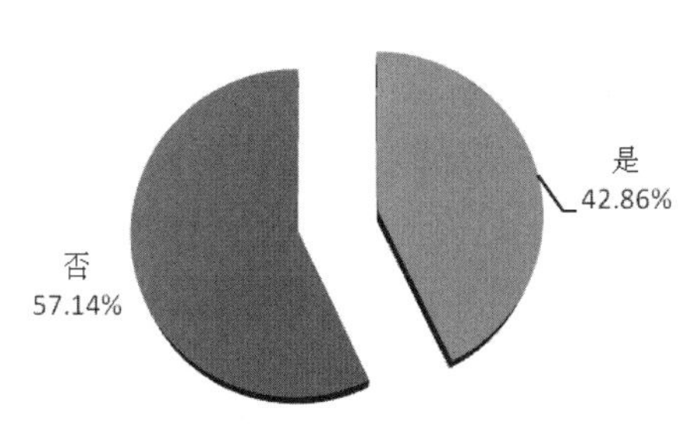

图 3　可检测新车机构数量占比

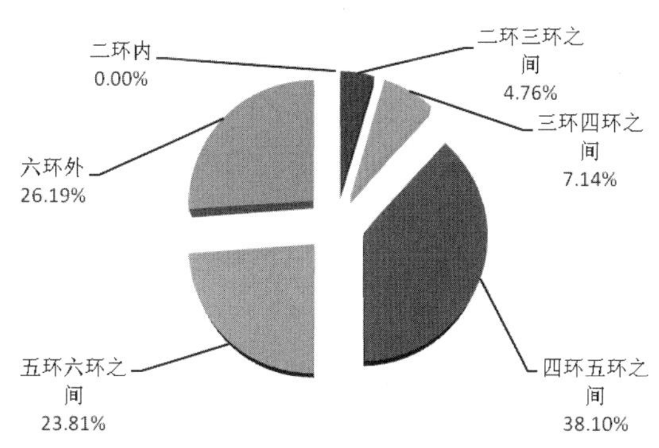

图 5　以环线划分检测机构数量占比

2.2　企业组织机构形式及控股情况

从检测机构所填写的有效数据可以看出，目前我市的检测市场是一种以国有企业为主，多种企业形式并存的局面。其中国有企业占比 50.00%，占据半壁江山，集体企业占 14.29%，其他形式占 35.71%（参见图 6、图 7、图 8、图 9）。

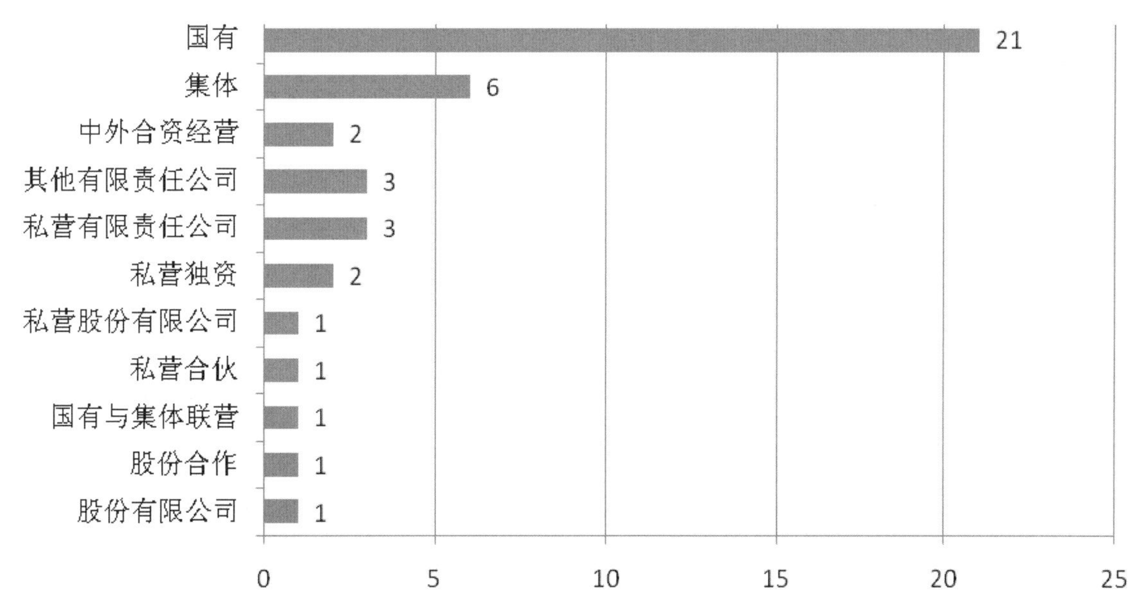

图 6　企业组织机构形式

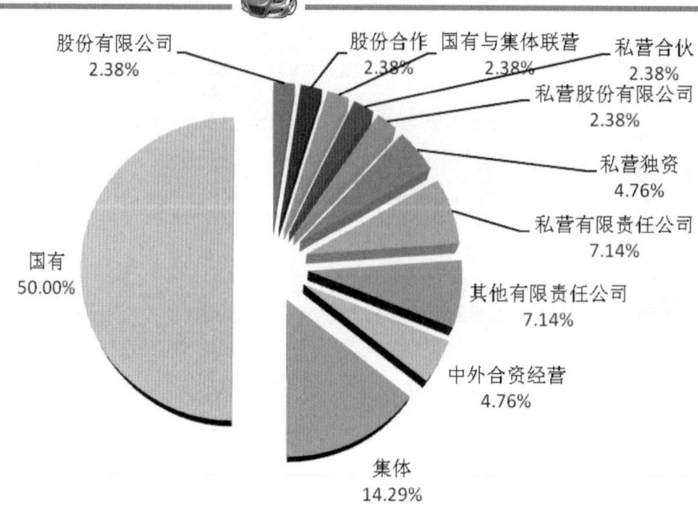

图 7 各组织机构形式占比

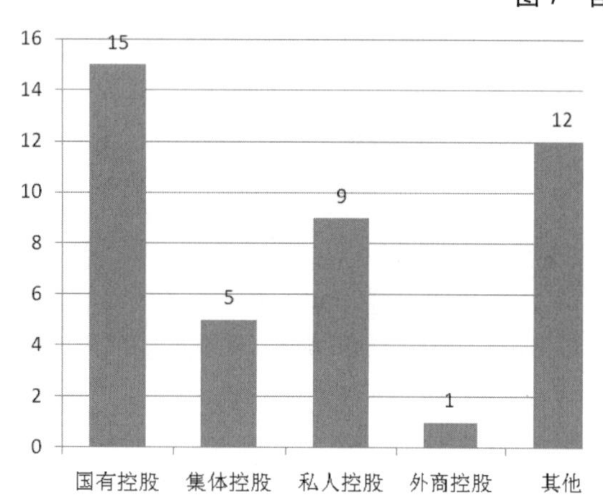

图 8 企业控股情况

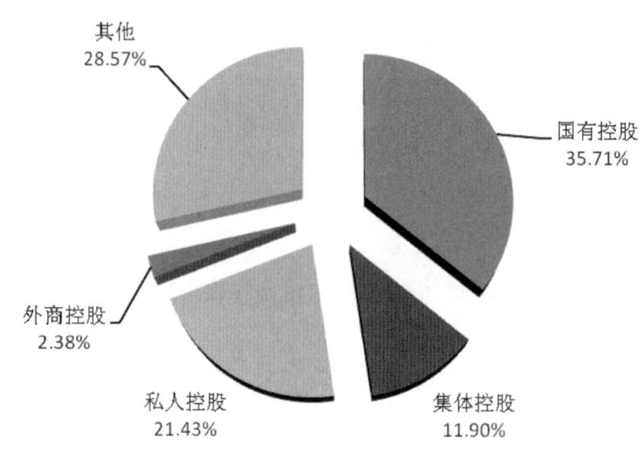

图 9 企业控股形式占比

2.3 企业投资规模

从企业的投资额上可以看到，各检测机构在初建时，投入资金规模差别很大，其中一部分原因是由于所用土地性质的不同对初始投资的影响较大造成的（参见图 10、图 11）。

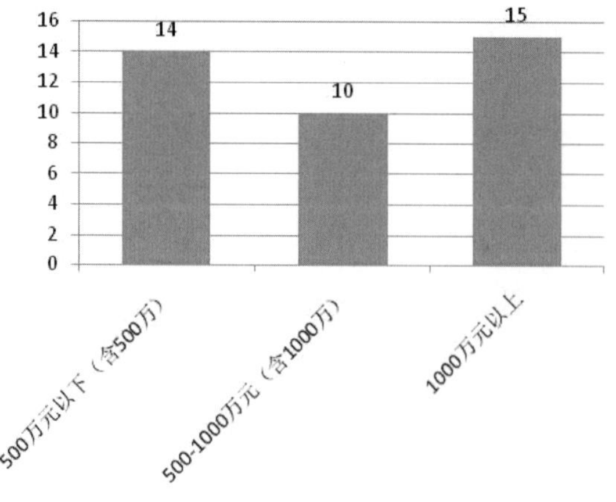

图 10 企业投资规模

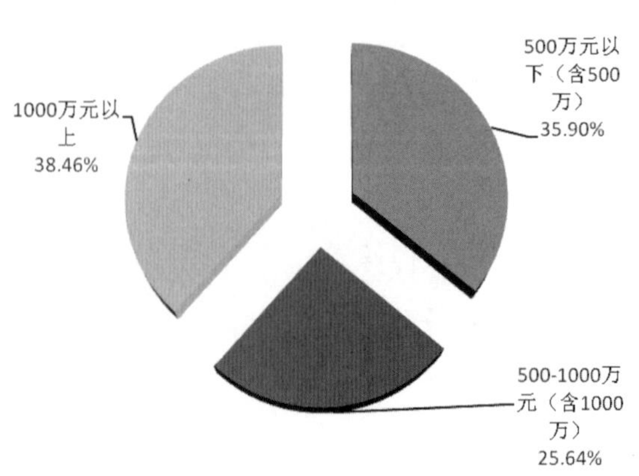

图 11 不同投资规模企业占比

2.4　企业用地性质

目前企业用地性质主要以自有和租赁两种形式为主，两种形式占到76.19%，购买等其他形式占到总数的23.81%（参见图12、图13）。

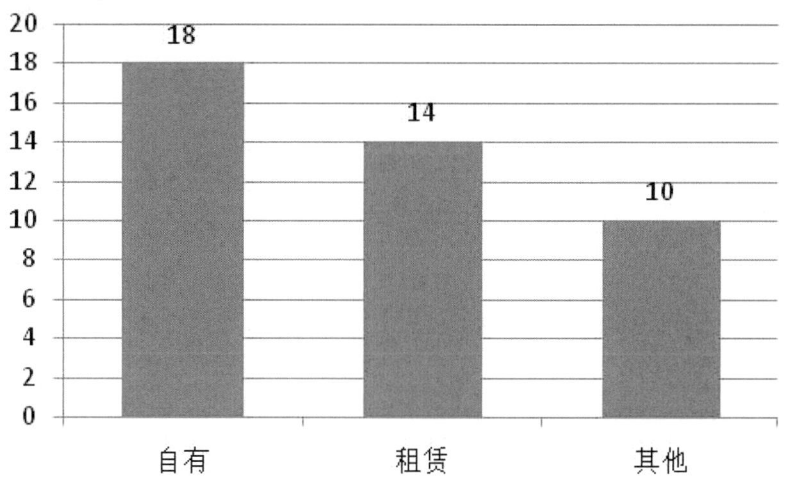

图12　不同用地性质企业数

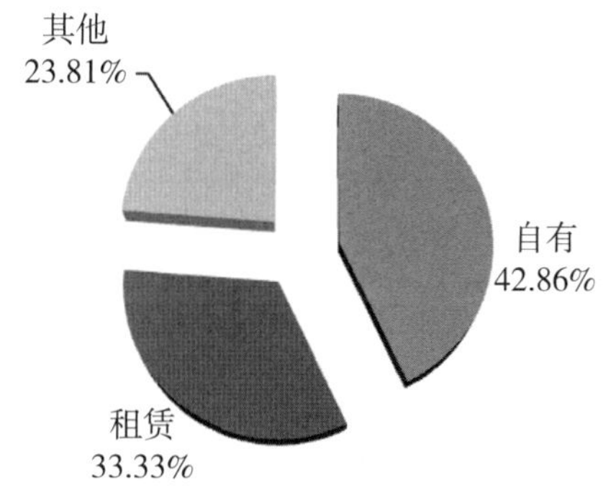

图13　不同用地性质企业占比

2.5　检测场面积

总体上说，由于用地成本影响，六环内的检测机构，越靠近城中心检测场面积越小，反之越大，六环外各检测场面积差别不大，且与五环六环之间检测场规模相当。全部企业平均占地面积为26820m^2，检测车间面积为2947m^2，营业大厅面积为649m^2（参见表1）。

占地面积最大的企业是北京市京顺机动车检测场（74326m^2），最小的是中宇汽车服务中心（4165m^2）。

表1　不同地理位置检测场经营面积平均值

地理位置	占地面积 /m^2	检测车间面积 /m^2	营业大厅面积 /m^2
二环三环之间	16217	2794	400
三环四环之间	17000	1800	717
四环五环之间	26035	3156	569
五环六环之间	30829	3327	574
六环外	27916	2701	809
全部企业平均值	26820	2947	649
全部企业最大值	74326	14837	2310
全部企业最小值	4165	650	60
样本数合计	38	37	37

第五篇　机动车检测设备

机动车安全技术检验设备的准成员

秦煜麟

机动车运行安全技术检验时，有些车辆的驻车制动性能、车速表指示误差，以及 ABS 防抱制动功能，尚无法用现有安全技术检验线上的设备完成检验工作。需要开发研制新型仪器，並不断改进完善，使其能应用于机动车安全技术检验。

一、机动车驻车制动性能测试仪

乘用车和采用弹簧储能制动装置做驻车制动的客、货汽车，既可以用反力滚筒式制动检验台也适合用平板制动检验台检验行车制动和驻车制动。对于双后轴驱动（无轴间差速器）机动车的制动检验，在反力滚筒式制动检验台前后未配置自由滚筒的检验线上则无法完成，这类车的行车制动可以用路试检验的方法，但驻车制动就需要在相应的坡道上进行。对应不同的车类，需要有 20%、15%及 12%三种坡道。若是检验汽车列车则需要很长的坡道，因驻车制动功能要求车辆能停在上、下坡道上，为此需要通过式坡道，再加上、下坡的引道和坡顶过渡段，需建一个占地十分庞大的坡道工程。现代大型客车的离地间隙都比较小，如车长 13.7m 客车的接近角和离去角只有 8°，需要很长的引道才不致于搁底。上述条件是一般安全技术检验站难以达到的，只有大型的汽车试验场才可能有这样的坡道。按照 GB 12676“汽车制动系统结构、性能和试验方法”的要求，驻车制动系静态试验可采用坡道试验或牵引试验两种方法之一进行。而现在的 GB 21861“机动车安全技术检验项目和方法”中只有坡道试验方法。已建成的机动车安全检验站大部分没建坡道，特别是位于市区附近（如上海、广州、北京等地）的检验站根本不可能建坡道。为此上海西派埃公司开发了机动车驻车制动性能测试仪，在上海宝山钢铁公司运输部机动车安全检验站对在用汽车进行了驻车制动性能检验，见图 1。试验结果表明该设备能较方便地用牵引试验法测得各型号汽车的驻车制动力，适合对各种类型机动车正、反两个方向的驻车制动性能进行检验。而且牵引试验法检验比较安全，不会对驻车制动系统造成损伤。

图 1　牵引法检验四轴货车的驻车制动性能

二、车速测量仪

有一部分机动车无法在滚筒式车速表检验台上完成车速表指示误差的检验，如全时四轮驱动汽车、具有驱动防滑控制装置的汽车等，可路试检验车速表指示误差。路试可用车速仪、第五轮仪、非接触式五轮仪，检验时间虽然很短，但仪器安装比较麻烦很费时间，有点得不偿失，且仪器较贵不易普及。因此上海西派埃公司开发了车速测量仪，将具有触点开关功能的两根压条平行放置在进行车速测量路段的检测点位置，压条方向与车辆行进方向垂直，两根压条间距2米左右，用胶带将压条与地面固定后，测量压条间的实际距离值（精确至毫米）并设置到仪器后，即可进入测量状态。检验车辆通过压条，仪表立即显示车辆的速度数值，与读取到的汽车上的车速表的指示值按公式计算，就能判定车速表指示误差是否合格。亦可选用双仪表显示，见图2。地面上的测量仪通过无线发送传到车上的仪表，车上仪表同时显示车辆实际车速并发出车轮正在通过压条的信号，以便驾驶员及时读取汽车上车速表的指示值，使检验方便，结果更准确。这套车速测量仪也很适合测量三轮汽车、低速货车及电动自行车的最高车速，该测量仪为车辆检验提供了实用、方便、价格低而精度高的便携式检验设备。

图2　车速测量仪的双仪表显示

三、机动车ABS（防抱制动装置）测试仪

众所周知，制动安全性对每辆机动车都是十分重要的，制动时必须能按驾驶人的意愿控制减速、停车、驻车。若制动协调时间长则制动迟缓；制动减速度低就会刹不住车；制动气压不足则制动力大打折扣甚至就不能刹车。对于急踩制动踏板时车辆会发出很大制动力的车辆，若无ABS装置，很难用操作踏板力的大小来获得合适的制动力，因此在低附着系数路面容易出现车轮抱死而发生失控侧滑；在高附着系数路面上车轮抱死后同样会侧滑，车速高时甚至会翻车，所以ABS装置对提高机动车制动安全性能可发挥重大作用。图3是水泥搅拌车，属重心高、搅拌时重心会偏移、轴距短的专用车辆，低速制动时出现侧滑的状态。

图3　制动时侧滑的水泥搅拌车

现在的乘用车大都已装备有ABS，制动的同时仍能控制转向。但不少在用乘用车及大部分客、货车未装备ABS装置。GB 7258—2004要求总质量大于12000kg的长途客车和旅游客车、总质量大于16000kg允许挂接总质量大于10000kg的挂车的货车及总质量大于10000kg的挂车必须安装符合GB/T 13594规定的防抱制动装置。但现在很多制造厂没有严格执行GB 7258标准，出厂的车辆未安装ABS装置，以至车主在检验车辆前装个假的ABS装置来蒙混机动车安全检验。通常在制动检验台上无法判断是否具有ABS功能。但在道路上空载行驶时，急踩制动后出现车轮抱死情况的，则表明是未装ABS装置或装了不合

格的 ABS 装置的车辆。出现这种情况的车辆可以使用上海耐思科技有限公司生产的 JA50 机动车 ABS 测试仪进行道路试验，见图 4。该设备能测得各车轮的实际滑移率，以定量判定该车辆安装的 ABS 装置是否达到 GB/T 13594 的规定。通过有效的技术手段，从源头上控制住制造厂必须生产装有 ABS 装置的合格车辆，也可促使 ABS 装置生产厂做好与汽车、挂车制造厂的 ABS 装车匹配调试工作，充分发挥 ABS 装置的完善功能。

汽车的检验设备和检验方法必须随汽车技术的发展不断完善，并符合汽车有关标准的要求，这三者是相辅相成的关系。针对汽车检验中出现的新问题，要不断研制、开发新的检验设备，主管部门应给予大力支持，使其健康发展。检验设备厂必须不断改进、完善检验设备，使产品质量过硬，能保证检验数据的公正，才能把好汽车安全检验质量关，防止出现自欺欺人的现象，让老百姓平安出行。

图 4　牵引车在进行 ABS 功能检验

货真价实之道必行

——二论汽车安全检测设备生产营销中亟待规范的问题

余少球

2009年12月，我曾写过一篇文章，题为“汽车安全检测设备生产和营销中极待规范的问题”。其中重点讲了两个方面的情况：一是，当前我国汽车安全检测设备生产和营销市场不规范、竞争无序，谁想在市场占得一席之地，就必须拉开架势参与价格竞争；二是，根据个人浅见，提出如何才能解决这些问题。今天我想就这一方面的情况再谈谈自己的一些想法。目的是吁请社会广泛关注，共同打造过硬品牌，全力维护一个竞争有序、繁荣兴旺的汽车检测设备市场。

几个月来，对我的那篇文章，从不同渠道听到的反映，多数是正面的、支持的，但进入虎年以后，价格大战有愈演愈烈之势。面对这种情况，我总是在想，价格战是如何打起来的？为什么会打价格战？针对这一现象，我觉得有必要作些具体分析，也有必要提出一些忠告。

企业有没有本钱打价格战，回答应该是肯定的，不外乎两种情况：第一，自称物美价廉；第二，采取非正常手段压低生产成本，偷工减料，弄虚作假。现在我想分别从这两方面谈谈自己的看法。

物美价廉，只能越廉越穷

从辩证观点看，物美价廉是事物矛盾的两个方面，物美难价廉，价廉难物美。其道理很简单，因为我们所说的价格是商品价值的货币表现形式。经济学原理告诉我们，价格是以价值为基础的。价格的变动与价值的变动成正比，同货币的变动成反比。也就是说，当货币价值不变时，商品的价值提高或降低，其价格也随之提高或降低。当商品价值不变时，货币的价值提高或降低，商品的价格也随之降低或提高，也就是我们平时所说的货真价实。我很同意国内一些成功企业家们的独到见解。他们说，中国许多企业，在市场竞争中基本上是靠物美价廉成长起来的，但是如果直到今天企业还在迷恋物美价廉的战略，就可能得不偿失。为什么呢？第一，物美价廉，违背了客观规律。谁都知道，造出好的产品比造出不好的产品在相同的生产条件下，付出的成本更高。根据商品价格原理，应该有好的价格才符合客观规律。所以企业靠物美价廉实现经济增长付出的代价实在太大。第二，干企业的人，谁都想多占市场份额，你懂物美价廉，我懂价廉物美，因此，转眼间价格大战风起云涌，有的甚至让利不让地，亏本也要干。表面看，企业似乎做大了，但没有利润。企业少有积累，缺乏发展基金，必然造成科技创新、自主品牌难以树立。员工工资长不了，福利上不去，其结果必然造成越廉越穷，越穷越廉的恶性循环。第三，价廉质低的产品出口到国外，别人并不一定领情。有资料表明，美国每年因消费中国货，平均每个美国人每年省了几百美元。但很奇怪，我们慷慨送大礼，人家不但不领情，反而针对中国的贸易摩擦居高不下。

我国经济界早就注意到，全球反倾销在20世纪70年代集中针对日本，80年代针对韩国。这两个国家以后醒悟了，转变物美价廉的增长方式，因此摆脱了困境。中国企业应该学习日、韩彻底抛弃物美价廉，向优质优价转变，改变增长方式，才能脱颖而出。大家知道，直到现在，日本本土制造的产品，在日本国内仍然占据着高价格的阵地，而中国的许多品牌只能凭借廉价的优势，才能在世界市场抢得一席之地。

不久前，我偶尔看到国内一家大报摘登了国外一篇文章，读后心里难以平静。这篇文章是英国广播公司记者，采访《中国价格》一书作者的谈话记录。这位作者是美国人，名字叫亚利桑德拉·哈尼。据说这本书已被译成六种语言出版，并被公认是了解中国经济、探讨全球化的“最佳

书籍”。笔者虽然没有见到该书的原作，但从他的谈话即可知道他对中国价格是如何看待的。哈尼将目光集中在制造业较发达的广东省，通过讲述众多中国工厂和工人的故事告诉世界，“中国制造”所担负的沉重代价。他说，在西方跟“中国制造”相关的一个热议话题是“中国价格”，大致是质量和价格都低的同义词。他说，“我们在西方谈起中国工厂时，感觉好像中国的工厂不费吹灰之力就能以极其低廉的价格生产出各种东西。我在书中解释了，中国价格是指中国制造的商品低得离奇的价格，加上中国为之付出的人文和环境的代价。”他还说：“但中国低廉价格未能体现的，是对中国劳工的剥削和对中国环境的毁损”。哈尼认为，这就是“中国竞争优势的真实成本”。

中国企业家们，这里不排除《中国价格》作者看问题的偏见，但他的某些观点应该是一针见血的，因此，我们还能迷恋物美价廉吗？

弄虚作假，只能害人害已

在汽车检测设备市场的价格竞争中，业内人士可能知道，有的产品恐怕不是什么物美价廉。根据市场反映的现象，人们有理由怀疑，某些企业采用了非正常手段压低成本，抛售质次价廉产品。到底是物美价廉，还是弄虚作假，供需双方能否都来一番对号入座。

按理说，市场经济有它自身的规律，最主要的特征就是自由平等竞争。这种竞争，要靠过硬品牌和优质服务。同行业，生产同类产品，都执行国家统一标准，除了某些企业通过挖潜革新、减少消耗、提高工效等手段降低成本，力争价格优势以外，还有就是上规模、大批量，薄利多销，但眼下的情况似乎并非如此。我国汽车检测设备生产，虽然厂家众多，但基本上都是小型企业，靠生产汽车检测设备，年产值超亿元的目前没有。大家知道，近年来，原材料、油料、辅料等的价格都在攀升，而汽车检测设备不但未见涨价，反而连年都在下降，有的价格低得令人难以置信。比如，一台“底盘测功机”台架（主要由钢板和钢管组成），不同厂家的成交价可以相差30%～40%，甚至更多。我认为，这不能不是一种奇特现象。说奇特，也可能有人会说，商品价格除受商品价值和货币价值影响之外，还会受到市场供求关系的影响。市场供不应求时，其价格会提高，当供过于求时，其价格就会下降，这也是市场经济规律。当前汽车检测设备市场是否就是供过于求，我们应该冷静地加以分析。大家知道，我国汽车的拥有量，近年在以数百万辆的速度增加，汽车销售已经取代美国，日本成为全球的最大市场。这种发展态势，无疑给本行业带来了前所未有的发展机遇。据我所知，当前我国汽车检测设备不是产能过剩，而是精品不多；不是全面覆盖，而是还有若干空白尚未填补，尤其是节能环保产品。作为各级政府的必抓大事，汽车检测技术及其装备的开发与生产，显得尤为重要。仅是底盘测功机（环保型）的用量，若干年内还将持续增加。目前除部分省市中心城市外，绝大部份都未起步，因此，不能说汽车检测设备市场已是供过于求。当前出现的竞相压价抢市场，绝非市场经济规律作用的结果。

机电产品，不是人们日常生活用品。汽车检测设备虽然是普通的专业机电产品，但它们仍属于一种专业计量产品，生产一台设备往往有上千道工序，近千个零部件，从用材到加工工艺，按照标准都有严格要求。比如，材料的使用，最多的要算钢材。其中钢板和钢管，采用热轧的，还是冷轧的；采用合金钢高碳钢或普通钢低碳钢；外购配套件（气、液动元件，联轴器，同步带，传感器等）是用价格稍高、质量可靠的，还是见便宜就买等。另外，在加工工艺上，“潜力”也很大。比如，仅表面处理工艺，据了解，有的正规企业，对主要构件，都要经过喷砂，酸洗或磷化处理，有的零部件要求调质或淬火，还有的必须经过动平衡才能保证其正常高速运转，台架的装配基面是由工艺保证还是人工调整，另外，所有重要工序，有无检测手段保证等，这些都是至关重要的。以上，从材料选用到工艺保证，虽然只举少数几例，但你可以省略其中某些工序，如果再在用材上搞点“瓜菜代”，或随意减小减薄用料尺寸，采用这种方式组织生产，并把产品推向市场，成本肯定下来了，价格优势也凸显了，但广大用户对此却是全然不知的。因为这类产品从外观看没有什么两样，也完全可以暂时使用，但能否保证产品长期的刚度，强度和稳定的测试精度，隐患如何，寿命长短怎样，整体质量又在哪里？恐怕就要大打问号。

汽车安全检测，是直接关系人民生命财产安全的大事，业内许多人士对全国机动车检测方面存在的问题无不认为多且严重。有专家归纳三大问题最为突出。一是数据准确性；二是标准合理性；三是机构公正性。特别把检测数据的准确性摆在首位，可见问题并非一般。因此，用户对于设备的选购，如果只凭谁便宜就买谁的，其危害也就不难预料。生产企业更应看到，当前市场不规范、竞争无序，虽有许多深层次问题需要解决，但我相信，当国家标准进一步完善，相关的监管真正到位，伪劣产品还会有市场吗？这就是我写本文的最后结论。

长期困扰机动车检测行业的症结——

检测设备更新报废标准的探讨

夏先扬

20世纪末的20年，是中国机动年检测行业蓬勃发展的成长期。以公安、交通为主体的国营检测机构，如雨后春笋般建立起来。至2000年，全国机动车检测机构总量已达3600个，而到2010年，由于我国汽车工业井喷式发展，加以国家对检测事业社会化倡导，大量民间检测机构进入，检测机构总数已激增至6000个以上。在用检测设备数量超过60000台，这一发展态势基本上满足了我国运行车辆安全及综合性能的年检需要，实现了检测工作的机械化、自动化，对提高机动车检验的准确度及提供公正的检验数据起到了重要的作用，同时，也大大节省了人力，减轻劳动强度，提高工作效率。

但是，由于大部分检验站的设备经常处于高负荷情况下运行、设备的定期保养工作许多站都作得不好；加之我国汽车及道路技术状况较差，大量机动车上线检验之前未经清洗、夹带泥沙油污进线极为普遍。因此，难以避免的是大部分的在用车检设备技术状况不良、老化、破损严重。一方面，设备不能保证测试精度，影响验车质量保证；另一方面，少数技术状况严重恶化的设备时开时停，无法正常运行，个别设备甚至发生机械或人身事故，产生严重后果。

为此，在加强设备的日常保养维护工作和强化定期检定的同时；确定一个合理的设备折旧方法和制订科学的设备更新周期（年数），已成为当务之急。

本文参照国外发达国家在机动车检测设备方面有关折旧、更新方面的法规和技术论述结合我国实际情况谈谈自己的看法。

一、关于车检设备的折旧问题

折旧，是指机器设备购入时所消耗的费用，在使用期内一定时间阶段中连年分配提取回收的会计处理方式。

目前，在发达国家车检设备折旧，采用两种计算方法，即定率法和定额法。通常，对于单位大多采用定率法，而对于个人（资产）则采用定额法。两种折旧计算方法的折旧率见表1。

表1　两种折旧计算方法的折旧率

设备更新年数	定额法折旧率	定率法折旧率
2年	0.500	0.684
3年	0.333	0.536
4年	0.250	0.438
5年	0.200	0.369
6年	0.166	0.369
7年	0.142	0.280
8年	0.125	0.250
9年	0.111	0.226
10年	0.100	0.206
11年	0.090	0.189
12年	0.083	0.175
13年	0.076	0.162
14年	0.071	0.152
15年	0.066	0.142

和我国现行的固定资产采用固定折旧年限的提取方式相比较，定率法似乎更适用于市场经济下企业固定资产投资的有效回收，即以采取加速折旧的方式为宜。

下面分别阐述两种折旧计算方法的基本原则。

1. 定率折旧法

每年以一定的折旧率提取折旧，提取金额逐年减少。

其本计算公式为：

（购入价 – 总折旧额）× 折旧率 = 折旧率 / 年

所谓折旧率，系按设备经过更新年数后，账面额应以购入价的10%设定。

以某台设备购入价为50.000元，法定更新年数为5年的计算为例：第一年（50.000–0）×0.369=18.450元

第二年（50.000−18.450）×0.369=11.642 元

第三年（50.000−30.092）×0.369=7.346 元

第四年（50.000−37.438）×0.369=4.635 元

第五年（50.000−42.073）×0.369=2.925 元

本例的折旧额及账面余额见表 2。

表 2

	折旧额	账面余额
第一年	18.450	31.550
第二年	11.642	19.908
第三年	7.346	12.562
第四年	4.635	7.927
第五年	2.925	5.002

2. 定额法折旧

每年以一定的金额提取折旧，提取金额每年相同。

基本计算公式为

（购入价 − 残值）× 折旧率 = 折旧额 / 年

残值是指设备经使用至更新年数后的价格，通常采用购入价的 10%。

折旧率取决于更新年度，5 年者为 20%，10 年者为 10%。

以上某台设备购入价为 50.000 元，法定更新年数为 5 年的计算为例：

每年折旧额＝

［50.000−(50.000×0.1)］×0.2=9.000 元

本例的年折旧额及账面余额见表 3

表 3

	折旧额	账面余额
第一年	9.000	41.000
第二年	9.000	32.000
第三年	9.000	23.000
第四年	9.000	14.000
第五年	9.000	5.000

二、关于车检设备更新年数的问题

影响确定车检设备更新年数的问题

影响确定车检设备更新年数的因素很多，系统因素在设计时可以确定，并且是作为设备更新年数确定的基本因素。但是随机因素则较难确定，因此，通常的做法是以系统因素确定法定更新年数，而实用更新年数则考虑随机因素，适当予以折减。

决定车检设备更新年数（或称寿命）的主要系统因素是其主要件、关键件的工作寿命。如检验台的滚动轴承、扭力箱齿轮、滚筒的外圆尺寸及倒角等。其中，用得最多的是滚筒。

现以 10t 级滚筒反力式制动台为例（日本车检设备法定更新年数的计算方法）：

1. 滚筒主轴承型式，双面密封球轴承

型号：UCP212（相当我国的 90512）

最大负荷：C=4100kg

容许静负荷 =C_o=3150kg

2. 载荷

按滚筒主轴承最恶劣受力状态考虑(见图 1)。

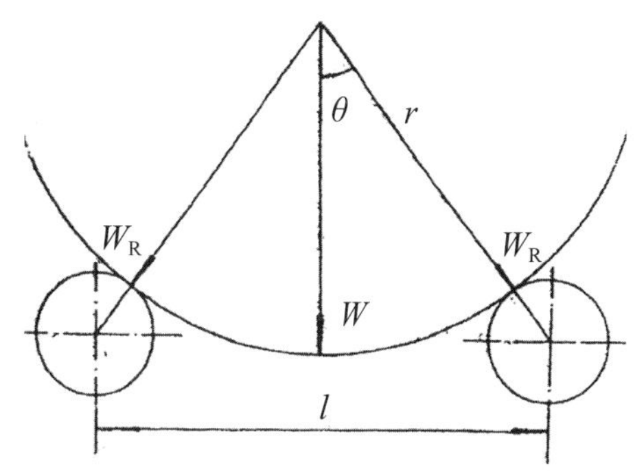

图 1

滚筒间距 l=406.4mm

轮胎半径 r=490mm

轮载荷 W=5000kg

则 θ=21°40′

$$W_R=\frac{W}{2\cos\theta}=\frac{5000}{2\cos 21^\circ 40'}=2690\text{kg}$$

轮载荷压在滚筒边缘时轴承负荷最大(见图 2)。

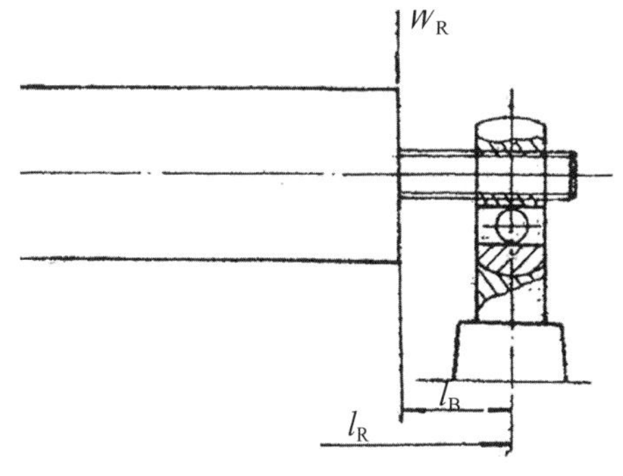

图 2

W_R=2690kg

l_R=1080mm

l_B=40mm

轴承的负荷 $P_B=\frac{l_R-l_B}{l_R}W_R$

$=\frac{1080-40}{1080}\times 2690$

=2590kg

3. 相对于容许静负荷的安全系数为：

$f_B=\frac{3150}{2590}=1.2$

4. 主轴承寿命

轴承寿合 $I_n=500\ f_n^3$

式中 f_n 是寿命系数

$f_n=f_p\frac{C}{P_B}$

式中 f_n 是速度系数。

而 $f_p=\left(\frac{33.3}{n}\right)^{\frac{1}{3}}=1.682$

式中，n=7r/min、$f_n=1.682\times\frac{4510}{2590}=2.66$

故 $f_n=500\times$（2.66）^{3}=9411 小时

按每日检测 120 台车，每车耗用 2 分钟计，每月工作 24 天，每年工作 8 个月，则每年滚筒主轴承工作净小时数为：

$$\frac{120\times(车数)\times 2(分)}{60(分)}\times 24(天)\times 8(月)=768小时$$

则 10t 级的制动台的理论（或法定）更新年数为：

$N=\frac{9411}{768}=12.3$，取 13 年

以下列出日本国家运输省陆运局及日本自动机械工具协会规定的车检主设备法定更新年数（见表 3）和实际执行时采用的实用更新年数（见表 4），供制订我国车检设备更新报废标准值时参考。

表 3 日本车检设备法定更新年数（计论及法规年数）

序号	设备名称	法定更新年数	序号	设备名称	法定更新年数
1	电瓶试验台	5	13	HC 分析仪	5
2	压力计	5	14	CO 分析义	5
3	真空表	5	15	转向角量规	5
4	分电盘转角试验器	5	16	发动机分析仪	5
5	喷油嘴试验台	5	17	裂纹探伤仪（紫外线）	5
6	前束量尺	5	18	裂纹探伤仪（电磁）	5
7	前肖倾角量规	5	19	制动检验台	13
8	车轮动平衡机（就车式）	5	20	车轮动平衡机（固定机）	13
9	前照灯检测仪	5	21	车轮定位仪	13
10	噪声声级计	5	22	底盘测功机	13
11	车速表检验台（移动式）	5	23	喷油泵试验台	13
12	烟度计	5	24	车速表检验台（固定式）	13

表 4 日本车检设备实用更新年数（实际执行统计年数）

序号	设备名称	法定更新年数	序号	设备名称	法定更新年数
1	车轮动平衡机（固定式）	3 ~ 5	7	侧滑检验台	7 ~ 9
2	车轮动平衡机（就车式）	2 ~ 4	8	发动机分析仪	3 ~ 5
3	制动检验台	7 ~ 9	9	车速表检验台	3 ~ 5
4	前照灯检验仪	5 ~ 6	10	废气（HC/CO）分析仪	3 ~ 4
5	噪声声级计	5 ~ 6	11	发动机示波器	3 ~ 5
6	定轮定位仪（光学）	5 ~ 7			

笔者希望：对车检设备更新年数的确定，既要考虑系统因素，从理论上有所依据，又要考虑随机因素，对实际使用条件有所参照，这样，一定能制定出科学的、合理的更新周期，并在必要时，以一定的法规形式颁布。

PC 式机动车检测控制系统

中国机动车辆安全鉴定检测中心研发中心

随着计算机技术、射频识别技术、图像识别、监控技术的发展，为机动车检测控制系统向高度智能化发展奠定了技术基础。新版 GB 21861《机动车安全技术检验项目和方法》于 2009 年 6 月 1 日起执行，对机动车检测方法提出了更高的要求，机动车检测控制系统需要进行升级换代，中国车检中心一直致力于机动车检测控制系统的研发，及时推出了中车检 PC 式机动车检测控制系统。本系统主要采用分布式控制技术进行机动车安全性能的全自动检测，并辅以号牌自动识别、PDA 外观检验、IC 卡登录、现场监控、车管所车辆信息远程查询、财务系统收费等功能的子系统，使机动车检测控制系统成为具有自动检测、实时监控、智能登录、综合管理、联网数据交换等多功能的综合管理系统。

一、系统设计思路

机动车检测控制系统从控制方式上分为集中式、分布式，由于分布式控制方式能够克服集中式控制系统风险高度集中的缺点，逐渐受到市场青睐。采用分布式控制方式的系统分为检测现场控制的下位机以及监控管理的上位机，其中上位机负责流程调度及数据处理，下位机负责检测流程及数据采集。随着 PC 机采购成本的下降，用 PC 机代替单片机作下位机已经成为主流。采用 PC 机进行检测现场控制，可以充分利用计算机便捷的联网能力、扩展能力以及计算能力，来提升检测线系统的性能和功能，本系统是基于以上思路进行设计和研发的。

本系统根据检测项目和检测内容，将检测线分为检测功能相对独立，而又相互联系的几个检测工位，各检测工位即可以在联网状态下按照控制节拍有序检测，支持车辆加塞或逃逸操作；也可以在网络断开或某工位故障的状态下，其他工位继续检测，待网络恢复，本地检测数据自动上传到数据服务器，克服了主控机瓶颈现象及工位间相互制约，提高了系统检测速度和可靠性。

二、系统结构

系统主要分为软件系统和硬件系统两大部分：

软件系统由外观检测、车辆检测、车辆信息登录、信息统计查询、监控管理、号牌识别、财务管理等子系统组成。前台开发工具采用 Visual C++、Visual C#，后台数据库采用 SQL Server，基于 C/S 架构的分布式控制系统。系统具有良好的界面，人机交互功能，灵活的数据输入方式，能在 Windows XP/Win7 操作平台上安全稳定的运行。

硬件系统由登录计算机、各工位控制计算机、数据库服务器、监控管理计算机、LED 点阵牌、光电开关、摄像头、IC 读卡设备、PDA、通信网络以及各种机动车检测设备等硬件设备组成。系统硬件拓扑结构如图 1 所示。

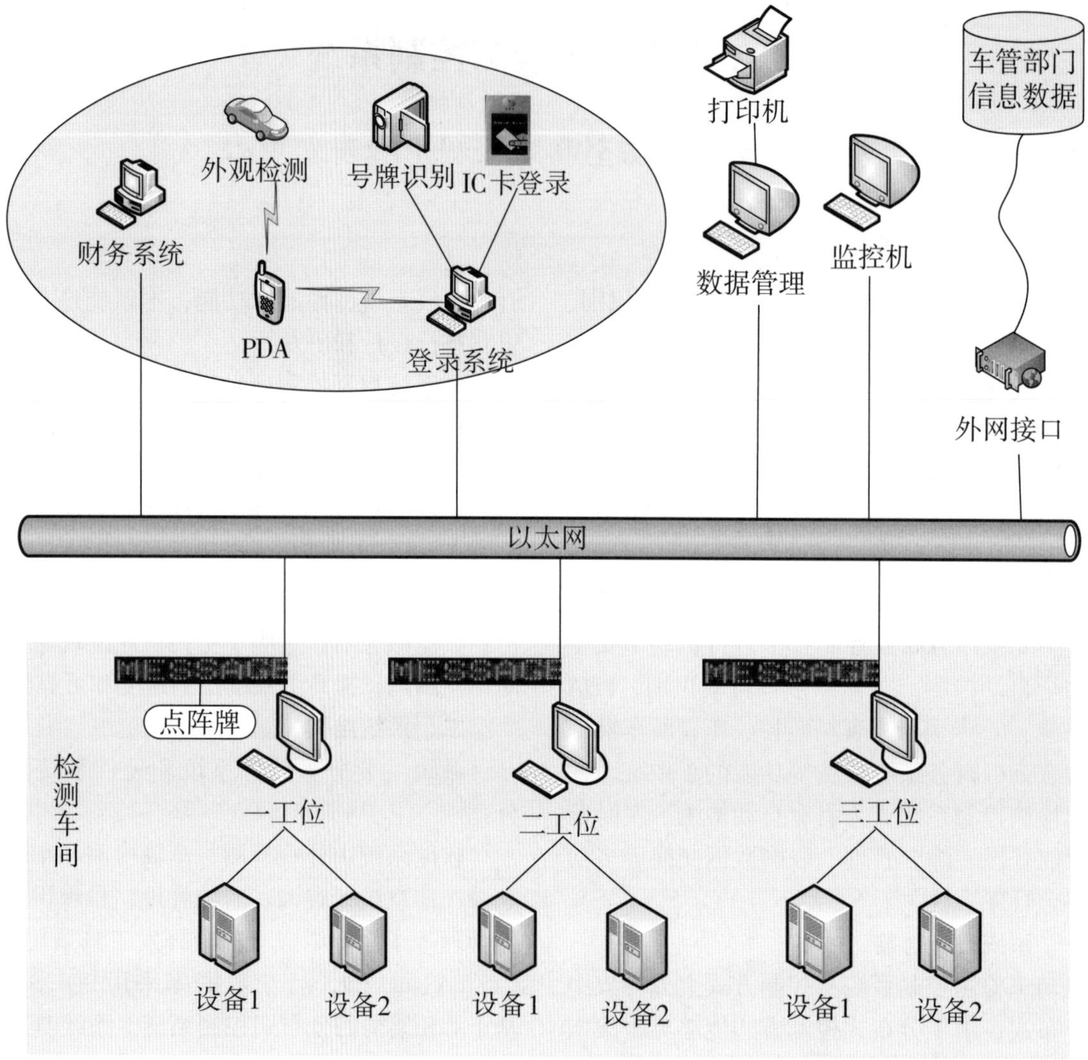

图 1　系统硬件拓扑图

三、检测流程

本系统采用模块化设计，分为基础模块和辅助模块，基础模块为：登录系统、自动检测系统；辅助模块为：财务系统、号牌识别、IC 卡登录、外观检测、大厅登录、大厅显示、检测结果的打印和上传、数据管理、站长管理、监控系统等子系统，基础模块是必选模块，辅助是可选模块，可以根据客户需求灵活配置。

1. 机动车检测场检测流程

典型的机动车检测场通常需要本系统的基础模块，同时辅助模块配置越全，系统的智能化程度越高。图 2 给出了机动车检测场流程图。

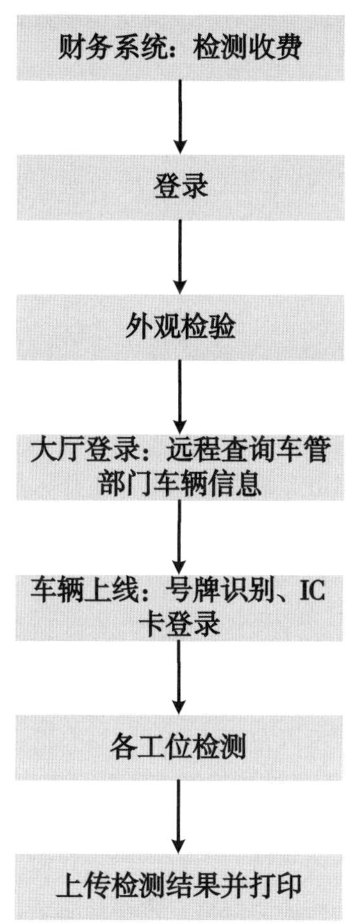

图 2　机动车检测场流程图

2. 机动车生产厂商检测流程

机动车生产厂商需求与机动车检测场的需求不同，在车辆登录之后，其余的检测步骤可以按照机动车检测场的检测流程顺序进行，也可以根据自己所需检测的项目及各工位的状况灵活选择检测工位进行检测。对于工位的独立性及灵活性要求很高，比如单个工位需要具有工位登录认证及打印功能、工位检测车辆加塞及逃逸等功能。其中加塞是指某车辆不按常规的检测顺序、而自主选择一个工位进行检测，其相对于按照一般顺序进行检测的车辆来说形同“加塞”。逃逸是指车辆在某一工位检测完成后出于检修目的等原因而离开现场，不继续完成剩余检测步骤，待检修或其他事情处理完毕后再回到现场继续检测。

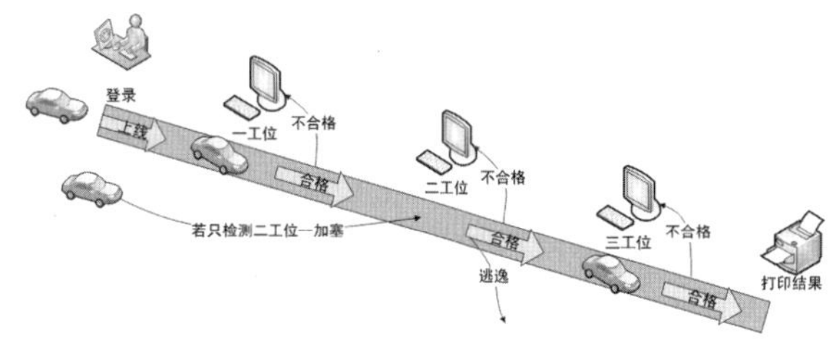

图 3 检测流程加塞及逃逸演示

四、系统功能

PC 检测系统按功能划分，包含了登录系统、车辆自动检测系统、财务系统、号牌识别、IC 卡登录、数据管理、站长管理、监控系统等子系统，每个子系统又包含各自的模块，以下简要描述了各个子系统以及模块的功能。

1. 登录系统

登录系统的主要目的：首先，建立车辆信息表，用来保存车辆基本信息、优先级和报检项等数据；其次，根据车辆优先级或者录入时间，将车辆依次加入待检车辆序列。

（1）车辆信息录入

输入车辆识别码后，系统会查询汽车厂商或公安车辆监管部门的远程车辆信息数据库及本地数据库，如有则调出车辆基本信息，在此基础上修改车辆检测信息，并存入至本地历史车辆数据库；如果没有，则需手动录入车辆信息。

（2）检测项目设定

输入车辆识别码后，系统会查询本地历史数据库信息，如有则调出检测信息，在此基础上设定检测项目；如果没有，则可以通过设置好的模板，选取检测项目。

2. 财务收费子系统

车主持行驶证和外检报告单到财务收费窗口按安检线和工况法检测线分类进行交费，收费人员根据车辆的基本信息（包括：车牌号码、号牌类型、车主信息等）进行登录和检验项目进行收费并分类打印发票。支持以检测日期、车牌号等进行查询和按日、月、季、年进行统计收费情况。

3. 外观检测

该系统能够对 GB 21861-2008 中要求的 1 ~ 104 项的外观、动态底盘以及车辆底盘检测进行

录入。该系统可以在PDA、手提电脑以及台式机上运行，系统运行稳定，操作简单方便。

4. 大厅登录

收费（或外观检测）完成后的车辆可以进行大厅登录，大厅登录系统的车辆基本信息从已收费财务列表中选取，登录人员录入其他与检测相关的车辆信息确认后保存。

大厅登录系统还可以为用户提供各类车型的模板，减少用户的录入工作量，用户可以根据实际车辆情况选择使用的模板。

5. 号牌识别及自动上线子系统

采用大厅登录后，汽车到达检测线入口时是无序排列的。通过摄像镜头对车牌号码进行抓拍并识别车辆，再通过IC卡刷卡的方式实现自动上线的功能，同时系统保留了登录人员手动上线功能。

6. 员工IC卡管理子系统

员工IC卡管理系统主要是对检测线各类操作人员进行管理时使用的。有权限的系统用户可以使用该子系统，该子系统将人员与员工IC卡绑定，实现人员的信息化管理。对引车员的IC卡信息管理可以保证只有合法的引车员才能引车上线，同时对其信息的分析统计，可以按照该引车员的引车质量、引车工作量等信息管理数据。

7. 车辆自动检测系统

根据检测工位的硬件设备或添加的设备，汽车厂商或公安车辆监管部门可以很方便的在配置文件中设置相应的检测项目，便于扩展和维护。

自动完成检测项目后，检测信息在计算机和点阵牌上实时显示，并自动对检测结果判定，同时自动保存检测数据。

8. 自检模块

通过自检模块能够实现系统故障的及时、有效诊断功能。系统的自检模块功能如下：

（1）对系统各个开关输入、输出量进行检查，以诊断光电开关、设备开关量是否正常；

（2）对设备模拟量进行检查，以诊断数据采集卡、传感器是否工作正常。

9. 设备标定模块

设备标定模块实现对检测设备的标定功能。目的是保证机动车检测数据的准确性。

10. 数据管理子系统

数据管理子系统实现车辆信息的维护和检测结果的查询、统计、备份、恢复功能。

具体功能如下：

（1）根据车辆的车辆识别码、日期、生产编号等，查询检测结果，浏览检测数据详单（嵌入打印结果单的功能）；

（2）对各个检测项目进行统计，以饼状图或柱状图直观显示统计结果；

（3）车辆基本信息维护功能，例如：添加车型、车身颜色等车辆信息；

（4）数据导出功能：根据不同需要，将数据导出为Excel或Access。

11. 监控管理子系统

在每条检测线的入口位置设置一个摄像头，实时对每条检测线检测情况进行现场监察，管理人员可以知道车辆在检状况、工作人员状况、门口待检车辆排队情况、检测线突发情况等，管理人员可以依据实际情况进行现场干预。

12. 大厅显示

大厅显示主要是供车主查看使用的。实际的检测线一般不允许车主进入检测线现场，通过该系统，车主可以在等候大厅了解自己机动车辆的检测情况，有条件的检测线还配有视频监控系统，这样车主可以直接观看到检测线的检测情况。大厅显示系统通常显示车辆的检测状况，如是否检测完成，是否检测合格；正在检测项目等，方便车主了解车辆的检测过程。

13. 站长管理

站长管理系统主要是供检测站管理人员使用的系统，包括用户管理（用户IC卡管理）、检测线设置（各类参数设置以及检测项目设置）、检测线标准设置修改、数据查询统计、数据库备份还原等功能。

五、系统特点

1. 网络化

基于TCP/IP协议的网络通讯技术：系统中的每个子系统都是一个独立的模块，各模块之间通过网络方式连接，可以根据需求选择相应的子系统；网络接口冗余，将检测信息存入自己的数据库备份，同时预留或者可以通过上传至公安车辆管理部门。

2. 自动化、智能化

从登录、上线、检测到最后结果打印输出，整个流程包括数据的存储、处理、存档，都是由PC式检测管理系统自动完成，无需操作人员手动干预，完全实现了自动化检测控制管理。

3. 高可靠性

数据及控制信号的传输全部采用标准的以太网或通讯接口，有效克服信号损耗。模/数转换、输入/输出全部采用高性能的工业级板卡。

4. 高效率性

机动车自动检测流程，支持任意选择检测项目，以及多次检测，不必重新登录再依次检测。支持加塞和逃逸功能，大大提高了检测效率。

六、结束语

综上所述，中车检PC式机动车检测控制系统具备高精度、高可靠、易维护、易扩展的特点，是一款既适用于机动车生产厂商，又适用于机动车检测场的机动车综合智能化全自动检测控制系统。

部分机动车检测设备生产企业简介

佛山分析仪有限公司

佛山分析仪有限公司成立于1970年3月。公司坚持以分析仪器技术为核心基础，吸收应用不断进步的现代科学技术，研发、制造、经营高新科技的高品质产品。公司的宗旨是以优质的产品、专业的服务、合理的价格，为客户提供最优质的产品和不断进步的服务。

公司是国家一级计量体系管理企业，国家环保骨干企业，省级工程技术开发中心，国家高新技术企业，国家火炬计划高新技术重点企业，ISO 9001：2008质量体系管理企业；是广东省环保产业协会副会长单位、中国环境保护产业协会第四届理事会理事单位、计量产品生产许可制造企业、软件产品生产企业。承担相关科研开发项目，参与多项国家行业技术标准的制定编写，并获得多项发明专利、实用新型专利授权和各级政府的科研奖项。

公司拥有占地面积超过100亩的高新技术开发生产厂区，现代化研发、实验、生产车间建筑面积超过5万 m^2。公司配套有分析仪核心技术研究所，软件开发中心，医用设备研究所，机动车检测成套设备研究所，气体化工研究所，精密机械加工中心，无尘装配调试车间，10万级防尘分析平台装配调试车间，1万级防尘生物晶片医用制造车间，国际先进水平的配气、光学分析、标准计量实验室。生产环境优美整洁、环保，符合现代企业的高标准要求。公司现有超过100人的综合光学、物理、计算机软件、机械设计、生化分析设计能力的现代化技术开发人员，并配备高水平的专业工艺技术工人超过200人，拥有一支朝气蓬勃、团结务实、勇于创新、不断进步的高素质的人才队伍。

公司经过四十余年的技术开发和积累，现在拥有完全自主知识产权的红外线分析技术、拉曼激光分析技术、紫外分光分析技术，并应用分析技术的工业工艺流程控制技术，制造相关分析、检测、监测、监控的高技术系列产品。在生物工程方面，企业拥有领先国际水平的“压电蛋白”分析检验技术和国际先进水平的光谱分析检验、电化学分析检验技术，并制造相关医疗应用的高技术系列产品。在气体分析方面，企业拥有国内独家微量比重配气技术，近年经国家认证鉴定列入国家计量标准。在机动车安全性能检验方面是国内唯一整套设备的制造厂家。企业也具有整套计算机软件大中型数据系统的设计开发制造能力，其中，公司尤其注重机动车检测系统的自主开发，该检测系统采用主流工业编程语言、以模块形式进行设计，具有功能强大、性能稳定、扩展力强、方便使用和便于升级换代等特点，涵盖了国内所有在用车环保、安全、综合性能检测法。企业的技术能力为企业的发展打下了坚实的基础。公司现有产品一百多项，广泛应用于环保检测分析，机动车安全性能检验，化工工业流程控制，医疗，科研实验，计量监测等各个领域。

公司在全国设立了多个销售、服务网点，包括：北京办事处、上海办事处、济南办事处、潍坊办事处和福州办事处，使“佛分”品牌引领中国市场。产品出口到欧、美及东南亚各地，数量也在逐年提高。印度、英国、加拿大、美国、台湾等各个国家和地区的专家多次到企业考察交流和合作。

雄厚的技术基础、完善的服务体系、高素质的员工队伍是企业持续发展的基础。公司将继续坚持“求优求精、服务一流”的经营方针，以优质的产品，专业的服务，为社会提供最优质的产品和不断进步地提升服务质量。

主要产品及检测系统

全自动远近光前照灯检测仪

该产品用于机动车前照灯的发光强度以及远

光、近光光束照射位置（即光轴偏移量）的测量。本检测仪的测量和调整全部由软件来完成，不需要调整电位器，使用更方便；配备高性能、低功耗的嵌入式工控机进行数据分析，检测结果更准确；各个功能模块化，安装、维护、标定、联网更简单；具有在线快速调灯检测功能，车灯调节更加方便快捷；适用于双灯同检，测量速度更快。

汽车排气分析仪

本公司具有完全自主的知识产权，主要用来测量点燃式发动机汽车（如：燃用汽油、LPG（液化石油气）、CNG（压缩天然气）、酒精等）燃烧后的尾气排放浓度。可测量碳氢化合物（HC）、一氧化碳（CO）、二氧化碳（CO_2）、氧气（O_2）、氮氧化合物（NO）等。仪器具有以下特点：

1. 使用简便：采用大屏幕液晶显示屏，丰富的中文交互式菜单操作提示。

2. 测量准确：具有压力和温度自动补偿及强大的自诊断功能，符合最新国标和行标的要求。

3. 结构简单：没有复杂的机械结构，调试与校正方便，而且减少了机械故障率。

4. 通讯方便：设置连接上位机的通信接口，方便地与计算机交换数据，实现远程控制。

FVET 机动车排放检测系统

FVET（Fofen Vehicle Emission Test System，简称 FVET）是我公司在坚持自主创新的原则下，经过不断努力，针对机动车排放检测过程开发的一套系统，具有完全自主知识产权。

1. 系统集成了稳态工况（ASM）、简易瞬态工况（VMAS）、双怠速检测、加载减速（Lugdown）、自由加速等排放检测方法。

2. 系统集本公司工况检测所涉及到设备（底盘测功机，稳态工况排放分析仪，简易瞬态排放分析仪，不透光烟度计，滤纸式烟度计等）的调试检测于一体，具有界面美观、操作友好、国际化（预留 34 种纯资源语言接口，方便多国语言资源的添加）。

其中：底盘测功机采用高频率的 ARM 单片机进行车速、制动力的数据采集和制动力的 PWM 控制，缩短制动力变化的响应时间，从而保证对加载的准确控制；稳态工况排放分析仪、简易瞬态排放分析仪：满足简易工况的尾气排放浓度检测，具有自动清洗和调零功能，保证检测的准确性，兼容双怠速法的检测；不透光烟度计：采用分体式结构，方便操作，具有自由加速测量、瞬态测量和稳态测量模式，且可与计算机通讯，控制烟度计的各项动作及发送数据。

3. 系统提供检测站管理，车辆信息录入，报表打印等功能，可实现智能化操作。

4. 系统采用模块化开发，预留了各生产厂家的设备接口。

5. 系统已集成多个地方标准接口，预留全国所有省、市、直辖市的标准接口。

浙江江兴汽车检测设备有限公司

浙江省高新技术企业—浙江江兴汽车检测设备有限公司（原温州市江兴汽车检测设备厂）具有二十多年生产汽车检测设备的历史，是国内较早从事生产汽车检测设备的厂家。长期以来，我公司依托国内著名的高等院校，科研单位及行业内的著名专家学者，不断开发研制新一代的汽车诊断检测设备，并参加多项国家计量检定规程、国家标准、行业标准和地方标准的制定。

公司已通过 ISO 9001：2008 质量体系认证，建立了完善、全面的质量管理体系，先进的设计思想和工艺，始终贯彻在我公司产品开发和生产过程中，所有出厂的产品均经过严格的检验和测试，使产品质量得到可靠的保证。我公司产品性能优越、质量可靠、服务完善，深受广大用户的好评。“江兴”汽车检测设备系列产品荣获 2004 年中国汽车检测设备市场十佳知名品牌。目前，机动车轮（轴）重仪在国内占有绝大部分市场份额。汽车检测设备及汽车底盘测功机已大批量出口国外，走向世界。

公司主要产品有汽车、摩托车称重仪；汽车底盘测功机；汽车制动检验台（CE）；汽车车速表检验台（CE）；汽车侧滑检验台（CE）；汽车制动踏板力计；汽车检测线用广角车位镜；滚筒附着系数测试仪；电涡流机；汽车悬架转向系间隙检查仪；汽车悬架装置检测仪；自由滚筒；汽车、摩托车安全综合性能检测线及计算机控制系统等 120 多种汽车检测设备产品。具有技术专利产品有：电机减速箱中置式滚筒反力式汽车制动检验台、汽车驻车制动手拉力测试仪、滚筒附着系数测试仪；汽车侧滑检验台等共获七项国家专利，其中汽车制动检验台还荣获伦敦国际专利技术成果博览会金奖，汽车侧滑检验台荣获2004年第四届国家专利技术优秀发明奖“一等奖”，同时，荣获2004年第四届国家科学技术最佳成果进步奖“二等奖”。

2008年公司进驻浙江省级工业园“缙云工业园区”，公司占地面积50亩，建设面积21000m²，为未来更快更大的发展构筑了坚实的平台。

浙江江兴汽车检测设备有限公司生产产品的设计原则是：高起点，不断创新。

服务宗旨是：生产一流产品，最大限度满足用户需求。

主要产品及检测系统

ZG-xx型系列自由滚筒

该设备是用于配合汽车制动检验台，底盘测功机及车速表检验台使用，是检测后双桥传动汽车的必要设备。本系列备有各种规格，适用于各种轴重车辆。

设备采用钢板弯折整体焊接机身、强度高，外形美观。滚筒直径Φ190，6滚筒结构，采用气动锁止装置，车辆进出台架十分方便。

DJX-xx系列底盘间隙仪

本间隙仪采用油压传动，双平台（左台四方向，右台二方向，台面经粘砂防滑处理），台板尺寸1000×750，最大位移量100×100，最大位移力23kN，符合JT/T 633—2005《汽车悬架转向系间隙检查仪》规定。本系列备有各种规格，适用于各种轴重汽车。移动式手提灯上的开关可操纵台板做纵向、横向运动，方便地检查汽车悬架和转向系统的零部件配合间隙，即可检查出汽车横直拉杆、球头、转向支臂、车轮轴承等间隙。

FZ-xxx系列滚筒反力式汽车制动检验台

本设备采用钢板折弯整体焊接机身、强度高、外形美观。配备气囊举升装置，举升同步性好、免维修、免加油，进出车辆非常方便。无需地脚螺栓安装，台体安装调试极为方便，本系列备有各种规格，适用于各种轴重汽车。滚筒采用高强度砂粒粘结、粘合强度高、平均寿命超过20万次，附着系数大。干态≥0.9，湿态≥0.88，雨天也不影响车辆检测。滚筒直径Φ245，前后滚筒高度差30mm，线速度2.2km/h，采用第三滚筒控制停机，可有效避免磨胎现象。符合GB/T 13564—2005《滚筒反力式汽车制动检验台》技术要求。

北京燕赛集团简介

北京燕赛集团筹建于1992年。是专业从事交通安全、智能安防、科技强军等领域的相关技术研发及产品制造的实体公司，是以研发为先导，集科、工、贸于一体，经北京市科委认定的民营高新技术企业。

燕赛集团下属七个子公司，总资产六千余万元。下设六大职能中心，即：研发中心、生产制造中心、公关销售中心、客服中心、资产管理中心、及保障中心。现有职工100余人，其中大专以上学历的员工占70%。主营产品为：机动车安全检测系统，驾驶人桩考、路考自动监控管理系统，智能化安防管理系统，智能道路交通监控系统，军用模拟射击训练系统及其他军工用品等。以上产品的使用单位已遍布全国三十个省、市、自治区及各大军区，各项产品的产值均达到数千万元。其产品的技术性能包括人性化的售后服务工作均得到了广大用户的认可。所有产品均具有自主知识产权并获取专利数十项，各项产品经过公安部及相关权威机构的鉴定，被评价为“达到”或“超过”国际先进水平。

十年来，燕赛集团领导层以为人之本一个诚字，立业之基一个进字，交友之道一个义字，凝聚成企业的灵魂——诚信、务实，树立起企业的精神——拼搏、进取。靠着八个字使企业得以生存、发展、壮大。面对国际、国内多元化的机遇和挑战，集团领导清醒的认识到，曾经的辉煌将是燕赛人崭新的起点。北京燕赛集团将以优质的产品质量、诚信的售后服务、极具竞争力的市场价格，树立“燕赛”品牌。为创建和谐社会，建立平安城市，建设社会主义新农村的国家大业做出自己的贡献。

主要产品及检测系统

一、北京燕赛检测设备有限公司

在北京市延庆县注册，原中外合资企业，现转为内资。产品经公安部部级鉴定，评价为：达国际先进水平。获国际发明展同类最高大奖、获国家级重点新产品证书、经公安部推荐获国家级火炬计划项目证书，公司获高新技术产业证书。

公司的（可移动）机动车检测线是世界上最先出现的全功能机动车安检移动线，每一种型号都创造了世界领先，“汽摩线”的概念及产品也是由燕赛公司率先推出的。公司附属两个制造厂达到年产百台移动车的生产能力，现全国已有数百台、条车检线在使用。

可移动车检线有9种型号，分别用于不同种类车辆的检测，并有三种综合功能检测线适于所有车辆检测，是完全符合国家标准、行业标准的可移动车检线。

固定车检线有三个系列（汽车、汽摩、摩托车），八个型号、四个吨位，检测线各工位采用嵌入式工位控制机，大大提升了各工位的测控能力和数据处理能力。其车检管理控制软件是基于WIN7操作平台，采用C++语言开发，更好的使网络化自动控制系统具有无序登录、有序进检、自动识别车辆、自动评判打印结果、各种数据接口、远程监控及维护等功能。

各种单台车检设备包括板式制动台均符合国标，有五个系列、四个吨位、几十个型号。产品能随标准的变动而立即更新，体现了强有力的研发和生产能力。

二、北京燕赛科技有限公司

YS系列桩考仪、YSLK系列路考仪、拖拉机联合收割机驾驶员桩考自动监控管理系统、YSLZ系列防暴路障、查危仪。

三、北京惠通燕赛科技有限公司

单兵净水器系列产品和天然水处理车，燕隼系列和雨点系列，安全防扎、防漏、防枪弹轮胎，野战宿营车系列产品，公路、铁路两用货运车。

四、四川中康科技有限公司

模拟实战射击训练系统产品系列、单兵盔式无线数字语音系统、新型防暴头盔、便携式移动作战一体化情报处理平台系列、战地指挥车、便携式折叠写字椅、染色训练枪弹的研制，已通过鉴定。

五、北京曲全环保科技有限公司

聚合物基复合材料路面砖。

六、承德燕赛科技有限公司

车检、驾考等设备的机械件加工，单、双田垄马铃薯插种机，收获机，中耕机，液压翻转犁，大、中型喷灌机，插秧机，化肥、农药喷洒机等农业机械。太阳能路灯照明系统和户用太阳能光伏系统。

七、靖江市燕赛检测设备制造有限公司

各类机加工，采用蠕墨铸铁及灰铁、球铁制作各种通用和非标的液压件、阀体及泵体。

深圳市安车检测技术有限公司

深圳市安车检测技术有限公司团队专业从事机动车检测设备、检测软件技术的开发生产销售工作，是国内少有的机电一体化的公司之一。安车企业是民营股份制企业，目前企业员工400多人。目前拥有机动车安全检测设备及系统、机动车综合检测设备及系统、机动车环保检测设备及系统、维修竣工检测设备及系统、客运门检检测设备及系统、检测维修及检测信息化行业管理软件系统、驾驶员路考系统、汽车养护产品等八大系列产品。

截止2010年底已经拥有检测站客户1800多家，是国内本行业规模最大的企业之一，安车检测客户目前遍布全国所有省份，在辽宁、山东、浙江、湖北、湖南、四川市场份额均在50%以上。安车客户遍布全国所有省份的汽车综合检验机构、汽车安全检验机构、汽车环保检验机构、汽车出厂检验机构等所有汽车检测领域，国内大多数省级中心站为安车所承建。

安车致力于成为中国乃至世界上的最好的机动车检测业务解决方案供应商，为行业树立一个品牌！

主要产品及检测系统

ACCG-3/10/13系列底盘测功机

具有底盘功率、加速、滑行、速度表、里程表检测功能，可扩充配置反拖、油耗、点燃式发动机车ASM尾气排放、压燃式发动机加载减速法、烟度排放检测功能。

设备采用钢板折弯整体焊接机身，飞轮与主滚筒同轴，超低内部损耗功率设计，基本惯量准确，结构合理、外形美观。采用新型风冷电涡流机散热好，风阻小，吸收功率大，使用寿命长、性能稳定。同轴滚筒采用新型专用橡胶联轴器联结，主、付滚筒采用橡胶同步带联接，噪音低。主滚筒采用高附着系数硬质合金等离子喷涂或滚花，轮胎与滚筒之间不产生滑移，能精确测量汽车底盘输出功率。7.5kW 驱动电机配上变频器可无级调速，能准确测量台体内部损耗功率。举升装置采用单梁气囊举升，举升同步性好、免维修、免加油。采用插入式可调斜滚柱挡轮，前轮驱动汽车检测时不会产生横滑，有效提高测试时安全性能。

ACZD-3/10/13 系列汽车制动试验台

本设备采用钢板弯折整体焊接、强度高、外型美观。配备气囊举升装置，举升同步性好、免维修、免加油，出车非常方便。滚筒采用高强度砂粒粘结、粘合强度高、寿命超过 20 万次，附着系数大。干态≥0.9，湿态≥0.87，雨天不影响车辆检测。采用第三滚筒滑移率控制，电机停机及时，有效避免磨胎现象。

采用大功率高效三相电机，抗过载能力强。

ACZZ-3/10/13 系列轮重台

本设备是一种先进的汽车整车称重及轴重、轮重测量系统。它适用于工矿、企业、码头、仓库等场合进行物体称量。当作为轴重及轮重计量时，只需将汽车开到测试台上，使车轮准确地压在秤体台面上，就可以从仪表上得到所测的轮重值。

最大称重 13t，分辨率为 1kg。可配仪表。

ACCH-3/10/13 系列侧滑台

双板联动，1m 台面，进车方向带放松板，可配仪表。

设备采用滚轮支撑测量滑板和中央润滑系统，免维护，长期使用能保持设备测量精度。进车方向带放松板，车轮通过放松滑板时，将车轮的侧向弹性形变量释放，同时排除了车轮与地面接触的压扁段导入检测有效长度误差，因此本机测量精度高，量值真实可靠。

ACSD-3/10/13 系列车速台

采用钢板弯折整体焊接机身、强度好、外形美观。可配仪表。

主滚筒表面采用滚花或高附着系数硬质合金等离子喷涂、使轮胎与滚筒之间不产生滑移，能很精确检测车辆真实速度。采用单梁气囊举升，举升同步性好、免维修、免加油。配备高精度的速度传感器。

ACZG-3/10/13 系列自由滚筒

该设备是用于配合制动检验台，测功机及车速表检验台检测后双桥传动汽车的必要设备。适用于各种轴重质量的汽车。

设备采用钢板弯折整体焊接机身、强度高，外形美观。采用气动锁止装置，进出车方便。

ACJX-3/10/13 系列底盘间隙仪

可方便地检查汽车悬架和转向系统的零部件配合间隙。将汽车前轮或后轮置于本机的两测试板上，用手提灯上的开关操纵测试板做纵向、横向运动，即可检查出汽车横直拉杆、球头、转向支臂、车轮轴承等间隙。

本间隙检查仪采用油压传动，台平板在油压的作用下可随意平稳移动，位移力大。照明灯和操控开关都在手提遥控器上，操控和观察都非常方便。

DLFJ 系列发动机分析仪

DLFJ 系列发动机分析仪是深圳市安车检测技术有限公司推出的检测汽车发动机及电控系统的全新设备，该机通过传感器采集信号，经前端预处理器处理后，输入计算机进行处理，以不同的形式输出，可以直观、方便的对发动机进行故障检测、分析与诊断。它还可以和检测线主机以不同方式进行数据通信交换信息，以便对车辆及用户信息和检测数据进行集中监控与管理。可用于发动机实验室、检测线、汽车修理厂等。

佛山市南华仪器股份有限公司

佛山市南华仪器股份有限公司是专业生产机动车检测仪器的省级高新技术企业。本公司成立于 1993 年，目前，自有生产、办公基地近三十亩，一期建造工程已开通和投入使用的智能化生产、办公大楼建筑面积达 15000m^2。主导产品有机动车排放废气分析仪、前照灯检测仪、烟度计（不透光度计）等三大系列二十多个品种规格并已销往全国三十一个省、市、自治区及出口欧、美、亚等部分国家和地区；已被广泛应用于各级机动车综合（安全）性能检测机构、环保监测部门，各类汽车维修业、汽车制造厂（3S、4S店），科研院校以及军队机动车维修/检测部门。

“建立现代化高新技术企业”是本公司的发展宗旨，推动产业技术创新，完善企业规范化管理、不断满足顾客需求，持续为员工创造美好生活是本公司主要的经营理念；企业在全面实施ISO 9001质量管理体系的基础上，将一如既往地保证为顾客提供更加优质的产品与服务。

目前企业是中国汽车保修设备行业协会常务理事单位，是中国汽车维修行业协会会员单位。

主要产品及检测系统

前照灯检测仪

NHD-6101型全自动前照灯检测仪：嵌入式工控机一体化结构；全CCD摄像和高速信号处理技术，快速完成远光、近光各项参数的自选设置检测和在线实时调灯，高亮度大屏幕液晶显示，全中文多功能智能设置菜单；具备快速排除外界光干扰扫描定位、复杂光形自辨识判别、软件自动标定与调教、单光束检测和单光复检等特殊功能；具备RS-232通讯接口和网口，可进行单机、系统控制、上位机控制等多模式设置检测。是大型专业车辆检测机构、汽车制造厂总装检测线、专业科研机构的专用产品。

NHD-6108型全自动前照灯检测仪：采用全新的CMOS机器视觉摄像机和高速DSP技术，超快速完成前照灯远光、近光的各项参数的准确检测；远、近光全部检测仅需40余秒；特别适用于检测线双灯同检，提高检测线单位时间检车效率，远、近光双灯同检只需20余秒；强大的软件功能配合液晶显示，使仪器的追光定位、检测、自我校准调整、在线调灯、故障自检均可快速完成；整机在水平上下移动方向均采用了世界先进技术的变频调速驱动控制，稳定可靠且故障率低；可进行单机、系统控制、上位机控制等多模式设置检测。是各级车辆安全技术/综合性能检测站、汽车制造厂总装检测线、安全门检、汽修厂简易检测线首选产品。

NHD-8101型前照灯检测仪：用于检测和调整汽车、摩托车等机动车辆前照灯的发光强度、灯高和光轴偏移量。具备中文液晶显示介面、配备标准RS-232通讯接口和模拟数据输出接口、激光定位，功耗低并可用电池供电工作。适用于汽车修理厂简易检测线、汽车维修与保养单位以及3S/4S店对机动车前照灯的光束照射位置进行检测与调整。

废气分析仪

NHA-402/502型废气分析仪：便携式设计，符合国标ISO 3930和国际OMILR99 0级精度；可执行多模式双怠速检测汽车排气中的HC、CO、CO_2、O_2、NO浓度和空气系数λ；高亮度大屏幕液晶显示，按键/菜单对影视一键引导操作；可进行天然气（CNG）、液化气（LPG）、乙醇等多种燃料车辆检测；具备车牌号码输入/时间显示和700组数据信息存储。可进行U盘数据移动存储和实时的数据通讯传输功能；标配感应式转速测量钳；具备3分钟预热快速测量功能。

NHA-405/505型废气分析仪：欧式台架设计，可适用多模式检测汽车排气中的HC、CO、CO_2、O_2、NO浓度和空气系数λ；高亮度大屏幕液晶显示，全中文智能指导菜单；进口机芯、传感器组装；配备转速、油温测量通道；具备车牌号输入、时间显示功能，可进行200组或更多容量的数据存储、查阅功能；标准预热时间10分钟，可进行1分钟余热快速测量功能；符合ISO 3930和国际OMILR99 0级精度。

NHA-506/406型废气分析仪：可执行多模式双怠速检测汽车排气中的HC、CO、CO_2、O_2、NO浓度和空气系数λ；高亮度大屏幕液晶显示，全中文操作菜单；可进行天然气（CNG）、液化气（LPG）、乙醇等多种燃料车辆检测；具备车牌输入、200组数据储存、查询和RS-232数字通讯接口；标配感应式转速测量钳；标准预热10min，具备5min快速预热应急检测功能；符合国标ISO 3930和国际OMILR99 I级精度。适合于环境保护部门、机动车检测站、汽车制造厂、汽车修理厂等单位使用。

不透光度计

NHT-6 型不透光度计：分体式结构、方便操作；大屏幕液晶显示、全中文操作指示菜单；具有自由加速和瞬态测量试验功能，能自动处理测试数据和显示两种测量结果（不透光度和光吸收系数）；测量单元采用“空气幕”技术，确保光学系统免受污染；检测室恒温控制，既预防冷凝，又确保测量精度不受温变影响；具备自动调零、数据打印及与上位机通讯功能；符合 ISO 11614 和 GB 3847—2005 国标的技术测试要求。

靖江泰普科技有限公司
靖江长安检测设备厂

靖江泰普科技有限公司，靖江长安检测设备厂始创于 90 年代初，与机械电子部工程机械军用改装车试验场联合研制机动车检测设备，至今已有二十多年历史，是专业生产机动车检测设备、驾驶人考试系统工程的厂家。

主导产品 CA 系列固定式、移动式汽车以及二、三轮摩托车安全性能检测站；工况法汽车排气检测系统；驾驶人科目一、科目二、科目三考试系统。CA 系列检测站完全符合国家及公安部颁发的 GA/T 123、GB 7258、GB 21861 标准。驾驶人考试系统完全依照国家公安部第 111 号令及驾驶人考试系统的行业标准，并通过国家公安部的严格检测，各项指标均达到或超过国家公安部的行业标准。

靖江长安检测设备厂产品已进入国际市场，并在印度尼西亚注册成立了长安检测（雅加达）有限公司。

公司拥有教授级高工 3 名并拥有一支年轻的工程技术队伍。与时俱进、重点发展高新技术产业，坚持以质量求生存、管理出效益、创新谋发展、服务创品牌。

主要产品及检测系统

CA 移动式汽车安全检测站

CA 型移动式汽车安全检测站集各种检测设备于一体，采用电子技术和微机处理系统对设备实施测控。检测站样式新颖、设计合理、检测结果稳定可靠；箱体展开时间只需 10min，操作简单方便；配置空调微机房；系统由计算机全程监控、显示屏指挥检测，联网通讯功能灵活。

CA 型移动式汽车安全检测站具有固定检测站的全部功能：可对轴荷 10t，轴距 6m 以内的二轴（后置类奔驰大巴）、三轴（单桥驱动）二轴带拖挂、半拖挂货车实施灯光、尾气、烟度、侧滑、轮重、制动力、车速表等安全技术性能检测。检测方便，安全可靠。

CAYM 型移动式二、三轮摩托车安全性能检测线

CAYM 移动式二、三轮摩托车安全性能检测线应用仪器集成技术，所有设备固定在一个完整的钢性载体上。具备与固定检测线完全相同的检测功能，可对二、三轮摩托车的轮重、轮偏、制动、速度、废气及灯光等安全项目进行检测。检测数据准确可靠。可露天使用的方舱（箱体），由载体车承载，移动到指定地点进行检测，便民利民。箱体式样新颖、结构合理、美观大方、经久耐用、系统稳定、抗干扰能力强。箱体自动展放，展开只需几分钟，操作简便快捷。配备空调微机房，工作环境舒适。

CAQJ 固定式机动车安全检测线

CAQJ 固定式机动车安全检测线采用先进的国际流行的工控机集散控制技术，通过 LED 显示屏提示引车员操作汽车、摩托车、农用车进行制动力、轮重、车速表、侧滑、前照灯、废气、烟度等进行检测，显示检测结果并进行判断，自动打印检测报告单。按轴载质量可分为 16t、13t、10t、6t、3t 等级别，适用于轴载质量不大于 16t 的各种双桥、多桥车、全 / 半挂车进行安全技术参数的检测。检测项目、判定标准完全满足：GB 7258—2004、GB 21861—2008 标准要求。检测线可设三个或四个工位，可同时容纳 3 ~ 4 辆机动车在线检测。检测节拍≤ 3min/ 辆，单班日检车辆能力为 150 辆 / 次 ~ 200 辆 / 次。

驾驶人考试系统

驾驶人考试系统是集超声波检测、磁阻传感、微波检测、光电检测、视频图像处理、无线数据传输、电磁传感等多重高科技于一体的驾驶人驾驶水平自动评判与智能管理系统。本系统能准确记录与评判驾驶人对交通法规的掌握和理解程度以及在实际驾驶过程中对各种情况的观察、判断

及应变能力。

产品严格按照《中华人民共和国机动车驾驶证申领和使用规定》（公安部令第 111 号）的要求进行设计，已成功应用于驾驶员培训单位，极大提高了国内驾驶人的技术含量、管理水平和考试效率；同时大大减少考试过程中的人为因素干扰，实现考试的准确性、客观性和公正性。

深圳市康士柏实业有限公司

深圳市康士柏实业有限公司是中国汽车保修设备行业协会常务理事单位、中国汽车维修行业协会会员单位、深圳市科技、经济一体化定点服务单位，是生产汽车摩托车安全性能检测设备的专业厂家。公司自 1999 年成立以来，致力于机动车检测设备的研发和生产，拥有雄厚的科研力量，先进的仪器设备和一流的生产基地；公司严格按照 ISO 9001 质量管理体系实施管理，以高起点出发，以“挑战、出色、超越、认可”为发展宗旨，联合长安大学公路学院、深圳高职院汽车工程系等知名院校，集各家所长，开发出的新一代全自动机动车检测系统，无论是单机仪表设备，还是操作控制系统，在质量和技术上，都是先进、成熟、稳定。依靠先进强大的技术力量、稳定可靠的产品质量、优异周到的售后服务，公司已建立了庞大的业务网络。主要产品已畅销全国各省、自治区、直辖市、东南亚及中东国家，为广大用户提供值得信赖的服务。

公司生产的 CL 系列汽车检测设备吸收欧洲先进技术，在全国各地广受好评，设备性能一直处于国内领先地位，成为代替进口设备的首选品；其中在上海，公司生产的全自动汽车检测系统、KZD-10（指针液晶双显式）制动台等已成为替代国外进口设备的首选产品；2005 年生产的 3t 汽车检测线成为一汽丰田、东风本田特约服务站指定检测线。

客户服务方面，康士柏公司长期的产品保修服务，并提供产品技术支持和场地布局咨询。康士柏公司致力于和客户建立起长期合作发展的良好关系，可根据客户的具体要求，专门定制满足客户需要的产品，在产品的售前、售中、售后服务方面都建立有良好的客户服务、交流、回访体系。

主要产品及检测系统

KQQZ 汽车综合性能、安全性能检测线

深圳市康士柏实业有限公司在充分把握机动车检测技术及国家相关法规、标准发展动向的基础上，精心研制出 CQQZ 系列机动车综合性能、安全性能检测线系统。

◎ 系统软件、硬件均为康士柏公司独立研发配套，完全拥有自主知识产权；软、硬件有机结合，为客户提供高效快捷的服务。

◎ 系统由登录管理系统、主控及工位系统、管理系统和视频监控系统四部分组成，完全满足检测站的业务需求。

◎ 系统采用 windows 操作平台，专有技术的工控模块，响应迅速，检测精度高，维护便捷。

◎ 系统全面采用模块化设计，使系统具有的良好的可维护性和可扩充性，方便与管理部门联网；并具有实时检测、自动处理、设备诊断和超时报警等先进功能。

KWP 汽车污染物排放检测系统

KWP-Q 轻型车 /KWP-Z 重型车排气污染物排放检测系统，采用我司自主研发的计算机测控系统、高性能测功机为核心，选用国内先进技术的废气分析仪及烟度计，气体流量计选用美国 sensors 公司的 vmas 流量计，确保检测准确、可靠。系统完全满足 GB 18285—2005 和 GB 3847—2005 及其他相关标准技术要求，系统可实现联网管理，具有严格的流程控制和方便的数据管理等特点，内置双怠速、自由加速排气、稳态工况法、简易瞬态工况法、加载减速工况法多种功能，通过连接不同的设备，同时软件通过授权，即可灵活适应不同检测需求。

CL 维修企业专用检测线

康士柏公司率先推出 CL 系列汽车检测线以来，广泛用于汽车修理厂，特别是 4S 特约服务站和知名度高的一、二类汽修企业。他们在汽车入厂维修时，首先通过检测，作为汽车修理前的技术依据，到汽车修好后再检测对比，采用科学快速可靠的手段，不但可以确保汽车的主动安全性，而且可以减少用户与修理厂之间的质量纠纷，有效提高修理质量和服务质量，从而增加企业经济效益，树立起汽车修理厂的良好形象。

◎ 整套产品结构紧凑合理，安装简便，占地面积小，仅占一个标准维修工位。

◎ 自动流程操作，免教学、易用，避免繁复的操作步骤，上岗即可操作。

◎ 产品荣获高新技术产品权威认证，领先同类国际产品，无需担忧产品落后过时。

◎ 结构模块化设计、功能配置灵活，可任意配置各种功能和匹配产品部件。

KJX 汽车检测技术教学系统

康士柏公司率先推出适用于汽车检测与维修专业教学的全自动汽车检测线教学专用版，此项产品不仅具有车速、侧滑、制动、悬架、底盘测功、发动机综合分析、前照灯检测、排放检测等多项检测功能，还在此基础上新增五项针对教学使用的独特功能。

KQQZ 汽车竣工质量检测线

深圳康士柏公司研制的车辆竣工质量检测线，是根据交通部门关于车辆综合性能检测机构管理工作规范的文件精神，适应新时期经济发展的需要而推出的产品。车辆竣工质量检测线根据《中华人民共和国安全生产法》、《中国人民共和国道路运输条例》及交通部《道路旅客运输及客运站管理规定》、《车辆维修管理规定》等配套规章和有关标准等规定，结合实际研制、配套而成。

KDC 汽车底盘测功机

本机是汽车动力性，经济性及排放测试的必备设备，可模拟汽车道路实验的有关工况，可针对公安车检，报废车更新及汽车维修质量检测。在恒速工况下，可测试汽车底盘输出功率，选配ASM反拖装置，检测传动系损耗，计算发动机输出功率，并以彩色曲线方式显示和打印。具有道路阻力和风阻的模拟，以及大气温度和海拔高度功率的修正功能。

德国马哈公司

德国马哈公司是世界上非常有名望的汽车检测设备制造商之一，它创建于1968年，位于风景秀丽的巴伐利亚州，阿尔卑斯山脚下。MAHA公司占地面积5万多平方米，全球雇员超过1000人。

德国马哈公司拥有丰富的产品系列，涵盖制动试验台、速度试验台、侧滑试验台、底盘测功机、悬架振动台、大灯测试仪、各种举升机等设备，还有关于环境保护方面的仪器设备如尾气分析仪、不透光烟度计等。

德国马哈公司在机动车检测领域积累了丰富的经验，当今世界上的汽车检测设备中很多检测标准是在MAHA公司的参与下制订的或者根本就是以MAHA公司的产品为标准，因此MAHA公司在业界几乎是最高品质的车辆检测设备的代名词。

在欧美各汽车研究机构、官方检测机构、汽车制造商及修理厂以配备MAHA公司的检测设备为成功企业的标志。著名汽车生产厂家如奔驰、宝马、大众、奥迪、通用、保时捷、MAN、依维柯等都将MAHA作为指定检测维修设备的供应商。

在中国，德国马哈公司积极参与中国汽保设备的市场开发，并积极参与国家有关机动车相关法律法规标准的制定工作，提高了国内该领域整体的技术水平。MAHA公司的产品已经广泛应用于我国公安部门的安全检测站、交通部门的综合检测站、车辆制造厂、汽车研究机构、汽车售后服务体系、军队相关部门以及汽车院校等。

马哈（北京）贸易有限公司为德国马哈公司在中国的全资子公司，成立于2008年10月，总部位于北京市东城区，在上海设有分公司，目前有员工40多人，其前身为2001年7月在北京成立的德国马哈公司北京代表处。公司设有销售部、商务部、行政部、财务部、工程技术部等部门。

马哈（北京）贸易有限公司80%员工均具有本科以上学历，其中有多名归国留学员工。

马哈公司在中国经过10多年的发展，已经形成了一整套销售、安装调试、售后服务体系，为中国广大的车辆厂、4S店、汽车修理厂、机动车检测中心、高职学校用户提供了先进的产品和优质的服务，产品系列涵盖制动试验台、速度试验台、侧滑试验台、底盘测功机、悬架振动台、大灯测试仪、各种举升机等设备，还有关于环境保护方面的仪器设备如尾气分析仪、不透光烟度计等，为广大的用户提供全方位的机动车安全检

测、维修保养解决方案。

主要产品及检测系统

单滚筒底盘测功机型号：MSR500

德国马哈公司单滚筒底盘测功机 MSR500 为德国马哈公司最新款的底盘测功机，它集合了当今底盘测功机领域先进的设计理念及测量技术，把测量大功率发动机和车辆长时间测试的梦想变成现实 !MSR500 采用全新的同步控制技术，四驱车的测试和两驱的测试一样简单有效，同时也可测试混合动力车辆和纯电动车。MSR500 提供四驱和两驱两种版本，可测试两驱车和四驱车，是大功率发动机测试和长时间测试的最佳选择。

MSR500 的单滚筒固定方式可以保证在高载荷下进行长时间测试，并且大功率发动机的测试变得可靠和简单。由于配置了电机，四驱测试时，前桥和后桥的速度可保证高精确同步，如同在路面上行驶一样前后桥的速度是一致的避免了损耗和磨损。在四驱模式和两驱模式下都可以用电机驱动车辆测试馈电系统，非常适合测试纯电动车和混合动力车辆。

排放检测仪型号 MET 6

排放检测仪为德国马哈公司的创新产品，它集合了五气仪、烟度计、颗粒物检测仪的全部功能，并完美的将这些功能融于一体，可以同时检测汽油类车辆和柴油类车辆的排放，可以检测 CO、CO_2、HC、O_2、NO_x 的浓度、透明度系数、颗粒物质量，是汽油类车辆和柴油类车辆尾气排放检测设备的综合体。

MET 6 的一个伟大的设计之处在于将需要维护保养的零部件集中化、最小化，这样 MET 6 所有的测量组件无需工具就能轻易的拆装和清洁，去除、清洁、更换零部件的过程不会超过 3 分钟；体积小、重量轻，大约为 5 公斤。

MET6 被广泛的应用于全世界的安全检测站、交通部门的综合检测站、车辆制造厂、汽车研究机构、汽车售后服务体系、军队相关部门以及汽车院校等。

马哈 9 合 1 机动车安全性能检测系统

1. 侧滑检测；
2. 速度、里程检测；
3. 减震系统检测、车身及内饰噪声变频检测；
4. 轴重检测；
5. 制动力检测；
6. 变频四驱和踏板力检测；
7. 轮胎花纹检测；
8. 灯光检测；
9. 喇叭声级检测；

功能特点

9 合 1 检测线是当前国际上最先进、最全面的检测设备组合。

每个学校可以根据自身的实际情况，选择设备并保留发展空间。

每个设备可以与电脑单独连接单独使用，每个设备可以任意组合。

所有的设备与电脑连接之后可以将数据以数字和图形的方式存储。

方便重现，打印，共享。

双缸地藏举升机

马哈公司双缸地藏举升机为马哈公司举升机的代表性产品，设计别致，造型美观，坚固耐用。采用马哈独特的平衡结构和锁紧、限位结构，使用起来更安全可靠，精度更高。采用最优化的支撑旋转臂使得安装高度很低。

该举升机油缸均安装在地下，地面仅有举升臂，车辆能很方便的开上举升机。

制动台系列

马哈公司制动台系列产品为马哈公司销售量最大的一个产品，以其精确耐用、结构简单、安装方便受到了全球用户的青睐。马哈公司的制动台适用于摩托车、乘用车、卡车、大直径拖拉机等车辆的制动力检测。

第三滚筒滑移停机，在确保检测功能的情况下，最大限度的保护轮胎。

具有高精度测力传感器。

利用微机进行数据采集和处理。

采用粘砂滚筒及第三轴装置，仪表具有可自动控制停机功能，可有效防止轮胎剥伤，保护车轮。

先进的粘砂工艺，能较好地模拟路面状态，附着系数高。

石家庄华燕交通科技有限公司

石家庄华燕交通科技有限公司，原北京军区汽车检测技术研究中心，创建于1987年，从事汽车检测技术和设备的研究、开发、生产已有二十多年的历史，是我国最早研究、开发、生产汽车检测设备的厂家之一，现已成为集科研开发和生产销售服务于一体的高新技术企业。在职员工400余人，技术人员100人，拥有13000m^{2}的加工车间，4600m^{2}的办公楼以及1600m^{2}的综合楼，技术力量雄厚，硬件设施先进，具有机动车检测设备研制、生产、销售和服务能力。是中国汽车保修设备行业协会常务理事单位，中国汽车维修行业协会理事单位，中国道路交通安全协会、中国计量协会会员单位，全国汽车维修标准化技术委员会、全国机动车运行安全技术检测设备标准化技术委员会委员单位。华燕产品畅销全国，部分产品进入国际市场，拥有国内外用户1700多家，多项产品获军队科技进步奖；多项技术获国家专利；多种产品被国家相关部门推荐使用；部分产品被总装备部列为部队装备产品。

华燕拥有完整合理的产品质量保证体系和企业管理体系，2001年通过ISO 9001国际质量管理体系认证。主要产品通过国家相关部门质量认证；机动车驾驶人场地驾驶技能考试系统已通过公安部交通安全产品质量监督检测中心的检测。

华燕主要产品有七个大类：一、固定式汽车综合性能、汽车安全性能、摩托车安全性能、农机安全性能及全车型检测线。二、移动式汽车综合性能、汽车安全性能、摩托车安全性能、农机安全性能及全车型检测线。三、各类单项检测设备。四、计算机联网控制系统（包括软件设计、电气开发制造和设备联网，可根据客户要求适时开发出功能强大、性能稳定、操作方便、适应国内外多种检测设备的微机联网系统）。五、工况法机动车排放测试系统。六、机动车驾驶人场地驾驶技能考试系统。七、公路车辆超限检测车系列。其中，华燕自动挡轮底盘测功机等多项技术获国家实用新型专利，设计生产的工况法机动车排放测试系统符合国家环保标准。

华燕拥有一支100多人的专职售后服务队伍，并在全国设有十八个服务站（客服中心设在石家庄市），同时备有客户服务专线（0311-83985959/83985757）和专业网站（www.hyjtkj.com）查询；所有服务人员均经过全方位技术培训和严格考核，具备独立完成服务项目的能力；拥有严格的售后服务质量控制及反馈制度，可同用户一起监督服务质量。做到以客户为中心，时时有人听、事事有人管，及时、快速地解决疑难问题。

华燕设备的高自产率，长期稳定的企业经营，良好的发展前景及二十余年的服务实践经验，是为广大用户提供长期可靠的技术支持、做好售后服务的坚实基础和根本保障。在科技飞速发展的今天，华燕将一如既往，努力在机动车检测行业树立公认品牌，塑造良好企业形象，为我国机动车检测事业做出更大贡献。

主要产品及检测系统

车速表试验台

本设备具有下列检测功能：车速表指示误差；里程表误差（选配）；出租车计价器误差（选配）。

技术特点：滚筒表面滚花喷锌处理，附着系数高、耐磨损；滚筒经高精度动平衡处理，运转平稳、测试转速高；电磁测速传感器，工作稳定、精度高；配备气囊举升器工作稳定，使用寿命长；带轮胎辅助挡轮，确保检测过程安全；具有标准通讯接口，便于设备联网。

侧滑试验台

本设备具有下列检测功能：转向轮横向侧滑量检测。

技术特点：双板联动式结构，测试同步性好；传动部件经特殊硬化处理并表面镀铬，经久耐磨损；差分式位移传感器，工作稳定精度高；具有标准通讯接口，便于设备联网。

制动试验台

本设备具有如下主要检测功能（所述的功能需与控制系统联网后才能实现）；车轮最大制动力；车轮阻滞力；制动力平衡性（即左右轮制动力差）；制动协调时间；制动完全释放时间；评价整车制动性能；评价单轴制动性能。

本产品具有下列技术特点：欧制式大直径滚筒，高测试速度；滚筒表面粘砂，附着系数达0.8以上；减速机运转平稳、测试精度高；防过压、过载电路设计，电机工作更稳定；高可靠性第三滚筒，检测过程中轮胎磨损降到最低；带气缸举升器，方便车辆检测与通过；举升器防过载设计，保证更长工作寿命；框架采用高标号钢板折弯成形，强度高、外形简洁美观；具有标准通讯接口，便于设备联网；可选配摩托车制动检验功能。

轴重台

本设备具有下列检测功能：静态轴（轮）重测试；动态轴（轮）重测试。

技术特点：悬浮式称重结构，测试重复性好；专用传感器及前置放大器，工作稳定精度高；具有标准通讯接口，便于设备联网。

公司产品和系统名称如下：

1.HQMHJ 固定式全车型（含汽车和摩托车检测单元）检测线。

2. 全自动摩托车检测线。

3. 全自动汽车安全技术检测线。

4. 全自动汽车综合性能 A 级、B 级检测线。

5.HQMLJ 流动式全车型（含汽车和摩托车检测单元）车辆性能检测。

6.BQDC 系列流动检测线。

7.HMLJ-750、300 型摩托车性能检测流动线。

8.FZ 系列汽车制动检验台。

9.CS 系列滚筒式汽车车速表检验台。

10.ZCS 系列汽车轴（轮）重仪。

11.CH 系列双板联动侧滑检验台。

12.HPZS 系列平板式制动检验台。

13.HYQZJ 系列前轮转向性能检测仪。

14.HMST-750 摩托车车速表检验台。

15.HMZT-750 摩托车制动检验台。

16.HMZY-750 摩托车轴（轮）重仪。

17.HYJ2T 系列轴重制动复合台。

16.HMLY-750 摩托车轮偏检测仪。

17.HY-XX-015 系列汽车悬架装置检测台。

18.HFZF2000 系列发动机综合性能分析仪。

19.HYCG 系列汽车底盘测功机。

20.HYCG-030（ASM）型轻型汽油车简易工况法检测设备。

21.HYCG-030（LD）型轻型柴油车简易工况法检测设备。

22.HYCG-030 型轻型柴、汽油车混合简易工况法检测设备。

23.HYCG-130（LD）型重型柴油车加载减速法检测设备。

24.HYJX-100 系列底盘间隙检测台。

25.HYAIS 检测站全自动检测与管理系统。

26. 汽车学时记录仪、汽车行驶记录仪。

27.HT-ZK01 机动车驾驶人桩考系统。

28.HT-LK01 机动车驾驶人路考系统。

成都成保发展股份有限公司

成都成保发展股份有限公司（原交通部成都汽车保修机械厂）是专业从事机动车检测设备及系统、尾气排放测试设备及系统的开发设计、生产销售、出口贸易、维修及工程服务的高科技公司。公司在国内同行业中是历史最久、规模最大、产品品种和销量最多、第一家国家二级企业、第一家通过 ISO 9001 质量体系认证的企业，并且独家拥有国家质监局授权的专行计量检测站。公司生产经营的“成保”牌产品为国内知名品牌。

成都成保生产三大类多个系列机动车检测设备：一、汽车尾气检测类：稳态工况法系列、简易瞬态工况法系列、加载减速工况法系列。二、汽车检测类：1. 速度检验台系列；2. 侧滑检验台系列；3. 制动检验台系列；4. 平板台系列；5. 底盘测功机系列；6. 转角仪系列；7. 悬架检验台；8. 轴重系列；9. 间隙检查仪、自由滚筒、拨正器及地沟举升机等其他检测设备。三、摩托车检测线系列；1. 两轮摩检线；2. 全车型摩检线。

主要产品及检测系统简介

FZ 系列反力滚筒式汽车制动检验台

反力滚筒式汽车制动检验台主要测试汽车每轴的最大制动力、整车制动力、左右轮制动力过程差、阻滞力、驻车制动力，并依据汽车轴重及整车重量判断车辆的制动效能是否合格。该设备主要由四根滚筒、前后轴同步链、扭力箱、电机、测力系统、第三滚筒、举升机构等组成。测试时，滚筒以 2.5km/h 的线速度带动车轮旋转，引车员缓踩制动，待滑移率达规定值时，系统控制电机停机，在该过程中系统可自动测试最大制动力、阻滞力及过程差。

PB 系列平板式汽车制动检验台（带轮重）

汽车平板试验台主要用于检测汽车制动力（包括最大制动力、左右制动力过程差、驻车制动力及阻滞力）、轴（轮）重、整车重及悬架效率，从而判断汽车制动效能和悬架效能是否合格。汽车平板试验台主机由四块平板组成，每块平板装有称重传感器和制动力传感器，平板表面为沾砂表面，用于模拟汽车行驶路面。测试时，汽车以5km/h ~ 10km/h 的速度空档滑行进入平板，当每一轮都行驶到对应的平板上时，驾驶员急踩制动踏板，车辆迅速停止，在此过程中测量出制动力曲线及动态轴（轮）荷，用最大制动力。由于车辆在制动过程中轴（轮）重发生转移，通过测量该转移量可间接判断悬架效能的好坏，车辆制动前制动力传感器可测出车轮阻滞力。平板制动试验台是相对于滚筒式反力制动台又一制动测试设备，直观性好，能很好的模拟汽车在路面上的真实制动状况。

QZJ 系列汽车转向角检验台

汽车转向角检验台用于测试汽车转向轮的最大转向角及相关值（即某一转向轮外转至最大位置时，另一车轮相应转动的角度），可判断汽车的机动性能，是汽车综检线必备设备。该设备主要由左右转盘组成，转盘可左右移动，适应不同的轮距，转盘的转动角可由角位移传感器测出，每个转盘本身可以做定轴转动，也可做任意方向的平动。测试前，转盘处于锁紧状态，车辆停在转盘前方约 0.5m 处，由转盘前的红外光电自动扫描轮胎的左右位置，然后转盘左右移动到轮胎纵向中心平面位置，这时将汽车转向轮驶入转盘，锁紧装置松开，就可转动方向盘测试转向角及相关角。

XX 系列汽车悬架性能检验台

汽车悬架性能检测台主要用于检测轴重不大于 2000kg 的独立悬架汽车的悬架性能的好坏，是综检线的必备设备。该设备主要由振动台、电机、偏心轮、称重传感器和飞轮组成。测试时，振动台带动汽车轴以 24Hz 的频率振动，并逐渐衰减，当振动频率衰减到与汽车固有频率相同时，车轮与振动台的垂直接触力最小，测量出该最小接触力，并于静态接触力相比，即可判断悬架性能的好坏。

MJX 系列摩检线

摩检线主要检测摩托车的轮重、制动、车速表、轮偏项目，其中轮重及制动原理检测与汽车的轴重检测及制动检测完全一样，速度表检测为主动式，即用电机带动滚筒旋转再带动摩托车轮到某一速度，看摩托车速度盘指示速度与检测设备读出的数据是否一致，从而判断速度表的准确性，轮偏检测是检测两轮摩托车前后轮的中心平面是否共面。我公司生产的摩检线主要包括MJX-250 系列和 MJX-500 系列，前者用于检测两轮摩托，后者既可检测两轮摩托，也可检测三轮摩托（包括正三轮和偏三轮）。由于两轮摩托检测某轮时，需要固定另外一个车轮，故在速度台、制动台前后还分别配有夹持台。

DCG 系列底盘测功机

底盘测功机主要用于汽车功率测试、速度表测试、里程表测试及模拟不同工况给汽车加载，设备主要由四根滚筒、测力传感器、侧量速传感器、功率吸收装置、举升装置组成，可完成汽车最大功率、最大扭矩的测试，适合汽车综合性能检测站检车用及各科研机构。

DCG 系列工况法排放测试系统

工况法排放系统主要有汽油车稳态、简易瞬态、柴油车加载减速三种工况，用于汽车尾气测试并判定，主要由底盘测功机、废气分析仪 / 烟度集计、发动机转速计、司机助、冷却风机、计算机测控系统等组成，我公司工况法产品系列主要有以下几种类型。

DCG-10DA 轻型汽油车稳态工况法排气检测系统；

DCG-10DV 轻型汽油车简易瞬态工况法排气检测系统；

DCG-10DB 轻型柴油车加载减速工况法烟度检测系统；

DCG-10DBA 轻型稳态汽柴混合工况法检测系统；

DCG-10DBV 轻型简易瞬态汽柴混合工况法检测系统；

DCG-13DB（中）型柴油车加载减速工况法

烟度检测系统（双轴四滚筒）；

DCG-13DB（重）型柴油车加载减速工况法烟度检测系统（三轴六滚筒）。

QZD 系列全自动计算机测控系统

QZD 系列全自动测控系统主要用于检测线内与机械联机测试用，能全自动完成数据信号采集、转换与处理、判定、引车员操作提示、数据库自动生成等功能，主要包括工位测试机、登录总控计算机、LED 点阵屏、信号处理单元等。

成都弥荣科技发展有限公司

成都弥荣科技发展有限公司是日本弥荣株式会社在成都投资设立的控股合资公司。

弥荣株式会社/IYASAKA Limited 创立于 1944 年 4 月 8 日，注册资金 4 亿日元，从业人员 450 名，是从事汽车检测设备、检测仪器、涂装设备、环保设备、维修保养设备和工具的开发、生产、销售的专业会社公司。年销售额 220 亿日元（约合 15 亿人民币）以上，位居日本同行业三大公司前列。在日本国内设立了除本社以外的商品中心、营业支店 8 个、营业所 12 个、事务所 16 个及弥荣精机株式会社等一批独资和控股生产企业。在中国投资的企业有成都弥荣科技发展有限公司（控股）、弥荣（成都）实业有限公司（独资），从业人员 130 名。2002 年通过 ISO 9001:2000/JISQ 9001:2000 质量管理体系认证（登录证号：JQA-QM8371）。自上世纪八十年代开始，弥荣公司的技术及产品大量进入中国各类检测部门、汽车制造厂及修理厂，并获得优良信誉。

日本弥荣公司 1999 年在成都高新西区投资设立独资企业——弥荣（成都）实业有限公司，作为日本弥荣在中国的生产制造基地，专业从事汽车检测设备生产制造，整机产品 50% 以上返销日本。为了使公司更好地服务于中国市场及弥荣产品用户，弥荣公司投资设立了合资企业“成都弥荣科技发展有限公司”，专业从事新产品、新技术开发以及引进、转化，全面负责在中国市场的销售、服务，更专业、更全面、更及时地满足中国市场需求。

成都弥荣公司具有一批专业从事本行业近 20 年，对行业技术和发展有深刻全面理解，经验丰富、熟悉行业的市场营销和专业工程技术人员。公司现已拥有满足汽车制造厂整车检测、汽车综合性能检测、安全性能检测、工况法排放检测、4S 站 / 修理厂需要的五大系列 80 余种规格型号的产品并销往全国各地。

成都弥荣公司可专业提供安全检测线、综合检测线、工况法尾气排放检测系统、汽车制造厂总装检测线设备—非接触式四轮定位仪、前照灯检测仪、ABS 制动试验台、制动 ABS 综合转鼓试验台、单双轴转鼓试验台、动态前束调整台、转向角试验台、整线联网系统等全面解决方案。

主要产品及检测系统

汽车制造厂整车检测线系列

ABS 制动检验台，综合转鼓试验台，非接触式四轮定位仪，侧滑试验台，专用转向角试验台，灯光仪，尾气检测，电喷系统，动态 OBD 检测，声级，检测线联网控制系统，整车检测线全面解决方案。

安全检测线

3t、10t、13t 系列侧滑，制动、车速、轴重、灯光、尾气、联网控制系统。

综合检测线

底盘测功机，悬架装置检验台，转向角检验台，联网控制系统。

工况法尾气排放检测系统

ASM、VMAS、Lugdown 系列简易工况法尾气排放检测，排放检测站网络管理系统。

上海西派埃自动化仪表工程有限责任公司

上海西派埃自动化仪表工程有限责任公司于 2003 年 7 月成立，2006 年通过 ISO 9001-2000 质量体系认证，2007 年起被认定为上海市高新技术企业。

公司内大专以上的科技人员占公司职工总数的 90% 以上，其中 50% 具有高级职称，主要科技人员长期从事各类检测仪表及自动化控制系统的研究、开发、生产和科技服务。

上海西派埃自动化仪表工程有限责任公司长

期从事汽车检测仪表、称重仪表、流量检测装置的研发以及自控系统的设计、安装、调试，具有丰富的仪表开发经验，是一支实力较强的科研团队，多次荣获过省、部级科技进步奖、优秀新产品奖，及多项国家发明及实用新型专利。公司汽车检测类仪表（如，便携式制动性能测试仪、驻车制动性能测试装置、转向力－转向角检测仪、透光率计、踏板力计等）质量优、信誉好，服务佳，在业内具有良好的口碑。

主要产品及检测系统

MBK-01（Ⅲ）型便携式制动性能测试仪

MBK-01（Ⅲ）型便携式制动性能测试仪是用于测量车辆制动性能和加速性能的检测仪表。该仪器采用了高灵敏度的加速度传感器和能够满足快速采集、计算要求的微处理机技术，保证了仪器的高精度和耐冲击性，并且将数据处理和专家经验有机的结合起来，解决了机动车制动性能测量精度及参数计算问题，为《机动车运行安全技术条件》（GB 7258—2004）、《机动车安全检验项目和方法》（GB 21861—2004）中路试检验制动性能提供了一种方便准确的检测手段。该仪器在路试检验制动后，立即显示充分发出的平均减速度（MFDD）、制动协调时间、制动初速度、制动距离等数据，并可当场打印测试报告。

主要技术指标

※ 测量范围：±19.6m/s^2；0 ~ 1000N（B 型）。

※ 仪器的准确度：2.0 级。

※ 仪器的分辨力：

加速度：0.01m/s^2；

速度：0.1km/h；

时间：0.01s；

距离：0.1m；

踏板力（B 型）：1N。

SAF-01 型机动车方向盘转向力—转向角检测仪

SAF-01 型机动车方向盘转向力—转向角检测仪，可用于快速测定各种机动车辆的方向盘转角、自由转角和方向盘切向操纵力。SAF-01 型机动车方向盘转向力—转向角检测仪采用了高灵敏度的电子陀螺和高精度的力传感器，以及能够满足快速采集、计算要求的微处理机技术，保证了仪器的高精度和低功耗。为测定各种机动车辆的方向盘转角、自由转角和方向盘切向操纵力提供了一种方便准确的检测手段。检测时不但能直观的将检测结果显示在仪表的液晶显示屏上，而且如果选配了无线通讯模快还能通过无线传送方式将检测结果同步发送至联机电脑以满足设备联网的要求。

主要技术指标

※ 转向力：

转向操纵力：0 ~ ±500N；

分度值：1N；

零点漂移：不大于 2d；

鉴别力阈：不大于 1.5d；

示值误差：±2%（FS）；

重复性：±1%；

※ 转向角

转向角：0° ~ ±3000°；

分度值：1°；

重复性：3°；

示值误差：±3°。

※ 可测转向盘的直径范围：Φ360mm ~ Φ660mm。

BPF-01 型汽车制动操纵力计

BPF-01 型汽车制动操纵力计，用于测定各种机动车辆的制动踏板力值和手拉力值并以液晶显示屏显示，单位为牛顿（N），同时将测试数据直接通过无线模块发送至联机电脑，以便实现控制室的实时显示。

主要技术指标

踏板力值范围：（0 ~ 1000）N；

手拉力值范围：（0 ~ 1000）N；

示值误差：1%（FS）；

分辨率：1N。

浙江浙大鸣泉科技有限公司

浙江浙大鸣泉科技有限公司是具有自主创新能力的省级高新企业，是专业生产机动车检测仪器的厂家，是与浙江大学相结合的股份制企业。自 2002 年改制以来，公司将自身的研发能力与浙江大学雄厚的技术支持有机结合，自主研发生产了机动车前照灯检测仪、机动车排放检测仪等十几个品种的检测仪器并于2005年获得CE认证和国家创新基金。产品已销往全国所有省、市、自治区（除台湾、香港、澳门地区）及出口欧、美、亚、东南亚等部分国家和地区；已被广泛应用于各级机动车综合（安全）性能检测机构，各类汽车维修业、汽车制造厂，科研学校以及军队机动车维修、检测部门。

主要产品及检测系统

灯光仪产品系列

1. QDC-1C

本仪器可用于全自动测量机动车前照灯远光发光强度、远光光束偏移量、近光光束偏移量以及前照灯基准中心高度等各项参数。

仪器采用双CCD技术、多点辅助寻光系统，利用先进的DSP图像采集和处理功能，按国标要求独立检测、调整机动车前照灯远光和近光的光分布及装配方向；同时提供丰富、可靠的通讯软件，方便各联网单位进行系统集成。

2. QDC-1B

本仪器可用于全自动测量机动车前照灯远光发光强度、远光光束偏移量、近光光束偏移量以及前照灯基准中心高度等各项参数。能分别对远、近光进行单独测量和在线调整，适用于检测部门和工厂维修部门。

仪器采用双CCD技术、多点辅助寻光系统，利用先进的DSP图像采集和处理功能，按国标要求独立检测、调整机动车前照灯远光和近光的光分布及装配方向；仪器配备高性能工业计算机，实现双显示系统提供双备份的数据显示，提供人性化的在线调整和功能设置界面；同时提供丰富、可靠的通讯软件，方便各联网单位进行系统集成。

3. MQD-3A

本仪器可用于全自动测量机动车前照灯远光发光强度、远光光束偏移量、近光光束偏移量以及前照灯基准中心高度等各项参数。适用于机动车安全性能和综合性能检测线上的联网检测、汽车制造厂的新车出厂检定，以及机动车维修部门对机动车维修保养。

仪器采用新型结构、全图像分析、双CCD技术、多点辅助寻光系统，利用先进的DSP图像采集和处理功能，按国标要求独立检测、调整机动车前照灯远光和近光的光分布及装配方向。

4. MQD-3B

本仪器可用于测量机动车前照灯远光发光强度、远光光束偏移量、近光光束偏移量、雾灯光束偏移量以及前照灯基准中心高度等各项参数。

仪器采用2D移动机构人工对准车灯物理中心进行测量；新型DSP处理系统进行图象采集和处理，有效的保证测量精度；高亮液晶显示屏，配备专业视窗图形操作系统；可配备充电电池，能实现无外接电源正常工作，并具有智能节电模式选择，能适应于各种工作环境；标配RS232通讯、打印机接口，可选配蓝牙无线通讯模块。

5. MQD-3C

本仪器可用于测量机动车前照灯远光发光强度、远光光束偏移量、近光光束偏移量以及前照灯基准中心高度等各项参数。

仪器采用高亮液晶显示屏，配备外部直流电源和内部电池，能适应于各种工作环境；标配RS232通讯，可选配蓝牙无线通讯模块。

肇庆市诚创科技有限公司

肇庆市诚创科技有限公司是一家研制开发生产机动车检测设备系统的专业公司，由（原肇庆车辆检测设备厂）技术骨干经企业改制而产生的民营科技企业，拥有多年从事制造机动车检测设备的经验，并且不懈努力追求机动车检测设备系统的最新技术开发研究工作。

诚创公司以“以诚为本，创新求发展”为企业经营发展理念，以为客户提供性价比最高的检测设备为目标！公司全体员工以诚恳务实的态度追求产品质量和服务质量的不断提高，并且重信誉守合同，以客户满意为最终目的，力求与新老客户携手共进,共同努力,在发展过程中得到双赢。

诚创公司致力于以下产品的开发、研制、生产、服务：

◎ 公安交警部门机动车安全性能检测线；

◎ 交通部门汽车综合性能检测线；

◎ 机动车生产厂整车出厂品质保证检测线；

◎ 环保部门机动车工况法排放检测系统；

◎ 汽车客货运输单位及企业检测系统；

◎ 汽车维修企业检测系统；

◎ 手动线、半/全自动线设备改造、系统升级。

主要产品及检测系统

双轮摩托车检测线

双轮摩托车检测线适用轴重在250kg以内的双轮、偏三轮摩托车安全性能及环保性能全面检测。主要包括如下的检测项目：双轮摩托车轴重、制动力、车速表、前后轮的直线度、灯光发光强度、光轴偏移量、废气排放、噪声等检测，为公安、交通、维修部门提供准确的测量参数。摩托车制造厂家在以上配套的基础上增加加速性能试验台即可成为一套摩托车制动厂家的检测线。本检测线是我厂在国内最先研制成功，并投放市场，得到广大用户的认可。该线设计新颖、结构独特、项目齐全、布置合理、可靠性高、测量准确、操作简便等优点。

全车型摩托车检测线

全车型摩托车检测线适用轴重在500kg以内的双轮、偏三轮、正三轮摩托车安全及环保性能全面检测，主要包括如下检测项目：轴重、制动力、车速表、双轮车前后轮的直线度、灯光发光强度、光轴偏移量、废气排放、噪声等检测。为公安、交通及制造、维修部门提供准确的测量参数。全车型摩托车检测设备是我厂在国内最先研制成功，并投放市场，得到广大用户的认可。该检测线设计新颖、结构独特、项目齐全、布置合理、可靠性高、测量准确、操作简便等优点。

汽车安全技术检测线

汽车安全技术检测线是用来检测汽车的尾气排放、车速表校核、轴重、制动、前照灯、侧滑和喇叭声级等安全技术的专用系统。通常配置的设备有尾气分析仪、不透光烟度计、滤纸式烟度计、车速表检验台、轴重仪、制动试验台、前照灯检测仪、声级计、侧滑检验台、显示仪表、计算机自动控制系统及指挥灯牌等。

检测线采用全自动电脑检测管理系统联网方式，操作系统平台采用稳定可靠的Windows 2000，后台采用高安全性的大型数据库Microsoft SQL Server。计算机自动控制系统自动指挥所有设备的作业，包括状态判定、动作控制、数据采集处理、检测结果判断与打印等，形成一条自动化流水作业线，可实现三台车同时上线检测。可选用全数字/模拟通信，可选用自动/手动工作方式，具有测试准确、性能可靠稳定、检测速度快、自动化程度高等优点，而且系统功能齐全，有完善的数据查询统计和联网等功能。

本检测线具有测量准确，检测速度快，效率高，操作简易等优点，适用于交警部门机动车安全技术检测站。

佛山市南海区泓胜机动车检测设备有限公司

佛山市南海区泓胜机动车检测设备有限公司位于广东省佛山市南海区，毗邻广东省最大的机动车安全检测机构——南安机动车检测中心，公司占地面积3521m^2，建筑面积2650 m^2，是一家专业研发、生产、销售、服务于一体的机动车检测设备公司。

公司主要技术骨干从事本行业有十多年经验。根据市场需要，缩短上门维修时间、保障客户利益，分别成立东莞市明华机动车检测设备有限公司和佛山市南海区泓胜机动车检测设备有限公司。两家公司分工合作，东莞明华公司主要负责广东地区检测线维护、升级改造及设备安装，佛山南海泓胜公司主要负责产品开发、国内地区检测线维护、升级改造、设备安装以及开拓国内外市场。

公司研发推出的机动车检测系列产品有汽车综合性能检测线；汽车、摩托车安全技术检测线；汽车、摩托车混合检测线；汽车四位一体检测线；摩托车移动检测线；简易工况法汽车排放检测系统以及各类单机检测设备。

公司视产品质量、技术和服务为企业第一生命，以“优质产品，优良服务”为宗旨。为保障客户利益，客户服务中心制定了一套完整的安装调试、技术支持，上门维修，操作培训等一系列管理制度。公司实行产品硬件一年免费保修，软件三年免费维护，终身有偿服务。

公司坚持走科技兴业之路，长期保持与高等

院校合作，聘请华南理工大学教授为公司技术顾问，为技术引进和人才培养创造了有利条件。

主要产品及检测系统

HS-ASM-300 轻型汽油车稳态工况法排放测试系统

本系统用于稳态工况（ASM）测试轻型汽油车排气污染物,可升级进行简易瞬态工况(VMAS)排放检测。

本系统采用与 HS-VMAS-300 简易瞬态工况排放检测相同的底盘测功机，废气分析仪采用 ASM 工况检测专用型，可检测汽车尾气排放中的 CO、HC、NO、CO_2、O_2 含量，并可检测汽车发动机转速。

HS-VMAS-300 轻型汽油车瞬态工况法排放测试系统

汽油车简易瞬态工况法排放检测系统由可以模拟加速惯量和道路行驶阻力的底盘测功机、专用五气分析仪、气体流量计和计算机控制系统组成，可实时分析车辆在道路负荷工况下排放污染物的排放质量，检测结果为 g/km。对于全面评价车辆的排放状况、估算机动车污染物排放总量及制定切实可行的机动车污染控制规划具有重要意义。

系统具有计算机联网功能，可与环保部门数据处理中心联网，方便政府主管部门统计与分析。

HS-VMAS-300 排放检测系统适用于装有汽油发动机、最大总质量不超过 3500kg 的在用汽油车进行 VMAS 工况、双怠速排放检测。

HS-LDN-300 轻型柴油车加载减速工况法排放测试系统

加载减速工况（也称为 Lugdown）法排放检测系统与自由加速烟度检测有很大不同。该方法是以车辆在大负荷工况下的烟度作为检测内容。众所周知，柴油机对输出功率的调节方式为质调节，在较小负荷状态下其烟度较小，只有在较大负荷下检测烟度才能反映车辆在路面上实际行驶，特别是较大负荷时（如满载上坡、急加速等）的烟度。检测目的是寻找汽车最大功率点的实际车速并测量此点的排气烟度。

功率扫描：动态扫描发动机实际的最大输出功率（根据测功机上的轮边功率换算）和此时的发动机转速和车速（Vel MaxHP）

加载减速：检测 Vel MaxHP 点、90％ Vel MaxHP 点及 80％ Vel MaxHP 点的排气吸光系数 K、发动机转速和实际轮边功率，进行功率修正和结果判定。

HS-LDN-300 柴油车加载减速工况烟度测试系统适用于轴载重量 3500kg 以下、发动机额定功率 160kW 以下的轻型柴油车进行加载减速烟度和自由加速烟度检测。

HS-LDN-1300 重型柴油车加载减速工况法排放测试系统

重型柴油车加载减速工况法排放检测系统是本公司按照 GB 3847—2005《车用压燃式发动机和压燃式发动机汽车排气烟度排放限值及测量方法》研制生产的。适用于装用柴油发动机、允许轴载质量 15000kg，最大设计速度不低于 50km/h 的在用柴油车进行加载减速工况烟度检测。在测试车速大于或等于 50km/h 时，PAU 能够连续稳定吸收 250kW（单轴）、500kW（双轴）的功率 5min 以上。适应轴载质量 15000kg 以下，发动机额定功率 320kW（单轴）/640kW（双轴）以下的重型柴油车。

重型柴油车加载减速工况法排放检测系统采用我公司自行研制的 DCG-1500 型底盘测功机为测试平台。该机峰值吸收功率为 1000kW（70km/h）；最高试验车速 130km/h；速度测量误差 ±0.16km/h；驱动力测量误差 ±1.0％；恒速控制误差 ±0.2km/h；恒扭矩控制误差 ±1％；功率控制误差 ±0.2kW，满足标准的要求。

天津市圣威科技发展有限公司

天津市圣威科技发展有限公司于 2000 年在天津市科技产业园区注册的国家级高新技术企业，主要从事汽车、交通、科技、环保等领域的高科技产品的开发、生产与销售。

公司在汽车保修、汽车检测领域起步较早，曾多次承担国家级重大科研项目，多项技术达到部级或者国家级水平，我公司生产的汽车尾气分析仪、烟度计、前照灯检测仪等汽车检测仪器，适合于各级交通、公安检测站、各级环保尾气治理点、各大专院校教学实验室、汽车制造厂、发动机制造厂、摩托车制造领域，以及一、二、三类汽车修理厂、4S店、汽车修理保养部门的使用。并可配备专门用于汽车修理行业的汽车综合性能检测线。

多年来，圣威科技一直致力于汽车检测设备和交通汽车领域的高尖端产品的创新与发展研究工作，并且，注重产学研相结合的方式，分别与天津职业技术师范大学，天津交通职业大学，河北工业大学，浙江科技大学，重庆交通学院，上海新桥学院，内燃机研究所，交通军事学院，南开大学等全国大中知名院校建立了长期战略合作伙伴关系，并且获得了良好的信誉，目前我公司产品已经遍布国内各省市的大中小用户，现为东风雪铁龙、北京现代、上海大众、一汽丰田、南京依维柯等制造厂家提供了配套优质服务。

一汽丰田、东风雪铁龙、北京现代、上海大众、东风本田、南京依维柯、江淮汽车、广州丰田是公司的战略合作伙伴。圣威科技通过了CE认证、CMC认证、ISO 9001:2000质量体系认证等，是国家高新技术企业。曾获得天津市创新资金十周年优秀企业、天津市劳动关系和谐企业A级单位、“重质量讲诚信”单位等荣誉称号。

“为客户服务，让客户满意”是圣威人的宗旨和不懈追求。

主要产品及检测系统

SV-3N 工业视频内窥镜

本产品，是一种利用电子技术，光学及精密机械结合的新型便携式无损检测仪器。主要用于汽车、航空发动机、管道、机械零件等，可在不需拆卸或破坏组装及设备停止运行的情况下实现无损检测，广泛应用于航空、汽车、船舶、电气、化学、电力、煤气、原子能、土木建筑等现代核心工业的各个部门，

SV-YQ 汽柴两用汽车排放气体分析仪

主要功能特点：

用于测量汽车排放废气中的HC、CO、CO_2、O_2、NO浓度，具备不透光度和光吸收系数两种读数，直观方便，操作简单。具备自由加速实验和瞬态测量功能，并自动处理测试数据并显示测量结果；具备汽油车怠速、双怠速测试功能。

LCD（液晶屏）显示，全中文菜单提示操作；自动计算、显示空燃比入值；配备RS-232C数字串行通信接口，方便联网；具备500组数据存储、自动记录、打印检测结果功能。可测量液化石油气（LPG）、压缩天然气（CNG）及汽油等燃料的车辆。

SV-5Y 不透光烟度计

主要功能特点：

车牌号输入，500组数据存储，时间显示。分体式结构，测量与控制单元分开，方便操作。具备不透光度和光吸收系数两种读数，直观方便，操作简单。LCD（液晶屏）显示，全中文菜单提示操作；具有自由加速实验和瞬态测量功能，并自动处理测试数据并显示测量结果；开机预热15min，并自动进行调零。测量单元采用分流式技术，测量柴油车的排烟烟度。采用“空气幕”技术以保护光学系统免受污染。检测室恒温控制防止冷凝，以免受温度波动的影响，保证测量精度。

内置打印机，实时对测量结果进行查询和打印，配置RS-232C数字串行通信接口，方便联网，可选配测量油温，转速。

SVQD-200A 全自动机动车前照灯检测仪

主要功能特点：

内置先进的微电脑芯片，外置高性能工业控制计算机，采用CCD自动寻找、跟踪被检测前照灯，并配备光束扫描定位装置自动测量前照灯远近光束的各项参数，能存储、查询检测数据。具备检测线测量和生产线调整功能，检测线测量检测时间不大于1min。检测模式：双灯同检，但同时具备双灯同检和单灯单检两种检测模式，两种检测模式可以通过改变软件设置相互转换。检测结果可通过数字通信接口RS232C串行口或网络输出，方便检测线联网，供货方需提供通信协议及相应的技术支持，并协助买方将设备与检测线联网。

部分机动车检测设备主要参数表

汽车制动检测设备

生产单位	产品型号	参数								
		容许最大轴载质量 /kg	制动力测量范围 /N	滚筒直径 × 长度 /（mm × mm）	示值误差 /%	检测速度 /（km/h）	举升方式	电机功率 /kW	显示方式	电源
佛山分析仪有限公司	FZD–9010B	3000	0 ～ 10000 × 2	245 × 850	± 3	2.5	气囊	2 × 3	点阵屏	220V 50Hz，380V 50Hz
	FZD–9010B	10000	0 ～ 30000 × 2	245 × 1000	± 3	2.5	气囊	2 × 11	点阵屏	220V 50Hz，380V 50Hz
	FZD–9010B	15000	0 ～ 45000 × 2	245 × 1000	± 3	2.5	气囊	2 × 15	点阵屏	220V 50Hz，380V 50Hz
浙江江兴汽车检验设备有限公司	FZ–100B	10000	0 ～ 3000 × 2	245 × 1000	± 3		气囊	11	仪表	220V 50Hz，380V 50Hz
	FZ–130B	13000	0 ～ 3900 × 2	245 × 1100	± 3		气囊	15	仪表	220V 50Hz，380V 50Hz
	FZ–100	10000	0 ～ 3000 × 2	245 × 1000	± 3			11	仪表	220V 50Hz，380V 50Hz
	FZ–130	13000	0 ～ 3900 × 2	245 × 1100	± 3			15	仪表	220V 50Hz，380V 50Hz
北京燕赛集团	YSZD–10	10000	0 ～ 30000	274 × 1000	± 3	2.5	气动	2.2 × 2	数字	380V 50Hz
	YSZD–6	6000	0 ～ 20000	190 × 1000	± 3	2.5	气动	1.5 × 2	数字	380V 50Hz
深圳市安车检测技术有限公司	ACZD–3	3000	0 ～ 9000	245 × 950	± 3	2.5	气动	4	点阵屏	220V 50Hz
	ACZD–10	10000	0 ～ 30000	245 × 1050	± 3	2.5	气动	9	点阵屏	220V 50Hz
	ACZD–13	13000	0 ～ 40000	245 × 1100	± 3	2.5	气动	11	点阵屏	220V 50Hz
深圳康士柏实业有限公司	KZD–3	3000	0 ～ 10000 × 2	245 × 900	± 3	2.5	气囊	4 × 2	数字 / 电脑	380V 50Hz
	KZD–10	10000	0 ～ 30000 × 2	245 × 1100	± 3	2.5	气囊	11 × 2	数字 / 电脑	380V 50Hz
	KZD–15	15000	0 ～ 45000 × 2	245 × 1100	± 3	2.5	气囊	15 × 2	数字 / 电脑	380V 50Hz
德国马哈公司	IW2	3500	0 ～ 8000	202 × 1000	± 2	5	无	2 × 3	指针 / 电脑	380V 50Hz
	IW4	13000/15000	0 ～ 40000	202 × 1000	± 2	2.3	无	2 × 9	指针 / 电脑	380V 50Hz
	IW7	18000/20000	0 ～ 40000	265 × 1150	± 2	3	无	2 × 11	指针 / 电脑	380V 50Hz
	MBT 2100	3000/4000	0 ～ 6000/0 ～ 8000	202 × 1000	± 2	3/5	无	2 × 2.5/4	指针 / 电脑	380V 50Hz
	MBT 3000	8000	0 ～ 8000/0 ～ 16000	192 × 1000	± 2	5	无	2 × 5.5/4	指针 / 电脑	380V 50Hz
	MPP2	4000	0 ～ 12000		± 2				指针 / 电脑	100 ～ 240V 50/60Hz
	MBT6000	18000	0 ～ 8000	265 × 1150	± 2	3	无	2 × 11	指针 / 电脑	220V 50Hz，380V 50Hz
石家庄华燕交通科技有限公司	FZ–030[G1]/FZ–030[HG1]	3000	0 ～ 1200 × 2	245 × 925	± 3	2.5	气缸	4 × 2	二次仪表或工位机	220V 50Hz，380V 50Hz
	FZ–130[G1]/FZ–130[HG1]	13000	0 ～ 3900 × 2	245 × 1100	± 3	2.5	气缸	15 × 2	二次仪表或工位机	220V 50Hz，380V 50Hz
	FZ–100[G1]/FZ–1300[HG1]	10000	0 ～ 3500 × 2	245 × 1100	± 3	2.5	气缸	11 × 2	二次仪表或工位机	220V 50Hz，380V 50Hz
成都成保发展股份有限公司	FZ–3C	3000	0 ～ 10000	245 × 850	± 3	2.5	气囊	5.5 × 2	数字 / 工控机	220V 50Hz，380V 50Hz
	FZL–3C（带轮重）	3000	0 ～ 10000	245 × 850	± 3	2.5	气囊	5.5 × 2	数字 / 工控机	220V 50Hz，380V 50Hz
	FZ–10C	10000	0 ～ 30000	245 × 1150	± 3	2.5	气囊	11 × 2	数字 / 工控机	220V 50Hz，380V 50Hz
	FZ–10C（带轮重）	10000	0 ～ 30000	245 × 1150	± 3	2.5	气囊	11 × 2	数字 / 工控机	220V 50Hz，380V 50Hz
	FZ–13C	13000	0 ～ 40000	245 × 1150	± 3	2.5	气囊	15 × 2	数字 / 工控机	220V 50Hz，380V 50Hz
	FZ–13C（带轮重）	13000	0 ～ 40000	245 × 1150	± 3	2.5	气囊	15 × 2	数字 / 工控机	220V 50Hz，380V 50Hz
肇庆市诚创科技有限公司	ZD–10D	10000	0 ～ 30000 × 2	240 × 1100	± 2	2.45		11 × 2	数字	220V 50Hz，380V 50Hz
	ZD–3D	3000	0 ～ 10000 × 2	240 × 1000	± 2	2.45		11 × 2	数字	220V 50Hz，380V 50Hz

汽车侧滑试验台

生产单位	产品型号	参数								
		容许最大轴载质量 /kg	侧滑量测量范围 /（m/km）	分辨率 /（m/km）	滑板尺寸（长 × 宽）/（mm × mm）	外形尺寸（长 × 宽 × 高）/（mm × mm × mm）	滑板中心距 /（mm）	示值误差 /（m/km）	显示方式	电源
佛山分析仪有限公司	FCH-9010A（双板 15t）	15000	± 10	0.1	1000 × 1000	3021 × 1393 × 179	1700	± 0.2	点阵屏	220V 50Hz
	FCH-9010A（双板 10t）	10000	± 10	0.1	1000 × 1000	3130 × 1393 × 179	1700	± 0.2	点阵屏	220V 50Hz
	FCH-9010A（双板 3t）	3000	± 10	0.1	800 × 500	2520 × 868 × 159	1550	± 0.2	点阵屏	220V 50HZ
	FCH-9010A（单板 3t）	3000	± 10	0.1	710 × 500	860 × 556 × 173		± 0.2	点阵屏	220V 50Hz
	FCH-9010A（单板 10t）	10000	± 10	0.1	1000 × 700	1056 × 860 × 180		± 0.2	点阵屏	220V 50Hz
浙江江兴汽车检测设备有限公司	CH-030KA	3000	± 10		1000 × 1000	2930 × 1606 × 148		± 0.1	数字	220V 50Hz
	CH-100KA	10000	± 10		1000 × 1000	2930 × 1606 × 148		± 0.1	数字	220V 50Hz
	CH-130KA	13000	± 10		1000 × 1000	2930 × 1606 × 148		± 0.1	数字	220V 50HZ
	CH-150KA	15000	± 10		1000 × 1000	2930 × 1606 × 148		± 0.1	数字	220V 50Hz
北京燕赛集团	YSCH-10A	10000/6000	± 10	0.1	1000 × 1000	可定制		± 0.2	数字	220V 50HZ
深圳市安车检测技术有限公司	ACCH-3	3000	± 10	0.1	1000 × 1000		680	± 0.2	点阵屏	220V 50Hz
	ACCH-10	10000	± 10	0.1	1000 × 1000		680	± 0.2	点阵屏	220V 50Hz
	ACCH-13	13000	± 10	0.1	1000 × 1000		680	± 0.2	点阵屏	220V 50Hz
深圳康士柏实业有限公司	KCH-3D（单板）	3000	± 15.0	0.1	600 × 500	700 × 830 × 65	–	± 0.2	数字 / 电脑	220V 50Hz
	KCH-3	3000	± 15.0	0.1	700 × 500	2390 × 660 × 240	850	± 0.2	数字 / 电脑	220V 50Hz
	KCH-10	10000	± 15.0	0.1	1000 × 1000	3200 × 1550 × 250	850	± 0.2	数字 / 电脑	220V 50Hz
	KCH-15	15000	± 15.0	0.1	1100 × 1000	3300 × 1580 × 280	850	± 0.2	数字 / 电脑	220V 50Hz
德国马哈公司	MINC Ⅰ	3000	± 20	0.01		1020 × 460 × 80		± 0.1	数字 / 电脑	220V 50Hz
	MINC Ⅱ	15000	± 20	0.01		1020 × 770 × 135		± 0.1	数字 / 电脑	220V 50Hz
石家庄华燕交通科技有限公司	CH-030[D]	3000	± 10	0.1	1000 × 1000	2096 × 1411 × 180		± 0.2	二次仪表或工位机	220V 50Hz
	CH-130[D]	13000	± 10	0.1	1000 × 1000	3136 × 1431 × 230		± 0.2	二次仪表或工位机	220V 50Hz
	CH-100[D]	10000	± 10	0.1	1000 × 1000	3136 × 1431 × 230		± 0.2	二次仪表或工位机	220V 50Hz
成都成保发展股份有限公司	CH-3Z（带放松板）	3000	± 10	0.1	1000 × 850	2630 × 1410 × 172	1550	± 0.2	数字 / 工控机	220V 50Hz
	CH-10Z（带放松板）	10000	± 10	0.1	1000 × 1000	2930 × 1410 × 172	1700	± 0.2	数字 / 工控机	220V 50Hz
	CH-13Z（带放松板）	13000	± 10	0.1	1000 × 1000	2930 × 1410 × 172	1700	± 0.2	数字 / 工控机	220V 50Hz
	CH-3Z	3000	± 10	0.1	1000 × 850	2630 × 1106 × 172	1550	± 0.2	数字 / 工控机	220V 50HZ
	CH-10Z	10000	± 10	0.1	1000 × 1000	2930 × 1106 × 172	1700	± 0.2	数字 / 工控机	220V 50Hz
	CH-13Z	13000	± 10	0.1	1000 × 1000	2930 × 1106 × 172	1700	± 0.2	数字 / 工控机	220V 50Hz
肇庆市诚创科技有限公司	CH-10C	10000	± 10	0.1	850 × 1000	3110 × 615 × 175	1850	± 0.1	数字	220V 50Hz
	CH-3C	3000	± 10	0.1	775 × 1000	2632 × 608 × 150	1510	± 0.1	数字	220V 50Hz

汽车轮重检测设备

生产单位	产品型号	参数							
		容许最大轴载质量 / kg	轮载质量最大测量值 /kg	整机净重量 /kg	台面尺寸（长 × 宽）/（mm × mm）	外形尺寸（长 × 宽 × 高）/（mm × mm × mm）	最小分度值 / kg	示值误差 / %	电源
佛山分析仪有限公司	FZZ-9010A	15000	7500 × 2	700	1500 × 400 × 700	（1205 × 580 × 157）× 2	10	± 2	220V 50Hz
	FZZ-9010A	10000	5000 × 2	600	1500 × 400 × 700	（1205 × 580 × 117）× 2	10	± 2	220V 50Hz
	FZZ-9010A	3000	1500 × 2	400	1500 × 400 × 700	（800 × 500 × 130）× 2	10	± 2	220V 50Hz
浙江江兴汽车检测设备有限公司	SDZ-150K	15000	135 × 2		1000 × 800 × 2		1	± 1	220V 50Hz
	SDZ-130K	13000	135 × 2		1000 × 800 × 2		1	± 1	220V 50Hz
	SDZ-100K	10000	135 × 2		1000 × 800 × 2		1	± 1	220V 50Hz
	SDZ-030K	3000	135 × 2		1000 × 800 × 2		1	± 1	220V 50Hz
	SDZ-100	10000	95 × 2		800 × 500 × 2		1	± 1	220V 50Hz
	SDZ-030	3000	95 × 2		800 × 500 × 2		1	± 1	220V 50Hz
北京燕赛集团	YSZZ-10	10000	5000	500	1000 × 800	3000 × 780 × 248	0.5	± 2	220V 50HZ
	ZCS-100[B]	100000	50000	450	1100 × 690	2926 × 826	1	± 2	220V 50Hz
深圳市安车检测技术有限公司	ACZZ-3	3000						± 2	220V 50Hz
	ACZZ-10	10000						± 2	220V 50Hz
	ACZZ-13	13000						± 2	220V 50Hz
深圳康士柏实业有限公司	KLZ-3	5000	1500	550	1100 × 600	3000 × 780 × 280	1	± 2	220V 50Hz
	KLZ-10	10000	5000	910	1100 × 1000	3000 × 1180 × 280	1	± 2	220V 50Hz
	KLZ-15	15000	7500	850	1200 × 1000	3100 × 1180 × 330	1	± 2	220V 50Hz
成都成保发展股份有限公司	LZ-1000	10000	5000	400	1000 × 800	1170 × 800 × 143	1	± 2	220V 50Hz
	LZ-1300	13000	6500	500	1000 × 800	1170 × 800 × 143	1	± 2	220V 50Hz
石家庄华燕交通科技有限公司	ZCS-030	3000	1500 × 2	500	925 × 800	2550 × 600 × 163	1	± 2	220V 50Hz
	ZCS-100	10000	5000 × 2	600	1100 × 800	2926 × 826 × 213	1	± 2	220V 50Hz
	ZCS-130	13000	6500 × 2	600	1100 × 800	2926 × 826 × 213	1	± 2	220V 50Hz
肇庆市诚创科技有限公司	DZ-10C	10000	5000 × 2		1000 × 800	3140 × 918 × 175	1	± 2	220V 50Hz
	DZ-3C	3000	1500 × 2		1000 × 800	3140 × 918 × 175	1	± 2	220V 50Hz

废气

生产单位	产品型号	参数		
		测量范围	示值误差%绝对误差简称（绝）；相对误差简称（相）	重复性/%
佛山分析仪有限公司	FGA-4100	HC：（0 ~ 9999）$\times 10^{-6}$ CO：（0 ~ 9.99）% CO_2：（0 ~ 20）% O_2：（0 ~ 25）% NO：（0 ~ 5000）ppm λ：0.5 ~ 3.0 油温：（0 ~ 150）℃ 转速：（250 ~ 10000）r/min	HC：$\pm 12\times 10^{-6}$ vol（绝） 或 ±5%（相） CO：±0.06% vol（绝） 或 ±5%（相） CO_2：±0.5% vol（绝） 或 ±5%（相） O_2：±0.1% vol（绝） 或 ±5%（相） NO：±25ppm vol（绝） 或 ±4%（相）	仪器示值重复性应不大于示值允许误差的模的1/3
	FASM-5000	HC：（0 ~ 2000）ppm CO：（0 ~ 10.00）% CO_2：（0 ~ 16）% NO：（0 ~ 4000）ppm O_2：（0 ~ 25）%	HC：±12ppm vol（绝） 或 ±5%（相） CO：±0.06% vol（绝） 或 ±5%（相） CO_2：±0.5% vol（绝） 或 ±5%（相） O_2：±0.1% vol（绝） 或 ±5%（相） NO：±25ppm vol（绝） 或 ±4%（相）	仪器示值重复性应不大于示值允许误差的模的1/3
佛山市南华仪器股份有限公司	NHA-502/402型便携式	HC：0 ~ 9，999ppm vol（正己烷当量）	±10ppm vol（绝）或 ±5%（相）	仪器的示值重复性应不大于其示值允许误差的绝对值的1/2
		CO：0 ~ 10%	±0.03% vol（绝）或 ±5%（相）	
		CO_2：0 ~ 18%	±0.5% vol（绝）或 ±5%（相）	
		O_2：0 ~ 23%	±0.1% vol（绝）或 ±5%（相）	
		NO：0 ~ 5，000ppm vol	±25ppm vol（绝）或 ±4%（相）	
	NHA-505/405型	HC：0 ~ 9，999ppm vol（正己烷当量）	±10ppm vol（绝）或 ±5%（相）	仪器的示值重复性应不大于其示值允许误差的绝对值的1/2
		CO：0 ~ 10%	±0.03% vol（绝）或 ±5%（相）	
		CO_2：0 ~ 18%	±0.5% vol（绝）或 ±5%（相）	
		O_2：0 ~ 23%	±0.1% vol（绝）或 ±5%（相）	
		NO：0 ~ 5，000ppm vol	±25ppm vol（绝）或 ±4%（相）	
	NHA-506/406型	HC：0 ~ 9，999ppm vol（正己烷当量）	±12ppm vol（绝）或 ±5%（相）	仪器的示值重复性应不大于其示值允许误差的绝对值的1/2
		CO：0 ~ 10%	±0.06% vol（绝）或 ±5%（相）	
		CO_2：0 ~ 20%	±0.5% vol（绝）或 ±5%（相）	
		O_2：0 ~ 25%	±0.1% vol（绝）或 ±5%（相）	
		NO：0 ~ 5，000ppm vol	±25ppm vol（绝）或 ±4%（相）	
德国马哈公司	MGT 5	CO：0–15% Vol./0.06	2	3
		CO_2：0–20% Vol./0.5		
		HC：0–9999ppm（Hexan）/12		
		O_2：0–2500% Vol./0.1		
		Lambda：0.5 ~ 9.99		

分析仪

参数					
零点漂移	响应时间	预热时间	外形尺寸（长×宽×高）/(mm×mm×mm)	总重量/kg	电源
仪器1h的零点漂移和示值漂移应不超过其示值允许误差	$HC/CO/CO_2$：10s以内 O_2/NO：15s内	5min	310×170×400	9	220V 50Hz
仪器1h的零点漂移和示值漂移应不超过其示值允许误差	$HC/CO/CO_2$：10s以内， O_2/NO：15s内	5min	479.6×600×60	15	220V 50Hz
经预热后，仪器4h的零位漂移和量距漂移不超过其示值允许误差	不大于10s， O_2不大于12s， NO不大于15s	8min（环境温度不低于20℃时），3min后可进行紧急测量	310（宽）×230（高）×485（深）	9	220V 50Hz DC12V（可选配汽车电源逆变器）
经预热后，仪器4h的零位漂移和量距漂移应不超过其示值允许误差	不大于8s， O_2不大于12s， NO不大于15s	10min（环境温度不低于20℃时）	355（宽）×205（高）×470（深）	8	220V 50Hz DC12V（可选配汽车电源逆变器）
经预热后，仪器4h的零位漂移和量距漂移应不超过其示值允许误差		10min（环境温度不低于20℃时）	260（宽）×180（高）×450（深）	7	220V 50Hz
3	30s	10min	L×W×H 560×240×300	4	220V 50Hz

生产单位	产品型号	参数		
		测量范围	示值误差%绝对误差简称（绝）；相对误差简称（相）	重复性/%
浙江浙大鸣泉科技有限公司	MQW-511/ MQW-411	HC：（0 ~ 5000）$\times 10^{-6}$/（5001 ~ 9999）$\times 10^{-6}$ CO：（0.00 ~ 10.00）$\times 10^{-2}$/（10.01 ~ 16.00）$\times 10^{-2}$ CO_2：（0.0 ~ 18.0）$\times 10^{-2}$ NO：（0 ~ 4000）$\times 10^{-6}$/（4001 ~ 5000）$\times 10^{-6}$ O_2：（0.0 ~ 25.0）$\times 10^{-2}$	HC: ±12 $\times 10^{-6}$(绝)或 ±5%(相)/±10%（相） CO：±0.06 $\times 10^{-2}$（绝）或 ±5%（相）/±10%（相） CO_2：±0.5 $\times 10^{-2}$（绝）或 ±5%（相） NO: ±25 $\times 10^{-6}$(绝)或 ±4%(相)/±8%（相） O_2：±0.1 $\times 10^{-2}$（绝）或 ±5%（相）	仪器示值重复性应不大于示值允许误差的模的1/3
	MQW-50A	HC：（0 ~ 2000）$\times 10^{-6}$/（2001 ~ 5000）$\times 10^{-6}$/（5001 ~ 9999）$\times 10^{-6}$ CO：（0.00 ~ 10.00）$\times 10^{-2}$/（10.01 ~ 14.00）$\times 10^{-2}$ CO_2：（0.0 ~ 16.0）$\times 10^{-2}$/（16.1 ~ 18.0）$\times 10^{-2}$ NO：（0 ~ 4000）$\times 10^{-6}$/（4001 ~ 5000）$\times 10^{-6}$ O_2：（0.0 ~ 25.0）$\times 10^{-2}$	HC: ±4 $\times 10^{-6}$(绝)或 ±3%(相)/±5%（相） CO：±0.02 $\times 10^{-2}$（绝）或 ±3%（相）/±5%（相） CO_2：±0.3 $\times 10^{-2}$（绝）或 ±3%（相）/±5%（相） NO: ±25 $\times 10^{-6}$(绝)或 ±4%(相)/±8%（相） O_2：±0.1 $\times 10^{-2}$（绝）或 ±5%（相）	仪器示值重复性应不大于示值允许误差的模的1/2
	MQ510	HC：（0 ~ 5000）$\times 10^{-6}$vol/（5001 ~ 9999）$\times 10^{-6}$vol CO：（0.00 ~ 10.00）$\times 10^{-2}$vol/（10.01 ~ 15.00）$\times 10^{-2}$vol CO_2：（0.0 ~ 20.0）$\times 10^{-2}$vol NO：（0 ~ 4000）$\times 10^{-6}$vol/（4001 ~ 5000）$\times 10^{-6}$vol O_2：（0.0 ~ 25.0）$\times 10^{-2}$vol	HC: ±10 $\times 10^{-6}$(绝)或 ±5%(相)/±10%（相） CO：±0.03 $\times 10^{-2}$（绝）或 ±5%（相）/±10%（相） CO_2：±0.3 $\times 10^{-2}$（绝）或 ±5%（相） NO: ±25 $\times 10^{-6}$(绝)或 ±4%(相)/±8%（相） O_2: ±0.1 $\times 10^{-2}$(绝)或 ±5%(相)	仪器重复性应不大于示值允许误差的模的1/3
天津圣威科技有限公司	SV-5Q	CO：0 ~ 10.0 10^{-2}（%） CO_2：0 ~ 20.0 10^{-2}（%） HC：0 ~ 10000 $\times 10^{-6}$ O_2：0 ~ 25.0 10^{-2}（%） NO：0 ~ 5000 $\times 10^{-6}$	CO：±5%（0 ~ 10%） CO_2：±5%（0 ~ 20%） HC：±5%（0 ~ 4000 $\times 10^{-6}$）±10%（4001 ~ 10000 $\times 10^{-6}$） O_2：±5%（0 ~ 25%） NO：±5%（0 ~ 5000 $\times 10^{-6}$）	≤ ±2
	SV-2QS	CO：0 ~ 10.0 $\times 10^{-2}$（%） HC：0 ~ 10000 $\times 10^{-6}$	CO：±10% HC：±10%	≤ ±2
	SV-YQ	CO：0 ~ 10% CO_2：0 ~ 20% HC：0 ~ 10000 $\times 10^{-6}$ O_2：0 ~ 25% NO：0 ~ 5000 $\times 10^{-6}$ N：0 ~ 99.9% K：0 ~ 16.06m^{-1}	CO：±5% CO_2：±5% HC：±5% O_2：±5% NO：±5% N：±2.0%	≤ ±2

分析仪（续）

参数					
零点漂移	响应时间	预热时间	外形尺寸（长 × 宽 × 高）/(mm × mm × mm)	总重量 / kg	电源
仪器 1h 的零点漂移和示值漂移应不超过其示值允许误差	分析仪的响应时间 HC、CO、CO_2 ≤ 10s，O_2 ≤ 12s，NO ≤ 15s	仪器的预热时间不大于 15min	460 × 240 × 230	8.5	220V 50Hz
仪器 1h 的零点漂移和示值漂移应不超过其示值允许误差	分析仪的响应时间 HC、CO、CO_2 ≤ 8s，O_2 ≤ 12 s，NO ≤ 15s	仪器的预热时间不大于 30min	550 × 485 × 230	15	220V 50Hz
仪器 1h 的零点漂移和示值漂移应不超过其示值允许误差	不大于 8s（NDIR），NO 不大于 15s，O_2 不大于 12s	15min	470 × 305 × 300	9	220V 50Hz
CO：± 0.06×10^{-2}（%）/4h CO_2：± 0.5×10^{-2}（%）/4h HC：± 30×10^{-6}（ppm）/4h	CO、HC 和 CO_2 不大于 10s，NO 和 O_2 不大于 15s	10 min	610 × 500 × 330	15	220V 50Hz
O_2：± 0.5×10^{-2}（%）/4h NO：± 30×10^{-6}（ppm）/4h	CO、HC 不大于 10s	10 min	610 × 500 × 330	12	220V 50Hz
CO：± 0.06% CO_2：± 0.5% HC：± 30×10^{-6} O_2：± 0.5% NO：± 30×10^{-6} N：± 2.0%	CO、HC 和 CO_2 不大于 10s，NO 和 O_2 不大于 15s	10 min	控制单元：620 × 495 × 325 测量单元：51 × 340 × 320	13.5	220V 50Hz

烟度

生产单位	产品型号	测量范围 /%	预热时间 /min	测试结果显示方式
佛山分析仪有限公司	FTY-100	a）不透光度 /N：0 ~ 99.9% b）光吸收系数 /k：0 ~ 16.0 m^{-1} c）转速：300r/min ~ 9999 r/min d）油温：0 ~ 200℃	6	大屏幕液晶图形化显示，内置式微型打印机输出测试结果
	FBY-1	（0 ~ 10）RB	10	
	FBY-200	（0 ~ 10）RB	10	
	FBY-201	（0 ~ 10）RB	10	
佛山市南华仪器股份有限公司	NHT-6 型不透光度计	不透光度 /N：0 ~ 99.99	15	大屏幕液晶显示
		光吸收系数 /k：0 ~ 16.0 m^{-1}		
		转速：300 r/min ~ 8000 r/min		
		机油温度：0 ~ 120 ℃		
浙江浙大鸣泉科技有限公司	MQY-200	a）不透光度 /N：0 ~ 99.90% b）光吸收系数 /k：0 ~ 16.08m^{-1} c）转速：300 r/min ~ 9999 r/min d）油温：0 ~ 200℃ e）烟气温度：0 ~ 150℃	15	大屏幕液晶图形化显示，可选配内置式微型打印机输出测试结果
天津圣威科技有限公司	SV-2LB	0 ~ 10（RB）	10	
	SV-2LZ	0 ~ 10（RB）	10	
	SV-5Y	0 ~ 99.9	15	
	SV-2LS	0 ~ 99.9	10	

计

外形尺寸 （长 × 宽 × 高）/（mm × mm × mm）	整机净质量 /kg	工作温度 /℃	相对湿度 RH	电源 V/H2
控制单元： 300（宽）× 100（深）× 220（高） 测量单元： 410（宽）× 200（深）× 360（高）	12	5 ~ 40	5% ~ 95 % （非冷凝）	220V 50Hz
657 × 370 × 245	20	5 ~ 40		220V 50Hz
245 × 370 × 691	25.6	5 ~ 40		220V 50Hz
520 × 330 × 225	16	5 ~ 40		220V 50Hz
控制单元： 370（宽）× 280（深）× 220（高） 测量单元： 410（宽）× 215（深）× 360（高）	控制单元：5.5 测量单元：6.5	5 ~ 40	5% ~ 95 % （非冷凝）	220V 50Hz
下位机：430 × 175 × 260 上位机：353 × 248 × 210	12	0 ~ 40	≤ 90%	220V 50Hz
610 × 500 × 325	18	0 ~ 40	20% ~ 80%	220V 50Hz
610 × 500 × 325	20			220V 50Hz
主机 610 × 500 × 330 辅机 500 × 350 × 330	测量单元：7.5 控制单元：5（包括打印机）			220V 50Hz
480 × 375 × 360	12			220V 50Hz

前照灯

生产单位	产品型号	参数			
		检测距离/m	发光强度测量范围/cd	光轴偏移量	
				垂直方向	水平方向
佛山分析仪有限公司	FD-103C	1	0 ~ 80000（120000）	上 2° ~ 下 3°	左 3° ~ 右 3°
	FD-103B	1	0 ~ 80000	上 2° ~ 下 3°	左 3° ~ 右 3°
	FD-102	3	0 ~ 90000	上 1°30′ ~ 下 2°30′	左 2°30′ ~ 右 2°30′
	FD-2/FD-2A/FD-2D	1	0 ~ 80000	上 1°20′ ~ 下 2°20′	左 2°20′ ~ 右 2°20′
佛山市南华仪器股份有限公司	NHD-6101 型全自动远、近光检测仪	1	0 ~ 60000（100000）	上 1°30′ ~ 下 3°	左 3° ~ 右 3°
				上 20cm/10m ~ 下 50cm/10m	左 50cm/10m ~ 右 50cm/10m
	NHD-6108 型全自动远、近光检测仪	1	0 ~ 120000	上 1°30′ ~ 下 3°	左 3° ~ 右 3°
				上 20cm/10m ~ 下 50cm/10m	左 50cm/10m ~ 右 50cm/10m
	NHD-8101 型前照灯检测调整仪	0.5	0 ~ 60000（100000）	上 1°30′ ~ 下 2°30′	左 2°30′~ 右 2°30′
				上 20cm/10m ~ 下 40cm/10m	左 40cm/10m ~ 右 40cm/10m
德国马哈公司	LITE 1 / LITE 1.1	0.1-1	0 ~ 125000	0 ~ 40/60cm / 10m	0 ~ 80cm/10m
	LITE 3/3A	0.1-1	0 ~ 200000	0 ~ 600mm / 10m	0 ~ 600mm / 10m
浙江浙大鸣泉科技有限公司	QDC-1C	1	0 ~ 120000	远光：上 400mm/10m ~ 下 560mm/10m	远光：左 560mm/10m ~ 右 560mm/10m
				近光：上 400mm/10m ~ 下 560mm/10m	近光：左 560mm/10m ~ 右 560mm/10m
	MQD-3A	1	0 ~ 120000	远光：上 400mm/10m ~ 下 560mm/10m	远光：左 560mm/10m ~ 右 560mm/10m
				近光：上 400mm/10m ~ 下 560mm/10m	近光：左 560mm/10m ~ 右 560mm/10m
	QDC-1B	1	0 ~ 120000	远光：上 400mm/10m ~ 下 560mm/10m	远光：左 560mm/10m ~ 右 560mm/10m
				近光：上 400mm/10m ~ 下 560mm/10m	近光：左 560mm/10m ~ 右 560mm/10m
	MQD-3B	0.5	0 ~ 120000	远光：上 350mm/10m ~ 下 525mm/10m	远光：左 525mm/10m ~ 右 525mm/10m
				近光：上 350mm/10m ~ 下 525mm/10m	近光：左 525mm/10m ~ 右 525mm/10m
	QDC-1	1	0 ~ 120000	远光：上 400mm/10m ~ 下 560mm/10m	远光：左 560mm/10m ~ 右 560mm/10m
	QDC-1D	1	0 ~ 120000	远光：上 400mm/10m ~ 下 560mm/10m	远光：左 560mm/10m ~ 右 560mm/10m
				近光：上 400mm/10m ~ 下 560mm/10m	近光：左 560mm/10m ~ 右 560mm/10m
	MQD-3C	0.5	0 ~ 120000	远光：上 350mm/10m ~ 下 525mm/10m	远光：左 525mm/10m ~ 右 525mm/10m
				近光：上 350mm/10m ~ 下 525mm/10m	近光：左 525mm/10m ~ 右 525mm/10m
天津圣威科技有限公司	SV-D1T	1	± 12%	上 1°40′ ~ 下 2°20′	左 2°20′ ~ 右 2°20′
	SV-D5T	1	± 12%	上 1°40′ ~ 下 2°20′	左 2°20′ ~ 右 2°20′
	SVQD-100C	1	0 ~ 80000	上 40cm/10m ~ 下 56cm/10m	左 56cm/10m ~ 右 56cm/10m
	SVQD-200A	1	0 ~ 80000	上 40cm/10m ~ 下 56cm/10m	左 56cm/10m ~ 右 56cm/10m

检验仪

参数					
前照灯高度测量范围 /mm	发光强度示值误差 /%	光轴偏移量示值误差%	导轨长度 /m	外形尺寸（宽 × 高 × 深）/（mm × mm × mm）	电源
460 ~ 1300	± 10	12′	4.5		220V 50Hz
460 ~ 1300	± 12	± 15′		主机：770 × 1590 × 650 工控机：550 × 1590 × 650	220V 50Hz
450 ~ 1300	± 8	± 15′	3 或 4.5		220V 50Hz
500 ~ 1300	± 10	± 15′	4.5 或 3		DC 6V
50 ~ 1300	± 12	远光：± 12′ 近光：± 15′	5	800（宽）× 1650（高）× 600（深）	220V 50Hz
40 ~ 1400	± 12	远光：± 12′ 近光：± 15′	5	850（宽）× 1550（高）× 670（深）	220V 50Hz
50 ~ 1300	± 12	± 12′	无导轨	605（宽）× 1600（高）× 595（深）	220V 50Hz 或 1 个 9V 电池 6 个 7 号 1.5V 干电池（激光器电源）
200 ~ 1300	± 6	± 6′	4		100 ~ 240V 50/60Hz AC/12V DC
200 ~ 1300	± 6	± 6′	6		100 ~ 240V 50/60Hz AC/12V DC
400 ~ 1300	± 10	± 35′	5	830 × 750 × 1600	220V 50Hz
400 ~ 1350	± 10	± 35′	5	750 × 570 × 1870	220V 50Hz
400 ~ 1300	± 10	± 35′	5	830 × 750 × 1600	220V 50Hz
250 ~ 1400	± 10	± 35′	5	703 × 616 × 1810	220V 50Hz AC/12V DC
400 ~ 1250	± 10	± 35′	5	830 × 750 × 1600	220V 50Hz
400 ~ 1350	± 10	± 35′	4.5	640 × 535 × 1300	220V 50Hz
400 ~ 1300	± 10	± 35′	/	680 × 570 × 1580	220V 50Hz
1000	± 12	± 15′		635 × 580 × 485	
1000	± 12	± 15′		635 × 580 × 485	
1000	± 12	± 35′		910 × 845 × 1750	220V 50Hz
1000	± 12	± 35′		850 × 800 × 1700（单机）	220V 50Hz

摩托车制

生产单位	产品型号	参数	
		制动力测量范围 /N	滚筒直径 × 长度 /（mm × mm）
浙江江兴汽车检测设备有限公司	FZ-25（两轮）	0 ~ 1500	160 × 280
	FZ-75（全车型）	0 ~ 4500	160 × 970　160 × 280
北京燕赛集团	YS-4	0 ~ 2000	180 × 300
靖江长安检测设备厂	CAMZD	0 ~ 2500	175
深圳康士柏实业有限公司	KMZD-350	0 ~ 1500	190 × 300
	KMZD-350Q	0 ~ 1500 × 2	190 × 300
成都成保发展股份有限公司	MZS-500A	0 ~ 3000	185 × 300/1000
肇庆市诚创科技有限公司	MZD-250	0 ~ 1500	190 × 300
	MZD-250Q	0 ~ 3000	190 × 300 190 × 1000

摩托车

生产单位	产品型号	参数			
		容许最大轴载质量 /kg	测量范围 /（m/km）	适用轮胎宽度 / mm	适用轮胎直径 / mm
浙江江兴汽车检测设备有限公司	LP-25C	250	0 ~ ± 15	220	250 ~ 700
北京燕赛集团	YS-4	350	0 ~ ± 15	40 ~ 250	
靖江长安检测设备厂	CAMLP	600	0 ~ ± 15	250	
深圳康士柏实业有限公司	KMLP-350	350	0 ~ ± 15	40 ~ 250	300 ~ 750
成都成保发展股份有限公司	MCD-250	250	0 ~ ± 15	40 ~ 250	
肇庆市诚创科技有限公司	MDW-250	250	0 ~ ± 15	40 ~ 250	300 ~ 750

摩托车

生产单位	产品型号	参数			
		容许最大轴 / 轮载质量 /kg	轮载质量最大测量值 /kg	整机净重量 / kg	台面尺寸（长 × 宽）（mm × mm）
浙江江兴汽车检测设备有限公司	SDZ-25（两轮）	250	999.9	36	500 × 300
	SDZ-75（全车型）	750	999.9	87	970 × 300
北京燕赛集团	YS-4	350	500		300 × 500
靖江长安检测设备厂	CAMZZ	600	600		
深圳康士柏实业有限公司	KMZZ-350	350	350		350 × 200
	KMZZ-350Q	700	350		350 × 300，850 × 300
成都成保发展股份有限公司	MZZ-600A	500	500	300	1700 × 600
肇庆市诚创科技有限公司	MDZ-250	250	250		300 × 250
	MDZ-250Q	500	250		1500 × 250

摩托车车速

生产单位	产品型号	参数		
		容许最大轴载质量 /kg	最高测定速度 /（km/h）	滚筒直径 × 长度 /（mm × mm）
浙江江兴汽车检测设备有限公司	SB-25（两轮）	250	60	155 × 280
	SB-75（全车型）	750	60	155 × 1600
北京燕赛集团	YS-4	350	120	185 × 250
靖江长安检测设备厂	CAMSB	600	80	175
深圳康士柏实业有限公司	KMCS-350	350	120	178 × 300
	KMCS-350Q	700	120	178 × 300，178 × 1200
成都成保发展股份有限公司	MZS-500A	500	60	185 × 300/1000
肇庆市诚创科技有限公司	MCS-250	500	120	176.5 × 300
	MCS-250Q	500	120	176.5 × 300/176.5 × 1000

动实验台

参数				
示值误差 /%	检测速度 /km/h	电机功率 /kW	显示方式	电源
± 3	0.12	0.37	数字	380V 50Hz
± 3	0.12	0.37	数字	380V 50Hz
± 5	10	1.5	数字	380V 50Hz
± 3	0.6	1.5 × 2	数字	380V 50Hz
± 3	2.5	1.5	数字 / 电脑	220V 50Hz，380V 50Hz
± 3	2.5	2.2	数字 / 电脑	220V 50Hz，380V 50Hz
± 3	0.25	0.55 × 2	数字	220V 50Hz，380V 50Hz
± 2	2.5	1.5	数字	220V 50Hz，380V 50Hz
± 2	2.5	3	数字	220V 50Hz，380V 50Hz

轮偏仪

参数				
车轮夹紧方式	气缸工作压力 / MPa	示值误差 /%	外形尺寸（长 × 宽 × 高）/（mm × mm × mm）	电源
气动	0.5	± 0.2	2500 × 600 × 160	220V 50Hz
气动	0.8	± 0.2	2500 × 1300 × 375	220V 50Hz
气动对中夹紧	0.8	± 0.2		220V 50Hz
气动对中夹紧	0.6 ～ 0.7	± 0.2	2260 × 980 × 260	220V 50Hz
汽缸	0.5	± 0.2		220V 50Hz
气动对中夹紧	0.6 ～ 0.8	± 0.2	2260 × 1050 × 260	220V 50Hz

轴重仪

参数				
外形尺寸（长 × 宽 × 高）	最小分度值 /kg	示值误差 /%	显示方式	电源
500 × 300 × 120	0.1	± 2	数字	220V 50Hz
970 × 300 × 120	0.1	± 2	数字	220V 50Hz
900 × 450 × 300	1	± 2	数字	220V 50Hz
	1	± 2	数字	220V 50Hz
550 × 380 × 130	1	± 2	数字 / 电脑	220V 50Hz
1850 × 510 × 130	1	± 2	数字 / 电脑	220V 50Hz
1870 × 600 × 128	1	± 2	数字	220V 50Hz
500 × 250 × 150	0.1	± 2	数字	220V 50Hz
1800 × 250 × 150	0.1	± 2	数字	220V 50Hz

表实验台

参数					
滚筒中心距 / mm	气源气压 /MPa	电机功率 /kW	示值误差 /%	显示方式	电源
252	机械锁紧	2.2	± 1	数字	380V 50Hz
252	机械锁紧	3	± 1	数字	380V 50Hz
350	0.5–0.8	3	± 2	数字	380V 50Hz
300	0.6	2.2	± 3	数字	380V 50Hz
300	0.6 ～ 0.7	1.5	± 3	数字 / 电脑	220V 50Hz，380V 50Hz
300	0.6 ～ 0.7	2.2	± 3	数字 / 电脑	220V 50Hz，380V 50Hz
356	0.5	3	± 1	数字	220V 50Hz，380V 50Hz
314	0.6 ～ 0.8	1.5	± 1	数字	220V 50Hz，380V 50Hz
314	0.6 ～ 0.8	3	± 1	数字	220V 50Hz，380V 50Hz

汽车车速表检测设备

生产单位	产品型号	参数								
		容许最大轴载质量 /kg	最高测定速度 /（km/h）	滚筒直径 × 长度 /（mm × mm）	滚筒中心距 /mm	示值误差 /%	检测速度 /（km/h）	举升方式	显示方式	电源
佛山分析仪有限公司	FCS–010A（15t）	15000	120	196 × 1100	450	± 1	40	气囊	点阵屏	220V 50Hz
	FCS–010A（10t）	10000	120	196.5 × 1000	450	± 1	40	气囊	点阵屏	220V 50Hz
	FCS–010A（3t）	3000	120	177 × 850	400	± 1	40	气囊	点阵屏	220V 50Hz
浙江江兴汽车检测设备有限公司	SB–030	3000	120	190 × 800	380	± 1	40，80	气囊	数字	220V 50Hz
	SB–100	10000	120	190 × 1000	380	± 1	40，80	气囊	数字	220V 50Hz
	SB–130	13000	120	190 × 1100	380	± 1	40，80	气囊	数字	220V 50Hz
	SB–150	15000	120	190 × 1200	380	± 1	40，80	气囊	数字	220V 50Hz
北京燕赛集团	YSSD–10	10000	120	185 × 850		± 1		气动	数字	
深圳康士柏实业有限公司	KCS–3	3000	120	190 × 700	380	± 3	40	气囊	数字 / 电脑	220V 50Hz
	KCS–10	10000	120	190 × 1100	380	± 3	40	气囊	数字 / 电脑	220V 50Hz
	KCS–15	15000	120	190 × 1200	405	± 3	40	气囊	数字 / 电脑	220V 50Hz
石家庄华燕交通科技有限公司	CS–030[A]	3000	120	190 × 925	430	± 1	40	气囊	仪表或工位机	220V 50Hz
	CS–130[A]	13000	120	215 × 1075	470	± 1	40	气囊	仪表或工位机	220V 50Hz
	CS–100[A]	10000	120	215 × 1075	470	± 1	40	气囊	仪表或工位机	220V 50Hz
德国马哈公司	TPS Ⅰ	2000	160	202 × 900	457	± 2	40	无	指针或电脑显示	220V 50Hz
	TPS Ⅱ	13000	160	318 × 900	457	± 2	40	无	指针或电脑显示	220V 50Hz
成都成保发展股份有限公司	SB–3A	3000	120	185 × 850	400	± 1	40	气囊	数字	220V 50Hz
	SB–10A	10000	120	185 × 1150	450	± 1	40	气囊	数字	220V 50Hz
	SB–10A	13000	120	185 × 1150	450	± 1	40	气囊	数字	220V 50Hz
深圳市安车检测技术有限公司	ACSD–3	3000	120	177 × 950		± 1		气囊	数字 / 工控机	220V 50Hz
	ACSD–10	10000	120	177 × 1050		± 1		气囊	数字 / 工控机	220V 50Hz
	ACSD–13	13000	120	177 × 1100		± 1		气囊	数字 / 工控机	220V 50Hz
肇庆市诚创科技有限公司	CS–10	10000	120	176.5 × 1200	510	± 2	40	气缸	数字	220V 50Hz
	CS–3	3000	120	176.5 × 870	420	± 2	40	气缸	数字	220V 50Hz

第六篇 机动车检测机构及管理

机动车检测站应当应用“I/M”模式检验车辆

谢刚 康文达

1. 什么是“I/M”检验模式

I/M 制度来源于英语 Inspection and Maintenance program，中文的含义为检查 / 维护制度。最初是指工业先进国家对在用车的尾气排放检测方面采取的工作方法，继而推广到对汽车所有检查项目上。什么是“I/M”检验模式？I/M 就是英文“检验 / 维护”的意思。“I/M”检验模式就是应用专门的检测设备，对机动车的各个部分进行检查、检测，对检查出来的缺陷进行实时的调整，使之恢复正常状态的一种工作方式。国际上大多数国家机动车年度检验部门实行的检验制度是“I/M”检验模式，融检查和维护为一体。也就是我们俗话所说的“连修代验”。

有关资料记载：日本是在那里修车就在哪里验车，手续简便的多。日本全国有 27000 多个检测在用车的检测点，绝大部分检测设备不是自动的，是手动的；在美国也是一样，绝大部分检测设备是手动的。在年度检验车辆时，机动车所有人只要将车辆交到检测站，在站里连验代修（调整）一起就将车辆的年度检验办好了。应用“I/M”检验模式验车的最大优点是简便，效率高。

相对来说，我们国家机动车年度检验部门实行的检验制度是单单的“I”检验模式，只做检查，没有维护的内容。

2. “I/M”检验模式是符合机动车年度检验客观情况的工作方式

机动车的检验工作是从什么时候开始的？应当说是自从有了机动车就有了机动车的检验工作，但是设立专门的管理机构管理机动车的检验，要求机动车检验合格后发放牌照方可上路、在用的机动车需每年都进行安全技术检验等交通管理制度是从汽车大国美国在 20 世纪 20 年代开始的。日本、美国等汽车工业发达国家是从 50 年代起就发展了应用汽车检测设备验车，在很长的一段时间内（就是到了现在）日美等国应用的主要检测设备仍旧是手动的单机检测设备，单机设备验车的特点就是一边检验，一边调修。长此以往，就形成“I/M”检验制度。我们中国早在解放前就有了机动车的年度检验。解放后也一直实行对在用机动车的年度检验制度。在我国 20 世纪 80 年代中期以前机动车的年度检验一直是依靠人工路面验车的。20 世纪 80 年代中期我国的机动车检验工作逐步地由交通部门转交到了公安部门，80 年代中期各地也陆续地开始了应用机动车检测线验车，我国的机动车检验工作目前只是采用“I”检验模式，没有“M”的内容。检测部门就好像是法庭上的法官一样，只起了一个裁判的作用，判定被检验车的技术状况是否符合 GB 7258 所规定的标准。

3. 不按“I/M”检验模式进行年度检验会造成什么困难

我国应用机动车检测线检验车辆已经走过了近 30 年的历程了，笔者作为一名公安车管部门的老兵，也从事了近 30 年的检测线管理工作，回顾总结这近 30 年的工作，我感到目前困扰检测站最大的问题不是检测标准宽严的问题，而是检测站的管理一直存在着应用标准不太符合实际情况的问题，而造成应用标准不太符合实际情况的问题是因为工作模式不正确造成的。

在我们检测线的实际检验工作中，一直存在

着一个前照灯检测问题困惑着各地的车辆管理部门。这个问题就是上检测线使用全自动前大灯检测仪检验的机动车，即使是新出厂的车，检测出来的前照灯的远近光光束照射位置几乎是接近百分之百的不合格，与车辆的实际情况不符。这样检验的实际效果是“不合格”的车辆检测结果为不合格，“合格”的车辆也被检测为不合格，良莠不分，对提高车辆的保养水平起不到检查督促提高的作用。而这样“前照灯光轴偏差不合格”的车辆下线后经过光轴调试后，如果再次上检测线检验，依然还会有大半的不合格。为什么合格率那么低呢？在20世纪80年代和90年代，我们认为是标准定得太严了，纷纷要求放宽光轴偏差的标准。但标准在2004年修订时放宽了以后，问题依然没有解决（GB 7258—2004较GB 7258—1997在前照灯的光轴水平方向上的偏移标准放宽了近1倍），检测出来的前照灯的光轴偏差还是接近百分之百的不合格。问题出在什么地方呢？经过认真的研究和分析，我们认识到是因为被检测车辆的定位问题没有解决，测量的基准有问题。并进一步认识到，前照灯检测问题是因为检验工作程序安排不当，没有推行“I/M”检验模式造成的，并不是因为车辆上的前照灯安装位置真的有问题。

在美国在日本，前照灯的照射方向标准本质上是一个调准标准，在他们那里，检测前照灯照射方向的程序是先将被检测车的前照灯对准手动大灯检测仪，调整近光灯的光束到规定的位置，然后转换到远光灯的照射位置，看一下此刻的远光灯光束是否在合格的位置范围内，如在，则此次检测工作完成，记录下近远光灯的数值即可；如不在，则将此刻的远光灯光束调整到合格的位置范围内，再回过去校核一下近光灯的近光灯的照射位置，如在，记录下此刻的近远光灯的数值则该次检测工作也就此完成。检测的基准是以被检验车近光灯调正好的位置为基准的。

而在我国，是以全自动大灯检测仪的基准来检验被检验车的远近光的位置的。检测前照灯照射方向的程序是先将被检测车的前照灯对准全自动大灯检测仪，检测近光灯的光束是否在规定的位置，然后转换到远光灯的照射位置，检测此刻的远光灯光束是否在合格的位置范围内，记录下这两次的近远光灯的数值，没有调整的步骤。这样做最大的问题是无法解决被检验车的定位问题，因为在国外检测时是以被检验车近光灯调正好的位置为基准来检验远光灯的，而在我国是以全自动大灯检测仪的基准来检验被检验车的远近光的位置的。

近光灯的光轴检测标准准许向左的最大误差为0.5°，在检测线上单单依靠引车员是无法保证将车停正对准全自动大灯仪的。引车员的停车摆位误差为0.5° ~ 1°，不说全自动大灯仪本身还有误差，单单是停车误差就无法保证检测结果的可信性。

我们和国外检测前照灯的程序是不同的，但使用的标准却是一样的，这就对我们的检测工作造成了极大的困惑。

GB 21861—2008将前照灯光轴偏差检查项目的属性定为建议维护项，检测不合格则建议车辆所有人验车回去后自行检查调修，其结果不得而知。在某种程度上这是一个没有办法的办法。

4.“I/M”检验模式是融管理和服务为一体的工作方式

国外的机动车检测站都是检测维修合在一起搞的，而我国的机动车检测站是专搞检测，不准进行维修工作，工作模式和国外不同。

“I/M”检验模式是一种先进的检验工作方式，但目前我们国家的机动车检验工作还没有做到采用“I/M”检验模式，我国的机动车检验工作目前只是采用“I”检验模式，没有“M”的内容。

在我国，机动车的年度检验工作是归于各地的公安交通管理机关管辖，管验车的是交通警察，接受公安机关委托验车的检测站一般只是强调管理的职能，不提供维修服务的内容。为了廉政建设的需要，公安机关要求各检测部门不搞收费维修，在检测部门验车，车辆检验合格则盖章办手续；不合格则嘱其自行到什么地方维修都可以，唯独在实行检测的检测站不管修（出于避嫌的考虑）。在这里。接受公安机关委托验车的检测部门就好像是法庭上的法官一样，只起了一个裁判的作用，将各检测站的地位定成了执法单位，而不是服务单位。

5. 转变工作模式有什么益处

在美英等工业先进的国家，机动车的年度检验工作一般都是归于政府的交通管理部门管理，管理验车的是交通署的行政官员和技术人员。这些部门除了管理的职能外，还有提供维修服务的职能。在这些国家，机动车参加年度检验时，机动车所有人将车子交给检测线的人，检测线上的人负责将车子的前大灯远近光光束光轴调好，不会出现因为车子的前大灯光轴不合格而被判断不合格的情况。美国以及欧洲国家地区机动车年度检验不是检验前照灯的光轴，而是调试前照灯的光轴，具体讲就是将待检验的车辆交给检测线上的工作人员，由检测线上的工作人员将待检验的车辆的前照灯的光轴调试一下合格即可，所以他们年度检验时所使用的前照灯检测仪大多数是手动的。机动车前大灯的光轴检验只是在出厂时进行。

我们国家在最近一二十年来向工业先进国家学习的汽车检验标准是这些国家在他们具体国情下的管理经验，拿到我国来则有和我国具体国情有一个适应不适应的问题。前照灯检测问题就是一个典型的学习了标准，而没有学习“I/M”检验模式而造成的问题。同样的还有制动检验问题。

目前我国的机动车的年度检验管理工作是归属各地的公安交通部门管理，这一点和欧美等工业先进国家不同。在美英等工业先进的国家，机动车的年度检验工作是归政府的交通管理部门管理，这些部门除了管理的职能外，还有提供维修服务的职能，他们的年度检验的工作程序和我们有所不同。

我们不仅要借鉴欧美等工业先进国家的检验标准，而且还要学习他们执行检验标准的工作程序。否则就会在工作中产生很多问题。笔者作为一个在公安车辆管理部门长期从事机动车检验的技术人员，认为车辆年度检验在公安车辆管理部门管理比交通部门管理更合理，但是应当对目前具体的管理方法、检测模式进行改革，以适应现实的需要。

在国外工业先进的国家，机动车的年度检验工作大多数使用的是手动的检测设备。而采用“I/M”检验模式工作，使用手动的检测设备更符合工作需要。

6. 在我国实行“I/M”检验模式还需要进行什么准备工作

国家质检总局下发的121号文《机动车安全技术检验机构监督管理办法》并没有规定机动车检测站一定要采用计算机联网自动设备，而且目前国家也没有颁布机动车检测站计算机联网的检定规程。国家质检协会机动车检验专业委员会下一步应当推动中小机动车检测站的成立认证工作。开放机动车检验工作，凡符合标准的检测站都可以认证，凡认证合格的检测站都可以验车，而机动车所有人则可以在本地区自由选择检测站检验自己的车辆。公安车辆管理部门则凭据机动车检测站出具的报告办理车辆年度检验手续，不得指定机动车所有人非得到某一个特定的检测站验车。如果实行这样的年度检验制度，则可以使我国的机动车年度检验工作发生一个可喜的变化。

相对于日本全国有27000多个检测在用车的检测点，我们中国目前只有2000多个检测站，只有日本的1/10左右。而目前我们全国机动车的保有量要远远超过日本，采用“I/M”检验模式进行验车，目前的检测站数量是远远不够的，机动车检验专业委员会下一步应当积极推动中小机动车检测站的成立认证工作，为我国转变机动车检验模式做准备。

北京市机动车检测工作概况

韩猛　包威

随着经济建设的不断发展，人民生活水平不断提高，汽车已经由原来的奢侈品逐步转变成为生活必需品，汽车的保有量逐年骤增。目前，北京市的机动车保有量已经接近 500 万辆，共有正常营业的机动车检测场 41 家，机动车检测行业从业人员共计 2000 余人，承担着平均每天 1000 辆新车和 9000 辆在用车的检验工作。

为确保北京市机动车检测行业平稳、健康发展，为群众提供高效、便捷的验车服务，按照国家法律法规的规定，结合我市机动车检测工作现状，及时进行政策调整、制定多项措施。

一、机动车检测场主管机关调整的历史沿革

《中华人民共和国道路交通安全法》于 2003 年 10 月 28 日公布，2004 年 5 月 1 日起正式实施，对机动车检测场管辖权的问题进行了明确规定。

2004 年 5 月 1 日之前，依据公安部令第 2 号《机动车辆安全技术检测站管理办法》的规定，公安机关交通管理部门作为机动车检测场的行业主管机关，委托机动车检测场对机动车进行检验，并派驻民警实施日常监督管理。但是，对于我市而言，依据北京市环境保护局、北京市公安交通管理局 1999 年 1 月 29 日联合发布的《关于加强机动车检测场排放管理工作的通知》（京环保气字 [1999]54 号）规定，自 1999 年起，对机动车检测场排放检测的管理工作由公安交通管理部门划入环保部门。一直到目前都是市环保局管理我市机动车检测场的尾气排放管理工作。

2004 年 5 月 1 日之后，质监部门成为机动车检测场的主管机关，主要是依据《中华人民共和国道路交通安全法实施条例》（以下简称《实施条例》）第十五条：质量技术监督部门负责对机动车安全技术检验机构实行资格管理和计量认证管理，对机动车安全技术检验设备进行检定，对执行国家机动车安全技术检验标准的情况进行监督。虽然《实施条例》中明确规定了质监局是机动车检测场的主管机关，但《中华人民共和国道路交通安全法》在 2003 年 10 月 28 日就已经公布，早于《实施条例》的发布，且第九十四条规定：机动车安全技术检验机构不按照机动车国家安全技术标准进行检验，出具虚假检验结果的，由公安机关交通管理部门处所收检验费用五倍以上十倍以下罚款，并依法撤销其检验资格；构成犯罪的，依法追究刑事责任。所以此时机动车检测场的监督管理的职能并未移交，还是在由公安机关继续进行监督管理。

2004 年 9 月 3 日，公安部发布了公安部令第 76 号《关于废止部分部门规章的决定》，废止了公安部令第 2 号《机动车辆安全技术检测站管理办法》，这也标志着公安机关交通管理部门对检测场进行监督管理没有了法律依据。

2005 年 1 月 1 日起实施的《北京市实施〈中华人民共和国道路交通安全法〉办法》第十三条规定：公安机关交通管理部门应当依法对机动车安全技术检验机构进行监督管理。之所以北京市的《实施办法》还规定公安机关履行监督管理的职能，是考虑到当时公安机关交通管理部门已经形成了一套行之有效的监督管理职能。

2005 年 1 月 21 日，国家质量监督检验检疫总局、公安部和国家认证认可监督管理委员会联合下发了《关于加强机动车安全技术检验机构管理有关工作的通知》，规定：机动车安全技术检验机构资格及监督管理工作由公安机关交通管理部门向质检部门移交。

2005 年 6 月 8 日，为落实相关法律法规要求和《关于加强机动车安全技术检验机构管理有关工作的通知》精神，北京市公安局公安交通管理局和北京市质量技术监督局会签了《关于加强机动车安全技术检验机构管理有关工作的通知的实施意见》，规定：质量技术监督局负责机动车安全技术检验机构资格管理和计量认证管理，对执行国家机动车安全技术检验标准的情况进行监督，对机动车检测场进行日常监督管理。9月19日，市质监局和市交管局联合召开“北京市机动车安全技术检验机构工作管理会议”，此次会议的召开，标志着本市机动车安全技术检验机构的资格及监督管理工作，由市交管局向市质监局移交。

从2004年5月1日到2005年9月这段时间，虽然《中华人民共和国道路交通安全法实施条例》规定机动车检测场的监督管理职能应当移交到质监部门，但对于我市来讲实际上还是市交管局履行监督管理职能。

2009年10月13日，国家质量监督检验检疫总局颁布第121号令（代替原来的87号令《机动车安全技术检验机构管理规定》）《机动车安全技术检验机构监督管理办法》，第三条规定：各级质量技术监督部门负责本行政区域内安检机构的监督管理工作。

自此开始，市质监局和市交管局按照国家法律法规的规定，负责本市机动车检测场的日常监督管理和处罚等工作。

二、我市机动车检测工作推出的新举措

为进一步简化工作流程，减少工作环节，提高工作效率，方便群众验车。我市交管、质监、环保部门联合机动车检测场大力推行“三岗合一”政策。2011年5月起，我市机动车检测场将环保部门负责的尾气工位外观检验工位、质监部门负责的安检外观工位和公安机关交管部门的查验岗位合并进行。将三部门关于机动车检验的表格合并，使用统一的表格，检验员分别经三部门考核合格后，统一发证，从事外观检验工作。此举通过岗位调整和流程优化，减少了车辆外观检验次数，减少群众验车等候时间，大幅度提高了工作效率。

我市在机动车检测场推行车辆定期检验“免费代办”制度。为了杜绝“车虫”等非法代办坑害群众利益、骗取群众钱财、扰乱正常验车秩序的行为，我市机动车检测场正在实施定期检验“一车一人”制度，即：只有1人能够驾车进安检机构检验车辆，其他随行人员需要到休息大厅休息等候，不能进入安检机构的验车区域，以后车辆参加定期检验时，去1个人就可以了。为了配合“一车一人”制度，方便群众验车，我市全部机动车检测场提供了全程“免费代办”或全程“免费引导”服务。一是车主到机动车检测场以后，先到“三岗合一”外观工位，检验员填写新式《北京市机动车检验记录单》后，由上线检验员直接提供“免费代办”检验，车主到大厅等候办理检验手续（车主也可以随车监督检测全过程）；二是机动车检测场设置免费引导员，提供“免费引导”服务，车主在“三岗合一”外观工位检验完车辆后，按照引导员的提示检验车辆。此措施实施后，过去群众在验车中所遇到的不方便、不清楚流程等困扰都将迎刃而解，完全没有必要找别人代办。

此外，针对验车群众不熟悉验车流程、缺乏安全防范意识的实际情况，我市采取群众喜闻乐见的形式，精心制作了宣传防范漫画，将“车虫”施骗的全过程用连环画的形式展现出来，在全市机动车检测场统一粘贴，便于群众掌握，提升防范意识，以有效预防和减少可防性案件和群众受骗事件的发生。

广州市机动车检验监督管理系统简介

苏凯武

一、系统项目的提出

近年来，随着我国经济社会的高速发展，汽车生产能力不断提高，汽车进入普通居民家庭的步伐不断加快，机动化出行的比例不断提高。据统计，截止2009年底，广州市的机动车保有量已达到195万辆，其中汽车135万辆。在当前我国机动车生产质量与世界水平尚有较大差距的情况下，如何更好地保证这些机动车的运行安全性能，已成为各级公安机关高度关注的一个问题。

严格机动车安全技术检验是保证上道路行驶机动车安全技术状况的重要手段之一。广州市现有机动车安全技术检验机构52家，报废机动车回收拆解点12个，分布在各区、县（市）。近年来，尽管广州市在加强检验工作方面已做了大量的工作，但受各种客观因素的限制，仍存在下列问题：

1. 2000年开发建设的检测数据传输系统只能传输检测结果数据，不能把包括注册登记、变更登记的安检过程纳入监管，存在监管漏洞。由于未纳入统一监管，安检机构弄虚作假、不按国家标准进行检验的情况时有发生；并且，受各方面条件的限制，检验评判标准也难以做到统一和规范。

2. 因车管所警力所限，市区的18家安检机构未派驻民警负责查验工作，只能由检测站辅助查验员单独完成查验工作，缺乏必要的监督；并且，车主验车合格后还须到车管办证窗口才能完成定期检验签章手续，既增加了交通流量和燃油耗费，又花费了车主大量时间。

3. 驻有查验民警的安检机构（车管分所、机动车登记服务站），因登记类业务量较大，民警对辅助查验员单独完成的核发检验合格标志查验工作实际上难以做到严格监管。

4. 机动车回收拆解由于占地面积较大，拆解场大多设在远郊，出于避免纠纷的考虑，回收公司也需认真核对车辆唯一性。因此，回收公司人员需跑两趟车管所，加上查验民警一周才一次到拆解场监督解体车辆，从回收报废汽车到将注销证明交给机动车所有人通常需要10 ~ 15天才能办结，机动车强制报废工作效率低下。

为更好地解决上述问题，在严格机动车安全技术检验监管的同时使车主办理申请检验合格标志和报废机动车业务更方便，需要创新工作方式、方法，充分借助计算机网络技术、视频监控技术等信息化技术，结合广州实际开发新型的机动车检验监督管理系统。

二、系统建设目标、技术依据、指导思想及架构

（一）系统建设目标

将安检机构检测网络系统按照边界接入规范接入公安网，运用信息化技术统一监管平台和检验标准，构建机动车安检、查验、审核、远程控制证件打印全过程监督管理平台系统，实现远程查验和所有机动车安检机构远程核发检验合格标志。

（二）系统建设技术依据

1.《道路交通安全法》及其实施条例。

2.《机动车登记规定》（公安部令第102号）及《机动车登记工作规范》。

3. 国家标准GB 21861《机动车安全技术检验项目及方法》及公共安全行业标准GA 801《机动车查验工作规程》。

4. 国家标准GB 7258《机动车运行安全技术条件》。

（三）系统建设指导思想

广州市每个工作日机动车定期检验业务量约4500辆，高峰期约6000辆。从加强监管、方便群众出发，系统在建设中遵循以下原则：

1. 高效原则。系统立足减少机动车定期检验环节、提升整个流程办事效率，力求做到在检验合格前提下，车主只需进站时将车及有关证件凭证交付安检机构工作人员，就可在办证大厅等候，直至取得检验合格标志及《机动车行驶证》签章完毕。

2. 稳定原则。广州市安检机构分布地域广、检验业务量大，如遇系统故障停检，将对群众的生产生活造成较大影响。因此系统必须稳定可靠，有一定的备份容错能力。

3. 严谨原则。机动车检验是道路交通安全的第一道防线，必须保证各安检机构严格按照国家标准，公共安全行业标准检验机动车。因此，系统必须以技术为先导，做到检验数据的采集、查验照片的拍摄、资料凭证的上传、监管中心的审核、证照的签注等各环节环环相扣，将机动车检验整个流程置于严密的监管之下，使检验弄虚作假行为“不能为”、“不敢为”，最终达至“不愿为”。

4. 可扩展原则。为适应社会经济发展的要求，车管工作需与时俱进，不断开拓创新管理模式。系统的开发建设应在实现分散受理、集中审核模式的同时，预留扩展成为车管业务远程服务的功能，以适应今后一定时期内车管业务社会化服务的发展需求。

（四）系统架构

系统以安检机构现有机动车检测线计算机网络为基础，以光纤专网通过边界平台接入公安网，实现专网和公安网之间的数据交换。报废机动车回收拆解场所使用的报废监督管理系统参照安检机构的架构，并根据报废监督解体的特点，在拆解场端硬件设备配置上进行适当优化，取消了无线AP，改为有线连接导入照片。为提高扫描精度，适应核对档案需要，由文件拍摄仪改为平板式高精度文件扫描仪。

系统架构见下图。

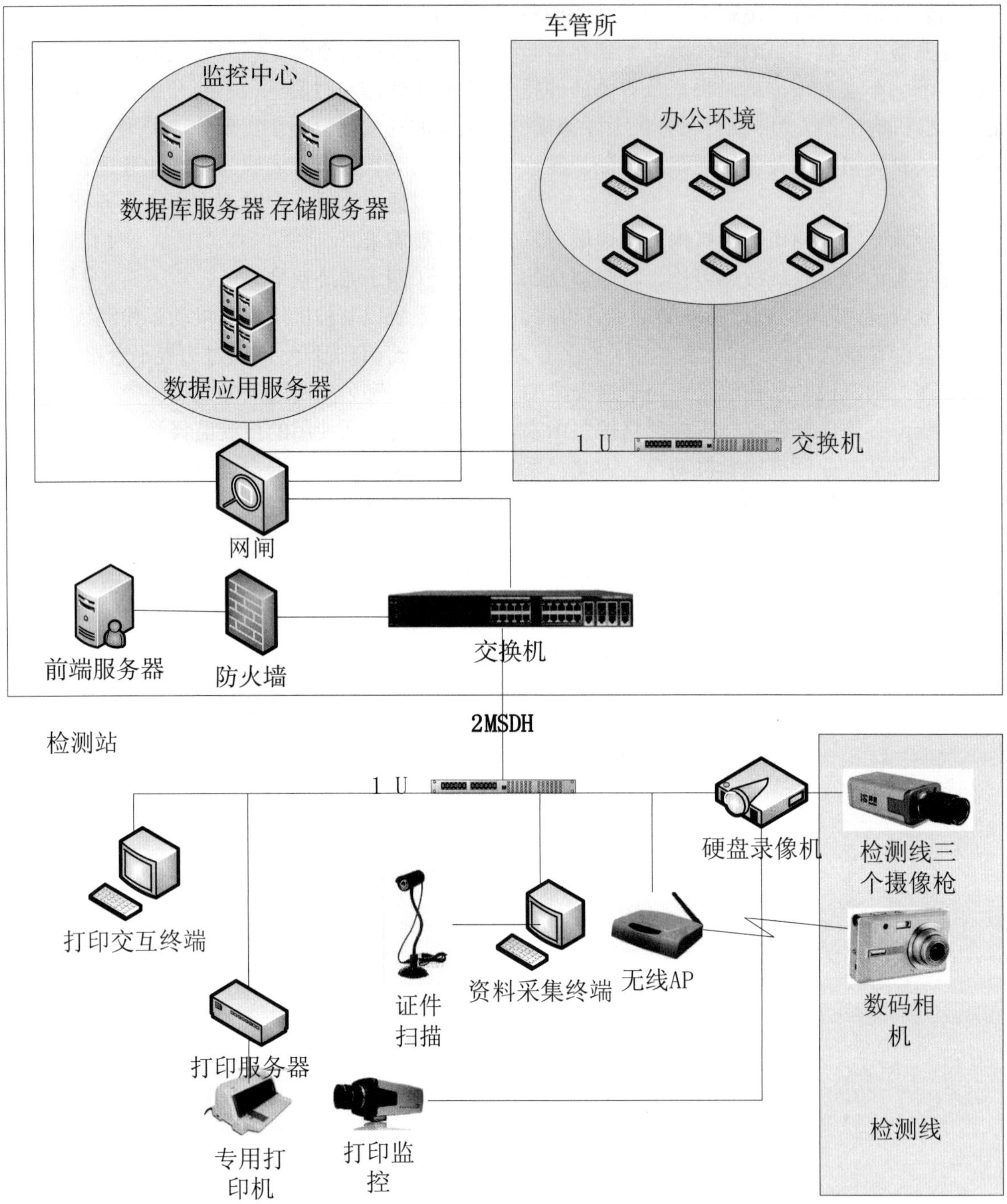

车管所
监控中心
数据库服务器 存储服务器
数据应用服务器
办公环境
1 U 交换机
网闸
前端服务器
防火墙
交换机
2MSDH
检测站
1 U
硬盘录像机
检测线三个摄像枪
打印交互终端
证件扫描
资料采集终端
无线AP
数码相机
打印服务器
专用打印机
打印监控
检测线

广州市机动车检验监督管理系统架构示意图

三、系统的建设过程

（一）第一期建设

2009 年初，经过系统的调研和论证，并经报请批准，车管所组织市区 18 家安检机构，牵头开发建设机动车检验监督管理系统。2009 年 3 月，由 18 家安检机构推选 7 名安检机构领导组成的系统建设筹备小组经无记名投票，以多数票选定华工邦元信息技术有限公司承担系统集成工作。建设经费除车管所审核中心办公设备外，大部分由 18 家安检机构平均分摊。经过 3 个月的软件开发、系统集成和安装调试工作，2009 年 7 月 1 日，华南理工大学机动车辆技术设备厂检测站第一家开通系统，至 8 月 1 日，18 家安检机构基本开通系统。

（二）第二、三期建设

为实现全市机动车定期检验统一平台，统一标准、统一审核，避免各站之间恶性竞争、降低检验质量，在系统第一期成功建设的基础上，2009 年下半年，车管所组织市区 14 家已派驻民警的安检机构、两区两市 20 家安检机构进行了系统的第二期和第三期开发建设。由于第一期建设时已预留足够的系统资源（包括硬件和软件），除添加少量微机作为审核用计算机外，参与系统第二期、第三期建设的安检机构占用公用资源以平摊的方式向第一期出资的安检机构进行补偿。2010 年 1 月，全市 52 家安检机构全部统一使用系统监管，实现远程查验车辆、申领检验合格标志和打印签章。2010 年 5 月，所有新车安检、变更登记安检过程纳入系统进行监管。系统使用过程中，在总体架构基本不变的基础上进行了多项小规模适应性的改进，以提高工作效率并加强监管，从技术上防止作弊行为的发生。

（三）第四期建设

2010 年开始，系统扩展至全市 4 家有资质的报废汽车回收公司下属的 12 个报废机动车回收拆解点。2010 年 7 月 1 日，广州市金属回收公司番禺区分公司成为我市第一家开通应用系统报废汽车回收公司。目前，已有 6 个拆解点安装了系统客户端，待科技通讯部门同意接入后即可开展应用。

四、系统建设及维护费用

（一）系统建设费用

系统建设合同总价为 512 万元（含两区市），实际使用 416.4 万元。其中公用部分建设费用为 118.3 万元，每家安检机构分摊 2.3 万元。

（二）通讯线路费用

安检机构端至公安网端光纤专网通讯线路费用每站为 2700 元 / 月，带宽为上行和下行各 2Mbps。通讯公司汇总各安检机构数据后通过一条光纤接入公安网边界接入平台。

（三）系统维护费

安检机构每年系统维护费为 1.4 万元。系统集成商派出不少于 1 名系统管理员长驻车管所审核中心，负责系统日常维护。

五、系统主要功能

（一）监控功能

检测线内安装有一支高清摄像枪，全景拍摄检测线线内检验全过程；机房内另设一支高清摄像枪监控检测站端资料采集计算机、打印交互计算机和车管专用证件打印机。受网络带宽限制，监控录像存储在安检机构内的硬盘录像机。硬盘录像机一般为 8 路，个别（设置车管分所或机动车登记服务站）业务量较大的安检机构为 16 路，其中两路为数字高清录像，设计存储时间为至少 3 个月，目前存储容量为 1TB，通过加装硬盘就可实现容量扩展功能。

公安网所有计算机只需安装监控软件即可实现监控功能。车管所可在安检机构不知情的情况下，远程任意调取安检机构存储的监控图像，并可远程发出控制指令，对录像资料进行智能化检索、回放、调整摄像机镜头焦距、控制云台进行巡视或局部细节观察，并可远程调取保存有价值的录像资料。

（二）自动拍照功能

线内检验时，由高清摄像头在制动试验台自动触发抓拍机动车左前、右后两张高清照片并保存在安检机构端资料采集计算机内。两张照片基本可完整反映车辆外观，是查验车辆外观形状、号牌、车身颜色、车身反光标识及侧后防护装置、外观标识及文字的主要依据。系统软件中设置这两张照片只能在线上自动抓拍，不得用其他方法导入。

（三）查验照片无线传输功能

除车辆外观项目外，《机动车查验工作规程》（GA 801）规定的其他查验项目由安检机构经培训取得资格的辅助查验员完成，辅助查验员按照车管所端系统的设定要求，拍摄各项目的查验情况照片，通过数码相机内有 Wi-Fi 功能的 SD 存储卡与检测站端 AP（无线路由）组成的无线局域网络即时发送至安检机构端资料采集计算机，系统软件即时对进入采集计算机的查验照片采用水印、时间戳等手段加密，避免伪造及修改照片的可能。系统安检机构端操作员提取相片，并利

用文件拍摄仪拍摄检验合格标志的申请资料，上传审核中心集中进行审核。

（四）随机派送审核功能

对需要审核的业务（由系统后台进行设置，如定期检验），系统运用多种业务队列调度优化算法进行业务随机派送。各安检机构提请审核的车辆资料按先进先出排队，随机派送至负责审核各员工的终端机上。审核员与安检机构端操作员的通讯采用数据 / 语音通讯线路交换技术，在保证审核公平的前提下，自动将审核员与安检机构的语音 / 数据通讯透明地切换到当前处理车辆对应的安检机构端进行交互通讯。经审核通过后将检验信息自动写入机动车登记系统。经审核不通过业务反馈至各安检机构要求进行复检。为避免安检机构之间在检验质量方面的恶性竞争，系统对复检设置锁定功能，在一定期限（目前是 180 天）内，机动车只能由初检安检机构进行复检。

（五）远程打印与本地打印切换功能

运用打印透明切换技术，透过边界接入平台，可实现远程控制安检机构端的专用打印机打印检验合格标志和签注行驶证副证，或由原已经布置公安网的安检机构经授权的员工直接打印检验合格标志和签注行驶证副证。两种打印方式可在车管所管理后台切换。当其中一种打印方式出现网络中断等故障时，可随时换用另一种打印方式，系统的可靠性因此大大增强。基于工作效率的考虑，目前对有派驻有查验民警的安检机构，主要采用本地打印方式，只有在站端公安网出现故障时，才切换成远程打印。

（六）人员角色资源智能调配功能

实现负责审核和负责打印控制人员角色的智能调配。即按照这两个环节的系统压力，智能化地进行动态增减，从而解决业务处理的瓶颈，进一步提高系统效率。

（七）报废汽车监督解体及注销登记一条龙服务功能

实现报废汽车监督解体及注销登记一条龙服务，具体流程为：

1. 报废汽车进入拆解场后，固定在拆解场通道上的两台高清摄像枪自车辆的左前、右后方由手工触发拍摄照片，拆解场拓印车辆识别代号，粘贴在《查验记录表》上。

2. 拆解场工作人员使用高精度扫描仪将《查验记录表》、机动车行驶证正反两面扫描成数据文档，连同拍摄的车辆照片，上传至车管所。

3. 车管所档案岗核对机动车档案，相符的反馈信息至报废场。

4. 报废场对车辆进行解体，按照要求拍摄多张车辆部件、整车解体照片，连同申请注销登记的资料扫描件，再次上传至车管所。

5. 属于需要监督解体的，系统通过业务种类的花费，自动送查验民警审核，由查验民警进行确认，符合要求的确认后转交档案岗。不属于需要报废监督解体的，系统按照业务种类划分自动直接送档案岗。

6. 档案岗录入注销登记，远程控制报废场端打印机打印注销证明。

（八）业务动态设定功能

系统运用动态扩展技术，只需在管理后台进行简单的操作，即可根据业务需要增加或减少业务种类，设定需要审核的资料、照片，设定是否需要审核、是否需要进入打印队列，下一环节的角色等等。系统通过用户组设置、部门设置、角色设定和站端用户地区设置可实现分类审核、分级别审核。只要有公安网络，就可设置分审核中心，只要专用网络通讯线路能到达的地方，即可实现监控和办理大多数的窗口车管业务，系统灵活性因此大大提高，可满足业务扩展的需要。

（九）黑名单、交通违法及交通事故锁定功能

根据公安业务需要，对追逃名单的犯罪嫌疑人名下的机动车，正被调查的嫌疑车辆号牌及其号牌种类，导入黑名单库。“黑名单”车辆如到安检机构检测，资料上传进入系统就直接提交民警处理。同时，车辆资料录入系统后，将自动查询交通违法数据库。涉及交通违法或事故尚未处理的，反馈给安检机构端采集计算机，并可打印输出交送检人，不影响检验过程，但检验完毕并审核通过后，不写入机动车登记系统中间表，处于挂起状态，只有系统定期自动查询交通违法数据库，证实违法或事故已处理，自动将检验合格记录才写入机动车登记系统中间表，方可办理签章手续。

（十）安检结果汇总功能

机动车经安全技术检验合格后，检测线自动生成检验结果电子文档，通过系统传送至车管所端服务器，在提交审核过程中，系统自动查询检验结果文件是否已经上传。如未上传，则提示审核员进行退办处理。同时，系统软件预留检测数据校验接口，待车管所与市质监局计量处联合制订的广东省地方标准《机动车安全技术检验机构计算机管理控制系统》（DB44/T 805—2010）在全市推广实施后，可实现安检结果数据自动审核功能。

（十一）查询监督功能

系统设有用户详细操作、登录注销时间、安检机构业务信息、用户当前操作、安检机构作业数量、审核员工作量、审核通过率等项目的查询功能并可实现多项查询及详细查询每项业务流水的作业情况。系统也可对安检机构检验质量及审核员的审核质量进行定量分析。通过有针对性的整改建议，能大大提升广州市机动车检验质量。

（十二）简易办公自动化系统（OA）功能

系统具有简单的 OA 功能，可通过车管所端下发文件及电子文档，实时查看签收情况，安检机构也可提交文件报送车管所端，改变了以往车管所与安检机构往来文件须传真或人工送达的模式，提高了行政效率。

六、系统使用情况及取得的效益

系统每天承担的业务量超过 4500 辆次，最高达 6000 辆次。定期检验车辆一次检验合格的，只需半个小时以内就可办妥所有手续。系统应用后，在亚运交通服务车辆及涉亚临时入境机动车检验工作中实现了检验全过程监督，准确统计每日及累计的检验数量，为安全举办亚运发挥了重要作用。

系统应用前，广州市每天约有 2000 辆机动车需开车往返安检机构和车管办证窗口办理定期检验签章。其余的车辆安检合格后，虽可就近在车管办证窗口办理签章，但往往需另行排队。经抽样统计，系统应用前办理一辆机动车定期检验平均用时约 2.7 个小时，往返安检机构和办证窗口行程 4.7 公里，耗费燃油 0.71 升。除安检收费外，需燃油成本 4.6 元，人力成本 45 元。系统应用后，因节约办理时间及路程，平均每辆车节省 39.6 元（燃油成本 4.6 元、人力成本 35 元），减少排放二氧化碳 893 克（按乘用车每公里排放 190 克二氧化碳估算）。以广州市 2009 年度 120 万辆定期检验机动车核算，一年的直接社会效益达 4752 万元，节约燃油 85.2 万升（约合 639 吨），减少二氧化碳排放 1071 吨。此外，交通管理部门节省了约 35 名警力，以每警力 15 万元经费算，直接经济效益达每年 525 万元。如考虑减少部分道路交通流量对缓解市区拥堵的积极作用，效益将更加明显。

由于系统尚未全部覆盖报废机动车回收企业，尚未对报废注销工作的效益进行分析。但从目前的情况看，完成一辆汽车报废注销登记的时间可从约 10 个工作日缩短至 2 个小时内完成，将有力促进老旧机动车的淘汰步伐。

西安地区机动车安全技术检验现状及原因分析

闻阿兴

检验现状

自2010年年底至今，西安市机动车安全技术检验出现了“检测车辆排长队”的问题。媒体也多次曝光，车主要在安检机构门外通宵排队，有些车主甚至要排上两天两夜的长队后才能进入安检机构进行检测，真是“检车难”啊！

问题的由来

机动车安检机构社会化后，安检机构追求经济效益之风一度盛行，检测秩序不规范，恶性竞争导致价格战，降低成本拉拢车源。利用软件修改检测数据，以及车辆不上线出具虚假报告的问题尤为突出。

为了解决上述问题，陕西省质量技术监督局针对检测软件不规范，不统一，功能参差不齐等问题，提出了“检测软件规范化”的创新式理念。为此陕西省机动车辆检测协会组织技术专家，历时一年多，对检测软件进行了调研，论证，广泛征求各方面意见，最终形成了经济可行，操作性强的机动车安检机构检测软件规范化要求，为质监部门提供了宝贵的意见和建议。于是在2009年8月3日，陕西省机动车辆检测协会配合陕西省质量技术监督局和陕西省公安厅在全省发起机动车检测行业“规范行为，诚信检测，杜绝作弊，公平竞争”的倡议活动，全面启动了检测软件规范化运行。

检测软件规范化实施后，成绩显著，杜绝了车辆不上线检测出具虚假报告的问题，也解决了利用检测软件修改数据的问题。各个安检机构的检测能力基本上达到饱和，机动车安检机构基本上发挥了机动车安检的作用，这些成绩重点体现在西安市检测市场上，为车辆检测的真实意义开创了新的局面。

2010年西安市机动车拥有量已突破了100万辆，当时安检机构只有9家，20多条检测线，由于实现了软件规范化，检测合格率由原来的近乎100%逐渐向正常合格率转化(新车首检80%～90%，在用车首检50%左右)。但是解决了老问题，又出现了新问题，部分安检机构为了经济利益，在合格率上下功夫，做文章。相继出现一些替车检测，换车牌检测等违规操作，2010年10月公安部车管局组织明察暗访，针对一些违规较为严重的3个安检机构进行了停业整顿、罚款等处罚决定，这也给其他安检机构敲响了警钟，不敢再有违规行为发生。西安市公安局交警支队车管所加强了监督管理力度，安检机构车辆每辆车都要上线，按规范检测，并限制了每条安检线的车辆每天上线数。一下子西安市安检市场出现“检车难”的问题就暴露出来了。

目前西安市安检机构虽然已有14家，检测线已增加到40条，但仍然满足不了西安市安检市场的需求。解决不了“检车难”的问题。

原因分析

“检车难”的问题，本人认为其原因很多。

1. 机动车安全检验机构人员素质问题

人员素质的问题包括机动车安全检验机构的法人和检验人员的素质问题。

a）法人代表

目前一些安检机构的法人没有社会责任意识，总想把机动车安检机构当作是摇钱树。当前来看，西安市地区由于“检车难”，有部分所谓有闲散资金的企业或私人（有钱人）就拼命争取取得安检机构的资格，组建机动车安检技术检验机构，加入机动车安检机构的行列。有部分人认为机动车安全检验行业是暴利行业，挣钱很轻松，其目的主要是为了挣钱，追求经济利益。这些人文化程度大多不太高，而且对汽车都不太熟悉，对机动车安全技术检验更是一窍不通，门外汉。

b）检验人员

按照《实验资质认定评审准则》和《机动车安全技术检验机构检验资格许可技术条件》中对检验人员都有明确的规定。安检机构应当设有机构负责人、技术负责人、质量负责人、报告授权签字人、检验人员、设备维护人员、网络维护人员等检验技术人员，应当经省级质量技术监督部门考核合格，持证上岗。

技术负责人，质量负责人，报告授权签字人应具有机动车相关专业的大专及以上学历或者中级以上的工程师技术职称。然而目前，各个机动车安检机构的技术负责人和报告授权签字人，有多少是完全符合条件的呢？有的企业法人还是授权签字人。安检机构的技术负责人，检验报告授权签字人好比是医院里的主治医生，给病人诊断疾病，开处方的。但技术负责人和报告授权签字人如果不能给受检车辆诊断出检验不合格的原因，或者不能找到故障的根源，即医院里没有一个合格的主治医生一样，那我们的安检机构怎么能提高复检合格率呢？那只能另想“所谓的办法”了。

2. 安检机构的收费标准低

西安市乃至陕西省，机动车安全技术检验收费标准都是按照陕西省物价局、财政厅、陕价行发[2005]41号转发国家发改委、财政部《关于加强和规范机动车牌证工本费等收费标准管理有关问题的通知》（发改价格[2004]2831号）的规定：机动车安全检验费，按汽车每车次为100元，三轮汽车、低速汽车每车次为50元，摩托车每车次40元收取的。这是2004年的标准一直沿用至今。

然而从企业用工成本角度来看，2004年招聘检验员时一般为600元，1 ~ 3个月转正，转正后为800元。而现在招聘员工一般至少为800元，有的起价为1000元。熟练的引车员等检验员一般为1300 ~ 1500元。自2004年发布的标准至今已7年了，作为当年定价依据的GB 7258—1997，已于2004年进行了修订，修订后对安检机构的检验技术要求更为严格，安检机构为改造加强检验技术装备投入了大量的人力和物力。

安检机构在人力和设备投资的大幅增加的同时，加上近几年来，经济发展和物价上涨等因素的影响下，目前的收费标准低，已制约了机动车安全检验机构的发展。安检机构就会想方设法采用违规操作，提高检验的合格率，减小检验成本。这样就会严重影响到机动车安全技术检验员工资水平，检验人员不稳定。如2008年陕西省汽车检验员培训班考核合格人员发证的人员300多人，而这次3年换证员工就只剩100多人了，可见安全检验机构人员流动性之大。

3. 结论

目前西安市乃至陕西省，按照公安部的要求，“关于进一步加强机动车安全技术检验监督工作的通知”，要在机动车安全技术检验机构完成联网监控改造，实现对机动车安全检验机构的视频监控等工作，采用监控本是好事，但这又会增加安检机构大量费用投资，其效果怎样，日后便知分晓。

对照国外机动车安全检验情况来看，比如德国机动车安全检验人员必须是汽车、工程、机械、电子类大学毕业生，还要进行为期6个月的汽车检测专业培训。而我们安检机构的检验人员培训只需要一周的时间，而且人员文化程度达到高中或以上学历即可。如果把机动车安全检验机构比作对汽车进行定期体检的医院，相对于德国，我们的检验人员只有护士水平，有的安检机构好比一所没有主任医师的医院。在检测设备方面，德国的安检测设备不强调微机联网，制动仪表为指针式，灯光仪为手动式。而我们主要是防止人员作弊，对设备进行联网、监控。但往往是越监管他就越作弊，叫“上有政策、下有对策”。

归根结底：提高检验人员的素质最重要。

浅谈对机动车安全检验质量几个技术问题的认识

胡炯泉

产品质量问题涉及民生与安全，受到社会普遍关注。那么，机动车安全检验的质量如何呢？现在似乎都在关注违法乱纪、收钱不干活、弄虚作假、偷工减料等需要加强管理的方面，但检验得是否准确，却尚少曝光。一位广东驻香港机动车检测站站长的谈话，给我极深印象，她说："在香港工作压力比内地大很多，就怕给车主验车不准确，合格车验成不合格车，不合格的验成合格了，明天社会媒体就会报道。"随着新车增多，人们安全意识的提高，大家会日益关心机动车安全检验的质量问题。

机动车安全检验质量除有许多监管问题要解决外，现对几个相关技术问题略表浅见与同仁商讨。

讲质量，先得有依据，现机动车安全检验都用 GB 7258，GB 21861 等国标说话，GB 7258 是根本，内容几乎涵盖机动车有关安全的各个方面，条款数百项。随着现代机动车技术的不断进步，大有增加检验项目的趋势。但仔细研究条款虽多，要求并不高，故 GB 7258 国标解释是"最低要求"。在那么多条款中，绝大部分提出的是"定性"要求，定量要求的不多，如制动、灯光等几个项目，而且其允差常以"不大于"或"不小于"某数值来表达，范围还较宽。这与其他有些行业要求严格的"+"、"−"很小数值的允差相比，不能并论。应该说机动车安全检验对这种宽要求，检验工作不应存在难度，它不需要高精密的检测手段。很多"定性"要求的检验项目，现缺乏检测手段，还需靠人的经验来判定。因此，机动车安全检验只需要检验人员有责任心的，工作认真负责，所用检测设备仪器是完好正常的，是完全可以确保检验质量的。

常听到和在文中见到，提出对机动车安全检验要求"检测数据准确"，这是常用之词。按误差理论概念，数据准确是指测得的数值（测值）要与真值或实际值很接近。现法规强制性的对机动车执行安全检验，其实是一种"准行"制度，其含义是只要机动车的有关技术性能符合安全运行标准要求，认为上路行驶可保安全的，就放行准予上路。它与机动车生产制造与维修行业要求有所不同。如汽车经检测其总制动力确保超过了60%车重，可判"合格"，至于是百分之六十几，标准就不要求了。更主要的现行的检测方法因验车量大，有"量"要求的检测次数仅 1 ~ 3 次。在实际工作中大家都碰到同一车、同一检测设备、同一检验人员，经多次检测得到的检测数据常是各不相同的，是随机的。那么您能认为这一、二次测得的数据是准确的吗？在检测得到的数据接近标准要求时，这一次可能测得"合格"，下一次可能测得又"不合格"了。所以对测值还存在是否"可信"的问题，可信的程度称为"可信度"，这"可信度"与检测次数密切相关，它随检测次数的增多而提高。我们现在测一、二次其可信度是很低的。因此，不能认为这一、二次测得的数据就是"准确"的。鉴此，还不如强调"检测结果准确"为妥，就是在判定是否达标合格与否要准确。我国刚引进日本的检测设备时，见到灯箱的显示是"○"（合格）和"×"（不合格），没有检测数据显示，可能亦是只判断检测结果的意思。后来见欧洲设备有仪表，跟着要有数据显示和要求数据准确了。我这么说，并不是讲检测不要有数据，没有数据无法判定结果，意在判定"合格"、"不合格"要准确，要严格把关。对一些检测得到的具体数据则不一定去严格要求其准确性。

那么检测数据如何才算准确和可信呢？

准确与否是测值相对真值或实际值讲的。真值是指客观存在的值，理论上讲是经无穷多次测得值的平均值才是真值，这是无法做到的。实际工作只能是进行有限多次的测量，取这有限多次测量得到的测值取其均值，该值称为实际值，现实把这一实际值作为是“真值”，或者根据计量学量值传递规则，把上一级精密度高的测量器具测得的值作为“标准值”。我们几次测量某一物理量时得到的测值与上述“实际值”或“标准值”比较肯定存在差异，这个差异叫“误差”。公式可表达为：实际值 = 测值 ± 误差。检测数据准确与否就看这误差大小，误差越小，就表示测得的值越接近实际情况，准确度就高。每次检测总会得到某一检测数据，所以测值是已知的，如果我们能知道这个数据有多少误差，把这个误差考虑进去，可说成，例如：这车这次检测的前轴制动力为2000N+100N（误差），这个数据就准确了。因此，要求检测准确，首先必须要有误差概念，其次，关键是要了解掌握误差有多大。

我们机动车安全检验得到的检测数据与车本身、所用检测设备仪器状况、检测时的环境条件、检验人员的素质技术水平、所用检测方法等密切相关，是一个检测系统。因此，误差大小与此系统各方面有关。一般所用检测设备仪器如符合其技术条件，都有精度指标，其误差大小可知；检测方法、检测环境条件如符合规定，亦是可知的。现在问题主要出在检验人员的素质水平上，如操作不规范、技术水平不高等，造成检测数据不准确和不稳定。要减少这个误差，必须加强素质教育和岗位技术训练。通过考核了解掌握其误差大小。

误差大小在误差理论中常用多少倍标准偏差值 σ 来表达，标准偏差值 σ 是可以通过多次测量得到的测值用规定的计算公式求得，是可操作的。为误差定位 $\pm 3\sigma$，则检测得到的某一测值加上这个 $\pm 3\sigma$ 作为这一次检测的数据，其可信程度可达 99.73%，应该说这个检测数据是准确的了。

个人感觉目前很多检验机构对误差还缺乏概念和掌握，如自己了解了检测数据误差有多少并考虑进去，那可以拍胸脯理直气壮地说，我的检测数据是准确的。当然希望您的检测误差越小越好，这意味着检验质量提高了。

有时为了仲裁或质量监管，提到用“对比试验”的方法。如用同类型不同的检测设备、不同的检测方法、检测条件和检验人员进行检测对比，在测量学中则属于“不等精度测量”。用其检测数据进行对比时需应用加“权”的概念，计算是比较麻烦的。或按量值传递要求，需具备标准的或更精密的检测器具，这还需进一步研究和开发。

机动车安全检测设备对保证检测质量至关重要。我国检测设备的技术和质量水平已有很大提高，在追求智能化、精度各方面颇下功夫。但这会提高成本，使用户有所考虑。现有检测设备基本都是以要有“检测数据”出发设计生产的。如不强求数据，按只求“允差范围”设计成“量规”式设备，也许能简化结构便于使用。个人认为根据机动车安全检验量大和要求不高的特点，不宜用结构复杂、精度和造价过高，不便使用的检测手段。

听反映不少检验机构的检测设备已老旧需要更新，生产企业亦十分关心这一市场，苦于权威性的报废标准至今没有出台，但亦未见企业有此相关标准，在产品说明书中常缺“使用寿命”一项，这是不硬气的地方。几个老厂产品用户多，使用年限长，建议多收集使用信息并加强产品试验工作，打出“寿命”招牌，是否亦可作为报废依据之一，这有利于设备更新和提高自身产品质量。

机动车安全检验质量涉及方方面面，需认真制定好和执行好“质量保证体系”才能确保。

安全第一，质量是生命！

浅谈安检机构管理

郑宗能

目前汽车已成为大多数人的代步工具，据统计，北京市机动车数量已经接近450万辆。汽车检测场也如雨后春笋一般蓬勃发展。车辆在增加、标准要求有了新的变化，检验技术在更新，这种形势对于我们各个检测场来说既是一种机遇又是一种挑战。要想在竞争中处于不败之地，就要不断提高检测场的服务和管理水平，通过优质的服务和技术提高来占领市场，赢得市场。

一、重视思想教育工作

检测场要想求生存，谋发展，就是要拥有一支高素质的检验员队伍是至关重要的。在工作中，场领导干部要利用一切可能的机会进行道德、责任、安全、业务技术方面的教育，在员工中树立“安全第一、技术过硬、服务优质”的工作理念。并通过监督、评价等机制引导各岗位检验员不断提高自身技术、道德、责任、安全及服务意识。

二、提高管理水平

只有管理到位了，我们的检测场才会持续、健康地发展。因此作为检测场领导，要不断学习一些先进的现代化的管理经验，并结合所在检测场的特点，理论联系实际，不断提高检测场的管理水平，加强制度和奖惩管理办法，提倡你追我赶工作态度，向技术过硬有责任心的同志学习。

1. 完善档案管理

检测场的管理首先要从档案、设备及人员的管理做起，只有档案完善了才能全面准确了解我们的人员和设备情况，才能对症下药。要建立并严格管理档案体系，完善网络监控管理，以便对安全责任，场区的情况进行组织、协调、检查和监督。因此要想提升检测场的管理水平，做好档案管理工作是检测场领导做好管理工作的重中之重，作为管理者就要了解你的每一个人和每一件设备。

2. 完善人员管理

就是要从人员素质抓起，尤其是持证人员，在做好思想道德教育工作的同时，还要加强员工的业务理论法律法规的学习，要通过长效、动态的监督评价机制，发挥员工们的主观能动性，使他们始终以高昂的热情的姿态去完成自己的本职工作，树立“场荣我荣，场衰我衰”的主人翁责任感。

3. 完善制度管理

要建立和完善各项规章制度，各个岗位的规范要求都要做到明确，要加强宣传并深入人心落实到每一名上岗检验员。使每个人都清楚自己的岗位要求及职责。因为我们的责任心不是管就能好，也要靠制度约束、靠教育培养。对于责任心不强的人员要加强教育培训，做到管、制、教相结合，不断提升检测场检验员的整体素质。同时还要完善检测场的奖惩制度，通过赏罚奖惩制度调动全体员工的工作积极性、主动性和创造性，这样才能在激烈的竞争中得以生存和发展，让每一个检验员都能够主动向技术过硬责任心强的同志学习。

4. 完善设备管理

古人云：工欲善其事，必先利其器，对于我们检测场来说就是要加强各检测线的设备、计量器具的维护，做到定期检定、维护、更新，包括备用设备及器具的校验和定期的自查，都要做到全面按时，确保检测仪器具的精准。

总之，只有加强管理，不断提高员工们的工作态度和积极性、创造性，树立团队精神，才能全面提升检测行业的整体水平，才能使检测场赢得机遇，占领市场，在竞争中占有一席之地。

试述机动车安全技术检验和交通事故司法鉴定的机动车检验

郭东辉

一、机动车安全技术常规检验的发展历史概况

在现代交通运输中，机动车是人们最重要交通工具，机动车安全性能的好坏，直接关系到道路交通安全的好坏。所以世界各国都对行驶在道路上的机动车进行安全技术检验，并且以法律的形式，加以严格的规范。坚持定期开展机动车安全技术检验，是防止机动车“带病”上路行驶的基本强制措施。

我们国家也不例外，从18世纪末汽车进入我国，我国的上海、青岛、广州、天津、大连和哈尔滨等地陆续颁布了汽车交通管理方面的管理办法或规定。例如1928年11月6日《北平汽车管理规则》第18条就规定了“车辆检验合格后，每隔六个月应赴公用局重受检验一次”1945年10月8日当时的国民政府颁布了第一部全国性的车辆法规《汽车管理规则》，其中的第二章第七、八、九条规定“车主领牌照前应申请检验汽车汽车的检验由汽车检验员执行之，汽车检验员检定办法另定之。”“不合格者应于修理或改造后重新报请检验。”

新中国成立之后，党和政府对交通安全管理极为重视，将其列为城市治安管理的重要内容强化管理。早在1951年5月9日中央人民政府公安部发布《城市陆上交通管理暂行规则》统一了全国城市陆上交通管理，维护城市交通秩序，保障人民生命财产安全，此规则划分八章88条，在第八章中对交通肇事处理做出了专门的规定。1955年8月国务院批准公安部发布新中国第一部《城市交通规则》，1960年1月10日经过国务院批准颁布实施了《机动车管理办法》都要求对机动车进行安全检验，获得合格证之后方能上路行驶的规定。1988年3月9日国务院发布《中华人民共和国道路交通管理条例》，《条例》对机动车的安检作出明确规定：第十七条规定：“车辆必须经过车辆管理机关检验合格，领取号牌照、行驶证方准行驶”；第二十条要求：“机动车必须按车辆管理机关规定的期限接受检验，未按规定检验或检验不合格的，不准继续行驶”；第九十一条指出：“上道路行驶的专门从事运输和即从事农田作业又从事运输的拖拉机安全技术检验等工作，公安机关可以委托农业（农机）部门负责，并有权进行监督、检查”。从根本上确定了机动车安全技术检验的法律地位。

但是，这个时期虽然西方发达国家已经使用机动车安全检测线检验，我们国家对机动车进行安全检验仍然是在马路上进行，绝大部分的检验是靠“眼看、手摸、脚踩、耳听”手工方式进行，不仅需要临时封闭路面封锁交通，而且媲美人的检验进行，难免有人为误差和干扰。尽管，这种检验方式受到季节和天气、环境的制约，可是由于检验可以发现机动车的故障和隐患，从而杜绝机动车“带病“行驶，对保障交通安全还是起到了积极地作用。

1. 改革开放促进机动安检的新变化

20世纪80年代，我国实行了改革开放的基本方针，与世隔绝的门户打开之后，西方发达国家的先进科学技术，很快被引进国内。从20世纪80年代开始，不少地方开始尝试建立机动车安全检测站（场）。正式拉开序幕，真正兴起还应当在1986年10月7日国务院《关于改革道路交通管理体制的通知》（国发［1986］94号）下发之后，道路交通安全，由多头管理改为公安机关交通管理部门集中统一管理。《通知》第五条提出了：“公安机关对于车辆检验、驾驶员考核，可委托给有设备和技术条件的单位。按照标准和公安机关的要求代行办理。公安机关有权对手委托单位进行监督、检查和决定变更委托事项”。

通知下发之后引起了全社会的广泛响应，大江南北，长城内外，首先从大中城市开始踊跃建立机动车安全检验机构，马路上人工检车变为室内设备检车，公安部交通管理部门作为全国公安交通管理的行政主管部门，审时度势，因势利导，及时引导和规范了这个全新行业的健康发展。为了尽快统一机动车安全技术检验管理，经国家标准局 1987 年 2 月 16 日批准，公安部发布了国家标准 GB 7258—1987《机动车运行安全技术条件》，同时废止了公安部 1985 年 7 月 19 日发布的《城市机动车辆安全检验暂行标准》，为机动车辆的安全检验由人工路试升级到检测线，由定性升级定量，开辟了一条新的征途，公安部交管局在同年 6 月 30 日发出了（87）公交第 441 号《关于机动车辆管理工作若干问题的通知》，《通知》根据国务院发［1986］94 号《国务院关于改革道路交通管理体制的通知》的决定，为了加强机动车辆管理工作，维护城乡道路交通秩序，第一次提出了加强机动车辆检测线的管理的要求："在全国性的车辆检测线管理办法及标定标准公布之前，各地要加强对车辆检测线的管理。各省、自治区、直辖市可制定简要的登记、核准、监督的暂行办法，加强管理。对于不严格执行标准，滥收费用以及车辆检测线设备不合格的坚决取缔。"针对当时机动车安全检测线基本都是从国外进口，而且管道不一，设备型号各异，重复建线的混乱情况，该《通知》要求各地"根据《国务院批转国家经委关于重复引进、制止多头对外的报告的通知》（国发［1985］90 号）和国家经委《关于对国发（1985）90 号文件附表目录进行调整和补充工作的通知》（经进（1987）91 号）文件精神，从本通知下达之日起，各地就引进汽车安全检测线设备，一律报我局备案"。新的技术标准和公安部交管局的《通知》，为促进机动车安全技术检验站科学化、制度化和规范化的管理，为提高机动车安全技术检验质量，减少和预防车辆带着隐患行驶导致交通事故打下了基础。1988 年 3 月 9 日国务院发布了《中华人民共和国道路交通管理条例》并于 1988 年 8 月 1 日起施行。这个《条例》是新时期，我国加强道路交通管理的一项重要法规，对于加强道路交通法制建设、强化道路交通管理、维护良好的秩序，保证交通安全与畅通，促进社会主义精神文明和物质文明建设，发挥了重要作用。这个《条例》是在 1955 年公布的《城市交通规则》和 1960 年公布的《公路交通规则》的基础上修改、充实而成的。改革开放带来的社会巨大变革证明，公安部、交通部 1972 年联合公布的《城市和公路交通管理规则（试行）》已经不适用，各地自行制定的规则很不统一，给跨地区运输带来诸多负面影响，全国急需统一的道路交通管理条例的情况下制定的。《条例》一经公布在全国引起极大反响，道路交通秩序开始好转，事故发生率开始下降。为了改变机动车安全检测站管理比较混乱、检测能力参差不齐等问题，公安部在 1989 年 2 月 22 日发布了 2 号部令《机动车辆安全技术检测站管理办法》，强化和统一了管理程序和管理内容，规定了检测站的责任、权力和义务，《办法》首次界定机动车安全技术检验站"是根据《中华人民共和国道路交通管理条例》和《机动车管理办法》的规定，按照法定标准，对在道路上行驶的机动车辆进行安全技术检验的工作站"，第三条规定"检测站接受公安机关车辆管理部门委托，承担下列任务：（一）机动车申请注册登记时的初次检验；（二）机动车定期检验；（三）机动车临时检验；（四）机动车特殊检验，包括肇事车辆、改装车辆和报废车辆等技术检验"。第一次提到"肇事车辆检验属于特殊检验的范畴，应在机动车检测站进行的要求"。公安部交管局还根据从业人员不熟悉业务，不适应机动车安检的实际情况，在 1994 年 1 月 25 日下发了《关于加强机动车安全检验人员岗位培训工作的通知》（公交管［1994］8 号），把育人建站有机地结合起来，以提高人员素质推动机动车安全检验技术的升华。继 1995 年 12 月 21 日公安部发布的 GA/T 123—1995《移动式机动车安全检测站条件》之后，1996 年 4 月 10 日又发布了 GA/T 134—1996《机动车安全检验站条件》，使机动车安检质量保证体系，有了长足进步和提升。

2. 中国机动车安全检测研究会（协会）的历史性贡献

到 1997 年我国已经正式完成了机动车检验

设备由全部依赖进口，经过合资、学习、模仿、吸收消化、发展、提高到自主产权、自主研发的历史性转变。对此，曾经受到公安部交管局亲切关怀和大力支持的中国机动车安全检测研究会（协会）是做过卓越贡献的，这个新兴的民间组织于1988年在成都成立，它凝聚了一批中国机动车安全技术检验技术方面的专家学者，既有工作在检验一线的业务骨干，也有国家行政机关的领导干部，既有大专院校、科研机构的领军人物，也不乏设备厂家的实干家，大家怀着“探索中国特色机动车安全技术检验模式，为早日甩掉交通事故王国的帽子奋斗不息”的雄心壮志，从祖国的四面八方走到一起。他们团结全国的会员和会员单位，展开科技攻关活动，发动从业人员献计献策，坚持开展人才培养工程，积极发掘人才资源及群体中蕴含的积极性，公安部交管局的主要领导不仅经常听取他们的汇报，还经常和他们一道参加活动，帮助他们解忧排难，不断创新发展，在公安部交管局的支持下，协会积极办学，培养人才，在各地举办了多起技术和业务培训、开展了各种专题的研讨会，并采取以会代训的办法组织了专业人员再教育活动，为建设中国特色机动车安检模式做了大量扎实的工作。1997年中国汽车检测研究会更名为中国机动车检测协会，继续大力普及和提高机动车安全技术检验技术，培养和提高从业人员素质，为规范机动车安全技术检验工作做出了历史性贡献，一本本厚重的教科书，至今还闪烁着智慧的光芒，一批批受训人员经过培训和再教育成为当今的业务骨干和中坚力量。虽然2000年随着机构改革的深入发展，随着机动车技术检验管理体制的“转轨变型”，协会也随之被撤销了，但是，协会规划的检验线自动化+微机控制的智能化检验模式，为2005年以后全面实现奠定了基石。协会组织形式不存在了，但是火种还在，“没有名分，有建树”、“没有地位，有作为”，以专家学者和管理干部为骨干力量和精英，仍然坚持一年一度的自发、自愿、自费举办全国机动车安全检验联谊研讨会，广泛座谈和交流各地机动车安检的问题和对策。一直坚持到2009年中国质检协会机动车安全检验专业委员会成立，其团结、互助、执着追求、爱业、敬业的精神，颇具“谈笑皆鸿儒，往来无白丁”的学术氛围，他们在幕后默默地关注和支持着机动车安检行业的变化，为发展欣慰，为瑕疵担忧，为改进欢呼，为开拓鼓劲。九个春秋很少有人知道他们的在想什么，很少有人知道他们为了什么，但是这些不甘寂寞的人汇聚在一起的非凡能量，却是国内外一切声名显赫的民间组织无法理解。

3. 机动车安全技术常规检验事业的新发展

2003年10月28日第十届全国人民代表大会常务委员会第五次会议通过了新中国成立以来，我国第一部关于道路交通安全的法律《道路交通安全法》。这部法律是交通安全管理由法规上升到法律。2004年4月28日国务院第49次常务会议通过了《道路交通安全法实施条例》，从法律和法规的高度强化了道路交通的安全管理。无论是《道路交通安全法》，还是《实施条例》都把机动车安全技术检验纳入重要条款，重新界定了机动车安全技术检验的属性和内容，《道路交通安全法》第十条、第十三条、第九十四条和《道路交通安全法实施条例》第十五条和第十七条，分别对机动车安全技术检验的地位、作用和管理监督，从法律角度作出了明确规定。特别是对机动车安全检验的社会属性、管辖权、监督管理权作出明确规定。

为了保证机动车安全技术检验的规范化和标准化，我国1987年2月16日首次推出GB 7258—1987《机动车运行安全技术条件》之后，根据与时俱进的原则。为配合汽车文明进程的飞速发展，国家质检总局和国家标准委又于1997年4月9日和2004年7月12日相继对这一标准进行了两次升级，1997版陆续发出了1、2号修改单，2004版到现在又推出了1、2、3号修改单，根据与时俱进的原则又修改了这一标准，现已完成报批稿，预计新版的《机动车运行安全技术条件》不久将要发布。GA 468—2004《机动车安全检验项目和方法》，综合各地的实际情况，经过几年的磨合和探索，经过补充、修改和完善，国家将这个公共行业标准重新修订，升级为国家标准，国家质检总局和国家标准化委员会2008年5月26日联合发布了GB 21861—2008《机动车安全技术检验项目和方法》，并决定利用一年多的时间宣贯这个标准，定于 2009 年 6 月 1 日施行，这个标准进一步细化和补充完善了机动车安检项目和方法，进一步提高了可操作性。这个标准将不合格分为两档：建议维护项和否决项，对建议维护项，可发给合格证，但要维护，使机动车安检更加符合实际，2010 年 4 月 2 日国家标准化管理委员会在发布了 GB 21861—2008《机动车安全技术检验项目和方法》第 1 号修改单，对 GB 21861 进行了修改和补充，第一次规定了“以秒为单位的机动车安检工位最少检验时间，从而使 GB 7258 与 GB 21861 保持与时俱进的先进性和完整性，更具规范性和符合性。

4. 机动车安全技术检验在“转轨变型”中发展

根据《道路交通安全法》和《实施条例》的授权，公安部、国家质检总局和国家认监委 2005 年 1 月 21 日联合发布了 39 号文件《关于加强机动车安全技术检验机构管理有关工作的通知》(国质检监联［2005］39），规定“自本通知发布之日至 2005 年 3 月 31 日，机动车安全技术检验机构资格及监督管理工作由公安机关交通管理部门向质监部门移交”。为了推进“机动车安全技术检验管理体制”转轨变型，国家质检总局和国家认监委在同年 3 月 4 日又发布了《关于做好机动车安全技术检验监督管理接收工作的通知》（国质检监联［2005］77 号）对接收工作做了进一步安排。2009 年 12 月 1 日国家质检总局发布了《关于印发〈机动车安全技术检验机构检验资格许可办理程序〉（国质检（2009）379 号）等 5 个规范性档的通知》，国家质检总局根据科学发展观的要求，2006 年 2 月 27 日发布了《机动车安全技术检验机构管理规定》（总局 87 号令），把机动车安检机构的管理向前推进了一大步，时隔三年之后，又根据各地机动车安检机构出现的新情况和新问题，结合国际上发达国家的先进经验，在 2009 年 10 月 13 日发布了《机动车安全技术检验机构管理办法》（总局 112 号令），同时宣布 87 号令予以废止，从而把机动车安检机构管理又推向了一个创新发展的新高度。与此同时，国家认监委根据《计量法》等法律、法规的规定，从提高全行业把整体素质和机动车安检质量出发，针对机动车安检机构在“转轨变型”很少有经过计量认证的问题，在 2005 年发布《关于做好机动车安全技术检验机构计量认证工作有关问题的通知》（国认实函［2005］64 号），提出对机动车安检机构必须实行计量认证的要求，规定机动车安全技术检验机构申请计量认证必须具备法人资格；明确了机动车安全技术检验机构计量认证评审准则和评审中应注意的问题及其他问题和工作要求，规定“自 2005 年 8 月 1 日起，新从事机动车安全技术检验的机构，必须先取得独立法人资格，方可申请办理计量认证”。2007 年 10 月 22 日国家认监委又下发《机动车技术性能检验机构资质认定评审补充要求》（国认实 [2007]74 号）在对机动车安全技术检验机构资质认定评审提出更高要求的同时，对移动式检测线和不具备独立法人资格的机动车安检机构的资质认定评审，作出既灵活又符合实际的政策安排，有力促进了全行业资质认定评审活动的健康发展。虽然至今机动车安全技术机构的资质认定还是依据国家实验室和检测机构评审准则进行，还没有一部更符合机动车安全技术检验机构实际的评审准则，但是，从零的突破，到逐步提高乃至质量方针、质量目标、质量保证体系和质量运行体系的建立完善，确实是一个又一个不可小视的进步，对提高机动车安检质量和水平起到了举足轻重的作用。

在国家质检总局的帮助与指导下，经过有关部门的积极配合，到 2005 年 8 月 29 日全国取得从业资格的机动车安检机构达到 1860 家（详见国家质检总局［2005］712 号），据国家质检总局质量监督司机构管理处刘杰处长统计：截至 2010 年 12 月 31 日全国获得质监部门资格认可的机动车安检机构 2900 多家。专委会成员中：获得工商部门许可的设备仪器厂家 34 家、个人和团体会员 152 家，还有不少个人和单位正在申请入会，专委会 2010 年 8 月 16 日在哈尔滨友谊宫召开的第一届第二次会员代表大会一致通过了《机动车安全技术检验行业自律公约》，向“政府行政管理监督与专委会行业自律”迈出了坚实的一步，为了进一步加强机动车安全技术检验机构和机动车安全技术检验工作的监督管理、规范机动车安检机构检验行为，提高检验水平，切实做好机动车查验工作，经过国家质检总局和公安部研究，2010 年 3 月 20 日联合下发《关于进一步加强机动车安全技术检验机构和机动车安全技术检验工作监管的通知》（国质检监联［2010］126 号）提出 4 项监管措施：一是加强安检机构资格许可和监督管理；二是加强对机动车安全技术检验工作的监管；三是完善长效监管机制；四是开展机动车安全技术检验工作专项整治行动”。《通知》提出了“机动车安全技术检验工作专项整治工作方案”，要求质监部门和公安机关交通管理部门建立机动车安检机构和机动车安全技术安全技术检验工作的监督管理联动机制，两部门密切配合，建立联席会议制度、联合监督检查制度、社会监督机制、加强长效监管。从联合发文之日开始，两部门在全国范围内组织开展一次机动车安全技术检验工作专项整治行动。整治工作重点是对安检机构资质、检验行为、检验人员、检验设备等内容开展监督抽查，切实规范机动车查验工作，组织开展相关培训考核，积极清除非法中介机构和人员，严厉打击各种违法行为。通过整治达到以下工作目标：强化安检机构的主体责任意识、落实责任制；强化监督手段和措施，加强检验工作管理；保证所有检验设备都在计量检定（校准）周期之内；规范检验行为、提高检验技术水准；切实做好机动车查验工作监管；建立健全长效监管机制，使违法违规检验行为得到有效的遏制。还实现机动车安全技术检验实现微机联网，技术监督部门和公安机关交通管理部门通过微机显示，就可以了解检验工作的全过程。

5. 常规检验正在走进特殊检验领域

机动车安检机构，已经成为维护交通安全的重要屏障。社会上的有车族认可度也逐渐增强，同时，专委会提出铲除车虫自身土壤的举措也得到了社会普遍的赞同，常规检验正在向特殊检验靠近。机动车安全技术检验设备仪器的研发，已经进入道路交通事故检验、鉴定领域，展示了“鲲鹏展翅，鹏程万里”的勃勃雄姿。很多的机动车安全技术检验机构承担起肇事车辆的安全检验任务，很多电子控制检验仪器和设备，开始被交通事故司法鉴定机构装备和使用，例如上海西派埃自动化仪表工程有限责任公司，推出的踏板力计、便携式制动性能测试仪、透光仪和转向盘扭力－车轮转角测试仪；深圳市安车检测技术有限公司生产的移动式摩托车检验线等一大批先进的机动车安全检验仪器和设备，争相被引进道路交通事故检验和鉴定领域。与此同时，机动车安全技术检验人员和机构，也开始逐渐看好道路交通事故中肇事车特殊检验，有些安检机构已经进入特殊检验领域。例如对具有行驶能力的肇事车辆的安检必须在安检线上进行的要求，增加了机动车安检机构的业务量，也促使机动车安检人员走进了交通事故司法检验和鉴定的行业，遗憾的是机动车安检从业人员至今还没有国家认可的职业培训和职业资格证书，而交通事故司法检验鉴定执业人员基本上都是通过培训和考核，取得“司法鉴定执业资格证书”的司法鉴定人。

二、机动车特殊检验是交通事故司法鉴定的基础工作

1. 机动车特殊检验是从常规检验中脱颖而出的

自从 1886 年 1 月 29 日德国的机械工程师卡尔·本茨（Karl Benz）为自己一年前研制的以内燃机为动力的三轮汽车，申请到了第一个汽车发明专利证书开始，经过 1905 年美利坚合众国的爱尔兰人后裔亨利·福特发明了生产自动线，并且在自动在线批量生产 T 型汽车，使汽车成为大众买的起的交通运输工具之后，交通事故如影随行，从 1889 年美国汽车碾压死一名妇女开始到现在，因交通事故死亡的人数突破 4000 多万，比两次世界大战死亡人数还要多，世界卫生组织统计全世界每年死于交通事故有 130 万，中国在交通事故中死亡人数在 10 万人上下徘徊。故障和事故迫使人们从检汽车的构造与性能上查找原因，随着科学技术的发展，特别是电子技术的发展，“眼看、手摸、脚踩”的经验型判断，逐渐被电子设备和电子仪表所代替，从汽制造业质量检验逐步过度到机动车常规检验，现在正在辐射到对肇事车辆的检验、鉴定。

2. 特殊检验必要性

车辆在行驶过程中，其制动性能、转向操作性能以及轮胎状况、后视镜、灯旋光性能、刮水

器工作状况等，直接影响到行车的安全。

车辆的故障问题是造成交通事故的主要原因之一。由于车辆原因造成的交通事故主要表现在车辆性能差、机件失灵和带“病”行驶。车辆性能差、机件失灵的原因主要是设计、制造、维护和使用方面的原因所致。

在交通意外事故中，汽车故障诱发的交通事故占相当比例。最初的事故车检验和鉴定，都是由公安机关交通管理部门内设的业务部门自己承担或由公、检、法机关外聘专家学者协助检验和鉴定。这种几十年一贯制的传统作法，虽然行之有效，但弊病也不少：一是办案单位自己办案自己鉴定，缺乏社会监督；二是程序不规范，政出多门，各自为政，难免出现瑕疵和失误；三是由于缺乏独立性，极易受到行政干预。因此，这种检验和鉴定的方式产生的结论其公正、公开和公平往往是有折扣的，受到社会普遍的质疑。而且，在一个相当长的时期内，交通事故检验和鉴定标准缺乏、技术落后、手段简陋，局限性很大。那时侯国内的机动车拥有量还很少，交通事故发生率还处于平稳运行阶段，国民的还缺乏法律意识，绝大多数交通事故纠纷，在公安机关交通管理部门就能得到调解处理，只有极个别的恶性或重大交通事故，才提交到审判机关处理，所以那时对肇事车辆的检验和鉴定，只是一种技术性的检验和鉴定，基本上没有和司法搭边，还不能称其为司法范畴的检验和鉴定。尽管有些死亡事故的检验和鉴定需要有法医参加，但是只有极少数涉及刑事案件的检验和鉴定，才有可能成为司法检验和鉴定。

改革开放以来，随着国民经济的高速发展，市场经济大潮风起云涌，社会主义中国出现了翻天覆地的历史巨变，特别随着全球经济一体化进程的加快，自立于世界民族之林的中国加入WTO之后，与世界接轨浪潮此起彼伏。

3. 与世界接轨的交通事故司法鉴定社会化

是历史的巧合，还是改革的必然，笔者还没有来得及考证，但是，2005年机动车安检实行社会化的“转轨变型”的同时，司法鉴定社会化的号角几乎同时奏响，在公安部、国质检总局和国家认监委联合下发《关于加强机动车安全技术检验管理有关工作的通知》的39号文件颁布实施不久的早春二月，第十届全国人民代表大会第十四次常委会议在2005年的2月28日通过了《关于司法鉴定管理问题的决定》。明确了“侦查机关根据侦查工作的需要设立的鉴定机构，不得面向社会接受委托从事司法鉴定业务、人民法院和司法行政机关不得设立鉴定机构”。“各鉴定机构之间没有隶属关系；鉴定机构接受委托从事司法鉴定业务，不受地域范围的限制”。从此，我国的司法鉴定开始实现了社会化，司法鉴定开始与世界接轨，各地出现了公、检、法机关司法所鉴定机构纷纷退出市场，民间力量组建的司法鉴定机构“忽如一夜春风来，千树万树梨花开”的崭新局面，据新华社转载《法制日报》记者的报导截止2010年全国共有司法鉴定机构4700多家，同年中央政法委还发布了10家国家级司法鉴定机构的名单，现在我国以交通事故鉴定为主的司法鉴定机构在3000家以上，在数量上超过常规检验，交通事故司法鉴定机构已经覆盖各地市县级城市，已经成为依法处理各类交通事故不可缺少的“技术法官”，同时还为政府和行政机关制定交通安全规划和决策提供技术支持，为机动车研制和管理及科学使用提供大量信息资源。

近年来，我国发生的有影响的重大交通事故的原因分析和责任确定、都是采信司法鉴定提供的结论为证据的。2009年我国的汽车产量突破1399万辆，机动车拥有量接近2亿辆，中国正在由汽车大国向汽车强国迈进，道路交通事故虽然已由世界第一降为世界第二，但是交通安全形势依然严峻。随着汽车文明的发展和人们法律意识的增强，社会对交通事故司法鉴定的需求必将与日剧增，特别是“醉驾入刑”、肇事逃逸、马路飚车、“三超”（超载、超速、超限）屡禁不止，利用机动车肇事骗取保险“赔付”案件的增加，都对交通事故司法检验、鉴定提出了更高的要求。

三、机动车特殊检验与常规检验的异同

1. 机动车特殊检验的内涵

《决定》在第一条对司法鉴定做了定义“司法鉴定是指在诉讼活动中鉴定人运用科学技术或者专门知识对诉讼涉及的专门性问题进行鉴别和判断并提供鉴定意见的活动”。在第二条规定国

家对从事下列司法鉴定业务的鉴定人和鉴定机构实行登记管理制度：（一）法医类鉴定；（二）物证类鉴定；（三）声像资料类鉴定。

《条例》还规定："根据诉讼需要由国务院司法行政部门商最高人民法院、最高人民检察院确定的其他应当对鉴定人和鉴定机构实行登记管理的鉴定事项。"

交通事故司法鉴定业务涉及法医类鉴定、物证（痕迹）类鉴定和声像数据类（行驶记录仪等）三大类跨学科的综合性鉴定，所以具有资质的司法所鉴定机构，接受委托开展交通事故司法鉴定完全符合《决定》的精神。

2. 特殊检验只是交通事故司法鉴定的项目之一

《道路交通安全法》第一百一十九条第五款对交通事故作出科学地界定"交通事故是指车辆在道路上因过错或者意外造成的人身伤亡或者财产损失的事件"。该条款对车辆、道路、机动车和非机动车相关词语也进行了明确定义。

除法律对交通事故的定义之外，从事交通事故司法鉴定事故成因分析时，喜欢从交通事故本质上对其进行定义，那就是说交通事故可以理解为人为控制的运动物体（车辆）的运动轨迹在时间上和空间上的错乱。从时间和空间的角度描绘交通事故，可以归纳为在同一时间内，仅能通过一个运动物体（车辆）有了一个或者一个以上运动物体（车辆）进入。交通事故就是两个或两个以上运动物体（车辆）的运动物体轨迹在同一时间段内的空间的某一点上交叉。

构成交通事故的要件必须是肇事主体—驾驶人、运动物体——车辆，而且是发生在道路上面的运动物体（车辆），造成交通事故的原因主要有个方面，一是过错，二是意外，或者两者兼有之。交通事故发生的方式有各种各样，归纳起来不外乎九种形式：碰撞（正面碰撞、侧面碰撞、尾随碰撞）、刮擦（同向刮擦、对向刮擦、侧面刮擦）追尾、翻车、碾压、火灾、坠落、撞击固定物、撞击静止车辆等，最初的交通事故大部分无需进行鉴定，对重大交通事故的鉴定，也只是看看机动车的制动、转向和灯光三大系统是否有效而已；即使是人身伤亡的交通事故也不是完全由法医和车辆技术专业人员来鉴定。随着科学技术的迅猛发展和电子化对汽车工业的促进作用的日益显现，特别是交通事故发生率，伴随着汽车拥有量的巨增，引起公安交通管理部门和司法审判界的思考，尤其是改革开放以来，国际交往和信息交流的畅通，极大地影响了国人对新科技的兴趣，交通事故的司法鉴定也由单纯的检车，逐步扩展为痕迹物证勘验、车辆属性、载质量、外扩尺寸、安全性能、车速计算、事故成因分析、事故现场再现、道路及交通环境评估、驾驶员操作应变能力和驾驶素质鉴定以及法医病毒、法医病理、法医解剖鉴定，对细微痕迹物证则采取电子显微、光谱分析、金相分析等微量检验。对发生交通事故的车辆，特别是机动车进行安全技术检验和鉴定，成为交通事故检验和鉴定的基础项目，交通事故司法鉴定对肇事车辆的检验和鉴定，成为机动车安全技术检验外延的特殊方式。痕迹物证检验、事故成因分析、车速推算，乃至法医的参与，无不涉及车辆的安全技术鉴定。所以，车辆安全技术检验是交通事故检验的重中之重，没有对肇事车况的正确检验和鉴定，其他各项检验和鉴定，都是不完善、不全面的。

3. 行业属性各异，依据的标准也不尽相同

机动车常规检验与机动车事故车特殊检验不仅检验项目不同，流程也不尽一样（见图1、图2）。机动车安全技术检验属于常规检验，主要依据《机动车运行安全技术条件》和《机动车安全技术检验项目和方法》和机动车现行的排放标准；交通事故检验和鉴定的事故车辆特殊检验，除了要依据《机动车运行安全技术条件》作为前提条件，还要遵循 GA/T 642—2006《交通事故车辆安全技术检验鉴定》、CA/T 643—2006《典型交通事故形态车辆行驶速度技术鉴定》和 GB 18667—2002《道路交通事故受伤人员伤残评定》等有关标准和技术规范综合分析，还要根据交通事故发生复杂形态依据不同内容的检验和鉴定手段，采用不同的标准、技术规范和科学理论及公认的科学原理。2007 年 8 月 7 日由司法部部长吴爱英签发的《司法鉴定程序通则》（司法部第 107 号令）第二十二条规定"司法鉴定人应当依下列顺序遵守和采用该专业的技术技术标准和技术规范：（一）

国家标准和技术规范；（二）司法鉴定主管部门、司法鉴定行业组织或者相关行业主管部门制定的的行业标准和技术规范；（三）该专业领域多数专家认可的技术标准和技术规范；（四）不具备前款规定的技术标准和技术规范的，可以采用所属司法鉴定机构自行制定的有关技术规范。”这与机动车安全技术检验机构执行标准的容量是截然不同的。这是由于交通事故千变万化，各有不同，检验的方法不尽一致的原因，而机动车安全技术检验主要是通过检测线进行，比较单一，只判定合格与否，不必寻找合格与否的具体原因。而对肇事车辆检验和鉴定要通过车况勘验，从蛛丝马迹中查找事故的原因。机动车安全技术检验是杜绝车辆“带病”行驶，不问车辆是否存在隐患，隐患潜伏在什么部位；交通事故检验和鉴定是通过事故发生后的车况，寻找事故前后车辆的安全技术情况变化，实事求是地寻找肇事的“证据”。执业行为要复杂得多，应对的知识面要宽泛得多，所以，在技术标准和技术规范就要从上到下，兼顾左右。当然下位法要服从上位法，依据的标准和技术规范要符合实际，具备法律效力。

机动车安全技术检验方式是先由人工进行外检，合格之后由试车员将受检车辆驶入检测线进行安检；而交通事故车辆行驶条件发生变化，对这些车辆按具有行驶能力和失去行驶能力的实际分为静态检验、动态检验和零部件检验。具备行驶能力的车辆应当一律到机动车安全技术检验机构检测在线检验，也可以进行路试。对失去行驶能力的车辆要按 GA/T 642—2006《交通事故车辆安全技术检验鉴定》的要求，进行拆解，实行静态检验，对有疑问的零部件或总成件，要由专门的技术专家检验，涉及质量问题须报请省或省以上的质监部门进行监督检验。

4. 两者虽然都实现社会化，但管理体制各有特点

交通事故车辆司法检验机构业务上接受公安机关交通管理部门和各级人民检察机关及审判机关委托，公安部重新修订了 2004 年 4 月 30 日发布的《交通事故处理程序规定》（公安部令第 70 号），2008 年 8 月 17 日颁布《道路交通事故处理程序规定》（公安部令第 104 号）第五章调查第三节检验、鉴定专门规定了交通事故的检验和鉴定的范围、程序和规则。国家对司法鉴定机构实行政府业务主管与行业自律相结合的“两法”管理体制和运行机制。司法部鉴定管理局始终积极扶持和热情推进司法鉴定机构的健康发展，不仅及时组建了司法部司法鉴定管理局，在各省、市县（区）司法部门建立了司法鉴定管理处（科）负责管理司法鉴定管理工作，还相继制定和颁布了实施了包括：《司法鉴定许可证管理规定》（司法通［2001］19 号）、《司法鉴定机构登记管理办法》（2005 年 9 月 30 日司法部 95 号令）、《司法鉴定人登记管理办法》（2005 年 9 月 30 日司法部第 96 号令）、《司法鉴定机构仪器设备基本配置标准（试行）的通知》（［2006 年 9 月 1 日司法通［2006］57 号）、《司法鉴定文书规范和司法鉴定协议书（示范文本）的通知》（2007 年 11 月 1 日司发［2007］71 号）以及《司法鉴定机构职业道德基本规范》（详见：司法部“司鉴第 5 号”档《关于学习贯彻［司法鉴定职业道德基本规范］的通知》）等一系列规范性文件。为了保护司法鉴定的合法权益，维持正常的业务开支和可持续发展，司法部联合国家发改委经过认真调查研究，多次协商达成共识，司法部与国家发改委 2009 年 9 月 1 日联合发布了《关于司法鉴定收费管理办法的通知》（发改价格〔2009〕2264 号）在通知中还附上了《《司法鉴定收费标准》，要求“司法鉴定收费应当遵循公开公平、诚实信用、平等有偿和委托人付费的原则；司法鉴定收费标准，应当按照有利于司法鉴定事业可持续发展和兼顾社会承受能力的原则制定”同时允许各地省级物价和司法管理部门可以上下浮动，制定符合本地实际的收费标准，极大地激发和调动了司法鉴定机构和执业人员的积极性，使之实现了“劳酬合理，略有结余，积累资金、以利发展”的良性循环的经营体制，这与机动车安全检验机构亏本经营，“百元以内”几十年不变的收费标准大相径庭，应当引起有关部门的反思和重视，是否应当效仿司法部为司法鉴定机构办实事，解难题、排忧解求发展的好做法？为了保证执业人员素质不断提高，司法部 2007 年 11 月 1 日下发了《关于印发司法鉴定培训规定的通知》

对岗位培训和继续教育及继续教育的组织管理做出了明确规定，积极推进以司法部上海科研所为基地的培训、继续教育和学术交流、能力比对，大力提高职业素质和执业能力的基础。

为了进一步提高司法鉴定的质量，提高司法鉴定的公信力，司法部和国家认监委 2008 年 9 月 5 日联合发出了《关于开展司法鉴定机构认证认可试点工作的通知》（司发通［2008］116 号）对司法鉴定机构资质进行认定制度试点，国家认监委和司法部 2009 年 4 月 16 日联合印发了《司法鉴定机构资质认定评审准则（试行）》（国认实联［2009］17 号），首先从北京、江苏、浙江、山东、四川、重庆等省市自治区开始试点，然后在全国铺开，而机动车安全技术检验机构资质认定虽然经过国家质检总局发布，但是比较国家认监委和司法部的联合发文和联合组织安排，无论是规范的力度还是权威性、可操作性都相距很远，至今我国机动车安检机构资质评审准则还没有出台，两大机构相比较，无论是技术手段和数量，还是辐盖层面，机动车常规检验都远胜于特殊检验，一些具有行驶能力的肇事车辆能上线不上线检验，以拆解车轮看制动摩擦件来判定制动效能；用人工代替检测线，不具备路试条件也照样进行“路试”等，有些特殊检验还靠手工作业方式进行，凭经验、搞推理就下结论，这是极其不正常的。司法鉴定不科学、不准确，出具的结论难免有出入，司法公正从何谈起？司法鉴定不准确，司法公正就是一句空话，司法不公正，社会就难以和谐。

司法部司法鉴定管理局不仅从 2010 年 6 月 1 日起施行了《司法鉴定执业活动投诉处理办法》，建立了畅通的投诉信息管道，而且坚持已经发现一起处理一起，这些年来各地每年都撤销一批司法鉴定机构的资格，其中有很多交通事故司法鉴定机构。同时司法部鉴定管理局更注重制度、标准和规范的建设，司法部鉴定管理局在 2010 年 4 月 7 日首次发布了司法鉴定技术规范 SF/Z JD0101001—2010《道路交通事故涉案者交通行为方式鉴定》，提出了从人体损伤检验与车辆痕迹勘验和现场勘验结合点，综合判定道路交通事故的标准和方法，为道路交通事故司法检验和鉴定拓宽了新的思维方式，受到执业机构和执业人员的广泛好评。

5. 必须尽快打破传统的区域分割

我国许多行政区域接壤的地方由于行政管辖的限制，机动车安全检验只能舍近求远，尤其是边远省份，地区封锁很厉害，车辆只能在本辖区检验，为了检车，只好驾车来回奔波劳顿，浪费时间和燃料，国家能否打破地区界限，也像从事司法鉴定那样不受地域限制，可以跨行政区域接受委托？如果能对此作出正确决策，不仅可以为节能减排作出了重要贡献，而且完全符合人性化的管理理念，也是为建设资源节约型，环境友好型社会开辟了一条新的发展之路。

6、两个机构均不具备产品质量监督检验资质和条件

无论机动车安全技术检验还是交通事故检验和鉴定都是法律赋予的执业行为，都是从事中介行为的技术服务机构，而不是行政执法机关或部门，他们出具的检验报告或司法鉴定结论的法律效力是有限的。司法鉴定结论只是办案民警作为确定事故责任的证据之一，鉴定材料只有审判机关采信才可以作为证据使用；机动车安全技术常规检验结论，只是能否领取合格证标志的凭据，从法律的层面上看，这两者都不具备《中华人民共和国产品质量法》赋予的权限，更没有对产品质量的监督裁判的授权。当前，社会上一些人把交通事故司法鉴定或机动车安全技术常规检验或特殊检验，当成对机动车产品质量的监督检验，有的人还把鉴定结论当成证据材料，起诉厂商“召回”或赔偿，结果经常以败诉而归。机动车安全技术检验具有实时性、随机性，正像健康的人也可能在某时间段患感冒一样，不能把偶尔感冒的人一律视为不健康者看待一样。对机动车产品质量监督检验涉及“召回”和赔偿，国家质检总局没有专门的机构负责。

四、建议和呼唤移动式检测站重新归队

既然国家允许司法鉴定机构可以跨行政区域接受委托，开展执业活动，既然国家认监委认可使用便携式检验，而且仪器设备最便利、最快捷，移动式设备、移动式仪器，虽然稳定性有差距，但是起码比什么设备，什么仪器都没有，只凭“眼

看、手摸、脚踩”好得多，起码比该上线检验不上线检验准确，随着科技的发展，移动式检车设备和移动式检测仪器的不确定度会逐步缩小。两者误差几乎接近。1995 年 12 月 21 日公安部发布的 GA/T 123—1995《移动式机动车安全检测站条件》曾经对保证检验质量起到了积极地规范作用，从 2005 年笔者接受黑龙江省质监局委托，协助规范全省机动车安检机构以来多次登录公安部网站“留言板”、搜狐论坛、新华网论坛向公安部交管局咨询这个标准是否继续有效，在没有答案的情况下，还给公安部交管局杨钧局长和部领导写信咨询，至今未得到回复，说明关于移动式检测站的标准仍然有效。只要执业机构和执业人员认真地落实《司法鉴定机构资质认定评审准则（试行）》中关于确保移动式检验设备稳定性和准确度的措施，这个问题是不难解决的。

2007 年 10 月 22 日国家认监委以国认实[2007]74 号颁发的《机动车技术性能检验机构资质认定评审补充要求》第六条规定：“移动式机动车检测线（设备）申请资质认定的，应得到地（市）级以上公安交管部门和省级质量技术监督局负责机动车安全技术检验机构检验资格许可的部门的书面同意，并在规定的业务范围和行政区域内开展工作。”可见移动式检验设备和移动检测仪器，并没有被“封杀”，笔者确信随着机动车拥有量的猛增，随着政府职能的进一步转变，随着专委会科技进步步伐的加快，尤其是随着管理部门认识的升华，移动式检验设备和移动式检验仪器，不仅不会被抛弃，反而会在新的历史舞台上，在机动车常规检验和机动车特殊检验两个领域里大展身手的。移动式机动车检验站投资少，见效快，机动灵活，操作简便，即利民、便民，又节约时间，减少路途奔波的劳顿，而且更能“节能减排”，不该是时代的“弃儿”，应当成为时代的骄子。在西方发达国、家例如美国、英国、法国、瑞士、丹麦和日本等国家移动式检验相当普遍，石家庄华燕交通科技有限公司研制的移动式检车站遍及各地，在全军列编，受到全军及地方广大用户欢迎，就是最好的证明。

终上所述，在汽车文明到来的年代，机动车安全技术检验以“交通安全守护神”的身份，防止或杜绝机动车“带病”行驶，为交通安全把守第一关口；交通事故司法鉴定则以“交通事故技术法官”的身份，运用科学技术还原交通事故的真相，为交通事故责任认定和调节，为法律的公平和正义提供充分的科学证据。一个坚守“预防”的阵地，一个立足还原“真相”，一个事先防御防患于未然，一个事发后还原祸根真相，分析原因总结教训，在汽车文明时代里，都是充满无限生机的新兴行业。

截至 2009 年底，我国公路通车里程已达 382.8 万公里，机动车保有量达 1.87 亿辆，驾驶人数量接近 2 亿。到 2010 年 10 月，我国机动车保有量已达 1.99 亿辆，其中汽车 8500 多万辆，每年新增机动车 2000 多万辆；机动车驾驶人达 2.05 亿人，其中汽车驾驶人 1.44 亿人，每年新增驾驶人 2200 多万人。

虽然，公安部统计：“2009 年，全国共发生道路交通事故 238351 起，造成 67759 人死亡、275125 人受伤，直接财产损失 9.1 亿元，与 2008 年同期相比，分别下降 10.1％、7.8％、9.8％和 10.7％。其中，发生一次死亡 10 人以上特大道路交通事故 24 起，同比减少 5 起。全国万车死亡率为 3.6，同比减少 0.7”。从 2006 年起我国道路交通事故由多年的世界第一变为世界第二，而且，我国交通事故在世界的排位仍呈下降趋势，但是战斗依然未有穷期，机动车常规检验和作为交通事故司法检验鉴定主要项目之一的事故车辆特殊检验，仍然是任重道远的，不可有丝毫的懈怠情绪。

无论是从事机动车常规检验，还是担当机动车特殊检验，都是很辛苦的工作。情系人民群众安危，心系交通安全，为了人民群众出行的安全，为了使交通事故得到公平与合理的处理结果，防止类似事故重演，在检测车辆的同时，也要接受社会对从业人员检验、鉴定和监督。附图 1、图 2。

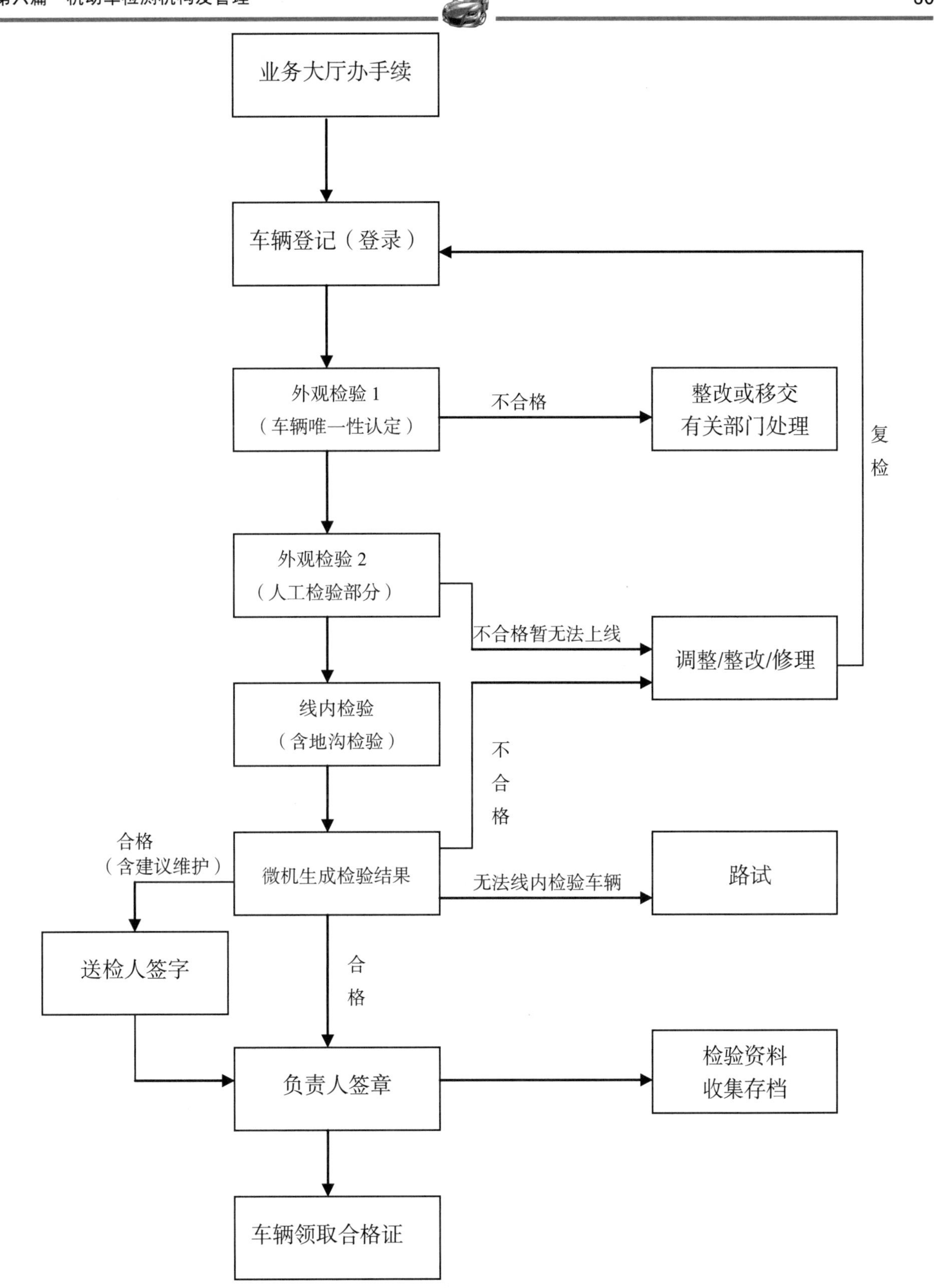

图 1　机动车辆安全技术检验流程图

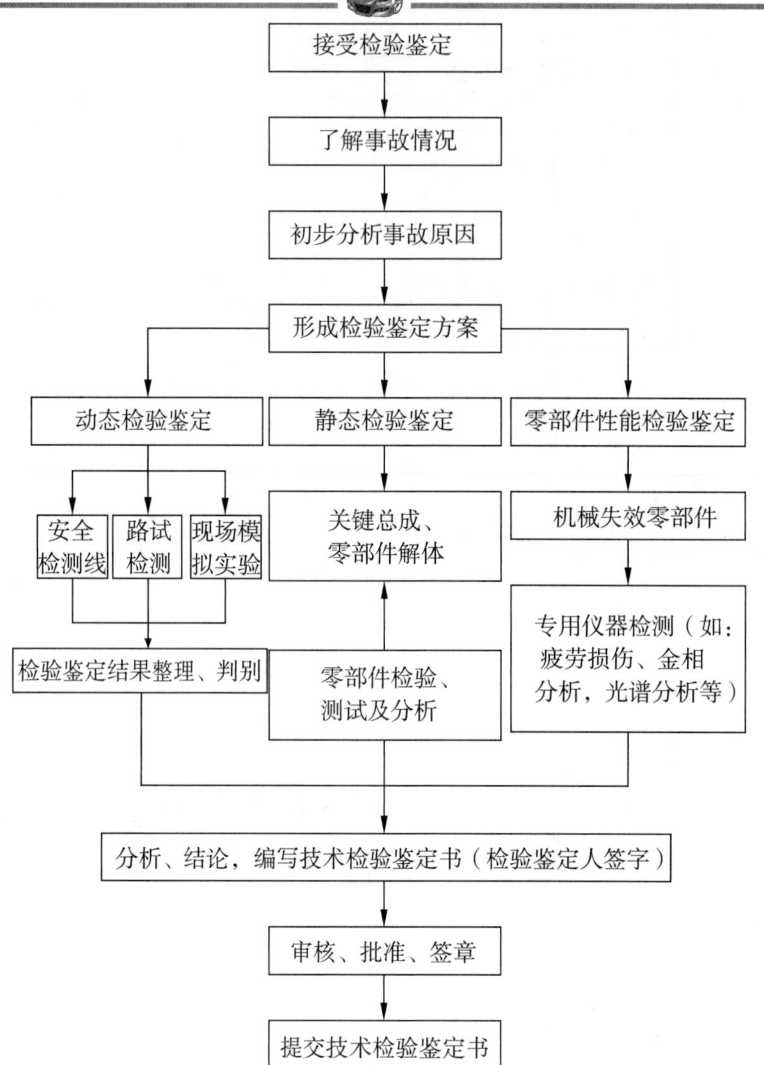

图 2 交通事故车辆检验和鉴定流程图

参考文献

[1] 1984 年至 2010 年以来国家行政管理部门颁发的文件及标准规范

[2] 机动车安全检验人员培训使用教材中国机动车安全检测技术研究会组编，公安部交通管理局审定．机动车安全检测概论．警官教育出版社，1994

[3] 中国质检协会机动车安全检验专业委员会专刊材料

[4] 中国质检协会常务理事兼机动车安全检验专委会主任王焕德有关讲话和谈话记录

[5]《汽车与安全》杂志刊登的胡炯泉、张蔚林、夏先扬、秦煜麟等人的文章

[6] 新华网、公安部网、国家质检网、司法部网、搜狐网发表的有关资料

第七篇　机动车制造业质保检测及其他

关于进一步加强道路机动车辆生产一致性监督管理和注册登记工作的通知

工信部联产业 [2010]453 号

各省、自治区、直辖市及新疆生产建设兵团工业和信息化主管部门、公安厅（局）：

为加强和规范《道路机动车辆生产企业及产品公告》（以下简称《公告》）管理，严格机动车登记工作，2008 年 11 月，工业和信息化部与公安部联合发布了《关于进一步加强道路机动车辆生产企业及产品公告管理和注册登记工作的通知》（工信部联产业 [2008]319 号）。为进一步加强《公告》生产一致性监督管理和机动车登记注册工作，现就有关事项通知如下：

一、关于加强监督管理和严格注册登记的要求

国家汽车产业主管部门根据《车辆生产企业及产品生产一致性监督管理办法》（工产业 [2010] 第 109 号，以下简称“109 号文件”），通过制定、实施生产一致性监督检查工作方案，并会同公安机关交通管理部门在生产、流通和注册登记等环节对车辆企业及产品生产一致性开展监督检查，并对违规企业及产品进行处理。

各地汽车产业主管部门要加强对辖区内车辆生产企业的监督管理，及时解决车辆生产企业及产品在生产一致性方面出现的问题，对生产一致性监督管理中发现的新情况、新问题及辖区外车辆生产企业的问题要及时报告工业和信息化部。

各地公安机关交通管理部门要按照《机动车运行安全技术条件》（GB 7258）、《道路车辆外廓尺寸、轴荷及质量限值》（GB 1589）、《机动车登记规定》（公安部令第 102 号）及《机动车查验工作规程》（GA 801—2008）等规定查验车辆，审核机动车所有人提交的有关资料，办理机动车注册登记。审核机动车所有人提交的有关资料，应包括核查和比对《公告》信息、随车配发的机动车整车出厂合格证、机动车外部彩色相片和车辆识别代号拓印膜。

对符合要求的，要收存相关资料，按规定办理机动车注册登记。对未按规定列入《公告》或超过《公告》有效期出厂、或车辆技术参数不符合有关国家标准、或车辆技术参数和相片与《公告》不一致、或车辆识别代号拓印膜和实际车辆不一致的产品，不予办理注册登记。对违规产品取证后按照《机动车查验工作规程》（GA 801—2008）记录具体信息，并录入机动车登记信息系统。

工业和信息化部、公安部在不断完善国产机动车合格证信息管理系统的基础上，将进一步增强对违规车辆产品的信息通报功能。公安部将各地公安机关交通管理部门报送的违规车辆产品信息，定期通过合格证信息管理系统通报工业和信息化部。各地汽车产业主管部门也要定期将收集到的违规车辆产品信息报工业和信息化部。工业和信息化部对违规企业及产品进行处理后，将处理意见及时反馈公安部。工业和信息化部、公安部定期向社会公布违规车辆生产企业及产品的相关情况。

自2010年10月1日起，所有轿车产品以及经工业和信息化部批准、具备生产一致性保证能力的企业生产的其他乘用车、两轮摩托车等车辆产品，在办理机动车注册登记前，不再要求进行机动车安全技术检验。但出厂后两年内未申请注册登记，或者注册登记前发生交通事故的，仍应当进行安全技术检验。

二、关于加强企业生产一致性管理的要求

车辆生产企业是保证生产一致性的责任主体，要严格按照109号文件的要求，制定并不断完善具有明确管理措施和技术手段的生产一致性保证计划和生产一致性的运行评价制度，确保生产一致性保证体系在产品设计、采购、生产、销售及售后服务等环节的有效运行。

车辆产品设计时应符合国家有关政策和标准的规定。其中载货汽车和半挂车的载货部分，不得设计成可伸缩的结构，整备质量与总质量的关系应真实合理。汽车、挂车以及组成的汽车列车外廓尺寸要符合GB 1589《道路车辆外廓尺寸、轴荷及质量限值》的规定，各类客车的设计要求要符合本通知有关规定。

车辆生产企业要严格在《公告》批准的整车产品生产地，完成整车产品的完整制造过程。委托加工或采购的侧面及后下部防护装置、载货车的车箱、各类罐体、长途客车和旅游客车的汽车行驶记录仪、车身反光标识、三角警告牌以及参展车辆等产品，必须在《公告》批准的整车产品生产地，按照国家强制性标准要求完成装配和配置后方可出厂。

企业申报《公告》时，要提供车辆主要总成和系统的相应数据。其中装备ABS防抱死制动系统的产品要提供产品生产厂家、型号，并在“其他”栏中标明；装备侧面及后下部防护装置的产品要提供完整照片和与车体相连接部位的特写照片，并在“其他”栏中标明所用材料材质和尺寸参数。

车辆生产企业要规范整车出厂合格证式样。自2011年1月1日起，汽车（不含三轮汽车和低速货车）、半挂车产品出厂配发整车出厂合格证时要随车同时配发实车车辆识别代号的拓印膜（2份）、实车拍摄的机动车外部彩色相片（2张，拓印膜和相片的样本附后）。

严禁底盘等非完整车辆在道路上行驶。

三、关于提高客车安全性的要求

为提高客车运行的安全性，有效抑制交通事故的死伤率，要进一步提高客车有关安全技术要求。具体要求是：

（一）自2011年1月1日起，新申报《公告》的卧铺客车产品应装备符合标准规定的缓速器、限速装置、防抱死制动系统和汽车行驶记录仪，车身应为全承载整体式框架结构，所有车轮均为无内胎子午线轮胎，且前轮制动系统应装备盘式制动器，发动机后置的卧铺客车产品还应装备发动机舱自动灭火装置。新出厂长途客车和旅游客车必须按规定装备汽车行驶记录仪。

（二）客车、特别是公交客车生产企业在更换或调整涉及安全、环保等性能的总成、部件时，要严格按照“同一型式判定”和“同一型号判定”的原则，开展产品设计、申报和生产，不得擅自更换总成、部件。杜绝违反生产一致性要求，指定特定生产企业和供应商的“点单式”生产方式。

（三）客车生产企业应按照上述要求对《公告》中客车产品进行清理，并将清理结果于2010年12月1日前报工业和信息化部。不符合上述要求的客车产品2011年3月31日前从《公告》中撤销，生产企业不得再生产、销售，公安机关交通管理部门不得再办理注册登记。自2011年4月1日起，生产、销售的各类客车产品均应符合本通知要求。

四、关于近期开展监督检查的工作安排

根据近期道路交通安全和车辆生产企业存在的突出问题，工业和信息化部和公安部决定将大中型客车、货车类产品的安全性能作为近期生产一致性监督检查的重点。具体部署如下：

（一）车辆生产企业要依据国家有关政策和强制性标准的规定，对已生产尚未出厂，或者已经出厂但未销售的大中型客车、重中型货车、商品车运输车和挂车类产品开展一次全面排查，其重点是产品的尺寸参数、重量参数、防护装置强度、车辆配置的反光标识和ABS装置等的符合性，以及异地配装侧面及后下部防护装置、载货车的车箱、罐体等行为。对违规产品要立即停止生产、

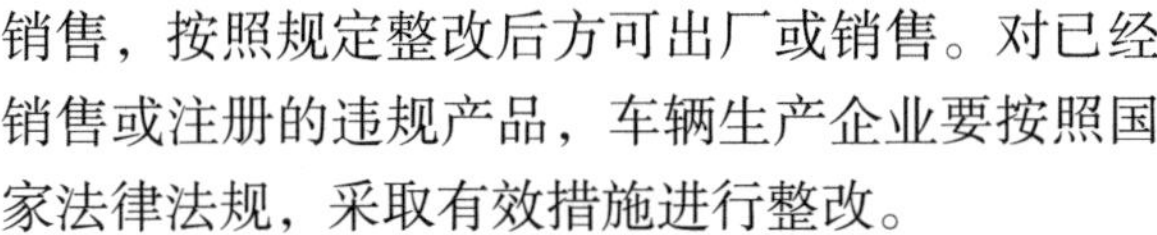

销售，按照规定整改后方可出厂或销售。对已经销售或注册的违规产品，车辆生产企业要按照国家法律法规，采取有效措施进行整改。

（二）工业和信息化部在 2010 年 12 月底前，对《公告》内车辆产品进行一次清理审查，确保《公告》内所有车辆产品符合国家标准和生产一致性的要求。对不符合有关国家标准及规定的车辆产品，一律予以撤销，并不得在撤销《公告》后以同一车辆型号再次申报《公告》。

（三）自 2011 年 1 月 1 日起，对发生重特大交通事故的车辆，汽车产业主管部门、公安机关交通管理部门要对车辆产品一致性进行专门调查。对存在产品不一致的，要对有关车辆生产厂家进行生产一致性监督检查。

（四）工业和信息化部会同公安部，将对市场管理、环保、质量、召回、交通运输等领域反映的问题逐一进行分析和处置。被确认为重点监查的违规产品，将责令车辆生产企业无条件收回，并撤销违规产品《公告》，停止上传该车型机动车整车合格证信息，停止办理该车型注册登记，暂停有关车辆生产企业申报新产品《公告》6 个月；情节严重的，撤销车辆生产企业准入许可。

（五）各地汽车产业主管部门和公安机关交通管理部门要配合做好此次监督检查工作。

工业和信息化部、公安部此前下发的相关规定与本通知不一致的，按照本通知执行。

工业和信息化部 公安部
二〇一〇年九月四日

现代汽车整车出厂检测设备的配备和选购

贾振武

随着汽车新技术的不断发展，新车型不断涌现，预测到 2015 年我国汽车市场将达到 1600 ~ 1800 万辆，今后，汽车技术将在节能环保、可靠耐久、安全舒适、电子智能、工艺材料五大技术领域发展。为造出更安全、经济、舒适的好车，很多汽车生产厂都有了超精细测量机、三座标测量机等精密测量仪器，测量精度可达到 0.001mm，可对各车型样架、车身组合检具进行精密测量，实现所有零部件和整车的精度相匹配。有些汽车生产厂还建立了汽车整车质量监察工厂（室），该工厂配备了外观检查、性能试验、道路试验、淋雨密封等各项检测，对汽车质量进行实时监察。为适应汽车工业发展的需要，各汽车生产厂新建或改造了整车出厂质量保证检测线，淘汰了常规检测设备，换上了全自动进口大型检测设备，这些设备，自动化程度高、可同时检测多个项目，检测节拍快、检测结果准确、还可以实时图示调整。使汽车整车检测更加科学、先进、准确，检测手段、管理水平又向前迈出扎实一步。

目前，汽车生产厂采用的大型检测设备有：

1. 动态测量四轮定位检验台

动态测量四轮定位检验台有接触式测量和非接触式测量两种。目前国际上采用最多的是先进的动态非接触式激光测量技术，以保证车轮定位测量的准确度，调整精度，以及测试结果的可信度。

设备测量内容：前轮前束（左 / 右）（含偏摆补偿）、前轮总前束（含偏摆补偿）、前轮外倾（左 / 右）（含偏摆补偿）、前轮总外倾（含偏摆补偿）；主销后倾（左 / 右）、主销内倾（左 / 右）、后轮前束（左 / 右）（含偏摆补偿）、后轮总前束（含偏摆补偿）、后轮外倾（左 / 右）

（含偏摆补偿）、后轮总外倾（含偏摆补偿）、推力角、车轮最大转向角。

该设备可通过实时动态测量进行动态调整，可重复测量车轮的前束及外倾，控制柜上的显示器、前方悬挂显示器及地坑中操作人员显示器对测量数据动态实时显示，并有调整提示。

本四轮定位检测设备采用非接触激光测量方式，专门用于乘用汽车批量生产线总装后整车质量的检测、调试，直至合格，其主要设计指标如下：

⑴生产效率和生产节拍：

每台车完成全部检测（不含调整）的时间：≤ 90 s；设备无故障开动率：≥ 98%。

⑵被检车辆基本技术参数：

外形尺寸：3 m ≤长≤ 6 m；1.6m ≤宽≤ 2.5m；1.4m ≤高≤ 2.5 m。

轴距：2500mm ~ 3500mm；轮距：1200 mm ~ 1800 mm。

整备质量：≤ 3000 kg 轴重：≤ 2000kg。

最小离地高度：120 mm。

⑶电源能耗：动力电：220V/380V ± 10 % 50Hz ± 2%，三相五线制。

⑷供气要求：0.4 MPa ~ 0.6 MPa 压缩空气

⑸工作环境要求：环境温度：–5℃ ~ 45℃ 相对湿度：≤ 95%。

设备主要特点：

◎ 计算机采用 Windows 操作系统。

◎ 中 / 英文界面显示。

◎ 采用两级可编程控制器（PLC）控制执行系统。

◎ 系统具有故障自诊断功能。

◎ 设备可通过时实动态测量对被检车辆进行动态调整。

◎ 具有动态标定功能。

◎ 配有 RS232 计算机接口。

◎ 在线可以同时检测 10 种不同的车型。

◎ 采用动态非接触式激光测量技术。

◎ 传感器测量系统能对轮胎侧壁的突起和字符进行修正，以得到准确之定位参数。

◎ 滚筒驱动采用滚筒内藏外转子变频调速电动机和减速器。

2. 汽车转鼓检验台

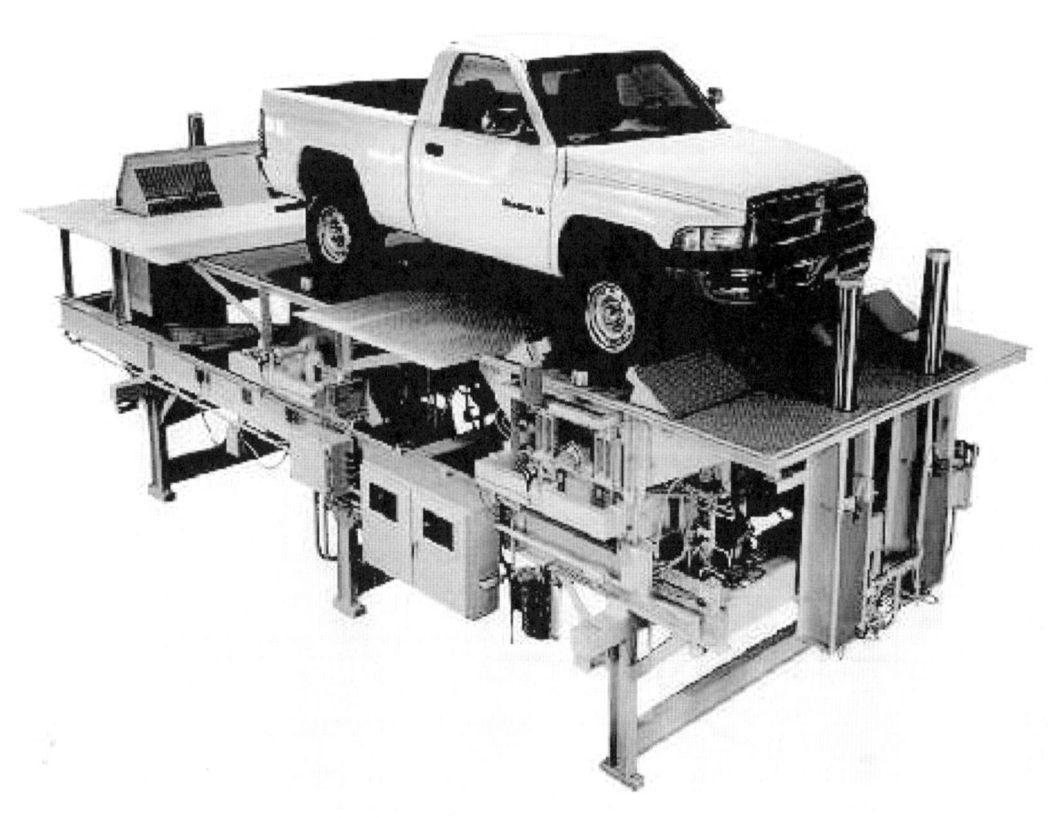

本检验台是检测轴荷在1500kg以内汽车的性能的装置。本检验台除具有一般制动检验台的各功能外，还包括有转鼓实验功能。

本检验台操作简单、检测速度快；本检验台由滚筒系统（固定滚筒组、移动滚筒组），滚筒组间距调节系统，信号采集、数据处理、控制系统和显示器部分等各部构成。

(1)特点

◎ CRT显示实时动态的中文界面。

◎ 采用可编程控制器（PLC）控制执行系统。

◎ 系统具有故障自诊断功能。

◎ 配有RS232计算机接口。

◎ 在线可以同时检测10种不同的车型。

(2)规格及技术参数

本体部分

最大允许轴重		1500 kg
滚筒规格		前、后规格相同
	直径 × 长度	Φ477.5 mm × 750 mm
	轴距	580 mm
	内宽 × 外宽（中心距）	800 mm × 2000 mm（1400 mm）
	滚筒表面	喷沙加工，表面特殊处理
	设置数量	4组
速度传感器		光电编码器　　每轮1组
滚筒锁止方式		中间举升器联动锁止固定式
中间举升器		安装在滚筒之间
	能力（单轮）	750 kg
	直径 × 举升高度	Φ185 mm × 120 mm
	设置数量	4台
第三滚筒		安装在主动滚筒的后侧
	动作方式	气动升降式
	直径 × 长度	Φ100 mm × 600 mm
轮胎导向轮		安装在滚筒的内外侧
	设置数量	16个
轴距设定方式		
	使电动缸	0.75 kW power LP2000
	移动范围	1800 mm ~ 2800 mm
	移动速度	可达60 mm/s
	停止精度	± 1 mm
	设定方式	手动任意设定、自动10位置
		设定并用式
	自动设定点	10位置→ A.B.C.D.E.F.G.H.I.J
	设定点固定方式	气动锁止固定式
	气缸直径 × 移动长度	Φ100 mm × 50 mm
	设置数量	2组

显示器

安装方式	吊挂式
显示方式	21英寸彩色CRT

控制系统

安装方式	地面自立式安装
长 × 宽 × 深	2000 mm × 1800 mm × 500 mm
安装数量	1座
供给电源	AC380V，3相，50Hz
	380V/100V变压器内置
控制方式	可编程控制器（PLC）（三菱：A2USHCPU）
表示方式	模拟RGB输出总成
标准设定方式	触摸屏方式

滚筒的惯性

滚筒的惯性4轮合计共计约1000kg（单轮约相当于250kg），另配惯性飞轮组。

(3)测试项目及方法

① TEST模式

◎ TEST模式：通用的「转鼓实验台」的TEST模式，速度表＋制动力测试（MULTI TESTER）模式切换选择各测试项目均独立完成，也可进行任意组合。

◎ 模式选择方法：在初始时设定。

◎ TEST模式设定：操作人员可直接进行选

择 TEST 项目和 TEST 顺序的设定。

②测试范围

速度测试计测：0 ~ 160km/h（最小显示：1km/h）（最高速度为 200km/h）

③速度表检测

◎ 测试点：40km/h、40mile/h 或者 120km/h。

◎ 记录保持：可以记录并保持申报点的值（轴平均）。

◎ 合否判定：根据不同的车型设定判定值。

◎ 速度检出：取被驱动轮侧的左右平均值。

④里程表测试

◎ 测定 表示测试累积的行走距离。

◎ 判定 引车员读取里程表的数值进行判定。

◎ 距离 检出各滚筒装有编码器。

⑤ 4WD 测试方式

4 个车轮的滚筒脱离，选择任意的速度点，根据各滚筒的速度差演算后进行和否判定。

⑥测试结果的记录保存和输出

记录输出并传送给服务器（SERVER）。

⑷计量规格

滚筒直径：基准值的 ±1%。

速度显示精度：速度显示计 ±0.05% +1dig。

蜂鸣器 ±1% +1dig 蜂鸣器可在模拟测试 40km/h、60km/h、80km/h 时校正。

编码器精度：滚筒转动 1 周时，编码器的输出脉冲数值可在 CRT 上显示确认。

显示计精度检查：从 SEQUENCE 输出模拟信号，可进行显示计的显示精度校正。

3. ABS 制动检验台

该设备用来对汽车装配线的下线车辆进行 ABS 和制动性能测试。

⑴测试内容

①行车制动力测试（包括阻滞力测试，制动力测试，制动力平衡，总制动力，踏板力等）；

②驻车制动力测试（含手柄力测试）；

③ ABS 功能测试。

⑵设备技术参数

①轴距范围：2200 mm ~ 3000 mm；

②轮距范围：1200 mm ~ 1600 mm；

③滚筒直径：200mm。

④最大承载轴重：1500 kg/axle；

⑤举升装置：气缸；

⑥电机：5 kW × 4 Sets；

⑦制动力测量范围：0 ~ 10kN；

⑧轴重测量范围：0 ~ 1000kg；

⑨测量精度：2%；

⑩制动力测试速度：2.5km/h ~ 8km/h 可设；

⑪ ABS 测试速度：2km/h ~ 20km/h 可设。

⑶系统功能描述

制动测试台用来进行制动力的检测、ABS 系统检测。设备复合了轴重检测功能。

①制动性能测试（含轴重检测）

本试验台通过低速反力式方式检测车轮的制

动力，检测速度范围可设，一般在2.5km/h ~ 8km/h。

每个车轮的制动力测试；

每个轴的左右轮制动差测试；

每个车轮的阻滞力检测；

驻车制动力测试；

踏板力和手拉力测试。

② ABS 系统测试

ABS 通讯初始化。

ECU ID 读取，清除错误信息。

I/O 测试，如制动踏板信号测试，警告灯测试等。

在测试过程中，扫描 ECU 的错误。

ABS 传感器测试。

包括联线交叉测试，传感器存在测试，轮速传感器间隙测试，信号质量测试。

这些测试是在各车轮被电机带动滚筒依次旋转的条件下进行的，计算机通过 ECU 自动读取对应转动车轮的转速值，看该转速值是否稳定，是否与滚筒真实转速一致，进而判断 ABS 系统车轮转速传感器是否正常工作，是否有连线错误，间隙是否正常。

③ ABS 泵和阀的测试

通过制动力的建立和释放，检查 ABS 系统阀和泵是否正常工作。

这种 ABS 的动态检查是在滚筒车轮转动以及操作员半踩制动踏板的情况下进行的，计算机通过 ECU 发布命令，命令各车轮对应的泵和阀做相应的开启和关闭（如入液阀关闭，出液阀开启），使得该车轮制动压力降低，保持，再升高，计算机再通过测量计算该车轮制动力的 reduction ratio 以及 recovery rate，从而检查出 ABS 各泵和阀是否功能正常，是否有连线错误。具体测试流程需参考 ABS 供应商资料后协商制定。

④节拍时间

约 60 s。

⑤数据联网能力

本设备可以从工厂网络系统获取车型信息，同时可以按照用户的要求将检测结果发送到工厂网络系统数据库中。

⑥设备构成

1 套设备框架（浅基坑，无支撑腿）；

4 套双滚筒和制动力测量单元；

4 套举升装置以及轴重测量单元；

1 套轴距调整单元；

4 个驱动电机以及变频控制器；

1 套电气控制柜带有 PLC 和 PC；

1 套车辆进入工作站，包括条码扫描器和键盘等；

1 套驾驶员操作面板；

1 个 29 寸驾驶员信息悬吊显示器；

1 套制动力标定装置；

1 个踏板力计以及 1 套手拉力计。

⑦设备部件—机械部分

制动滚筒：

粘沙滚筒：干态附着系数 0.85；

滚筒外径：直径 .200 mm；

滚筒中心间距：400 mm。

滚筒刹车，采用制动电机，便于车辆的开进和开出。

电机：

电机电源：AC 380 V/3 Phase/50Hz；

功率：5 kW。

4 个滚筒各有独立的驱动电机。

举升装置：

采用气缸操作，便于车辆的开入开出；

集成轮重测量单元，可以独立测试各车轮的轮重。

轴距调整单元：

交流电机和电机变频控制器。

该轴距调整系统为链条驱动，线形位移传感器反馈位置信息。

轴距调整的精度为 ±1mm，调整速度为 125mm/s。

制动测量单元：

反力臂；

压力传感器。

标定装置：

杠杆式静态制动力标定装置，可以对制动力测量机构进行校正。

4. 龙门式前照灯检测仪

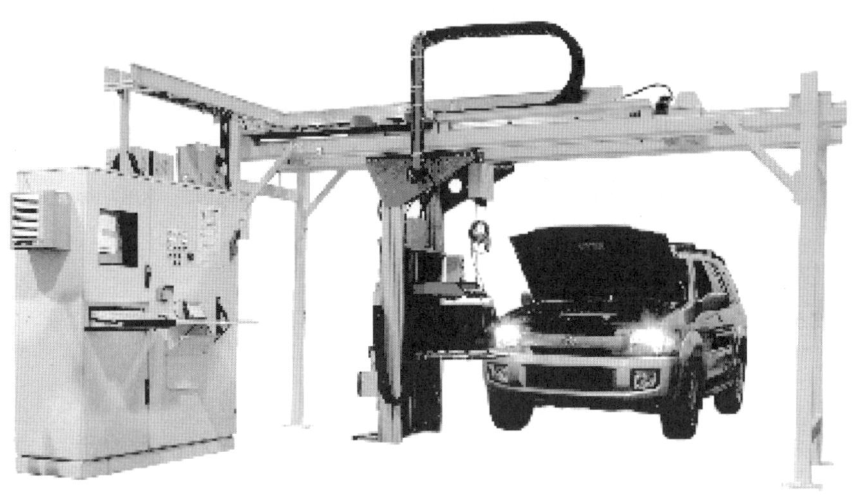

(1)灯光检测参数

项目内容			单位	参数		
单灯远光发光强度			cd	＞18000	＞18000	＞18000
远光光轴	左右偏	左 灯	(°)	左偏< 40′	左偏< 40′	左偏< 40′
				右偏< 55′	右偏< 55°	右偏< 55′
		右 灯		≤ 1°	≤ 1°	≤ 1°
	下偏	左 灯		3′ ~ 48′	3′ ~ 48′	3′ ~ 48′
		右 灯		3′ ~ 50′	3′ ~ 50′	3′ ~ 50′
单灯近光发光强度			cd			
近光光轴	左右偏	左 灯	(°)	≤ 35′	≤ 35′	≤ 35′
	下偏	右 灯		≤ 35′	≤ 35′	≤ 35′
		左 灯		30′ ~ 1°20′	30′ ~ 1°20′	30′ ~ 1°20′
		右 灯		30′ ~ 1°20′	30′ ~ 1°20′	30′ ~ 1°20′
雾灯发光强度			cd			
雾灯光轴			(°)			

注：雾灯目前要求测出数据，但对数据无具体要求。

(2)检测范围和精度

检测项目			单位	检测范围	检测精度	重复性精度
单灯远光发光强度			cd	0 ~ 40000	≤ 12%	≤ 12%
远光光轴	左右偏	左 灯	(°)	左偏 50cm/10m	≤ 2cm/10m	≤ 2cm/10m
				右偏 50cm/10m	≤ 2cm/10m	≤ 2cm/10m
		右 灯		50cm/10m	≤ 2cm/10m	≤ 2cm/10m
	下偏	左 灯		50cm/10m	≤ 2cm/10m	≤ 2cm/10m
		右 灯		50cm/10m	≤ 2cm/10m	≤ 2cm/10m
单灯近光发光强度			cd	0 ~ 40000	≤ 12%	≤ 12%
近光光轴	左右偏	左 灯	(°)	50cm/10m	≤ 2cm/10m	≤ 2cm/10m
		右 灯		50cm/10m	≤ 2cm/10m	≤ 2cm/10m
	下偏	左 灯		50cm/10m	≤ 2cm/10m	≤ 2cm/10m
		右 灯		50cm/10m	≤ 2cm/10m	≤ 2cm/10m

(3)设备组成

测量灯头：

①测量灯头用一个 CCD 摄像头处理和分析前照灯的图像；

②前照灯的光线先经过测量灯头的直径为 293mm 的大透镜聚光后，再经过灯头后部的反射

后进入摄象机镜头；

③在测量头的上表面有发光管显示被测车灯类型，系统错误，以及被测车灯的偏转位置；

④测量灯头上部具有不同灯光测试结果显示的能力，用绿色显示合格，红色显示不合格；

⑤大的凸透镜可以补偿 2in 左右范围的位置定位误差。

自动 X-Y 定位系统：

①自动定位系统将测量灯头自动定位到预设的位置；

②测量灯头的水平和垂直移动都是通过伺服电机控制，根据车灯位置的不同可以迅速编程设定；

③在测量灯头运行导轨上有一个光电开关，保证有车或其他物体挡住测量灯头的运动时，测量灯头不会移动，这提供了额外的安全保证；

④带有蜂鸣器的交通灯将提示操作员，测量节拍已经完成；

⑤垂直支撑臂用轻型铝合金材料制成，可以减轻重量，提高定位的精度以及耐久性；

⑥垂直定位系统是通过伺服电机和球形螺栓驱动；

⑦水平定位系统是通过伺服电机和正时皮带驱动。

视频处理计算机：

①集成计算机和照相机图像的显示通过视频处理计算机完成；

②该视频处理计算机放置在控制柜内；

③视频处理计算机为中文显示；

④一套液晶彩色显示器 17″，显示额定值，测量值和调整操作提示等，显示为中文显示；

⑤液晶彩色显示器屏幕角度位置可调，易于操作。

标定设备：包含激光器、四轮定位标定架上的支架以及激光器电源，激光标定提供精确的位置标定。

验证光源：在灯光仪的架子上，每个测试周期结束后，返回归零位置时对灯光仪起一个验证作用，它不是一个标定工具，但它可以验证灯光仪是否处于功能完好状态。

灯光测试软件：

①该软件基于 Windows2000，通过标准软件包可以进行公差设定；

②所有的测量和标定功能都基于菜单操作，方便日常使用和维护工作；

③软件让工厂可以选择测量方法是“hot spot” balance 还是“fractional” balance，不仅可以选择测量方法，还可以选择单独测试点的位置和强度百分比；

④具备完备功能的数据库，可以存储原始数据及图像输出；

⑤具备微软的 Microsoft Access 数据库，可以存储不少于 10000 辆车的检测数据，每条记录内容含车辆身份匹配 VIN 代码及车辆类型、通过日期、通过时间、预设数据和最终测量数据，升序或者降序，十进制的号码柱状图和 X- 轴图、R 形图图像存储功能等；

⑥可以选择多达 99 种不同的车型选择；

⑦调整误差可显示；

⑧所有参数的选择和修改都是通过菜单选择进行；

⑨在主菜单中可以方便地选择全自动，单项自动，手动方式；

⑩手动操作模式下，可以很方便地操纵测量灯头的位置，关闭开启验证光源；

⑪独有的灯光仪设定向导，可以很方便地引导操作员进行新的前照灯的设定，输入下面参数：公差设置 - 标称值，数据单位设置为毫米，不同灯光总成的定位参数以及伺服电机的运行参数等，每个车灯和车辆的视频设定，摄像机输入、视频放大、白度等级、黑度等级、图像显示、灰度标尺、曲线、图形叠加、光谱图形；

⑫在测试过程中显示动态图象：启动 / 关闭学习模式，光强合格 / 不合格标准；

⑬技师，操作员，网络管理员，多重密码保护；

⑭诊断应用程序屏幕，带有日期、时间、标记的错误信息；

⑮与车轮定位台通过以太网通讯，车型识别通过车轮定位台条码系统识别，条码系统发生故障时，可通过前照灯仪的计算机键盘输入。

5. 稳态工况法汽车排气检测系统（ASM）

(1)设备功能及用途

向驱动轮施加一定的负荷来模拟汽车道路行驶阻力，采用稳态工况法检测汽车尾气排放并具有双怠速法检测尾气排放。

满足 GB 18285—2005《点燃式发动机汽车排气污染物排放限值及测量方法（双怠速法及简易工况法）》标准要求。

具有系统日常标定、分析仪检定、测功机检定、系统自诊断、检测数据查询、等功能。

满足欧Ⅲ标准，并能够升级满足欧Ⅳ标准（将来升级是免费的，政策性的增加硬件除外）。

主要构成 底盘测功机 轴荷 3000 kg，排气分析仪，检测控制系统，司机助 19″ 液晶显示器及金属支架小车，控制工作台及计算机，17″ 液晶显示器，打印机，安全装置 垫块，地锚，拉紧带等。

(2)设备技术参数

测量数据由显示器可时时显示（CO、HC、CO_2、O_2、NO 浓度，λ 值）

测量范围：

CO：0% ~ 14%（10–2）vol

HC：0% ~ 10000×10^{-6}（10–6）vol

CO_2：0% ~ 18（10–2）vol

O_2：0% ~ 25%（10–2）vol

NO：0% ~ 500×10^{-6}（10–2）vol

示值误差

CO：±0.02% vol（绝对误差）

或 ±3%（相对误差）

HC：$\pm 4 \times 10^{-6}$（绝对误差）

或 ±3%（相对误差）

CO_2：±0.3% vol（绝对误差）

或 ±3%（相对误差）

O_2：±0.1% vol（绝对误差）

或 ±5%（相对误差）

NO：$\pm 25 \times 10^{-6}$（绝对误差）

或 ±4%（相对误差）

分辨力：

CO：0.01% vol

HC：1×10^{-6}

CO_2：0.01% vol

O_2：0.01% vol

NO：1×10^{-6}

商用车ABS复合制动检测台研究与应用

蒋治成 钱新恩 李贵荣

摘要：随着汽车防抱死制动系统（简称ABS）的广泛应用，商用车ABS装配正确性的检测变得越来越重要。本文介绍了ABS复合式制动检测台体的实现方法，论述了通过对制动台滚桶的启停运行和ABS功能操作的组合控制，依据对相应制动台检测数据和ABS ECU通讯信号的分析，检测平台系统完成ABS装配正确性及功能完好性检测的原理和过程。

关键词：防抱死制动系统（ABS）；检测台体；装配正确性；功能完好性

1 引言

随着我国汽车产业的飞速发展，汽车装备ABS防抱死制动系统已越来越普及。过去主要在乘用车上装备ABS，近年来国内商用车也开始装备ABS。国家在2004年10月颁布GB 7258—2004《机动车运行安全技术条件》标准规定："总质量大于12 000 kg的长途客车和旅游客车、总质量大于16 000 kg允许挂接总质量大于10 000 kg的挂车的货车及总质量大于10 000 kg的挂车必须安装符合GB/T 13594规定的防抱制动装置。"根据GB 7258—2004的要求，东风汽车有限公司商用车公司在对整车检测线进行更新过程中，相应的需要增加ABS装配正确性的检测。如果完全采用进口设备则要花费大量的资金。经过大量的调查和对进口设备及其功能分析，采用了将传统的反力式制动检测台体加以改进，增加控制系统功能的方法来实现对ABS的检测。这样既进行了常规的制动检测，也完成了商用车ABS制动系统出厂检测，达到了高效、经济的要求。本文主要介绍该方法的工作原理和相关实现技术。

2 系统设计分析

2.1 ABS检测平台系统框图

ABS检测系统由计算机、适配器、ABSECU、汽车和商用车ABS制动检测台五部分组成，其工作原理如图2-1所示：

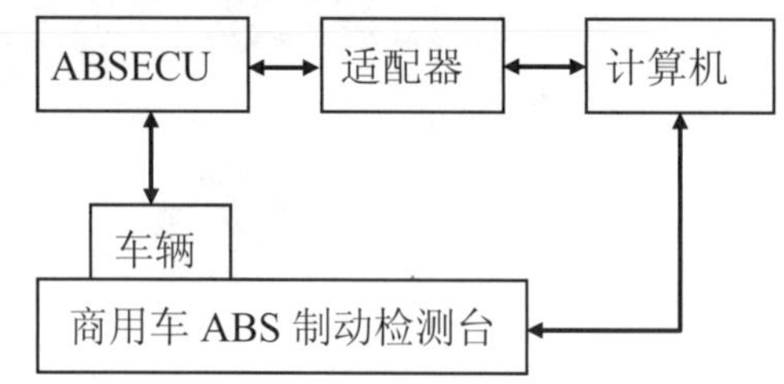

图2-1 ABS检测平台系统框图

常规制动台体滚筒线速度为2.5km/h。ABS车轮传感器检测需在车速大于5km/h的情况下进行。复合式制动检测台体是由常规制动台体改造而成，滚筒线速度由原来的单速改进成双速2.5km/h和5km/h。低速作为常规制动力检测，高速作为车轮传感器检测，分别由程序控制。商用车ABS制动检测台包括复合式制动检测台体和其控制系统，用于商用车出厂前ABS制动系统装配正确性的检测，以保证汽车出厂时ABS制动系统能正常工作。然而ABS的制动性能以及与车辆的匹配性能在其产品出厂阶段已经检测完成，不属本ABS制动检测台的检测范畴。因此ABS装配正确性检测项目如下：

（1）ABS的电控单元（简称ECU）静态测试

ECU ID号、出厂号读取，故障信息读取与清除，电源电压读取等。

（2）车轮转速传感器测试

检测转速传感器是否工作正常，转速信号质量是否合格，传感器间隙是否合适，是否有装配错误（连线是否正确），是否有线束损坏情况。

（3）阀的动态测试

系统检测泵，阀的工作是否正常，以及工作的可靠性如何（是否有动作不可靠的情况）；是否有装配连线，管路连线错误。

2.2　检测原理和方法

要完成上述检测，首先要根据ABS通信协议，计算机通过适配器与ECU进行通信联络。对于静态测试可在不需动车的情况下进行，计算机直接读取相关信息。对于动态测试需在单独驱动某个车轮的情况下进行。本检测线借助商用车ABS制动检测台实现对某个车轮的单独驱动。

动态测试具体方法简述如下。通过制动检测台，使汽车某轴左、右轮分别高速启动（5km/h），由计算机读出ECU的左、右轮速度单元的值、轮速传感器的感应电压值，可知传感器间隙是否合适，是否有装配错误（连线是否正确），是否有线束损坏等情况。例如：右轮启动，但无感应电压值，则可能为连线错或线束损坏。

通过制动检测台，使汽车某轴左、右轮分别低速启动（2.5km/h），司机轻踩刹车，由计算机向ECU发左、右阀动命令，然后测左、右轮的制动力，就可知阀的工作是否正常以及工作的可靠性如何（是否有动作不可靠的情况），是否有装配连线及管路连线错误等。例如：向ECU发左阀动命令，但左轮无制动力改变，则可能为连线错、管路连线错误或左阀不工作。

2.3　ABS检测与整条检测线的信息交互方式

（1）ABS检测与整车检测联网系统的信息交换

整车检测联网系统控制着整条检测线的检测过程和检测项目，如果需要进行ABS检测，由联网系统发送被检测汽车ABS安装分布信息，信息以文件方式发送到工控机的指定位置，格式如下：

ABS分布按4轴设定，若该轴装有ABS，取值1，否则为0，ASR取值为2，没有时为X。ABS分布示例数据如：1101、2201、1110、11XX。

ABS检测结束后将结果存放到指定位置，待整车检测结束后由联网系统将结果数据取走。

（2）ABS检测与制动台的信息交换

商用车ABS制动检测台既进行常规制动检测，也进行ABS装配正确性检测。常规制动检测和ABS装配正确性检测分别由制动检测程序和ABS检测程序完成。这两个程序同时安装在制动检测台计算机上运行，检测程序之间采用文件交换数据，以制动检测程序为主导。当被检车辆装有ABS时，制动检测程序产生StartAbs.txt文件，启动ABS检测。交换数据格式如下。

数据项	ABS /ASR 轴分布字段	当前轴号	ABS 合格标识	ABS 检测信息
传递方向	→	→	←	←
类型	字符	字符	字符	字符
结构	字符位置对应轴位置			字符串
长度（位）	4	1	1	
值域说明	0 ABS 不检测 1 ABS 检测 2 ABS/ASR 检测 X 无轴	数值代表当前轴号	0 合格 1 不合格 2 故障	传感器信息 阀信息

3 系统功能模块设计

根据系统功能可以将ABS检测分解成几个模块分别进行应用程序设计，如图3-1所示。

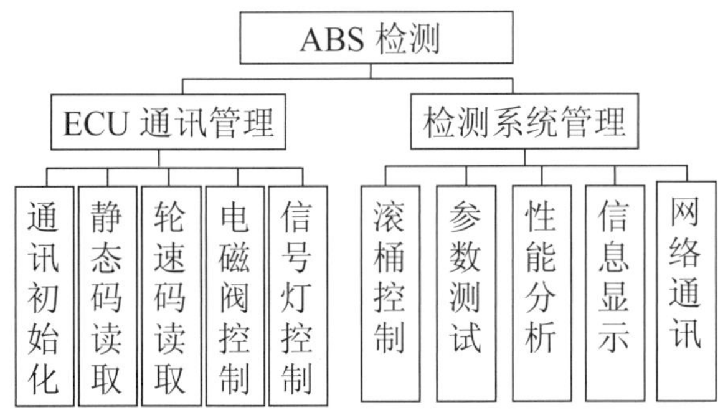

图3-1　ABS检测系统功能模块图

3.1　ABS装配可靠性和车辆制动性能检测系统检测流程

（1）车轴到位检测

制动检测程序检测车轴到位后，根据车型做如下工作：

a）车轴有ABS且是第一轴时，提交含ABS /ASR轴分布字段文件和StartABS.txt文件，显示“一轴到位，连接ABS电缆”。

b）车轴有ABS但不是第一轴，提交StartABS.txt文件，显示“i轴到位”。

c）车轴无ABS，显示“i轴到位”，制动检测程序进行常规检测。

（2）ABS 测试

ABS 程序根据 ABS/ASR 轴分布字段、StartABS.txt 和 ABS 连结好信号，启动相应的测试，进行车轮速度传感器检测、电磁阀检测。

a）ABS 测程序窗口最大化、制动检测程窗口最小化；通讯初始化（ABS 连结好信号）。

b）启动高速电机，检测轮鼓速度，当速度达到额定转速 5kph 时开始进行速度传感器检测。检测完成后，关闭高速电机，启动低速电机（2.5kph）。

c）判别电磁阀装配正确性及功能完好性。

d）电磁阀检测完成后，并删除 StartABS.txt、生成 EndABS.txt。

e）若当前 ABS 轴数等于 ABS 总轴数，删除 ABS/ASR 轴分布字段，提交检测结果数据文件。

f）若遇到终止检测信号，终止 ABS 检测，删除 StartABS.txt、生成 EndABS.txt，提交检测结果数据文件。

（3）制动检测

a）制动检测程序窗口最大化、ABS 检测程序窗口最小化。

b）阻滞力检测、制动力检测。

c）若当前检测轴不是最后检测轴，转到（4）（检测下一轴）。

d）若当前检测轴是最后检测轴，转到（5）（检测完毕）。

（4）检测下一轴，重复上述过程。

（5）整车检测完毕，制动检测程提示拔下 ABS 插头，并完成检测完毕的相应工作。

3.2 ABS 检测程序结构

（1）计算机与适配器通讯采用 MsCom 控件，串口在应用程序目录 AbsConfig.ini 文件中配置。

（2）通过定时器定时检测 ABS 检测启动标志文件是否存在。

（3）检测主程序 CAbsCheckDlg 类，相关动态链接库。

（4）ABS 检测程序框图，如图 3-2 所示。

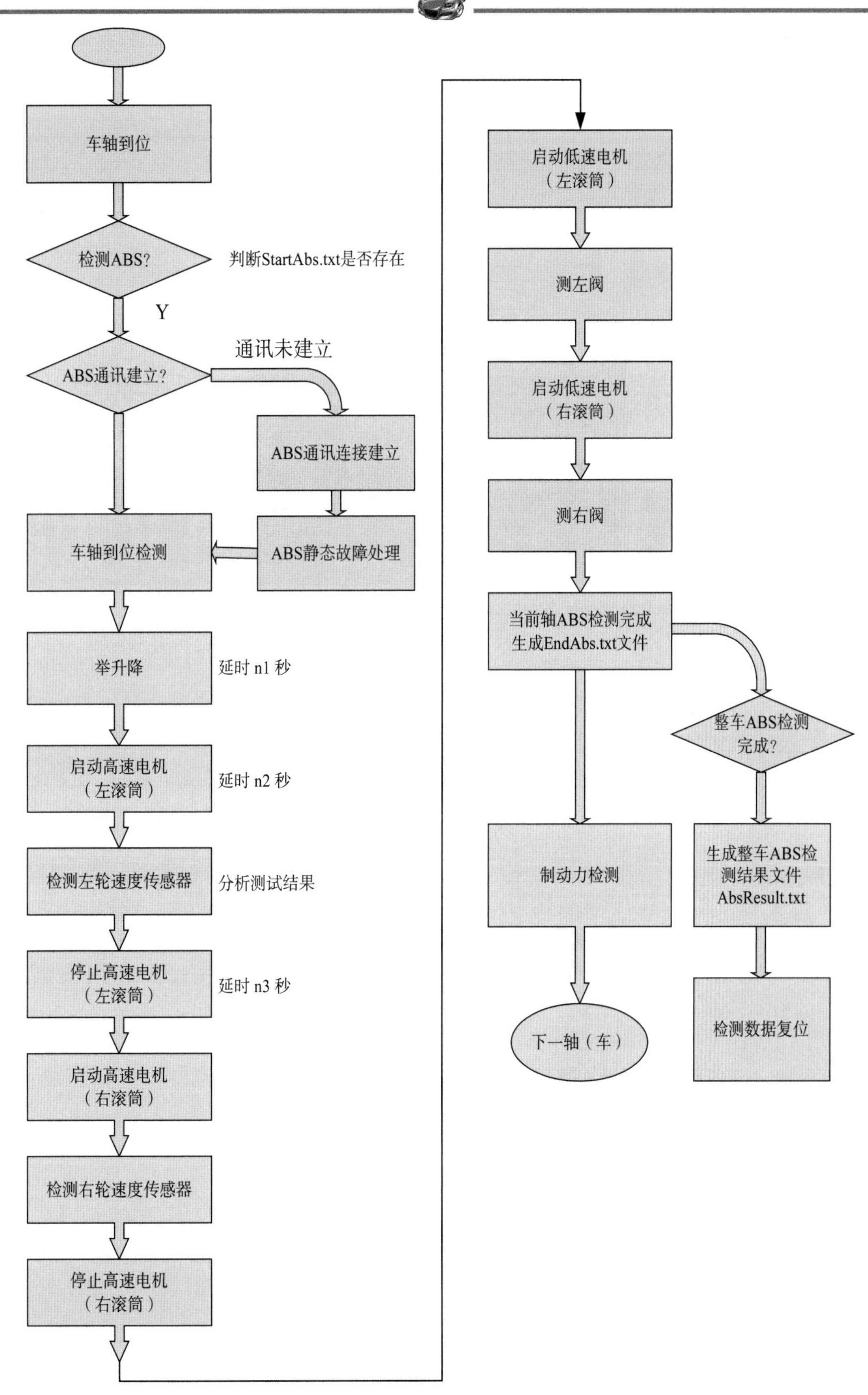

图 3-2　ABS 诊断检测系统流程

4　系统实现

系统主窗体如图 4-1 所示。检测人员可以通过点击工具栏进入相应功能。屏幕上给出数字和曲线显示，供监视和调试。采样数据进入数据库，通过程序自动判断 ABS 的情况，根据用户需求给出结果显示和打印报表。

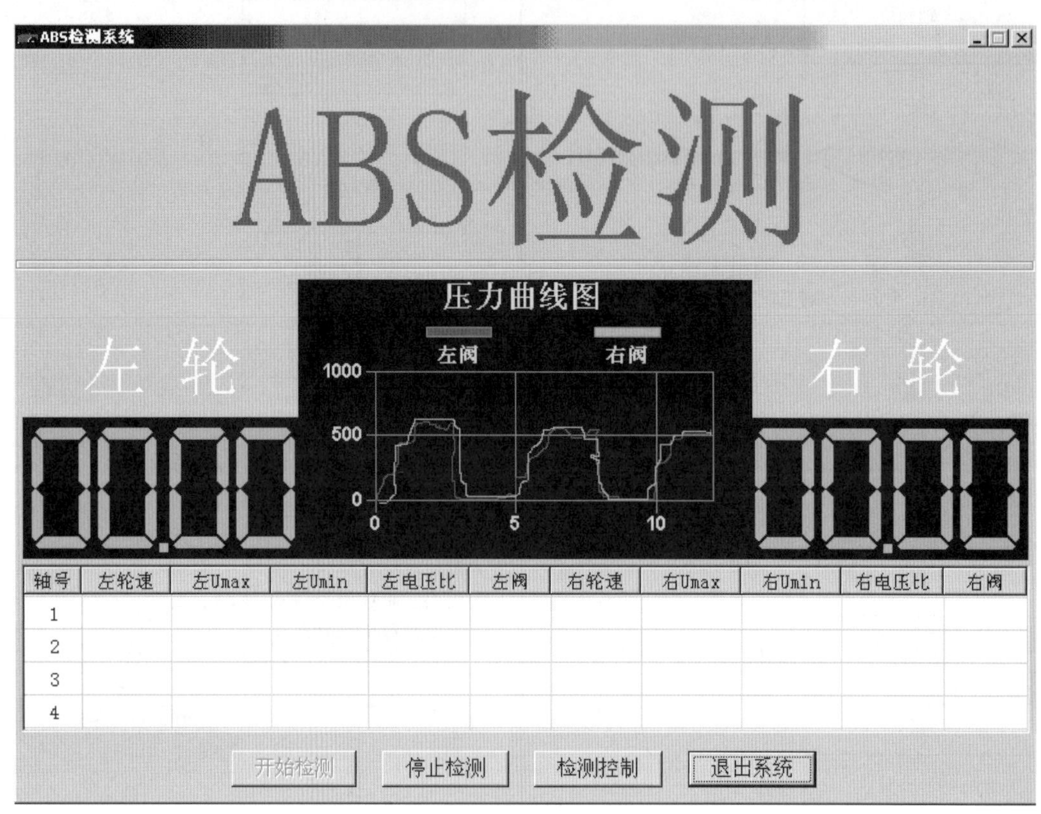

图 4-1　系统主窗体

5　结论

通过将传统的反力式制动检测台体加以改进，满足了检测 ABS 的需要；根据制动台的检测数据和 ABS ECU 通讯信号的分析，实现了 ABS 装配正确性的检测；ABS 系统诊断软件采用模块化结构开发，人性化人机对话界面设计，具有功能模块简明清晰、试验操作简单方便等优点。该系统已在东风汽车公司整车检测线上投入生产运行。

参考文献

［1］袁丁，傅一平等 . Visual C++ 6.0 精彩实例详解 . 北京：机械工业出版社，2003.10

［2］李朝辉 . 汽车电器及电子设备 . 重庆：重庆大学出版社，2004

第八篇　机动车尾气排放检测

2009 年全国机动车污染物排放量情况

前　言

2009 年，为应对国际金融危机、确保经济平稳较快增长，国家出台了一系列促进汽车、摩托车消费的政策，有效刺激了汽车消费市场，汽车产销呈快速增长态势，中国首次成为世界汽车产销第一大国。2009 年，汽车产销量分别达到 1379.1 万辆和 1364.5 万辆，同比增长 48.3％和 46.2％。

2009 年，全国机动车保有量接近 1.7 亿辆，同比增长 9.3％。其中，汽车占 36.6％，低速汽车占 7.8％，摩托车占 55.6％。与发达国家（美国、日本）相比，我国的汽车保有量并不高，摩托车保有量超过半数，仍占主导地位。按车型分类，载客汽车占 78.0％，载货汽车占 22.0％；按燃料分类，汽油汽车占 81.3％，柴油汽车占 17.7％，燃气汽车占 1.0％；按排放标准分类，国 I 前排放标准的汽车占 17.1％；国 I 排放标准的汽车占 25.7％；国 II 排放标准的汽车占 31.8％；国 III 及以上排放标准的汽车占 25.4％。与欧洲情况不同，我国近八成的汽车为汽油载客汽车，达到不同阶段排放标准的汽车比例接近。1980 年—2009 年，全国汽车保有量年均增长率为 12.6％；2000 年—2009 年，全国摩托车保有量年均增长率为 9.6％；而低速汽车保有量近年呈下降趋势，与国家政策引导农民购买轻型载货汽车有关。

2009 年，全国机动车排放污染物 5143.3 万吨，其中一氧化碳（CO）4018.8 万吨，碳氢化合物（HC）482.2 万吨，氮氧化物（NO_x）583.3 万吨，颗粒物（PM）59.0 万吨。汽车成为机动车污染物总量的主要贡献者，其排放的一氧化碳（CO）和碳氢化合物（HC）超过 70.0％，氮氧化物（NO_x）和颗粒物（PM）超过 90.0％。按车型分类，全国载客汽车一氧化碳（CO）和碳氢化合物（HC）排放量明显高于载货汽车，其中小型载客汽车贡献率最大；而载货汽车排放的氮氧化物（NO_x）和颗粒物（PM）明显高于载客汽车，其中重型载货汽车是主要贡献者；按燃料分类，全国汽油汽车一氧化碳（CO）和碳氢化合物（HC）排放量明显高于柴油汽车，超过排放总量的七成以上；而柴油汽车排放的氮氧化物（NO_x）接近总量的六成，颗粒物（PM）超过九成以上；按排放标准分类，占汽车保有量 17.1％的国 I 前排放标准汽车，其排放的四种主要污染物占总排放量的 50％以上；而占保有量 25.4％的国 III 及以上排放标准汽车，其排放量还不到总排放量的 6％。由此看出，实施严格机动车排放标准的减排效果十分显著。1980 年—2009 年，全国汽车污染物排放量呈逐年上升的趋势，1980 年—2000 年，污染物排放量与汽车保有量呈线性关系增长；2000 年后，污染物排放量增速有所减缓，这与不断实施严格机动车排放标准和淘汰高排放的“黄标车”有关。

经过近 30 年的发展，我国机动车污染防治体系和监管能力基本形成，相关法律、法规、标准体系不断完善，新生产机动车、在用机动车和车用燃料环保管理制度基本建立。

1 机动车污染物排放量现状

2009 年全国机动车一氧化碳（CO）排放量为 4018.8 万吨，与 2008 年相比增长了 1.7％。其中汽车排放 3110.7 万吨，占 77.4％；低速汽车排放 16.2 万吨，占 0.4％；摩托车排放 891.9 万吨，占 22.2％。

2009 年全国机动车碳氢化合物（HC）排放量为 482.2 万吨，与 2008 年相比增长了 0.9％。其中汽车排放 358.9 万吨，占 74.1％；低速汽车排放 17.9 万吨，占 4.1％；摩托车排放 105.4 万吨，占 21.8%。

2009 年全国机动车氮氧化物（NO_x）排放量为 583.3 万吨，与 2008 年相比增长了 5.4%。其中汽车排放 529.8 万吨，占 90.0%；低速汽车排放 45.4 万吨，占 8.6%；摩托车排放 8.1 万吨，占 1.4%。

2009 年全国机动车颗粒物（PM）排放量为 59.0 万吨，与 2008 年相比增长了 0.3%。其中汽车排放 56.1 万吨，占 94.4%；低速汽车排放 2.9 万吨，占 5.6%。汽油、燃气汽车和摩托车排放的颗粒物（PM）本次未计入。

2009 年全国机动车污染物排放量和排放分担率见图 1。

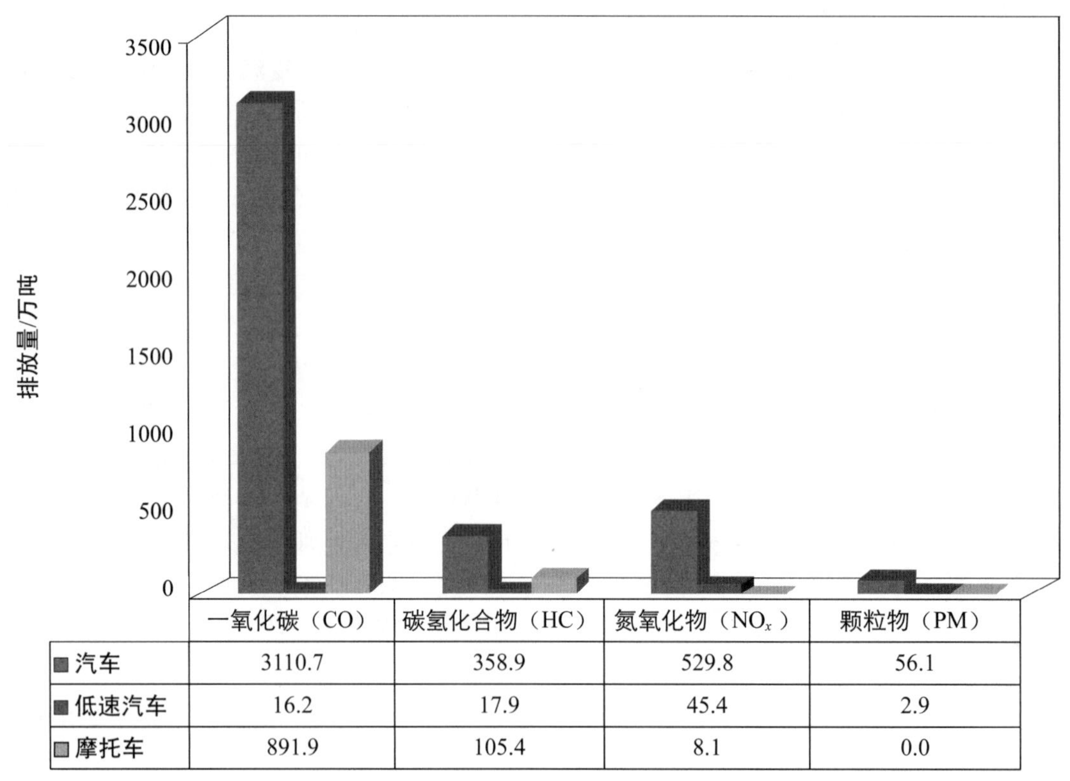

	一氧化碳（CO）	碳氢化合物（HC）	氮氧化物（NO_x）	颗粒物（PM）
汽车	3110.7	358.9	529.8	56.1
低速汽车	16.2	17.9	45.4	2.9
摩托车	891.9	105.4	8.1	0.0

图 1　2009 年全国机动车污染物排放量

1.1　按燃料类型划分的汽车污染物排放量

2009 年全国汽油汽车一氧化碳（CO）排放量为 2659.1 万吨，排放分担率为 85.5%；柴油汽车排放量为 400.1 万吨，排放分担率为 12.9%；燃气汽车的排放量为 51.5 万吨，排放分担率为 1.6%。

2009 年全国汽油汽车碳氢化合物（HC）排放量为 258.0 万吨，排放分担率为 71.9%；柴油汽车排放量为 95.1 万吨，排放分担率为 26.5%；燃气汽车的排放量为 5.8 万吨，排放分担率为 1.6%。

2009 年全国汽油汽车氮氧化物（NO_x）排放量为 204.2 万吨，排放分担率为 38.6%；柴油汽车排放量为 315.9 万吨，排放分担率为 59.6%；燃气汽车的排放量为 9.7 万吨，排放分担率为 1.8%。

2009 年全国柴油汽车颗粒物（PM）排放量为 56.1 万吨。

不同燃料类型汽车的污染物排放量和排放分担率见图 2 和图 3。

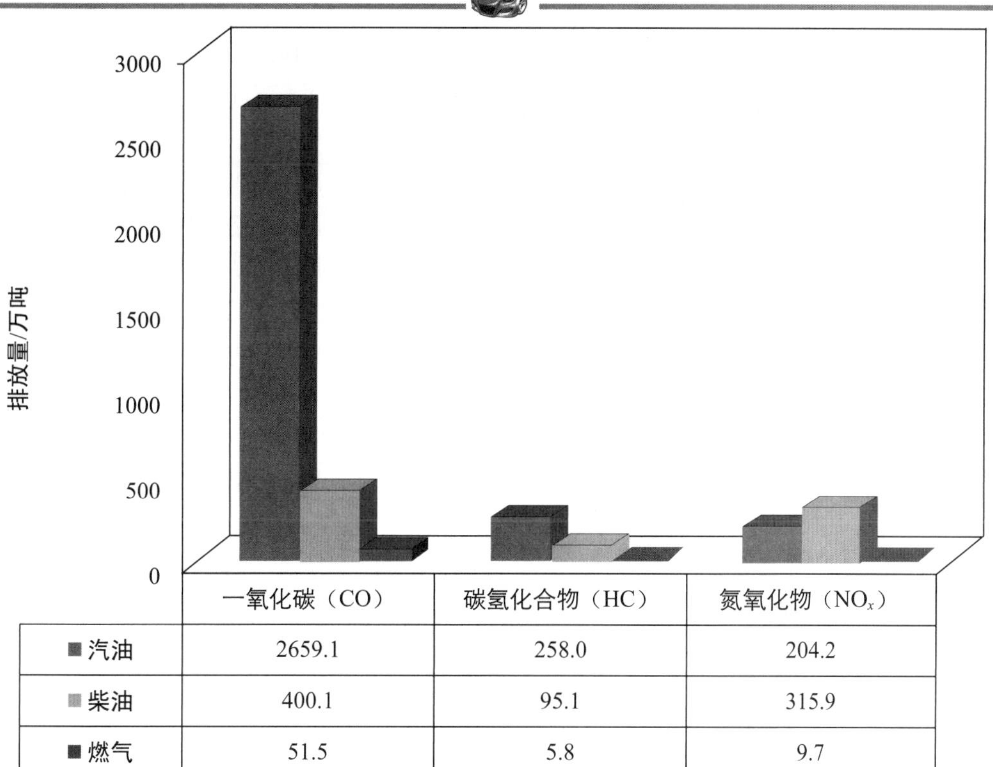

	一氧化碳（CO）	碳氢化合物（HC）	氮氧化物（NO_x）
■汽油	2659.1	258.0	204.2
■柴油	400.1	95.1	315.9
■燃气	51.5	5.8	9.7

图 2　不同燃料类型汽车的污染物排放量

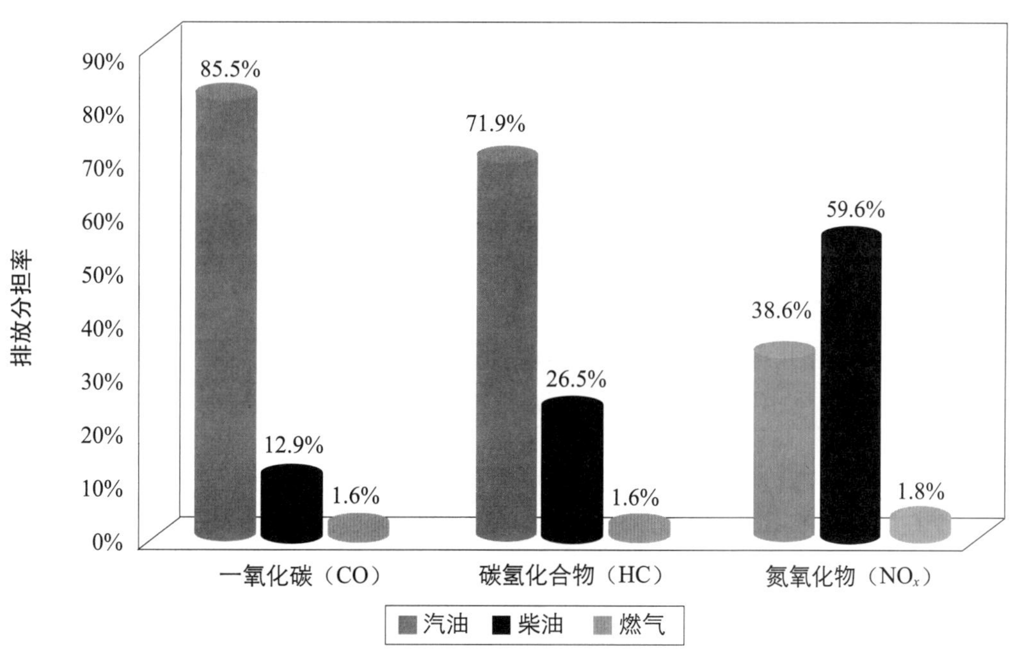

图 3　不同燃料类型汽车的污染物排放分担率

1.2　按排放标准划分的汽车污染物排放量

2009 年全国汽车一氧化碳（CO）排放量为 3110.7 万吨，其中达到国 I 前排放标准的汽车排放 1555.8 万吨，排放分担率为 50.0%；达到国 I 排放标准的汽车排放 1026.5 万吨，排放分担率为 33.0%；达到国 II 排放标准的汽车排放 415.8 万吨，排放分担率为 13.4%；达到国 III 及以上排放标准的汽车排放 112.6 万吨，排放分担率为 3.6%。

2009 年全国汽车碳氢化合物（HC）排放量为 358.9 万吨，其中达到国Ⅰ前排放标准的汽车排放 192.1 万吨，排放分担率为 53.5%；达到国Ⅰ排放标准的汽车排放 105.8 万吨，排放分担率为 29.5%；达到国Ⅱ排放标准的汽车排放 43.7 万吨，排放分担率为 12.2%；达到国Ⅲ及以上排放标准的汽车排放 17.3 万吨，排放分担率为 4.8%。

2009 年全国汽车氮氧化物（NO_x）排放量为 529.8 万吨，其中达到国Ⅰ前排放标准的汽车排放 263.1 万吨，排放分担率为 49.6%；达到国Ⅰ排放标准的汽车排放 156.2 万吨，排放分担率为 29.5%；达到国Ⅱ排放标准的汽车排放 79.0 万吨，排放分担率为 14.9%；达到国Ⅲ及以上排放标准的汽车排放 31.5 万吨，排放分担率为 6.0%。

2009 年全国汽车颗粒物（PM）排放量为 56.1 万吨，其中达到国Ⅰ前排放标准的汽车排放 31.4 万吨，排放分担率为 55.9%；达到国Ⅰ排放标准的汽车排放 15.9 万吨，排放分担率为 28.4%；达到国Ⅱ排放标准的汽车排放 7.2 万吨，排放分担率为 12.8%；达到国Ⅲ及以上排放标准的汽车排放 1.6 万吨，排放分担率为 2.9%。

按不同排放标准划分的汽车污染物排放量和排放分担率见图 4 和图 5。

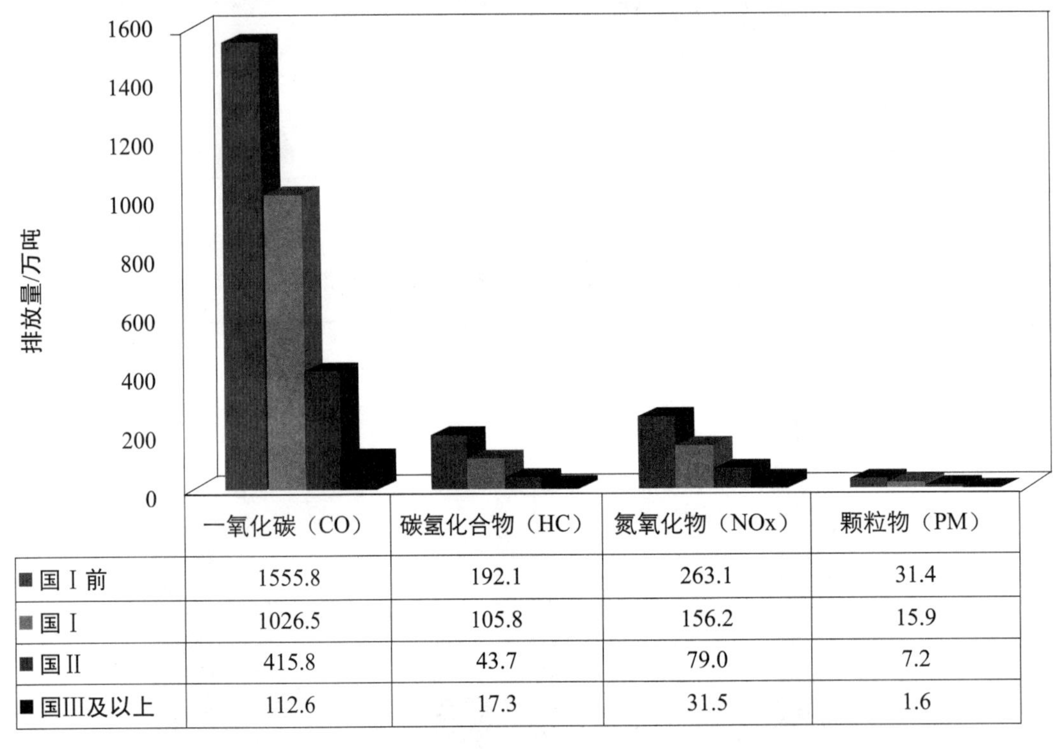

	一氧化碳（CO）	碳氢化合物（HC）	氮氧化物（NOx）	颗粒物（PM）
国Ⅰ前	1555.8	192.1	263.1	31.4
国Ⅰ	1026.5	105.8	156.2	15.9
国II	415.8	43.7	79.0	7.2
国III及以上	112.6	17.3	31.5	1.6

图 4　不同排放标准汽车的污染物排放量

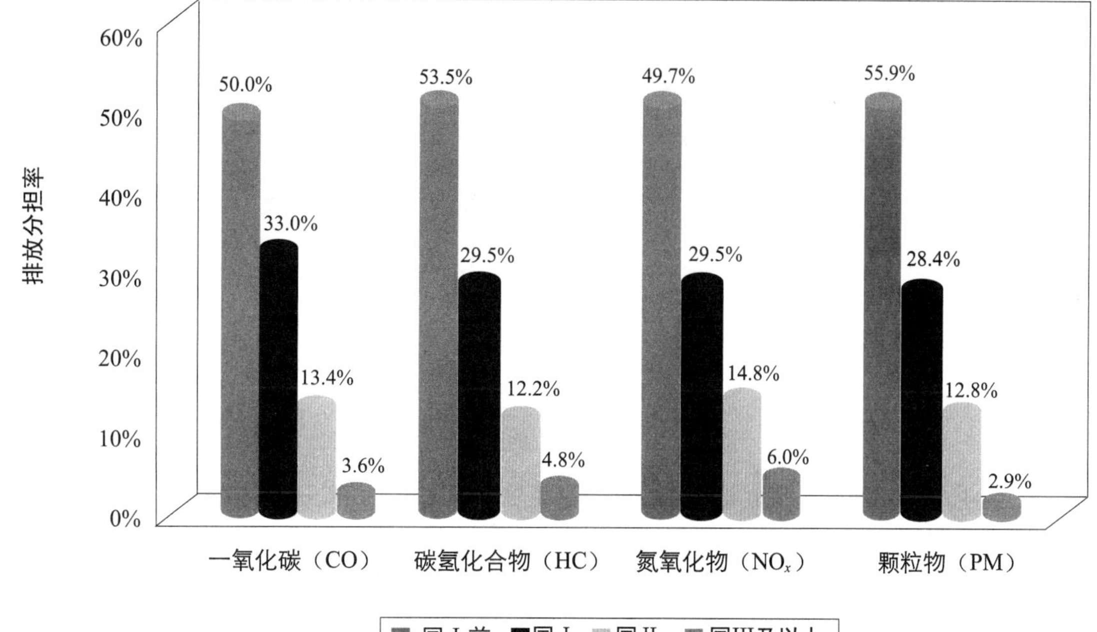

图 5　不同排放标准汽车的污染物排放分担率

2 机动车污染物排放量发展趋势

2.1　汽车污染物排放量发展趋势（1980 年—2009 年）

1980 年—2009 年，全国汽车一氧化碳（CO）排放量逐年增加。1993 年汽车一氧化碳（CO）排放量首次超过 1000 万吨，达到 1035.2 万吨；1998 年汽车一氧化碳（CO）排放量首次超过 2000 万吨，达到 2080.2 万吨；2007 年汽车一氧化碳（CO）排放量首次超过 3000 万吨，达到 3034.1 万吨。

1980 年—2009 年，全国汽车碳氢化合物（HC）排放量逐年增加。1991 年汽车碳氢化合物（HC）排放量首次超过 100 万吨，达到 105.8 万吨；1996 年汽车碳氢化合物（HC）排放量首次超过 200 万吨，达到 212.0 万吨；2000 年汽车碳氢化合物（HC）排放量首次超过 300 万吨，达到 300.2 万吨。

1980 年—2009 年，全国汽车氮氧化物（NO_x）排放量逐年增加。1986 年汽车氮氧化物（NO_x）排放量首次超过 100 万吨，达到 101.9 万吨；1993 年汽车氮氧化物（NO_x）排放量首次超过 200 万吨，达到 219.6 万吨；1997 年汽车氮氧化物（NO_x）排放量首次超过 300 万吨，达到 302.7 万吨；2001 年汽车氮氧化物（NO_x）排放量首次超过 400 万吨，达到 410.2 万吨；2009 年汽车氮氧化物（NO_x）排放量首次超过 500 万吨，达到 529.8 万吨。

1980 年—2009 年，全国汽车颗粒物（PM）排放量总体呈现上升趋势，1996 年和 2003 年同比出现略微的下降。1982 年汽车颗粒物（PM）排放量首次超过 10 万吨，达到 10.4 万吨；1989 年汽车颗粒物（PM）排放量首次超过 20 万吨，达到 21.6 万吨；1993 年汽车颗粒物（PM）排放量首次超过 30 万吨，达到 32.2 万吨；1997 年汽车颗粒物（PM）排放量首次超过 40 万吨，达到 40.8 万吨；2000 年汽车颗粒物（PM）排放量首次超过 50 万吨，达到 50.6 万吨。

全国汽车污染物排放量发展趋势见图 6 和图 7。

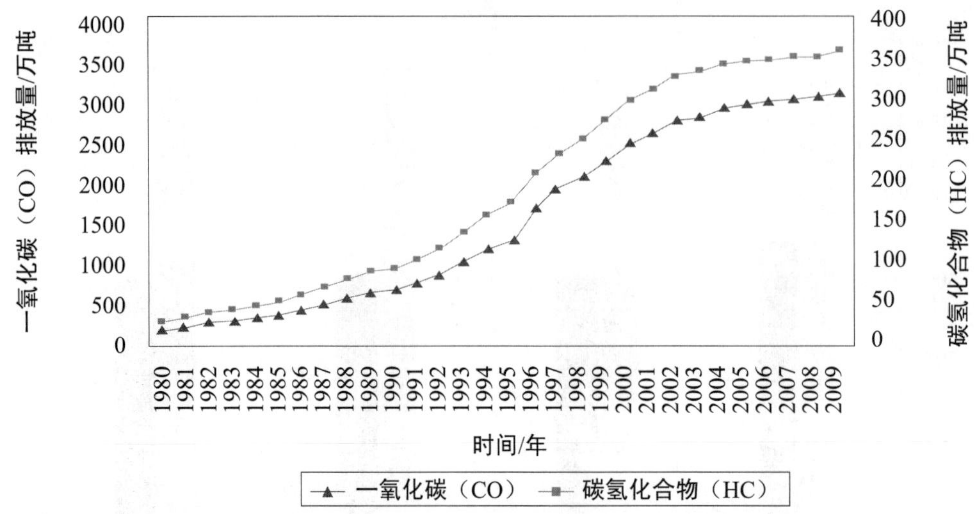

图 6 全国汽车一氧化碳（CO）和碳氢化合物（HC）排放量发展趋势

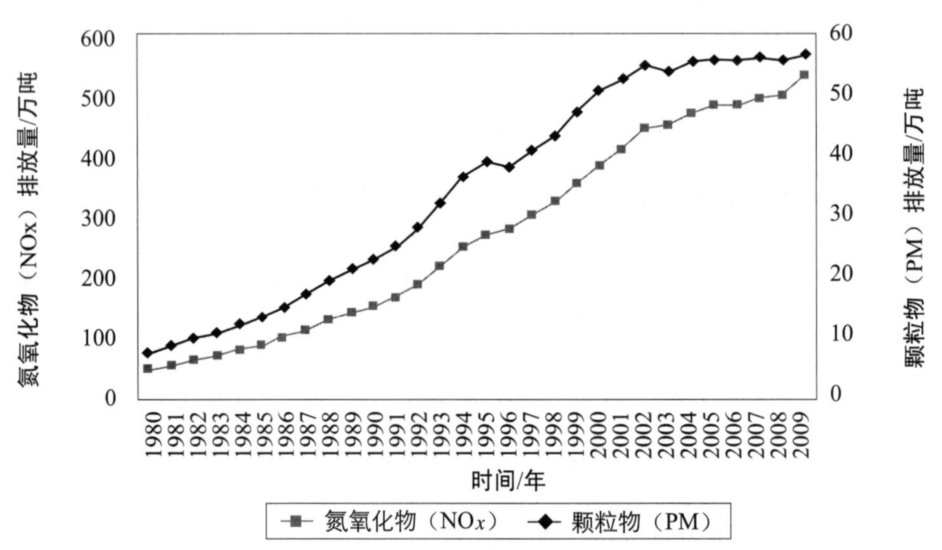

图 7 全国汽车氮氧化物（NO_x）和颗粒物（PM）排放量发展趋势

2.2 低速汽车污染物排放量发展趋势（2005年—2009年）

2005年—2008年，全国低速汽车的一氧化碳（CO）、碳氢化合物（HC）、氮氧化物（NO_x）和颗粒物（PM）污染物排放量逐年增加，并达到峰值，2008年—2009年，呈下降趋势。这主要是受国家政策影响，低速汽车向载货汽车发展有关。2009年全国低速汽车一氧化碳（CO）、碳氢化合物（HC）、氮氧化物（NO_x）和颗粒物（PM）排放量分别为16.2万吨、17.9万吨、45.4万吨和2.9万吨。

全国低速汽车污染物排放量发展趋势见图8。

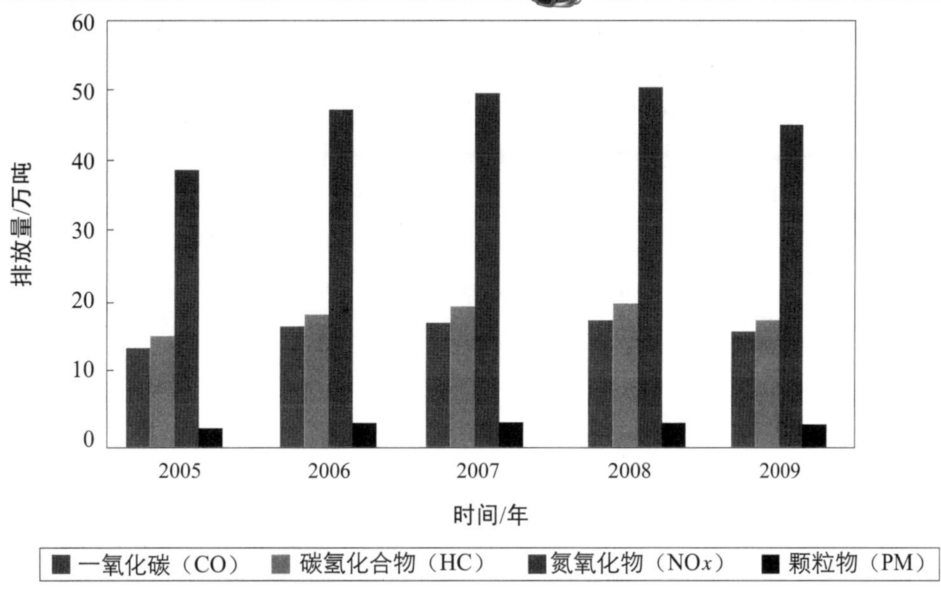

图 8　全国低速汽车污染物排放量发展趋势

2.3 摩托车污染物排放量趋势（2000 年—2009 年）

2000 年—2007 年，全国摩托车的一氧化碳（CO）排放量逐年增加，并达到峰值，2007 年—2009 年，呈下降趋势；2000 年—2009 年，全国摩托车的碳氢化合物（HC）和氮氧化物（NO_x）排放量逐年增加。2009 年全国摩托车一氧化碳（CO）、碳氢化合物（HC）和氮氧化物（NO_x）的排放量分别为 891.9 万吨、105.4 万吨和 8.1 万吨。

全国摩托车污染物排放量发展趋势见图 9。

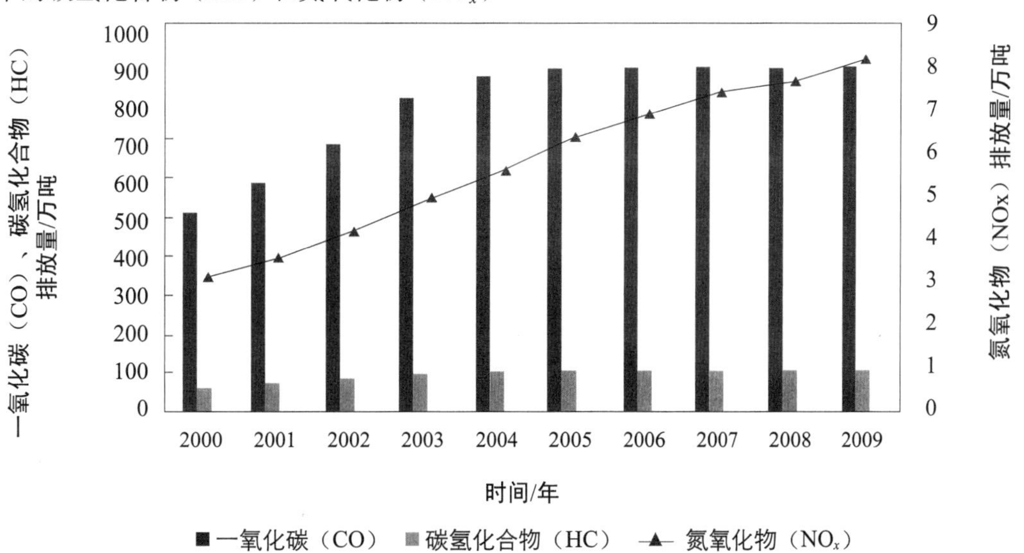

图 9　全国摩托车污染物排放量发展趋势

3 小结

（1）2009 年，全国机动车排放一氧化碳（CO）4018.8 万吨，碳氢化合物（HC）482.2 万吨，氮氧化物（NO_x）583.3 万吨，颗粒物（PM）59.0 万吨。其中，汽车作为污染物总量的主要贡献者，其排放的一氧化碳（CO）和碳氢化合物（HC）超过 70%，氮氧化物（NO_x）和颗粒物（PM）超过 90%。

（2）按车型分类，全国载客汽车一氧化碳

（CO）和碳氢化合物（HC）排放量明显高于载货汽车，期中小型载客汽车贡献率最大；而载货汽车排放的氮氧化物（NO_x）和颗粒物（PM）明显高于载客汽车，其中重型载货汽车是主要贡献者。

（3）按燃料类型分类，全国汽油汽车一氧化碳（CO）和碳氢化合物（HC）排放量明显高于柴油汽车，超过排放总量的七成以上；而柴油汽车排放的氮氧化物（NO_x）接近总量的六成，颗粒物（PM）超过九成以上。

（4）按排放标准分类，占保有量17.1%的达到国Ⅰ前排放标准的汽车，其排放的四种主要污染物占总排放量的50%以上；而占保有量25.4%的国Ⅲ及以上排放标准汽车，其排放量还不到总排放量的6%。由此看出，实施严格机动车排放标准的减排效果十分显著。

（5）1980年—2009年，全国汽车污染物排放量呈逐年上升的趋势，1980年—2000年，污染物排放量与汽车保有量呈线性关系增长；2000年后，污染物排放量增速有所减缓，这与不断实施严格机动车排放标准有关。

（以上统计资料摘自环保部《中国机动车污染防治年报2010》）

我国在用汽车排污的环保检验与监督管理

韩应健

我国汽车保有量近 10 年来高速增长，年均增长率达 15%，2009 年全国汽车保有量 6209 万辆。汽车尾气的排放是如何监督管理的，已成为公众的重要关注点。本文从定期环保检验、环保合格标志管理、在用车监管中 OBD 的作用、监督性抽检和数据库与数据联网等几个方面来介绍我国在用车排污监管的情况。

一、定期环保检验

（一）在用车实行定期环保检验的必要性

通常，新车刚出厂时，排放属于正常状态。由于以下原因，一部分汽车的排放会升高。所以，有必要对在用车实行定期环保检验。

1. 养护与维修不到位

一部分车主对车辆的维修养护意识淡薄，没有定期检查保养的习惯，有故障拖延修理，汽车常带“病”行驶，尾气为高排放状态。

尤其是重型柴油车，长期超载行驶，保养又很差，带“病”行驶现象比较普遍，黑烟污染比较突出。

2. 劣质燃油问题

一些地方的汽油、柴油质量混乱，特别是一些加油站有假冒伪劣、以次充好的现象。车主对劣质燃油防不胜防，致使发动机工作异常，排放增多。

3. 净化装置劣化后没有及时更换

三元催化转化器等净化装置都是有使用寿命的，超出耐久性的里程后，排放必然升高。净化装置是否及时更换，情况令人担忧。

4. 有的新车本身就存在问题

2006 年 9 月原国家环保总局公布了 2006 年度汽车环保生产一致性检查结果，对 23 家企业进行了一致性检查，其中 8 家企业不合格。说明有的企业生产出的新车，其排放控制装置本身就存在问题。这样的车辆进入市场后，会使在用车发生 8 万公里内（耐久性里程）不应有的高排放。

5. 国 I 标准之前的车仍占有相当比例

国 I 前的车辆本身就属于高排放，并且行驶里程长，发动机老化，如果维护跟不上，排污会很差。目前在许多数地区，国 I 前的车仍占相当比例，大约占 25%或更多。

因此，如何使在用车处于良好的技术状态，如何使在用车保持正常的排放水平，如何把那些高排放车通过环保检验查出来，进行必要的调修和保养，达标后再行驶。是我国在用车环保管理需解决的重要问题。

（二）环保部近年来有关在用车环保监督管理的主要政策和标准

环保部十分重视对在用车排放的环保监督管理。近年来发布了一系列的有关在用车环保监管的政策和标准，主要有：

1. 政策方面

（1）《机动车排放污染防治技术政策》，环发 [1999]134 号。

（2）《关于进一步加强城市机动车污染排放监督管理的通知》，环发 [2003]68 号。

（3）《关于加强在用机动车环保定期检测工作的通知》，环发 [2004]114 号。

（4）《关于开展在用车 I/M（检测 / 维修）技术规范实施示范工作的通知》，环办函〔2004〕368 号。

（5）《关于印发 2005—2007 年在用机动车污染防治工作要求的通知》，环函 [2005]83 号。

（6）《关于发布在用机动车排放污染物检测机构技术规范的通知》，环发〔2005〕15 号。

（7）《关于加强在用机动车环保年检工作的通知》，环办〔2006〕73 号。

（8）《关于转发〈北京市人民政府关于发布本市第十五阶段控制大气污染措施的通告〉的

通知》，环办〔2009〕39 号。

（9）《机动车环保检验合格标志管理规定》，环发 [2009]87 号。

（10）《关于落实汽车以旧换新政策鼓励黄标车提前报废的通知》，环办〔2009〕104 号。

（11）《关于印发机动车环保检验机构管理规定的通知》，环发 [2009]145 号。

（12）《关于印发机动车环保检验机构发展规划编制工作指南》，环办〔2010〕65 号。

（13）《关于开展机动车环保检验机构检查整治工作的通知》，环办〔2011〕33 号。

2. 标准方面

（1）《点燃式发动机汽车排气污染物排放限值及测量方法（双怠速法及简易工况法）》，GB 18285—2005。

（2）《车用压燃式发动机和压燃式发动机汽车排气烟度排放限值及测量方法》，GB 3847—2005。

（3）《确定点燃式发动机在用汽车简易工况法排气污染物排放限值的基本原则和方法》，HJ/T 240—2005。

（4）《确定压燃式发动机在用汽车加载减速法排气烟度限值的基本原则和方法》，HJ/T 241—2005。

（5）《城市机动车排放空气污染测算方法》，HJ/T 180—2005。

（6）《车用汽油有害物质控制标准（第四、五阶段）》，GWKB1.1—2011。

（7）《车用柴油有害物质控制标准（第四、五阶段）》，GWKB1.2—2011。

（三）检验机构委托、检验及政府监管

1. 对检验机构委托

为了能够对在用车规范地开展环保定期检验，首先要依据有关法律，对已经建立好的检验机构进行审查和委托。为此，原国家环保总局 2004 年发了《关于加强在用机动车环保定期检测工作的通知》（环发 [2004]114 号）。通知中指出，“各省、自治区、直辖市环保局（厅）要依据《大气污染防治法》第三十五条的要求，组织辖区内城市开展在用机动车环保年检的委托工作，对符合条件的单位予以委托认定，核发《环保年检认定证书》。”

2005 年，原国家环保总局印发的《关于印发 2005—2007 年在用机动车污染防治工作要求的通知》（环函 [2005]83 号）中再次要求，“全面推进机动车环保定期检测委托工作，审核批准在用机动车排放检测单位”。

为了进一步加强定期检测委托工作，2006 年，原国家环保总局又发了《关于加强在用机动车环保年检工作的通知》（环办〔2006〕73 号），通知中再次强调，“进一步规范在用机动车环保年检单位委托工作程序。各省级环保部门要按照公开公平公正的原则，组织评审专家组，对提出申请开展年检工作的单位进行审查，对审查合格的年检单位，批准并核发委托年检资格证书。对国家环保重点城市行政区内的年检单位进行委托之前，应征求该市环保局的意见。”

各省级环保部门应建立行政区内包括委托年检单位的申请资料、专家评审意见、年审意见等信息的管理档案。通常，委托程序为：

提出申请——检测机构应向省级环保行政主管部门提出在用机动车环保定期检测资格的申请。申请应包括检测机构基本信息、业务范围、人员状况和仪器设备等。

专家评审——各省级环保行政主管部门在对检测机构委托前，应组织专家组对检测机构进行评审。

评审依据——环保总局环发〔2005〕15 号文。或地方制定的检测机构技术规范实施细则。

资格证书——对审查合格的年检单位，由省级环保行政主管部门批准并核发委托年检资格证书。并采取适当形式予以公告。

2. 对检验工作的要求

（1）依据检测规范进行检验

取得了年检资格证书的检验机构，应依据国家的排放标准和今后将要发布的《在用机动车大气污染物排放检测规范》开展检测。地方城市也可结合本地具体情况，制定本城市的检测规范。城市检测规范应包括检测方法、定期检测频次、营运车检测要求、信息网络建设、数据统计分析、路检抽检规定等内容。地方的检测规范应严于国家检测规范。

（2）定期检测时要重视外观检查

定期检测如果仅仅依靠仪器测试，只能检测车辆排气污染是否合格，而曲轴箱排放污染、燃油蒸发、排气噪声等就被忽视。这些与环境直接有关的问题应该受到重视，应该在定期检测时进行检查。因此，在作定期检测时要重视外观检查。汽油车要对曲轴箱通风阀、燃油蒸发控制装置、排气管、排气消声器和催化转化器作是否破损、泄露、堵塞、老化龟裂、私自拆除等检查，柴油车要对排气管、排气消声器和排气后处理装置作是否破损、泄露、堵塞、私自拆除等检查。如果有问题，应修复后再作检测。

北京2006年新修订的在用车排放标准和2009年新修订的在用车排放标准里都增加了对受检车辆要进行排放控制装置外观检查的要求，并规定：如果检查结果与登记信息相符，则判定该车辆排放控制装置外观检查合格，继续进行下述试验；否则直接判定该车辆排放检测不合格。

（3）注意非正常超标的车型

地方环保部门在环保检验中发现机动车某车型在耐久性期限内集中出现排放超标的，应进行分析并及时向环境保护部报告。

环境保护部接到报告后，将组织专家对机动车排放超标原因进行调查和认定。对已经确认存在排放缺陷的，责成有关企业限期治理。

3. 对检验机构加严监督管理

由于一些地区的检验机构发生了玩忽职守、检测作弊、弄虚作假的行为，对环保检验产生了严重干扰，造成了极为不良的社会影响。所以，必须要加强对在用机动车环保年检单位的监管。原国家环保总局发布的《关于加强在用机动车环保年检工作的通知》（环办〔2006〕73号）中非常明确要求：

“各省、自治区、直辖市环保局（或委托城市环保部门）应及时向社会公布辖区内受委托的年检单位名单，并加强对年检单位的日常监督检查，发现不符合技术规范规定的，应暂停其年检业务，责令限期整改；逾期仍不符合规定的，应撤销其环保年检资格；对在年检工作中弄虚作假的，经查实应撤销其环保年检资格；对拒绝接受监督检查的，撤销其环保年检资格；对未获委托年检资格，自行开展在用机动车环保年检的单位，应依据大气污染防治法第五十五条予以处罚。”

环保部2011年再次发布《关于开展机动车环保检验机构检查整治工作的通知》，提出为强化和规范环保检验，严厉打击违法违规，开展对环保检验机构的检查整治。

通常，监督管理的主要依据是：

（1）在用机动车的排放标准（国家/地方）；

（2）原国家环保总局的《在用机动车排放污染物检测机构技术规范》（环发〔2005〕15号）；

（3）今后将要发布的《在用机动车大气污染物排放检测规范》；

（4）本省/市制定的《检测规范》以及其他有关地方文件。

检验机构发生的检测作弊、弄虚作假行为已引起当地环保部门的高度重视。北京市环境保护局关于印发《2006年北京市机动车污染控制工作要点》的通知（京环发〔2006〕32号）中再次强调：“要完善年检场机动车排放检测的考评制度，定期公布考评结果，实施末位暂停委托、限期整改的措施，对检测中弄虚作假的要依法严处。”

2007年8月27日市政府常务会议审议通过的《南京市机动车排气污染防治管理办法》第二十八条明确要求：市环保部门应当加强对机动车排气污染定期检测单位的检测活动的监督管理，并对经其检测的机动车进行排气污染抽检。

二、环保合格标志管理

2005年，原国家环保总局印发的《关于印发2005—2007年在用机动车污染防治工作要求的通知》（环函[2005]83号）中对环保标志提出了要求：各地应按照总局制定的在用机动车环保定期检验合格标志管理制度，对检验合格的在用机动车加贴机动车环保定期检验合格标志；有条件的地区可以实施分类的标志管理制度。

一些城市近几年开展了定期检验合格标志的工作。

北京——对以下情况发放绿标：列入北京市环保局1999年度符合DB11/105—1998《北京市轻型汽车排气污染物排放标准》车型目录的新车；由原汽车生产厂在电喷车上加装三元催化转化器的在用车；由原汽车生产厂采用其他改造技术，

改造后达到《北京市轻型汽车排气污染物排放标准》的在用车。2003 年对部分高排放车经尾气治理达规定的排放标准和要求后，给换发绿色标志。19 座以下的汽油客车，具备治理改造条件，进行闭环电喷或电控补气加装三元净化器改造，经检测场检验，外观检查和排放检测均达到规定的要求和标准（经简易工况检测其尾气排放符合 DB11/122—2010 标准中 II 类限值），换发绿色标志。2007 年鼓励黄标柴油车治理，凡按照《北京市在用柴油车排放治理实施技术指南》要求采取治理措施，经检验颗粒物排放达到或接近国Ⅳ标准的柴油车，换发绿色环保标志。

上海——实施国家一阶段标准之后注册登记且具有合法通行权的在用机动车，依据各类车辆的上牌时间，由环保部门委托公安交管部门统一核发环保标志，无须鉴别或者鉴定。

实施国家一阶段标准之前注册登记的在用机动车，如确实具备三元催化转换器、电喷等达到国家第一阶段标准所必需装置的车辆车主可以提出鉴别申请，到市环保局指定的鉴别机构对车辆实际配置的排气污染治理装置进行鉴别。符合技术要求的，予以核发环保标志。车主对鉴别结论不服的，可申请采用简易工况法对机动车排气污染状况进行检测鉴定。检测结果符合排气污染限值的，予以核发环保标志。

深圳——对符合国标一阶段（含）以上车型目录的汽油车及符合国标二阶段（含）以上车型目录的柴油车发放绿色环保分类标志，其他车辆发放黄色环保分类标志。

广州——环保标志设绿色标志和黄色标志两类，绿色标志暂设国Ⅰ标志、国Ⅱ标志和国Ⅲ标志三种，黄色标志只设一种。国Ⅰ标志、国Ⅱ标志和国Ⅲ标志分别适用于符合第一、第二和第三阶段国家机动车污染物排放标准的汽车。黄色标志适用于符合国Ⅰ标准以下（不含国Ⅰ标准）的汽车。

另外还有杭州、青岛、南京等城市也都前后实行了环保合格标志的管理。

这些城市实行了环保合格标志制度，对高排放黄标车的出行限制、加速淘汰起了积极的促进作用。同时显示出来的问题有：

一是柴油车从国家第一阶段到第四阶段的车一律采用绿色标志，抹杀了国 3、国 4 车和国 1、国 2 车之间的发动机是否为电控喷油的重大区别，掩盖了国 1、国 2 柴油车的落后性，国 3、国 4 车的先进性没有体现；二是各地对柴油车环保标志的划分不统一，造成一些混乱；三是标志的式样规格不统一；四是标志的有效期限不统一。

我们经过总结地方经验和奥运期间外地进京车辆的环保标志管理尝试，并且配合国家以旧换新、鼓励老旧车提前淘汰的政策起草制定了《机动车环保检验合格标志管理规定》，经过多次反复讨论修改，已经正式批准发布（环发 [2009]87 号）。该文件解决了上述问题，可有效提高全国环保合格标志的管理水平。实行机动车环保检验合格标志具有以下意义：

1. 提高环保检验的参检率

一些城市的地方法规中，对没有合法取得合格标志的车，采取了不同的限制。

深圳市环境保护局 2004 年 7 月发布的《深圳市环境保护局关于实施机动车环保分类标志管理制度的通告》中指出：使用转让、转借、涂改、伪造或者过期的环保分类标志上路行驶的，由市公安机关交通管理部门依法处罚。

广东省人民政府办公厅 2008 年 3 月 11 日印发了《广东省机动车排气污染防治实施方案》，其中规定：对没有标志或者持有特定环保标志的机动车，采取限制行驶区域、限制行驶时间或限制行驶车型的排气污染防治的交通管制措施。

2007 年 10 月 19 日青岛市第十三届人大通过的青岛市机动车排气污染防治条例第十九条规定：在本市登记和外地委托本市代检的在用机动车，不符合制造当时的机动车污染物排放标准的，不予发放环保分类合格标志。未取得机动环保分类合格标志的，不得上路行驶。

由以上地方法规可以看到，没有取得合法的合格标志的车辆，上路行驶会受到市公安机关交通管理部门的依法处罚，或会受到行驶区域、行驶时间、行驶车型的限制，或不得上路行驶。这些限制必然会促使车主积极参加检验，从而提高了环保检验的参检率。

2. 推动超标车的维修

车辆检验后，只有排放合格的才能领取合格标志。对于排放超标的车则拿不到合格标志。超标车进行检修和维护，解决存在的问题，使排放下降并且复检合格后，才能领取合格标志。因此，实行环保检验合格标志管理，可以增强车主的维修保养意识，推动超标车主动进行维修。而采取各种非法的手段，如使用转让、转借、涂改、伪造或者过期的环保分类标志的，均在处罚之列。

3. 加速老旧车的淘汰

老旧汽车即使检验合格，也只能领到黄色合格标志。当地政府根据本市的空气污染与道路交通状况，会对黄标车在行驶区域、行驶时间上作出限制的规定，这显然对黄标车的出行是不便的。这对于推动老旧车的提前淘汰，鼓励消费者购买低排放车，具有积极的作用。

4. 有利于减少机动车的排污量

实行环保标志管理，无论是能够推动超标车的维修，或是加速老旧车的淘汰，都有利于减少机动车的排污量，最终有利于空气质量的改善。

例如，据2007年的报道，深圳市自2004年8月1日起正式对机动车实施环保分类管理制度以来，已有5万辆黄标车被淘汰更新，估算削减污染物排放量约1.7万吨。另外，青岛市环保局2007年表示，通过对本市黄标车加大抽检力度、限行等措施，可以加快7万辆黄标车的淘汰报废。在汽车总量不变的情况下，这些车全部更换为国Ⅲ排放标准的汽车，全市汽车排气污染物排放总量将减少48%。

三、重视在用车监管中OBD的作用

OBD是用于监视排放控制装置的车载诊断系统。它必须具有识别可能存在故障的区域的功能，并以故障代码的方式将该信息储存在电控单元存储器内。

当汽车与排放有关的部件或系统失效、从而导致污染物超过GB 18352.3—2005中I.3.3.2的限值，或车载诊断（OBD）系统不能满足附录I的基本诊断要求时，故障指示器（MI，一种可视或可听到的指示器）能清楚地提示汽车的驾驶人员。

我国自2007年7月1日开始实施标准GB 18352.3—2005《轻型汽车污染物排放限值及测量方法（中国Ⅲ、Ⅳ阶段）》第Ⅲ阶段，2008年7月1日起第一类汽油车要求装有车载诊断系统（OBD），2010年7月1日起所有轻型车辆都要装配车载诊断系统（OBD）。北京市已于2005年12月31日开始提前实施国家第Ⅲ阶段排放法规，并且要求新车型必须带有OBD系统。按照北京市的要求，目前新开发的车型都已匹配有OBD系统，很多厂商已经按照北京市发布的OBD认证程序完成了认证试验。

根据这一情况，有必要制定轻型汽车车载诊断系统（OBD）管理技术规范，用来规范新车认证申报、新车生产过程中车载诊断系统（OBD）生产一致性检查以及带OBD的在用车的管理和检查。为此，原国家环境保护总局科技标准司下达了《车载诊断系统（OBD）管理技术规范》的制定任务，由中国汽车技术研究中心承担。2009年，HJ/T 500—2009《轻型汽车车载诊断（OBD）系统管理技术规范》正式发布。

凡是安装OBD的车，在环保定期检验时，应进行OBD系统的检验。检验项目包括故障指示灯的检查和使用故障诊断仪查看故障代码和就绪状态。具体操作按照HJ/T 500—2009《轻型汽车车载诊断（OBD）系统管理技术规范》的“在用车辆的管理”中的规定执行。

四、监督性抽检

抽检是定期检验的补充措施，是为了加强对在用机动车污染物状况的监督。现行的《大气污染防治法》中第三十五条第三款规定：县级以上地方人民政府环境保护行政主管部门可以在机动车停放地对在用机动车的污染物排放状况进行监督抽测。

事实上，在许多城市抽检工作更多的是在道路车辆上进行（路检）。当地公安交警与环保人员互相配合，共同执行路检，检查出排放超标车和黑烟车，是在用车排污监管的十分有效的手段。

西安市2008年1月—10月市环保部门在城市道路上设置路检抽查点，对过往车辆进行尾气排放监测。共监测车辆16776辆，其中超标8777辆，超标率52.3%。天津环保局2007年7月，共抽测公交车388辆，其中尾气排放超标车辆达179辆，超标率为46%；广州2007年夏季检查

柴油公交车辆 87 台，其中超标车辆 27 台，超标率为 31%。

许多省市在工作文件中都明确对道路抽检提出了要求。

北京市环境保护局关于印发《2006 年北京市机动车污染控制工作要点》的通知中要求：继续组织开展机动车尾气排放的年检、路查工作。要确保路检执法工作正常开展，严查超标车辆，尤其加强对货运车辆污染执法检查工作，全面完成路检（含进京）70 万辆的任务。

广东省人民政府办公厅《印发广东省机动车排气污染防治实施方案的通知》指出：道路抽检按照《广东省机动车排气污染防治条例》的规定由各地公安机关会同同级环保部门进行。重点对在城市道路行驶的高排放车辆及排放明显可见污染物的车辆进行抽检。

重庆市环境保护局和重庆市公安局交通管理局关于做好 2006 年机动车排气污染控制工作的通知中要求：市环境监测中心要做好机动车路检尾气的监测工作，各路检点要及时配备汽油车和柴油车排气检测设备并安排业务能力强的专业人员开展监测工作。

监督性抽检应注意：

（1）开展道路监督性抽检时，应将无环保检验合格标志和冒黑烟的机动车作为重点抽检对象。

（2）监督性抽检不合格的机动车，应按照当地环保定期检验方法进行结果确认；监督性抽检与当地环保定期检验方法一致的，抽检结果可直接作为判定依据。

（3）倡导主动上门检测（入户监督性抽检）辽宁省一些城市、山东青岛市、广州市等近年来开展了对车辆较为集中的用车单位（主要是公交公司、政府车队等）的主动上门检测。实践表明，这种检测方式可取得很好的效果。一是由于车辆集中，检测效率高，能把有问题的高污染车都查出来；二是由于尾气检测人员主动上门，检测的同时又进行了环保宣传，严格监管与上门服务相结合，对方心服口服。不仅帮用车单位查出了超标车，也增强了用车单位自觉检修维护车辆、降低尾气排污的意识。主动上门检测的做法是对定期环保检测的有力配合与补充，值得全国各城市借鉴。

开展入户监督性抽检时，重点是对出租、公交、旅游、物流、市政等用车大户。

五、建设数据库和数据联网

从目前看，只有部分城市建立了在用车检测数据库和数据联网，这种状况远远跟不上我国在用车环保工作的需要。从今后长远发展看，建立在用车检测数据库和实行数据联网具有强大的优越性，该工作势在必行，各地环保局机动车监管部门应及早开展。

需要强调，无论是采用双怠速、自由加速法检测或采用简易工况法检测的检测站，都必须建立数据库，并与本市环保局机动车监管部门数据中心建立数据网络，实现检测站与市环保局之间检测数据和相关信息的传输。

（一）检测站数据联网应具备的基本功能

存储——存储每辆受检车辆的所有检测信息，检测站的原始数据应至少保存 3 年。

数据处理——计算和处理原始检测数据，得出检测结果，自动判定检测结果是否合格，打印检测报告单。

传输——将各检测线检测设备输出的信息与数据向市环保局机动车监管部门数据中心传输；并接收上一级传输下达的通知或指令，下达到相应的检测线或进行相应的操作。

安全操作——应具备数据安全保护功能，防止有关数据和检验报告被篡改。设置不同级别的访问权限。应设置检测标准、系统参数等数据更改的高级访问权限。

视频监控——采取视频监控，防止检测作弊。

人员在线管理——所有检测站的检测人员必须经过培训考核合格后，在系统里登记并授于操作岗位密码方可进入检测。检测人员的培训科目、考试成绩、个人资料、岗位密码等整套考核上岗制度应反映到系统中。对被取消检测资格的检测人员的操作密码要进行锁定，终止其操作权限。

设备仪器的在线管理——对设备仪器的故障、各级维护、校准应被系统自动记录存储，对设备仪器的工作状态进行实时监控，发生故障、标定过期时应自动锁定并报警，确保设备的正常

使用。

建立运行日志——对每天的检测、发放、维护、校准等操作行为全部保存于环保部门网络中，并纳入对各检测站的日常考核。

检测站日常管理——具备检测站的日常基本管理功能，包括各级人员管理、仪器设备管理、检测收费、检测规章制度、培训考核记录等。

（二）市环保局机动车监管部门数据中心应具备的功能

存储——存储所有检测站传输上来的原始检测数据、检测结果和相关信息。

查询——可对各检测站、各检测线的原始检测数据查阅，可实现自设条件的查询。

网络监控——网络监控是防止不规范检测行为的重要技术手段。通过对检测时间、车辆信息和检测过程数据和检测结果的分析处理，查找检测中的可疑现象。发现疑点时系统应向数据中心和检测线同时显示警告，并要求事发检测站作出解释，提出处理纠正意见。否则，网络将终止其操作。

所有检测站的所有检测线，都在网络监控中。

配合视频监控——采取视频监控与网络监控相配合，视频监控与过程数据监控需同时进行，以实现更有效的防止作弊。

处理和统计——对检测结果可按照不同车型进行分类归纳、分析和汇总。

另外，道路抽检的信息也应进入到数据库。

（三）检测数据的统计分析

市环保局机动车监管部门数据中心数据库应具备检索、计算、排序、查询、生成统计报表等功能。

1. 常规统计分析

每年（或季度）对各类机动车的检测情况进行统计汇总，发布车辆检测数据统计分析报告。主要的统计内容可依据《在用机动车排放检测规范》中的有关条款进行。

定期将汇总报告向省环保局机动车监管部门传输。

2. 特殊统计分析

超标车——针对超标车的子数据库，查找易超标车型。分析超标与车型、超标与行驶里程、超标与燃料之间的的规律。

复测车——针对复测车的子数据库，分析归纳维修后复测车已达标的维修内容和规律，同时也分析维修后复测车仍然超标的原因。

3. 为管理服务分析

根据大量数据的各个角度的分析统计结果，总结本市在用车排放污染的特点和规律，向市环保局提出管理方面的建议。

（四）联网控制系统应能够适应检测发展的需求

网络要具备良好的可升级性，当检测方法、检测标准等发生重大变化时，能够以较低的成本进行相应的改造。

机动车尾气排放检测技术

吴勇

为治理大气污染，国家质检总局、环保总局联合颁布了 GB 14621—2002《摩托车和轻便摩托车排气污染物排放限值及测量方法（怠速法）》，GB 3847—2005《车用压燃式发动机及压燃式汽车排放烟度排放限值及测量方法》和 GB 18285—2005《点燃式发动机汽车排放污染物排放限值及测量方法（双怠速法及简易工况法）》等强制性国家标准。其中压燃式发动机汽车就是俗称的柴油车，点燃式发动机汽车就是俗称的汽油车。

国标中明确规定摩托车和轻便摩托车采用怠速法测量尾气排放，柴油车一般采用自由加速法或加载减速法检测尾气排放，汽油车采用双怠速法或简易工况法检测尾气排放。下面就柴油车和汽油车的不同检测方法做简单的比较和分析。

车型	方法	主要设备	优点	缺点
柴油车	自由加速法	滤纸式烟度计或透射式烟度计	设备投资小，方法简单，易操作，检测时间短约 1 分钟	静态检测方法，不能真实反映车辆动态行驶时烟度排放的情况
	加载减速法	透射式烟度计 底盘测功机	动态检测方法，基本可以真实反映车辆动态行驶时烟度排放的情况	投资较大，需要增加底盘测功机，操作略复杂，检测时间稍长
汽油车	双怠速法	尾气分析仪（CO、CO_2、HC、O_2）	设备投资小，方法简单，易操作，检测时间短，约 1 ~ 2 min，测量重复性好	静态检测方法，不能实际反映车辆动态行驶时烟度排放的状态
	工况法	尾气分析仪（CO、CO_2、HC、O_2、NO） 流量分析仪 底盘测功机	动态检测方法，基本可以实际反映车辆动态行驶时烟度排放的状态	投资大，需要增加底盘测功机（流量计），操作复杂，检测时间长，约 7 ~ 8min，（VMAS 检测低浓度时重复性差）

上述汽油车排放气体测量方法适用于无铅汽油，压缩天然气，液化石油气。

双怠速法

双怠速检测方法相比较怠速检测法增加了一个高怠速点的排放检测，其检测程序是：“发动机由怠速工况加速至 0.7 的额定转速，维持 60 s 后降至高怠速（即 0.5 的额定转速），将尾气分析仪的取样探头插入并固定在排气管中（深度为 40cm）。发动机在高怠速状态维持 15 s 后开始读数，读取 30 s 内的最高与最低值，取平均值为怠速排放测量结果。然后发动机从高怠速状态降至怠速状态，在怠速状态维持 15 s 后开始读数，读取 30 s 内的最高值与最低值，其平均值为怠速排放测量结果。若发动机有多个排气管，分别取各排气管高怠速和怠速排放测量结果的平均值。”增加了高怠速点检测的双怠速试验虽然是一个过渡性的检测方法，但它的存在完全有其必性的：一是增加了高怠速点的检测后，对普通化油器式的车辆，扩大了污染物排放的控制范围。用双怠速试验法进行尾气检测更能够有效地发现化油器混合气供给系统中故障(如怠速油量孔是否磨损，空气量孔是否堵塞，主供油孔是否磨损等，同理更能在检测时帮助发现人为作弊现象），从而督促人们进一步检查、维护与修理，彻底恢复发动机良好工作状态。二是对于装有电喷和三元催化装置的车辆，用高怠速点测得的 CO、HC 排放量和过量空气系数 λ 值来综合分析与判断车辆的电控系统和催化装置是否工作正常，及时发现污染物排放控制部件的问题，以彻底排除故障。

汽油车怠速检测法的弊端

怠速法难以全面真实反映出汽车的排放状况。例如：一些排放达到欧Ⅰ或欧Ⅱ的车辆行驶了仅两万多公里，在有负载的工况法检测时表明其排放已超标，但怠速检测的CO和HC结果却仍然很低，完全可以达标。甚至一些新车做排放匹配试验时，也出现过怠速排放很好，工况法检测却达不到欧Ⅰ或欧Ⅱ标准的现象。化油器车也有类似情况：工况法检测CO很高，超出了新车标准，但怠速检测结果却正常。

由于怠速法检测时，车辆基本是处于无负荷状态，而NO_x是汽车高温高负荷情况下的产物，因此怠速法检测时不能真实反映NO_x的排放。

用怠速法检测车辆排放时，对于化油器车（车主）易留下作弊可能。实践证明：一些车主与司机在进行车辆检测前自己将化油器怠速螺钉、节气门螺钉向混合气偏稀调整，偏离正常的怠速浓混合气设计状态，混过年检。

自由加速法

我国现行的在用柴油车的排放标准为GB 3847—2005《车用压燃式发动机和压燃式发动机汽车排气烟度排放限值及测量方法》，该标准中规定了自由加速的两种方法，其分别是“滤纸式烟度法”、“不透光烟度法”（见图1）。

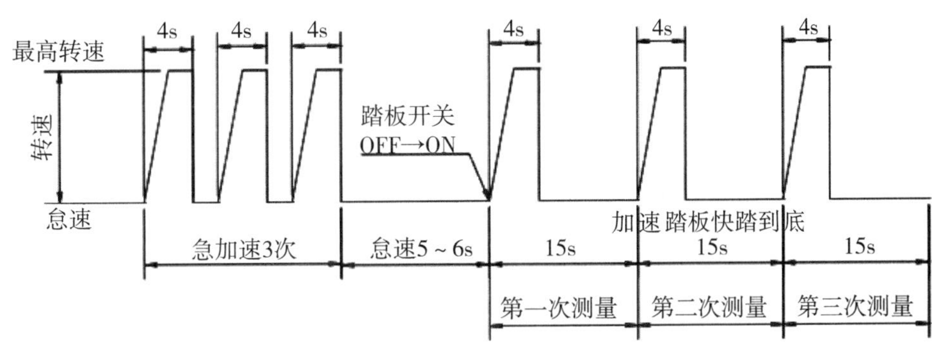

图1　柴油车自由加速烟度检验程序

滤纸式烟度法

滤纸式烟度计由取样系统和测量系统组成。抽气泵将一定容量的柴油车排气吸入，排气的污染颗粒被阻隔在滤纸上，形成污斑。将一束光照射在滤纸上，上方放置硒光电池。污斑越黑，照射光的反射越少，光电池光电压较小，仪表根据该电压值计算并显示烟度值。

自由加速烟度测试特点该方法具有检测操作简便易行、测试仪器价格便宜和便于携带、以及检测时间短等优点，广泛应用于柴油车的年检、路检。随着车辆自身技术水平的不断改进与提升，以及国家环境监测部门对车辆排放控制要求的逐步严格，传统的在用车排放检测方法已显示出以下弊端问题。

不透光烟度法

发动机包括所有装有废气涡轮增压的发动机，在每个自由加速循环的起点均处于怠速状态。对重型发动机，将油门踏板放开后至少等待10 s。在进行自由加速测量时，必须在1 s内，将油门踏板快速、连续地完全踩到底，使喷油泵在最短时间内供给最大油量。对每一个自由加速测量，在松开油门踏板前，发动机必须达到断油点转速。对带自动变速箱的车辆，则应达到制造厂申明的转速（如果没有该数据值，则应达到断油转速的2/3）。关于这一点，在测量过程中必须进行检查，例如：通过监测发动机转速，或延长油门踏到底后与松开油门前的间隔时间，对于重型汽车，该间隔时间应至少为2 s。计算结果取最后三次自由加速测量结果的算术平均值。在计算均值时可以忽略与测量均值相差很大的测量值。柴油车自由加速烟度法的弊端：

自由加速法在操作时，由于“将油门踏板迅速踏到底”的速度与力度的掌握不同，“维持4 s后松开”中时间长短的掌握差异，使得测量的不确定性较大，重复性差；

自由加速不带负荷，不是汽车行驶的真实工

况，也不是汽车短时间停驶维持怠速的工况。

有时会出现冒黑烟和抽气泵开始抽气的时间不同步的现象，这时测不到最大烟度值。因此近年来，各级车辆技术管理部门也在积极探索/实践更为科学的方法开展在用车的排放检测。

工况法简介

将车辆置于底盘测功机上，车辆按规定车速在底盘测功机上“行驶”。驱动轮带动滚筒转动，滚筒并非处于自身无阻力可旋转状态，底盘测功机会按照检测标准事先设定的程序值向滚筒、最终向驱动轮施加一定的负荷，来模拟汽车道路行驶阻力。车辆按一定的速度、克服一定的阻力，走完试验工况，同时测量汽车排气中的污染物含量。有载荷检测法与新车试验相比较，设备、仪器做了简化，试验时间也缩短很多，故称为“简易工况法”。简易工况法主要有：

a）汽油车稳态工况法（ASM）；

b）汽油车瞬态工况法（IM240）；

c）汽油车简易瞬态工况法（VMAS）；

d）柴油车加载减速法（LUGDOWN）。

（1）稳态工况法（ASM）

稳态工况在美国称为加速模拟工况（Acceleration Simulation Mode，简称 ASM），该方法只有稳定的匀速过程，加载保持固定值。ASM 工况法在底盘测功机上的测试运转循环由 ASM5025 和 ASM2540 两个工况组成，其过程如图 2 所示：

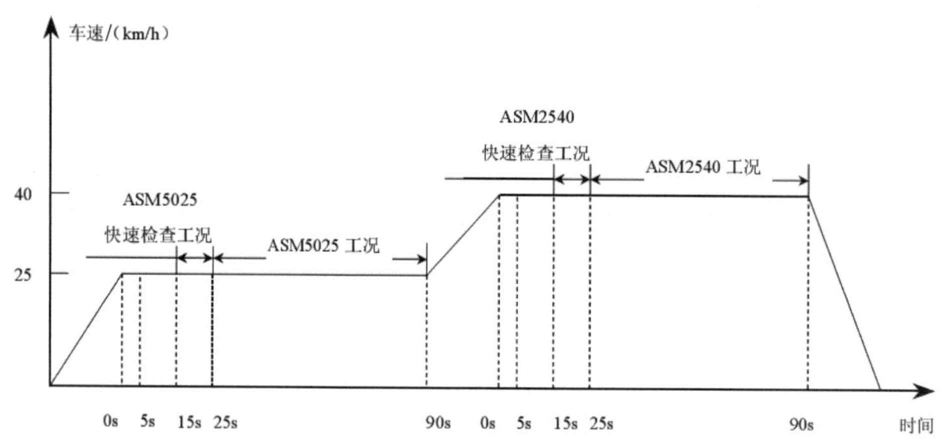

图 2 稳态工况法（ASM）试验运转循环

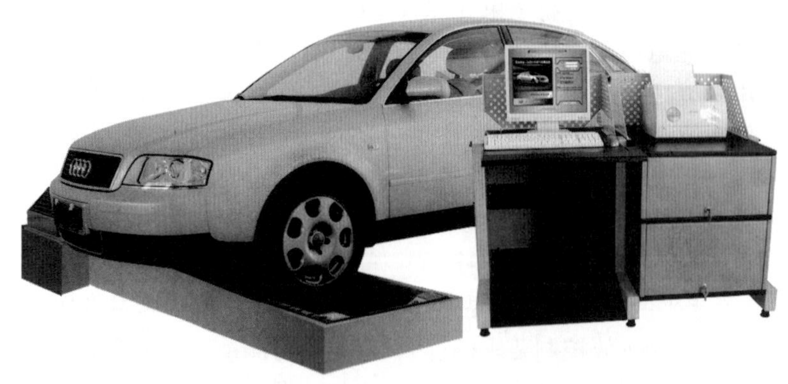

图 3 ASM 稳态工况法系统构成图

图 2 运转循环可以看出，稳态工况法是在稳定工况下测量出的汽油车尾气污染物含量。该方法只有稳定的匀速过程，加载保持固定值。ASM 有两个等速工况段：一是 ASM5025 工况，车速为 25 km/h，按车辆加速度为 1.47 m/s^2 时负荷的 50%对该工况进行加载，故称为 ASM5025 工况。二是 ASM2540 工况，车速为 40 km/h，按车辆加速度为 1.47 m/s^2（实际为 1.1 m/s^2 左右）时负荷

的25%对该工况进行加载，故称为ASM2540工况。ASM工况法需要五气分析仪和底盘测功机等设备。ASM工况法污染物分析仪器采用下列原理：CO、HC、CO_2采用不分光红外法（NDIR），NO和O_2采用电化学法。排放结果以浓度百分数表示。

（2）瞬态工况法（IM240）

汽油车瞬态工况污染物排放检测系统由可以模拟加速惯量和道路行驶阻力的底盘测功机、专用五气分析仪和气体流量分析仪组成的采样分析系统、计算机控制系统组成。检测结果单位为g/km，可测出汽油车尾气中氮氧化物含量，可实时分析车辆在道路负荷工况下排气污染物的排放质量，对于全面评价车辆的排放状况、估算机动车污染物排放总量及制定切实可行的机动车污染控制规划具有重要意义。然而瞬态工况法全部运转测试时间太长（约为1180 s），由于检测技术复杂，检测时间太长，设备昂贵。

IM240工况法采用了美国联邦新车型式认证的测试规程（FTP）曲线的前333 s的两个峰，经修改缩短为240 s（见图4）。测试设备的工作原理同新车试验的基本要求一致。底盘测功机因车辆要变负荷变车速运行，故应配备多点载荷设定的功率吸收装置和惯性飞轮组，以模拟道路行驶阻力和车辆加速惯量。采样装置与分析仪器与新车试验一致。采样系统为定容稀释取样（CVS）。一氧化碳用非分散型红外分析仪（NDIR），碳氢化合物用氢火焰离子分析仪（FID），氮氧化物用化学发光分析仪（CLD）。最后的测试结果以g/km表示。IM240的特点是测试结果与新车型式认证的测试规程（FTP）结果有很好的相关性。3种污染物的相关因子可达到：一氧化碳为91.8%；碳氢化合物为94.7%；氮氧化物为84.3%。同时，IM240对3种污染物的测试结果相对于FTP结果的离散性很小，所以IM240的错判率很低。但IM240工况法设备费用比较昂贵，日常运行维护比较复杂，单车检测时间较长，而且对检测人员也有较高的技术要求。

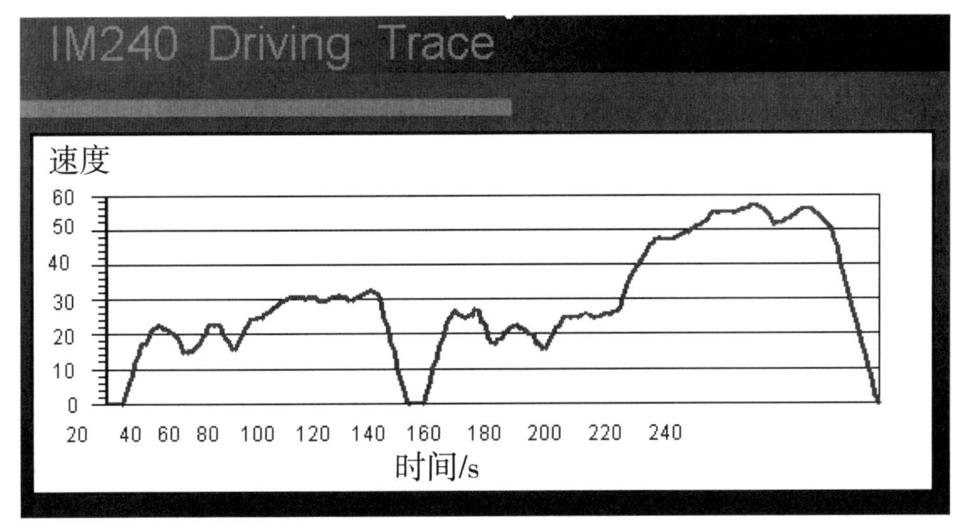

图4 IM240测试循环

（3）简易瞬态工况法（VMAS）

为了克服ASM与FTP相关性差、IM240虽与FTP相关性好但费用太高、不利于推广的困难，一种被称作VMAS的检测方法几年前在美国出现。美国EPA2001年认可了纽约州使用的VMAS检测方法（Vehicle Mass Analysis System），其在底盘测功机上测试运转循环中包含了车辆的加档、减档、加速、减速、怠速的全过程，是一种动态地模拟车辆在道路上行驶的过程，测试期间平均车速19 km/h，有效检测时间195 s，循环理论行驶距离1.013 km，简易瞬态工况法需要的主要检测设备有5组分尾气分析仪，底盘测功机和流量分析仪。流量分析仪可以即时地测量排放气体的流量，计算出每一秒的排放体积，然后根据排放体积和五气分析仪测量出的排放浓度，来计算机动车每一种排放污染物的总质量，单位为g/km（见图5）。

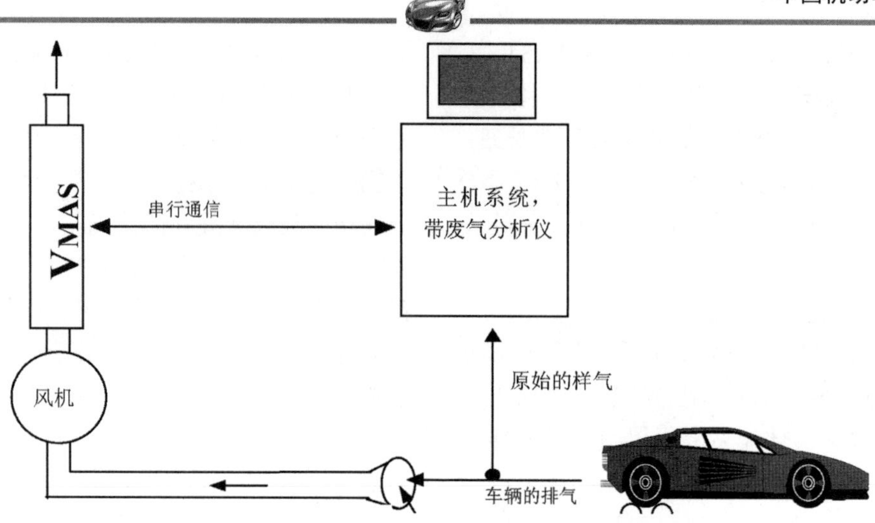

图 5　VMAS 系统构成图

当 VMAS 采用与 IM240 相同的工况时，两者测试结果的相关性非常好。1998 年美国 EPA 在纽约对 VMAS 的性能发起了一个与 IM240 对比的试验（Gordon-Darby 试验），试验对 846 辆随机选取的车做了 VMAS/IM240 同步测试。数据的相关性计算表明，一氧化碳的 R2 = 0.993；碳氢化合物的 R2 = 0.93；氮氧化合物的 R2 = 0.992。表现出极好的相关性。

（4）加载减速法 LUGDOWN

该方法来自香港。香港环保署于 2000 年 6 月颁布了修订后的柴油车加载减速排放限值和测量方法，对柴油车分为 5.5 t 以下级和 5.5 t 以上级两个级别进行检测。

该方法在 3 个加载工况点测试烟度。3 个测量点分别是最大功率点，最大功率对应转速的 90%转速点和最大功率对应转速的 80%转速点。

测试方法采样探头插入机动车排气管中，插入深度不得低于 400 mm。接好不透光烟度仪。测试数据包括轮边功率、发动机转速和排气烟度。只有轮边最大功率、发动机转速范围和 3 个工况点测得的光吸收系数 k 或烟度值均满足标准限值，排放测试才判定为合格。

测试设备主要包括底盘测功机、不透光烟度计和发动机转速计，由计算机控制系统集中控制。底盘测功机主要由滚筒、功率吸收单元（PAU）、惯量模拟装置等组成。不透光烟度计采用分流式内置不透光测量的原理。

VMAS 系统具体介绍

汽油车简易瞬态工况污染物排放检测系统（简称 VMAS 系统）是基于轻型汽油车污染物质量排放的测试系统。与基于浓度排放测试的汽油车稳态加载污染物排放系统（简称 ASM 系统）相比，VMAS 系统能够直接获取汽车污染物的排放总质量，可以更为准确地模拟车辆实际的工作状态，更客观、公正地判断车辆的排放状态。

VMAS 系统由可以模拟加速惯量和道路行驶阻力的底盘测功机、专用五气分析仪、气体流量分析仪、计算机控制系统组成（见图 6）。用底盘测功机以模拟车量在道路上行驶瞬态工况负荷，用高精度五气分析仪通过采样探头直接获取汽车原始排放气体 CO、CO_2、HC、NO_x、O_2 浓度值，用流量分析仪测量经过风机抽入流量测量管稀释气体流量、压力、温度、稀释氧浓度（其中稀释气体由除去进入五气分析仪的汽车尾气之外，剩余尾气和环境混合而成），通过测量汽车排出原始气体 O_2 浓度和混合稀释气体 O_2 浓度计算稀释前后稀释气体的稀释比，可以得到尾气实际流量，再利用气体状态方程计算出汽油车尾气中 NO_x、CO、HC 单位时间（路程）内质量（检测结果为 g/km），可以实时分析车辆在道路负荷工况下排放气体污染物排放质量，对于全面评价车量的排放状况、估算机动车污染物排放总质量及制定切实可行的机动车污染物控制规划具有重要意义。

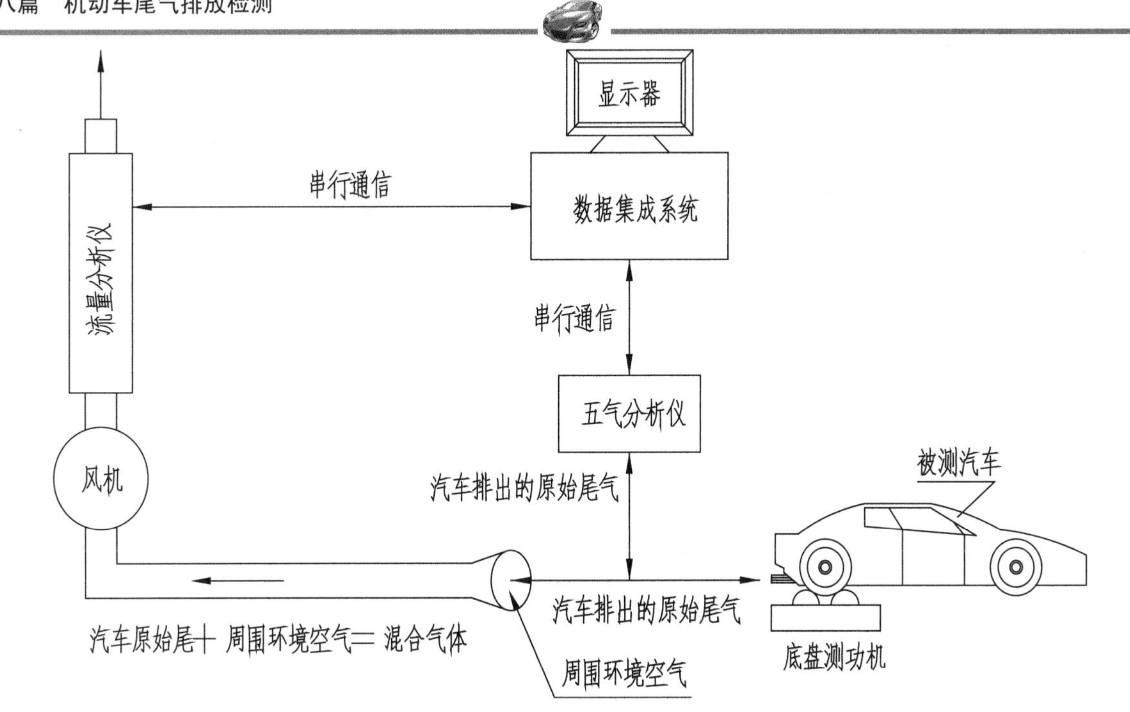

图 6 VMAS 系统检测原理图

流量分析仪由气体采集软管、风机、流量测量管、流量传感器、O_2 氧化锆传感器、温度传感器、压力传感器、气体废气软管组成，用来测量汽车排出剩余气体和空气混合气的流量、温度、压力、稀释气体氧 O_2 的浓度。五气分析仪由 CO、CO_2、HC 测量平台、NO_x 测量平台或电化学传感器、O_2 电化学传感等组成，其作用是用来测量汽车排出原始气体 CO、CO_2、HC、NO_x、O_2 的浓度。

VMAS 硬件系统是在 ASM 系统基础加上流量计组成，根据五气分析仪测得的 CO、CO_2、HC、NO_x、O_2 瞬间浓度值和流量计测得的混合气瞬间流量、温度、压力、稀释气体氧 O_2 浓度，通过积分求出污染物排放总质量。

VMAS 系统测量过程

（1）模拟车辆实际行走工况

将被测车辆驶上底盘测功机，按相关标准控制底盘测功机给被测车辆加减载，按相关标准要求行走速度线路图控制被测车辆的速度。

（2）汽车排出原始气体测量

将五气分析仪取样管插进汽车排气管，抽取汽车排出气体原始气体，测出汽车排出原始气体 CO、CO_2、HC、NO_x、O_2 的浓度 C_{CO}、C_{CO_2}、C_{HC}、C_{NO_x}、C_{O_2Raw}。

（3）混合气体的测量

利用风机通过气体采集软管，将汽车排出全部剩余气体（除进五气分析仪的气车尾气之外）和空气混合气全部抽进流量测量气管，测出混合气体瞬间流量、温度、压力、稀释氧 O_2 浓度 V_{mix}、T_{mix}、P_{mix}、CO_2Dil。

（4）气体排气总量的计算

根据 Vmas 系统测量出来的各种气体单位时间（s）内瞬间质量经过计算出汽车每公理排气总量。

检测仪器工作原理

不透光烟度计

一、专业术语

（1）不透光烟度计是用来测量压燃式发动机或装有压燃式发动机汽车排放可见污染物的仪器。

它的测量原理是使一定光通量的入射光透过一段特定长度的被测烟柱，用光接收器上所接受到的透射光的强弱来评定排放可见污染物的程度。

烟度计一般由取样探头、测量部件、控制系统和显示仪表等部分组成。

（2）光透射比（τ）：从光源发出的光通过充满烟气的暗通道到达仪器光接收器的传输百分比。

（3）光吸收比（N）：从光源发出的光通过充满烟气的暗通道到达仪器光接收器的吸收百分

比。N=100−τ。

（4）光通道长度（L）：从光源发出的光到达仪器光接收器所通过充满烟气的暗通道长度。单位为米（m）。

（5）光吸收系数（k）：由比尔－郎伯定律确定的系数。单位为 m^{-1}。

$$k=-\frac{1}{L}\times\ln\left(\frac{r}{100}\right)=-\frac{1}{L}\times\ln\left(1-\frac{N}{100}\right)$$

二、滤纸式烟度计的测量原理及缺点

与不透光相比，滤纸式烟度计主要是通过脚踏抽气泵开关，抽取一定量的排放黑烟，再手动将气体通过管路压入到特定的滤纸，黑烟中的炭微粒吸附在滤纸上，然后用一定光通量的光束照射，通过测量其反射光强度来决定柴油车排放的烟度。但这种方法影响测量准确度的因素太多，而且不能动态反映排放烟度的情况。缺点是每辆车测试完后用压缩空气需反复清洗管路，取样管的长度和内径对检测结果有较大影响，而且用后滤纸须经常更换，维护比较复杂，不利于现有的检测站车流量大的场合使用。

三、不透光烟度计介绍

MQY-200 型不透光度计是一种分流式不透光烟度计，符合 GB 3847—2005《车用压燃式发动机和压燃式发动机汽车排气烟度排放限制及测量方法》中对不透光烟度计的要求，同时也符合 JJG 976 国家检定规程对不透光烟度计的要求。本产品采用先进的测量技术，测量与控制单元分开，方便操作，适合于环境保护部门、机动车检测站、汽车制造厂、汽车修理厂等单位使用。

测量原理

当将一束光穿过密度和温度一致的气体时，由于光被气体吸收和散射，使其强度衰减。不透光度计就是利用这一原理，使调制光束通过一段给定长度的排烟，通过测量排烟对光的吸收程度来决定排烟对环境的污染程度（见图 7）。

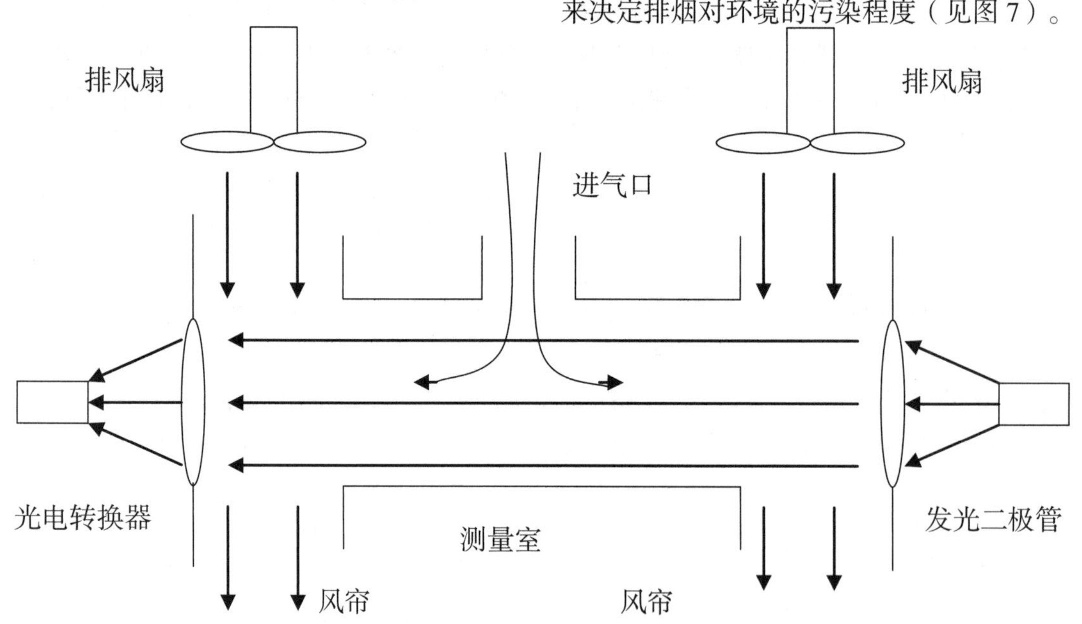

图 7　不透光烟度计的测量原理

如图 7 所示，MQY-200 型不透光烟度计测量单元（即下位机）的测量室是一根分为左右两半部分的圆管，被测排气从中间的进气口进入，分别穿过左圆管和右圆管，从左出口和右出口排出。左右两侧装有两个凸透镜，右端装有绿色发光二极管，左端装有光电转换器，发光二级管至右透镜及光电转换器至左透镜的光程都等于透镜的焦距。因此，发光二极管发出的光通过右透镜后就成为一束平行光，再通过左透镜后，汇聚于光电转换器上，并转换成电信号。排气中含烟越多，平行光穿过测量室时光能衰减就越大，经光电转换器转换的电信号就越弱。

排气中夹带着许多烟炱微粒，如果让排烟直接接触左右透镜的表面，烟炱微粒将会沉积在上面，吸收光能，从而影响测量结果。为使光学系统免遭烟的污染，仪器采用了“空气气幕”保护技术。图 7 中的排风扇将外界的清洁空气吹入左右透镜与测量室出口之间的通道，使透镜表面形成“风帘”避免其沾染上烟炱微粒。

排气中含有水分。由于排气管的温度较高，刚进入仪器时，排气中的水分仍保持在气态。如果仪器测量室管壁的温度比排气温度低很多，排气中的水蒸汽就要冷凝成雾，影响测量结果。为了防止冷凝的影响，测量室管壁的温度应始终保持在 75℃左右，为此测量室装有加热及恒温控制装置。

四、仪器组成

不透光度计主要有光学测量部分（下位机），显示控制部分（上位机），取样管和通讯电缆等组成。

国家规程（JJG 976—2002）对烟度计的主要要求：

采用标准中性滤光片三片（其几何尺寸应按被检仪器规定），其透射比分别约为 71%、50%、34%，主要技术指标如下：

（1）示值误差：*N*— ± 2.0%，*k*—0.05m–1

（2）零位漂移：在 1 小时中，零位漂移不超过 *N*— ± 1.0%；

k— ± 0.08m–1。

（3）稳定性：连续 12 次测量，零位值变化不超过 *N*— ± 1.0%；

k— ± 0.08m–1。

尾气分析仪

一、专业术语

（1）汽车排放气体测试仪采用不分光红外法测量 HC、CO 和 CO_2，采用电化学法或其他等效方法测量 O_2 和 NO。

测试仪通常包括取样探头、水分离器、过滤器、检测器、资料系统、显示器件和控制调节装置。

（2）示值允许误差的模：示值允许误差的绝对值。

（3）零位漂移：测试仪通入清洁空气时各通道在规定的时间内的零位变化。

（4）示值漂移：测试仪通入规定的标准气体时各通道在规定的时间内的示值变化。

（5）空燃比（AF）：是指可燃混合气中空气与燃料的质量比。理论上，1 kg 汽油完全燃烧需要空气 14.7 kg。故对于汽油机而言，空燃比为 14.7 的可燃混合气可成为理论混合气。应当指出，对于不同的燃料，其理论空燃比数值是不同的。

（6）过量空气系数 Lambda 值（λ）：依据空燃比确定发动机燃烧效率的参数 λ= 燃烧 1 kg 燃料所实际供给的空气质量 / 完全燃烧 1 kg 燃料所需的理论空气质量。

（7）丙烷 / 正己烷当量系数（PEF）：碳氢化合物（HC）的含量应用正己烷（C_6H_{14}）的当量来表示，当测试仪用丙烷（C_3H_8）气体标定时，PEF 值为正己烷当量浓度与丙烷标准气体的浓度之比，此系数应在每台测试仪的显著位置以 3 位有效数字表明，该系数的值应在 0.490 ~ 0.540 之间。

二、尾气分析仪产品介绍

该仪器是一种便携式汽车排气分析仪。它是采用国际先进技术和部件生产而成采用非分光红外吸收（NDIR）的原理，测量机动车排放的尾气中的一氧化碳（CO）、碳氢化合物（HC）、二氧化碳（CO_2）三种成分的含量，用电化学电池的方法测量尾气中氧（O_2）和氮氧化合物（NO）的含量，并根据 CO、HC、CO_2、O_2 的测试数据计算出过量空气系数。配有感应式转速仪和油温探测头，可根据检测要求监测汽车发动机的转速和润滑油的温度。该仪器体积小、操作方便、测量准确、工作可靠，适用于机动车检测站、汽车制造厂、汽车修理厂等使用。根据用户需要，将汽车发动机置于用户指定工况运行，可测量此时的废气排放数据，测试过程提示清晰，步骤标准，通过对测量的废气参数变化情况的分析，帮助您判断汽车排放超标的原因，并提出修理建议，指导故障诊断和维修。如判断废气控制系统中三元催化器的好坏，空气滤清器是否过脏等。

五气在排放污染物监测中对比二气的优势：

汽车发动机燃烧状况的好坏，直接影响排放物的排放量，排气中的 CO_2 与 O_2 的浓度是表征发动机燃烧状况的重要参数。发动机在正常燃烧时，排气中的 CO_2 的浓度在 12.5% 左右，O_2 浓度在 1% 左右。这两个数据是四、五气尾气分析仪的最基本功能。

现在的汽车发动机燃烧都是采用闭环控制的电子燃油喷射系统，在排气管上都装有三元催化器，而它的好坏也直接影响着污染物的排放。三元催化器的净化功率与发动机的混合气空燃比（λ）有直接的关系，理论要求（λ）值在1.0附近。λ值的多少主要通过对排气中的CO、HC、CO_2、O_2这些浓度进行计算而来的，而两气测量不出这些浓度的气体成分，已不适应在大城市中对汽车排放污染物的控制。只有四、五气尾气分析仪能测量出全部数据。可根据排放量的变化来有效的对发动机进行调整，以保证其燃烧状况良好和排放合格，而且四、五气尾气分析仪都具备了测量油温和转速的功能，能及时的判别发动机的状况以及故障分析所必备的检测诊断工具。

三、尾气分析仪测量原理

本仪器采用电调制红外光源的新型红外气体传感器（NDIR）。

当红外光通过待测气体时，这些气体分子对特定波长的红外光有吸收，其吸收关系服从朗伯——比尔（Lambert-Beer）吸收定律。设入射光是平行光，其强度为I_0，出射光的强度为I，气体介质的厚度为L。当由气体介质中的分子数dN的吸收所造成的光强减弱为dI时，根据朗伯——比尔吸收定律：$dI/I=-KdN$，式中K为比例常数。经积分得：$\ln I=-KN+\alpha$（1），式中：N为吸收气体介质的分子总数；α为积分常数。显然有$N\propto cL$，c为气体浓度。则式（1）可写成：

$$I=\exp(\alpha)\exp(-KN)=\exp(\alpha)\exp(-\mu cL)=I_0\exp(-\mu cL) \quad (2)$$

式（2）表明，光强在气体介质中随浓度c及厚度L按指数规律衰减。吸收系数取决于气体特性，各种气体的吸收系数μ互不相同。对同一气体，μ则随入射波长而变。若吸收介质中含i种吸收气体，则式（2）应改为：

$$I=I_0\exp(-l\sum \mu_i c_i) \quad (3)$$

因此对于多种混合气体，为了分析特定组分，应该在传感器或红外光源前安装一个适合分析气体吸收波长的窄带滤光片，使传感器的信号变化只反映被测气体浓度变化。

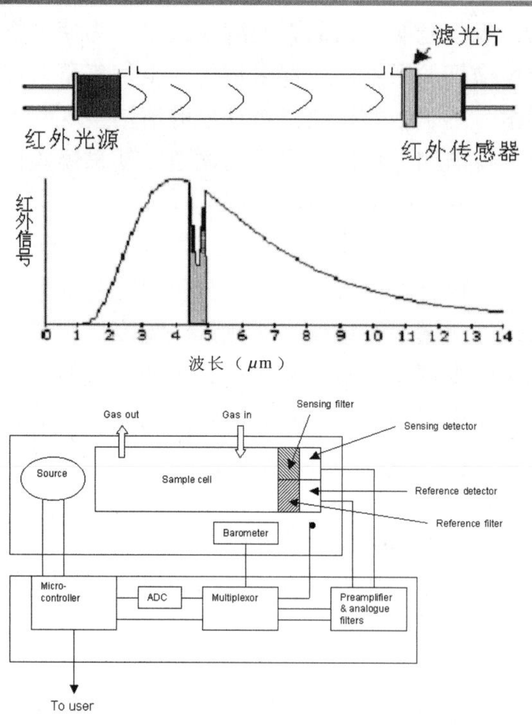

图8 NDIR红外气体分析示意图

图8为NDIR红外气体分析原理图：以CO_2分析为例，红外光源发射出1～20 um的红外光，通过一定长度的气室吸收后，经过一个4.26μm波长的窄带滤光片后，由红外传感器监测透过4.26μm波长红外光的强度，以此表示CO_2气体的浓度。通过采用以上技术，NDIR红外气体传感器的结构比以往仪器将大大简化，仪器功耗也大幅度降低国家规程（JJG 688—2007）对尾气分析仪的主要要求：

Ⅰ级测试仪量程及示值允许误差

气体种类	量程	示值允许误差	
		绝对误差	相对误差
HC	$(0\sim2000)\times10^{-6}$	$\pm12\times10^{-6}$	±5%
	$(2001\sim9999)\times10^{-6}$	—	±10%
CO	$(0.00\sim10.00)\times10^{-2}$	$\pm0.06\times10^{-2}$	±5%
	$(10.01\sim16.00)\times10^{-2}$	—	±10%
CO_2	$(0.00\sim18.00)\times10^{-2}$	$\pm0.5\times10^{-2}$	±5%
NO	$(0\sim4000)\times10^{-6}$	$\pm25\times10^{-6}$	±4%
	$(4001\sim5000)\times10^{-6}$	—	±8%
O_2	$(0.0\sim25.0)\times10^{-2}$	$\pm0.1\times10^{-2}$	±5%

注：表中所列绝对误差和相对误差，满足其中一项要求即可。

测试仪分辨力

气体种类	测试仪准确度等级			
	00 级	0 级	Ⅰ级	Ⅱ级
HC	1×10^{-6}	1×10^{-6}	1×10^{-6}	5×10^{-6}
CO	0.01×10^{-2}	0.01×10^{-2}	0.01×10^{-2}	0.05×10^{-2}
CO_2	0.1×10^{-2}	0.1×10^{-2}	0.1×10^{-2}	0.1×10^{-2}
NO	1×10^{-6}	1×10^{-6}	1×10^{-6}	5×10^{-6}
O_2	0.02×10^{-2}	0.02×10^{-2}	0.02×10^{-2}	0.1×10^{-2}

零位漂移：

测量仪 1 h 的零位漂移应不超过测量仪示值允许误差。

示值漂移：

测量仪 1 h 的示值漂移应不超过测量仪示值允许误差。

重复性：

00 级测试仪和 0 级测试仪的 NO、O_2 通道示值重复性应不大于其示值允许误差的模的 1/2；0 级测试仪的其他通道和Ⅰ级、Ⅱ级测试仪示值重复性应不大于示值允许误差的模的 1/3。

响应时间：

CO、HC 和 CO_2 通道：不大于 8 s（00 级和 0 级）、不大于 12 s（Ⅰ级和Ⅱ级）；O_2 通道：不大于 12 s；NO 通道：不大于 15 s。

排气流量分析仪

仪器结构和作用

流量测量部件由取样喇叭口、进气管、抽风机、流量测量管、扰流杆、超声波传感器、温度传感器、氧化锆氧传感器、压力传感器、排气管等组成（见图 9）。

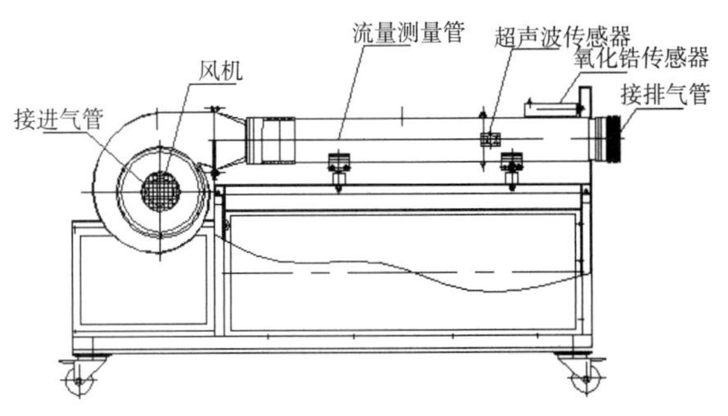

图 9　流量分析仪结构组成图

氧化锆传感器

氧化锆氧传感器是汽车排出的全部尾气（除去进入尾气分析仪的气体）和空气混合气氧浓度测量传感器。

流量测量管

流量测量管道内装有扰流杆、超声波传感器、温度传感器、压力传感器、氧华锆氧传感器，是汽车排出的全部尾气（除去进入尾气分析仪的气体）和空气混合气的测量管道。

进气管

进气管是汽车排放出来全部尾气（除去进入尾气分析仪的气体）和空气混合气进入流量测管的进气管道。

扰流杆

扰流杆是流量测量的重要主件之一，是流量测量的重要组成部分，是产生涡街旋涡的重要零件。

超声波传感器

超声波传感器是流量测量传感器，流量信号就是依靠超声波传感器获得。

温度传感器

温度传感器是汽车排出的全部尾气（除去进入尾气分析仪的气体）和空气混合气温度测量传感器。

压力传感器

压力传感器是汽车排出的全部尾气（除去进入尾气分析仪的气体）和空气混合气压力测量传感器。

排气管

排气管是汽车排出的全部尾气（除去进入尾气分析仪的气体）和空气混合气排出管道。

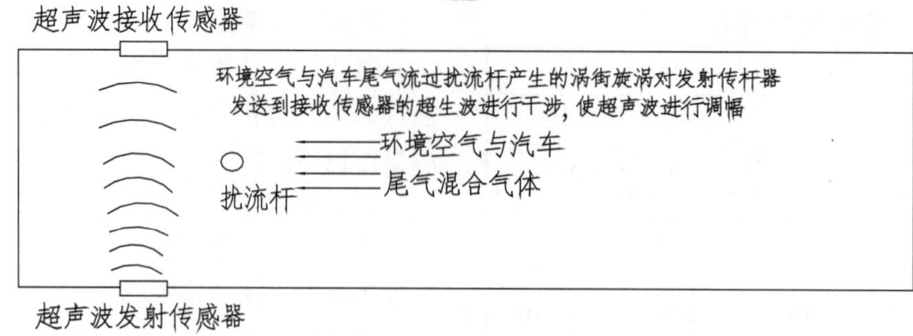

图 10　流量测量原理图

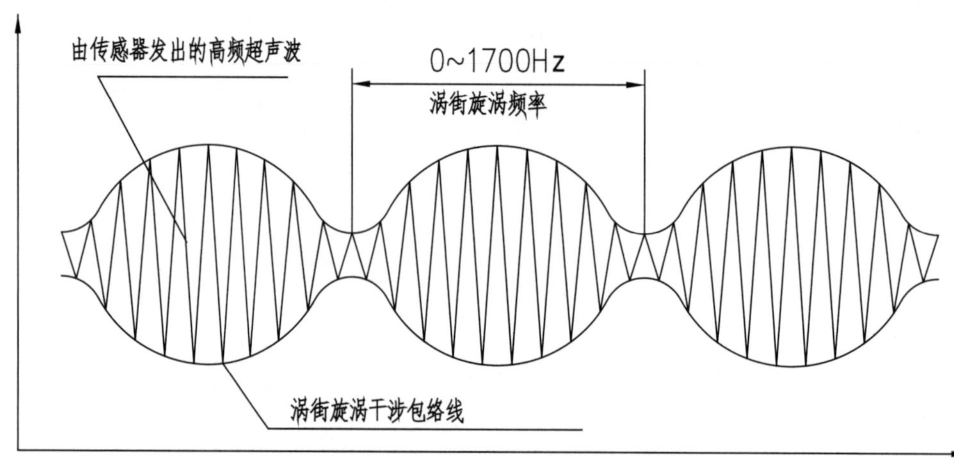

图 11　涡街信号频率图

如图 10 所示，混合气体由流量测量管进口进入，经过扰流杆后产生涡街旋涡，对由超声波发射传感器发射的等幅高频超声波进行干涉，使超声波接收传感器接受到如图11所示的超声波，这其中的包络线的频率就是经过扰流杆后产生涡街旋涡频率，经过扰流杆后产生涡街旋涡与气体的流量成正比，气体流量大经过扰流杆后产生涡街旋涡就多，反之就少，通过电路进行解调，解调出包络线，用单片机读出包络线的频率，就可以测出气体的流量。

第九篇　GB 7258 修订的探讨

国家标准《机动车运行安全技术条件》（GB 7258—2004）制修订情况介绍

应朝阳

强制性国家标准《机动车运行安全技术条件》（GB 7258）是我国机动车运行安全管理最基础的技术标准，是我国新车注册登记检验和在用车定期安全技术检验、事故车辆检验的主要技术依据，同时也是我国机动车新车定型强制性检验、车辆产品公告审核、新车出厂检验及进口机动车检验的重要技术依据之一，实际上起着机动车运行安全管理技术法规的作用。

GB 7258 现行版本为 GB 7258—2004，2004 年 7 月 12 日由国家质量监督检验检疫总局和国家标准化管理委员会发布，自 2004 年 10 月 1 日起实施。GB 7258—2004 实施以来在加强机动车运行安全管理、提高机动车运行安全水平、保障道路交通安全等方面起到了积极的作用。然而，随着我国经济社会的持续快速发展和机动化步伐的不断加快，广大人民群众对安全出行的期待越来越高，机动车运行安全管理不断遇到新情况、新问题。

为提升机动车运行安全管理的科学化、规范化水平，公安部道路交通管理标准化技术委员会于 2006 年、2007 年和 2008 年先后组织编写了 GB 7258—2004 的三个修改单，并自 2009 年起开始了 GB 7258—2004 的整体修订工作。目前，GB 7258—2004 整体修订工作已完成，修订报批稿已上报国家标准化管理委员会，预计年内可发布实施。

本文介绍了 GB 7258—2004 三个修改单的主要内容及 GB 7258—2004 整体修订的相关情况，期望能对机动车安全技术检验从业人员全面了解我国机动车运行安全管理状况有所帮助。

第一部分 GB 7258—2004 三个修改单介绍

一、GB 7258—2004《机动车运行安全技术条件》国家标准第 1 号修改单

GB 7258—2004《机动车运行安全技术条件》国家标准第 1 号修改单，由国家标准化管理委员会于 2006 年 8 月 22 日批准，自 2006 年 11 月 1 日起实施。

GB 7258—2004 第 1 号修改单共两条，一是删除了前照灯远近光光束布置的要求；二是调整了前照灯远光光束照射位置检验的相关要求，明确规定前照灯远光光束照射位置检验只针对远光光束能单独调整的前照灯进行。

对标准修改单技术条款的具体说明如下：

（1）GB 7258—2004 第 8.4.3 条对远光灯和近光灯的位置布置做了规定，技术要求与美国联邦机动车安全法规 FMVSS571.108 的相关规定一致。但是，我国的汽车标准采用 ECE 技术法规体系，而 ECE 技术法规体系并未对远光灯和近光灯的位置布置做出类似的规定，考虑到国家标准《汽车及挂车外部照明和信号装置的安装规定》（GB 4785）已对近光灯和远光灯的安装位置有相应的要求，为避免因标准的不合理规定限制汽车灯具的设计和布置，删除 GB 7258—2004 第 8.4.3 条。

（2）GB 7258—2004 第 8.4.7.3 条对远光光束照射位置的检验做了规定。在实际执行过程中，汽车制造厂家反应，对于不具有单独的远光调光机构的远近光一体双光束前照灯，由于灯具的制

造精度（包括模具制造、灯具零件的注塑成型、灯泡的灯丝位置精度以及为了装灯泡所必须留出的间隙等）所限定，几乎不可能将近光光束和远光光束的照射位置同时调整到 GB 7258—2004 规定的范围内。考虑到汽车在城市道路行驶及公路会车时通常只使用近光灯，并且国家标准《汽车前照灯配光性能》（GB 4599）对汽车远、近光配光性能均有规定，适当缩小 GB 7258—2004 第 8.4.7.3 条的适用范围，明确第 8.4.7.3 条只适用于“能单独调整远光光束的前照灯”，即对于不能单独调整远光光束的前照灯，灯光检验时只要求近光光形、近光光束照射位置及远光光束发光强度符合规定，对远光光束照射位置不做要求。

二、GB 7258—2004《机动车运行安全技术条件》国家标准第 2 号修改单

GB 7258—2004《机动车运行安全技术条件》国家标准第 2 号修改单，由国家标准化管理委员会于 2007 年 6 月 22 日批准，自 2007 年 9 月 1 日起实施。

GB 7258—2004 第 2 号修改单共十条，主要规定了校车、幼儿校车、小学生校车、专用校车、非专用校车等术语和定义，调整并进一步明确了校车的核载要求，并对校车标识和标牌、专用校车的车身结构、安全带配置等做了原则性的规定。

对标准修改单技术条款的说明如下：

（1）修改单第一条是对校车的定义。由于当时国内尚没有真正在设计和制造上用于运送学生上下学的校车，修改单除了规定校车可按乘坐对象分为幼儿校车、小学生校车和其他校车外，还明确校车按属性可分为专用校车和非专用校车。

（2）修改单第二条、第三条、第四条和第五条是对校车核载的要求，分别对幼儿座位和小学生座位的座垫宽及是否允许幼儿和小学生站立做了规定，技术要求参考了台湾《道路交通安全规则》、日本《道路运输车辆安全标准》和香港《道路交通条例》。

（3）修改单第六条是对校车标识和标牌的要求。修改单未对专用校车的外观标识作具体规定；对于目前运送学生上下学的非专用校车，仅要求其运送学生时在前后各放置一块可从车外清楚识别的标牌以便于识别。

（4）修改单第七条、第八条是对校车车身结构及车窗玻璃可见光透射比等方面的要求，目的是为了更好地保护车内学生及使相关管理人员能够更清晰地辨认车内状况。

（5）修改单第九条是对校车座椅布置方面的要求。为避免限制非专用校车的使用，修改单未对儿童座位座间距的上限加以规定。

（6）修改单第十条规定专用校车的每一个儿童座位均应装置安全带，目的是为了更好地保证儿童的乘坐安全。

编制 GB 7258—2004 第 2 号修改单的主要目的是明确接送学生上下学车辆（校车）的术语和定义、核载、标识和标牌等要求，为规范校车管理提供技术依据，为促进校车发展、解决小学生和幼儿上下学交通困难问题创造条件。

为保证 GB 7258—2004 第 2 号修改单顺利实施，2007 年 8 月 23 日，公安部、教育部联合下发了《关于实施国家标准〈机动车运行安全技术条件〉（GB 7258—2004）第 2 号修改单的通知》（公交管 [2007]162 号），要求各级公安机关和教育行政部门认真学习标准修改单，明确管理职责，认真做好校车核定、校车外观标识和标牌管理工作。

三、GB 7258—2004《机动车运行安全技术条件》国家标准第 3 号修改单

GB 7258—2004《机动车运行安全技术条件》国家标准第 3 号修改单，由国家标准化管理委员会于 2008 年 8 月 20 日批准，自批准之日起实施。

GB 7258—2004 第 3 号修改单共 8 条，主要扩大了应粘贴车身反光标识的货车和挂车的范围，规定了在用货车和挂车粘贴车身反光标识及安装侧面和后下部防护装置的相关要求，并以资料性附录的形式对货车和挂车的典型车型车身反光标识粘贴示例及要求做了规定。

对标准修改单主要技术条款的说明如下：

（1）修改单第二条是对标准实施过渡期的规定：

——鉴于设置车身反光标识工作比较简单、方便，对新出厂或者已出厂但未注册登记的货车和挂车自修改单实施之日起实施，对修改单实施

前已注册登记的货车和挂车，自修改单实施之日起 2 个月后实施。

——鉴于侧面及后下部防护装置的安装工作相对复杂，对各种车型侧面及后下部防护装置的技术条件、安装要求、安装厂家等都应有专门规定，有关汽车和挂车安装侧面及后下部防护装置的要求，对新出厂或者已出厂但未注册登记的货车和挂车自修改单实施之日起实施，对修改单实施前已注册登记但未安装的货车和挂车自修改单实施之日起 6 个月后实施。

——考虑到部分省、自治区、直辖市在修改单实施之前在对在用货车和挂车设置车身反光标识、安装侧面及后下部防护装置等方面已做了大量工作，实施条件比较成熟，允许具备条件的省、自治区、直辖市提前实施。

（2）修改单第四条是扩大需设置车身反光标识和货车、挂车车型的规定。所有货车（含三轮汽车、低速货车以及载货类汽车底盘改装的专用作业车）和挂车均应在后部、侧面设置车身反光标识；后部的车身反光标识除应体现机动车后部宽度外，还应体现机动车后部高度，并且厢式货车和厢式挂车后部、侧面的车身反光标识应能体现车厢轮廓。

（3）修改单第五条是各类货车和挂车设置的车身反光标识式样的规定。针对实际中有些车辆设置的车身反光标识位置、式样不规范的问题，规定各类货车和挂车设置的车身反光标识应符合相关国家标准和 GA 406 的规定，粘贴式样参照附录 H（资料性附录）《典型车型车身反光标识粘贴要求及示例》。

（4）修改单第六条是在车身反光标识被遮挡时设置柔性反光标识的规定。针对实际中有些货车和挂车设置的车身反光标识因装运货物被遮挡的问题，规定货车和挂车设置的车身反光标识被遮挡的，应在被遮挡的车身后部和侧面至少水平固定一块柔性反光标识。

编制 GB 7258—2004 第 3 号修改单的主要目的是为在用货车和挂车粘贴车身反光标识、安装侧面及后下部防护装置，扩大需粘贴车身反光标识的货车和挂车范围提供技术依据，规范车身反光标识的粘贴，以有效减少货车和挂车因低能见度气象条件下视认性差而发生的道路交通事故。

为保证 GB 7258—2004 第 3 号修改单的实施，2008 年 8 月 27 日，公安部交通管理局下发了《关于加强机动车反光车身标识粘贴等工作的通知》（公交管 [2008]190 号），要求各级公安机关交通管理部门结合本地实际，研究制定贯彻实施标准修改单的意见，明确各部门的职责和任务，加强协调配合，做好工作部署，细化工作措施，积极开展宣传和在用车排查清理，严把机动车查验关，加大对违规上路机动车的查处力度。

第二部分 GB 7258—2004 整体修订情况介绍

一、修订背景

GB 7258—2004 的 3 个修改单解决了机动车运行安全管理中存在的部分问题，也取得了较为明显的效果。特别是随着 GB 7258—2004 第 3 号修改单的实施，在用货车和挂车普遍按照规定粘贴了车身反光标识，夜间等低能见度条件下视认性大大提高，涉及大型货车和挂车的碰撞交通事故数量明显减少，社会反响良好。但是，从总体来看，GB 7258—2004 对大型客货车辆的运行安全技术要求仍比较低，这也是当前与车辆机械故障相关的重特大道路交通事故比例较高的重要原因。

综合考虑 GB 7258—2004 在执行过程中存在某些标准条款要求的适用范围理解不一致，残疾人专用机动车、教练车和特型机动车等车型的管理依据缺乏，以及 GB 7258—2004 所引用和涉及的汽车行业国家标准许多已修订等因素，组织相关单位和技术人员对 GB 7258—2004 进行整体修订，提高机动车（特别是大型客货车辆）安全技术要求，严密机动车运行安全管理技术依据，使其更适应我国道路交通实际情况，更好地预防和减少机动车因素引发的道路交通事故，十分必要。

二、修订原则

在广泛开展调研基础上，GB 7258—2004 整体修订工作确定了以下修订原则：

（1）从 GB 7258 是我国机动车运行安全管理最基本的技术标准这一属性出发，根据道路交通发展实际情况，进一步明确 GB 7258 的适用范围，提出特型机动车、教练车、残疾人专用汽车等各类机动车的定义和运行安全管理的技术依据，严密机动车运行安全管理主要环节。

（2）根据 GB 7258—2004 执行过程中暴露出来的问题，采用与管理要求相适应的机动车分类标准，提高标准的可操作性。

（3）提高重点车辆的安全装置配备要求和结构安全要求，加严卧铺客车的安全技术要求，提高道路运行机动车的整体安全技术性能。

（4）进一步明确公共汽车运行安全技术要求，为加强公共汽车运行安全管理提供技术依据。

三、主要修改内容

此次整体修订内容涉及面广，主要有：

（1）进一步明确了标准适用范围，按照《道路交通安全法》及其实施条例的相关规定调整了术语和定义：

——明确标准适用于在我国道路上行驶的，除有轨电车以外的所有其他机动车；

——修改了机动车、汽车公共汽车、专项作业车（专用作业车）、轻便摩托车等术语和定义；

——增加了公路客车、旅游客车、校车、危险货物运输车、纯电动汽车、插电式混合动力汽车、燃料电池汽车、教练车、残疾人专用汽车、特型机动车等术语和定义；

——将汽车分为载客汽车、载货汽车（货车）和专项作业车，将原摩托车和轻便摩托车合成为摩托车。

（2）细化了车辆识别代号要求，强化了乘用车防盗要求：

——进一步明确了车辆识别代号的打刻位置和可视认性要求，增加了“乘用车和总质量小于等于 3500kg 的货车（低速汽车除外）还应在靠近风窗立柱的位置设置永久保持的、能从车外清晰识读的标有车辆识别代号的标识”的要求；

——增加了“乘用车至少还应在后备箱标识车辆识别代号及在其他 5 个主要部件上标识车辆识别代号或零部件编号”、“具有 ECU 单元的乘用车，其 ECU 应能读取车辆识别代号等特征信息或能通过电子接口读取车辆识别代号等特征信息”等要求；

——增加了对机动车进行改装或修理时不允许对车辆识别代号等整车标志进行遮盖（遮挡）、打磨、挖补、垫片等处理及凿孔、钻孔等破坏性操作的要求。

（3）提高了大中型客车、重中型货车、危险货物运输车等重点车辆的运行安全技术要求：

——对于大中型客车，规定：专用校车、公路客车、旅游客车、未设置乘客站立区的公共汽车应安装行驶记录仪、上部结构强度应符合 GB/T 17578 的规定；公路客车和旅游客车的所有座椅均应装备汽车安全带；车长大于等于 6m 的客车应具有超速报警功能；车长大于 9m 的客车应装备缓速器或其他辅助制动装置，前轮应装备盘式制动器且所有车轮均应使用子午线轮胎；车长大于 9m 的公路客车、旅游客车、未设置乘客站立区的公共汽车及所有专用校车还应装备符合规定的防抱制动装置和限速装置（或具有限速功能）；三轴公路客车的随动轴应具有随动转向或主动转向的功能；

——对于重中型货车，规定：半挂牵引车和总质量大于等于 12000kg 的货车应装备符合规定的防抱制动装置、缓速器（或其他辅助制动装置）和汽车行驶记录仪等安全装置；总质量大于等于 4500kg 的货车的每一个后位灯、后转向信号灯和制动灯，其透光面面积都应大于等于一个 80 mm 直径圆的面积；总质量大于等于 12000kg 的货车（半挂牵引车除外）、车长大于 8.0m 的挂车和最大设计车速小于等于 40km/h 的汽车和挂车应设置车辆尾部标志板、厢式货车和厢式挂车应装备符合规定的反射器型车身反光标识；

——对于危险货物运输车，规定：前轮应装备盘式制动器，所有车轮均应使用子午线轮胎，且应装备防抱制动装置、缓速器（或其他辅助装置）、限速装置（或具有限速功能）和汽车行驶记录仪等安全装置；道路运输爆炸品和剧毒化学品车辆应在后部和两侧粘贴符合规定的橙色反光带；罐式危险货物运输车的罐体及罐体上的管路和管路附件应符合相应的特殊要求。

（4）加严了客车（特别是公共汽车）站立人数核定、防火及安全逃生等方面的要求：

——对设置有乘客站立区的公共汽车，其站立乘客有效面积按每人不小于 0.125m^2 计算，双层客车的上层及其他客车不允许核定站立人数；

——客车发动机舱及其他热源附近的线束应

采用耐温不低于125℃的阻燃电线，其他部位的线束应采用耐温不低于105℃的阻燃电线，波纹管应达到GB/T 2408—2008表1规定的V-o级，车长大于等于6m的客车应设置手动机械断电开关；

——客车内饰材料的燃烧速度应小于等于70mm/min，公共汽车和发动机后置的公路客车、旅游客车，其发动机舱使用的隔音、隔热材料应为GB 8410—2006的4.6规定的A级材料；

——发动机后置的客车应装备发动机舱自动灭火装置；

——客车乘客门紧急情况下应能从车外开启，且车外开门装置离地高度应小于等于1800 mm；

——公共汽车及车长大于等于6m的其他客车应在驾驶员座位附近驾驶员易于操作部位设置乘客门应急开关；

——车长大于等于6 m的客车如车身右侧仅有一个乘客门且在车身左侧未设置驾驶人门时，应在车身左侧设置应急门；

——作为击碎玻璃式应急窗的车窗应使用厚度不大于5mm的钢化玻璃或每层厚度不超过5mm的中空钢化玻璃，用于击碎玻璃的应急锤取下时应能通过声响信号实现报警，且设有乘客站立区的公共汽车车身两侧的车窗如面积能达到设置为应急窗的要求均应设置为推拉式应急窗或外推式应急窗；

——发动机后置的公路客车和旅游客车，燃料箱的前端面应位于前轴之后。

（5）从卧铺客车主要是作为长途运行的公路客车这一属性出发，进一步加严了其运行安全技术要求：

——将卧铺客车的侧倾稳定角限值由“空载静态时向左和向右均不允许小于32°”调整为“按照GB/T 16887规定的测试方法进行测试时向左侧和右侧均不允许小于28°”；

——卧铺客车的所有车轮应装用无内胎子午线轮胎、车身应为全承载整体式框架结构；

——卧铺客车的卧铺不允许设置为三层或三层以上，且卧铺纵向间距应不小于1600mm；

——卧铺客车的乘客座椅（包括车组人员座椅）不核定乘坐人数，且二轴卧铺客车的核定乘员数应小于等于36人、三轴卧铺客车的核定乘员数应小于等于40人。

（6）根据暴露出来的一些问题，严密了车辆运行安全管理的技术依据：

——增加了载客汽车乘客座椅和货车驾驶室（区）最后一排座椅布置的相关规定，并规定货车驾驶室（区）以外部位设置的座椅和卧铺不核定乘坐人数、货车和挂车的载货部分不得设置乘客座椅且不得设计成可伸缩的结构、厢式货车和封闭式货车的货厢部位不允许设置车窗等要求，以期为加强货车运行安全管理提供技术支撑；

——明确了有驾驶室的正三轮摩托车若使用方向盘转向，则方向盘不得设置于右侧，且中心立柱距车辆纵向中心平面的水平距离均应小于等于200mm；同时，规定正三轮摩托车的乘客座椅应纵向布置（与车辆前进的方向相同），且与前方驾驶员座椅后表面（或客厢前表面）的间距应小于等于1000mm，以从设计和制造上避免摩托车超员、防止摩托车“汽车化”；

——增加了号牌安装孔的要求，规定摩托车的后号牌板（架）、三轮汽车的前号牌板（架）应有2个号牌安装孔，其他号牌板（架）应有4个号牌安装孔，以保证能用M6规格的螺栓将号牌直接牢固地安装在机动车上；

——增加了部分汽车后轴制动力的限值规定；

——增加了教练车和残疾人专用汽车的附加要求。

（7）增加了有利于保证乘用车驾乘人员安全的部分条求：

——增加了乘用车应装备驾驶人汽车安全带佩戴提醒装置、应能可靠固定儿童座椅的要求及乘用车车门的相关要求，以期更好地保证驾乘人员尤其是乘车儿童的安全；

——增加了汽车安全气囊系统的原则性规定，以期更好地保护汽车消费者的权益；

——对自动变速器的性能要求做了原则性的规定，以期在一定程度上规范自动变速器的设计和选用；

——修改了机动车产品使用说明书的相关规

定，以期机动车所有人更清楚地了解机动车实际安全性能和运行安全要求。

（8）根据机动车安全技术检验实践调整了部分制动性能检验要求：

——修改了汽车列车、铰接客车和铰接式无轨电车的行车制动性能要求；

——适当放宽了台式检验在用车制动性能时的制动力平衡要求。

四、下一步需开展的工作

GB 7258是我国机动车运行安全管理最基础的技术标准，引用及涉及的标准多。由于出发点的不同，GB 7258修订报批稿的个别条款与相关的一些国家标准存在不完全一致的地方，需要修改完善相关标准以保证标准之间的协调，主要有：

（1）标准修订报批稿细化了车辆识别代号的打刻位置、可视认性及数量等相关要求，与GB 16735—2004《道路车辆车辆识别代号（VIN）》的规定不完全一致，应修订GB 16735，以使两个标准的相关规定保持一致。

（2）标准修订报批稿修改了客车侧倾稳定角的限值，并规定测试方法应按照相关标准实施。但目前客车相关标准中，仅有GB 13094—2007《客车结构安全要求》、GB/T 16887—2008《卧铺客车结构安全要求》第1号修改单和GB/T 19950—2005《双层客车结构安全要求》对M2类和M3类中的Ⅰ级、Ⅱ级和Ⅲ级单层客车（不包括卧铺客车、学童客车和专用客车）、卧铺客车、双层客车的侧倾稳定性测试方法做了规定，GB 18986—2003《轻型客车结构安全要求》和GB 24407—2009《专用小学生校车安全技术条件》则未对M2类和M3类中的A级和B级单层客车（不含卧铺客车）、专用小学生校车的侧倾稳定性测试方法加以规定，应修订GB 18986、GB 24407等相关标准，明确相关类型客车的侧倾稳定性测试要求。

（3）标准修订报批稿对货车和挂车典型车型的粘贴式样做了规定，但与GB 23254—2009《货车和挂车车身反光标识》的相关规定并不完全一致。考虑到标准修订报批稿中典型车型粘贴式样的相关规定就是GB 7258—2004第3号修改单的相关要求，自2008年起实施以来效果显著，应修改GB 23254—2009，删除典型车型反光膜型车身反光标识粘贴式样的规定。

（4）标准修订报批稿规定，专用校车、公路客车、旅游客车和未设置乘客站立区的公共汽车的上部结构强度应符合GB/T 17578的规定，但GB/T 17578—1998《客车上部结构强度的规定》只适用于车长大于7m的单层城市客车、长途客车和旅游客车。GB/T 17578正在修订，应扩大其适用范围，强化客车上部结构强度要求。

（5）标准修订报批稿对客车（特别是公共汽车）应急出口的形式、防火要求等做了相应的规定，应急门设置、公共汽车应急窗设置、客车线束等要求与GB 13094—2007《客车结构安全要求》等客车标准的规定不完全一致。建议修改GB 13094—2007相关条款，以保证符合GB 13094的新出厂客车能符合GB 7258的规定。

需要说明的是，国家标准《机动车安全技术检验项目和方法》（GB 21861）和公共安全行业标准《机动车查验工作规程》（GA 801）、《机动车类型术语和定义》（GA 802）等机动车安全技术检验和查验的主要标准，其技术要求均与GB 7258规定的技术要求密切相关。为保证机动车安全技术检验和查验工作的科学、规范，应尽快组织修订上述标准。

建议修订前照灯检测标准

谢刚 康文达

前照灯检验是机动车安全性能检验的重要一项，对夜间安全行车至关重要。为了加强前照灯的检验工作，我国各地车辆管理部门从20世纪80年代起引进了机动车检测线设备检验前照灯，用全自动前照灯检测仪检测前照灯的光度和照射方向偏差，由于标准的制定和检测流程的制定存在着一定的问题，我国的检测工作中对前照灯光束照射方向的检测一项工作程序理不顺，各地检测线对前照灯光束照射方向的检测工作一直处于走过场的实际情况，各地耗费重金购置的全自动前照灯检测仪在一定程度上成了聋子的耳朵——摆设。本文拟从我国和日本标准和检验流程的差别上论述一下解决问题的办法，并指出我国前照灯标准修改的必要性。

一、日本检查汽车前照灯光束照射方向的标准是怎样规定的

日本检验标准规定：四灯制前照灯其远光单光束灯在屏幕上的调整，要求光束中心水平位置要求左灯向左偏不得大于100mm，向右偏不得大于170mm，右灯向左或向右偏均不得大于170mm；在检验前照灯的近光光束照射位置时，要求光束中心其水平方向位置向左右均不得大于100 mm。

在日本，实际的检测流程是这样的：将被调试检测车辆停到指定位置，人工对准前照灯检测仪，打开前照灯远光后将“光束中心水平位置调试到要求左灯向左偏不得大于100mm，向右偏不得大于170mm，右灯向左或向右偏均不得大于170mm”这样一个范围；然后将光束转换开关扳到近光位置，看前照灯的近光光束照射位置，光束中心其水平方向位置是不是“向左右均不得大于100 mm”。如果是不大于，则通过；如果不是，则需要重新调试远光光束中心水平位置，调完后，再用近光光束位置检验。如此反复，直至合格为止。

当然，在调试远光光束位置时，位置是越接近零误差最好，但由于安装的原因，调整后绝大多数的车辆前照灯的远光光束位置带一点误差值是允许的。

二、中国检查汽车前照灯光束照射方向的标准是怎样规定的

GB 7258—2004 规定：在检验前照灯近光光束照射位置时，前照灯近光光束水平方向位置向左偏不允许超过170mm，向右偏不允许超过350 mm。

在检验前照灯远光光束及远光单光束灯照射位置时，前照灯远光光束水平位置要求，左灯向左偏不允许超过170mm，向右偏不允许超过350mm，右灯向左或向右偏均不允许超过350mm。

我国检测流程是这样的：将被检测车辆停到指定位置，尽量对准前照灯检测仪，打开前照灯远光后检查“前照灯远光光束水平位置要求，左灯向左偏不允许超过170mm，向右偏不允许超过350mm，右灯向左或向右偏均不允许超过350mm”是不是在这样一个范围，如果是，则通过；如果不是，则数值判断为不合格。

然后将转换开关扳到近光位置，看前照灯的近光光束照射位置，光束中心其水平方向位置是不是在“前照灯近光光束水平方向位置向左偏不允许超过170mm，向右偏不允许超过350 mm”这样一个范围，如果是，则通过；如果不是，则判断为不合格。没有在检测线上调试的内容。该项检测作为建议维护项告知送检人回去自行调试。

上面说的就是GB 21861—2008 规定的检测程序。

表述日本检验标准的两个行为动词是：“调

整……检验……”，表述我国检验标准的两个行为动词是：“检验……检验……”。表面看起来，我国的标准宽一点，实际上则不然。日本的标准和检测调试流程，可以使车辆接近100%地通过。中国的标准和检测流程，则使车辆接近100%地通不过。

三、日本的检测线年度验车是怎样检查汽车前照灯的

交通部检测设备专家夏先扬先生曾经对我说过“日本是在那里修车就在哪里验车，手续简便得多。有27000多个检测在用车的检测点，绝大部分检测设备不是自动的，是手动的。

日本国家检测场有70多个，基本上是从事新车上牌照检验的。”

日本的在用车年度检验工作中，汽车前照灯的调试维修和检测是一体进行的，在那里修车就在哪里验，而且这个检验工作还就在同一台调试设备上进行，所以他们没有检测前照灯时车辆定位的问题，也没有检测前照灯光束照射方向接近100%不合格的问题。因为在日本汽车前照灯的调试维修和检测是一体进行的，所以他们检测前照灯的设备绝大部分不是自动的，而是手动的。

日本有27000多个检测在用车的检测点，都是经过日本政府有关部门授权认可的，这些检测点出具的检测报告单是具有法律意义的。

2006年笔者曾到天津微型汽车厂夏利车检测线调研，看到在前照灯检测工位，被检测的轿车停在前后轮都有车轮摆正系统的工位上，开启前大灯的远光，技术人员是将机器盖打开以后，按照前大灯检测仪屏幕的显示值，用专用的工具调整左右大灯底座的紧固螺栓，调整前大灯的远光光束在检测仪屏幕上的显示位置到合格的范围，然后转换到近光光束的检测，合格则放行通过，不合格则反复调试。夏利汽车的检测线前照灯检测仪引进的是日本的设备，检测流程也是照抄日本的，这说明在日本汽车前照灯的调试维修和检测是一体进行的。

实际上美国的机动车年度检验做法和日本大体上是一致的，汽车前照灯的调试维修和检测是一体进行的，在那里修车就在哪里验，而且这个检验工作还就在同一台调试设备上进行。

四、中国的检测线年度验车是怎样检查汽车前照灯的

中国的在用车年度检验工作中，汽车前照灯的调试维修和检测是分开进行的，机动车所有人在什么地方修车调试都可以，没有统一的规定，但验车需要到指定的检测线去进行检验，由于检测前照灯时车辆定位至今没有很好地解决，所以前照灯光束照射方向是接近100%不合格的问题。因为我国引进检测设备是在20世纪80年代的中后期，起点比较高，所以我汽车前照灯的检测前照灯的设备绝大部分是自动的。

我国目前在用车的前照灯检验即使车辆经过专业的调试，光束照射方向还是接近100%检测不合格，这对机动车所有人的修车积极性是一个打击，认为修和不修一个样。现在我接触到的车辆所有人在机动车前照灯调修这一个项目上在验车前都不作调试了。GB 21861—2008将前照灯光轴偏差检查项目的属性定为建议维护项，检测不合格则建议车辆所有人验车回去后自行检查调修，其结果不得而知。在某种程度上这是一个没有办法的办法。

这样做法的弊病是在用车的前照灯检验是两项要求只要求一项，光度不合格的不放过，光束照射方向检测不合格可以放过，长此以往，使在用车的检测质量下降，车辆的这种检测实际情况对路面夜间行车存在着极大的安全隐患。

更为严重的是，据反映有极个别的检测线，利用计算机二次仪表对检测数据的修改功能，人为地调低检测数据误差的显示数值，以达到提高检验合格率的目的，但失去了检测的意义。

五、对比国内外做法和标准的不同对验车的实际影响

我国目前在用车的前照灯检验，即使车辆经过专业的调试，光束照射方向还是接近100%检测不合格。而经过检测线检测后，对前照灯光束照射方向检测不合格的车辆，目前车辆管理部门的做法是盖章放行，告诉车主其检测结果，嘱其回去自行调试。实际上的结果是不得而知。

长此以往，这样做法的弊病是在用车的前照灯检验是两项要求只要求一项，光度不合格的不放过，光束照射方向检测不合格可以放过，使在

用车的检测质量下降，车辆的这种检测实际情况对路面夜间行车存在着极大的安全隐患。

从另外的一个角度上看，GB 7258—2004 中对前大灯远光光轴的标准的修改不妥当的原因还表现在 GB 7258—2004 没有规定前大灯远光光轴的调整标准，只是规定了前大灯远光光轴的检验标准。那么在新车出厂按什么标准进行新车的前大灯远光光轴的调整呢？那只能够按照 GB 7258—2004 前大灯远光光轴的检验标准进行。GB 7258—2004 中将国际上通行的前大灯远光光轴的标准从“水平位置要求左灯向左偏不得大于 100mm，向右偏不得大于 170mm，右灯向左或向右偏均不得大于 170mm”放宽到“左灯向左偏不允许超过 170mm，向右偏不允许超过 350mm，右灯向左或向右偏均不允许超过 350mm”，放宽了几乎一倍。我们国家新车出厂也按这个标准进行新车的前大灯远光光轴的调整，会显得我国的标准太宽，与国际上通行的标准不符，对提高中国的汽车工业水平以及参与国际贸易流通不利。

GB 7258—2004 中将“四灯制前照灯其远光单光束灯的调整”改为“检验前照灯远光光束及远光单光束灯照射位置”是不妥当的，使得前照灯检验的问题解决走进了一个死胡同。正确的解决方法应当是修改检验方模式。应用“I/M”检验模式进行前照灯的检测工作。

六、从设备本身的精度看中国检查汽车前照灯光束照射方向的标准的不科学

前照灯检定标准规定前照灯检测仪本身光轴的精度为 1/4 度，也就是 170mm/dm 的一半——85mm/dm。一台精度检定合格的前照灯检测仪的允许的光轴偏差最大可达到 85mm/dm，也就是说用于调试的 A 前照灯检测仪光轴向左偏差最大可达到 85mm/dm，用于检测的 B 前照灯检测仪光轴向左偏差最大也可达到 85mm/dm。一辆车在 A 前照灯检测仪前调试好了后到 B 前照灯检测仪前检测，但这两台设备叠加的误差已经超标了，这还不算上停车位的误差，车轮摆正装置也不可能将车轮摆位到 100%的正，一点偏差也没有，而车轮摆正装置停车偏差至少要 1/8 度。这三台设备叠加的误差就有可能达到 222mm/dm；要是没有车轮摆正装置，依靠引车员将车停正对准全自动大灯仪，停车摆位误差则会高达 170mm/dm ~ 350mm/dm，整个系统误差叠加则会高达 500mm/dm 以上。不说全自动大灯仪本身还有误差，单单是停车误差就无法保证检测结果的可信性。

一辆车在 A 处检测仪既使调试完全合格，再开到 B 处前照灯检测仪检测也完全有可能超标，这说明了什么问题呢？说明 GB 21861—2008《机动车安全检验项目和方法》中规定的检测机动车前照灯的工作程序有不当之处。

七、应当修改 GB 21861—2008《机动车安全检验项目和方法》中规定的检测机动车前照灯的流程

GB 7258—2004 中对前大灯远光光轴的标准的修改是不妥当的。检测线前大灯检测工作中存在的问题是因为应用标准不当引起的，应当改变的是检验前照灯光轴的工作方式，具体讲，就是修改 GB 21861—2008《机动车安全检验项目和方法》中规定的检测前照灯的工作方式。不应当改变标准。有关前大灯远光光轴的标准的条款应当从 GB 7258—2004 改回到 GB 7258—1997，才是正确的做法。

附：关于光束照射位置标准的先后三个版本，GB 7258—87、GB 7258—1997 和 GB 7258—2004。

GB 7258—2004《机动车运行安全技术条件》对前照灯光束照射位置的要求有以下条款：

8.4.7　光束照射位置要求

8.4.7.1　在检验前照灯近光光束照射位置时，前照灯照射在距离 10m 的屏幕上时，乘用车前照灯近光光束明暗截止线转角或中点的高度应为 $0.7H$ ~ $0.9H$（H 为前照灯基准中心高度，下同），其他机动车（拖拉机运输机组除外）应为 $0.6H$ ~ $0.8H$。机动车（装用一只前照灯的机动车除外）前照灯近光光束水平方向位置向左偏不允许超过 170mm，向右偏不允许超过 350 mm。

8.4.7.2　在检验前照灯远光光束及远光单光束灯照射位置时，前照灯照射在距离 10m 的屏幕上时，要求在屏幕光束中心离地高度，对乘用车为 $0.9H$ ~ $1.0H$，对其他机动车为 $0.8H$ ~ $0.95H$；机动车（装用一只前照灯的机动车除外）

前照灯远光光束水平位置要求，左灯向左偏不允许超过 170mm，向右偏不允许超过 350mm，右灯向左或向右偏均不允许超过 350mm。

GB 7258—1997《机动车运行安全技术条件》对前照灯前照灯光束照射位置的要求有以下条款：

7.4 前照灯光束照射位置要求

7.4.1 机动车在检验前照灯近光光束照射位置时，前照灯照射在距离 10m 的屏幕上时，乘用车前照灯近光光束明暗截止线转角或中点的高度应为 0.6*H* ~ 0.8*H*（*H* 为前照灯基准中心高度，下同），其水平方向位置向左向右偏均不得超过 100mm。

7.4.2 四灯制前照灯其远光单光束灯的调整，要求在屏幕上光束中心离地高度为 0.85*H* ~ 0.90*H*，水平位置要求左灯向左偏不得大于 100mm，向右偏不得大于 170mm，右灯向左或向右偏均不得大于 170mm。

GB 7258—87《机动车运行安全技术条件》标准中对前照灯前照灯光束照射位置的标准的表述和 GB 7258-1997 是一致的，词句几乎完全一致：

5.3 前照灯光束照射位置要求

5.3.1 机动车在检验前照灯的近光光束照射位置时，车辆空载，允许乘一名驾驶员。前照灯照射在距屏幕 10m 处，光束明暗截止线转角或中点的高度应为 0.75*H* ~ 0.80*H*（*H* 为前照灯中心高度），其水平方向位置向左右均不得大于 100mm。

5.3.2 四灯制前照灯其远光单光束灯在屏幕上的调整，要求光束中心离地高度为 0.85*H* ~ 0.90*H*，水平位置要求左灯向左偏不得大于 100mm，向右偏不得大于 170mm，右灯向左或向右偏均不得大于 170mm。

第十篇　机动车检测行业自律与监督

关于2007年全国机动车安全技术检验机构监督检查情况的通报

质检办监〔2008〕118号

各省、自治区、直辖市及计划单列市、副省级城市、新疆生产建设兵团质量技术监督局：

2007年11月至12月，国家质检总局依据《2007年机动车安全技术检验机构国家监督检查实施方案》对北京、辽宁、上海、江苏、安徽、福建、山东、河南、广东、重庆、陕西等11个省、直辖市的安检机构进行了监督检查。现将有关情况通报如下：

一、基本工作情况

本次共抽查了100家安检机构，其中93家正常开展检验业务的安检机构接受了检查，7家安检机构由于不能正常开展检验业务，未进行相应检查。工作归纳起来呈现出“一个加强一个提高”的特点。

（一）安检机构资格许可工作得到加强。

通过各级质监部门2年多的努力，安检机构资格许可逐步被社会和公安交管部门认同，许可工作力度不断加强。主要表现在：一是各省、自治区、直辖市质监局对安检机构的许可管理工作高度重视。此次抽查的11个省、直辖市质监局均指定或设立专门机构和专职人员，对全省、直辖市安检机构进行统一管理。二是严格开展资格许可工作，不走过场。北京、上海、广东、重庆、陕西等5个省、直辖市安检机构检验资格许可工作已基本完成。辽宁省已完成大部分安检机构检验资格许可工作。一些原来管理不太顺的地区，如江苏、安徽、福建、山东、河南等5省安检机构资格许可工作也已进入了实施阶段。三是采取多项措施保证许可过渡阶段工作的稳定。《道路交通安全法》实施后，在当地政府的统一领导下，经公安和质监部门多次协商，各地在安检机构移交过程中，未出现监管工作失控局面。北京、上海、重庆等地方已基本实现质监部门管理，公安部门参与监督的局面。为了做好工作的衔接，广东、福建省局承认省公安、交通、劳动等部门原先的培训证书，以减轻安检机构的负担。

（二）安检机构的质量安全意识明显提高。

一是安检机构管理制度比较健全。检查中，各安检机构的《道路交通安全法》、《产品质量法》、《计量法》及87号令等主要法规基本齐备，管理制度基本建立。主要法律法规文件收集齐全的安检机构有82家，占88.2%。必备标准GB 7258—2004《机动车安全运行技术条件》和GA 468—2004《机动车安全检验项目和方法》全部具备。有91.4%的安检机构建立健全了管理制度。二是人员的技术能力和质量意识明显提高。各检验机构通过加大对检验人员的培训，使人员的技术能力和质量意识明显提高。山东、安徽、江苏等省（市）的部分安检机构主动开展设备及人员之间的比对试验，详细分析数据离散原因并采取纠正措施。三是各安检机构对机动车的质量安全理念发生了根本转变。本次检查结果反映，在所检查的93家安检机构中，依法设立、取得相应法人资格的84家，占90.3%；未取得法人资格的有9家，占9.7%。四是安检机构基本能做到依法经营。在所检查的93家安检机构中，其业务范围涵盖机动车安检业务且在业务范围内经营的有89家，占95.7%；无相应营业执照或授权业务范围的有4家，占4.3%。所有安检机构的检测场所地点均与批准的安检机构检验资格许可证地址相一致。已经通过省级以上质量技术监督部门对其计量认证，在认证合格范围和有效期内从事经营活动的达80家，占检查总数的86.0%。

二、存在的问题

通过检查发现安检机构存在的问题主要表现在“四差一不足”。

（一）辅助测试仪器设备配备情况较差。检查中发现，安检机构技术条件规定需配备的辅助测试设备配备率严重低下，如轮胎花纹深度计、路试仪、踏板力计、透光率计、方向盘转向力－转向角检测仪和发动机转速表的配备率分别为78.0%、73.1%、68.9%、63.4%、62.4%和60.2%。其中辅助测试设备配备齐全的有北京、陕西，基本未配备的有山东、河南。

（二）部分安检机构主要检测设备的工作状态较差。本次检查共对103条检测线进行了同一条线的重复性能测试，其中重复性较好的40条，占38.8%；重复性一般的46条，占44.7%；重复性较差的7条，占6.8%。共进行了29次不同检测线之间的重复性能测试，其中重复性较好的只有2次，占6.9%，重复性一般的27次，占93.1%。

（三）检验项目标准执行较差。各地安检机构对汽车安全技术检验的各种项目，除了对制动性能的测试基本能做到严格执行标准要求外，其余项目的合格判定严格程度存在很大差异。北京、辽宁、安徽对灯光性能的测试判定要求严格，机动车因灯光等不合格而导致一次检验合格率明显偏低；而江苏、山东、河南的部分安检机构，只把前照灯远光发光强度作为判定指标，而不把光束偏移量尤其是近光光束照射位置偏移量作为判定依据。

（四）少数安检机构严格执行制度差。部分安检机构未能严格执行各项规章制度，检验工作存在随意性。辽宁、河南、山东等地的安检机构，未能严格执行引车员上岗制度，而是以车主开车进行检验，造成动态检验、车速表、近光灯等检验项目的缺项。河南、安徽等省所检查的安检机构对汽车行驶记录仪未作检查。广东部分安检机构对外观、底盘检验把关不严。

（五）检验人员培训不足。一些安检机构的培训工作不足，安检机构内有12名及以上员工持有省级考核合格证书的安检机构有50家，占53.7%；8至12名的有11家，占11.8%；8名以下的为32家，占34.4%。而338名安检机构技术负责人、质量负责人及报告授权签字人中具省级考核合格证书的也只有260名，仅占76.9%。

三、下一步工作措施

针对监督检查中存在的问题，请各级质量技术监督部门按照各自职能抓好以下工作：

（一）进一步强化资格许可工作。从检查的情况看，已获得正式许可的安检机构的人员、设备及管理等工作的正规化程度明显提高。因此，各级质监部门应加强与有关部门的协调沟通，进一步加快资格许可工作步伐。总局将适时组成督查组对各地安检机构资格许可进行督查。

（二）进一步强化比对试验。各级质监部门要积极组织安检机构开展相互间的比对试验，发现检测设备、检验方法不足之处，要督促安检机构有针对性地改善设备性能，提高检验人员素质，促进安检机构检验水平的提高，保证安检机构检验结果的科学性。

（三）进一步完善操作规范。机动车安检过程的工作质量直接影响到检验结果的正确性，各地质监部门要帮助安检机构制定相应的作业规范或标准，并严格按规范或标准进行机动车安检。防止由于安检过程操作的随意性，造成检验结果离散性大的现象发生。

（四）进一步强化人员培训。安检人员的技术水平高低，直接影响到检验结果的准确性。各地质监部门一定要加强对安检机构检验人员的培训，重点加强对安检机构主要负责人员的技术培训。总局也将组织进行安检机构检验人员师资力量的培训，准备在各省选派相关的技术专家经过专业培训，充实师资队伍力量。

（五）进一步强化监管队伍建设。在检查中了解到，安检机构监管队伍中，专业技术人才缺乏，监管工作不能落到实处。因此，各地质监部门要加强监管人员专业知识的培训，通过监管人员经验交流、专家讲座、专业培训甚至直接聘请专家等方法，尽快提高监管队伍的技术素质，树立监管工作的权威性，便于加强监督、指导，确保各项工作的有序开展。

附件：（略）

关于2008年全国机动车安全技术检验机构监督检查情况的通报

（2008年12月26日　国质检监函【2008】861号）

各省、自治区、直辖市质量技术监督局：

为了加强对机动车安全技术检验机构（以下简称安检机构）的监管，规范安检机构行为，提高安检机构技术水平，我局组织专家，对全国11个省（自治区、直辖市）的90家安检机构进行了监督检查。现将有关情况通报如下：

一、基本情况

本次对北京、天津、河北、山西、湖南、吉林、黑龙江、广东、广西、贵州、云南11个省（自治区、直辖市）的90家安检机构进行了监督检查，检查内容包括安检机构资格、设备条件、管理制度、工作质量等方面的22项要求。通过对90家安检机构的综合统计分析，有36家安检机构工作比较规范，48家存在一定问题，6家存在比较严重的问题。

二、资格管理工作进展情况

（一）广泛宣传，加强培训考核工作。通过检查了解到，各省质量技术监督局与当地公安交通管理部门积极协调安检机构资格管理和监管有关工作，按照《中华人民共和国道路交通安全法》及其实施条例和总局的有关规定，建立安检机构审查人员队伍，积极向安检机构宣贯检验资格许可条件，培训考核安检机构检验技术人员。

（二）机动车安全技术检验社会化进程显著。11个省（自治区、直辖市）质量技术监督局认真把握安检工作社会化要求，在当地公安交通管理部门的大力支持下，大多数安检机构已基本实现了符合社会化要求的法人管理体制，被检查的90家安检机构中有77家符合法人资格要求，占85.6%。

（三）资格许可工作稳步推进。11个省（自治区、直辖市）质量技术监督局积极推动安检机构检验资格许可工作，对提高安检机构的技术和管理水平，促进安检机构依法开展检验工作起到了明显的作用。除个别省份的资格许可工作由于多种原因还处于启动阶段外，大部分省份已相继开展了资格许可工作。被检查的90家安检机构，按照《机动车安全技术检验机构监督管理办法》（总局令第87号）的要求，依法获得机动车安全技术检验资格许可的有73家，占81.1%。

三、检查中发现的主要问题

（一）部分安检机构关键设备不齐全或不能正常工作。检查发现有5家安检机构缺乏滤纸式烟度计，2家机构缺乏不透光烟度计，不能检验压燃式发动机（柴油发动机）汽车的排气污染物。有8家安检机构没有道路试验车道，3家无道路试验仪器设备，这些安检机构无法对不能上检测线检验的车辆的制动等性能进行道路试验，不能对在检测线上的检验结果有质疑的车辆进行道路试验复检。2家使用平板制动性能试验台而没有配备驻车试验坡道的安检机构，不能检验驻车制动性能。

（二）少数安检机构漏检重要项目。检查发现有2家安检机构没有前照灯远光发光强度检验；有6家安检机构未检查车辆底盘下部项目。

（三）部分安检机构检验结论判定错误。有10家安检机构存在检验结论判定错误，特别是存在包括行车制动、驻车制动、前照灯远光发光强度、排气污染物、侧防护装置和安全反光标识等否决项目检验不合格，但整车检验结论却判定为合格的严重错误情况。有1家安检机构检验排气污染物时，检验结果打印值是仪器显示值的1/10，导致检验结论严重失实。

（四）其他问题。检查还发现有37家安检机构技术标准（或其修改单）、管理制度等技术文件不完整，占41.1%；有24家的检验记录、报告格式不符合标准规定，占26.7%；有36家道路试验仪器设备未及时检定或校准，占40%；

有 12 家安检机构技术负责人、质量负责人、报告授权签字人员没有通过省级质量技术监督部门的考核，9 家检验人员没有通过省级质量技术监督部门的考核，共占 13.3%。

四、下一步措施

针对检查中发现的问题，各有关省（自治区、直辖市）质量技术监督局要高度重视，切实采取有效措施，扎实做好以下五个方面的工作。

（一）依法对存在问题的安检机构进行处理。责令关键设备不齐全（包括使用平板制动试验台而未配备驻车试验坡道的）、漏检否决项目和检验结论判定错误的安检机构，立即整顿；对没有道路试验车道和道路试验仪器的，在整改完成前要限制其机动车安全技术检验范围；对存在其他不符合项目的安检机构要限期完成整改。要在 2009 年 3 月底前，完成对存在问题的安检机构整改情况的复查，对在规定期限内没有整改或整改仍不合格的，依法进行处罚。

（二）继续加大对安检机构的监督检查力度。要进一步加强对安检机构的监督检查，对检查中发现的问题，要责令安检机构限期改正，依法处理，提高监督检查的威慑力和有效性。

（三）加强对安检机构检验技术人员的培训考核。要进一步加强对安检机构检验技术人员的考核，尤其要对技术负责人、质量负责人和授权签字人加强法律、法规、标准和机动车辆基础知识的培训考核，全面提高安检机构的技术水平。鼓励安检机构加强工作人员职业道德建设，增强责任感，使安检机构切实从以人为本、构建和谐社会的高度，认识机动车安全技术检验工作的重要性，科学、公正地做好机动车安全技术检验工作。

（四）加强资格许可和监管人员培训。深入开展安检机构检验资格许可和监管人员培训工作，提高审查员现场审查技能和监管人员的监管能力，增强工作的科学性、公正性和有效性。

（五）加强与公安交通管理部门的沟通。要将本次检查结果及时通报当地公安交通管理部门，建议公安交通管理部门暂停使用存在严重问题的安检机构和复查不合格的安检机构。

附件：（略）

2008 年全国机动车安全技术检验机构监督检查情况汇总表

关于2009年全国机动车安全技术检验机构监督检查情况的通报

（2009年12月8日　国质检监函〔2009〕791号）

各省、自治区、直辖市质量技术监督局：

为了加强对机动车安全技术检验机构（以下简称安检机构）的监管，规范检验行为，提高技术水平，2009年我局组织对安检机构进行了监督检查。现将有关情况通报如下：

一、基本情况

本次对内蒙古、浙江、江西、湖北、海南、四川、甘肃、青海、宁夏等9个省、自治区的98家安检机构进行了监督检查，检查内容包括安检机构资格、设备条件、管理制度、工作质量等方面的20项要求。通过对98家安检机构的综合统计分析，有37家工作比较规范，61家存在不同程度的问题，其中6家问题比较严重。

二、工作进展情况

（一）资格许可工作的推进。

通过检查了解到，9个省、自治区质量技术监督局与当地公安交通管理部门积极协调，按照《中华人民共和国道路交通安全法》及其实施条例和总局的有关规定，加快了安检机构检验资格许可工作的进展。检查的98家安检机构，获得机动车安全技术检验资格许可的有82家，占检查总数的83.7%。

（二）多数安检机构具有法人资格。

9个省、自治区质量技术监督局积极协调公安交通管理部门，推进安检机构社会化进程，多数安检机构已实现了符合社会化要求的法人管理体制。被检查的98家安检机构中有85家具有法人资格，占86.7%。

（三）安检机构的日常监管在加强。

9个省、自治区质量技术监督局组织了各种形式的监督检查，对安检机构进行计量检定和技术指导，监督执行国家机动车安全技术检验标准，督促存在问题的安检机构落实整改，不断加强日常监管工作。

（四）机动车安全技术检验新标准的实施。

国家标准《机动车安全技术检验项目和方法》（GB 21861—2008）颁布以后，9个省、自治区质量技术监督局和公安交通管理部门及时组织安检机构宣贯新标准，按照新标准规定的检验程序、方法进行检验，更新检验记录和报告的格式，提高了机动车安全技术检验的科学性和公正性。检查的98家安检机构中已采用新的国家机动车安全技术检验标准的有74家，占总数的75.5%。

三、检查中发现的主要问题

（一）存在漏检与未检项目。

检查发现有48家安检机构存在漏检与未检项目等问题，占检查总数的49.0%。其中，有24家安检机构未检“底盘动态检验”项目，占检查总数的24.5%；有10家安检机构存在未检“外观检查”项目或检验内容不全或不能提供有效检验记录的现象，占检查总数的10.2%；有16家安检机构未检“前照灯近光光束照射位置”，占检查总数的16.3%；有20家安检机构未检“车速表”项目，占检查总数的20.4%；有10家安检机构不检验“车辆底盘”项目，占检查总数的10.2%；有4家安检机构“制动性能”检验不符合规定要求，检验中缺少轮重测定内容，不能确定检验制动性能中的制动力平衡要求。

（二）关键设备不齐全或不能正常工作。

检查发现有25家安检机构存在检测线上使用的仪器设备不齐全或不能正常工作的现象，占检查总数的25.5%。其中，有11家安检机构缺少滤纸式烟度计，有6家安检机构的滤纸式烟度计超过了检定有效期，占17.3%；有3家安检机构的前照灯检测仪损坏，有2家安检机构的前照灯检测仪超过了检定有效期，占5.1%；有3家安检机构的检测线设备超过了检定有效期，占3.1%。

（三）检验结果不准确。

检查发现有 20 家安检机构存在部分检验结果的判定上明显不符合标准要求的现象，占检查总数的 20.4%。其中，个别安检机构检验报告单中车速表项检验结果均为 1.0km/h、喇叭声级均为 80.1dB（A）；部分检验报告中侧滑量测定值均为“0”，前照灯远近光光束照射位置偏移报告打印值是仪器显示值的 1/10 等。

（四）线外检验设备不全或未检定。

检查发现部分安检机构线外检验设备（包括道路试验设备及外观检测设备）不齐全或未检定，无法正常有效开展道路试验与外观检查。其中，有 20 家安检机构缺少制动性能测试仪，有 28 家安检机构的制动性能测试仪未检定，占检查总数的 49.0%；有 34 家安检机构没有试验车道或试验车道不符合要求，占检查总数的 34.7%；有 53 家安检机构无符合要求的驻车坡道，占检查总数的 54.1%；有 29 家安检机构无透光率计，有 26 家安检机构的透光率计未检定，占总数的 56.1%。

（五）辅助设施不完善。

检查发现有 59 家安检机构车间内设施不完善，不能满足工作要求，占检查总数的 60.2%。其中，25 家安检机构制动工位前后地面附着系数不够，占检查总数的 25.5%；20 家安检机构未设置引车道，占检查总数的 20.4%；16 家安检机构地沟无通风装置，占检查总数的 16.3%。

（六）管理方面的问题。

检查发现有 33 家安检机构的技术标准（或其修改单）、管理制度等技术文件不完整，占 33.7%；有 32 家的检验记录、报告内容不符合有效标准的规定，占 32.7%；有 24 家安检机构存在技术负责人、质量负责人或报告授权签字人员没有通过省级质量技术监督部门的考核的现象；有 27 家存在没有通过省级质量技术监督部门的考核的人员在从事检验工作的现象，占 27.6%。

四、下一步措施

各省级质量技术监督部门要高度重视，采取有效措施，不断完善机动车安检机构资格许可管理和日常监管，认真做好以下几个方面的工作。

（一）加强对存在问题的安检机构的监管。

针对本次检查中发现的问题，9 个省、自治区质量技术监督局要将本次检查结果及时通报当地公安交通管理部门，责令漏检、不检应检项目和存在检验结果不真实现象的安检机构，立即整改；责令不具备道路试验设备、试验车道以及试验车道不符合规定要求的，要在整改完成前，限制其机动车安全技术检验许可范围；责令关键检测仪器设备缺乏或不能正常工作的立即整顿，在完成整改后方可出具检验报告；对存在其他不符合项目的安检机构要限期完成整改。

（二）加强安检机构检验资格管理工作。

按照《中华人民共和国道路交通安全法》及其实施条例有关规定，会同公安交通管理部门，认真落实《机动车安全技术检验机构监督管理规定》（国家质检总局令第 121 号）及相关规定，提高安检机构资格许可工作的质量，加强对安检机构执行机动车安全技术检验新国家标准的监督检查，督促安检机构依法为社会提供更好的服务。

（三）加强资格许可和监管人员培训。

要加强对安检机构检验资格许可审查人员和基层质量技术监督部门安检机构监管人员的技术培训，增强安检机构检验资格许可工作的科学性、公正性和有效性，提高基层监管人员的业务能力。

（四）做好安检机构检验技术人员的考核。

要定期组织对安检机构检验人员的资格考试，并加强检验操作技能的考核，使检验人员准确理解国家标准，严格按国家标准的要求进行检验。

9 个省、自治区质量技术监督局要督促存在问题的安检机构进行整改，对在规定期限内没有整改或整改仍不合格的，依法进行处理。请各有关省级质量技术监督局于 2010 年 3 月 31 日前向总局提交本省安检机构整改复查情况的报告。

附件：（略）

2009 年全国机动车安全技术检验机构监督检查情况汇总表

关于2010年全国机动车安全技术检验机构监督检查情况的通报

（2010年12月1日　国质检监函[2010]904号）

各省、自治区、直辖市质量技术监督局：

2010年10月至11月，总局组织有关专家，对天津、河北、江苏、浙江、山东、湖北、湖南、甘肃、青海、宁夏等10个省、自治区、直辖市的97家机动车安全技术检验机构（以下简称安检机构）进行了监督检查。现将有关情况通报如下：

一、基本情况

本次重点针对安检机构资格、设备条件、管理制度、工作质量等20个项目进行检查，检查的97家安检机构有46家安检机构工作比较规范，51家安检机构存在不同程度的问题，与2009年监督检查结果比较，安检机构的检验行为得到了进一步规范，检验水平有了一定的提高。

（一）资格许可工作取得了明显进展。据统计，截至2010年9月，全国共有安检机构2844家，其中获得资格许可证书的有2001家，占总数的70%。本次检查的10个省、自治区、直辖市的97家安检机构中，获得资格许可证书的有91家，占检查总数的93.8%。10个省、自治区、直辖市质量技术监督局积极协调当地公安机关交通管理部门，按照《中华人民共和国道路交通安全法》及其实施条例和总局的有关规定，大力推动安检机构检验资格许可工作，努力提高安检机构的技术和管理水平，为促进安检机构依法开展检验工作起到了积极的作用。

（二）加强了安检机构的日常监管。10个省、自治区、直辖市质量技术监督局积极组织各种形式的监督检查，培训考核安检机构检验技术人员，为安检机构提供计量检定、技术指导等服务，采用不定期走访与定期研讨的方式，切实加强了对安检机构日常监管，不断规范安检机构的检验行为。

（三）积极推动安检机构采用新标准。《机动车安全技术检验项目和方法》（GB 21861—2008）是新修订的国家标准。本次有94家安检机构已经完全采用新标准，占检查机构总数的96.9%，比2009年提高了21.4个百分点。通过检查发现，自新标准实施以来，各省、自治区、直辖市质量技术监督局和地方公安机关交通管理部门，及时组织安检机构按照国家标准，转换有关的检验程序、方法、测试软件、检验记录和报告格式，有效提高了机动车安全技术检验工作的科学性和准确性。

（四）检验人员持证上岗率明显提高。在本次检查的97家安检机构中，技术负责人、质量负责人和报告授权签字人的资质符合规定的有93家，普通检验人员资质符合规定的有93家，占95.9%，与2009年相比，分别提高了20.4个百分点和23.5个百分点。

（五）安检机构设备管理水平有所改善。本次检查的关键设备有效性比2009年提高了13.2个百分点，灯光检测仪、排气污染物检测仪、侧滑检测设备等设备的配备也有了明显改善。安检机构的技术文件齐全性、设备管理有效性这两个项目的符合程度比2009年分别提高了21.3个百分点和15.3个百分点。

二、检查中发现的主要问题

通过检查发现，安检机构的检验工作仍然存在以下问题：

（一）存在漏检、不检项目。检查发现，有35家安检机构存在漏检、不检项目。其中，有21家安检机构未检“底盘动态检验”项目或检查内容不齐全；有8家安检机构存在不检“外观检查”项目或不能提供有效检验记录的现象；有9家安检机构未检“前照灯近光光束明暗截止线转角折点照射位置”；有7家安检机构不检验“车辆底盘检查”项目或检验不规范。

（二）部分检验结果不准确。检查发现，有11家安检机构存在不按标准规定判定检验结果的现象。部分安检机构的检验报告不对检验项目进行判定，只有综合检验结论，个别安检机构的检验报告存在项目判定错误。如车辆转向轮分为“非独立悬架”、“独立悬架”结构，而少数安检机构的检验报告上一律填写“独立悬架”，检验结论明显不真实。又如“前照灯远光光束发光强度与前照灯近光光束明暗截止线转角折点照射位置”项目的检验结果应分别判定，前者为否决项，后者为标准中的建议维修项，部分安检机构的检测报告上仅有一个判定结果，不符合标准的规定。

（三）线外检验问题较多。检查发现，有51家安检机构道路试验设备及外观检测设备不齐全或检定超过有效期，少数安检机构几乎没有配备这些设备；有9家安检机构试验车道不符合要求；有52家安检机构驻车坡道不符合要求，其中有30家安检机构没有驻车坡道。因此，有50家安检机构路试检验不能有效实施。部分安检机构路试检验时检验项目不全，个别安检机构仅检验路试行车制动性能项目，其他性能项目不检验，其中有一些项目还是标准中的否决项。

（四）部分安检机构管理不规范。检查发现，有23家安检机构的检验记录或检验报告存在填写不规范、检验人员不在检验记录上签名、报告授权签字人不亲自审批报告等；有18家安检机构同一条检测线两次检测同一辆车或不同检测线分别检测同一辆车的检验结果偏差超出了正常的范围；有53家安检机构检测辅助设施不完善。

三、下一步措施

针对检查中发现的问题，各省级质量技术监督部门要高度重视，采取有效措施，不断完善机动车安检机构资格管理工作，重点做好以下工作。

（一）认真组织整改检查中发现的问题。针对本次监督检查中发现的问题，10个省、自治区、直辖市质量技术监督局要将本次检查结果及时通报当地公安机关交通管理部门，认真组织整改检查中发现的问题，对漏检、不检项目和存在检验结果不真实现象的，责令安检机构立即整改，对于整改不合格的，责令停止检验工作，情节严重的依法撤销检验资格；对不具备道路试验设备和试验车道及试验车道不符合规定要求的，要在整改完成前，限制其机动车安全技术检验许可范围；对关键检测仪器设备缺乏或不能正常工作的，在完成整改前，责令不得出具检验报告。

（二）继续加大对安检机构的监督检查力度。各省级质量技术监督部门要积极会同当地公安机关交通管理部门，继续组织对辖区内安检机构进行监督检查，检查安检机构资格、设备条件、管理制度、工作质量等项目，特别是加强检测设备有效性的监督检查。对检查中发现的问题，要责令安检机构限期改正，依法处理，切实提高监督检查的有效性。

（三）加强资格许可和监管人员的培训。各省级质量技术监督部门要加强对安检机构检验资格许可审查人员和基层质量技术监督部门安检机构监管人员的技术能力培训，增强安检机构检验资格许可工作的科学性、公正性和有效性，提高基层监管人员的业务能力。

（四）严格安检机构检验技术人员的考核。各省级质量技术监督部门要及时组织对安检机构检验人员的资格考试，加强检验人员实际操作技能的考核，有条件的地方可推行检验技术人员检验岗位制考核，提高检验技术人员的水平。积极推行技术和质量负责人、报告授权签字人的检验技术能力统一考核制度，促使上述人员担负起本机构的检验技术指导和检验结果的把关作用，增强检验结果的准确性，提高安检机构人才队伍的整体素质。

为保证工作质量，加强后续监管，请本次检查的10个省、自治区、直辖市质量技术监督局在2011年3月底前，完成对存在问题的安检机构整改情况的复查，并请于2011年4月中旬向总局产品质量监督司提交安检机构整改复查情况的报告。

二〇一〇年十一月三十日

附件1：情况汇总表（略）

中国机动车辆安全检验行业自律公约

中国质量检验协会机动车安全检验专业委员会发布

第一章　总　则

第一条　为规范我国机动车辆安全检验行业从业组织的经营行为及从业人员的执业行为，维护机动车安全检验市场的正常秩序和行业声誉，建立健全行业自律机制，保障行业各相关方的合法权益，促进机动车辆安全检验事业的健康有序发展，依据国家和相关职能部委的有关法律、法规之规定，特制定本公约。

第二条　本公约所称机动车安全检验行业是指从事机动车安全检验的营运机构，检测设备开发设计、生产制造、营销服务的提供商以及与机动车安全检验有关的科研、教育、服务等活动的行业总称。

第三条　机动车安全检验行业自律的基本原则是公开、公正、公平、守法、诚信、独立。

第四条　本公约是我国机动车安全检验行业在开展检验活动中应当遵循的行为规范。倡议全行业从业者加入本公约，从维护国家和全行业整体利益的高度出发，积极推进行业自律，创造良好的行业发展环境。凡中国质量检验协会机动车安全检验专业委员会的会员单位及其从业者，均必须遵守本公约。

第五条　中国质量检验协会机动车安全检验专业委员会（以下简称：协会）是本公约的执行监督机构，负责组织实施本公约。

第二章　行业自律条款

第六条　自觉遵守国家有关方针政策、法律法规，主动接受和积极配合各级政府主管部门的监管，自觉接受社会各界的监督。

第七条　重视科技进步，积极参加新方法、新技术、新设备的应用和开发，不断积累经验，加强合作交流，提高业务能力水平，促进行业总体技术的发展。

第八条　坚持独立、公正的第三方地位，确保安全检验过程不受任何单位和个人的干预、影响。

第九条　严格按照在计量认证及其他资质核准的业务范围、项目参数、有效期内开展检验业务。

第十条　建立严密、完善、运行有效的质量保证体系。严格按照规定对仪器设备进行采购、安装、使用，维护、定期检定与校准，及时更新仪器设备，保证仪器设备的正常运转和准确可靠，确保检验条件符合规范要求。

第十一条　建立健全档案制度，保证档案齐备，检验测试报告内容必须清晰、完整、规范、真实、准确。

第十二条　坚持行业准则，反对违规经营。

（一）不向无资质的机构和个人分包或转包检验业务。

（二）不以挂靠、合作、设立分支机构等方式变相出卖、出租、转借检验资质证书。

（三）不以行贿或者索贿等手段谋取不正当利益。

第十三条　坚持诚实公正，反对弄虚作假。

（一）不泄漏委托方的商业秘密。

（二）不接受委托单位的不合理要求，隐瞒事实，出具不真实的检验报告。

（三）不伪造检测数据，不出具虚假检验报告。

第十四条　坚持团结共赢，反对不公平竞争。

（一）不以不正当手段损害同行的信誉，影响委托单位或个人对检验机构的选择。

（二）不以恶意调低收费标准等不正当的价格手段竞争业务。

（三）聘用在行业内其他单位工作的在岗人员时，不损害原单位的合法权益。

第十五条　教育、督促本机构从业人员恪守诚信服务的原则，树立正确的职业道德观。本机构的检验人员不得同时受聘于其它检验机构，不得挂靠检验。

第十六条 持续对本机构的检验人员进行培训，保证检验人员持证上岗，并在持证范围内开展检验工作。

第十七条 检验设备提供商以及从事与机动车安全检验有关的科研、教育、服务等活动的组织或个人，应恪守如下条款：

（一）严格遵守计量设备（包括设备集成、计算机测控系统等）的生产（设计、制造、安装、改造、维修）、使用和检验等国家相关法律、法规、技术规范和技术标准，自觉接受主管部门的监督管理。

（二）诚信经营，信守合同，恪守承诺，不报虚假数据，不搞虚假宣传，不损害消费者利益。

（三）公平竞争，正当竞争，不搞低于成本或低于正常利润水平的低价销售，不搞商业贿赂。

（四）尊重知识产权，提倡自主创新，不以不正当方式获取同业的技术秘密和商业机密。

（五）尊重同行，以诚相待，团结协作，共同进步。不以任何方式诋毁、贬低同行企业。

第十八条 积极参加协会组织的自律规范活动，相互监督，主动举报，共同抵制和纠正违规违约行为。

第三章 执行与监督

第十九条 中国质量检验协会机动车安全检验专业委员会负责组织实施本公约，负责向公约成员单位传递行业管理的法规、政策及行业自律信息，及时向政府主管部门反映成员单位的意愿和要求，维护成员单位的正当利益，组织实施行业自律，并对成员单位遵守本公约的情况进行督促检查。全体会员对协会组织实施本公约的公正性进行监督。

第二十条 任何单位和个人均有权向协会反映可能的违约行为，协会应对反映的情况进行调查核实。

第二十一条 公约成员单位违反本公约，造成不良影响，经查证属实的，由协会视不同情况给予在公约成员单位内部通报、媒体曝光、暂停或取消公约成员资格的处理，并将调查和处理结果及时向全体成员公布。

附 则

第二十二条 本公约经过协会三分之二以上会员投票表决同意后生效。本公约生效期间，经过二十个以上加入公约的成员联名提议，可以提请协会按相应程序，组织对本公约进行修改。

第二十三条 本公约经二〇一〇年八月十七日的协会会员大会通过生效。

总结经验，纠正不足，促进我国机动车安全检验行业健康有序发展

张　滨

2004年5月1日，《中华人民共和国道路交通安全法》及其实施条例公布实施，其中规定机动车安全技术检验实行社会化。将原来机动车安全技术检验为一种受公安交通管理机关委托的行政行为定义为检验机构并独立承担法律责任，向社会出具检验数据的行为，机动车安全技术检验的行为主体发生了变化。同时规定对机动车安全技术检验机构的资格管理和监督管理，由质量技术监督部门承担。道交法实施后，检验机构的地位、责任及行业主管机关都发生了很大的变化。

一、取得的成绩

国家对安检机构的管理体系逐步建立。道交法颁布后机动车安全技术检验机构行业管理划归质量技术监督部门后，国家质检总局先后发布了87号令《机动车安全技术检验机构管理规定》和379号文件《机动车安全技术检验机构常规检验资格许可技术条件》等文件。2009年又重新发布了《机动车安全技术检验机构管理办法》（国家质检总局第121号令）和《机动车安全技术检验机构检验资格许可技术条件》（总局第521号文件），逐步建立了一套适合我国国情的对机动车安全检验机构的管理模式。对安检机构的管理模式由以前由公安交通管理机关实行委托改为由质量技术监督部门实行资格许可。目前，我国大部分检验机构都已经按照质量技术监督部门的要求通过了资格许可。

根据《机动车安全技术检验机构监督管理规范》（质检总局[2009]521号文件）的要求，机动车安检机构实行属地管理，对安检机构的监督检查省、地区、县质检部门都有明确的分工。除此之外，国家质检总局自2007年起，每年抽取10个省、直辖市的100家安检机构进行国家监督检查，至2009年已经完成了对全国除西藏、新疆外所有省份安检机构近300安检机构的监督检查工作，2010年又开始了新一轮检查工作。通过检查发现的问题要求在所在省市按照要求进行整改并在全国进行通报，对安检机构起到了督促、检查、监督的作用。

几年来，在机动车安检行业贯彻落实国家质检总局相关法规文件，检验机构的法律意识普遍增强。在道交法颁布前安检机构接受委托进行车辆检验时，检验机构是受政府委托进行车辆检验，属于一种行政行为，不需要具有法人地位，也不用承担相应的法律责任。道交法实施后，按照国家质检总局的要求，安检机构必须具有法人资格。通过行为主体的变化，安检机构出具的检测数据要独立承担法律责任。安检机构的法律意识和责任意识有了明显的提高。根据国家质检总局121号令《机动车安全技术检验机构监督管理办法》的要求和总局521号文件中《机动车安全技术检验机构资格许可技术条件》的规定，所有机动车安全技术检验机构都必须取得检验资格许可，才可以开展车辆检验活动。121号令对取得安检机构检验资格规定了七方面的内容，包括法人资格、人员、管理制度和技术性文件、设备、设备检定与校准、检验场所与工作环境、其他条件等。521号文件对其作了更加详细的规定。安检机构通过资格许可评审和资质认定评审，管理水平和自身业务水平都有了明显提高。

2009年6月1日，重新修订的国家标准《机动车安全技术检验项目和方法》在全国开始实施。在道交法颁布后，有关部门及时对原公共安全行业标准GA 468—2004《机动车安全检验项目和方法》进行修订，升级为国家标准GB 21861—

2008《机动车安全技术检验项目和方法》。这一国家标准的出台，对检验机构如何按照标准进行检验和用什么方法进行检验，如何正确执行国家机动车安全检验标准 GB 7258—2004《机动车运行安全技术条件》都做出了详细的规定，对 GB 7258—2004 中叙述模糊的概念作了定义。GB 21861—2008 的贯彻执行，在全国范围内统一了检验项目和检验流程，统一了在执行 GB 7258—2004 过程中的检验方法。通过各地对这一标准的宣传贯彻证明，对如何作好机动车安全技术检验工作意义重大。在国家检验标准 GB 21861—2008 宣贯过程中，各地还对按照国家标准和质检总局法规要求，对检测设备如制动台、侧滑台等进行了更新改造。可以检测远近光的大灯仪、带释放板侧滑台、可以保证左右轮分别停车的欧式制动台的投入使用，使检测数据更加科学、更加符合车辆实际情况。计算机联线、内部局域网建设、与上级主管机关联网等科技手段不断提高和完善，在保证车辆检验水平、杜绝替代验车、确定车辆唯一性等方面都起到了积极作用。

二、存在的问题

虽然国家质检总局对检验机构的管理要求早已颁布，但检验机构还面临许多问题，影响了检验机构的健康发展。例如多头管理的问题就让检验机构无所适从。目前，技术监督局、公安交通车辆管理机关、环保局三个政府部门都从不同方面对机动车检验实行管理。其中，质量技术监督部门侧重检验资格和监督管理，公安交通车辆管理机关侧重依据 GA 801《机动车查验工作规程》对车辆唯一性进行确认和检验合格标志发放，环保部门侧重的是机动车尾气排放检验。表面上看三方面的工作互不相干，但实际工作中许多都相互交叉或重叠。如外观检验，安检为唯一性确认，交管部门为车辆查验，环保为外观检查，但实际上很多项目都相互重叠。

验车收费偏低也让检验机构苦不堪言。检验机构实行社会化并按照企业化模式运作，但验车收费标准迟迟不能与不断上涨的市场物价水平相一致，有的地区甚至还沿用 10 年、20 年前物价部门批复的检验收费标准。随着检验项目和程序的增加导致检验机构人员增加，加上土地使用成本和人力成本的提高，有的检验机构由于地理位置等原因验车数量又达不到设计要求，检验机构处在无利或微利状态下运行，有时甚至发生亏损。设备无法更新，高端人才无法引进。设备陈旧老化、员工素质低流动性强已经成为检验机构的通病。

有的检验机构不是靠提高检验质量和为车主服务水平争取客户，而是靠拉车源，提高验车数量，靠收取调修费等非正常手段来保证营业收入，检验机构无序竞争加剧。代办验车、车虫的出现恰恰适应了检验机构的需要，伴之而来的是有的检验机构随意放松检验标准和相关法规，甚至作弊出具虚假检验报告。有的检验人员甚至内外勾结，使不合格的车辆顺利通过检验，把国家检验标准抛之九霄云外。许多环保、安全性能不合格的车辆被准予上路行驶，给国家财产和人民生命安全埋下了隐患。中央电视台近来曝光的检验机构的种种作弊现象，恰恰说明了此类问题的严重性。

许多检测设备年久失修，由于国家无检测设备使用报废标准而长期得不到更新改造。检验机构对更新改造设备也没有积极性，总希望一台设备能用 N 多年，小车不倒只管推的现象在检验机构普遍存在。检测设备作为关系人民生命财产安全的计量器具，却没有市场准入门槛。检验机构由于经济原因往往引进价低质次的设备，严重影响检测数据精度和使用可靠性。有的检测设备早已经不符合国家检验标准对检测设备的要求却还在出具检测报告，使得检测数据公信力大打折扣。检测线计算机联线由于无统一技术要求约束，众多公司参与其中，为检测数据作弊埋下了伏笔。有的检测线为提高车辆检验合格率从而提高验车数量，对检测数据随意进行修正、调整，使得机动车安全技术检验失去了它的公正性和严肃性，使检验机构成为了社会上一种挣钱机器。

三、发展的方向

任何企业的领导都希望把企业作大作强，无论是个体工商户还是世界 500 强都是一样的，机动车安全技术检验机构作为企业也是如此。如何把检验机构的事情办好，把检验机构真正作大作强，首先应保证企业生存，然后再考虑发展。检验机构的收入应与当前物价水平相一致，使企业可以考虑引进高端人才，考虑设备的更新改造，考虑如何扩大检验能力。如果检验机构总为生存而发愁，发生盲目拉车源提高验车数量的情况也不足为奇。要使检验机构从保生存到重发展，走上良性循环的轨道。检验机构的主营收入可以保证企业的正常运作和扩大再生产需要。企业规模不断扩大，车辆检测数量逐年增加。检验机构的管理水平提高，规章制度、法律法规、质量体系文件成为指导检验工作的文件，而不是定期让人家观看的名片。

要引导企业有序竞争。既然允许检验机构社会化，竞争就是必然的。但检验机构的产品就是检验数据或检验报告。竞争的应该是检测数据的真实有效，实事求是地反映受检车辆的实际情况并经得住检验。竞争的应该是服务水平。单纯地追求经济效益，在无法保证验车质量的情况下片面追求验车数量最大化，必将导致检验机构的无序竞争。要加强对检验机构的引导，在行业内树立严格执行国家检验标准和验车程序的良好风气，还要帮助企业解决实际工作中遇到的问题。检验报告的真实性可以通过进行设备比对试验的方式进行论证。只要用标准设备或标车对检测设备进行逐一比对试验，检验报告的真实性就一目了然了。北京市已经开始对部分设备进行比对试验，在这方面迈出了可喜的一步。检验机构要以严格执行国家检验标准为荣，以放松国家检验标准为耻。严格检验标准，执行验车程序，不违规、严格执行国家检验标准的检验机构应该得以顺利发展。反之不按照标准检验车辆，弄虚作假、为提高验车数量增加收入而人为降低检测标准的检验机构将得到严厉的处罚，按照总局的有关相关规定，处以罚款、停业，直至淘汰出局。

要开展检测设备市场准入讨论，改变目前检测设备市场鱼目混珠的现象。对年久失修，影响使用精度的设备或已经不符合国家标准要求的设备应该强制报废更新。目前，我国生产的检测设备除排放测试仪和烟度计外，均不需要进行型式认定，市场准入门槛实际已经取消。随之而来的问题是大量低质价廉的设备充斥检测设备市场，而大型检测设备生产厂的产品由于质好耐用但成本较高却被有些地区排挤出局。应对检测设备市场准入制度进行讨论，对影响公共安全的机动车辆安全检测设备应进行型式认定，不符合要求的设备应该被淘汰出局。要统一计算机数据采集及处理方式，保证检测数据如实反映车辆的实际情况。检测标准虽然统一了，但计算机数据如何采集和处理没有统一的技术要求，如在测试制动力过程差时，应在多少时间内采集多少个点进行计算等都应有具体的规定。

检测设备再精确也要由人来控制，检验人员素质有待大幅度提高。由于种种原因，检验机构的人员素质问题已经到了非解决不可的时候了。重庆发生的4·23事件，受检车辆底盘检验未检查出车辆缺少一侧减震器，被法院认定是造成客车侧翻原因之一，多名公职人员和检验人员被处理或被追究刑事责任就是一个典型案例。没有高素质人才保证，就不可能提高检验工作的质量和可信度。GB 21861《机动车安全技术检验项目和方法》中有104项属于人工检验的范围，许多安全隐患都存在于人工检验的项目中。目前，检验人员的培训工作，由于人员太多，水平参差不齐，大多没有进行系统培训。有的检验人员甚至自参加检验工作也没有接受过系统的培训，这样的状况如何应对机动车技术发展的需要？又如何检验那些高技术水平的车辆及解决实际存在的问题？在实际检查中我们发现，检验机构的人员素质与国家规定的对检验人员的要求，特别是对主要负责人和授权签字人的要求相差甚远，与实际检验工作要求相差甚远。只有通过对不同人员阶梯式的培训并建立起一套适合我国国情对机动车安全技术检验人员的培训、考核制度，才能满足不断我国车辆检验工作的需要。建议首先应该从检验机构的技术负责人、授权签字人开始进行系统的培训，带动整个行业人员素质的提高。对检验人员的培训考核要逐步走上法制化、制度化道路，定期开展培训工作。力争在几年之内把全国的检验人员，特别是高级技术人员培训一遍，使检验从业人员素质大幅度提高。要提高检验机构技术负责人和授权签字人技术业务水平，成为检验机构的专家，可以独立解决检验工作中遇到的问题并提出自己的意见或建议。

2004年开始实施的《中华人民共和国道路交通安全法》，为我国机动车安全技术检验行业的发展指明了方向。国家质检总局2009年发布的121号令是我们作好机动车安全技术检验工作的指导性文件。2009年12月，经国家质检总局批准，我国机动车安全检验行业组织——中国质量检验协会机动车安全检验专业委员会在北京正式成立了。专委会成立后提出的工作重点涵盖了本行业从设备制造到检验机构，从国家检验标准制定到标准在检验机构的执行和贯彻，从设备生产水平提高到检验人员水平提高等诸多方面。我们要抓住专委会成立这一契机，努力为我国机动车安全技术检验行业的发展多做工作。我们还要参考和学习发达国家机动车安全检验工作的经验，理清机动车安全技术检验行业发展思路，把我国机动车安全技术检验工作做好。

检测场应以优质检测提升服务水平

张双喜

随着我国汽车行业迅猛发展和人们生活水平质量的提高，汽车已经成为人们工作生活中必不可少的重要交通工具。私家车已经开进了寻常百姓家庭，一家拥有两辆乃至多辆机动车的情况也日益普遍。据媒体报道，目前北京机动车发展已接近440余万辆，这是一个很可观的数字。作为首都北京机动车检测场的一员，同样，我们也担负着十分重要的检测任务。随着机动车使用政策的出台，机动车使用年限的延长，针对机动车的安全性能检测的要求的提高，我们认为，检测场的目的是“为首都的交通安全保驾护航”；检测场的经营方针就是要“优质检测，优质服务”。

一、关于GB 21861标准执行以来检测场取得的经验：

责任重于泰山，安全利于发展。GB 21861的实施说明检测方法的进步，作为检测场首先要认真执行好这个标准，因为检测场作为一个独立的法人实体机构，是要承担社会责任的，而国标GB 21861的严格执行是我们不可推卸的责任，所以说检测场在执行标准过程中，一定要严格执行国标，并在执行过程中不能打折扣。只有做到这一点才能够起到“为首都交通安全保驾护航的”的作用，通过半年时间的运行，我们在执行GB 21861过程中体会到这个标准对检测机构来讲起到了很重要的积极作用。一是车辆在检测制动过程中，原检测方法对于制动检测项目来讲，只要制动有一项不合格，车辆在复检时就要将前、后、驻车制动全项检测，这样既耽误检测时间，又有可能使原来合格的项目不合格。而GB 21861对于制动检测是单项检测，只检测不合格的项目，即单轴检测。这样既节省时间，又不用重复检测。二是GB 21861对前照灯检测过程中，只要求前照灯的远光光束发光强度达到国标规定的判定合格标准，而近光灯角度不作为否决项，而只作为建议维护项，可以不再对近光灯的角度进行测试。所以，灯光项目在检测过程中同样节省了检测时间，同时也减少一些不必要的麻烦。三是GB 21861对车速表的要求只是作为建议项，而不是否决项。对于上线检测的车辆来讲，车速表不合格也不用再次上线复检，只是作为建议维护项，同样也是相对减少了车主排队等候上线检测的时间。以上三个方面同时对检测场的操作人员来讲，也减少了一定的工作量，进一步提高了其工作效率。综上所述，车主在上线检测等候的时间缩短了，因为标准中有一些项目检测结果在判定中列入建议维护项，只要属于否决项的项目全部合格，建议维护项小于等于6项，那么这辆车就可以判定为合格，检测场可建议车主对建议维护项目根据自己的需要进行维修。同时在执行过程中，我们也发现了GB 21861中部分需要进一步改进的内容，比如“北京市机动车安全技术检验记录单”背面关于受检车辆外观等项目检验共104项规定，检测人员应在相应的判定栏中合格项目划√，不合格项目划 ×。因为表格项目多，车主在外观检查时对检测人员在每个栏后划符号认为太繁琐，一致认为对不合格项目划相应的符号会节省很多的时间，从而提高车辆检测速度，减少等候时间；另外一个是目前来场进行检测的车辆都要重新录入车主信息，这个工作没有体现出它的作用在哪，对检测场人工成本来讲可能会造成人员重复使用，浪费。

二、检测行业要发展壮大，企业要上规模，稳定是基础。

从1988年北京机动车检测场发展至今已有20余年，在20余年里，北京市机动车检测场已发展到40余家，而我们北京市学院路机动车检测场在行业发展中也在不断壮大。我场从1988年发展到现在，有大型汽车安全性能检测线1条；

小型汽车安全性能检测线 3 条；摩托车检测线 1 条；大型柴油车工况检测线 1 条；小型柴油车工况检测线 1 条；大型汽油车工况检测线 3 条；小型汽油车工况检测线 5 条，从目前来看，像我场这样规模的检测场不多，而北京机动车的增长已达到近 440 万辆，这样一个庞大的数字，对于检测场的软硬件来讲应该有一个更高的要求。机动车检验机构是为社会在用机动车提供定期年度安全性能检测的机构，就像医院治病一样，人们为了确保自己的身体健康而选择到医院进行定期身体检查，而使自己的身体保持健康良好的状态。而检测场对于某些车主来讲，其重要意义还远没有得到深刻认识，虽然现在上级有关部门规定了机动车应定期参加年检，但是车主并没有把机动车定期检测当成珍爱自己的生命一样来认真对待。车主到检测场来检测，如果发现自己的爱车有这样或那样的问题，车主第一反应就是检测场变相收费，而不会考虑自己的车辆是否真正存在安全隐患。这个现象的发生，我想与检测场的自身经营和内部管理有关，也同检测场对外有关机动车安全性能检测的宣传工作不是很到位有关，造成某些车主对检测场的误解。我认为，就北京市机动车的发展和地域现状来讲，北京的机动车检测场应该考虑形成全市统一模式，因为只有检测场的规模发展壮大了，检测场内部管理规范了，检测场才能够更好发挥安检机构的作用。国家质监局、车管所等多家部门颁布并实施了一系列管理规定及技术标准、规范，目的就是为了推动检测行业发展，从而保障车辆安全技术状况和道路运输安全。为了达到这个目的，作为检测机构来讲，有以下几个方面的工作需要我们高度重视，首先，在对检测场的规模上应有一个统一的模式，比如，从检测场面积来讲，一定要上规模；从检测线的布局来讲，检测场的验车范围覆盖面要广，无论车主是什么车，到哪一家检测场验车，都可以一次完成车辆定期检测业务。扩大规模是企业经营发展的需要，更是更好地实现社会价值、更好地为广大车主服务的基础；其次，人员素质方面要上台阶。这就要求我们企业内部要苦练内功，要把企业“软件”时刻保持在升级状态中，随着机动车发展越来越智能化，随之而来的是要求操作人员也要有一定的文化素质和职业道德。所以，我建议，在招收录入职工方面要有统一的标准，如在学历方面，一般操作人员应具备一些机动车专业的基础知识，招收进场后应进行为期 3 个月的实习培训阶段，如检测业务标准、职业道德、遵章守纪等多方面进行全方面的培训考核，只有基础打好了，人员独立上岗操作的技术才有保证。三是检测场作为独立法人实体，首先要知法、懂法、守法，我们是法制社会，依法治国是国家发展的重大战略思路，而具体到检测场，我们就要坚定不移地坚持依法治场的思路，在检测中依法检测，因为只有法人认识到依法治场的重要意义，才能正本清源，才能够端正经营思想，摆正位置，带领团队搞好检测场，发展检测场。

责任重于泰山，安全利于发展，而稳定是重中之重。干部职工队伍的稳定是确保检测场健康持续发展的奠基石，我们的一切工作都要围绕着稳定开展，一切举措都要服从稳定这个大局，稳定是压倒一切的，在具体的工作中要时刻绷紧稳定这根弦，为构建和谐的检测环境做出自己的贡献。

第十一篇　机动车检测技术发展与新产品

汽车燃油经济性检测新技术

何光里

当今，节约燃料、保护环境，已成为全球关注的重大事项，汽车燃油经济性受到各国政府、汽车制造业和汽车用户的高度重视。

汽车燃油经济性在汽车结构定型生产后即已确立，在使用过程中随着汽车运行里程的延续，汽车零、部件不可避免地会磨损、老化、变形和腐蚀，汽车的燃油经济性因而逐渐衰退、变差，其外表征兆是在同等运行条件下燃油消耗增大。维持汽车处于良好的技术状况，保障汽车以固有的燃油经济性水平运行，是节约汽车燃油消耗的最基本途径。而检测、评定汽车燃油消耗状况是保障汽车以固有燃油经济性水平运行的技术基础。

国内汽车运输业早在20世纪50年代就很注重汽车燃油消耗状况，以其燃油消耗量不应超过新车额定油耗的10%为指标，评价、判定在用汽车的技术状况及维修质量。但由于测定汽车燃油消耗量需要在发动机供油系串接燃油流量计（油耗计），要拆、装供油管，费时费事，且不安全，还会影响供油系的调整状况，车主不乐意接受这样的测定。汽车运输行业就因没有不用拆、装发动机供油管道的燃油消耗量检测技术的支撑，始终未能全面实施汽车燃油经济性的检测。

1　汽车燃油经济性不拆卸（不解体）检测技术

为实现不拆、装发动机供油管道，检测汽车的燃油消耗量，国内外都据测取表征发动机燃油消耗的特征参数，经计算得出燃油消耗量的途径，进行过多种快捷、简便的汽车燃油消耗量检测技术或原理的探索、研究。

1.1　测燃油流速法

此法检测燃油消耗量的原理是利用装卡在发动机供油管上的传感器，测量供油管道中的燃油流速，根据测得的燃油流速计算出燃油流量。经反复测试、研究，终因计量重复性达不到要求而终止了探索。此方案科学、简便、能实现快速定量检测，是一个有前景的方案。只可惜尚无后来者继续探索研究。

1.2　示踪原子检测法

用放射性示踪技术实时测量汽车燃油消耗量。通过催化反应使具有放射性的三重氢原子代替燃油中的一部分普通氢原子，具有放射性三重氢原子的燃油燃烧后，燃油中的氢原子和三重氢原子反应生成水或水蒸气，燃油消耗量与排气排放物中的放射性成正比，通过相应的数学模型计算求得燃油消耗量。

示踪原子测汽车燃油消耗量要用于检测实际即使在发达国家也很有难度，显然难于推广应用。

1.3　空燃比法

1.3.1　检测排气氧含量法

通过测定汽车排气排放物中的氧含量来评定汽车的燃油经济性。此方法操作简便、快捷、理论上可行。国内有的地区曾在辖区检测站推行，规定CA1091、EQ1090系列车型排气排放物中氧含量的限值为：发动机转速500 r/min，氧含量9%～19%；转速1500r/min，氧含量4.7%～6.3%。排气排放物中氧含量的多少，是进入发动机汽缸燃油量与进气量是否合适、混合是否均匀，燃烧是否及时、完全的体现；是汽油发动机供油、点火、进气系和汽缸—活塞环—活塞配合副技术状况好差的征兆；是据空燃比原理检测汽车燃油经济性状况的一种经验型方法。此法由于缺乏适于各种类型汽车的、切合实际的排气中氧含量限值评定标准，未能取得行业的认同推广应用。

1.3.2 空燃比检测法

空燃比（λ）是可燃混合气中空气量与燃油量之比。由此，据空燃比就可测算得出燃油消耗量。空燃比的数学表达式为：

$$\lambda = \frac{A}{F_C}$$

式中：A ——发动机气缸单位时间的进气质量，g/min；

F_C ——发动机单位时间消耗的燃油质量，g/min。

$$A = u \cdot \frac{n}{2} \cdot M$$

式中：u ——空气的平均分子量，取近似值 29；

n ——发动机转速，r/min；

M ——发动机气缸每个循环的实际充气量，摩尔。

$$M = \frac{P_{in}}{RT_{in}} V_C \eta_V$$

式中：P_{in} ——进气歧管的压力，Pa；

T_{in} ——进气温度，K；

η_V ——充气效率

Vc ——气缸排量（工作容积），m^3；

R ——空气的气体常数，8.31。

发动机进气量可通过测取发动机的进气压力、进气温度和转速等参数得出，通过汽车排气分析仪测得过量空气系数（α）可得出空燃比，据空燃比的数学式就可算得燃油消耗量。

燃油在发动机气缸内燃烧的实际空燃比（λ）可据测得的过量空气系数和燃油燃烧的理论空燃比（λ_0，汽油的理论空燃比为 14.7）按下式算得：

$$\alpha = \frac{\lambda}{\lambda_0}$$

由此，据发动机发动机气缸每个循环的实际充气量（M，摩尔）、进气质量及空燃比即可算得发动机每小时的燃油消耗量：

$$F_C = \frac{\frac{1}{2} \cdot n \cdot \frac{P_{in}}{RT_{in}} \cdot V_C \cdot \eta_V \cdot u}{\alpha \cdot \lambda_0 \cdot \rho} \cdot \frac{60}{1000} \quad , \quad \text{g/h}$$

式中：ρ —— 汽油密度，取 0.735 g/h。

将已知参数值代入上式得：

$$F_C = \frac{9.6898}{1000} \cdot n \cdot \frac{P_{in}}{T_{in} \cdot \alpha} \cdot V_C \cdot \eta_V \quad , \quad \text{L/h}$$

将小时燃油消耗量换算成百公里燃油消耗量的算式为：

$$F_C = 0.96898 \cdot n \cdot \frac{P_{in}}{T_{in} \cdot \alpha \cdot \upsilon} \cdot V_C \cdot \eta_V \quad , \quad \text{L/100km}$$

式中：υ —— 汽车行驶速度，km/h。

上式即为空燃比法测汽车燃油消耗量的数学模型。

空燃比法检测汽车燃油消耗量尚属创新性研究试验阶段，空燃比法检测油耗与燃油流量计比对的相对误差为 5% ~ 10%。空燃比法测油耗的数学模型中，只有 n、P_{in}、T_{in}、α、υ 等参数值为可实时测得的量值，Vc 系由发动机结构确定的定值参数，发动机气缸充气量的多少，除 Vc 值的大小外，取决于η_V，发动机运转过程的η_V值首先是取决于发动机的结构水平和技术状况，受控于发动机的转速（n）和负荷，是难以实时测取的随机变量。因此，η_V是空燃比法测汽车燃油消耗量准确度的首要误差源。

空燃比法要用于汽车燃油消耗量的实际检测，还有待于进一步研究试验，要突破实时准确的测取充气效率（η_V）值的关键，并以气缸进气的标准状态，建立适于各型汽、柴油车的通用模型，保障检测需要的准确度。

1.3.3 车载式空燃比检测法

车载式空燃比法检测电喷汽油车的燃油消耗量，是在发动机电喷系统加装空燃比传感器，通过记录电喷系统进气流量计电压、空燃比、进气温湿度等信号，据进气量和空燃比算出每个喷射周期的耗油量。将各喷射周期的耗油量累加得出整个测试过程的燃油消耗量。

车载空燃比法油耗测量系统与汽车排气台架测试系统（CVS）比对试验表明，车载空燃比法有较高的测量准确度。影响车载空燃比法测量准确度的主要因素是电喷发动机的进气流量计和加装的空燃比传感器。

此法的不足是不能实现任一时间段内的连续测量油耗，只能先完成每个测量时段（100ms）燃油喷射量（mL），然后将各计测时段单元的燃油喷射量累加得出整个试验的燃消耗量。且成本高。只适于电喷汽油发动机。

1.4　喷油脉宽检测法

喷油脉宽检测法是利用电控汽油喷射系统电子控制单元（ECU）输出的控制信号——喷油脉冲信号里所包含的喷油脉宽信息计算得到燃油消耗量。发动机正常工作时，单个喷油器单次喷油量（Q_f）的为：

$$Q_f = \mu_n F_n \sqrt{2gd_f\left(p_f - p_b\right)} \cdot d_t$$

式中：μ_n —— 喷油器的流量系数；

F_t ——喷油嘴面积，mm^2；

g ——重力加速度，m/s^2；

d_f ——燃油密度，kg/m^3；

p_f ——燃油压力，N/m^2；

p_b —— 进气压力，N/m^2；

d_f —— 喷油器开启时间，dt。

喷油嘴的启闭时间是由喷油器中的电磁阀控制。电控汽油喷射系统就是通过控制喷油器电磁阀通电持续时间（喷油触发脉冲宽度，简称喷油脉宽）来控制喷油嘴开启持续时间，即控制喷油量。由此，只要测取喷油器电磁阀控制信号脉宽，就可据上式算得相应的燃油消耗量。

定型喷油器的流量系数和喷嘴面积均为已知定值。而燃油压力调节器使喷油器的燃油压力与进气管的压力差（P_f–P_b）保持恒定。喷油器每次喷油量（Q_f）就只与喷油嘴开启持续（喷油）时间成正比。上式就可简化为：

$$Q_f=K_0 \cdot T$$

式中：K_0 ——喷油器特性参数；

T ——喷油嘴喷油时间。

对于多点喷射系统，在发动机各缸喷油器特性相同且各缸喷油量均匀的条件下，喷油脉宽检测法测量油耗的数学模型为：

$$Q = i \cdot K_0 \cdot \sum_{j=1}^{N} T_j$$

式中：i ——发动机汽缸数；

N ——喷油器在测试时间内的喷油次数。

据此，只要得到喷油器特性参数 K_0、喷油次数 N（即喷油脉冲个数）和喷油脉宽 T_j（即喷油时间）就可算出燃油消耗量。

K_0 是喷油脉宽法计算油耗的一个重要参数，K_0 值除与喷油器结构有关外，还受燃油密度、进油压力、进气压力的影响。进油压力、进气压力受发动机工况控制，K_0 就与发动机工况有关。K_0 取值的准确度明显影响喷油脉宽检测法的准确度。

喷油脉宽测量系统的发展前景，取决于能否直接测取 K_0 值。

空燃比法、喷油脉宽法测量原理可行、可靠。两类油耗测量法尚处于试验研究阶段，且未以柴油汽车为对象进行过试验，要用于各种类型汽车油耗检测实际尚需突破各自技术关键（如，空燃比参数、喷嘴特性参数的实时测取）。

1.5　碳质量平衡法

碳质量平衡法常简称为碳平衡法，它是据燃油在发动机中燃烧，不论燃烧状况如何，燃油燃烧后生成物中的碳质量总和等于燃油燃烧前的碳质量总和，即燃油中的含碳质量不因燃烧改变的质量守衡定律测算汽车燃油消耗量的方法。据此测取汽车排气中的碳质量就可算得相应的燃烧的燃油量。

上述几种类型的汽车油耗不拆卸（解体）测量技术原理上虽都可靠、可行，却只有碳质量平衡法测量技术成熟，且形成了商品。当前，模拟较复杂的汽车行驶工况的燃油消耗量试验都是在试验室台架上用碳平衡法测量燃油消耗量，现已广为新生产轻型汽车应用于燃油经济性定型试验和生产一致性检测。

2　汽车燃油经济性碳平衡法检测技术

2.1　碳平衡法检测汽车油耗的基本算式

燃油在汽车发动机中燃烧后生成不同量的 CO_2、CO、CHx、H_2O（包括气态和液态）及 NO_x 等物质，经发动机排气系统排出。

碳平衡法检测汽车燃油消耗量必须测得汽车排气中的碳质量和确定相应的燃油碳质量，才能据以算得消耗的燃油量。

燃油碳质量的确定：假定汽车运行 S km，平均消耗的燃油量为 F_u（km/L），燃油密度为 d_F（kg/L），燃油中的碳质量比为 m_{FC}，则汽车运行 S 公里消耗的燃油中的碳质量为

$$d_F \times m_{FC} \times S / F_u$$

排气中的碳质量确定：测得汽车行驶 S km 的燃油燃烧后排放 CO_2、CO、CHx 的平均排放量为（M_{CO_2}、M_{CO}、M_{HC}）g/km。

从 CO_2、CO、CHx 化合物的化学式可算得其中的碳质量比分别是 0.273、0.429、M_{HC}。

碳氢化合物的碳氢比（M_{HC}）取决于化合物中氢原子的个数（x），可有不同的比值，故其碳质量比为：

$$M_{HC} = 12/(12 + x)$$

则汽车行驶 S 公里的燃油燃烧后排放含碳化合物的碳质量和为：

$$(0.273 \times M_{CO2} + 0.429 \times M_{CO} + M_{HC} \times M_{HC}) \times S$$

根据质量守恒定律，燃油燃烧后生成物中的含碳量应等于燃油燃烧前的含碳量，则有：

$$1000 \cdot d_F \cdot m_{FC} \cdot S / F_u = (0.273 \cdot M_{CO_2} + 0.429 \cdot M_{CO} + m_{HC} \cdot M_{HC}) \cdot S$$

$$F_u = 1000 \cdot d_F \cdot m_{FC} / (0.273 \cdot M_{CO_2} + 0.429 \cdot M_{CO} + m_{HC} \cdot M_{HC}) \quad (\text{L/100 km})$$

上式为碳平衡法检测汽车燃油消耗量的基本算式。

汽车燃油消耗量如用百公里油耗（L/100km）作为量标，碳平衡法的基本算式为：

$$F_u = (0.273 \cdot M_{CO_2} + 0.429 \cdot M_{CO} + m_{HC} \cdot M_{HC}) / (10 \cdot d_F \cdot m_{FC}) \quad (\text{L/100km})$$

显然，上列碳平衡法测燃油消耗量的基本算式是以三个基本假设为前提：

1）燃油燃烧的生成物全部从排气管排出；

2）燃油燃烧生成物中的碳只包含在 CO_2、CO 和 CHx 中，忽略其他生成物中的碳（如，含氧碳氢化合物）和固体碳粒；

3）排气中的 CO_2、CO、CHx 全部来自燃油燃烧，没有其他来源（如，窜入燃烧室的润滑油）。

新生产汽车燃油消耗量的多方实验证明，碳平衡法测量燃油消耗量的准确度和重复性未因燃油消耗量算式的三个基本假设变差，假设可以成立。

在用汽车由于技术状况的衰退、变差，碳平衡法测油耗基本算式的三个基本假设用于在用汽车是否成立？曾进行的研究试验表明：

气缸活塞组件磨损到极限状况导致曲轴箱窜气和润滑超耗进入燃烧室烧损，对消耗燃油总碳量的增减影响均小于 1%；设在用柴油车排放微粒物只满足 GB 17691 规定的 I 阶段排放微粒限值要求［0.68g/（kW·h）］，在用柴油车有效燃油消耗率一般在 200 g/（kW·h）左右，则柴油车每排放 0.68g/（kW·h）微粒的碳将占 200 g/(kW·h) 柴油燃烧后的碳质量 0.4%。而柴油车排放微粒物构成中只有 40% ~ 50% 为干碳烟。据此碳平衡法测油耗基本算式的三个基本假设用于在用汽车也成立。

2.2　汽车燃油消耗量碳平衡法检测系统

当前，尚未建立直接测量汽车排气排放含碳化合物质量的方法，也无测量汽车排气排放含碳化合物质量的仪具。汽车排气管排放含碳化合物质量的测取，是据分别测得的汽车在测试时间或行程内的排气总容积和同时测得的含碳化合物浓度，经计算得出汽车在测试时间内或行程内的排放含碳化合物的总质量。

碳平衡法用于测算新生产轻型汽车的燃油消耗量，国内外均已规范化。均是利用汽车排气排放实验的早已商品化的成套系统，系统由定容采样系统（CVS）（Constant Voloume Sampling）、排气分析系统和汽车行驶工况模拟系统组成。此套系统软、硬件结构复杂、庞大、价格昂贵，不适于在用汽车检测。

20 世纪 90 年代初国内就不断的在对碳平衡法用于在用汽车油耗检测进行研究开发，先后研发出多种碳平衡法油耗检测装置，按其采样结构特点可分为两种类型：一类为直接测取汽车排气流量和排气中的含碳气体浓度，检测装置的采样管与汽车排气管密闭联接；另一类是测取经环境空气稀释的排气流量和稀释排气的含碳气体浓

度，检测装置不与汽车排气管联接。第一类可称为闭式碳平衡法油耗检测系统；后一类可称为开式碳平衡法油耗检测系统。

2.2.1　碳平衡法油耗闭式检测系统

碳平衡法油耗闭式检测系统也是由检测工况模拟系统、排气排放含碳化合物浓度测量系统和排气容积测量系统构成。

检测工况模拟系统基本构成器件是底盘测功机。底盘测功机的功能、结构取决于检测工况是多工况循环，还是稳态（等速）工况，可以是专用的底盘测功机，也可是通用的底盘测功机。

排气含碳化合物的测量系统选用在用汽车排气检测通用的

五气体分析仪或四气体分析仪。采用非分光红外线吸收法（NDIR）测量排气中的含碳化合物的体积浓度。

排气容积测量系统是碳平衡法油耗闭式检测系统具创新性的关键构成器件，排气不经空气稀释，在密闭状态下，通过流量计直接测取排气的体积流量。

图 1 为碳平衡法油耗闭式检测系统构成示意简图。从简图可见，系统结构较之定容取样系统（CVS）简单多了。闭式取样系统用集气管 3 将汽车排气管封闭，隔绝排气与空气接触，直接将全部排气导入闭式取样系统。可无论是单缸，还是多缸汽车发动机，其排气气流都是脉动的，只是脉动的程度不同而已。从脉动的排气流中取样，就不能测得准确、可靠的数据。为使脉动排气流变成稳流，系统设置了稳压箱 4。集气管 3 将汽车的全部排气导入稳压箱，脉动排气流在稳压

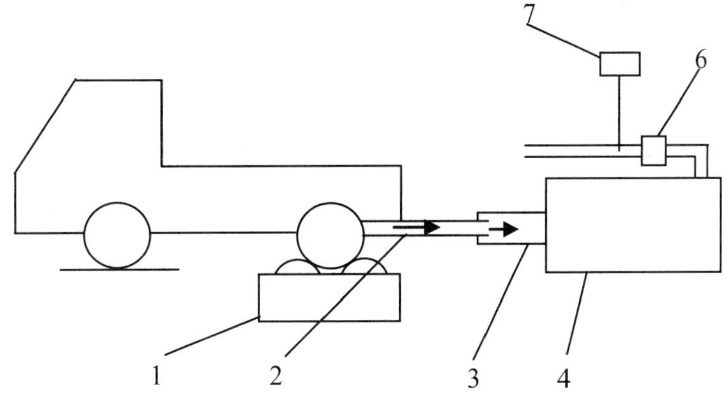

图 1　闭式取样系统组成简图

1—底盘测功机；2—汽车排气；3—集气管；4—稳压箱；
5—稳流管；6—流量计、压力计、温度计；7—排气分析仪

箱经稳压，形成稳流后由稳流管从稳压箱导出。气体流量计、压力计、温度计、排气分析仪等测量仪器的传感器均安置在稳流管的相应位置上，从而保证取样测量需要的准确度。

稳压箱是碳平衡法油耗闭式检测系统的关键构件。实际上稳压箱就是个储气罐，为汽车排气提供扩展、储存条件，达到稳压、稳流作用。为此，稳压箱的容积要足以使排量大、小不一的各型发动机的脉动排气都能形成稳流排出，稳压箱容积通常按发动机排量的 100 ~ 200 倍选定。

测量稳流排气的温度和压力是用于将测得的排气流量校正为标准状态（气压 101.33kPa，气温 273.2K）下的体积流量，以便算得排气含碳化合物的质量。

有的闭式取样系统为提高测量排气体积浓度和体积流量的准确度，在系统中设置了温控装置，以控制稳流排气的温度。

国内研发的各种类型的碳平衡法油耗闭式检测系统，虽构成原理

相同，可测试数据的采集、处理选用的软、硬件技术水平却高低不一，油耗检测准确度也因此显著不等，与燃油流量计比对试验的相对误差，随检测工况而异，有的为 3% ~ 20%，有的 < 3%（皆系一辆轻型或中型汽油车比对试验的数据）。

闭式取样系统要检测各种排量汽、柴油车的

油耗，保证需要的测量准确度，其稳压箱容积就要与汽车发动机排量相适应，容积大了，进入稳压箱的排气流会产生冷凝水，容积小了，降低稳流效果，都会降低排气流量测量准确度，若设置可变容积的稳压箱，就使系统结构复杂化，降低使用方便性，并显著增大生产成本。稳压箱容积限制了闭式取样系统的通用性。此外，闭式取样系统集气管与汽车排气管密封联接，影响排气管出口处的状态，且难以满足检测快速、简便的要求，也是其不足。

2.2.2 汽车燃油消耗量碳平衡法可控稀释排气流量检测系统

汽车油耗碳平衡法可控稀释排气流量检测系统，是据直接测取的稀释排气流量及稀释排气流含碳气体的浓度，确定原始排气的总碳量。其测试原理类似 CVS 系统。排气流量取样的集气管不与汽车排气管密封联接，而是将汽车排气管的排气与环境空气一同收进集气管，用环境空气将排气稀释后取样，故称为开式取样系统。该系统简化了结构，且易于保证排气流量和排气浓度同步采集，并可检测各种排量的汽油车、柴油车的燃油消耗量。为国内针对碳平衡法检测汽车油耗研发的创新系统。

系统构成：可控稀释排气流量检测系统由稀释排气流量测量子系统、稀释排气流量控制子系统、稀释排气流含碳化合物浓度测量子系统、汽车行驶工况模拟子系统和主控计算机子系统构成（见图 2）。

从图 2 可见，风机将汽车排气管排气与环境空气一同吸入排气稀释管，在稀释管道中混合成稀释排气流，稀释排气流经流量传感器，实时测得稀释排气流量，通过压力、温度传感器实时测得稀释排气流的压力、温度，经排气流量处理器处理，通过串口实时向主计算机传输稀释排气在标准状态（温度 273.2K；气压 101.33kPa）下的流量。稀释管道的作用是使环境空气与排气管排气混合均匀。稀释软管的喇叭口应正对排气管口，并保持适当距离，让足够的环境空气进入软管，以达到良好的稀释的效果。

稀释排气流量控制子系统主要由风机和流量控制器构成。

稀释排气流量控制子系统的作用是依据受检汽车发动机的排量和检测工况自动调控风机风量，进而控制排气稀释比（汽车排气与空气的混合比）、控制稀释排气温度，以防止稀释排气通过流量测量子系统产生冷凝水，确保检测系统对各型车辆都能实现准确的燃油消耗量检测。稀释排气流量控制器通过串口与主计算机进行通讯。主计算机据测得的稀释排气流温度、稀释排气的含碳气体浓度值与控制软件中设定值进行比较，根据比较结果通过稀释排气流量控制器控制风机风量，进而控制排气稀释比。

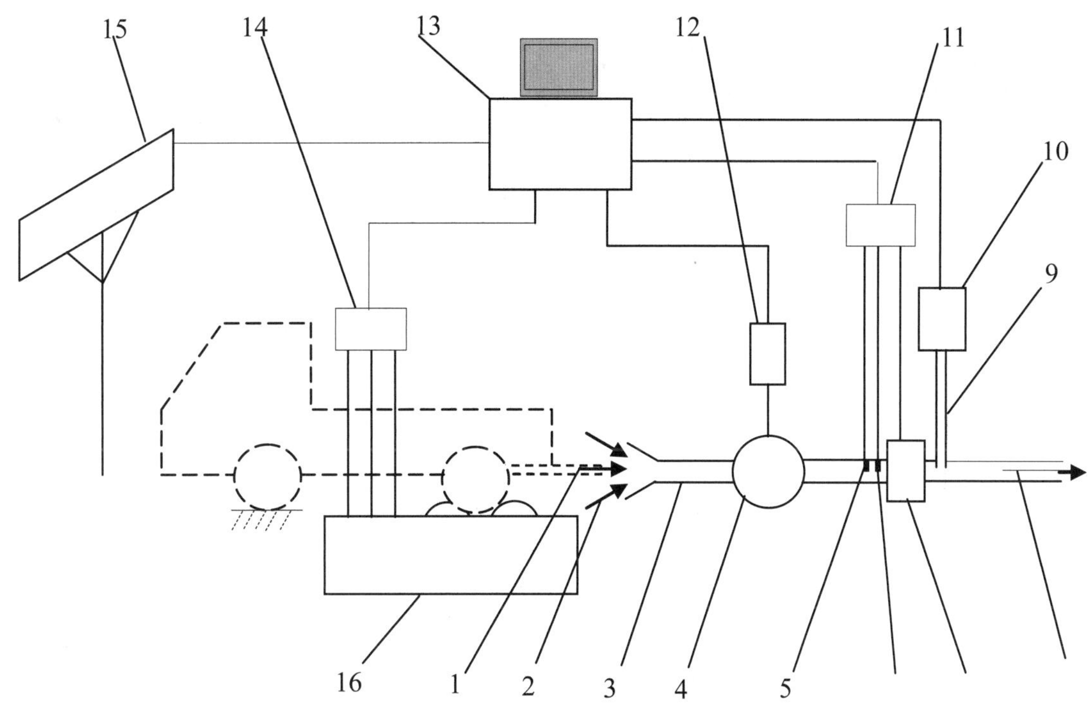

图 2　汽车油耗碳平衡法可控稀释排气流量检测系统构成简图

1—汽车排气；2—环境空气；3—排气稀释管；4—风机；5—稀释排气流压力传感器；6—稀释排气流温度传感器；7—稀释排气流量传感器；8—排入大气；9—稀释排气流含碳气体浓度采样探头；10—含碳气体浓度测量装置；11—稀释排气流量处理器；12—稀释排气流量控制器；13—主控计算机；14—底盘测功机加载（荷）控制系统；15—司机助；16—底盘测功机

稀释排气含碳化合物浓度测量子系统测量排气排放含碳化合物浓度不是采用汽车排气检测的通用方法，而是将测量系统的采样探头插入稀释排气流中，从稀释排气流采集的样气，经导管送至含碳气体浓度分析、测量装置。实时测得稀释排气的含碳气体浓度通过串口与主计算机进行通讯。

系统采用非分光红外线吸收原理（NDIR）测量稀释排气的 CO_2、CO、HC 浓度。

汽车行驶工况模拟子系统的基础硬件是底盘测功机，其作用是模拟汽车行驶工况。取决于受检汽车油耗限值工况，底盘测功机结构可以是通用型，也可是专用型。底盘测功机测量准确度（示值误差）应符合 JT/T 445《汽车底盘测功机》的规定。加载控制系统、司机助通过串口与主计算机进行通讯。由加载控制系统对底盘测功机进行控制和数据采集。司机助在检测过程中对引车员的操作进行引导。

主控计算机子系统的功能是实现对整个检测系统的操作控制，即要将稀释排气含碳化合物测量子系统、稀释排气流量测量子系统、稀释排气流量控制子系统、汽车行驶工况模拟子系统集成在一起，控制整个系统协同运作，并采集、分析、处理、存储数据。

主计算机一方面对各分系统发出指令，同步操控各分系统运作，并将数据集成在一个数组里；另一方面按稀释排气流量和各排气含碳气体浓度测试的响应时间的不同，改变各组数据的存储顺序，对数组里的数据重新排序，以保证测量的各组分含碳气体浓度、稀释排气浓度与检测工况实时一一对应，消除测试时间滞后对采集数据的影响，确保要求的检测准确度。

主机是靠系统控制软件实现上述功能。系统控制软件的基本功能：

——对稀释排气含碳气体浓度测量子系统标定和操控，实时采集、记录、存储、显示测试数据；

——实时采集、记录稀释排气流流量、温度、压力的测试数据，记录、存储、显示稀释排气流标准状态下的流量；

——实现测试数据存取，对测试数据进行实时修正；

——操控底盘测功机按给定检测工况运转；

——操控排气稀释比；

——实时处理含碳气体流量、浓度数据，记录、存储、显示燃油消耗测试数据。

系统检测油耗准确度：系统检测汽车油耗的准确度，首先取决于排气含碳化合物质量的测量准确度，再就取决于计算准确度。

排气含碳化合物质量是通过分别测取的稀释排气 HC、CO、CO_2 的浓度，和对应的稀释排气的流量、温度、压力等相关数据经计算得出。这些待测参数测量准确度是碳平衡法检测汽车油耗准确度的基础。

CO_2 是燃油燃烧的基本生成物，降低稀释排气的 CO_2 测量误差是保障碳平衡法检测油耗准确度的重要途径。

排气流量、温度、压力传感器和处理器是排气流量测量准确度的硬件基础。

流量和浓度是分别由两个系统采样，由于汽车排气的脉动性，排气排放物流量和浓度就不是常量，采样时间的同步性和采样频率对测量准确度的影响就显而易见。采样的同步性是指检测系统能否从同一时刻的样气中采集各项检测数据。

原始排气与环境空气混合成稀释排气后，原始排气的流量、温度、压力、含碳气体浓度都随混合的环境空气量改变，进而影响稀释排气流量和含碳气体浓度的检测准确度。稀释比成为决定系统检测准确度的关键性参数。

为简单、直观地评价系统检测油耗的准确度，用该系统测得的油耗与燃油流量计（油耗计）（测量误差小于 0.5%）进行同步比对实车测试，以油耗计测得的油耗值当作被测油耗量的真值，来确定该系统检测油耗的误差（准确度）。

从下表可见该系统用于检测各型汽、柴油车的相对误差多在 2%以下。

车型	额定总质量 /t	发动机排量 /L	燃油类别	测试工况				碳平衡油耗 /L（均值）	油耗计油耗 /mL（均值）	相对误差 /%
				加载阻力 /N	等速 /(km/h)	时间 /s	次数			
XML6796E2G（4×2）	9.7	5.014	柴	600	60	30	4	60.5	61.6	−1.8
				800	60	30	3	67.5	68.2	−1.0
CA5178CLXYP11K2L11T1（6×2）	16.6	7.127	柴	905	50	30	4	84.0	85.1	−1.3
				1300	50	30	3	90.3	94.6	−4.5
				1590	50	30	1	105.7	103.8	1.8
				2140	60	30	3	150.4	146.2	2.9
EQ1071G2AD3（4×2）	7.45	5.638	柴	300	50	60	4	69.5	70.2	−1.0
				670	50	60	4	88.4	86.4	2.3
				840	50	30	4	101.67	102.84	−1.14
						60	3	203.10	208.49	−2.59
SY1041DLS3（4×2）	4.09	2.67	柴	520	60	60	3	73.8	75.96	−2.8
依维柯 A40.10（4×2）	4.2	2.5	柴	402	50	60	3	132.63	132.10	0.4
						30	4	68.38	67.88	0.73
EQ1043G14D3AC（4×2）	3.93	3.268	柴	550	60	30	3	48.1	48.72	−1.3
				470	50	30	3	37.5	37.37	0.4
				380	50	60	3	68.89	68.5	0.6
HFC1121KR10（4×2）	12.0	4.752	柴	470	50	60	6	80.0	79.4	0.8
				520	50	60	10	81.03	80.96	0.09
				720	60	60	6	115.37	113.22	1.9
				1150	50	60	3	114.95	111.72	2.9
CA1127L5（4×2）	12.2	5.56	汽	420	50	60	4	190.99	199.31	−4.2
				370	50	60	5	186.55	181.21	2.9
EQ1304W（6×4）	29.7	8.3	柴	1729	50	60	12	236.25	233.97	0.97

结　语

当今不拆卸检测汽车燃油经济性虽有多种途径，唯碳平衡法成熟、准确、简便、能用于检测各种类型汽车的燃料经济性。

用碳平衡法检测在用汽车的燃油消耗量，原理上和硬件结构上都较简单，只要组合气体流量计与排气分析仪就能测得一组排气中碳含量的数据，进而可算得相应的油耗量，测得的排气含碳质量是否准确、可靠，当前尚难以直接评定，但可用燃油流量计比对测试，就能判别所测算得的燃油消耗量的准确度。如若测得的数据不准确、不可靠，其检测装置也就失去了使用价值。

碳平衡法检测在用汽车的燃油消耗量已列入国家标准，即将在汽车运输行业推广实施。

机动车反力式制动试验台电气动态性能检定仪

褚桂旸　黄耀民　赵　伟

摘要：本文涉及一种用于对机动车反力式制动试验台进行测试的方法及装置，描述了其产生的技术背景和设备原理及作用。

技术背景及存在的问题

汽车制动性能的检测，作为机动车安全检测中最重要项目之一，一直是人们关注的焦点。目前，国内大量使用的是滚筒反力式汽车制动试验台，普遍采用计算机控制技术进行制动力数据的采集和处理。例如，常见的单轴反力式滚筒制动试验台由结构完全相同的左右两套车轮制动力测试单元和一套指示控制装置组成。每一套车轮制动力测试单元由框架（有的试验台将左右测试单元通过框架制成一体）、驱动装置、滚筒组、举升装置等构成。其中的制动力测试装置主要由测力杠杆和传感器组成，测力杠杆一端与传感器连接，另一端与减速器壳体连接，被测车轮制动时测力杠杆与减速器壳体将一起绕主动滚筒（或绕减速器输出轴、电动机电枢轴）轴线摆动，传感器将测力杠杆传来的、与制动力成比例的力（或位移）转变成电信号输送到指示、控制装置。制动台在制动力的数据采集过程中，是以一定的采样速率来获得各个采集点制动力数值的，在此过程中，由于机加工精度引起传感器振动和电子电路引入的寄生干扰，会使测到的信号不稳定，而引起测量值跳动，干扰信号叠加在制动力信号上，在波形曲线上形成“毛刺”。因此，在实际的测控电路和软件中，为了使输出数字稳定，消除机加工精度不够所产生振动和电子电路引入的干扰，均不同程度地加入了滤波电路和平滑算法。这种滤波电路和平滑算法在滤掉“毛刺”的同时，也滤掉了制动力的最大值。

制动试验台在实际使用中加载的制动力是动态的，在经过上述滤波电路和平滑软件处理以后，测到的制动力最大值受到了损失，在一些系统上，最大值的损失可达到30%左右，但是由于缺乏统一的允差标准和动态测试手段，各生产厂商对测试电路和软件设计各行其是，因思路和技术存在很大差异，所以测量结果普遍不一致就在所难免。同时由于滤波对测量制动力值所造成的损失大小是未知数，因而量值溯源也从根基上被动摇。

目前，计量部门对机动车制动试验台的标定，采用的是静态标定方法，即制动试验台的测量系统进入“标定”状态，对制动试验台的测力传感器加载，并稳定一个固定数值作为标准值，制动试验台的测量系统对这个力进行测量，得到测量值，将测量值与标准值比较，如果相对误差在 ±3%以内，这个制动试验台即为合格，但对设备在动态条件下测控电路和软件对数据处理时所产生的偏差度仍处于盲区。

尽管有相关标准对检验车辆时踩踏制动踏板的时间作了明确规定，但在检验车辆的实际操作中，驾驶员踩踏的快慢不同使得制动力的上升时间仍在0.3 ~ 8 s之间不等，并且快踩的占相当比例，有些联网厂商甚至还引导引车员使用快踩的方法进行制动检验。制动台测试时制动力值损失的大小与制动力上升的快慢（即踩自动踏板的速度）密切相关，所以虽然制动试验台在静态时标定合格，但在实际检测的动态情况下，由于操作差异和电测处理的不同，会不同程度地降低制动力的实际测量值。

另一方面，由于目前对制动试验台无法进行动态标定，有的生产厂商往往会给出两种状态，即标定状态和测量状态。这样就有可能使用两种不同的程序，标定程序应付计量检定，而测量程序则不受约束，这就使静态标定更加失去意义。实践中已发现有的厂商甚至在测量程序内设置一个系数，在相同制动力的情况下可以通过系数调整输出结果，得到不同的测试值。

再者，根据 GB 7258—2004 的规定，制动试验台在检测制动力的同时，需要检测过程差，过程差过大在车辆制动时会对汽车制动稳定性造成较严重影响。然而，目前的静态标定方法无法对制动试验台的过程差测试能力进行标定，对过程差的算法尽管也有具体规定，但也无法对具体的设备进行验证，甚至编制的过程差测试软件是否有漏洞，软件人员也不易验证。

解决方法

本文阐述一种对机动车反力式制动试验台的动态测试方法，并描述一种采用该测试方法实现对机动车制动试验台进行动态测试的装置和原理，能够实现对机动车制动试验台的动态标定，同时实现对被标定试验台检验制动力过程差的能力及精度的测定。

上述动态测试采用的技术方案是：提供制动曲线标准源，即对应机动车的左、右轮，采用计算机分别拟合两条制动力曲线；利用数模转换方式根据所述制动力曲线生成随时间变化的电信号，调整电信号的幅度与阻抗，使之与被测试的试验台的传感器输出信号匹配；在制动台运转的情况下，将预置的两路电信号分别经试验台的左、右轮传感电路送入测量系统，实现模拟加载；将试验台的测量系统测得的结果与已知制动力曲线的相应参数进行比对（或与曲线标准源相配套的仪表示值比对），定量测试系统存在的误差，实现对机动车反力式制动试验台的动态测试。

上述技术方案中，所述拟合的“两条制动力曲线”可以根据实测中车辆左、右轮的制动力曲线统计生成，也可以设置不同的曲线，来考核制动试验台不同的指标。利用数模转换方式获得由该曲线设定的电信号，经调整幅度和阻抗后，接入传感器输出端，以此替代实际的传感器输出信号，此时，传感器输出信号与拟合信号实际上构成加法连接，因而不会影响试验台原来存在的由传感器之前形成的干扰信号，由此获得动态的测试结果。比对中可以将两条曲线的对应参数进行比较，同时也可以判断出制动试验台的采样频率和单点重复性等重要指标，通过改变两条曲线的相互关系，还可以用于测试试验台对过程差的检测情况。

优选技术方案，可将若干种典型制动力曲线预先设置存储于计算机内，测试时，先在计算机上显示曲线，经选择后采用对应的曲线数据。

采用上述测试方法，可以提供一种机动车反力式制动试验台的测试装置，该装置可称之为电气动态性能检定仪。该装置主要包括计算机及曲线生成器两个主要部分，所述计算机与曲线生成器间通过通信接口连接，所述曲线生成器由微处理器、与微处理器的输入输出端口连接的通信接口电路、2 路曲线拟合电路构成，所述每一曲线拟合电路包括与微处理器的输出端口连接的数 / 模转换电路、幅度调节电路和阻抗匹配电路。

上述技术方案中，所述计算机用于进行曲线的预设和选择，通常，其可以通过软件设置实现下列功能：曲线的预设及存储；曲线的显示和选择；将曲线数据发送至曲线生成器。曲线生成器则用于将预设曲线转变为电信号，首先通过 USB 端口，从计算机（上位机）获得曲线数据，由微处理器处理，分别将两条曲线的数据发送至两路曲线拟合电路，微处理器可以根据拟合曲线数据发送变化的数值，由数 / 模转换电路转换成模拟信号，再由幅度调节电路和阻抗匹配电路将其调整为与传感器输出信号匹配的电信号，分别输出至左、右轮传感器的输出端。根据数字信号拟合模拟信号曲线，可以采用现有技术，使操作人员根据对应的试验台，方便地调整数模转换的输出，使之与试验台的传感幅度和阻抗匹配。

上述技术方案与现有技术相比，具有下列优点：

（1）由于采用在传感器输出至传感器信号输入之间加入符合已知制动力曲线的电信号的方法，实现对机动车反力式制动试验台在运转状态下模拟加载的动态测试，改变目前只能进行静态测试的状况；

（2）对自动台进行过程差检测能力的测试，从而解决目前无法对过程差进行标定的问题；

（3）除了在标定程序下对制动试验台进行标定以外，可直接对制动试验台在测量程序下进行检定；

（4）真实定量地测出制动试验台在运转状态下满量程内的示值误差值，解决目前国内无法对制动台电测系统（二次仪表）进行标定的问题；

（5）可为修订《制动台检定规程》提供有力的技术支撑，将检定与测量程序的一致性、动态空载示值误差、最大制动力测试能力误差、过程差取值点及示值误差、测试重复性误差、允许踩踏制动踏板的有效时间等内容补充到规程中，从而能更好地维护量值传递的真实性和计量检定的权威性。

上述技术方案，目前已经有关部门批准列项，呼之欲出。项目成果形成以后，有望通过实施对制动台的静态检定（目前正在施行的），电气动态性能检定（新增）和数据监控比对（按国家质量监督总局和公安部要求正在实现过程中的）三个技术手段，大幅度提高检测数据的准确性、有效地遏制目前机动车检测中存在的数据失准甚至检验机构出具虚假报告的不良现象、扭转检测设备粗制滥造鱼龙混杂的混乱局面，对不平衡率的检定测试和研究过程差与路面制动的对应关系等，提供相应的技术手段。该项目成果还可扩展到侧滑检测台、通过式轴（轮）重检测台的动态检定和分析。

注：本文述及的方法、原理已申报发明专利并获保护。

电阻应变式测力传感器在汽车性能测试中的应用

徐誐 桑震扬 蒋宇晨

随着科学技术的进步，国内外机动车检测设备在智能化、自动化、精密化、综合化方面都有新的发展，应用新技术开拓新的检测领域，研制新的检测设备。而检测设备万变不离其宗，无不采用各种类型的传感器作为拾取信号的关键部件。本文就着重介绍采用电阻应变式测力传感器构成的各种汽车性能测试仪器：轴（轮）重仪；汽车制动操纵力计（踏板力计，手拉力计）；方向盘转向力－转向角检测仪；驻车制动性能测试仪等。

利用电阻应变效应测量力的方法就是用电阻应变片测量弹性体受力后产生的相对变形（即应变）来测量力的方法。应变式测力传感器由受力弹性体(简称弹性体)、电阻应变片和一些附件(比如补偿元件、防护罩、接线插座、承力件等)组成。当测力时，受力弹性体因产生应力或改变应力状态而引起变化。根据虎克定律，金属材料在弹性变形范围内应力和应变呈线性关系，所以和被测力的大小成正比例。电阻应变片粘贴在弹性体上应力分布均匀的地方，能同步应变，在电桥对角线上产生正比于被测力的不平衡输出，此电桥输出由与其相配的测量线路放大后被显示记录。

在测量系统中，若采用外加电源，则该电源的准确度和稳定性应与测量精度相适应。此外，还应尽力消除外界干扰的影响。

应变式测力传感器的应用范围很广，由于它的结构简单、精度高、频率响应高，便于远距离测量，同时还具有坚固耐用，能适用于各种恶劣环境，因而在汽车性能测试中被广泛使用。

踏板力传感器（手拉力传感器）的结构形式

踏板力计和手拉力计的测力传感器完全一致，只是一个测压下力，另一个测拉力，踏板力传感器由弹性体（优质合金钢 40GrNiMoA）、转换元件（电阻应变计）、高性能粘结剂及其他补偿元件组成。

踏板力传感器结构采用梁式传感器和膜片式传感器二者进行组合，见图 1。踏板力传感器弹性体是由整块金属材料加工而成，中间为十字梁结构，两边有像轮辐一样的支承。分别可以将轮辐看做是刚性的。

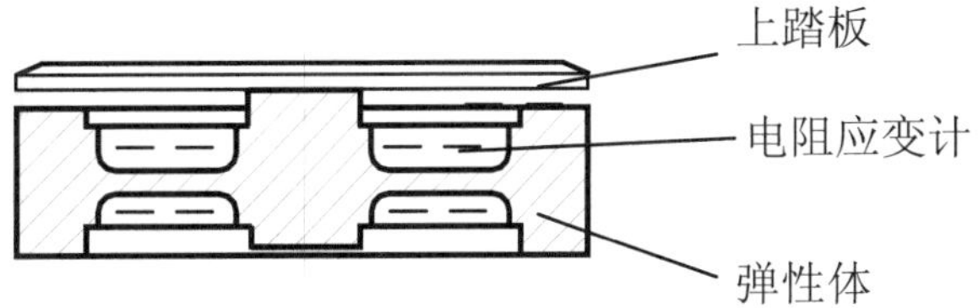

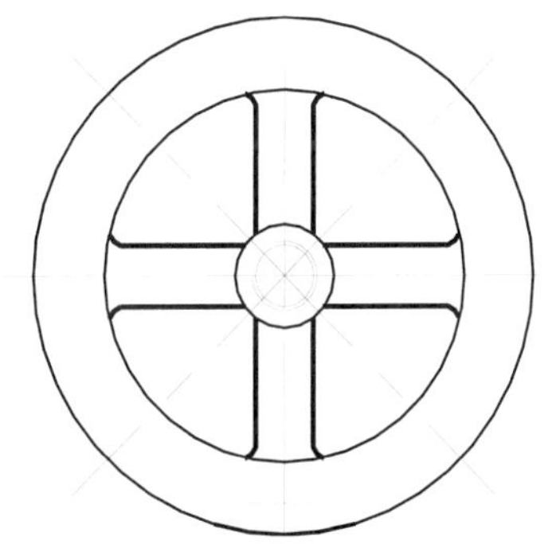

图 1　踏板力传感器结构图

十字梁即可看做是两端固定的梁。为了提高踏板力传感器的防潮性能，在弹性体上端和下端设计了一层较薄的不锈钢膜片（0.12mm），采用高性能粘结胶粘贴，从而提高了踏板力传感器的防潮能力。

该传感器电缆引出端采用橡胶圈和压紧螺纹连接，连接件与电缆之间，用热缩套管密封，防止水和潮气自电缆线一端进入弹性体，传感器经过零点、温度零点灵敏度和温度灵敏度补偿。其产品照片见图 2。

图 2 踏板力、手拉力产品照片

方向盘转向力传感器的结构形式

传感器的弹性体结构如图 3 所示，它是一种单端固定而另一端受力的双圆孔式双梁。此双梁由整块材料加工而成，（因量程较小，故采用合金铝材），结构极为稳定可靠（见图 4）。

当外力或重量作用于圆双梁弹性体时，它便产生变形，为简化传感器的计算，可把双圆孔式双梁简化为一端固定而另一端只沿力方向移动而不能转动的静不定矩形双梁，计算采用组合计算方法。

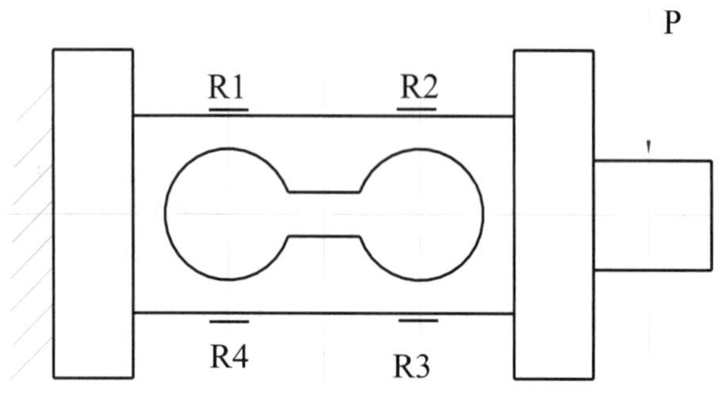

图 3 转向力传感器产品图片

图 4 转向力传感器照片

双圆孔梁式传感器与悬臂双梁式传感器相比，具有以下特点：

它与悬臂单梁式力传感器相比，刚度大、性能好，尤其是抗弯刚度及抗扭刚度大，从而提高了传感器的线性与稳定性，减小了滞后，增强了抗侧向力的能力。

与悬臂双梁式传感器相比，也在相当程度上提高了抗弯与抗扭刚度，因而适当提高了性能，同时由于双圆孔梁结构上的特点，减小了蠕变，这项指标对于高精度力传感器极为重要。

由于双圆孔梁传感器结构上的特点和电阻应变片在桥路中的连接方法，使双圆孔梁式传感器的输出信号几乎不受力点位置变动的影响，通常力点位置移动 ±5mm 或 ±5mm 以上，传感器精度等级保持不变，确保了力传感器的现场安装和使用中的精度。

它具有极强的抗侧向力的能力。

驻车制动性能测试仪中拉力传感器结构形式

驻车制动性能测试仪中采用的拉力传感器由于力值较大（0 ~ 6000kg），所以选用柱式传感器，其示意图见图 5，其结构见图 6。

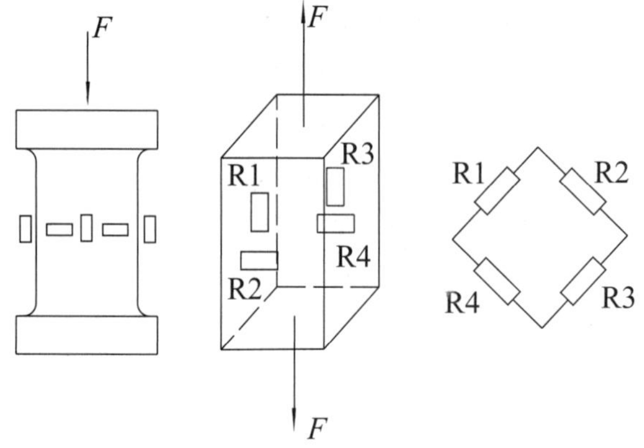

图 5 柱式弹性体结构图

它的特点是结构简单、紧凑、可承受很大负荷。图 6 是拉力传感器的结构图。弹性体是圆管形，在其上纵向和横向各粘贴四个应变片，可参阅图 5，每两片同方向的串联组成一个桥臂，八片应变片组成全桥。弹性体用 40Gr 钢制成，经热处理，外圆和内孔部分都经磨削加工。圆柱形外壳 2 与弹性体 1 上两端的两个圆盘以及橡胶密封圈 3 一起，起密封和保护作用；因为外壳的厚度较大，所以还起一定的绝热作用，被测力通过两端的内螺孔作用到弹性体上，4 是外接线插座，

5 是内部焊线座。

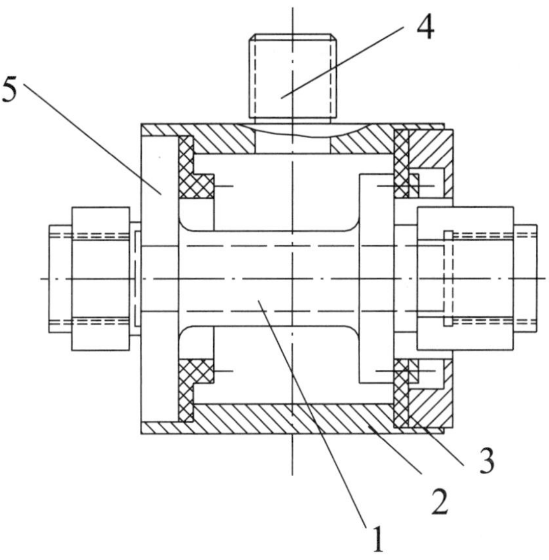

图 6 柱式拉力传感器结构图

图 7 柱式拉力传感器产品照片

轴（轮）重仪中测力传感器的结构形式

轮辐式电阻应变式测力传感器具有一般柱式及环形弹性体的传感器所没有的优良性能，由于它结构简单，线性好、灵敏度高，以及有高的抗偏心负荷、抗侧向力、抗过载能力等特点，在轴（轮）重仪中多采用此结构。

轮辐式弹性体的简单结构示意图如图 8 所示，它像一个车轮，在轮圈和轮毂之间成对并相互对称地联结着辐条，被测力作用在轮毂上端面及轮圈的下端面（受压缩力时），在轮辐上由于被测力的作用产生与被测力成比例的切应力。电阻应变片和轴成 45° 方向粘贴以测量和切应力对应的正应力的大小，这样便可根据计算公式或其他方法得知被测力的大小。由于它是测量与剪切应力对应的正应力。它可以测量压缩力，也可以测量拉伸力。

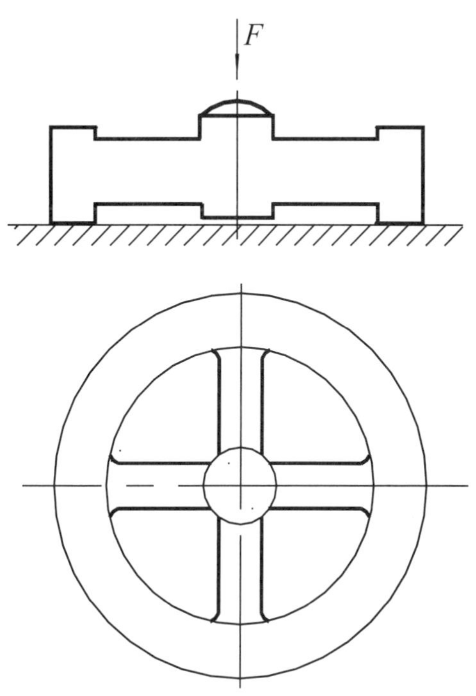

图 8 轮辐式测力传感器示意图

图 9 轮辐式测力传感器产品照片

对机动车安全检测的几个问题的思考

张蔚林

一、关于侧偏检测

笔者认为目前使用的“侧滑”一词不妥，因为在此项检测中不应引入滑动的概念。对车轮来说所谓的“滑”是轮胎接地面与路面产生相对滑移。“侧滑”应该是指车轮相对路面侧向滑移。实际上在汽车无制动且纯滚动的情况下，轮胎接地面积始终紧贴路面，二者并无相对滑移。那么汽车侧偏是如何发生的呢?

当车轮静止时，若某一侧向力通过车轴作用于车轮，汽车的弹性轮胎将发生侧向变形，这是弹性轮胎的重要特性。此时只要侧向力不大于轮胎与地面的附着力，轮胎的接地面就不会与地面产生相对位移，而只是弹性轮胎以轮轴为中心的胎体平面相着侧向力的方向“突出”，轮胎接地面仍停于原地，但由于胎体的“突出”，导致轮胎接地面的长轴与轮胎平面错开。

车轮滚动时，在某一侧向力的作用下，轮胎胎面上的各点将落在地面的点上，其连线与地面将成为夹角，也就是说车轮将沿着落在地面上的点的方向向前侧向偏移滚动，而不再沿着原接地面的方向直前滚动，这就是弹性轮胎特有的侧向偏移现象，简称侧偏，夹角称侧偏角，这种侧偏是弹性轮胎受侧向力后侧向变形造成的，而绝对不是侧向滑移造成的。通俗地说，轮胎是滚着侧偏的，而不是滑着侧偏的。

再说一个问题，难道侧向力就不会使轮胎侧向滑移吗?会，但有条件：一是侧向力必须大于滚动状态下轮胎与地面的附着力。沥青路面附着系数在 0.8 ~ 0.9 的范围内，就按 0.8 计，5 吨重的四轮空车要有（5000×0.8）/4=1000kg，即大于 1000kg 的力才能使一个车轮侧滑。考虑到汽车是一个整体，即使有 1000kg 的侧向力作用，也不一定会使一个车轮产生侧滑。汽车在正常滚动行驶的条件下，会产生如此巨大的侧向力吗?

二是在汽车制动过程中，车轮能承受的最大反作用力。当地面制动力等于或大于路面附着力时，车轮抱死之后所能承受的侧向反作用力为零。因此，只要很小的侧向力便可使汽车侧滑。但侧偏的检测不是在制动状态下、更不是在制动力大到车轮抱死状态下进行的。不可能有足够的侧向力使车轮侧滑。

在一个问题，导致侧偏的侧向力来自何处?一是来自前轮定位不平衡。这一点大家都很清楚，因此只要调整前轮定位就可以消除使车轮侧偏的侧向力而修正侧偏。但要特别强调的是使车轮产生侧偏的侧向力不仅仅来自前轮定位不平衡，还有很多原因，如：车架变形、歪斜；左、右车轮载荷不平衡；左、右轮胎气压不平衡；胎体强度不平衡、尺寸不一致等都会产生侧向力而导致车轮侧偏，汽车偏行。也许有人会问，既然不是前轮定位不当产生的侧向力，为何调整前轮定位，就可以消除这种侧向力?这很简单，如果不是前轮定位不当产生侧向力，那表明前轮定位正确。在这种条件下，调整前轮定位的某一参数，使之产生与已有侧向力方向相反大小相等的力，当然也可以抵消已有的侧向力。这种方法显然是不可取的，不但不能消除原来产生侧向力的故障，而又会增加前轮定位不当的毛病。因此，当检测出前轮侧偏超标时，必须查明其病因，对症下药，不可简单地调一下前轮定位了事。请注意导致前轮侧偏的力是车辆自身不平衡产生的，只有消除这类不平衡才有可能消除导致侧偏的侧向力，否则它是始终存在着的，不可能有“释放”之说。有这种力就会有轮胎侧向变形，就会产生车轮侧偏。特别重要的是，其侧偏量取决于是否导致的侧偏角不变，车轮的侧偏量是不会变的，不可能让车轮滚过一副“什么板”之后侧偏量就会变化。

实际上方向盘操纵汽车转向，就是通过转

向系统对车轮施加侧向力使车轮向着所希望的方向偏移而转向。悬架类型被侧偏并无根本性的影响。这些概念应该说都是汽车理论的基本概念。但当前许多资料甚至出版物和标准中都出现某种误解，因此必须澄清。

二、关于制动

目前单板制动台也好，滚筒制动台也好，实际测定的都是车轮制动器的制动力及左、右制动力差。这当然是很重要的，但从保证汽车行车安全的角度出发，这又显然是不够的，事实上有多少车祸是制动器制动力不足或不平衡造成的呢?

大量的车祸成因于驾驶人员操作失误或大意、车速过高、车距不足或汽车的操纵系统失灵，以及爆胎和各种其他的原因造成的汽车的侧翻等等，大都不是制动器的制动力不足或不平衡。

为了确保汽车行车安全，避免因驾驶员操作失误或大意引发的车祸，近年来随着汽车技术的发展，汽车加装了大量行行色色的被动安全系统，在驾驶人员大意或失去控制的情况下保证汽车安全行驶。这些系统大都用制动器作为执行机构，完成安全程序。

大家都知道，ABS的实质就是将制动力始终控制在滑移率为20%左右，以保证整个制动过程中路面与轮胎的附着力处于峰值，防止因制动力过大车轮抱死而打滑。许多人都问，滚动摩擦系数大于滑动摩擦系数，为什么滑移率为20%，路面与轮胎有20%的滑动成分，滚动成分占80%时，附着系数反而最大?简单的回答的是：这是试验的结果。这样的回答往往不能令人满意，这里试从理论上加以说明。这也与汽车轮胎的弹性有关。在制动过程中当滑移率为20%时（20%左右，因轮胎及有关因素不同而变异），实际上轮胎仅仅在制动产生的切向力作用下产生一定的变形，导致轮胎半径发生变化，并没有与路面产生相对滑移，而是仍处于附着系数为峰值的滚动状态。

当轮胎承受制动力时，轮胎前部即将与地面接触的胎面受拉伸而微量伸长，其滚动半径将大于不承受制动力时的半径汽车制动系统的功能早已不仅仅局限于减速和刹车，制动系已经发展成保证汽车安全和稳定行驶，以及节能的综合性系统。只有了解了制动系统在保证行车安全与稳定中的作用，才有可能提高与完善制动检测技术。

下面简要介绍制动器在这些新型被动安全系统中的作用和工作原理。

汽车稳定性控制系统

1995年奔驰和丰田公司几乎在同时推出了所谓的稳定性控制系统（以下简称ESC）。经过十多年的发展，目前所有世界著名汽车制造厂家都生产有安装这一系统的车辆，不过名称不同，如：奔驰公司称ESP，三菱公司称ASC，丰田公司称VSC，宝马公司称DSC，保时捷公司称PSM，本田公司称VSA，日产公司称VDC等。据2004年的统计，在欧洲注册的轿车约40%，美国生产的轿车约10%强，日本注册的轿车约10%弱，安装了这一系统，ESC被誉为近十年间最成功的汽车主动安全控制系统。调查表明，由于安装了ESC，日本车辆单独事故减了44%，（干燥路面上减少20%，湿路减少了58%），在美国，造成人员死亡的轿车事故减少了35%，SUV减少了67%。

目前对ESC世界上尚无统一定义和标准，但一般认为ESC是指可满足下列要求的汽车行驶稳定性控制系统：在各种行驶条件下，均可保证车辆按驾驶者所希望的轨迹稳定行驶的安全系统。ESC系统的硬件实际上是在由制动主缸、真空助力器和真空源、储液筒以及制动轮缸等组成的常规液压制动系统中增加了一个由与电子控制模块和液压传感器组成一体的制动液压控制器，和确定驾驶人员意图的方向盘转角传感器，确定车辆实际姿态（即：车辆绕其横摆轴线自转方向和角速度）的横摆角速度传感器，车身横向加速度传感器和车轮速度传感器等硬件。

ESC装有可完成下列任务的控制软件：根据各个传感器送来的车辆的横摆角和横摆角加速度，侧偏角、侧偏角加速度、横向加速度等信息确定车辆是否偏离驾驶人员所控制的行驶方向及其偏离的程度。当偏离程度超过允许值时，控制模块发出指令通过制动系统来修正车辆的姿态，使之按照驾驶员所操控的方向稳定行驶。此外，该系统还装有故障诊断软件，监控各部件正常工作。

ESC 系统的基本工作原理

（1）车辆行驶姿态的确定：ESC 的控制目标是防止车辆因过度转向或不足转向而偏离正确的行驶方向，确保车辆按驾驶员操控的路线稳定行驶。因此对 ESC 系统的要求是首先能确定车辆在整个驾驶过程中是否产生转向 或不足转向。由方向盘转角传感器测出驾驶人员的所操纵的方向盘转角以及车速传感器测定的车速，算出车辆驾驶人员实现意图所应有的横摆角速度。若该角速度大于横摆角速度的实测值，则可确定车身处于不足转向状态。由此可知可知，车辆转向和不足转向状态的是控制模块根据横摆加速度的实测值与驾驶人员意图的目标值的比较结果来确定的。

（2）转向与不足转向的修正：ESC 开发初期，修正转向的方法是对旋转方向的某一个内侧车轮施加制动，以增加车辆的制动，而当车辆出现不足转向状态时，则反之，对旋转方向的某一外侧车轮施加制动，以减小车辆的，克服不足转向状态。

经过一段时间的使用，目前各生产厂家均改为通过对多个不同车轮施加制动的方法来控制转向和不足转向。今后发展趋势是各生产厂家正在协商研究，提出统一的施加制动干涉方式，包括对哪一侧的车轮施加制动及其数量、次序，施加制动的时机，施加制动的力度，制动解除方法等。目前世界各国对交通安全重视程度日益加强，如：日本政府提出从 2003 年起 10 年内交通事故率要减少 50%，欧盟也规定 2010 年事故率减半，美国则规定到 2008 年事故率减半等。ESC 作为确保行车安全的重要系统必将成为法定的必装设备。为此，美国国家公路安全管理局（NHTSA），轿车制造商联合会（AAM）和日本自动车工业会和自动车研究所等都在对 ESC 的评价与检测方法展开积极的研究。

其中，美国研究的方法称为“Sine with Dwell”法（正弦曲线加保持法，和“Increased Sine”法（强化正弦曲线法），并且对 ESC 系统的使用性能提出了“Controllability”（可控制性）和“Responsiveness”（响应性）两项检测指标以及多项主观评价指标。日本研究的是称为“ダブルレーンチェソシ”（双路检测）的闭路试验法（closed-loop）。

突发事件紧急制动系统（Brake Asist System，亦简称 Brake Asist 或 BAS）。当驾驶员遇到突发事件或紧急情况而陷于慌乱状态时，往往会快速踏踩制动踏板，但踏踩力却较小，而导致制动力不足，常常因此酿成不幸事故。

BAS 系统，在原制动系统的电子控制模块内加装一判断软件，在原制动系统的硬件中加装驾驶员踏板踩速度和踏踩力传感器两个硬件。当判断软件根据踩踏速度和踩踏力传来的信号推断驾驶人员欲紧急制的意图时便立即向制动助力装置发出指令增加制动力，自动实现紧急制动。

制动预加液系统（Brake Pre-fill System）

在原液压制动系统内加装一快速充液泵等装置，驾驶者松开制动踏板的瞬间，即迅速将制动系液压器件及制动管路内充满制动液，以缩短下次紧急制动时的空驶距离。通常，加装这一装置后，制动距离可缩短 0.5m。不仅如此，加装有这一装置的稳定性控制系统，其防转向和不足转向的功能亦显著提高。

防挂车摆振系统（Trailer Sway Mitigation）

这一系统在原制动系统中加有摆振传感器。当车辆，特别是带挂车辆高速直线行驶时，因为各种原因而产生超过允许范围的摆振时，该系统便发出指令，实施减速制动，以保证行车安全。

防翻车系统（Roll-over Mitigation）

在原制动系统硬件中加装有横向加速传感器（Lateral G Sensor）或由车身侧倾传感器，后轮抬升传感器及横向加速度传感器等组成的翻车传感系统。在其电子控制模块中加装有翻车能量判断软件。当其电子控制模块根据这些传感器传来的信号表明可能导致车辆翻倾的能量已达到规定的阀值时，即向制动系统和发动机发出指令，降低车速，避免翻车，确保安全。最近又出现主动防翻车系统（Active Roll Mitigation，只要传感器测得某一车轮的离地抬升趋势达到规定阀值，即发出指令，制动减速）。

防爆胎与超载系统（Antio Tyre Blow-out & Overload System）这一系统装有轮胎充气压力传感器（tire inflation pressure sensor），轮胎横向压力传感器（tire lateral force sensor），轮胎负荷转

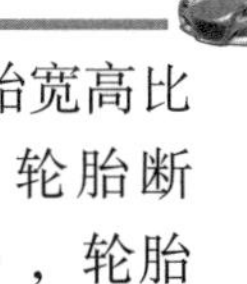

移传感器（tire load transfer sensor），轮胎宽高比传感器（tire percent deflection sensor），轮胎断面高度传感器（tire section height sensor），轮胎温度传感器（tire temperature sensor）等多个传感元件，电子控制模块根据这些传感器输送的信息判断轮胎：①是否超载；②是否有爆破的危险，二者之中，若有一项超过规定值，电子控制模块即将制动系统执行机构发出实施停车性制动，同时停止喷油，发动机熄火，而且直到危险完全消除方可再次起运行车。

上坡道防溜系统（Hill hold system）

当车辆停于上坡道起步松开手制动瞬间或上坡道停车未拉手制动或在上坡时换档不当而熄火，特别是自动挡车辆坡道起步时，车辆常常出现向后方滑溜现象。这类事故导致死亡的案件屡见不鲜。为此，在原制动系统中装有由档位传感器，发动机工况传感器，传动轴扭矩传感器等以及相应软件组成的防溜系统。当电子控制模块根据上述传感器的信息判断出现异常溜动时，即实施制动以防不测，保证安全。

下坡道安全系统（Hill descent system）

这一系统中装有坡度传感器及相应软件。当车辆下坡行驶时，若该系统的电子控制模块根据上述传感器的信息判断车速超过规定的安全阀值，便立即向制动系统发出指令，实施减速制度，以确保下坡行驶安全。

自适应性定速巡航系统（Adaptive cruise system）

巡航系统大家都十分熟悉，当车速超过或低于设定的速度时，电子控制模块便会发出指令通过控制发动机工况，档位及制动系统提高或降低车速，使之稳定在设定的车速上，这里不再叙述。

所谓自适应性巡航系统，亦称智能巡航系统（Intelligent cruise system 或 active cruise control system，ACC）。通常，公路行车，不可能只有一辆车，想设定在 80km/h 就 80km/h，因为前、后都会有车，不可能控制前、后车辆的速度。所谓智能巡航系统就是在原巡航系统的基础上加装前、后方障碍物探测系统。当前面无车时，可按你设定的车速行驶，前方有车时，会根据前车速度自动对制动系统发动实施制动改变车速，而与前车保持稳定的车间距离，因此这种可自动适应性行车情况的巡航系统又称车间距离保持系统（Intervehicular distance keeping system）。这一系统在城市走走停停的交通条件下，可以大幅度减轻驾驶疲劳，确保安全。

防追尾碰撞安全制动系统

我们知道在各种汽车事故中，特别是高速公路上追尾事故的比例相当高，这在国内外均如此。根据日本新交通分析中心的统计，追尾事故占整个交通事故的 29%，即：近三成的伤害事故是由于追尾造成的。于是，这两年在上述车间距离保持系统的基础上，又发展了一种叫做追尾碰撞减速制动系统（Rear-end collision speed reduction brake system）的汽车被动安全装置，该系统的商品名为智能制动支援系统（Intelligent brake system）首先用于日产总统（President）和幻影（Mirage）两款车型。

我们知道汽车的安全系统大致可分为以下几类：

（1）驾驶支援系统：主要目的是减轻驾驶人员的操作负担，防止驾驶疲劳，如：车间距离自动控制系统（ACC），车线保持系统（CKS）等。

（2）预防性安全系统：或称驾驶员回避危险支援系统，这一类系统又可分为两类：一类是危险回避警报系统，当出现可能发生事故的状况时，向驾驶人员发出危险信号，如：车线脱离警报系统（LDW）和夜视系统等；另一类是危险回避控制系统，当出现危险时，自动对驾驶员提供车辆控制援助，如防碰撞系统（Anti collision system），防抱死系统（ABS）等。

（3）碰撞安全系统：当发生事故时，尽量减轻事故所造成的危害，如碰撞能量吸收系统，以及安全气囊等。

而下面介绍的智能制动支援系统则可在出现追尾碰撞的危险时，向驾驶员发出警报，同时又可在发生追尾碰撞时降低碰撞车速，以避免碰撞造成的伤害，即集上述预防性安全系统与碰撞安全系统于一身的新型系统。当系统判断与前车有发生追尾碰撞的危险，驾驶员必须立即采取回避操作时，便发出追尾碰撞警报，促使驾驶员采取措施。当系统判断驾驶员采取的措施已无法回避追尾碰撞时，即自动控制制动系统使车辆紧急减速，以避免碰撞或减轻碰撞造成的伤害。该系统实施制动的同时，制动灯亮并且向紧急制动感知型安全带控制系统发出信号，在碰撞发生前提早自动收紧安全带，避免乘员受到二次碰撞伤害。

装在车辆前端的车间距离传感器将自车与前车的距离及相对速度信号发送至控制模块。当控制模块根据该传感器发送的信息判断应该向驾驶人员发送警报或实施制动减速时，便立即向相应的执行机构发出指令。其制动助力器是在常规的制动加力器内附加一个控制大气阀的电磁阀。无论驾驶员是否踩踏制动踏板，只要控制器向该电磁阀发出驱动指令，便会立即产生制动液压，使车辆紧急制动。

电子控制制动系统（Electronic Brake System，简称 EBS）

这一系统主要用于气制动的重型车辆。我们知道，重型车辆在装载状态下，其总质量变化幅度很大。满载时可达空车的 2 倍以上，重心位置随之变动。加上重型车辆主要使用鼓式制动器，与盘式制动器相比较，其制动效率随制动工况的不同，受热、湿衰退等因素的影响，变动幅度也很大，特别是目前大多数气制动重型车辆的制动过程中，驾驶人员靠自我感觉了解制动效果，即：制动效果的反馈是凭借驾驶人员的感觉来判断的。一般重型车辆制动气压的控制取决于驾驶人员的经验，往往难以随着车辆装载质量与制动摩擦材料状态的不同而作相应地改变，很难保证车辆产生所要求的减速度。

为了解决一这问题，电子控制制动系统应运而生。使用电子控制制动系统时，驾驶人员踩踏制动踏板时输出的不再是气压气号，而是电信号（by wire，BW），而且 EBS 大都附加有前面介绍的防追尾减速制动系统等的功能。一般电子控制制动系统都装有所谓的学习功能软件，即：其电子控制模块可以“记忆”驾驶员踩踏制动踏板的速度、力度、方式仍至习惯等，经过比较，逻辑推理，而将驾驶员踩踏踏板时所希望的目标减速度值换算成不同载重条件下的最佳减速度值。电子控制制动系统装有各车轮减速度反馈闭路控制系统以及各车轮实际制动气压的反馈闭路控制系统。如果任一车轮的制动气压不符合所要求的最佳值，电子控制模块即根据反馈信号修正，确保制动压力会随制动管路、阀门及制动器鼓等特性以及载重量的变化而变化，从而实现准确的最佳制动压力控制，确保所要求的减速度。此外，各车轮之间的制动力可随车辆装载状态，及重要转移等因素的变化而作最佳分配。

能量回收制动系统（Energy-degeneration brake system）

1997 年 12 月丰田公司首次在世界轿车市场推出了名为プソケア商品化的复合动力车（Hybrid vehicle）。这种车辆，可以说彻底改变了制动系统的功能，在这里制动仅仅不再是将功能变为热能而消耗的系统，也就是说不再是单一的能量消耗系统，而摇身一变为兼有能量再生或者说是能量回收的功能的复合系统。这一系统虽然不直接关系安全，但与制动系有关。

笔者例举这些系统的目的在于说明，要保证行车安全，仅仅检测驾驶员踏制动踏板后制动器制动力的大小及平衡是根本不够的要想保证行车安全，必须改变增加、研发制动系统检测的项目、标准、内容、方法与设备让制动系统能够完好正确地在各种安全行车系统中起到应有的作用。

三、下面谈谈检测管理问题

目前大家普通反映，相当多的检测站管理混乱或不严，个别不合格检测车也可拿到合格证。这是目前机动车安全检测中的一大病害，怎么办，我提三点建议：

（1）加强对全民汽车安全检测重要性的宣传教育。这种宣传教育不能走形式。一定要采取有效措施，让车主认识到车检关乎自己的生命安全，抱主动地要求车检、自觉地送检、不检不行的态度。这是杜绝目前一些“交钱就合格”的腐败现象的根本方法。国外从小学生就开始进行这方面的教育，我国这方面可以说做得很差，原因是至今车祸对国民的发展和人民生命财产造成的损失和伤害，相当多的领导人未能认识和重视，更谈不上采取切实可行的措施了。

（2）赋予检测部门出具的车检合格证明以法律责任。这一点要立法。当车辆发生车祸，若查明其原因是经检测站检验合格的系统故障所

致，即应追究检测单位的法律责任。这样一来，检测部门也就不至于再马虎从事了。

（3）第三点是笔者多年来的想法。笔者认为目前的检测模式、方法和设备都应作根本性的改变。基本思路是完全排除检测过程中人为因素的影响，实现汽车及各系统技术状况检测的就车化、实时化、传感化、技术状况资料分析处理的车载电脑化、技术状况数据传输—接收以及车辆送检通知与控制的无线化。只有这样，才能真正保证每一辆在路上行驶的车及其各个系统始终处于技术完好状态，从根本上杜绝汽车带病行驶的现象，确保交通安全。

这一点目前的科技发展水平是完全可以做到的，我一直盼望能立项研究，这将真正建立中国模式的汽车安全检测系统。

在用车的安全检测项目应当增加检测刹车油的内容

谢刚　康文达

车辆在行驶状态下制动突然失灵是驾驶员最不愿意碰到的故障，制动突然失灵会造成车辆的重大事故。一般来讲，现在汽车的安全系统设计对制动系统的制造非常重视，现代汽车的制动系统都采用了双管路系统或多管路系统，制动突然全部失灵的可能性很小。制动突然失灵情况极为罕见，但也并不是不存在，每年都会有数起驾驶人自己报告的制动失灵的机件事故。

除了制动管路突然断裂、制动总泵的总泵活塞皮碗突然破裂或翻转、制动液的漏失这三大机件失灵原因外，制动液的热浸气阻现象是排在第四位的原因，制动液的热浸气阻现象所造成的制动突然失灵的案例在国外在国内都有过不少报道。

在调查制动器的突然彻底失灵的事故原因时，经常听到有的驾驶员讲，是行车中采取制动时发现刹车不起作用了；也有的驾驶员讲，在行车中突然发现制动不起作用，和前车发生轻微追尾碰撞后，但随后又发现制动系统故障消除又起作用了。制动失灵现象突然发生，突然又回复正常，在正式鉴定时找不出具体原因来，即没有制动器损坏的明确证据，但事故当事人却叙述当时是制动器是失灵了，有的时候还会有别的证人提供佐证能够证实当时的情况。这极有可能是因为制动系统出现了热浸气阻现象造成的。

热浸气阻现象及其形成的原因：当一辆行驶着的车辆使用制动器制动的时候，会在摩擦衬片表面产生热量，并向各个方向传播。大部分热量直接进入制动鼓或制动盘，这些热量的大部分消散在空气中（而其中一些热量又通过辐射返回到各种制动器部件）。但有些热量则穿过摩擦衬片，并进入制动蹄和制动底板中。构成摩擦衬片的材料是一种石棉复合材料，石棉是一种不良的热导体，因此将其作为摩擦材料的基础。但是，当在高温下，特别是在摩擦衬片完全磨损了的时候，就会有相当大的热量进入到液压油缸中的制动液中。

盘式制动器由于其摩擦片表面的工作温度可能比鼓式制动器的温度更高，而且热量的传播路线又非常直接，因此它更加危险。盘式制动器中所使用的正规合格制动液的沸点，应当超过250℃，但不合格的制动液或者是在制动液长期使用吸收水分后能使这个温度很快地大大降低。不合格的制动液和长期使用吸收水分的制动液大约只有150℃的沸点。在环境温度高的条件下（尤其是在高海拔地带），这个沸点温度值甚至还会进一步降低。

如果一辆使用这种条件的制动液的汽车，从一个很长的陡坡下滑，频频使用制动器，而且下滑的速度低，则制动液就真有达到沸腾的可能。如果发生这种情况，就可能形成一个或一个以上的汽泡，并且汽泡在体积上比制动总泵的位移量要大。这时使用紧急制动，踏动制动器踏板就不能在制动系中产生任何压力，制动器也就不再起作用了。很多事故就是这样酿成的。

如果故障出现后酿成事故，车辆在放置一段时间后进行安全检验时，测试制动系统工作正常与否，因为制动器早已冷却，则该系统的试验将给出正常的反应，因为，在制动器冷却下来的时候，油汽将液化，于是也就不存在能证明汽化已经发生过的证据。这时，对制动液进行检查当然是可以查出其沸点远比正常的沸点要低。所以必须对这种制动失灵的车辆进行制动液测量沸点温度的工作。

有关文献中曾发表过这样的报道：在一个又长又陡的山坡脚下发生了一起事故，车辆的驾驶员声称造成事故的原因是制动器出了故障。对该车辆进行机械检查发现，尽管前制动器盘式摩擦片被磨损，但制动器并未发生故障。而且车辆就当时的情况来说是行驶得并不是太快，因此这种磨损还不致于引起制动器故障。进一步对该车的制动器制动液进行了检查，找出了令人满意的结果。从储油器中取出制动液的试样进行沸点试验。其沸点达到 163℃，比设计标准低 87℃。因此断定：该起事故的原因是当车辆下坡时，制动液达到了沸点，并且所产生的汽化物使制动器失灵。

大型汽车制动总泵到分泵的作用形式：有油顶气的；气顶油的；也有直接气顶气的。大型半挂车的制动系统的分泵制动部分的作用系统绝大部分是气顶油的，如果制动液不合格，则极有可能产生热浸气阻现象。因而在对这种制动失灵类型车辆作制动系统安全鉴定时候，应当检查其加添的制动液沸点合格与否，以便正确认定其事故原因。

测量制动液沸点温度合格与否是判定该车制动系统是否会发生热浸气阻的非常重要的根据。现在汽车维修市场管理不规范的地方还是不少的，不少的地方以次充好，使用不合格的制动液，刹车油沸点温度达不到标准的 250℃，在使用中就容易形成热浸气阻，就存在着造成事故的重大隐患。

目前欧盟国家的机动车年度检验已经将刹车油的检验工作列为一项常规检验项目。现在国内有的检测线已经具备了检测刹车油沸点的能力。我们国家应当向欧盟国家学习，将刹车油的检验工作也列为一项常规检验项目。

从某种程度说，刹车油的检测比汽车的转向轮侧滑检验、汽车的前大灯检验更关乎行车的安全。为了保证车辆的行驶安全，我国的在用机动车非常有必要开展刹车油的检测工作，将对刹车油的检测作为一项常规的检验项目，规范车辆在制动系统添加刹车油的品质，保障车辆的安全运行。在这方面，不是国家没有标准，而是有了国家标准，有了国标 GB 12981—2003《机动车辆制动液》。现在的工作是应当在具体的工作中贯彻国家标准的问题了。进一步讲，应当是在 GB 21861—2008《机动车安全技术检验项目和方法》中增加上一项检查刹车油的检查内容。各地的车辆检测部门应当在检测站增加检查刹车油的设备，开展检查刹车油的工作。通过我们的工作，限制、制止劣质刹车油进入维修市场，提高机动车的保养水平。降低事故率，保证路面安全。如其所说，则善莫大焉。

参考文献

[1] GA/T 643—2006　典型交通事故形态车辆行驶速度技术鉴定

[2]（英）R. 比亚特，R. 瓦兹著 . 道路交通事故调查手册

[3] GB 12981—2003　机动车辆制动液

[4] 刹车油市场令人忧　劣质产品易致刹车失灵——“安全卫士”成“马路杀手”. 天津日报，2007.3.30：11 版 .

检测技术发展与机动车前照灯检测技术

吴勇

前照灯检测技术概述

汽车前照灯主要用于汽车在驾驶者视线不佳的条件下比如夜间或阴暗、雨雾天气行驶时照明。它的照射亮度和照射方向对于行车安全是至关重要的。前照灯的照射方向保证灯光是在对路面进行照明，同时应当避免给对面行驶的驾驶者造成眩目的后果；而照射亮度决定了在照射方向正确的条件下，路面是否能够获得足够的照明。

夜间汽车所有前照灯同时照明时，灯具应具有使驾驶员看清前方100米距离以内交通障碍物的性能，照明光束应对准汽车前进的方向，主光轴方向应偏下。前照灯的发光强度不足或照射方向不合适，汽车前方的情况就不能清晰易见。而发光强度过强或照射方向过高，会使迎面驶来的汽车里的驾驶员造成眩目，妨碍驾驶员作出正确的判断，这些都是导致交通事故的重要原因。为了降低行车事故，确保行车安全，汽车在出厂前其前照灯安装位置必须调整正确。汽车前照灯的检验必须经常化和制度化。为此，国家公布了《机动车运行安全技术条件》（GB 7258）、《机动车前照灯使用和光束调整技术规划》（GB 7454）和《汽车前照灯配光性能》（GB 4599），对机动车的远光照明和近光照明的发光强度和照射方向提出了明确的要求。

国标对前照灯的远光和近光的照射方向都有明确的规定，按照交通安全法的要求，两车交会时车辆应当打开近光照明。因此实际上近光的照射方向对安全的影响更大，而远光主要负责在无其他照明条件的路面行驶时，为远处的景物提供照明。因此提出角度调整以近光为主，而灯光强度的要求是针对远光。

1 前照灯的配光特性

1.1 远光的配光特性

典型的前照灯远光配光特性如图1所示。

a）光斑形状

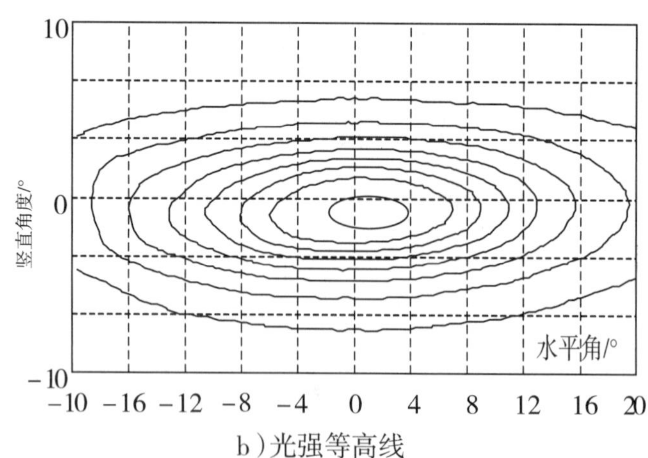

b）光强等高线

图1 远光发光特性

图1b）中是远光的等照度曲线；从图上可以看出，前照灯的远光配光特性是在上下方向和左右方向基本对称，越靠近中心点，照度越大。

1.2 近光的配光特性

典型的前照灯近光灯配光特性是有明显的明暗截止线，在明暗截止线的左上方有一个比较暗的暗区，在明暗截止线的右下方有一个比较亮的亮区。明暗截止线在左边是一个较为水平，而

右侧的明暗截至线的斜率明显增大，如图 2 是一个近光的配光特性图。近光测量的目的就是要找到水平明暗截至线和斜线的交点即所谓的近光拐点。

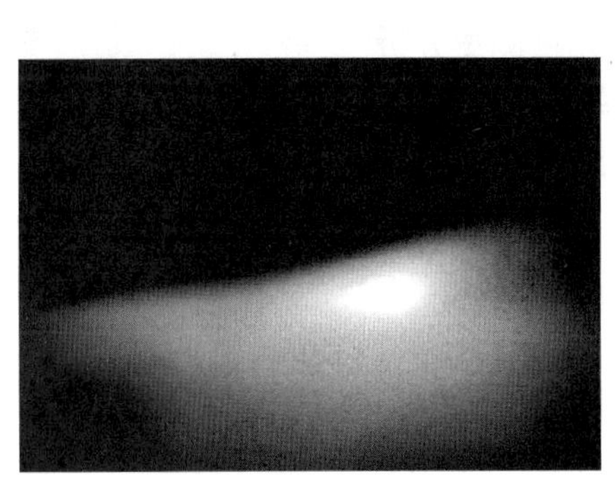

a）光斑形状

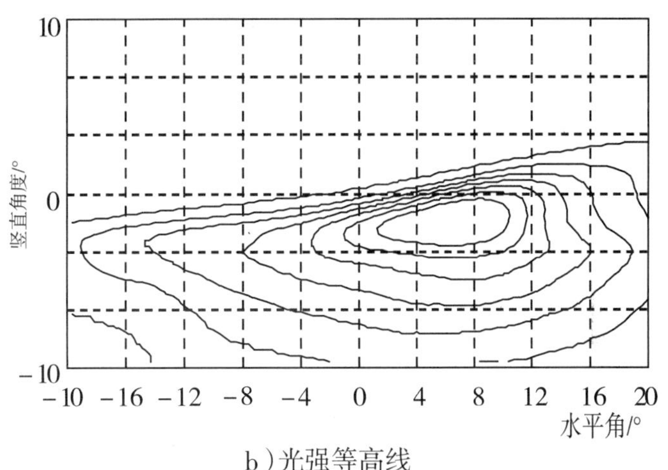

b）光强等高线

图 2　近光发光特性

2 前照灯的测量原理

传统的前照灯检测仪以远光检测为主，大多利用远光图形的对称性，利用对称分布的光电池对光轴中心进行检测。

和传统的灯光仪的重要区别在于当前厂家推出的前照灯测试仪都增加了近光检测的功能。由于近光的非对称性，无法使用原有的方法对近光进行检测，通常利用图像分析的办法来获取拐点的位置。国外有部分的产品根据标准的近光光强分布要求，在测试位置排布一些特定分布的光电池以获得拐点的位置，由于国内部分车灯不能够很好地符合国标的要求，这种利用光电池的测试方法并不是很实用。

2.1　前照灯的测量原理分类

目前各前照灯检测设备生产厂家生产的检测仪大多采用了 5 种测量方法：

（1）采用 CCD 和光电池相结合方法。利用光电池进行远光测量，利用 CCD 进行近光测量。这种方法是对原用的单远光检测仪上改进而来。

（2）采用全 CCD 测量，用 CCD 替代光电池进行远光的定位、角度和光强测量。

（3）利用 CCD 的成像高分辨率，进行远光和近光的角度测量，利用具有大动态范围的光电池进行远光光强度的测量。

（4）采用全光电池的方法。测量近光时用光电池进行扫描，以得到平面图像进行近光分析。

（5）采用手工进行仪器的定位。用目视的方法进行偏角的观察，同时利用光电池进行光强的测量。

2.2 测量时的瞄准方式

空间角度的测量必须要获得两个点的位置，在光束偏角的测量中也不例外。在仪器进行测量之前，首先必须找到前照灯的位置或第一个光束参考点的位置。根据这两种指导思想，衍变出两种不同的测量方法。

直接对准前照灯的中心（如图 3 所示）：

近光图象成像面
车灯
o
z
摄像头1
透镜
摄像头2

图 3　瞄准车灯方式的测量原理

这种测量方式是先利用摄像头找到点亮车灯的位置，然后拍摄成像后的光斑图像，分析其中的光轴位置（远光或近光），得到和零点相比的偏差，从而根据标定的数据得到实际的角度偏差值。

瞄准前照灯发射的光束中心（如图 4 所示）：

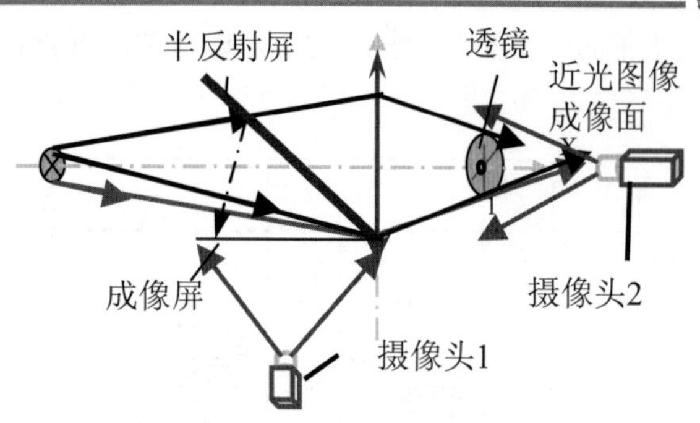

图 4 瞄准光束方式的测量原理

和前一种不同，此方法通过分析在两个成像面上光束轴线的位置偏差以获得光轴的空间位置差异，可以计算得到光轴的偏角。在实际应用中，利用光电池扫描的也是采用了类似的原理，只是图像的获得途径不同，一个是利用 CCD 拍摄得到图像，一个是利用光电池扫描的方式得到图像。

2.3 光强测量分析

由于 CCD 本身的设计原理和生产工艺的限制，其器件的动态范围较小。目前国内器件动态范围大的只有几百，为了避免易饱和的弊病，常进行非线性校正（如 γ 校正），无法胜任光强度测量。国外的高端产品动态范围大的也只有两三千，但价格相当昂贵。由于前照灯的光强范围变化较大（从一两千坎德拉到十几万坎德拉），因此在光强测量上，光电池要优于 CCD。

2.4 角度测量分析

和传统的利用对称光电池进行远光角度测量的方法相比，CCD 法在测量远光灯光型不符合标准而具有多组对称点时，具有角度测量上的优势，其精度和重复性精度较高。

同样的，在进行近光角度检测时，由于 CCD 图形具有分辨率高的优势，结合计算机技术，和光电池扫描的方法相比可以进行更为准确的拐点的搜寻。

3 前照灯检测仪的构造

机动车前照灯检测仪主要由主机、控制器、标定器和导轨 4 部分组成。主机包括上箱、立板、下箱和光电箱（或中箱）4 个组件（外形如图 5 所示）。控制器与标定器为即插即用，通过仪器上的对应端口与其相连，不使用时应拔出收好。

主机外形图如图 5 所示。

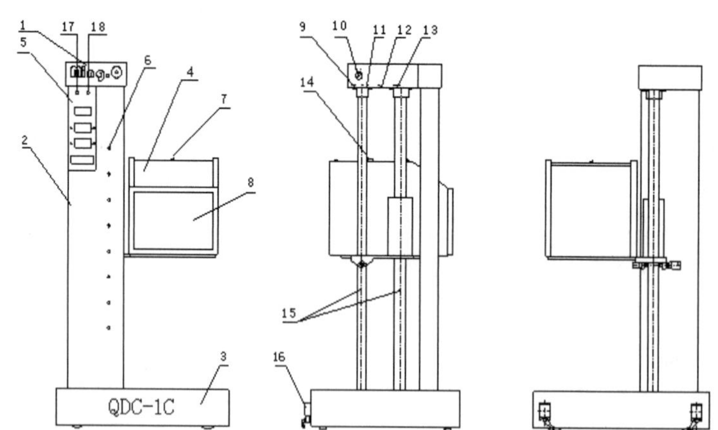

1—上箱；2—立板；3—下箱；4—光电箱（中箱）；5—显示面板；6—立柱光电池；7—准尖；8—菲涅尔透镜；9—保险丝盒；10—电源开关；11—电源插孔；12—串行通讯和标定器接口；13—控制器接口；14—水准泡；15—立柱；16—行程开关；17—远光测量指示灯；18—近光测量指示灯

图 5 机动车前照灯电脑检测仪主机外形图

检测仪各组件的主要结构：

（1）上箱

安装有主机的各种输入输出端口，主机电源开关，主机保险丝。端口包括有 220V 的电源输入端口，串行通讯端口，控制器输入端口和两个上中箱接口。

（2）立板

光电箱垂直方向运动的支承导向柱，立板内

部安装了检测仪的所有电器线路板。

（3）立柱

立柱主要功能为支撑光电箱上下行走。

（4）下箱

安装有主机水平方向驱动系统，光电箱的垂直方向驱动系统，光电箱上下运动、主机左右运动的限位开关，高度检测机构，为整机供电的变压器和开关电源。

（5）光电箱

光电箱内安装有光电检测元器件、光学测量系统、DSP 高速图象处理系统，用以实现各参数的检测。

系统的总体原理结构如图 6 所示，主要由光学系统、CCD 探测器、单片机处理系统、DSP 系统、相应的软件以及一个支撑箱体进行二维运动的机械结构组成。

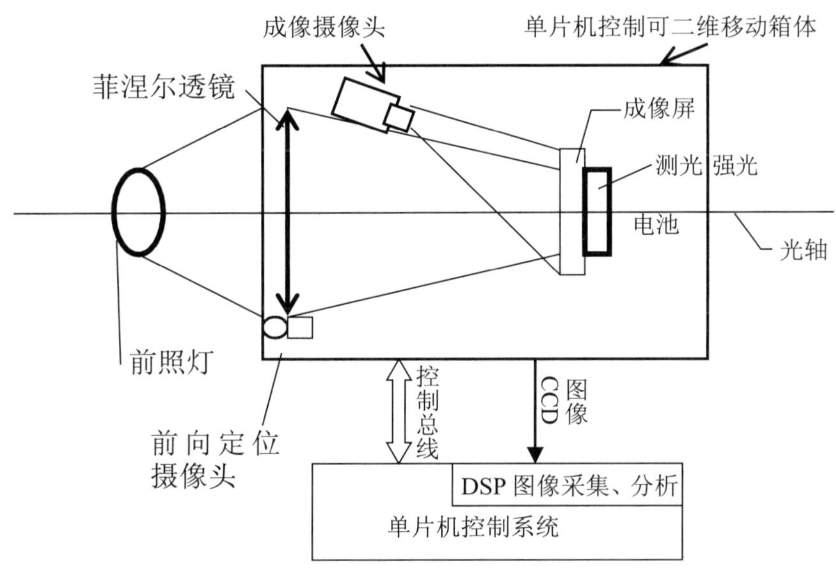

图 6　系统总体原理结构图

以下是对图 6 中各个部分的说明：

①“菲涅尔透镜”：用于远光或近光的成像；

②“前向定位摄像头”：用于瞄准发光的机动车前照灯；

③“成像摄像头”：拍摄远光或近光的成像图像；

④“成像屏”：白色漫反射屏，远光或近光图像的成像位置；

⑤“测光强光电池”：V（λ）匹配后，测量远光的光强。

同时为了缩短测量的长度，将 CCD 摄像头置放于机箱的正上方，并通过软件矫正由于倾斜拍摄而造成的图像变形。采用漫反射屏是为了避免有入射光被直接反射到 CCD 上参与成像。

CCD 可探测的最低照度为 0.02lx。

第十二篇　国际行业发展趋势

德国、瑞典机动车安检机构管理总结报告

刘杰

2006年10月11日至2006年10月20日，根据国家质量检验检疫总局的安排，由国家质量监督检验检疫总局产品质量监督司刘洪生副司长为组长的5人考察组，前往德国和瑞典进行“机动车安全技术检验机构”（以下简称安检机构）管理考察。考察组分别在德国进行了为期6天的考察，在瑞典进行了4天考察。访问的单位有德国联邦交通、建设与城市发展部，全球技术（控制）认证协会（TUV），瑞典机动车国家检测公司。考察主要内容涉及3个方面：政府对机动车安检管理方式；机动车安检机构的规划、设置和资格的要求；机动车安检机构的能力的要求。

一、德国在用车安全检测的基本情况

1. 德国的机动车保有量5490万辆，其中：轿车（M1）4609万辆，旅行车8万辆，货车26万辆，摩托车390万辆，其余为房车和牵引车（含半挂车）。全国人口8200万人，注册驾驶员5000万人，人均0.67辆。

2. 德国现有10个机动车安检机构（检测公司），每个检测公司有200个检测站，车主到检测站的距离一般小于30km，每个检测站有多条检测线（工位），国家对机动车安检机构实行许可管理，对从业人员实行职业资格管理。

3. 在用车检验周期和费用：

周期：新车（M1）第一次3年，以后2年一次；

a）出租车：每年检验一次；

b）大客车、重型车：3个月一次；

c）费用：73欧元/次。

4. 检验标识：每辆在道路上行驶的机动车必须由检验标识，安检标识、环保标识分别粘贴在后牌照中间位置，标识为圆形一次性标识，在标识上注明下次检验时间。

二、德国政府对机动车安检机构的管理方式

德国从1938年开始对在用车进行周期检验，周期检验是国家行政许可，国家制定指南、法律、法规，并对检测数据统计分析，州政府负责行政审批、许可和监督，法人单位（企业）申请承担检测工作。

1. 审批、许可和监督

法人企业（安检机构）具备条件即可向州政府申请承担机动车安全技术检验工作，州政府负责评审、发证，每年进行一次监督检查，同一安检机构可向不同的州申请认证，申请安检机构的企业可以具有不同的业务（如：汽车修理企业）。

安检机构的规划、布置：由政府对所辖区域的安检机构进行规划和布置，车主到安检机构之间的距离一般小于30km。

2. 技术法规

a）欧共体制定了机动车安全技术检验法规、指南；70/156/EEC，2003/37/EEC，2002/24/EEC

b）联邦德国制定了机动车检验法规，技术指标不低于欧共体。

3. 检测数据统计分析

检验结果存档保存期为两年，机动车安检机构必须及时将检测数据报告州政府监管部门，由州政府上报国家机动车检验局，国家机动车检验局对数据进行统计分析，为国家制定法律、法规提供技术依据，分析结果向社会有偿开放，指导消费者消费，同时为生产企业提供服务。

4. 安检机构与国家、州政府关系图

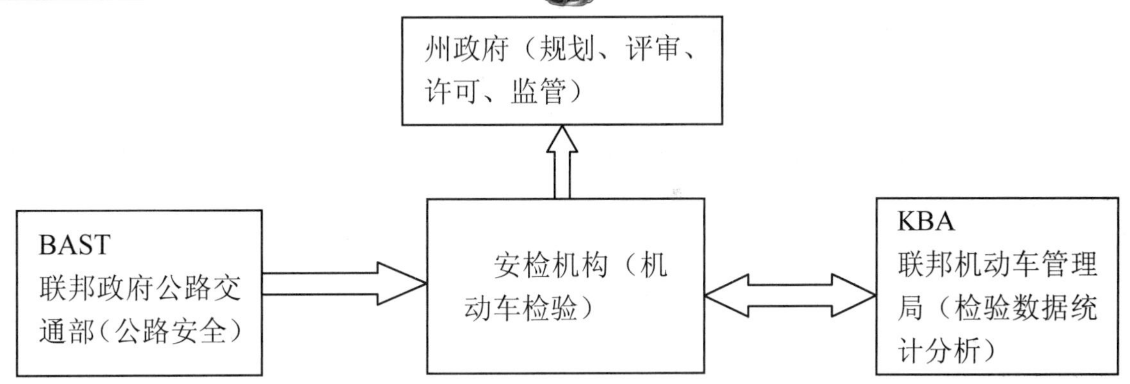

5. 检验人员的管理

从事机动车安全技术检验工作必须经过职业资格培训，培训的机构由政府许可，检验人员职业资格证分为：高级、中级、初级，职业资格证书限定业务范围，检验人员需要持续培训。

三、德国安检机构的能力要求

1. 安检机构必须具有法人资格，能够承担法律责任。

2. 有管理人员和检验人员，从事检验工作的人员必须是经过国家授权机构的培训、考核，并取得相应的资格证书；检测人员应与检测机构的业务量相适应；检验人员可以在不同的安检机构兼职。

3. 检验项目：制动性能（用制动台检验）、轴荷、灯光照射位置（明暗截止线）、侧滑、排放（自由加速烟度、双怠速）、底盘检测（转向系统、悬架系统、传动系），检验设备之间不要求联网，每个项目的检测结果分别记录。

4. 车主将汽车开到安检机构的指定停车场，每个被检车辆的全部检测项目均由一名检验员完成，车主可以监督检验全过程，要求检验人员具有较高的综合素质。

5. 安检机构具有欧共体、联帮德国、州政府的相关法规和所检车型的技术数据，用于判断车辆的技术状态。

6. 安检机构可以使用其它机构的检测设备为车主检车（如修理厂的设备），但检验人员必须有职业资格证书。

四、瑞典在用车安检机构的基本情况

1. 瑞典在用机动车保有量 450 万辆，人口 800 万人，人均 0.56 辆。

2. 瑞典在用车年检由政府许可，瑞典车辆检测公司是瑞典国家唯一的安检机构，独家垄断经营，检测公司共有 180 个检测站，检测站遍布瑞典全国各地，全国有 97%的车主在 30km 内即可到达检测站进行检车，由于瑞典北部人口密度小，在北部设有流动检测站（检测车）。检测公司是股份制公司，由政府控股，具体股份如下：政府 52%，汽车供应商 12%，保险公司 12%，汽车协会 5%，公共交通公司 5%，其他 14%。

3. 检验周期

a）轿车（轻型车）：新车第一次 3 年，第二次 2 年，以后每年 1 次；

b）救护车、出租车：每年 1 次；

c）摩托车：新车第一次 4 年，以后每 2 年 1 次；

d）30 年以上的车（老爷车）：每 2 年 1 次；

4. 检验费用：300 克朗 / 次；

5. 检验标识：检验标识与德国相同；

6. 安检机构能力要求与德国相同。

7. 政府对安检机构的管理：国家道路总局负责对瑞典车辆检测公司进行许可和监督，并对检验争议有最终判定。

五、德国、瑞典对安检机构管理的特点

1. 检验人员综合素质高，培养一个合格的检验人员需要 10 万欧元，检验人员要经过理论知识考试和实际操作考试，检验员具有理论专业知识和丰富的实际操作经验，检验人员必须进行持续专业培训，有独立的判定汽车存在的故障和识别潜在故障的能力，熟练地掌握安检机构的全部检测仪器设备和检测方法。德国检验人员可以在不同单位兼职。

2. 安全检验项目的侧重点不同：德国和瑞典重点检测汽车的制动性能、汽车的排放污染物和汽车的底盘系统；在检查汽车底盘时全部使用激

振设备将汽车转向系、传动系、悬架系统等激振起来，以检查汽车底盘各部位的间隙和存在的安全隐患。

3. 检验人员在安检机构的工作相对稳定，从事安检工作的时间长，经验丰富，一般工作到65岁以上。

4. 检验设备能够满足要求即可，不追求一流水平，主要靠检验人员的技术水平和责任感。

5. 安检机构的安全意识和服务意识强。

六、对我国机动车安检机构管理的几点建议

通过对德国和瑞典两个国家安检机构的考察，认为我国安检机构的管理模式与德国基本相同，提出以下几点建议：

1. 加强对从业人员的资格控制，提高检验人员的水平，参加职业资格考试的人员应具有一定专业知识和实际经验，提高从业人员的门槛；从业人员需进行持续培训，不断适应汽车工业的发展和技术标准的更新。

2. 提高安检机构法律意识和服务质量意识，不断提高安检机构整体水平。

3. 加强对安检机构的布点管理，防止不正当竞争和资源浪费，加强对安检机构的监督。

4. 建立我国机动车安全技术检验数据库，通过统计分析为政府决策提供依据和为社会服务。

世界各国的车辆检测

作者：自由撰稿人 Wikipedia
编译：钱仲兴

译者说明：

为了更符合文章内容，译者把文章标题“车辆检测”前面加了“世界各国的”的几个字。翻译中译者也尽量应用我们行业语言，而未死板地照翻。该文引入了很多缩写，为了让读者对其内容有更充分的了解，译者对多数的这些缩写进行了查证和解释，并用楷体字注出。如有错误还望指正。

在许多国家车辆检测都是由政府或它内部的地区政府委托的。在这些国家或内部地区的车辆检测是为了确保车辆符合安全、排放或二者兼有的控制法规。检测可以在不同的时期进行，也就是周期的或转手时需要进行。如果是周期的检测，它常常是定期对机动车辆的检测；典型的周期是每两年或每一年都检测。

在某些管辖权限下，在车辆使用执照或牌照颁发或更新时需要有检测的证明。此外，车辆通过检测后，通过检测的标记应贴在车辆的风挡玻璃上，警察就可以根据车辆是否有有效的标记来执法。在没有风挡玻璃的情况下（如挂车或摩托车）标记常常贴在车身或牌照上。

关于车辆安全检测，也存在一些争议，即对于改善道路交通安全它是否是一个划算的方法。

北美

加拿大

◎ 在某些地区要进行排放检测；

◎ 要定期安全检测；

◎ 在某些地区要进行排放检测并且车辆过户需要安全检测；

◎ 车辆过户需要安全检测。

在加拿大，在低海拔的大陆地区的排放检测包括了空气清洁度，它们只在不列颠哥伦比亚省、安大略省，而车辆排放清洁度只在南安大略省。

安全检测的法规在不同的省市是不同的。例如在马尼托巴省当买一辆新的或二手的乘用车，在注册之前必须进行有效的安全检查。销售商必须向买主提供一个安全保障，而私人卖车是不需要的（如果私人卖主想更吸引买主，他们可以花钱取得有效的安全检查）。如果买到的车辆在最后的 1 年没有安全检查，这个买主就必须在 autopac 注册之前进行安全检查。从这点上看，只要这车的车主（然而，如果中间发生了什么错误，如机械的故障，销售商就有权拒绝客户去驾试这辆不安全的车）没变，车是注册过的，那就不需要安全检查。

新布伦瑞克省和爱德华王子岛省需要每年一次的安全检测，而新斯科舍省安全检测是每两年一次。安大略省、不列颠哥伦比亚省却需要一年两次的排放检测，虽然只是在包括了温哥华市的不列颠哥伦比亚省的低海拔的大陆地区及安大略省的南部地区需要所有的检测，这省的其他地区是没有这样的立法。

2008 年 3 月 CAA- 魁北克省开始推荐对摩托车和 8 年以上的老车进行强制检测，因为这些车将导致可观的魁北克省车辆排放物的产生。

注：autopac 是在加拿大马尼托巴省的一个大的为汽车提供基本保险和驾驶员及车辆提供执照服务的非盈利的公司

注：CAA-Quebec 是加拿大魁北克省的汽车协会附属的俱乐部，它是一个非盈利的组织，负责对行经在该省内的抛锚汽车的援助。

美国

有宾夕法尼亚州 DOT 标记的汽车维修店要

负责对在宾夕法尼亚州注册的车辆进行多项检测。

注：DOT认证制度即美国联邦机动车辆安全标准（FMVSS）始于1968年，由美国交通部的全国公路交通安全管理局强制性认证，即所有在美国销售的机动车及配件产品都必须通过DOT认证。

威斯康星州有汽车排放检测站。

缅因州规定：在美国的车都要检查。

在美国各州有权决定是否需要车辆安全检测和相关检查规则。18个州有定期（每年或1年两次）安全检查的规定，而马里兰州只在车辆在注册或转手之前要做检查。

在不能满足联邦标准空气洁净法（Clean Air Act 1990）规定的大城市所在的州的车辆需要进行规定的排放检测。而检测项目的规定各州不一定一样。有些州，包括佛罗里达州、肯塔基州和明尼苏达州在最近几年已经停止了联邦政府批准的测试规定。

在大多数州，这种检测是在州授权的修理店进行，通常都是在接近DMV办公室的地方。而宾夕法尼亚、纽约、得克萨斯、北卡罗莱纳和弗吉尼亚州却是例外，它们的做法是让州DOT认证的私人的修理店进行检测。在宾夕法尼亚州一些独立运行修理店（即非4S店）也在抢做这类检测，它们通常是由车主付检测费，实际上并未真正检测，且获得了检测标记，但这在宾夕法尼亚是违法的，它会导致罚款和撤销对它们的检测授权。

注：DMV即（Department of Motor Vehicles），是美国州一级的车辆注册和驾驶证管理部门。

自2010年8月1号开始，新泽西州成为对车辆无需进行安全检测的州。但对使用超过5年的车辆仍需进行排放检测。

亚洲

日本

根据日本的shaken（車検）规定，私人用车及两轮摩托车使用3年后要进行第一次shaken检测，以后每隔2年再检测。

注：shaken（車検）即日本的汽车检测和注册制度。

中国

在中国如果警察发现农用车（柴油车）冒黑烟，它的驾驶员可能会被罚款。法规是由各省、经济区、市根据本地情况制定的。事实上新车从出厂日起必须通过有关法规（类似欧盟的）。

新加波

新车从使用的第3年起每隔2年要通过安全和排放检测，从第10个使用年起每年都要检测。摩托车和机动脚踏车从第3个使用年起每年必须检测。大客车、出租车和商用车必须每年或每半年进行检测，隔多长时间取决于它们运行了多少年。为了更新车辆的road tax车辆需要最新的检测（如果必要时）。

注：Road tax是在新加波所有车辆都要付的为了减少车辆的道路税，它根据车辆的排量和年龄，使用10后的车的道路税每年将增10%，直到初值的150%。

土耳其

直到2008年对车辆的管理检查还是有限的（无论是否付了所有的税），只要它们满足有关文件的规定，那么只是做外观检查。在2005年8月土耳其政府曾决定引入遵循欧盟的96/96/EC指令的车辆检测方案。由于无法获得真正的道路测试技术设备，于是和德国的*TÜV SÜD*签订了合同，*TÜV SÜD*与两个土耳其公司合作引进了它们在德国的做法。这个土耳其的*TÜV Türk*获得了20年的乘用车检测专利权。从2009年开始检测，对所有乘用车用与德国*TÜV*一样的检测方案强制测试。然而到2013年，土耳其的的法规将不会再像欧洲大陆那样严格。但改变后的车辆检测规程仍然会相当严格，因为老旧车的检测受困于贪腐的影响，没有官员愿意接管*TÜV SÜD*，为了防止贪腐，内部的检测规程是比德国还严。*TÜV*的引入伴随着大力对现代检测方案的规划宣传（例如，土耳其的重大道路交通事故比欧洲大陆国家高3倍之多，尽管其中一些国家道路交通条件还并不如土耳其）。此外，这个方案期望同土裔的德国人的结合能使市民有怎样应对*TÜV*检测方案的知识。

注：*TÜV SÜD*：是一个总部在德国慕尼黑的

致力于咨询、测试、认证、和培训的国际化的服务公司。它从欧洲发展到北美再到亚太地区，有600多个分支机构、15000名员工、2009年的收入达14亿（其中30%的收入来自德国以外）。

欧盟

1996年12月20号欧盟理事会的96/96/EC指令要求所有成员国对大多数类型的机动车辆进行周期的安全和排放检测。它也规定了检测的最低要求及检测周期，对轻型商用车（3.5t以下）和私人乘用车（8座以下）第一次检测应在使用达4年之前，此后是每2年检测一次。所有其他类型的车辆应每年都检测（包括大客车、面包车、卡车、拖挂车、出租车、救护车、长途汽车）。但军用车及救火车不在此内。

奥地利

在奥地利所有的机动车辆都得通过"Wiederkehrende Begutachtung nach § 57a KFG"（重现在机动车辆条例中的第57a）检测。标记将贴在车辆的风挡玻璃上（通常在左上角以便从车辆的外面可以看到），因此这个检测通常称为"Pickerl"（就是一个粘贴上的标记）。对带有三元催化器的车辆这个标记是白色的，绿色则表示车辆没有三元催化器。标记上面的冲孔表示下次检测的年和月。实际的检测时间可以从标记上的到期的前1个月和到期的后4个月；在这段期间车辆是允许在道路上行驶的。除非检测如前述那样已经过期。标志车辆性能的这种标记是可传递的，这意味着新的车主在同一天可获得一个新的标记，它将依据车辆更改后的车牌号。然而，为了颁发新的注册文件和车牌，提交最近的已有的官方检测报告是必要的。

新的乘用车在3年后才需要进行第一次检测，另一次将在2年后进行，再以后它就得每年通过官方的检测以保持车辆性能。重卡和摩托车从第1年开始就得每年检测一次。检测是在由奥地利两个主要的汽车俱乐部特许的汽车修理店进行。奥地利的机动车检测包括了车辆安全和排放标准两方面。

芬兰

芬兰有久远的车辆检测传统，约从1917年就开始有了。最初的检测是由省和市的检测者来完成，从1968年开始把检测移交给了国家的车辆道路管理部门，如大家所知的Autorekisterikeskus。在1994年为了竞争，车检予以开放并且在1996年Autorekisterikeskus是被分成管理机构Ajoneuvohallintokeskus（AKE）和检测公司Suomen Autokatsastus Oy两部分。现今，开始于2010年Ajoneuvohallintokeskus的接任者开始管理这些私人的检测公司，记录了检测质量。这几年来检测的程序和和设施都有了很大的改进。现今检测的质量已经达到这样的水准，即由于直接的机械故障导致的重大交通事故在全国的事故中是最小的。

在芬兰对于重量大于750kg的轿车、面包车、卡车、雪车和挂车是需要定期检测（*"Määräaikaiska- tsastus"*）。检测周期取决于车辆的分类和用途。对于私家乘用车根据该车型推出的第3年和第5年都要进行检测，5年后就每年都要检测。对于私家面包车是第3年开始进行第一次检测，3年后就每年都要检测。如果没有第一次推出的日期（例如1987.00.00）那检测时间将取决于最后发牌照的时间。根据车辆的分类和用途检测周期也是变化的，但是对于私人拥有的乘用车和面包车以后的检测需在该车型推出的前4个月或发牌照时的检测日期的前4个月进行。

周期性的检测包括了有关车辆注册信息的确认（VIN、税、保险）、驾驶检查、制动检测、灯光、其他必要装置的检测、外观，车体和有碍驾驶的查看、包括底盘锈蚀和悬挂部件的检查和检测、排放的测量（要求是因发动机喷射类型及推出时间而异）。排放检测可以事先在指定的修理店进行。如果排放已做了，在做其他检测时必须出示适当的排放检测证明。当通过检测后将发给客户一个新的打印的标记"Part one"和注册证书其中包括了检测报告。若检测不合格，车辆必须去修理并在检测的1个月内再回到同一个店做*"Jälkitarkastus"*（即复查）。

法国

自1992年起在法国车辆已经开始强制检测。新车第一次检测（*Contrôle Technique*）是在4年后，以后每2年检测一次。一个蓝白CT标记将贴在风挡玻璃内以指出何时再进行下一次检测。

德国

对于乘用车德国需要每2年进行一次安全检测和排放检测。新的乘用车在3年后需要获得它们的第一次性能测试证书。重型车辆每年都得被授权机构（也就是*TÜV DEKRA KÜS GTÜ*，...）检测。安全检测的标记将贴在后牌照上；排放检测的标记将贴在前牌照上（贴在前牌照上的排放检测标记自2010年起已被淘汰，它将是安全检测的一部分了）。

注：DEKRA是德国机动车监督协会（Deutscher Kraftfahrzeug überwachungsverein的简称）成立于1925年，是德国政府认可的汽车安全鉴定检测权威机构。其总部位于德国斯图加特，集团在全球设立了共计180个分支机构，遍及全球50个国家和地区，主要开展三大主营业务：DEKRA机动车检测认证及咨询、DEKRA工业检测认证及咨询、DEKRA人事及培训教育。截至2009年，DEKRA集团的营业额超过17亿欧元，全球雇员总数超过2.2万名。

注：*KÜS*是德国的独立机动车咨询工程师监督协会，即*Kraftfahrzeug-Überwachungsorganisation freiberuflicher Kfz-Sachverständiger*的缩写。建于1981年，1991年正式开展活动，从1993起被德国官方认可。现有1000多名专业的工程师和10000多台设备分布在汽车销售，修理和*KÜS*的检测中心。作为一个协会，*KÜS*的成员在机动车检测和工程师的咨询领域表现出对车辆的经济、技术和政策方面的影响力。

爱尔兰

在爱尔兰对于4年或更多年的新的乘用车需要进行国家乘用车测试（NCT），它们包括了不同的测试项目，如制动、灯光、车体状况、排放等。颁发必须贴在风挡玻璃上的园形的标记表明该车已通过检测。此标记2年内有效，2年后该车必须再次被检测。

货车或8座以上的面包车（公共汽车）必须有性能测试证书。这通常涉及"DOE"证书，这样的测试在被授权的修理店进行。

注：DOE测试是指在爱尔兰对商用车和货车的年检。它也与环保部门有关。这个检测起自1980年起。到了2005年交通部接管了对车辆的检测的权限并改名叫DOT测试。DOE测试每年都要进行，没通过测试的车就不能上税及在道路上行驶。它包括了外观、悬挂、制动和排放等。

西班牙

在西班牙车辆必须通过Inspecci ó n T é cnica de Veh í culos测试，即如大家所知的ITV测试。

瑞典

对于现代的车的道路试验是每年一次，对于老爷车/古典车（一般指超过30年的车）是每两年测试一次。自从2010年7月起车辆检测就可在由SWEDAC认可的车辆检测机构内进行。而在2010年1月1号前，当车辆已经通过了检测；付了养路费和保险，车主就会收到一个应贴于后车牌上的标记，这样如果车辆在路上行驶，警察就很容易看到其是否合格。但这样的标记现已不再用了。

注：*SWEDAC*是瑞典国家委托的经过对实验设备、发证和检测能力评估过的机构。

荷兰

在荷兰"Algemene Periodieke Keuring"（APK）或通常对车龄在3年～50年的车辆的定期检测是强制的。车龄小于30年的每年检一次，30年～50年的2年检测一次，再老的车辆可免除检测。检测包括了安全及排放性能是否符合第一次推出这种车型时的有效的标准。注册是数字化和公开化的，现在车辆上再见不到检测标记了，而且自从2008年7月起书面的检测报告也不必再随车携带了。

英国

交通部的检测（通常称MOT）是新车3年后的每年强制的安全、性能和排放检测。

注：MOT检测，即交通部测试（The Ministry of Transport test）的缩写。它是针对在英国公共道路上行驶的3年以上的车辆，对安全、性能、外观、排放等项目的年检。许多遍布英国经过认可的修理店都可进行检测和发证。

大洋洲

澳大利亚

澳大利亚车辆检测是以州为基础来进行的。每个州或地区有权设置与车辆检测有关的法

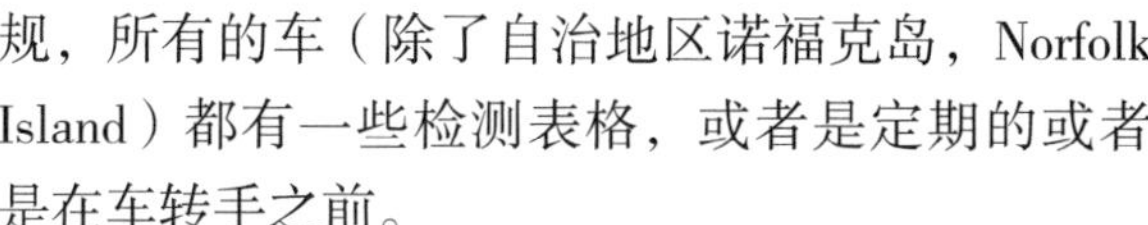

规，所有的车（除了自治地区诺福克岛，Norfolk Island）都有一些检测表格，或者是定期的或者是在车转手之前。

新西兰

新西兰的交通运输部门要求大多数车辆都得由经过批准的检测者的定期检查，然后去进行 Warrant of Fitness 保养。少于 6 年车龄的乘用车和轻型车必须至少 12 个月检测 1 次；再老一些的车要 6 个月检测一次。重型车和某些级别的轻型车（例如供出租的车）必须保有一个保养完好的证明，所谓完好就是不管车龄多少都得每 6 个月检测一次。

注：Warrant of Fitness 简称 WOF，其实就是许可证之意。其证明任何一辆 3.5 吨以下的轻型车如果想在新西兰公共的道路上行驶，它就必须通过周期的强制的安全和性能检测。大多数这样的轻型车在使用 6 年以前每年都要通过 WOF 检测，超过 6 年的车须每 6 个月检测一次。超过 3.5 吨的车、出租车、公共汽车、摆渡车、供租用的车等须通过类似 WOF 的 COF（Certificate of Fitness）检测，它是每 6 个月检测一次，当然也与车龄有关。WOF 检测内容包括检查轮胎、制动、结构、灯光、玻璃、雨刷、门、安全带、气囊（是否恰当）、车速表、转向装置、悬挂、排放和燃烧系统。遍及新西兰各处的经过授权的修理店承担着检测和发 WOF 的标记。没有有效的标记警察可以处以 $200 新币的罚款。

编译者的评论：

（1）我国汽车安全检测从 1985 年左右开始引进日本的检测设备同时也引进了日本的检测模式，到了 80 年代末我们又引进了欧洲的设备，但仍沿用日本的检测模式，随着安全检测标准的不断更新，国情的变化，检测模式也有了些改变。到了 20 世纪末期我国也越来越强调对汽车排放的检测，国家环保局介入了排放检测，于是安全及环保的标准再也不是全国统一的了，各省、直辖市也开始制定和执行自己的法规或标准了。从此译文也可看出，我国检测虽起步较晚，而且我们也不是刻意学外国，但回头看走过的道路却与大大早于我们的国家的检测发展道路不约而同，这大概就是在用车的检测的规律吧。

（2）从此文也可看出往往面积广阔的国家的检测标准常常各地不同，我国的实际情况也正是这样。所以今后可以考虑标准、法规可以各地因地制宜，国家可以有个原则性的必须达到的标准。

（3）从此文还可看出，不少国家都是由政府授权的一两个大公司来管理全国的检测站，这也是既有竞争性又能减少政府的烦杂的力所不及的管理办法之一。

（4）现在世界上有些国家检测后不再贴标记了（但一定有检测文件），我国有的车的风挡玻璃上都贴满了安全检测、环保检测、纳税、强制保险等各种标记，有的车主也不把过期的取下（因为不容易取，这胶里的确也是有技术含量的），弄得满风挡尽是标记，既不好看又妨碍视线。一些车主干脆不贴了，只随车携带，而警察也基本不查。现今科技越来越发达，一些省市交警的手中都有 POS 机联网，我想这也可成为将来查证车辆是否通过检测的手段之一。

（5）各国对于车辆安全检测本身及检测项目，也存在一些争议，即安全检测对于改善道路交通安全是否是一个划算的方法；或哪些项目是必须检测的，哪些可以不检。我国也应做一个认真的调查：一是可以在网上征求驾驶员意见，看他们认为安全检测有无必要及其理由；二是用数据说明现今检测的质量是否已达到由于直接的机械故障导致的重大交通事故在全国的事故中正在不断减少。

（6）从此文对我国机动车排放和安全检测的描述来看，国外作者对我国了解和介绍甚少，甚至还有错误。尽管不少外国的检测机构已进入我国，但几乎都还没有和我国的机动车检测行业合作。这一方面说明我们行业的国际宣传和合作还有待加强，另一方面也有待政府主管部门的更加主动。

国外机动车检测体制的分析与借鉴

夏先扬

提要：国外机动车检测体制的发展及其变革，对我国机动车检测体制的确立具有重要的参考意义。笔者以亲历考察和研究分析所获资料及数据对之作了探讨，希望对中国机动车检测事业的发展，有所补益。

本文重点对车检体制的确立和组织管理，车检对象车种与检查周期，检测标准等具体问题，作了分析、对比和探讨。但由于具体国情差异很大，加以一孔之见，谬误难免，

（一）国外机动车检测体制的建立与发展

日益发达的汽车公路运输，保证了大量的旅客、人员、货物实现便捷的门对门运送。但与此同时，汽车公路运输极高的交通事故率不仅直接导致人身伤亡和物资损失，而且带来不良的社会影响。目前，全世界每年因汽车公路交通事故死亡的人数已超过 50 万人，伤者近 1000 万人。参见表 1 和表 2：

表 1　发达国家公路交通事故死亡人数及预测

年代	1990	2000	2010	2020
欧盟 15 国	55000	50000	40000	35000
美国	43000	40000	36000	33000

表 2　全球公路交通事故死亡人数及预测

年代	1990	2000	2010	2020
工业化国家	150000	＜ 150000	＜ 150000	＜ 150000
发展中国家	350000	850000	1400000	2000000
合计	500000	1000000	1550000	2150000

汽车公路运输的交通事故，按其伤亡人数与比例，大大超过航空、铁路等运输方式。根据国外最新统计资料：按每 1 亿人 1 公里计，铁路运输死亡人数为 2 人，航空运输为 6 人，而汽车运输则为 20 人。而按 1 万辆车 1 年的死亡人数计，日本为 0.7 人，韩国为 1.8 人，而我国为 14 人。与此同时，还带来巨大的物质损失。在工业发达国家，因汽车公路运输交通事故所造成的物资损失，平均占国民经济收入的 1%或更多（英国为 1.6%，美国为 2%）。

有鉴于此，发达国家很早就感受到人类发明汽车以来所带来的方便与快捷，和与此同时产生的损失与灾难。由于交通事故和环境污染的问题日益严重，应运而生的机动车强制性安全检验制度，在世界上许多国家先后由政府支持下得到很快的发展。表 3 列出各国机动车安全检验制度实施情况调查：

表 3　各国实施机动车安全检验制度调查表

国名	检查种类	检查对象	检查周期 首次	检查周期 以后	实施年份	使用检验设备 ABSHXPL	执行检查部门
德国	定期检查	公共汽车 出租汽车	1年	1年	1937	●●●●●●	社会机构 技术监督 协会（TUV）
		车> 2.8 货车轿车	2年	2年			
瑞典	定期检查	公共汽车 出租汽车 轿车 货车	1年 2年	1年 1年	1965	●● ●●	社会机构 瑞典汽车 企业团
英国	定期检查	> 1.5t 中巴 出租汽车 轿车 客货两用车 > 1.5t 货车	1年 3年	1年 1年	轿车 1960 货车 1965	● ●●●	运输部 指定工厂
比利时	定期检查	公共汽车 出租汽车 商用车 轿车 货车	4个月 半年 4年 1年	 半年 2年 1年	公汽 1933 轿车 1960 货车 1963	●● ●●●	社会机构 汽车检测 协会
挪威	定期检查	出租汽车 公共汽车 轿车，货车	1年 4年	1年 2年	1927	●● ●●●	运输部
意大利	定期检查	货车 公共汽车 轿车	1年 5年	1年 5年	1962	●● ●●●	运输部
法国	定期检查	出租汽车 > 3.5t 货车 自用客车 公共汽车	1年 1年 1年 6月	1年 1年 1年 6月	巴黎 1958	●● ●●●	巴黎市为 警察局 其他地区 为同业者
澳大利亚	定期检查	公共汽车 轿车 货车	1年 1年 3年 3年	 2年 1年	1934	●● ●●●	运输部
西班牙	定期检查	货车 公共汽车	1年 1年	1年 1年	1934	●●●● ●	同业者
美国	定期检查	全部汽车	1年	1年	联邦车检 1927 分州车检 1967	新泽西州、特拉华州等 21 个州 马萨诸塞州、弗吉尼亚州等 6 个州 亚利桑那州，蒙大拿州 17 个州	交通部 全美汽车维修协会
	限定检查	幼儿园车，中小学校车等专用车	定期或随时				
日本	定期检查	公共汽车 轿车 货车 出租汽车	1年 3年 1年 1年	1年 2年 1年 1年	1947	●●●●●●	国家站－运输省 民间站－日本自动车机械工具机协会
泰国	定期检查	出租汽车 货车 轿车	1年 1年 2年	1年 1年 2年	1988	●●●●●	陆上运输部 （LTD）
韩国	定期检查	出租汽车 货车 轿车	1年 1年 2年	1年 1年 1年	1989	●●●●●●	交通部 韩国交通产业团

注：上表所示英文符号代表的检测设备为：

A—侧滑检验台（Alignment）；

B—制动检验台（Brake）；

S—车速表检验台（Speedometer）；

H—前照灯检验仪（Headlight）；

X—排放检验仪（废气检验仪，烟度计）（Exhaust）；

PL—地坑举升机（底盘检验用）（Pit Lift）。

进入21世纪以来，全球汽车产量已达6500万辆/年，有7.5亿辆汽车在在世界各国公路上行驶。年产量100万辆以上的汽车公司有18家(占全球产量90%)，其中，年产量超过400万辆的公司有6家（通用，福特，丰田，大众，戴姆勒-克莱斯勒，雷诺-日产），占全球产量的70%。汽车制造业显现出日益向大型跨国企业集团发展的趋势。

由于汽车数量的大量增加，排放的废气对大气产生严重的污染，特别是60—70年代，美国洛杉矶和日本神户所发生的汽车废气严重污染事故，引起人们的警觉，关于汽车废气检验与治理的问题提上日程。

国外执行的排放标准主要有欧，美，日三大体系，其中以欧洲标准应用最广，在亚洲，泰国，印度，韩国等，都已在10年前开始执行欧洲排放标准。参见表4：

表4 欧盟及部分亚洲国家汽车排放标准实施年度

国家 年度	欧盟	中国		韩国	印度	新加坡	泰国		
		全国	北京				轿车	轻型车	中型车
1995	欧Ⅰ					欧Ⅰ			
1996	欧Ⅱ					欧Ⅰ	欧Ⅰ	欧Ⅰ	欧Ⅰ
1997	欧Ⅱ					欧Ⅰ	欧Ⅰ	欧Ⅰ	欧Ⅰ
1998	欧Ⅱ					欧Ⅰ	欧Ⅰ	欧Ⅰ	欧Ⅰ
1999	欧Ⅱ					欧Ⅰ	欧Ⅱ	欧Ⅰ	欧Ⅰ
2000	欧Ⅲ	欧Ⅰ	欧Ⅰ	欧Ⅱ		欧Ⅰ	欧Ⅱ	欧Ⅰ	欧Ⅱ
2001	欧Ⅲ	欧Ⅰ	欧Ⅰ	欧Ⅱ	欧Ⅰ	欧Ⅱ	欧Ⅱ	欧Ⅱ	欧Ⅱ
2002	欧Ⅲ	欧Ⅰ	欧Ⅱ	欧Ⅲ	欧Ⅰ	欧Ⅱ	欧Ⅲ	欧Ⅱ	欧Ⅱ
2003	欧Ⅲ	欧Ⅰ	欧Ⅱ	欧Ⅲ	欧Ⅰ	欧Ⅱ	欧Ⅲ	欧Ⅱ	欧Ⅱ
2004	欧Ⅲ	欧Ⅱ	欧Ⅱ	欧Ⅲ	欧Ⅰ	欧Ⅱ	欧Ⅲ	欧Ⅲ	欧Ⅱ
2005	欧Ⅳ	欧Ⅱ	欧Ⅲ	欧Ⅲ	欧Ⅱ	欧Ⅱ	欧Ⅲ	欧Ⅲ	欧Ⅱ
2006	欧Ⅳ	欧Ⅱ	欧Ⅲ	欧Ⅲ	欧Ⅱ	欧Ⅱ	欧Ⅲ	欧Ⅲ	欧Ⅲ
2007	欧Ⅳ	欧Ⅱ	欧Ⅲ	欧Ⅲ	欧Ⅱ	欧Ⅱ	欧Ⅳ	欧Ⅲ	欧Ⅲ
2008	欧Ⅴ	欧Ⅲ	欧Ⅳ	欧Ⅲ	欧Ⅱ	欧Ⅱ	欧Ⅳ	欧Ⅲ	欧Ⅲ
2009	欧Ⅴ	欧Ⅲ	欧Ⅳ	欧Ⅲ	欧Ⅱ	欧Ⅱ	欧Ⅳ	欧Ⅳ	欧Ⅲ
2010	欧Ⅴ	欧Ⅲ	欧Ⅳ	欧Ⅲ	欧Ⅲ	欧Ⅱ	欧Ⅳ	欧Ⅳ	欧Ⅲ

国外汽车排放检验方法，经历了以下过程：

（1）无负载浓度测量法-汽油车怠速检验法和双怠速检验法。由于其仅适用于化油器汽车，而且测量状况并非汽车行驶工况（车辆静止状态检验），测量数据与汽车在道路上行驶的实际排放值相距颇大，已逐步淘汰。

（2）目前，电喷式汽油机采用工况法-汽油机稳态加载加速模拟工况法（ASM），属于加载浓度测量法，此外，最新的检验方法是汽油车瞬态加载工况法（IM-240及VMAS）。后两者都属于加载排气总量测量法。由于浓度法还不能完全反映排放的真实情况，即不能反映出车辆排放中有害物质的具体量值（多少克），所以，汽车排放检验方法今后的发展方向肯定是加载排气总量测量法，特别是VMAS方法。VMAS方法，既能实现汽车排放废气中有害物质质量的检测（按克），设备及系统又相对简单，而测量结果与IM-240方法的一致性很接近。VMAS方法的试验循环包括怠速、加速、匀速、减速各工况，准确反映车辆实际行驶工况的排放特性，并且与新车的检测方法有极高的相关性，准确率高，误判率低。对欧Ⅱ以上的排放检测标准，目前是最佳的选择。

不过，用工况法检测汽车排放，必须使用加载装置，即底盘测功机。此类测功机与一般 综合性能测功机不同，一是要能加载，能对汽车车轮施加一定的，精确的制动功率，同时，能按照规定的工况程序进行运转，此外，还需要配置

相应的惯量飞轮，以模拟汽车运动时的动力状态，内损（寄生）功率要小（1.3kW 内），响应时间要快（300ms 内）。因此，检测排放用的专用底盘测功机，近年来成为世界上需求量最大的检测设备之一，仅美国一个国家，目前在用数量超过 28000 台，设在美国俄亥俄州的 Mustang Danamometer（野马底盘测功机）工厂，每月的产量可达 3000 台以上。2010 年，中国排放用底盘测功机全年的生产总量仅 1000 台左右。随着中国汽车工业的高速发展全球低碳化的进程，排放用底盘测功机的市场潜力，在未来 5 年 ~ 8 年内还十分巨大。

欧洲的车辆排放标准的推进顺序，与油品标准完全一致。1996 年实施欧Ⅱ，2000 年实施欧Ⅲ，2005 年实施欧Ⅳ，2008 年实施欧Ⅴ标准。

从欧Ⅲ开始，标准规定都要具有 OBD 车载自诊断系统，OBD 有美国和欧洲两个标准，我国可能采用欧洲标准的 EOBD. 目前，国际上流行使用的由美国 SAE（美国汽车工程师协会）推荐的第二代车载自诊断系统，即 OBD Ⅱ。当车辆排放的 HC，CO，NO_x，或燃油蒸发污染量超过 FIP（美国联邦试验规范）标准的 1.5 倍时，其故障灯就会亮，提醒驾驶者汽车排放废气超标，需要进行修理。OBD Ⅱ对汽车排放的监控十分有效，但对驾驶者是否接受警告无能为力。为此，比 OBD Ⅱ更加先进的 OBD Ⅲ已开发出来。OBD Ⅲ系统主要利用小型车载无线电收发系统，通过无线蜂窝通讯、卫星通讯或 GPS、北斗星通讯系统，将车辆的 VIN（车辆识别码）、故障码及车辆所在位置等信息，自动报告给管理部门。管理部门根据该车辆排放问题的等级，对其发出指令，包括前往何处维修的建议、解决排放问题的时限等，在法律允许的前提下，对超出时限的车辆发出禁行密码指令，使该车无法发动，迫使其停止行驶。

欧Ⅲ比欧Ⅱ严格得多，欧Ⅱ只测试汽车冷启动后第 40 秒以后的工况排放，而欧Ⅲ则是汽车冷启动工况一开始就进行检测。欧Ⅲ标准中增加了低温 HC/CO 的排放检测。欧Ⅱ排放标准只要求三元催化器及发动机改进两项，而欧Ⅲ排放标准则还包括改进的催化转化器涂层，催化剂加热及二次空气喷射。

因此，从欧Ⅱ到欧Ⅲ不应看作仅仅是数量的变化，而是一个质的飞跃。

对于柴油车，国外目前通行的检测方法，则是加载烟度测量法（LUG DOWN），所执行的标准，参见表 5、表 6：

表 5　欧洲汽车排放标准　（单位：g/km）

	车　型	CO	HC	NO_x	HC+NO_x	PM	实 施 日 期
欧Ⅰ	汽油车，柴油车 型式认证/一致性认证）	—	—	—	0.97/1.13	0.14/0.18	型式认证 1992.7.1/ 一致性认证 1992.12.31
欧Ⅱ	汽油车	2.2	—	—	0.5	—	型式认证 1996.1.1
	非直喷柴油车	1.0	—	—	0.7	0.08	一致性认证 1997.1.1
	直喷柴油车	1.0	—	—	0.9	0.10	-
欧Ⅲ	汽油车	2.3	0.2	0.15	—	—	型式认证 2000.1.1
	柴油车	0.64	—	0.5	0.56	0.05	一致性认证 2001.1.1
欧Ⅳ	汽油车	1.0	0.1	0.08	—	0.025	型式认证 2005.1.1
	柴油车	0.5	—	0.25	0.3	—	一致性认证 20061.1

表 6　欧洲重柴车排放标准　（单位：g/kw. h）

	CO	NC	NO_x	颗粒物	执行时间
欧Ⅱ	4.0	1.10	7.0	0.15	2004 年
欧Ⅲ	1.5	0.25	2.0	0.02	2008 年
	2.1	0.66	5.00.	0.10/0.13	
欧Ⅳ	1.5	0.46	3.5	0.02	2010 年
欧Ⅴ	1.3	0.46	2.0	0.02	—

要达到欧Ⅲ以上水平，不仅需要提高整车制造技术，而且是要求燃油质量，道路情况，交通管理，驾驶技术，维修水平等全面到位的系统工程。在用车实施 I/M（检查 / 维护）制度，是控制汽车排放污染最经济有效的手段。国外调查研究证明城市在用车中有 10% ~ 15% 排放严重超标的车辆，其污染物排放量占整个地区在用车排放总量的 50% ~ 60%。I/M 制度中的检查方法，就是要准确地找出这些高排放车，然后通过维护，修理的方法，使其恢复到接近出厂时的水平。这样，仅需治理 10% ~ 15% 的高排放车，就能达到减少占排放总量 50% ~ 60% 的污染物，达到节能减排治理的目的。

总的看来，现代国外机动车检验涉及安全检验及排气检验，各国具体做法不同，标准亦有所差异，各种车型的检验周期及检验项目，差别也很大，但是，有一点是共同的，即都有国家政府行为的介入。但是，国外机动车检验又不仅仅作为一种判定，而是与维修结合在一起。从而避免了国家权力的被滥用。从它们的检验费用上可以看出，机动车检验不可能单独成为一个经营性行业，它只为汽车维修提供数据，并最终达到使在用汽车恢复技术性能的目的。

表 7 列出部分国家的检验费用，供参考。

表 7　部分国家，地区，汽车检验费用表

	美国		日本	泰国	新加坡	菲律宾	台湾	俄罗斯
	亚利桑那州	加　州	国家站					
检测收费	排气：5 美元 安检：8 美元	排气：29 美元 安检：18 美元	2000 日 3 元	200 铢	50 新元	50 比索	300 台币	350 卢布

表 7 显示，所有表列国家收费基本上折合人民币 50 ~ 120 元左右，考虑到不同国家的经济发展水平，检车数量，检测内容等因素，应该算很低的。

（二）启示与借鉴

根据上述资料分析，有以下几点启示与借鉴：

（1）由国家主持，采用检测设备（室内台架）开展强制性机动车安全检验工作，早在 20 世纪 30 年代就已开始（挪威 -1927 年），比我国整整早了 50 年。同时，从发达国家公路交通事故死亡人数由此逐年下降的趋势来看，机动车安全检验的推行，无疑具有巨大的作用（当然，交通管理法规的完善，行人交通安全意识的提高，亦不可忽视）。

（2）由于机动车强制性安全检验的特殊性质，决定了它的发展不仅取决于技术，标准和设备，而且，在很大程度上取决于管理工作。因此，发达国家从一开始就不可避免地涉及政府行为的介入。但是，从不同国家的管理体制来看，有一个共同的特点，即汽车的检验工作，基本上都由管理汽车维修工作的部门——交通部来管（只有法国巴黎市例外，由警察局管），而且，汽车安全检验的社会化，国外早已实行，由政府认可的民间机构来做，并与汽车维修工作结合在一起，检测的目的不仅仅是判定车况是否安全，而是为汽车维修提供第一手资料，以便通过维修，恢复汽车正常的技术状况，这一点，十分值得我们借鉴。

但是，不同国家实行强制性车检制度的经验都证明了一点：它不仅具有直接的经济效益，而且具有不可估量的社会效益。

（3）根据各国国情，强制性车检制度，在不同的检查对象方面，都有不同的对待。比如：对大小和用途不同的车辆，都有所区别对待。有的国家，对出租车的检验要求特别严格，有的国家对涉及幼儿的校车特别严格（如美国），而有的国家，对重型载重卡车特别严格。所以，一个国家要考虑自己的幅员、地形、气候、人口和汽车制造水平等因素，是否执行完全一样的检验标准，值得商榷。

美国是一个最具典型的范例，它幅员广大，拥有世界上数量最多的汽车（超过 2 亿辆），但各州之间的情况差异很大。最早的州 1927 年就有实行车检的记录，当时是实行联邦车检（制定了美国联邦在用车检验法规），而不是建立在各州自由性的基础上进行的，1967 年，全美 50 个

州中的25个州和哥伦比亚特区实行了强制性定期车检，还有24个州没有实行定期车检，但其中8个州实行了抽样检查，10个州实行了限定检查。1988年，全美汽车维修代表团来访，团长Jerry Micfarland先生谈到：全美各州，都有自己的车检制度和法规，全国并不统一，有的州要求很严（特别是加利福尼亚州和纽约州），有的州则较宽（如怀俄明州，南、北科达州），在安全检查方面，美国的实施不是很得力，大约有10个州，先后中断或干脆废除了安全检验制度。目前，同时执行排气检查和安全检查的有纽约等19个州，只执行排气检查的有加利福尼亚州等21个州，只执行安全检查的有夏威夷和俄克拉荷马两个州。总之，在美国，要找到一家像我国每个城市都有的、独立的、全面的汽车检验站比较难，许多汽车检验站都是附设在维修店、4S店。加油站，润滑站或高速公路边上，检验项目很少，设备简单，最主要的是制动和排放（特别在加州，20世纪60年代洛杉矶曾发生汽车废气中毒事件，导致数百人伤亡，因此特别重视对汽车排放的管制），侧滑，车速表，乃至前照灯都不用检。美国人的观点是：有些检验项目，一方面由于汽车工业的快速发展，已要求由汽车制造厂在造车时予以保证（如前轮定位，车速表），同时，这些项目的指标，即使超差，也难以在检验现场调整，需要进修理厂才能解决。

美国的车检站分为安全检查站和排气检查站，有国立的，但绝大部分是民间站，政府管理，仅加利福尼亚州的认证排气检测站即达8500个，纽约州的认证安全检测站有15000个，认证排气检测站有4000个。全美检测站（安全和排气）总数超过45000个。凡政府认可的认证检测站，都配备检验磁带（或硬盘）记录仪，可记录储存6000 ~ 20000辆车的检验数据，记录的数据资料，最终均将进入各州的运输部统一管理。在车检档案的管理方面，美国、日本、德国都有相似的作法，并且，毫无例外地应用了汽车检验业务电子数据处理系统，从而为实现全国性或地区性的车检档案计算机管理，创造了有利条件。

日本是在二战后，1947年开始实行强制性车检的。中国车检体制最先就是以日本作为样板，包括GB 7258—87这样的法规，基本框架和数据都取自日本道路运输法自动车检验法规。以后的97版，2004版才融入了欧洲和自己的内容。1969年，日本道路运输法修订，明确提出车辆检验档案的电子数据处理检索系统应予实施。翌年，1970年3月，首先在千叶陆运事务所开始使用。6月，东京陆运局所辖12个陆运事务所相继实施。1976年，建立了以东京为数据档案中心，全国有9个中转站，以83个国家检测站为终端的全日本车检档案数据处理检索系统，称为DDX系统。数据中心磁盘的存储量为（2×4000）=8000万辆车。这里需要强调的是，日本全国的83个国家检测站，都是全自动线，它们只负责新车登录（上照），事故车、争议车检验，并不承担一般在用车的年检。后者是在日本26700个民间车检场进行，它们基本上不是独立的，而是与维修厂在一起，绝大部分是手动线，检验数据难以进入东京数据中心。具有年检资格的维修厂必须经运输省认定，叫做《指定工场》。按日本汽车拥有量7500万辆计，平均每个指定工场每年检车数仅2800辆，每天不足10辆。维修前后，均需检验，合格后发放年检合格证，即可上路行驶。

汽车检验档案电子数据处理检索系统，不论是全国性或地区性联网，都能为交通事故处理、公安监理、车辆盗抢、保险赔付等提供了极其有利的条件。中国怎么做，值得探讨。

在国外发达国家，没有听说过检车要排上几小时乃至1 ~ 2天的队，有的地方还要找车串走后门，如果不合格还要到修理厂调校修理后再检的事，这是把车检作为一种权力，车检站作为一个经营性企业来运作，感受不到为广大车主服务的理念。对于现已进入汽车大国的中国，此事值得深思。

（4）由国家实行定期的强制性车检制度，主要是从社会性的安全需求观点出发，要求汽车的使用单位或个人，明确自己的责任，按期对车辆的技术状况进行确认，并按照实际检测诊断的结果，进行调整或维修，保证车辆符合法定的安全标准。

这里必须明确，由国家实行定期的强制性车检，只能对被检车辆是否合乎国家安全标准，在技术上予以确认，并不能保证一台检验合格的车就绝对不会发生交通事故。交通事故产生的因素很多，人、车、路中任一随机因素的变化，都有可能导致其发生。

值得注意的是，由于汽车越来越复杂的结构，今后实行合理的、定期的安全检验与维修成为必要，由国家法规保证实行强制性车检的意义日益增强，并在大多数国家正在成为现实。而另一方面，我们应预见到，由于汽车的制造质量，可靠性，以及使用寿命的不断提高，特别是电子计算机在汽车上的广泛应用（目前，电子化在一般汽车上平均占 10% ~ 20%，高档车上已达 40 ~ 50%），美国人认为，今后的汽车，就是装有 4 个车轮的计算机。因此，今后汽车的安全性年检项目可能会越来越少，检验周期将越来越长，上表也可看出这一趋势。日本 1983 年道路运输法再次修订，即将新车首次年检从 2 年延长到 3 年，而意大利、挪威则早就延长到 4 ~ 5 年。

1972 年，首次国际汽车安全检验诊断技术会议召开，联邦德国最先提出大众牌车外诊断设备，可检测诊断 80 个项目，并可将检测数据打印输出。1975 年，美国汉米尔顿，日本三菱重工推出汽车故障诊断仪。1977 年，就车诊断日益成为主流，如美国通用公司的 MISAR 车载诊断仪，使用高精度传感器及软件自诊断技术，实时监控发动机工况、油温、油耗、转速、电路、电压、轮胎气压、ABS 工况等，并能将故障实时显示和报警。此后，通用、福特、丰田、日产等全面开始自诊断和故障警示系统的研究开发，1984 年，已达 80 项，目前已接近 200 项。随着先进科学技术特别是车载自检系统的发展与普及，不久的将来，将会在部分国家或地区，出现否定强制性定期车检制的发展趋势，就像现在汽车不再需要进行大修的情况一样。

我国实行国家机动车强制性年检制度已有 30 多年历史，用工况法进行汽车排放检验也有 10 来年历史，其间走过一些弯路，但总的步伐是顺利的。不论机动车安全检验或排气检验，我们实际上都借鉴了许多国外先进国家有用的经验（包括我国的安检标准 GB 7258，和排放标准 GB 18285，GB 3847），基于此目的，本文提供国外具有代表性国家车检体制的发展情况和数据，结合自己毕生从事车检行业的工作体会，他山之石，可以攻玉。

附　录

一、全国部分机动车安全技术检测站名录

北京

1. 北京市交安北苑机动车检测中心
地址：朝阳区来广营西路 90 号

2. 盛华机动车检测场
地址：朝阳区王四营乡王四营村

3. 北京汽车检修有限公司
地址：朝阳区西大望路 34 号

4. 朝开小关汽车检测有限公司
地址：朝阳区安外安苑路 18 号

5. 北京市汽车修理公司二厂机动车检测场
地址：朝阳区李家坟 5 号

6. 北京朝政汽车检测场
地址：朝阳区金盏乡金盏大街 1 号

7. 通州机动车检测场
地址：通州区永顺镇范庄村西

8. 北京东方四环汽车检测有限公司
地址：朝阳区十八里店乡南四环东路 3 号

9. 北京北汽出租汽车集团有限责任公司机动车检测场
地址：朝阳区大屯路 238 号

10. 蒋台联合机动车检测场（北京）有限公司
地址：朝阳区蒋台西路 5 号

11. 北京市学院路机动车检测场
地址：海淀区学清路 11 号

12. 北京首汽股份有限公司机动车检测场
地址：海淀区杏石口路 90 号

13. 润达机动车检测场
地址：海淀区田村路 10 号

14. 北京北方龙涛机动车检测有限责任公司
地址：海淀区阜石路 59 号

15. 北京市市直机动车检测有限责任公司
地址：海淀区北四环西路 83 号

16. 北京门头沟机动车检测场有限公司
地址：门头沟区滨河南路 3 号

17. 北京市京安机动车检测场有限责任公司
地址：丰台区小屯路 113 号

18. 北京外运机动车检测场
地址：丰台区五里店 260 号

19. 石景山机动车检测场
地址：石景山鲁谷路 61 号

20. 国兴汽车服务中心汽车检测场
地址：丰台区五里店 178 号

21. 北京丰台岳各庄机动车辆检测场
地址：丰台区五里店 318 号

22. 北京首邮实业发展总公司骑车检测场
地址：洋桥北里四路通 17 号

23. 北京市公共交通第二机动车检测场
地址：海淀车公庄西路 38 号

24. 北京市公共交通第一机动车检测场
地址：石景山衙门口六场院内

25. 北京市清二环卫工程集团有限责任公司检测场
地址：丰台区草桥赵村店 420 号

26. 北京丰台工程机械修造厂机动车检测场
地址：丰台东大街游泳场北路 9 号

27. 北京天龙大田机动车检测有限公司
地址：大兴区旧宫镇成寿寺路 8 号

28. 北京西南运通客运有限公司燕山机动车检测场
地址：房山区燕山双泉路 3 号

29. 北京市大兴机动车检测场
地址：大兴区黄村镇兴政街东口

30. 北京市良乡机动车检测场
地址：房山区良乡大南关

31. 北京富多鑫天德机动检测有限公司
地址：大兴区黄村镇刘村桥北团桂路 1 号

32. 中车汽修集团北京九四一六工厂南口机动车检测场
地址：昌平南口镇马坊村

33. 北京北方机动车检测场
地址：昌平马池口镇马池口村

34. 北京市京北机动车检测场
地址：延庆张路口北侧路东

35. 中宇汽车服务中心机动车检测场
地址：昌平东小口镇中滩村 393 号

36. 京顺检测场
地址：顺义县南法信乡政府西

37. 空港方兴检测场
地址：顺义区李桥镇龙塘路后桥村段北侧

38. 7453 检测场
地址：东城区安德里北街 25 号

39. 怀柔检测场
地址：怀柔区庙城镇高两河村北

40. 平谷检测场
地址：平谷区大发路 8 号

41. 凯超检测场
地址：平谷区兴谷开发区 3 号区

42. 密云检测场
地址：云县水库路白石岭村

上海

1. 上海第一机动车安全检测站
地址：宝山宝杨路 2058 号

2. 上海第二机动车安全检测站
地址：黄浦汶水东路 937 号

3. 上海第三机动车安全检测站
地址：卢湾开平路 75 号

4. 上海第四机动车安全检测站
地址：徐汇宛平南路底百步桥

5. 上海第五机动车安全检测站
地址：黄浦浦东滨州路 183 号

6. 上海第六机动车安全检测站
地址：浦东浦东新区华夏东路 2005 号

7. 上海第七机动车安全检测站周浦站
地址：南汇南汇区周浦镇上南路 6939 号

8. 上海第七机动车安全检测站
地址：南汇浦东沪南公路 4828 号（白墙车站西）

9. 上海第八机动车安全检测站
地址：虹口梧州路 374 号

10. 上海第九机动车安全检测站
地址：长宁仙霞西路 818 号

11. 上海第十机动车安全检测站
地址：闸北万荣路 1298 号

12. 上海第十一机动车安全检测站
地址：普陀千阳路 333 号

13. 上海第十二机动车安全检测站
地址：宝山丁家桥宝钢三号门内

14. 上海第十三机动车安全检测站
地址：奉贤沪杭公路 1079 号

15. 上海第十四机动车安全检测站
地址：杨浦宁武路 2 号

16. 上海第十五机动车安全检测站
地址：闵行江川路 2001 号

17. 上海第十六机动车安全检测站
地址：金山亭枫公路 4089 号

18. 上海第十七机动车安全检测站
地址：崇明崇明城内育麟桥路 297 号

19. 崇明摩托车安全检测站
地址：崇明南门城内东门路 443 号

20. 上海第十八机动车安全检测站
地址：金山石化地区纬五路新凤山路 55 号

21. 上海第十九机动车安全检测站
地址：松江松江区松东路 337 号

22. 上海第二十机动车安全检测站
地址：青浦青浦镇青安路 895 号

23. 上海第二十一机动车安全检测站
地址：虹口长江西路 1036 号

24. 上海第二十二机动车安全检测站
地址：闵行虹梅南路 128 号（立交桥东下侧）

25. 上海第二十三机动车安全检测站
地址：嘉定嘉定区嘉行大道 611 号

26. 上海第二十四机动车安全检测站
地址：静安俯村路 120 号

27. 上海第二十五机动车安全检测站
地址：静安宁夏路 706 号

28. 上海第二十六机动车安全检测站
地址：闵行沁春路 699 号

29. 上海第二十七机动车安全检测站
地址：浦东浦东新区行南路 601 号

30. 上海第二十八机动车安全检测站
地址：长宁天山路 11 弄 15 号

31. 上海第二十九机动车安全检测站
地址：杨浦源泉路 105 号

32. 上海第三十机动车安全检测站
地址：南汇真南镇沪南路 9845 号

33. 上海第三十（1）检测站摩托车分站
地址：南汇南汇区祝桥镇周祝公路 1827 号

34. 上海第三十一机动车安全检测站
地址：奉贤南桥镇沪杭公路 2142 号

35. 上海第三十二机动车安全检测站
地址：浦东杨高南路 2885 号

36. 上海第三十三机动车安全检测站
地址：闵行老沪闵路 2388 号

37. 上海第三十四机动车安全检测站
地址：虹口车站南路 261 号

38. 上海第三十五机动车安全检测站
地址：浦东浦东龙东大道 2865 号

39. 上海第三十六机动车安全检测站
地址：崇明新河镇新申路 807 号

40. 上海第三十七机动车安全检测站
地址：嘉定曹安公路 3970 号

41. 上海第三十八机动车安全检测站
地址：宝山宝山区富锦路 5001 号

42. 上海第三十九机动车安全检测站
地址：浦东浦东新区崮山路 930 号

43. 上海第四十机动车安全检测站
地址：闵行沪闵路 3658 号

44. 上海第四十一机动车安全检测站
地址：保税区保税区美盛路 128 号

45. 上海第四十二机动车安全检测站
地址：徐汇龙水南路 95 号

46. 上海第四十三机动车安全检测站
地址：黄浦浦东新区浦三路 2155 号

47. 上海第四十四机动车安全检测站
地址：普陀绥德路 88 号

48. 上海第四十五机动车安全检测站
地址：闸北广中西路 777 弄 16 号

49. 上海第四十六检测站
地址：宝山水产路 1699 号

50. 上海第四十七检测站
地址：宝山罗店镇月罗路 2728 号

51. 上海第四十八检测站
地址：宝山沪太路 4199 号

52. 上海第四十九检测站
地址：浦东国际机场护航路 789 号

53. 上海第五十机动车站
地址：闵行华宝路 155 号

54. 上海第五十一检测站
地址：南汇东大公路 2448 号

55. 上海第五十二检测站
地址：奉贤奉城镇南奉公路 952 号

天津

1. 益昌检测站
地址：河东区卫国道 171 号

2. 柴油检测站
地址：河东区成林道 89 号

3. 和平检测站
地址：西青开发区宏源道 12 号

4. 河西检测站
地址：解放南路珠江道 75 号

5. 天马检测站
地址：西青大任庄工业园区

6. 华同检测站
地址：红桥区光荣道保康路 13 号

7. 小客检测站
地址：南开区长江道 51 号

8. 公交三检测站
地址：南开区长江道 289 号

9. 出租公司检测站
地址：南开区兰坪路 16 号

10. 河北检测站
地址：河北区建昌道 39 号

11. 特种检测站：
地址：河北区志成道马庄下坡增 1 号

12. 公交四检测站

地址：东丽区张贵庄路四厂道

13. 金东检测站

地址：东丽津塘公路三号桥北

14. 津南检测站

地址：津南区辛庄津沽路北侧

15. 货修检测站

地址：河西区解放南路汽配城

16. 津南机动车检测中心

地址：津南区津港公路津南分所

17. 先达检测站

地址：西青区杨柳青前桑园

18. 西青小型检测站

地址：西青区中北镇中北大道

19. 西青润华检测站

地址：西青开发区兴华道 1 号

20. 津西机动车检测中心

地址：津涞公路津西分所

21. 宜兴埠检测站

地址：北辰区宜兴埠北下坡

22. 津北机动车检测中心

地址：北辰区外环线津北分所

23. 顺鑫检测站

地址：新港临港立交桥 155 号

24. 中汽检测站

地址：塘沽区塘汉路 10 号

25. 汉沽检测站

地址：汉沽区茶淀乡

26. 石化检测站

地址：大港世纪大道西头

27. 油田检测站

地址：大港油田红旗路

28. 宝坻检测站

地址：宝坻区北外环东路

29. 武清检测站

地址：津京公路南北辛庄立交桥北

30. 静海检测站

地址：静海县静文路

31. 宁河检测站

地址：宁河县芦台镇光明路

32. 蓟县检测站

地址：蓟县渔阳南路

33. 一饭店检测站

地址：河西区解放南路 491 号

34. 天津铁厂检测站

地址：河北省涉县天津铁厂院内

重庆

1. 重庆大堰机动车辆技术检测有限公司

地址：重庆市九龙坡区马王乡龙泉村 115 号

2. 重庆沙坪坝天星桥汽车检测站

（一）汽车检测线

地址：重庆市沙坪坝区天马路 193 号

（二）摩托车检测线

地址：重庆市沙坪坝区凤天大道 151 号

（三）汽车检测线（新增）

地址：重庆市沙坪坝区凤天大道 151 号

3. 开县道安机动车检测有限责任公司

地址：重庆市开县汉丰平桥盛山街

4. 梁平县渝梁机动车检测有限责任公司

地址：重庆市梁平县梁山镇皂角村 11 组

5. 重庆江津机动车辆技术检测有限公司

地址：重庆市江津区先锋乡杨珞路

6. 垫江县汽车综合性能检测站

地址：重庆市垫江县桂溪镇南阳开发区汽车南站内

7. 重庆市彭水县顺达车辆性能检测有限公司

地址：重庆市彭水县汉葭镇沙沱街

8. 大足县累丰机动车辆技术检测有限公司

地址：重庆市大足县龙岗街道办事处北环西路 50 号

9. 重庆市合川区星鑫机动车检测服务有限公司

地址：重庆市合川工业园区堰口村六社

10. 重庆市忠县世通车辆检测有限公司

（一）汽车检测线

地址：重庆市忠县忠州镇人民路 178 号

（二）摩托车检测线

地址：忠县忠州镇人民路 178 号附 2 号

11. 重庆七公里汽车检测站

（一）汽车检测线

地址：重庆市南岸区学府大道 79 号

（二）摩托车检测线

地址：重庆市南岸区学府大道 79 号

12. 重庆市万州区驾驶员机动车安全技术检测站
地址：重庆市万州区天子路 691 号

13. 重庆景通机动车检测有限公司
地址：重庆市北部新区人和镇万年路 2 号

14. 重庆汽博汽车检测有限公司
地址：重庆市北部新区金渝大道 99 号附 17–1 号

15. 重庆市铜梁中南机动车检测站
地址：重庆市铜梁县巴川镇中南路 561 号

16. 重庆市黔江区平安机动车检测中心
地址：重庆市黔江区正阳镇铜坪居委

17. 重庆市涪陵区机动车安全技术检测站
地址：重庆市涪陵区太极大道 30 号

18. 武隆县永顺机动车安全性能检测站
地址：重庆市武隆县巷口镇建设西路127号附4号（长途河凉水一社）

19. 重庆綦江县鼎盛机动车检测有限公司
地址：重庆市綦江县新盛镇号房村

20. 重庆市南川区源华机动车检测有限责任公司
（一）汽车检测线
地址：重庆市南川区南城办事处南涪路 56 号
（二）摩托车检测线
地址：重庆市南川区南城办事处南涪路 56 号

21. 荣昌县板桥机动车辆技术性能检测服务有限公司
地址：重庆市荣昌县板桥工业园区灵方大道 9 号

22. 重庆华廷机动车检测有限公司
地址：重庆市北部新区高新园经开大道 15 号

23. 重庆市渝璧机动车辆技术检测站
地址：重庆市璧山县大路镇福里村

24. 巫山县平有机动车检测有限公司
地址：重庆市巫山县巫曲路田家包港司

25. 云阳明兴机动车辆检测有限公司
地址：重庆市云阳县双江镇云江大道 2 号

26. 重庆市渝运汽车检测站有限公司
地址：重庆市沙坪坝区上桥新街 76 号

27. 重庆和运驰机动车检测有限公司
地址：重庆市北碚区龙凤二村（煤安厂对面）

28. 重庆市大足县科顺机动车检测有限公司
地址：重庆市大足县棠香街道办事处报恩村

29. 重庆市永川机动车安全检测中心
地址：重庆市永川区渝西大道西段 530 号

30. 城口县君威汽车检测有限公司
地址：重庆市城口县葛城镇茅坪村一社

31. 丰都县全生机动车检测有限公司
地址：重庆市丰都县三合镇丁庄村

32. 重庆市夔州汽车检测有限公司
地址：重庆市奉节县永安镇永安路（县法院西侧）

33. 巫溪县鑫发机动车辆技术检测有限责任公司
地址：重庆市巫溪县城厢镇太平镇 128 号

34. 铜梁县华鑫摩托车检测有限公司
地址：铜梁县巴川镇金龙路 36 号

35. 潼南县庆丰机动车辆检测有限公司
地址：潼南县江北新城 E9–5 地块

36. 酉阳县兴达机动车检测有限责任公司
地址：酉阳县钟多镇玉柱社区三组

37. 重庆中交机动车检测中心
地址：南岸区五公里重庆交通科研设计院内

38. 重庆渔塘湾机动车检测有限公司
地址：北碚区渔塘湾 272 号附 1–1

39. 重庆市吉顺车辆检测有限公司
地址：长寿区凤城街道办事处红花村六组 116 号

河北

1. 石家庄安保机动车检测有限公司
地址：石家庄市和平东路 399 号

2. 石家庄北环汽车检测有限公司
地址：石家庄市胜利北街 436 号

3. 石家庄市福旺汽车检测服务有限公司
地址：石家庄市东二环南路 189 号

4. 河北省省直机动检测服务中心
地址：石家庄市西三庄大街 21 号

5. 易县民众机动车检测中心
地址：易县 112 国道后部村

6. 保定市保联特种车辆检测有限公司
地址：保定市东二环与复兴路交叉口北行 200 米

7. 廊坊开发区智全机动车检测有限公司
地址：廊坊开发区花园道

8. 廊坊是威达机动车检测有限公司
地址：廊坊经济技术开发区花园道 35 号

9. 保定市通亚机动车检测站
地址：保定市廉耻大街 1458 号

10. 保定市保联特种车检测有限公司
地址：保定市东一环东后营村村北

11. 保定市腾达机动车检测有限公司
地址：保定市南二环农大二分场院内

12. 泰恒机动车有限公司
地址：保定市长城北大街 2269 号

13. 白沟中安天德机动车检测线
地址：白沟汽配汽贸城东侧

14. 定州市恒泰机动车检测线
地址：定州市清风北街北端路东

15. 保定市昌盛特种机动车辆检测有限公司
地址：曲阳北环路 482 号

16. 满城县豪达机动车检测有限公司
地址：满城县保满路收费站西侧 150 米路北

17. 新春机动车检测有限公司
地址：高碑店市盛世大街 18 号

18. 涿州市综合性能检测站
地址：涿州市西南街 316 号

19. 安国市顺安交通设施有限责任公司
地址：安国市药城大街 124 号

20. 顺平县鑫华机动车检测站
地址：顺平县北城区村西交警大队院内

21. 定兴县明城恒盛机动车有限公司
地址：定兴县 107 国道北河桥南路东

22. 望都县鑫华检测线有限公司
地址：望都县杨家村西

23. 唐县机动车检测线
地址：唐县国防路 21 号

24. 易县民众机动车检测有限公司
地址：易县后固村外祥汽修公司院内

25. 蠡县兰柱机动车检测公司
地址：蠡县紫薇西路 180 号

26. 高阳县天羽机动车检测有限公司
地址：高阳县高保路阮王村北

山西

1. 山西万国机动车检测有限公司
地址：山西省太原市新晋祠路 488 号

2. 长治市通成机动车检测有限公司
地址：长治市郊区关村

3. 陵川县泰昌机动车检测中心
地址：陵川县环城西路东侧

4. 离石新源机动车安全性能检测站
地址：离石市交通路

5. 山西永安机动车检修有限公司
地址：晋中市祁县北环东路 108 国道南侧

6. 晋中市璟辉机动车检测中心（有限公司）
地址：榆次区窑新街 40 号

7. 晋中广迪机动车安全技术检测有限公司
地址：晋中市榆次区修文镇东白村

8. 长治市南垂机动车检测有限公司
地址：长治市郊区南垂驾校院内

9. 高平市龙渠机动车检测中心
地址：高平市龙渠村

10. 晋城通达汽车检测维修有限公司
地址：山西省晋城市南村镇原家村

11. 忻州市安保泰机动车安全技术检测中心
地址：忻州市秦城乡部落村南宏正驾校院

12. 山西省临汾市机动车辆安全技术检测中心
地址：临汾市屯里镇东高河

13. 山西通宇机动车安全检测站
地址：灵石县原煤运公司后院

14. 太谷安顺机动车检测服务有限公司
地址：太谷县贾堡村

15. 太原市同安机动车安全技术检测有限公司
地址：太原市旧晋祠路 51 号

16. 山西晋通汽车安全检测中心有限公司
地址：太原市千峰南路中段

17. 山西阳泉合诚汽车检测有限公司
地址：阳泉市桃南东路 400 号

18. 阳泉市通达汽车检测站
地址：阳泉市郊区苇泊村

19. 晋中榆云车辆维修有限公司
地址：榆次区工业园 6 号路 1 号

20. 大同市机动车检测（中心）有限责任公司
地址：大同市大庆路 16 号

21. 汾阳市星星机动车检测中心
地址：汾阳市南二环路

22. 临汾市机动车安全检测中心有限公司
地址：临汾市南机场院内

23. 长治市焱鑫机动车安全检测服务有限公司
地址：长治市城东路71号

24. 朔州市东安机动车辆测试有限公司
地址：朔州市大运路北市驾校内

25. 长治市西亚机动车检测有限公司
地址：长治市长邯路嶂头

26. 山西南娄集团机动车检测有限公司
地址：阳泉盂县南关二级路

27. 阳泉市中通汽车检测中心
地址：阳泉市郊区义井小河口

28. 吕梁市华益机动车检测站（有限公司）
地址：吕梁市汾阳市米家庄村

29. 长治市九天机动车检测有限公司
地址：长治市襄垣县古韩镇大黄庄村西

30. 晋城市长河机动车检测有限公司
地址：晋城市城区西上庄冯匠村

31. 河津市综安机动车辆检测有限公司
地址：运城市米家湾转盘南（209国道东侧）

32. 运城市久安机动车检测服务有限公司
地址：运城市黄河大道盐湖区工业园立交桥口盐湖汽车城

33. 沁水县永丰机动车检测有限公司
地址：晋城市沁水县龙港镇定都村

内蒙古

1. 通辽市运输有限责任公司机动车检测中心
地址：通辽市科区霍林河大街15号

2. 呼和浩特市思必达机动车检测站
地址：呼和浩特市北郊思必达经济工业园区

3. 巴彦淖尔市机动车安全技术检验中心
地址：临河区万丰开发区

4. 鄂尔多斯市安泰机动车辆检测有限责任公司
地址：东胜区新城区体育街

5. 阿拉善盟公安交通警察支队机动车检测中心
地址：阿拉善盟巴彦浩特镇土尔扈特东路

6. 包头市机动车检测科研站
地址：稀土开发区

7. 包头市机动车检测一站
地址：九原区沙河镇

8. 包头市机动车检测二站
地址：昆区阿尔丁南大街第九小区西院

9. 赤峰华邦汽车工业贸易有限责任公司机动车辆安全技术检测站
地址：赤峰市红山区迎宾路西段

10. 赤峰市公安局机动车检测站
地址：赤峰市红山区

11. 赤峰恒力汽车检测维修有限责任公司
地址：赤峰市红山区桥北

12. 兴安盟机动车安全性能检验中心
地址：乌兰浩特市永联镇永联村

13. 呼和浩特市天泰机动车检测有限责任公司
地址：呼和浩特市新城区鸿盛高科技园区

14. 乌海市安保机动车检测有限公司
地址：乌海市海勃湾区海达街

15. 内蒙古鑫运机动车检测有限公司检测站
地址：110国道北侧岱洲营村

16. 锡林郭勒盟福达机动车检测有限公司
地址：锡林浩特市经济技术开发区车辆管理所

17. 呼伦贝尔市公安局交通警察支队车辆检测中心
地址：海拉尔区扎兰屯路100号

18. 兴安盟扎赉特旗鹤达机动车检测站
地址：兴安盟扎赉特旗音德尔镇通海路

19. 扎兰屯市旺通机动车辆检测中心
地址：扎兰屯市河西大修厂院内

20. 鄂尔多斯市正道运输集团鄂托克前旗联合运输有限责任公司机动车检测站
地址：鄂托克前旗敖勒召其镇

21. 内蒙古亿丰机动车安全技术检测有限责任公司
地址：呼和浩特市回民区金海大道与西二环交汇处

22. 托克托县便民机动车安全技术检测有限公司
地址：托克托县腾飞路西

23. 达拉特旗顺泰汽车检测服务有限责任公司
地址：达旗树林召镇210线西，土地局南

24. 赤峰市翁牛特旗政通机动车检测有限责任公司
地址：翁牛特旗乌丹路北段经济林场斜对面

25. 突泉县亚泰机动车检测有限责任公司
地址：兴安盟突泉县省际大通道（县政府北坡路东）

26. 锡林郭勒盟福达机动车检测有限公司
地址：锡林浩特市经济技术开发区车管所院内

27. 赤峰华邦汽车工业贸易有限责任公司
地址：赤峰市红山区解放街西段

28. 鄂尔多斯市安泰机动车辆检测有限公司
地址：鄂尔多斯市新城区体育街 1 号

29. 赤峰安通机动车辆检测站
地址：赤峰市红山区车辆管理所南侧

30. 兴安盟机动车安全性能检验中心
地址：乌兰浩特市永联镇永联村

31. 通辽市平安交通科技有限公司
地址：通辽市交通路 3 号

32. 包头市宏宇机动车检测站
地址：包头市昆区海德路

33. 托克托县便民机动车安全技术检测有限公司
地址：托克托县腾飞路西

34. 内蒙古亿丰机动车安全技术检测有限责任公司
地址：呼和浩特市回民区金海大道与西二环交汇处

35. 包头中油新兴汽车检测有限公司
地址：包头市高新区青电路 2 号

36. 突泉县亚泰机动车检测有限责任公司
地址：兴安盟突泉县省际大通道（县政府北坡路东）

辽宁

1. 沈阳市肇工机动车检测有限公司
地址：沈阳市铁西区北四西路 8 号

2. 台安东方机动车检测有限公司
地址：台安县工业园区

3. 锦州大围子机动车检测有限公司
地址：锦州市太和区大围子村

4. 铁岭市运达交通有限公司
地址：铁岭市银州区龙山乡（银州区）

5. 海城市普临机动车检测有限公司
地址：海城经济开发区三里委

6. 沈阳市陵东机动车检测有限公司
地址：沈阳市于洪区鸭绿江东街 8 号

7. 沈阳市汽车检测中心
地址：沈阳市于洪区黄河北大街 168 号

8. 凌海市亿达机动车检测服务有限公司
地址：凌海市供销冷冻厂东

9. 大连北顺机动车检测有限公司
地址：大连市旅顺口区铁山街道杨树沟村

10. 大连通达机动车检测有限公司
地址：大连市甘井子区后盐商贸区

11. 沈阳市万泉机动车辆检测站有限公司
地址：沈阳市东陵区长青街 95 号

12. 鞍山市安通机动车检测有限公司
地址：鞍山市千山区东鞍山镇解家堡子村

13. 盘锦众安机动车检测服务有限公司
地址：兴隆台区兴隆农场八里王荒

14. 盘锦市辽河机动车技术服务有限公司
地址：盘锦市兴隆台区渤海街运输委

15. 抚顺市公安交通警察支队机动车辆检测所
地址：抚顺市新抚区南阳路中段 18 号

16. 抚顺县公安交通警察大队机动车检测所
地址：抚顺县章党镇大柳

17. 阜新市机动车安全技术检测中心
地址：细河区拉拉屯村

18. 朝阳机动车检测有限公司
地址：朝阳市龙城区他拉皋镇凌东村

19. 大连市机动车检测中心凌水站
地址：大连市甘井子区凌南路 3 号

20. 大连经济技术开发区博达汽车服务有限公司
地址：大连开发区 32 号地（自有）

21. 庄河市广泰机动车检测有限公司
地址：庄河市徐岭镇衣屯村

22. 丹东市机动车安全技术检测中心
地址：丹东市元宝区蛤蟆塘镇炮守营村

23. 开原市安保机动车辆安全技术检测有限公司
地址：开原市城南工业园区

24. 沈阳市盛安机动车检测有限公司于洪站
地址：沈阳市和平区十四纬路 44 甲 5

25. 营口市公安局交通警察支队汽车检测场
地址：营口市营盖路 30 号

26. 普兰店市顺通机动车检测有限公司
地址：普兰店市铁西办事处虎山社区

27. 大连市金州机动车检测中心
地址：大连市金州区中长街道八一路 106 号

28. 清原满族自治县公安交通警察大队机动车检测所
地址：清原满族自治县清原镇腰站村

29. 新宾满族自治县公安交通警察大队机动车检测所
地址：新宾满族自治县新宾镇

30. 建平县平安机动车检测有限公司
地址：建平县万寿镇扎塞营子村

31. 喀左县中外机动车综合性能检测有限公司
地址：喀左县大城子镇

32. 凌源市安迅机动车检测有限责任公司
地址：凌源市东城开发区（交警大队院内）

33. 葫芦岛市顺达交通汽车检测有限公司
地址：葫芦岛市连山区锦郊杨屯

34. 辽阳市公安局交通警察支队机动车检测场
地址：辽阳市宏伟区南环街

35. 盖州市公安局机动车安全检测站
地址：盖州市太阳升街道沙沟子村

36. 岫岩满族自治县乾丰机动车检测有限公司
地址：岫岩满族自治县岫岩镇一街道

37. 本溪满族自治县保安机动车检测服务中心
地址：本溪满族自治县小市镇张家堡村

38. 本溪市安达机动车检测有限公司
地址：本溪市明山区小堡社区四组 19 号

39. 本溪市机动车安全技术检测所
地址：本溪市明山区卧龙镇卧三路

40. 沈阳二手车交易市场有限责任公司
地址：沈阳市苏家屯区丁香街 100 号

41. 沈阳优易玛机动车检测有限公司
地址：沈阳市东陵区东陵路 25–3 号

42. 盘锦远翔机动车检测有限公司
地址：盘锦市兴隆台区泰山路

43. 盘锦增程机动车检测有限公司
地址：盘锦市兴隆台区开发区车辆交易市场后

44. 兴城市渤海机动车检测有限公司
地址：兴城市兴海路四段一号

45. 辽宁润达集团瓦房店机动车安全检测有限公司
地址：瓦房店市西长春路西段 29 号

46. 宽甸满鑫顺达机动车检测有限公司
地址：宽甸镇城北路 10 号

47. 凤城市成亿机动车检测有限公司
地址：凤城市凤凰城区北山村 4 组沈丹路北侧

48. 辽阳县坤泰机动车检测有限公司
地址：辽阳县首山镇振兴街 22–2

49. 绥中县平安机动车检测有限公司
地址：绥中县沙河镇马家村 102 线南

50. 昌图县公安局交通警察大队机动车安全技术检测站
地址：昌图县马仲河镇街内

51. 调兵山市交通汽车综合性能检测站
地址：调兵山市铁秀路

52. 铁岭市清河区大地机动车安全技术检测有限公司
地址：铁岭市清河区张相镇三台子

53. 阜新蒙古族自治县平安机动车检测有限公司
地址：阜新蒙古族自治县阜新镇皂力村

54. 朝阳县鸿运机动车安全检测有限公司
地址：朝阳县柳城镇郭家村

55. 大连众森德泰机动车检测有限公司
地址：大连市金州区站前街道吴家村

56. 彰武县公安交通警察大队机动车检测站
地址：辽宁省彰武县西六乡

57. 沈阳市肇工机动车检测有限公司
地址：沈阳市铁西区北一西路 28 号

58. 大连市机动车检测中心
地址：大连市甘井子区中华东路车管所院内

59. 沈阳市车辆综合性能检测有限公司
地址：沈阳市和平区河北街 15 号

60. 开原市安保机动车辆安全技术检测有限公司
地址：开原市城南工业园区

61. 海城市普临机动车检测有限公司
地址：海城经济开发区三里委

62. 铁岭市运达交通有限公司
地址：铁岭市清河区张相镇三台子

63. 沈阳市张士综合机动车检测有限公司
地址：沈阳经济技术开发区燕塞湖街 7 号

64. 鞍山市安顺机动车检测有限公司
地址：鞍山市达道湾工业规划区 C11–2

65. 桓仁六河机动车检测服务有限公司
地址：桓仁满族自治县桓仁镇虎泉村六组

66. 沈阳市陵东机动车检测有限公司
地址：沈阳市于洪区鸭绿江东街 8 号

67. 沈阳市万泉机动车辆检测站有限公司
地址：沈阳市东陵区长青街 95 号

68. 盘锦远翔机动车检测有限公司
地址：盘锦市兴隆台区泰山路

69. 盘锦增程机动车检测有限公司
地址：盘锦市兴隆台区开发区车辆交易市场后

70. 丹东市辽东机动车检测站
地址：振兴区胜利街 495 号

71. 北镇市汽车综合性能检测中心
地址：北镇市广宁乡八家子村

72. 大洼县机动车综合性能检测站
地址：盘锦市大洼县大洼镇东升街

73. 西丰县和谐机动车检测有限公司
地址：西丰县西丰镇公合村新安屯（工业园区）

74. 辽中县达安机动车检测有限公司
地址：辽中县六间房乡六间房村

75. 灯塔市富山机动车辆检测有限公司
地址：灯塔市万宝桥街道后兰旗村

76. 盘山宏大机动车检测有限公司
地址：盘山县太平农场太平村

77. 康平县通胜机动车安全技术检测站
地址：辽宁胜利经济开发区八家子村

78. 北票市安通机动车检测有限公司
地址：北票市凉水河乡黄花营村

79. 法库县祥瑞交通汽车检测有限公司
地址：沈阳法库经济开发区

吉林

1. 吉林市机动车检测服务中心
地址：吉林市丰满区恒山东路

2. 吉林市松江机动车检测有限公司
地址：吉林市昌邑区新发路 6 号

3. 吉林市万通机动车检测有限公司
地址：吉林市龙潭经济开发区徐州西路 9 号

4. 吉林市江城汽车检测有限公司
地址：吉林市船营区沙河子吉长高速引线 800 米

5. 吉林市翔鹿物流中心
地址：吉林市船营区和平路 215 号

6. 桦甸市金盾机动车检测中心
地址：桦甸市永春街 328 号

7. 桦甸市机动车性能检测有限公司
地址：桦甸市金华路 301 号

8. 蛟河市交通物流中心
地址：蛟河市长安路 130 号

9. 蛟河市宏阳机动车检测有限公司
地址：蛟河市

10. 永吉县安通机动车检测有限公司
地址：永吉县开发区吉华路 511 号

11. 磐石市金盾机动车安全技术检测中心
地址：磐石市河南街

12. 吉林市蓝盾汽车检测服务有限公司
地址：舒兰市吉古路 16 号

13. 四平市南桥机动车检测有限公司（四平市交警机动车检测站）
地址；四平市红嘴高新开发区创业街

14. 梨树县天宇机动车安全技术检验有限公司（梨树县交警机动车检测站）
地址：梨树县梨树镇南大门

15. 四平市顺阳机动车检测有限公司
地址：四平市红嘴高新开发区创业街

16. 四平市安通汽车综合性能检测有限公司
地址：四平市铁西区和平路 10 号

17. 梨树县诚信机动车综合性能检测有限公司
地址：梨树县奉化西大街 124 号

18. 公主岭市公安局机动车检测中心
地址：公主岭市公秦路 2 号

19. 公主岭市顺鑫汽车综合性能检测有限公司
地址：公主岭市东西长路 319 号

20. 伊通县恒安机动车检测有限公司
地址：伊通县伊通镇东营子

21. 伊通满族自治县伊通镇吉顺汽车检测服务有限公司
地址：伊通县伊通镇中华西路 120 号

22. 双辽安达机动车检测有限公司
地址：双辽市辽西街（看守所西侧）

23. 双辽市恒通汽车检测中心
地址：双辽市辽河路 1 号

24. 辽源市龙山区向阳机动车安全性能检测中心

地址：辽源市人民大街 2 号

25. 辽源市通达汽车综合性能检测有限公司

地址：辽源市白城大街 62 号

26. 东辽县运安车辆检测有限公司

地址：白泉镇车交大街 654 号

27. 东丰县远征机动车综合性能检测站

地址：东丰县东丰镇东风路 7 号

28. 通化市兴盛机动车检测咨询有限公司

地址：通化市东昌区老站街江北路

29. 通化市江北汽车检验有限公司

地址：通化县新胜北路 475 号

30. 柳河平安机动车检测中心

地址：柳河镇民主街

31. 辉南县东方机动车自动检测有限公司

地址：辉南县朝阳镇东朝阳大街 88 号

32. 辉南县昱龙机动车检测有限公司

地址：辉南县朝阳镇朝阳大街 522 号

33. 梅河口市永安机动车检测有限公司

地址：梅河口市福民街道张家小区

34. 梅河口市机动车检测站

地址：梅河口市惠民路时代广场西侧

35. 通化县机动车综合性能检测站

地址：通化县快大茂镇同德路 1277 号

36. 集安市凯斯克机动车检测中心

地址：集安市开发区鸭江路民主桥西侧

37. 白山市恒阳机动车检测站

地址：白山市八道江区红旗大街 72 号

38. 白山市吉通汽车运输有限公司车辆检测分公司

地址：白山市北安大街 220 号

39. 江源县吉昌机动车检测有限公司

地址：孙家堡子镇协力村

40. 临江市鸭绿江机动车检测中心

地址：临江大街 139 号

41. 靖宇县宏达机动车检测有限公司

地址：靖宇县西四道街

42. 抚松县顺达汽车综合性能检测站

地址：抚松镇松山街 27 号

43. 抚松县顺城机动车检测有限责任公司

地址：抚松县抚松镇抚仙公路收费站

44. 长白朝鲜族自治县通达机动车检测有限公司

地址：长白镇鸭绿江大街 128 号

45. 松原市物流中心汽车综合性能检测站

地址：松原市宁江单家围子建材市场左侧

46. 松原市金盾车辆检测有限公司

地址：松原市宁江区团结街

47. 扶余县晓峰机动车安全技术检测有限公司

地址：扶余县北环路

48. 长岭县诚信机动车检测有限公司

地址：长岭县长岭镇

49. 乾安恒烈机动车检测有限公司

地址：乾安县城东路

50. 前郭县诚信机动车检测有限公司

地址：松原市宁江区青年大街

51. 白城市万兴机动车安全技术检测中心

地址：白城市交通指挥中心院内

52. 白城市鹤城运输服务有限责任公司

地址：白城市幸福南大街 82 号

53. 通榆县畅通机动车检测线服有限公司

地址：通榆县交警大队后院

54. 通榆县开通机动车综合性能检测有限公司

地址：通榆县开通镇人民东路

55. 镇赉县龙源机动车技术安全检测中心

地址：镇赉县白齐公路与嫩江东路交汇处

56. 大安诚信机动车检测有限公司

地址：大安市长白南街

57. 洮南市腾达机动车检测有限公司

地址：洮南市通达路 422 号

58. 洮南市安益机动车检测站

地址：洮南市工业园区

59. 延边龙盛机动车安全技术检测有限公司

地址：延吉市开发区院内

60. 延吉市机动车检测站

地址：延吉市开发区东新街 295 号

61. 延吉市交通汽车维修检测中心

地址：延吉市公园路 156 号

62. 敦化市广达汽车检测有限公司

地址：延边朝鲜族自治州敦化市公安小区

63. 珲春宇翔机动车检测有限公司
地址：珲春市英安镇新民村一组

64. 浑春市新成汽车检测有限责任公司
地址：珲春市英安镇富民村

65. 珲春市金马机动车检测有限责任公司
地址：珲春市靖和街

66. 安图县机动车检测有限公司
地址：安图县明日镇

67. 图们市华成车辆检测有限公司
地址：图们市南山路 10 号

68. 汪清县交通汽车检测有限公司
地址：汪清县东振路

69. 龙井市大田机动车检测有限公司
地址：龙井市河西街龙潭路 815 号

70. 和龙市吉达机动车检测有限公司
地址：和龙市文化街 2-1 号

71. 汪清县公安交警机动车检测站
地址：汪清县河北

72. 长春市西郊机动车检测有限公司
地址：长春市绿园区皓月大路 3919 号

73. 长春市华邦机动车安全检测有限公司
地址：长春市北环成路 6287 号

74. 长春通畅汽车检测服务有限公司
地址：长吉高速出口以北，新开河以东

75. 长春华港机动车市场开发有限公司汽车检测中心
地址：长春市西环城路 6778 号

76. 长春荣发车辆检测有限公司
地址：长春市宽城区北环路 6788 号

77. 长春市湖西汽车检测有限公司
地址：长春市普阳街 68 号

78. 长春洲游机动车检测有限公司
地址：长春市中东市场南 100 米

79. 长春红马汽车检测服务有限公司
地址：长春市汽车厂区飞跃路 1511 号

80. 长春市宏起机动车安全检测有限公司
地址：长春市高新区硅谷大街平新路 1366 号

81. 长春市利生机动车检测有限公司
地址：长春经济技术开发区东南湖大路 35 号

82. 吉林省长春市路缘机动车检测有限公司
地址：长春市皓月大路 5333 号

83. 长春勇仲机动车检测中心
地址：长春市汽车产业开发区长沈路 3391 号

84. 长春市红三角机动车检测有限责任公司
地址：长春市朝阳区工农大路 5 号

85. 长春市阿迪机动车检测有限公司
地址：长春市高新开发区幸福街 88 号

86. 吉林省综合性能检测中心站
地址：长春市人民大街 5988 号

87. 吉林省卫星机动车检验有限公司
地址：长春市经开区湛江路 1068 号

88. 长春公路客运集团金鹿汽车修理有限公司检测站
地址：长春市开运街

89. 长春市跻强道路运输服务有限公司汽车综合性能检测站
地址：长春市双阳区客运公司后院

90. 长春市跃海汽车检测有限公司
地址：长春市双阳区于家村九社

91. 双阳区华北汽车检测站
地址：长春市双阳区于家村二社

92. 德惠市双嘉机动车检验咨询服务站
地址：德惠市 102 线 1149 公里加 200 米

93. 德惠市东风运输车辆技术检测站
地址：德惠市德九公路

94. 九台市理程机动车技术检测中心
地址：九台市工农街原车辆厂院内

95. 九台市汽车综合性能检测站
地址：九台市曙光大街 181 号

96. 农安县机动车检测中心
地址：农安县农安镇北环路 95 号

97. 榆树市华能车辆安全技术检测中心
地址：榆树市三盛路

98. 榆树市冠隆机动车综合检测有限公司
地址：榆树市榆树大街 354 号

99. 榆树市晟泰机动车检测有限公司
地址：吉林省榆树市环城乡新民村口

黑龙江

1. 哈尔滨市华通机动车检定站
地址：哈尔滨市道外区东风镇天恒大街 544 号

2. 东北林业大学机动车检测站
地址：哈尔滨市动力区和兴路 26 号

3. 哈尔滨骏鹰信通汽车安全性能检测有限公司
地址：哈尔滨市平房区珲春路 5 号

4. 哈尔滨百强国际汽车检测有限公司
地址：哈尔滨市道外区先锋路 2 号

5. 黑龙江省外运机动车检测站
地址：哈尔滨市南岗区保健路 99 号

6. 哈尔滨市宏达机动车服务有限公司
地址：黑龙江省哈尔滨市道里区哈双北路 0.5 公里处

7. 哈尔滨铁安机动车辆安全性能检测站
地址：哈尔滨市道外区先锋路 21 号

8. 黑龙江雄鹰机动车检测有限公司
地址：哈尔滨市道外区东直路 457 号

9. 宾县添星机动车检测有限公司
地址：哈尔滨市宾县滨州镇中心街

10. 方正县安畅车辆服务有限责任公司
地址：方正县方正镇东风街

11. 大庆市机动车检测总站
地址：大庆市开发区世纪大道大庆路 89 号

12. 大庆市机动车检测站
地址：大庆市让胡路区中央大街 73 号

13. 大庆机动车检测中心第二检测站
地址：大庆市萨尔图区卡尔加里路中强北街 4 号

14. 大庆市机动车安全技术检测三站
地址：大庆市让胡路乘风庄

15. 大庆市天成机动车检测有限公司
地址：大庆市大同区高台子镇萨大路东

16. 肇源县机动车检测站
地址：大庆市肇源县郭尔罗斯大街

17. 阿城市天源机动车检测有限责任公司
地址：阿城市通城路 112 号

18. 五常市大众机动车检测有限公司
地址：五常市亚臣路北

19. 齐齐哈尔市机动车检测总站
地址：齐齐哈尔市齐黑公路 3.5 公里处

20. 泰来县机动车检测站
地址：泰来县泰来镇泰胜路 3 公里处

21. 牡丹江市机动车辆检测中心
地址：牡丹江市阳明路 9 号

22. 海林市远东机动车检测有限责任公司
地址：海林市海林镇华北区 1 委

23. 林口县平顺机动车检测有限公司
地址：林口县林口乡

24. 东宁县平安机动车检测有限公司
地址：东宁县东宁镇西外环砖厂旁

25. 鸡西市安捷机动车检测站
地址：鸡西市鸡冠区和平南大街 88 号

26. 黑河市宝路通机动车检测有限公司
地址：黑河市爱辉区机场路

27. 伊春市金盾机动车安全技术检测站
地址：伊春市伊春区前进办新卫委 265 号

28. 杜尔伯特蒙古族自治县嘉华机动车检测有限责任公司
地址：杜蒙县泰康镇哈萨路南侧

29. 哈尔滨市诚信机动车检测中心
地址：哈尔滨市道里区康安路 31 号

30. 巴彦县机动车性能检测站
地址：巴彦县巴彦乡人民大街 20 号

31. 通河鑫川机动车检测有限公司
地址：通河县通河镇长安街

32. 富裕县安顺机动车检测有限公司
地址：齐齐哈尔市富裕县朝阳大街东段

33. 肇东市安通机动车检测有限公司
地址：肇东市肇昌公路 10 公里处

34. 海伦市平安机动车检测有限责任公司
地址：海伦市交警队北侧

35. 安达市平安机动车检测有限公司
地址：安达市哈大高速公路东三公里

36. 汤原县凯通机动车检测有限公司
地址：汤原县汤原镇西大桥路

37. 桦南县东风机动车安全技术检测有限公司
地址：桦南县桦南镇东风村

38. 虎林市顺达机动车检测有限责任公司
地址：虎林县虎林镇

39. 青冈县政通机动车检测有限公司
地址：青冈县青冈镇青中路

40. 绥化天顺机动车辆检测有限责任公司
地址：绥化市北林区经济开发区

41. 佳木斯市鑫诚机动车检测有限公司

地址：黑龙江省佳木斯市

42. 佳木斯市通达汽车服务有限公司

地址：佳木斯市前进区中山路 549 号

43. 绥滨县百通机动车检测有限公司

地址：绥滨县绥滨镇松滨大街东段北侧

44. 双鸭山健通机动车安全技术检测有限公司

地址：双鸭山市宝清县通达街东段

45. 鸡东县安顺机动车检测有限公司

地址：鸡西市鸡东县鸡骨路 42 号

46. 齐齐哈尔市旺达机动车检测服务有限公司

地址：黑龙江省齐齐哈尔市

47. 绥化市平安机动车检测有限公司

地址：黑龙江省绥化市

48. 佳木斯市泰安机动车检测站

地址：黑龙江省佳木斯市

49. 大庆市顺风汽车服务有限公司

地址：大庆市让胡路区民营科技园

50. 桦川佳浦机动车检测有限公司

地址：佳木斯市桦川县悦来镇悦来大街

51. 依兰县宏成机动车检测有限责任公司

地址：哈尔滨市依兰县通纺路

52. 望奎县路安机动车检测有限公司

地址：绥化市望奎县青望公路四公里处

53. 宁安市平安机动车检测有限公司

地址：宁安市兰岗镇依兰村

54. 哈尔滨市路通机动车检测有限公司

地址：哈尔滨市香坊区安通六道街 1 号

55. 兰西县万里机动车检测有限公司

地址：绥化市兰西县兰肇公路南

56. 依安县佳鹏机动车性能检测服务有限公司

地址：齐齐哈尔市依安县依安农场

57. 黑龙江省农垦宏达机动车检测有限公司

地址：密山市裴德东海路东侧

58. 哈尔滨市龙腾机动车检测有限公司

地址：哈尔滨市道外区水源路 77 号

59. 哈尔滨市特种机动车检测中心

地址：哈尔滨市南岗区保健副路 6 号

60. 肇东市平安机动车检测有限责任公司

地址：肇东市铁东区东大北路 8 号

61. 庆安天创机动车检测有限公司

地址：黑龙江省绥化市庆安县

62. 鸡西市骏通机动车检测有限公司

地址：黑龙江省鸡西市鸡冠区

63. 黑龙江省北安农垦兴达机动车检测有限责任公司

地址：黑龙江省北安市铁西区

64. 绥化市长安机动车检测有限公司

地址：黑龙江省绥化市经济开发区

65. 双鸭山市机动车辆安全技术检测中心

地址：黑龙江省双鸭山市尖山区

66. 黑龙江滨北汽车检测有限公司

地址：哈尔滨市道里区松北大道 84 号

67. 绥棱县平安机动车安全技术检测有限公司

地址：绥棱县绥北路工业园区内

68. 佳木斯新天创机动车检测有限责任公司

地址：佳木斯市红旗路 126 号

69. 哈尔滨中顺机动车检测有限公司

地址：哈尔滨市道外区哈同公路出口处

70. 木兰县安保机动车检测有限公司

地址：木兰县木兰镇哈肇公路 147 公里

71. 哈尔滨天艺机动车检测有限责任公司

地址：哈尔滨市香坊区香福路 60 号（隶属农垦哈尔滨交通局）

72. 双城市龙顺机动车检测有限公司

地址：黑龙江省双城市双城镇承旭村

73. 宾县远大机动车检测有限公司

地址：哈尔滨市宾县滨州镇务勤村

74. 尚志市宏斌机动车辆检测有限责任公司

地址：黑龙江省尚志市河东乡东安三队

75. 富锦市机动车安全技术检验站

地址：富锦市南岗街 34 委

76. 齐齐哈尔市机动车检测站

地址：齐齐哈尔市建华区齐黑公路 3.5 公里处

77. 大庆市机动车检测站

地址：大庆市让胡路区中央大街南段 212 号

78. 大庆机动车检测中心第二站

地址：大庆市萨尔图区卡尔加里路中强北街 4 号

79. 大庆市机动车检测站（南城分站）

地址：大庆市红岗区八百晌南路 30 号

80. 黑龙江红兴隆农垦三利机动车检测有限责任公司
地址：双鸭山市友谊县红兴隆局直新兴路 11 号

81. 大庆市机动车检测站南城分站
地址：大庆市红岗区八百晌南路 30 号

82. 齐齐哈尔农垦智能机动车检测有限公司
地址：农垦齐齐哈尔分局查哈阳农场场直一委

83. 尚志市亚布力宝兴机动车辆安全技术检测有限公司
地址：黑龙江省尚志市鱼池乡锦河村

84. 哈尔滨源丰源机动车检测有限责任公司
地址：哈尔滨市利民开发区利民镇乐业村

85. 哈尔滨市昌运汽车检测有限责任公司
地址：哈尔滨市香坊区黎明乡红黎路

86. 哈尔滨市呼兰区远达机动车检测站
地址：哈尔滨市呼兰区利民开发区四平路 1 号

87. 同江市同泰机动车检测有限责任公司
地址：黑龙江省同江市友谊路兴盛街

88. 逊克县通达机动车检测有限责任公司
地址：黑河市逊克县奇克镇十一丘

江苏

1. 徐州市贾汪机动车安全技术检测有限公司
地址：徐州市贾汪工业园温州大道 3 号

2. 南京茂昌机动车检测有限公司
地址：中央北路 156 号

3. 高邮市畅达机动车检测有限公司
地址：高邮市文游南路车管所院内

4. 苏州中标机动车检测无锡有限公司
地址：无锡市金城东路 399 号

5. 南京市石佛寺机动车检测站
地址：江苏省南京市浦口区浦珠中路 359 号

6. 东海县奔牛机动车安全技术检验有限公司
地址：东海县牛山镇迎宾大道 5 号

7. 苏州苏新机动车服务有限公司
地址：苏州市汇通路 18 号

8. 苏州格标机动车检测有限公司
地址：苏州市吴中区木渎镇木胥西路 25 号

9. 沭阳县恒宇机动车检测中心
地址：江苏省宿迁市沭阳县扎下镇花木大世界南侧

10. 太仓市金盾机动车辆检测中心
地址：太仓市经济开发区板桥兴业路 137 号

11. 张家港市公安机动车辆检测中心
地址：地址：张家港市杨舍镇长安路北斜桥

12. 启东市机动车检测中心有限公司
地址：启东市紫薇西路 1240 号

13. 泰州市机动车安全技术检验中心
地址：泰州市永定西路 588 号

14. 南京正祺机动车检测有限公司
地址：栖霞区马群科技园金马路 2 号

15. 靖江市靖安机动车安全技术检测有限公司
地址：靖江市马桥镇曾家港西车管所大院内

16. 南京通发机动车检测场
地址：江苏省南京市秦淮区大校场路 39 号

17. 海安县机动车检测中心
地址：海安县海安镇二里村一组

18. 沛县鸿鑫机动车检测有限公司
地址：江苏省徐州市沛县丰沛路南侧车管所院内

19. 海门市机动车辆检测中心
地址：江苏省海门市南海东路 48 号（海门国际车城）

20. 盐城大吉机动车辆检测有限公司
地址：江苏省盐城市盐都区西区马沟益民居委会

21. 泰州市高港区华安机动车检测有限公司
地址：泰州市高港区刁铺扬子江北路 3 号

22. 宿迁金盾机动车检测中心有限公司
地址：宿迁市经济开发区宿豫区庐山路

23. 新沂市神山机动车安全技术检测服务有限公司
地址：新沂市大桥东路（车管所院内）

24. 镇江市丹徒区机动车检测中心
地址：江苏省镇江市丹徒区谷阳曾韩村

25. 苏州苏城机动车检测中心服务有限公司
地址：江苏省苏州市相城区相城经济开发区春申湖东路 68 号

26. 江都市畅安机动车安全技术性能检测站
地址：江都市仙女镇长江东路 139 号

27. 南京金钟山机动车检测有限公司
地址：江苏省南京市建邺区扬子江大道 208 号

28. 南京葛塘机动车检测服务有限公司
地址：南京市沿江工业开发区葛塘镇工农村墩子高组

29. 南京金鹰苏星机动车检测有限公司
地址：江苏省南京市栖霞区尧化街道仙尧路 15 号

30. 常熟市公安局机动车检测站
地址：常熟市三环路东汽车市场内福特路 2 号

31. 扬州运达机动车检测有限公司
地址：江都市邵伯镇淮江路 101 号

32. 苏州中标机动车检测有限公司无锡分公司
地址：无锡市金城湾路 94 号

33. 泗洪县综安机动车辆检测有限公司
地址：江苏省泗洪县经济开发区西湖路 7 号

34. 徐州安通机动车检测有限公司
地址：徐州汽配城三期

35. 苏州中标机动车检测有限公司
地址：苏州市越湖路 121 号

36. 常州中标机动车检测技术有限公司
地址：常州市宣盛路 28 号

37. 沭阳县阳光机动车辆检测有限公司
地址：沭阳县杭州路

38. 徐州市贾汪机动车安全技术检测有限公司
地址：徐州经济开发区

39. 苏州国安机动车检测有限公司
地址：苏州市吴中区文曲东路 58 号

40. 南京浦源机动车检测有限公司
地址：南京市浦口区江浦街道龙华路 9 号

41. 阜宁县机动车辆检测中心有限公司
地址：江苏省阜宁县经济开发区黄河路 2 号

42. 南通汽运车辆检测有限公司
地址：南通市城港路 143 号

43. 吴江市车辆检测中心
地址：吴江市松陵镇人民路 8 号

44. 泗阳县荣盛车辆检测服务有限公司
地址：泗阳县棉花原种场小圩村 6 组

45. 太仓市金盾机动车辆检测中心
地址：太仓市经济开发区板桥兴业路 137 号

46. 张家港市公安机动车辆检测中心
地址：张家港市杨舍镇长安路北斜桥

47. 南通市公共交通总公司车辆安全检测站
地址：江苏省南通市崇川区钟秀东路 14 号

48. 海门市机动车辆检测中心
地址：江苏省海门市南海东路 48 号（海门国际车城）

49. 盐城大吉机动车辆检测有限公司
地址：江苏省盐城市盐都区西区马沟益民居委会

50. 泗洪县综安机动车辆检测有限公司
地址：江苏省泗洪县经济开发区西湖路 7 号

51. 沭阳县阳光机动车辆检测有限公司
地址：沭阳县杭州路

52. 沭阳县永安汽车检测站
地址：沭阳县沭城镇糖坊村永安驾校院内

浙江

1. 温岭市公安局交通警察大队车辆检测站
地址：温岭市太平街道东辉南路 16 号

2. 余姚市机动车辆检测服务站
地址：余姚市新建北路 312 号

3. 台州市公安局交通警察支队路桥大队机动车辆检测站
地址：台州市路桥迎宾大道方林汽车城内

4. 奉化市公安交通管理保障服务中心
地址：奉化市南山路 161 号

5. 嵊州市机动车安全技术检测站
地址：嵊州市剡湖街道禹溪村长运物流内

6. 桐乡市公安局机动车辆技术检测站
地址：桐乡市茅盾东路 172 号一舟车城

7. 桐乡市公安局机动车辆技术检测站
地址：桐乡市高桥开发区迎宾大道旁

8. 宁波市北仑区顺通机动车检测有限公司
地址：宁波市北仑区大茅洋山路 500 号

9. 仙居县公安局交通警察大队机动车辆检测站
地址：仙居县福音街道下王村

10. 海盐众安机动车安全技术检测有限公司
地址：海盐县武原镇新桥北路（开发区北首）

11. 海盐县公安局交通警察大队摩托车检测站
地址：海盐县武原镇新桥北路 229 号

12. 宁波市鄞州区机动车辆检测站
地址：宁波市鄞州区鄞县大道东段 1266 号

13. 杭州市萧山区机动车辆安全技术检测站
地址：杭州市萧山区瓜沥镇瓜沥大桥南

14. 杭州市萧山区机动车辆安全技术检测站
地址：杭州市萧山区义蓬镇横一路

15. 杭州市萧山区机动车辆安全技术检测站
地址：杭州市萧山区通货路

16. 杭州市萧山区机动车辆安全技术检测站
地址：杭州市萧山区临浦镇峙山路

17. 海宁九方机动车检测站
地址：海宁市海昌南路吉恩仕大道南 100 米

18. 海宁九方机动车检测站
地址：海宁市硖石南苑路 28 号

19. 海宁九方机动车检测站
地址：海宁市长安镇修川路 85 号

20. 慈溪市机动车技术检测站
地址：慈溪市匡堰镇寺马线车管所内

21. 慈溪市机动车技术检测站
地址：慈溪市匡堰镇大塘村

22. 青田县机动车安全技术检测站
地址：浙江省丽水市青田县鹤城镇水南村头 2 号

23. 湖州市机动车辆安全技术检测站
地址：湖州市织里镇织里北路交警中队

24. 杭州市公安局交通警察支队第十三车辆检测站
地址：淳安县千岛湖镇新安东路 739 号

25. 宁波市东钱湖公安分局交（巡）警大队机动车检测站
地址：宁波市东钱湖镇钱湖南路 16 号

26. 绍兴市公安局交通警察支队车辆安全技术检测站
地址：绍兴市袍江康宁东路

27. 宁波市大榭开发区公安分局交警大队机动车检测站
地址：宁波市大榭开发区信民路 42 号

28. 嘉兴市路通机动车检测服务有限公司
地址：嘉善县魏塘镇外环东路 2198 号

29. 瑞安市天润车辆检测有限公司
地址：瑞安市汀田镇风岙村风胜路 1 号

30. 江山市公安局交通警察大队机动车安全检测中心
地址：江山市虎山街道乌方塘

31. 嘉善县君安机动车安全性能检测有限公司
地址：嘉兴市嘉善县惠民街道隆全路 138 号

32. 嘉善县君安机动车安全性能检测有限公司
地址：嘉兴市嘉善县魏塘街道外环东路 58 弄 1 号

33. 嘉兴市机动车辆技术检测站
地址：嘉兴市中环南路汽车商贸园内

34. 嘉兴市机动车辆技术检测站
地址：嘉兴市南湖区余新镇南江路 1626 号

35. 安吉县机动车安全技术检测站
地址：安吉县递铺镇天荒坪南路 197 号

36. 衢州市公安局交通警察支队机动车辆安全技术检测站
地址：衢州市下张开发区建新路 18 号

37. 庆元县安华机动车辆检测有限公司
地址：浙江省丽水市庆元县松源镇新建路 141 号

38. 永嘉县公安局交警大队车辆管理所检测站
地址：浙江省温州市永嘉区瓯北镇和三村路

39. 宁波市公安局交通警察支队车辆管理所机动车第三检测站
地址：宁波市鄞州区鄞县大道古林段 1 号

40. 玉环县交警大队车辆检测站
地址：玉环县广陵路与三潭路交叉口

41. 湖州市机动车安全技术检测站
地址：浙江省湖州市南门外中庚村

42. 长兴县机动车安全技术检测站
地址：湖州市长兴县雉城镇工业园区柏家滨路段

43. 杭州市公安局交通警察支队第十二车辆检测站
地址：浙江省杭州市建德市新安江街道新衢路 106 号

44. 舟山市公安机动车检测站
地址：浙江省舟山市定海区临城街道临海海西路 4 号

45. 黄岩交警大队车辆安全技术性能检测站
地址：浙江省台州市黄岩区华东汽摩城

46. 嵊州市机动车检测中心
地址：浙江省绍兴市嵊州（市）城关镇剡城路 17 号

47. 苍南县公安局交通警察大队车辆管理所检测站
地址：浙江省苍南县灵溪镇 104 国道百丈村段车管所

48. 云和县公安局交通警察大队机动车检测站
地址：浙江省丽水市云和县云和镇中山西路 192 号

49. 平阳县公安局交通巡逻警察大队车辆管理所检测站
地址：浙江省平阳县昆阳镇临区

50. 瑞安市公安局交通警察大队车辆管理所检测站
地址：浙江省瑞安市潘岱乡下湾村

51. 景宁县摩托车检测站
地址：浙江省景宁畲族自治县鹤溪镇环城西路 148 号

52. 遂昌县摩托车检测中心
地址：浙江省丽水市遂昌县妙高乡源口村

53. 德清县机动车安全技术检测站
地址：浙江省湖州市德清县乾元镇金鹅山

54. 温州市公安局交通警察支队车辆管理所检测中心
地址：温州市鹿城区法派路 25 号

55. 温州市公安局交通警察支队车辆管理所检测中心
地址：温州市瓯海区梧埏镇蟠凤机动车交易市场

56. 温州市公安局交通警察支队车辆管理所检测中心
地址：温州市机场大道屿田二手车市场

57. 余姚市机动车辆检测服务站
地址：余姚市新建北路 312 号

58. 宁波市公安局机动车检测站南片分站
地址：宁波市宁海县梅林街道胜建村旁

59. 奉化市公安交通管理保障服务中心
地址：奉化市南山路 161 号

60. 宁波市公安局交通警察支队车辆管理所机动车第二检测站
地址：宁波市江东区福明路 633 号

61. 平湖市保安机动车安全性能检测站
地址：平湖市当湖街道城北路福臻支路（平湖看守所西侧）

62. 宁波市公安局机动车辆检测站
地址：宁波市江北区环城北路东段 570 号

63. 浙江省机动车辆安全检测中心
地址：杭州市萧山区宁围镇杭甬高速公路出口处

64. 台州市机动车辆检测站
地址：临海市后岭下

65. 台州市机动车辆检测站
地址：台州市椒江区机场路

66. 乐清市公安局交通警察大队车辆管理所检测站
地址：乐清市乐成镇宁康西路 158 号

67. 诸暨公安机动车安全技术检测站
地址：诸暨市陶朱街道诸三西路 8 号

68. 天台县公安局机动车辆安全技术检测站
地址：台州市天台县桥南路

69. 文成县公安局交通警察大队车辆管理所检测站
地址：温州市文成县樟台乡排门村文瑞路 1 号

70. 缙云县交警大队车管所摩托车检测站
地址：丽水市缙云县东渡镇东渡村

71. 泰顺县公安局交警大队车管所检测站
地址：温州市泰顺县罗阳镇泰分路 569 号

72. 松阳县交警大队摩托车检测站
地址：松阳县西屏镇长虹中路 133 路

73. 龙泉市摩托车检测站
地址：龙泉市环城西路 2 号

74. 杭州市公安局交通警察支队第五车辆检测站
地址：余杭区南苑街道迎宾大道 68 号

75. 杭州市公安局交通警察支队第五车辆检测站
地址：余杭区临平街道星光街 123–1 号

76. 杭州市萧山区机动车辆安全技术检测站
地址：杭州市萧山区义蓬乡义盛路 288 号

77. 三门县机动车辆检测站
地址：三门县海游镇山陈村

78. 新昌县公安局交警大队机动车检测站
地址：新昌县羽林街道新旺村

79. 临海市公安局交通警察大队机动车检测站
地址：临海市后岭下

80. 丽水市机动车辆安全检测站
地址：丽水市莲都区吕埠坑村

81. 杭州市公安局交通警察支队第九车辆检测站
地址：杭州下城区绍兴路 476 号

82. 杭州市公安局交通警察支队第二车辆检测站

地址：杭州滨江区滨康路 222 号

83. 杭州市公安局交通警察支队第十车辆检测站

地址：杭州市绍兴路杨家里

84. 杭州市公安局交通警察支队第一车辆检测站

地址：杭州西湖区西溪路 529 号

85. 杭州市公安局交通警察支队第三车辆检测站

地址：杭州市沈半路 464 号

86. 杭州市公安局交通警察支队第四车辆检测站

地址：杭州市拱墅区石祥路 589 号

87. 杭州蓝保机动车检测服务有限公司

地址：杭州市西溪路 529 号

88. 北仑公安分局交警大队检测站

地址：宁波市北仑区新碶街道恒山路 46 号

89. 杭州安顺机动车检测服务有限公司

地址：杭州市下城区绍兴路 400 弄大业巷 40 号 9 幢

90. 杭州市公安局交通警察支队第四车辆检测站

地址：杭州市拱墅区石祥路 589 号

91. 景宁县摩托车检测站

地址：景宁县鹤溪镇环城西路 148 号

安徽

1. 安徽省汽车检测中心

地址：合肥市临泉路三角线

2. 合肥市机动车车辆综合检测站

地址：合肥市合作化南路

3. 合肥市交通汽车综合性能检测站

地址：合肥市维五路

4. 合肥市夏阳机动车辆检测有限公司

地址：合肥市庐阳产业园官塘路 7 号

5. 合肥市公安机动车检测线

地址：合肥市长江西路车管所内

6. 合肥市裕和机动车车辆检测站

地址：合肥市繁华大道的东一号

7. 合肥市冠联机动车车辆检测站

地址：合肥市汴河路国际汽车城

8. 合肥市振明机动车服务有限公司

地址：合肥包合区包河工业区经五路 8 号

9. 肥东县公安机动车检测站

地址：安徽省肥东县车管所内

10. 肥东县交通机动车检测站

地址：安徽省肥东县通盛饲料对面

11. 肥西县公安机动车检测站

地址：安徽省肥西县站前路

12. 长丰县机动车检测站

地址：安徽省长丰县水沽镇长淮路 127 号

13. 蚌埠市公安机动车检测站

地址：安徽省蚌埠市蚌埠市治淮路 95 号

14. 蚌埠市运通公司汽车综合性能检测站

地址：安徽省蚌埠市治淮路 175 号

15. 五河县交通警察大队机动车检测站

地址：安徽省五河县城南五蚌路

16. 五河县汽车综合性能检测站

地址：安徽省五河县外河口过大桥

17. 宿州市公安机动车检测站

地址：安徽省宿州市浍水中路 134 号车管所内

18. 宿州市汽车综合性能检测站

地址：安徽省宿州市宿怀南路

19. 泗县公安机动车检测站

地址：安徽省宿州市泗县泗城镇国防北路 128 号

20. 灵璧汽车综合性能检测站

地址：安徽省灵璧县灵运驾校内

21. 淮北市金盾机动车检测有限公司

地址：安徽省淮北市东山路九一〇厂北 100 米

22. 濉溪公安机动车检测站

地址：安徽省濉溪县淮海路车管所内

23. 亳州市机动车检测中心

地址：安徽省亳州市市交警支队车管所内

24. 涡阳运盛机动车检测有限公司

地址：安徽省涡阳县

25. 蒙城县犇鑫综合性能检测站

地址：安徽省蒙城县西转盘西 S307 线北侧

26. 蒙城县方正机动车检测有限公司

地址：安徽省蒙城县经济开发区

27. 滁州汽车安全性能检测站
地址：安徽省滁州市会峰路行政服务中心

28. 凤阳汽车安全性能检测站
地址：安徽省凤门路县车管所内

29. 明光机动车安全性能检测站
地址：安徽省明光市五马路市委党校对面

30. 明光通综合性能检测站
地址：安徽省明光市 104 国道收费站西

31. 定远公安机动车检测站
地址：安徽省定远县定滁路 115 号驾校院内

32. 天长市机动车检测站
地址：安徽省天长市新城区纬三路

33. 全椒县汽车综合性能检测站
地址：安徽省全椒县城关滁全路立交桥下

34. 马鞍山公安机动车检测站
地址：安徽省马鞍山市开发区湖西南路汽车城内

35. 马鞍山汽车综合性能检测站
地址：安徽省马鞍山市东环路

36. 当涂县公安机动车检测站
地址：安徽省当涂县振兴北路与 314 省道交界处

37. 芜湖市公安机动车检测站
地址：安徽省芜湖市弋江区火龙岗镇牌坊岭

38. 芜湖市综检站
地址：安徽省芜湖市火龙岗 205 国道东侧

39. 芜湖县公安机动车检测站
地址：安徽省芜湖县湾沚镇永红村安达架校内

40. 南陵县金盾汽车检测站
地址：安徽省南陵县城

41. 南陵县通综合性能检测站
地址：安徽省南陵县城开发区内

42. 繁昌公安机动车检测站
地址：安徽省繁昌县车管所内

43. 宣城市公安机动车检测站
地址：安徽省宣城市宣州区梅溪路 2 号（金坝）

44. 宣城市通综合性能检测站
地址：安徽省宣城市莲花塘

45. 泾县公安机动车检测站
地址：安徽省泾县桃花潭中路 62 号

46. 朗溪县公安机动车检测站
地址：安徽省朗溪县车管所

47. 广德县公安机动车检测站
地址：安徽省广德县县车管所

48. 宁国公安机动车检测站
地址：安徽省宁国县宁阳西路

49. 宁国综合性能检测站
地址：安徽省宁国县经开区外环西路 100 号

50. 旌德县公安机动车检测站
地址：安徽省旌德县新桥工业园区

51. 绩溪综合性能检测站
地址：绩溪公安机动车检测站

52. 铜陵公安机动车检测站
地址：安徽省铜陵市开发区七坝路车管所

53. 淮南公安机动车检测站
地址：安徽省淮南市大通区上窑镇

54. 淮南综合性能检测站
地址：安徽省淮南市矿物局驾培中心

55. 凤台综合性能检测站
地址：安徽省凤台县河东大山镇

56. 安庆市公安机动车检测站
地址：安徽省安庆市宜秀区石塘湖路 8 号英德利汽车城

57. 安庆市综合性能检测站
地址：安徽省安庆市石化集团旁边

58. 桐城市公安机动车检测站
地址：安徽省桐城市明秀路市车管所内

59. 桐城市综合性能检测站
地址：安徽省桐城市开发区高速公路桥下

60. 枞阳公安机动车检测站
地址：安徽省枞阳县金山大道车管所内

61. 怀宁县公安机动车检测站
地址：安徽省怀宁县高河镇独秀大道怀宁县车管所内

62. 潜山公安机动车检测站
地址：安徽省潜山县围城镇古塔路 88 号车管所内

63. 岳西公安机动车检测站
地址：安徽省岳西县天堂镇木冲村湖冲坳

64. 太湖公安机动车检测站
地址：安徽省太湖县净熙镇人民路

65. 宿松公安机动车检测站
地址：安徽省宿松县孚玉镇宿松路车管所内

66. 望江公安机动车检测站

地址：安徽省望江县华阳镇东洲路 38 号

67. 阜阳市公安机动车检测站

地址：安徽省阜阳市颍泉区太和路 219 号车管所内

68. 阜阳综合性能检测站

地址：安徽省阜阳市经济开发区

69. 界首公安机动车检测站

地址：安徽省界首市东城办事处徐寨行政村

70. 巢湖公安机动车检测站

地址：安徽省巢湖市居巢区半汤路巢湖学院对面

71. 巢湖综合性能检测站

地址：安徽省巢湖市半汤路

72. 无为公安机动车检测站

地址：安徽省无为县公安局交警大队车管所

73. 含山公安机动车检测站

地址：安徽省含山县环峰峰华阳东路县车管所内

74. 徽州公安机动车检测站

地址：安徽省黄山市徽州区车管所内

75. 徽州综合性能检测站

地址：安徽省黄山市徽州区城北汽车边上

76. 屯溪区公安机动车检测站

地址：安徽省黄山市屯溪区齐云大道车管所内

77. 休宁公安机动车检测站

地址：安徽省休宁县海阳镇齐云山大道

78. 祁门公安机动车检测站

地址：安徽省祁门县车管所内

79. 黟县公安机动车检测站

地址：安徽省黟县公安车管所内

80. 太平区公安机动车检测站

地址：安徽省黄山市太平区车管所内

福建

1. 长乐昌盛机动车检测有限公司

地址：长乐市航城街道峡梅路龟山

2. 福建省机动车安全技术检测中心直属检测站

地址：福州市闽侯县祥谦镇镇枕峰村

3. 福建省闽清县日新车辆事务服务有限公司

地址：闽清县梅城镇北大街 120 号

4. 福清市机动车检测站

地址：福清市宏路镇清荣大道口

5. 福州吉诺车辆检测有限公司

地址：福州市仓山区则徐大道 625 号

6. 福州开源机动车检测有限公司

地址：福州市晋安区五四北路秀峰路 1 号

7. 福州路友机动车检测有限公司

地址：福州市台江区祥坂路 71 路

8. 福州闽运机动车检测有限公司

地址：福州市仓山区后坂盖山投资区高旺路 1 号

9. 福州盛丰金山机动车安全检测有限公司

地址：福州市仓山区金山工业开发区金达路 168 号七号厂房

10. 福州顺顺新店机动车安全检测有限公司

地址：福州市晋安区新店镇赤星村民营工业区（32 亩工业区）1 号厂房第一层

11. 福州新福达机动车检测有限公司

地址：福州市晋安区福新东路 368 号 3 号楼

12. 福州邮通机动车安全技术检测有限公司

地址：福州市晋安区长乐北路 95 号

13. 福州远恒祥车辆技术检测有限公司

地址：闽侯县尚干镇后福工业区石排洋 99 号

14. 连江县顺顺机动车安全检测有限公司

地址：连江县凤城莲荷东路 18–39 号 39 幢 607 单元

15. 罗源县安通汽车事务有限责任公司

地址：罗源县凤山镇管柄村民营工业区

16. 闽侯县保安服务公司

地址：闽侯县甘蔗镇八一八路

17. 平潭县交安机动车检测有限公司

地址：平潭县潭城镇深溪底宝城 60 号

18. 永泰县华兴车辆服务有限公司

地址：永泰县城峰镇汤洋村塔山 126–1 号

19. 莆田市城厢区吉安机动车安全技术检测站

地址：莆田市城厢区荔城大道 111 号

20. 莆田市涵江区机动车安全技术检测站

地址：莆田市涵江区涵华东路 119 号

21. 莆田市荔城区安顺机动车安全技术检测站

地址：莆田市荔城区镇海南街 116 号

22. 莆田市普安机动车安全技术检测站

地址：莆田市城厢区霞林街道办事处霞林新村 89 号

23. 莆田市秀屿区畅达机动车安全技术检测站

地址：莆田市秀屿区石镇秀山村

24. 仙游县大胜机动车安全技术检测有限公司
地址：仙游县赖店工业区

25. 安溪安德机动车安全技术检测有限公司
地址：安溪县城厢镇德苑二环路

26. 安溪县创安机动车服务有限公司
地址：安溪县城厢镇河宾西路 196 号

27. 福建联鑫车业有限公司
地址：南安市官桥金桥工业区

28. 福建南安市安畅服务有限公司
地址：南安市南大路 655 号

29. 福建省石狮华林交通旅游服务管理有限公司
地址：石狮市九二路 577 号

30. 福建石狮市溢安交通安全服务有限公司
地址：石狮市大同路 2 号

31. 华东（泉州）汽车维修中心有限公司
地址：泉州市区城东官头

32. 惠安大明机动车检测有限公司
地址：泉州市惠安县辋川镇居仁工业区

33. 惠安县顺畅交通安全服务中心
地址：惠安县螺城镇惠泉路

34. 晋江市晋安交通咨询服务有限公司
地址：晋江市青阳街道崇德路交警大队生活区

35. 晋江市铭发机动车安全技术检测有限公司
地址：晋江市龙湖镇古湖村

36. 晋江市新兴机动车服务有限公司
地址：晋江市罗山街道后林村

37. 晋江市中营汽车服务有限公司
地址：晋江市金井镇职校路 1 号

38. 南安市吉安汽车检测有限公司
地址：南安市官桥镇洪邦工业区

39. 泉州安顺机动车安全技术检测有限公司
地址：晋江市金井镇草湖埔七匹狼工业区

40. 泉州诚毅摩托车检测有限公司
地址：泉州市丰泽区名伟停车场南侧

41. 泉州鲤城鑫源汽车贸易有限公司
地址：泉州市鲤城区江南东浦社区兴贤路 197 号

42. 泉州泉港永德交通服务有限公司
地址：泉州市泉港区工业区交警大队 53-54 店面

43. 泉州市捷安机动车安全检测中心有限公司
地址：南安市大霞美镇新车辆管理所内

44. 泉州市信诚机动车服务有限公司
地址：泉州市丰泽区秀涂街丰泽商住房 6 号

45. 泉州市中营汽车服务有限公司
地址：泉州市丰泽区坪山路南段

46. 石狮市闽南机动车安全技术检测有限公司
地址：石狮市灵秀镇港塘村

47. 永春县永茂交通服务有限公司
地址：泉州市永春县交警大队旧宿舍

48. 德化县顺安摩托车检测有限公司
地址：德化县龙浔镇龙鹏街 266 号

49. 厦门金龙机动车检测有限公司
地址：厦门市集美区金龙路 9 号

50. 厦门金旅机动车检测有限公司
地址：厦门市海沧区新光路 159 号

51. 厦门聚洲机动车检测有限公司
地址：厦门市思明区岭兜西路 269 号

52. 厦门市机动车技术服务中心有限公司
地址：厦门市集美区灌口南路 701-707 号

53. 厦门市集美区杏全机动车检测有限公司
地址：厦门市集美区杏前路 130 号

54. 厦门市交通保安服务公司
地址：厦门市思明区湖滨东路 41 号

55. 厦门同安车安机动车安全检测站
地址：厦门市同安区城东开发区

56. 厦门运输发展总公司
地址：厦门市思明区金榜路 61 号

57. 长泰宏泰交通安全服务有限公司
地址：长泰县武安镇获亭村

58. 东山县益安交通安全服务有限公司
地址：东山县经济技术开发区（县交警大队内）

59. 华安县景嘉交通服务有限公司
地址：华安县华丰镇大同西路 11 号

60. 龙海市道路交通安全服务中心
地址：龙海市石码镇平宁路四号

61. 龙海市耀达机动车辆检测有限公司
地址：龙海市海澄镇工业区

62. 南靖县靖安交通施救服务处
地址：南靖县山城镇湖美

63. 平和县泰安交通安全服务处
地址：平和县小溪镇北环路交警大楼一楼

64. 云霄县畅安机动车服务检测有限公司

地址：云霄县云陵镇金霞路 111 号

65. 漳平市畅安机动车服务有限责任公司

地址：漳平市外环东路交警指挥中心

66. 漳浦威林机动车检测有限公司

地址：漳浦县妥安工业开发区妥安工业园

67. 漳州科能机动车辆检测有限公司

地址：漳州市蓝田开发区横六路科能工业园

68. 漳州市安平机动车施救服务有限公司

地址：漳浦县绥安镇全浦路搬运公司大楼第二层

69. 漳州市常山畅通机动车检验有限公司

地址：漳州市常山华侨农场溪乾管区

70. 漳州市畅达机动车检验有限公司

地址：漳州市芗城区战备大桥南原检测中心

71. 漳州市龙文区龙安交通安全服务中心

地址：漳州市龙文区新浦东路

72. 漳州市芗城区利达服务中心

地址：漳州市芗城区芝山镇前山村

73. 诏安县安达交通安全服务有限公司

地址：诏安县南诏镇詹园街

74. 长汀县平安机动车安全技术检测服务有限公司

地址：长汀县经济工业开发区（策武乡麻陂）

75. 连城县冠安机动车驾驶服务有限公司

地址：连城县莲峰镇罗家营

76. 连城县通顺机动车安全技术检测有限服务有限公司

地址：龙岩市连城县文亨乡文岗村

77. 龙岩市畅安工贸服务有限公司

地址：龙岩市新罗区西城西安南路

78. 龙岩市浮蔡机动车检测有限公司

地址：龙岩市新罗区曹溪真浮蔡村

79. 龙岩顺康机动车检测有限公司

地址：龙岩市新罗区莲庄路 1 号

80. 上杭县创安机动车检测有限公司

地址：上杭北环路利民新村

81. 武平县祥安机动车安全技术检测服务有限公司

地址：武平县平川镇青云山工业区

82. 武平县祥顺机动车安全技术检测服务有限公司

地址：武平县平川镇平川路 175 号

83. 永定县畅兴机动车机动车服务有限公司

地址：永定县凤城镇东大道 126 号

84. 永定县鑫安机动车检测有限公司

地址：永定县高陂镇富园村

85. 长汀县畅安机动车检测服务有限公司

地址：长汀县腾飞水韵华庭 A 区 8 幢 130 号

86. 大田县机动车安全技术检测中心

地址：大田县均溪镇福田大道

87. 建宁县建盛机动车检验服务有限责任公司

地址：建宁县河东路 31 号

88. 将乐县乐安机动车检测有限公司

地址：将乐县水南镇龙井路

89. 明溪县宏达检测服务有限公司

地址：明溪县雪峰镇东新路 58 号

90. 宁化县畅通检测服务有限公司

地址：宁化县中环北路 1 号

91. 清流县利民机动车检测有限责任公司

地址：清流县龙津镇长兴北街 2 号

92. 三明机动车安全技术检测站

地址：三明市梅列区碧湖

93. 沙县平安机动车检测站

地址：沙县水南（交警大队一楼）

94. 泰宁县景兴机动车检测站

地址：泰宁县杉城镇金湖东路 92 号

95. 尤溪县安达机动车安全技术检测有限公司

地址：尤溪县林业车队内

96. 尤溪县健溪机动车检测有限公司

地址：尤溪县城关解放路 145 号

97. 光泽县利群服务有限公司

地址：光泽县农工商停车场

98. 建瓯市宏达车辆服务有限公司

地址：建瓯市东瓯街

99. 建阳市恒鑫机动车安全技术检测有限公司

地址：建阳市黄花山 41 号

100. 南平市长安机动车安全技术检测站

地址：南平市延平区环城中路 109 号

101. 浦城县梦笔机动车服务有限公司

地址：浦城县南浦镇五里塘 48 号

102. 邵武市宏祥服务有限公司
地址：邵武市熙春东路福航大厦 A 幢二层

103. 顺昌县安源机动车检测有限公司
地址：顺昌县水南镇五里亭

104. 松溪县湛庐机动车安全技术检测服务有限公司
地址：松溪县河东乡大布村溪岬山

105. 武夷山市鸿利贸易有限公司
地址：武夷山市岩前路 37 号

106. 政和县安顺机动车安全技术检测有限公司
地址：南平市政和县城关东门物质仓库

107. 福安市安达机动车安全检测有限公司
地址：福安市城南溪口商贸园

108. 福鼎市顺达机动车安全技术检测有限公司
地址：福鼎市星火工业园区（福鼎市宏顺汽车维修有限公司）

109. 古田县安培机动车辆检测有限公司
地址：古田县城东 614 路中南路 27 号

110. 宁德市机动车安全技术检测站
地址：宁德市蕉城区城南镇后山村鹤峰路

111. 宁德市兴盛摩托车服务有限公司
地址：宁德市蕉城区坪塔路 3 号交警中队内

112. 屏南县利达交通服务有限公司
地址：屏南县古峰镇翠屏路 96 号

113. 寿宁县荣昌车辆服务有限公司
地址：寿宁县鳌阳镇城南路 19 号

114. 霞浦县盛达机动车安全检测服务有限公司
地址：霞浦县松城街道西关雁头岭

115. 柘荣县荣安服务有限公司
地址：柘荣县双城镇六一五东路 63 号

116. 周宁县顺达车辆服务有限公司
地址：周宁县狮城镇桥南街 125 号

江西

1. 万安县大众摩托车检测有限公司
地址：万安县交警队院内

2. 赣州市翔龙摩托车检测有限公司
地址：赣州市章贡区关刀坪路 4 号

3. 樟树市顺达机动车检测中心有限公司
地址：樟树市四特大道（西侧）189 号

4. 江西省安达机动车辆检测有限公司
地址：南昌市青山湖区京东镇高兴村

5. 江西省海帆机动车检测有限公司
地址：南昌市高新大道罗万工业区 7 号

6. 遂川县江南平安摩托车检测站
地址：泉江镇东路大道 114 号旁边

7. 九江市新万通汽车服务有限公司
地址：九江市九威大道欣荣路侧（车管所内）

8. 九江市新万通汽车服务有限公司武宁分公司
地址：武宁县万福经济技术开发区

9. 江西赣安机动车检测站
地址：南昌市红谷滩丰和中大道江西省公安厅红谷滩第二工作区

10. 分宜县永安机动车检测有限公司
地址：分宜县东兴开发区

11. 德兴市广信机动车检测中心
地址：德兴市银城镇铜都大道

12. 景德镇市通璟机动车驾驶员服务有限公司
地址：浮梁县罗家

13. 德安县速华汽车检测有限公司
地址：德安县义峰路 200 号

14. 寻乌县寻安摩托车检测中心
地址：寻乌县交警大队院内

15. 进贤县华鑫机动车测站
地址：江西省南昌市进贤到民和镇云桥北路

16. 余干县平国机动车检测站
地址：江西省上饶市余干县玉亭镇城北街道

17. 万年县综合性能检测站
地址：江西省万年县丰收园经二路

18. 德兴市综合性能检测站
地址：江西省德兴市银城镇银山西路 100 号

19. 广丰县大众综合性能检测站
地址：江西省上饶市广丰县下溪镇大坪工业区

20. 上饶市交安机动车检测中心
地址：江西省上饶市信州区三清山大道 8 号

21. 上饶平安车辆综合性能检测有限公司
地址：江西省上饶市信州区 320 国道西段

22. 鹰潭市顺通车辆安全技术检测有限公司
地址：鹰潭市南站路 50 号

23. 新余市机动车安全技术检测站
地址：新余市劳动北路 961 号

24. 江西百娱检测服务有限公司
地址：江西省赣州市信丰县盐务局一楼

25. 赣县平安机动车检测中心
地址：江西省赣县县城赣新大道 87 号交警大院内

26. 江西省于都县弘光实业有限公司摩托车检测中心
地址：江西省赣州市于都县贡江镇长征大道 33 号

27. 定南县旭祥摩托车检测中心
地址：江西省赣州市定南县历市镇工业大道 92 号

28. 赣州市保康汽车检测中心
地址：江西省赣州市黄金开发区华坚南路

29. 吉安市金盾机动车安全技术检测中心
地址：吉安市高新技术产业开发区

30. 兴国县东滨摩托车检测中心
地址：江西省兴国县平川大道 109 号

31. 江西欧亚机动车检测有限公司
地址：江西省南昌市青山湖区洪都中大道 137 号

32. 江西长运机动车检测中心有限公司
地址：江西省南昌市洪都南大道 313 号

33. 萍乡市祥运机动车辆检测有限公司
地址：江西省萍乡市开发区 158 号

34. 抚州恒力科技有限公司
地址：江西抚州钟岭办事处李家村委会左村小组

35. 宜春市三鑫车辆安全技术检测有限公司（一分公司）
地址：江西省宜春市袁州区宜春南路 136 号

36. 宜春市三鑫车辆安全技术检测有限公司（二分公司）
地址：江西宜春市丰城市新城区紫云大道 17 号

37. 宜春市三鑫车辆安全技术检测有限公司（二分公司）
地址：江西宜春市高安市高安大道 118 号

38. 定南强华机动车检测有限公司
地址：江西省赣州市定南县城西环路南侧

39. 南昌市洪安机动车辆检测有限公司
地址：江西省南昌市昌北庐山中大道 2258 号

40. 高安市源盛机动车辆检测有限公司
地址：江西省高安市石脑镇塔溪村廖家村

41. 赣县祥运机动检测站
地址：江西省赣州市赣县梅林镇富豪路 2 号

42. 上犹县摩托车检测中心
地址：上犹县交警大队院内

43. 萍乡市永盛机动车辆综合性能检测有限公司
地址：江西省萍乡市莲花县琴亭镇

44. 宁都县永兴检测中心
地址：江西省赣州市宁都县梅江镇河东路 9 号

45. 南昌县昌南机动车检测有限公司
地址：江西省南昌市南昌县莲塘中大道 80 号

46. 萍乡市蓝盾机动车辆安全技术检测有限公司
地址：江西省萍乡市经济开发区

47. 信丰县鹏图车辆检测有限公司
地址：信丰县嘉定镇迎宾大道金莲塘路口

48. 赣州市金安摩托车检测有限公司
地址：赣州市开发区金坪工业大道 6 号

49. 大余金盾机动车辆检测中心
地址：江西省大余县交警大队停车场

50. 兴国宏昌车辆检测中心
地址：江西省兴国县红门工业区 D 区

51. 南昌公交机动车安全检测有限责任公司
地址：江西省南昌市西湖区阳明路 49 号

52. 浮梁风顺机动车辆检测站
地址：浮梁市红塔路北侧

53. 南城县粤吉机动车辆安全综合性能检测站
地址：南城县建昌秋水园路

54. 江西省南丰县汽车综合性能检测中心
地址：南丰县市山镇应坊村旁

55. 九江浔东南车辆检测有限公司
地址：江西省九江市湖口县文桥乡均桥集镇

56. 全南县平安摩托车检测中心
地址：全南县新城开发区金龙大道（交警大队院内）

57. 江西省铅山县康华机动车检测中心
地址：江西铅山县河口茶场

58. 吉安市金盾机动车安全技术检测中心
地址：峡江站峡江县玉峡大道工业园区

山东

1. 淄博市鲁中机动车检测中心
地址：淄博市张店区华光路 76 号

2. 淄博市鲁中机动车检测中心张店检测站
地址：张店区横一路中段

3. 淄博市鲁中机动车检测中心高新区检测站
地址：开发区裕民路 161 号

4. 淄博市鲁中机动车检测中心周村检测站
地址：周村区 309 国道（万通加油城北 50 米）

5. 淄博市鲁中机动车检测中心博山检测站
地址：博山区中心路西首（房家庄驻地）

6. 淄博市鲁中机动车检测中心淄川检测站
地址：淄川区淄城路（长途站南）

7. 淄博市鲁中机动车检测中心临淄检测站
地址：临淄区管仲路 35 号

8. 淄博市鲁中机动车检测中心桓台检测站
地址：桓台县索镇赵家村东

9. 淄博市鲁中机动车检测中心高青检测站
地址：高青县黄河路 109 号

10. 淄博市鲁中机动车检测中心沂源检测站
地址：沂源县城荆山路东首西河北村

11. 日照市乾安汽车检测服务有限公司
地址：日照市东港区河山镇漩沟子村

12. 临朐县机动车辆检测中心
地址：临朐县骈邑路 99 号

13. 枣庄市金盾机动车检测中心
地址：枣庄市市中区青檀南路 68 号

14. 枣庄市运鸿机动车检测有限公司
地址：枣庄市台儿庄区工业园区

15. 济宁顺通机动车检测有限公司
地址：济宁市任城区经济开发区北临钱塘江路西邻外环路

16. 济南市政务汽车检测中心
地址：济南市市中区望岳路 898 号

17. 山东影山机动车安全技术检测中心
地址：济南市济齐路 65 号

18. 潍坊海利机动车检测有限公司
地址：潍坊市潍城区北宫西街 325 号

19. 枣庄市宏达机动车检测有限公司
地址：枣庄市峄城区吴林办事处杨楼村驻地

20. 莱州市育成机动车检测有限公司
地址：山东省莱州市莱海路淇水村北

21. 烟台开发区康安汽车检测有限公司
地址：山东省烟台开发区秦山路 1 号

22. 蓬莱市路顺机动车安全检测有限公司
地址：山东省蓬莱市南河路 209 号

23. 海阳市安泰机动车安全技术检测有限公司
地址：山东省海阳市海阳路 221 号

24. 山东龙口富龙机动车安全检测有限公司
地址：山东省龙口市黄城环城北路 69 号

25. 济宁市圣城机动车检测有限公司
地址：济宁市高新区黄屯镇 327 国道路南驾校院内

26. 山东华兴汽车检测服务有限公司
地址：济南市历下区丁家南路中段

27. 曲阜市交安机动车检测有限公司
地址：曲阜经济开发区交警大队院内（鲁城）

28. 滨州市安保机动车检测中心（东城线）
地址：山东省滨州市滨城区东海一路 119 号

29. 滨州市安保机动车检测中心（北海线）
地址：山东省滨州市滨城区渤海十一路黄河十五路北

30. 烟台海港机动车辆综合性能检测站
地址：山东省烟台市芝罘区环海路 15 号

31. 单县安达机动车检测有限公司
地址：单县定砀路南段菏泽家政学院东邻

32. 梁山华润机动车检测有限公司
地址：梁山镇工业园（樊庄段）

33. 枣庄安通机动车检测有限公司
地址：市中区汇泉路南侧

34. 潍坊新联泰机动车检测有限公司
地址：寒亭区寒亭街办牛埠村

35. 枣庄市金盾机动车检测中心
地址：枣庄高新区长白山路北首路西 88 号

36. 滕州市恒通机动车检测有限公司
地址：滕州市龙泉路南首

37. 日照新营机动车安全综合检测有限公司
地址：日照市学院路北、富阳路西

38. 苍山荣庆机动车检测服务有限公司
地址：苍山县经济开发区 206 国道北侧）

39. 济宁市快捷机动车检测有限公司
地址：济宁市任城区南张镇刘前村

40. 邹城亿德机动车检测有限公司
地址：邹城市经济开发区同兴路 377 号

41. 阳信县机动车安全技术检测中心
地址：阳信县阳城三路东首

42. 寿光市恒德机动车检测有限公司
地址：寿光市新兴东街金玉米公司东邻

43. 高密市伟业机动车检测有限公司
地址：高密市富泉大街 1157 号

44. 日照全胜机动车安全技术综合检测有限公司
地址：日照市莒县城阳南路

45. 莱芜鑫隆机动车检测有限公司
地址：莱芜市钢城区颜庄镇民营经济园

46. 德州广宇机动车检测有限公司
地址：德州市德城区育英大街 3216 号

47. 沂南县永安机动车检测有限公司
地址：县城澳柯玛大道西段

48. 莒县汇众汽车检测有限公司
地址：莒县城区山东中路西侧

49. 东营市白云机动车检测中心
地址：东营市东营区黄河路 220 号

50. 蒙阴县蒙城机动车检测有限公司
地址：蒙阴县云蒙路中段

51. 邹城市物源机动车综合检测有限公司
地址：邹城市西外环路南首 3849 号

52. 日照大陆机动车综合检测有限公司（昭阳路站）
地址：日照市昭阳路北首

53. 日照大陆机动车综合检测有限公司（河山镇站）
地址：日照市东港区河山镇

54. 日照市安通机动车安全技术检测中心（莒县站
地址：日照市莒县临沂东路

55. 日照市安通机动车安全技术检测中心（岚山站）
地址：日照市岚山区岚山中路

56. 日照市安通机动车安全技术检测中心（五莲站）
地址：日照市五莲县城关

57. 聊城裕昌机动车检测有限公司
地址：聊城市光岳路北段路东

58. 武城县平安机动车检测中心有限公司
地址：武城县新城古贝路 46 号

59. 日照华强机动车综合检测有限公司
地址：日照市昭阳路西侧

60. 寿光市德隆机动车检测有限公司
地址：山东省潍坊市滨海区大沂路以东孟家村以南

61. 临沂市正通机动车检测有限公司
地址：兰山区枣沟头镇俄庄村 0003 号

62. 安丘市安驾机动车检测有限公司
地址：安丘市兴安街办七里河桥北

63. 青州市安通机动车检测有限公司
地址：青州市南环东路 4396 号

64. 潍坊市新东方机动车检测有限公司
地址：潍坊市奎文区庄检路与凤凰大街交叉口南 100 米路东

65. 昌乐县宝城机动车检测有限公司
地址：昌乐县公安局车管所北院

66. 临沂远通机动车检测有限公司
地址：临沂市高新区沂河路与罗七路交汇处南 200 米

67. 潍坊昊天机动车服务有限公司
地址：潍城区望留街办庄头村

68. 邹平县永胜机动车检测有限公司（车管所院内）
地址：邹平县车管所院内

69. 邹平县永胜机动车检测有限公司（经济开发区内）
地址：邹平县经济开发区内

70. 临沂市正直机动车检测有限公司
地址：河东区 342 省道与东外环交汇处

71. 荣成市祥安机动车检测有限公司
地址：荣成市观海东路 110 号

72. 烟台市牟平区安通机动车安全技术检测有限公司
地址：烟台市牟平区正阳路 447 号

73. 烟台市公交集团汽车检测有限公司
地址：芝罘区幸福南路 5 号

74. 文登市安原机动车检测有限公司
地址：山东省威海市文登市崮山路 2 号

75. 聊城正信机动车检测有限公司
地址：山东省聊城市东昌区（开发区）东昌东路东首

76. 山东梁山广通机动车检测有限公司
地址：梁山县拳铺工业园泰福路中段路北（陶庄南）

77. 茌平恒宇机动车检测有限公司
地址：茌平县枣乡街南首

78. 烟台交运机动车检测有限公司
地址：烟台市芝罘区幸福南路 10 号

79. 临沂市华威检测有限公司
地址：临沂市兰山区双岭路西段南侧

80. 滨州市无棣县永胜机动车安全技术检测有限公司
地址：山东省滨州市无棣县 205 国道南侧（环城路 8 号）

81. 泰安市东岳机动车检测有限公司（开发区检测站）
地址：泰安市开发区北天门东段

82. 泰安市东岳机动车检测有限公司（东湖路检测站）
地址：泰安市东湖路东首（交警支队院内）

83. 烟台市福山区长安机动车检测有限公司
地址：烟台市福山区奇泉路 7 号

84. 博兴县博安机动车安全技术检测有限公司
地址：博兴县湖滨镇工业园

85. 沾化县顺通机动车检测有限公司
地址：沾化县新海路县城北五公里处

86. 临朐县交通机动车综合性能检测有限公司
地址：临朐县东城街办嵩山路南首东侧

87. 济南正元机动车检测有限公司
地址：济南市历城区工业北路 100 号

88. 德州鲁德机动车安全技术检测有限公司庆云检测站
地址：庆云县迎宾路西首北侧

89. 德州鲁德机动车安全技术检测有限公司夏津检测站
地址：夏津县银城街道办事处王庄村西侧

90. 德州鲁德机动车安全技术检测有限公司临邑检测站
地址：临邑县恒源经济开发区 3 号公路西 300 米处路北

91. 德州鲁德机动车安全技术检测有限公司齐河检测站
地址：齐河县 308 国道北、河李村东

92. 德州鲁德机动车安全技术检测有限公司宁津检测站
地址：山东省宁津县振华大街与银河交叉路口

93. 德州鲁德机动车安全技术检测有限公司禹城检测站
地址：山东省禹城市十里望乡御桥韩村北

94. 德州鲁德机动车安全技术检测有限公司平原检测站
地址：平原县兴原大街南侧

95. 德州鲁德机动车安全技术检测有限公司陵县检测站
地址：山东省德州市（地）陵县城区 104 国道路南

96. 德州鲁德机动车安全技术检测有限公司武城检测站
地址：武城县漳南街东段北侧东外环路西

97. 德州鲁德机动车安全技术检测有限公司德城检测站
地址：德城区北园路路北（肖何庄）

98. 德州鲁德机动车安全技术检测有限公司乐陵检测站
地址：乐陵市云红北大街东侧

99. 潍坊宝利机动车检测有限公司
地址：潍坊市潍城经济开发区工业三街以南、彩虹路以东

100. 东阿县正大机动车检测有限公司
地址：东阿县西外环南首（车管所院内）

101. 莒县海汇机动车安检有限公司
地址：莒县西环路中段（海汇加油站院内）

102. 日照天润方大机动车综合检测有限公司
地址：日照市山东路 520 号

103. 济南三益汽车服务有限公司
地址：济南市长清区文昌街道办事处南关（石麟山西侧）

104. 临沂交运机动车检测有限公司
地址：临沂市罗庄区临西五路与金九路交汇处南 100 米

105. 青岛顺泽汽车综合性能检测有限公司
地址：青岛市黄岛区燕山路 202 号

106. 临沂金泉机动车检测有限公司
地址：兰山区蒙山大道与银雀山路交汇处

107. 临清市正大机动车检测有限公司
地址：临清市大辛庄柳坟村（车辆管理所）

108. 潍坊市恒宇机动车检测有限公司
地址：潍坊市寒亭区坊央公路西侧

109. 巨野县正大机动车检测有限公司
地址：巨野县开发区巨郓路北

110. 青岛新东方机动车检测有限公司
地址：青岛平度市经济技术开发区泉州路东侧

111. 济南黄岸港机动车安全检测有限公司
地址：济南市天桥区洛口张庄路北 62 号

112. 青岛顺驰机动车检测有限公司
地址：青岛胶州市香港东路 99 号

113. 青州市安通机动车检测有限公司
地址：青州市南环东路 4396 号

114. 潍坊天翔机动车检测有限公司
地址：潍坊市坊子开发区北海路 83 号内幢 4 号

115. 济阳县安顺汽车检测有限公司
地址：济南市济阳县城纬四路 48 号

116. 济南馨禾缘机动车安全技术检测有限公司
地址：济南市历城区机场路曹官庄

117. 梁山江北机动车技术检测有限公司
地址：梁山镇工业园（前集）

118. 曹县国运机动车检测有限公司
地址：曹县（青岛）工业园区富民大道路北

119. 青州晟迪机动车检测有限公司
地址：青州市海岱北路与飞达街交汇处

河南

1. 洛阳市公安局机动车检测站
地址：洛阳市洛龙区开元路 25 号

2. 洛阳涧西南苑机动车检测服务中心
地址：洛阳市涧西区武汉路南头号

3. 宜阳县长城机动车辆检测有限公司
地址：洛阳市宜阳县寻村镇北城区交警队院内

4. 周口市周运集团车辆技术检测有限公司
地址：周口市车站路 80 号

5. 襄城县康达汽车运输有限责任公司机动车检测中心
地址：襄城县东环路

6. 长葛市机动车综合性能检测站
地址：长葛市钟繇大道北段

7. 孟津县通达交安检测服务有限公司
地址：孟津县城关镇会盟路

8. 汝阳县精安机动车有限责任公司
地址：洛阳市汝阳县新大桥南 200 米

9. 安阳市豫北机动车检测有限责任公司
地址：安阳市龙安区铁西路南段 198 号

10. 济源市力鑫机动车检测计量有限公司
地址：济源市北海路东段

11. 交警支队东临鄢陵县金禾机动车检测有限公司
地址：许昌市鄢陵县

12. 栾川方园机动车检验测有限公司
地址：洛阳市栾川县

13. 长垣县安达机动车安全技术检验有限公司
地址：长垣县亿隆大道与文化路交叉口

14. 安阳市大众交通机动车检测有限公司
地址：安阳市开发区文昌大道东段路南

15. 林州市金盾机动车检测有限公司
地址：林州市东环路南段交警队院内

16. 焦作天宇机动车检测服务有限公司
地址：焦作市高新区丰收路东段

17. 洛阳财顺机动车检测有限公司
地址：洛阳市洛龙区安乐乡洛龙路 339 号

18. 清丰金桥机动车检验有限公司
地址：濮阳市清丰县新 106 国道与清六线交叉口

19. 中牟县雁鸣机动车检测有限公司
地址：郑州市中牟县双拥路 8 号

20. 浚县亿圆机动车检验有限公司
地址：浚县白寺乡西浚大线路北

21. 洛阳一运机动车检测有限公司
地址：洛阳市洛龙区龙门大道 136 号

22. 郑州市驰诚机动车技术检测有限公司
地址：河南省郑州市工业园区

23. 洛阳安通机动车检测服务有限公司
地址：洛阳市瀍河区九都东路

24. 郑州豫台汽车安检有限公司
地址：郑州市中原路与西四环交叉口向南 300 米路东

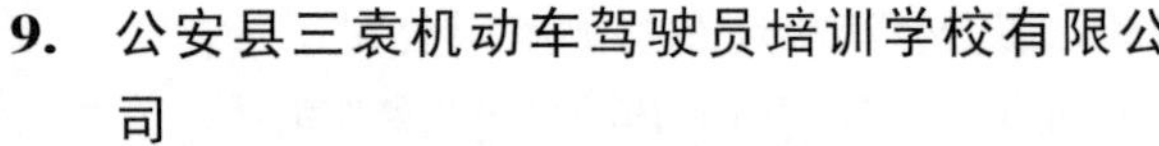

25. 新安县平安机动车检测有限公司

地址：新安县万基工业园区 26

26. 偃师市蓝盾机动车检测有限公司

地址：偃师市商城东路 103 号

27. 周口市益达机动车检测有限公司

地址：周口市川汇区邦杰路 9 号

28. 开封市宏达机动车检测有限公司

地址：开封市开发区金明西街以西

29. 开封市祥云机动车检测有限公司

地址：开封市南郊杨寨村东北

30. 巩义市平安机动车检测有限公司

地址：巩义市永安街道办永安路 1 号

31. 豫淇县宏发机动车辆检测有限公司

地址：淇县 107 国道永昌公司东南侧

32. 滑县安通机动车检测有限公司

地址：滑县新区

33. 焦作市京惠机动车检测修理有限公司

地址：焦作市高新区玉溪路车管所院内

34. 濮阳市天丰机动车检测有限公司

地址：濮阳市苏北路与 106 国道交汇处西北角

35. 豫南阳市顺安机动车检测有限公司

地址：南阳市 312 国道大屯村

湖北

1. 荆州市鸿驿交通实业有限公司

地址：荆州市太岳路 23 号

2. 荆门市合协汽车服务有限公司

地址：荆门市掇刀区虎牙关大道 62 号

3. 京山诚信机动车安全检测有限公司

地址：京山县新市镇鄢郝公路（梨园处）

4. 赤壁市富兴机动车辆检测站

地址：赤壁市赤壁大道 581 号

5. 石首市鸣宇机动车检测有限公司

地址：湖北省石首市金平大道 58 号

6. 松滋市新公汽车驾驶员培训有限公司

地址：松滋市新江口镇工业园 8 号

7. 恩施公路运输机动车检测有限责任公司

地址：恩施市旗峰大道玉帝湾

8. 钟祥市恒旺机动车安全检测服务有限公司

地址：钟祥市文集镇大庙村

9. 公安县三袁机动车驾驶员培训学校有限公司

地址：湖北省荆州市公安县斗湖堤镇长江路 63 号

10. 监利县交安机动车检测有限公司

地址：荆州市监利县容城镇华容南路

11. 沙洋长林机动车安全技术检测服务有限公司

地址：湖北省荆门市沙洋县长林路

12. 咸丰县机动车检测中心

地址：恩施州咸丰县高乐山镇大坝青龙

13. 来凤县新科有限责任公司

地址：恩施州来凤县翔凤镇来鹤路

14. 老河口市天通服务有限责任公司

地址：湖北省襄樊市老河口市拦马河

15. 武汉安通机动车安全技术检测有限公司

检测地址 1：湖北省武汉市硚口区汉西北路 88 号

检测地址 2：湖北省武汉市硚口区汉西路 208 号

检测地址 3：湖北省武汉市汉阳区鹦鹉大道 561 号

检测地址 4：湖北省武汉市武昌区徐家棚三飞路 10 号

检测地址 5：湖北省武汉市沌口开发区创业路 157 号

检测地址 6：湖北省武汉市新洲区邾城街东城垮 5 号

检测地址 7：湖北省武汉市黄陂区前川街向阳大街 23 号

检测地址 8：湖北省武汉市蔡甸区汉阳大街 900 号

检测地址 9：湖北省武汉市江夏区郑店武长街特 1 号

16. 建始县博源机动车检测有限责任公司

地址：建始县业州镇烟墩大道 372 号

17. 利川市腾龙机动车检测有限公司

地址：利川市腾龙大道 4 号

18. 宜昌小溪塔机动车综合性能检测有限公司

地址：宜昌市夷陵区人寿桥路 61 号

19. 当阳市锦屏机动车安全性能检测有限公司

地址：当阳市坝陵办事处锦屏大道中段

20. 兴山县宜兴机动车综合性能检测有限公司

地址：兴山县古夫镇永安路 33 号

21. 鹤峰县鑫瑞机动车检测有限公司

地址：鹤峰县容美镇九峰大道 193 号

22. 谷城县洪景机动车检测有限公司

地址：湖北省襄樊市谷城县城关镇银城大道 18 号

23. 阳新县兴安车辆检测有限责任公司

地址：湖北省黄石市阳新县兴国镇白杨村

24. 宜都市汽车综合性能检测站
地址：湖北省宜昌市宜都市陆城城乡路 1 号

25. 十堰市安龙机动车安全检测有限公司
地址：湖北省十堰市大连路 3 号

26. 丹江口市金盾有限责任公司机动车安全技术性能综合检测站
地址：湖北省丹江口市新港大道

27. 郧西县顺畅机动车安全技术检测站
地址：湖北省郧西县城关镇西安大道

28. 郧县机动车安全技术检测站
地址：湖北省十堰市郧县原种场谭家湾村 6 组

29. 房县同创实业有限公司
地址：湖北省十堰市房县城关镇房陵大道（交警一中队东侧）

30. 竹山县机动车辆安全检测站
地址：湖北省十堰市竹山县城关镇明钦大道

31. 竹溪县机动车安全检测有限公司
地址：湖北省十堰市竹溪县城关镇建设路 277 号

32. 应城市顺安车辆检测有限公司
地址：湖北省应城市光明路

33. 云梦县通安车辆检测有限公司
地址：湖北省孝感市云梦县城关镇城南开发区

34. 大悟县久安车辆检测有限公司
地址：湖北省大悟县城关镇西岳大道

35. 孝感市机动车辆安全技术检测站
地址：湖北省孝感市长征路 281 号

36. 孝昌县机动车辆安全技术检测站
地址：湖北省孝感市孝昌县花园大道

37. 汉川市机动车辆安全性能检测站
地址：湖北省汉川市仙女山街道办事处霍城大道

38. 安陆市机动车检测站
地址：湖北省安陆市碧陨东路

湖南

1. 湘阴县蓝盾汽车畅安服务有限公司
地址：湘阴县工业园

2. 临湘市顺达机动车检测有限公司
地址：临湘市长安西路 101 号

3. 平江县通达机动车辆检测有限公司
地址：平江县天岳开发区沿江大道

4. 岳阳市金运机动车检测中心
地址：岳阳市八字门营盘岭路 121 号

5. 平江县兴旺车辆检测有限公司
地址：平江县开发区兴旺东路

6. 岳阳县平安机动车检测有限公司
地址：岳阳县城关镇荣新路

7. 汨罗市飞达机动车检测有限公司
地址：汨罗市罗城路 1 号

8. 华容县畅安汽车服务有限责任公司
地址：华容县城关镇桥东路 34 号

9. 湘潭市建北机动车检测有限公司
地址：湘潭市建设北路 283 号

10. 湘乡市起凤机动车安全技术检测有限公司
地址：湘乡市东山办事处东山村七组

11. 湘潭县鹏程机动车安全技术检验有限公司
地址：湘潭县易俗河吴家巷汽车南站

12. 湘乡市汽车综合性能检测站
地址：湘乡市工贸新区壕塘安置区北

13. 湘潭市汽车综合性能检测站
地址：湘潭市岳塘区东泗路 244 号

14. 株洲市云峰机动车安全技术检验有限公司
地址：株洲市石峰区湘珠路

15. 株洲市机动车检验站
地址：株洲市红旗南路 88 号

16. 炎陵县凯丰机动车安全技术检测站
地址：炎陵县霞阳镇霞阳路 11 号

17. 醴陵市振兴车辆服务有限公司
地址：醴陵市左权路 128 号

18. 攸县鑫安机动车服务有限公司
地址：攸县上云桥镇

19. 攸县远通机动车检测有限公司
地址：攸县上云桥镇高岸村（106 国道旁）

20. 株洲县机动车安全技术检测中心
地址：株洲县渌口镇王家洲

21. 茶陵县畅通机动车安全技术检测站
地址：茶陵县炎帝路斋公塘

22. 醴陵市鑫发机动车综合性能检测站有限公司
地址：醴陵市阳三办事处阳东村

23. 衡阳市西湖机动车安全技术检验站
地址：衡阳市立新开发区西湖货运停车场隔壁

24. 耒阳市水东江机动车安全技术检验站
地址：耒阳市水东江汽车东站内

25. 衡东县集金机动车安全技术检验站
地址：衡乐县集金北路 73 号

26. 祁东洪丰机动车安全技术检验站
地址：祁东经济技术开发区洪峰工业园

27. 衡山县开云机动车安全技术检验站
地址：衡山县云开镇交通村五组

28. 常宁市泉峰机动车安全技术检验站
地址：常宁市泉峰东路泉峰东站内

29. 衡阳县工业园机动车安全技术检验站
地址：衡阳县工业园内

30. 耒阳市安顺机动车安全技术检测站
地址：耒阳市蔡子池路 60 号

31. 衡阳市杨柳凯沣机动车检测有限公司
地址：衡阳市雁峰区岳屏镇水东村三组

32. 衡东金安交通科技有限公司
地址：衡阳市衡东县城关镇东升 1 号

33. 衡阳市畅通交通实业中心
地址：衡阳市石鼓区松木乡省总队考场内

34. 桂阳县鹿峰机动车安全技术检测有限责任公司
地址：湖南省郴州市桂阳县城关镇鹿峰路 8 号

35. 安仁县永乐机动车安全技术检测有限责任公司
地址：安仁县城关镇安衡路

36. 郴州市机动车车辆安全技术检测站
地址：郴州市七里大道 16 号

37. 临武县机动车辆安全技术检测站
地址：郴州市临武县武水镇工业园临连大道

38. 郴州交通开发建设有限责任公司
地址：郴州市燕泉南路 15 号

39. 临武县万达车辆检测有限公司
地址：临武县城东开发区运管路 2 号

40. 资兴市机动车安全技术检测站
地址：资兴市东江开发区

41. 嘉禾安顺机动车安全技术检测有限公司
地址：嘉禾县坦塘工业园桂嘉路

42. 株洲市通一机动车安全技术综合检测中心
地址：株洲市红旗中路 37 号

43. 永兴县机动车安全技术检验站
地址：永兴县碧塘乡 S212 旁

44. 宜章县泰安机动车安全技术检验中心
地址：宜章县城关镇文明北路

45. 汉寿县海涛机动车安全技术检验有限公司
地址：汉寿县龙阳大道

46. 桃源世杰机动车安全技术检验站
地址：桃源县黄花井汽车总站后街

47. 湖南长沙汽车检测站有限公司
地址：长沙市芙蓉北路秀峰小区

48. 长沙县邦田机动车辆检测有限公司
地址：长沙县星沙盼盼路 3 号

49. 浏阳市集里通达机动车安全技术检验站
地址：浏阳市集里黄泥岭路 58 号

50. 湖南省交通科学研究院交通工程咨询中心
地址：长沙市芙蓉中路三段 472 号

51. 望城县机动车辆检测站
地址：长沙市河西枫林三路 466 号

52. 望城县汽车综合性能检测站
地址：望城县高塘岭镇郭亮中路 321 号

53. 宁乡县机动车检测有限公司
地址：长沙市宁乡县经济技术开发区东升路旁

54. 长沙县恒隆汽车检测有限公司
地址：长沙县星沙镇申湘路

55. 长沙胜安机动车辆检测有限公司
地址：长沙市万家丽南路

56. 长沙安顺机动车检测服务有限公司
地址：长沙市天心区黑梨西路

57. 常德市畅安机动车检验服务有限公司
地址：常德市武陵大道北段市交警支队办公楼附楼一楼

58. 临澧县机动车安全技术检验站
地址：临澧县安福镇金牛岗

59. 澧县畅安服务有限责任公司
地址：澧县澧阳镇澧州大道西段

60. 湖南鹏程机动车安全技术检验有限公司
地址：澧县澧阳镇澧浦大道

61. 石门县三和机动车检测有限责任公司
地址：常德市石门县楚江镇西溶路

62. 常德市林通汽车检测有限公司
地址：常德市鼎城区武陵镇桥南工业园

63. 常德市安通汽车检测有限公司
地址：常德市柳叶湖泉水桥

64. 安乡县天顺机动车辆检测有限责任公司
地址：安乡县城关镇作塘北路东侧

65. 石门县畅安机动车检测有限公司
地址：石门县楚江镇永固居委会

66. 津市市顺安摩托车检测站有限公司
地址：津市市詹津路 30 号

67. 汉寿县畅通摩托车检测站有限公司
地址：常德市汉寿县龙阳大道

68. 南县庆明机动车安全技术检测有限公司
地址：益阳市南县南州镇花甲湖六组

69. 益阳湘运投资置业机动车检测有限责任公司
地址：益阳市赫山区十州路 60 号

70. 益阳市顺风机动车安全技术检测站
地址：益阳市赫山区益阳大道 525 号

71. 安化同力机动车检测服务有限公司
地址：益阳市安化县东坪镇黄沙坪居委会

72. 益阳湘运梅城二级维护竣工检测站
地址：益阳市安化县梅城镇

73. 南县泰安五小车辆服务有限公司
地址：南县南洲镇花甲村

74. 桃江县福安机动车检测站有限责任公司
地址：桃江县城关镇芙蓉路交警队院内

75. 沅江市驰安机动车安全技术检测中心
地址：益阳沅江市中联大道

76. 桃江县福安机动车检测站有限责任公司
地址：益阳市桃江县桃花江镇 715 路

77. 冷水江市冷新机动车安全性能检测有限公司
地址：娄底冷水江市中连乡诚意村

78. 娄底市金盾机动车安全技术综合检验中心
地址：娄底市扶青南路

79. 新化县鸿泰机动车安全技术检测有限公司
地址：新化县上梅镇光华村

80. 涟源市汽车综合性能检测站
地址：涟源市人民东路交通机械厂内

81. 双峰县兴旺机动车检测有限公司
地址：双峰县永丰镇城中路 268 号

82. 冷水江市汽车综合性能检测站
地址：冷水江市环城北路

83. 娄底市交通机动车检测有限公司
地址：娄底市扶青路

84. 邵东县永衡机动车安全技术检测有限公司
地址：邵东县两市镇衡宝路 919 号

85. 邵阳市江北机动车安全性能检验有限公司
地址：邵阳市江北汽车修制厂内

86. 武冈市凌云机动车辆检测有限公司
地址：武冈市庆丰村

87. 邵阳市三角塘机动车检测有限公司
地址：邵阳市建设路

88. 洞口县和顺机动车安全检测有限公司
地址：邵阳市洞口县开发区

89. 邵阳市机动车安全技术综合检测中心
地址：邵阳市宝庆东路交警支队院内

90. 隆回县友谊机动车辆安全技术综合性能检测有限公司
地址：邵阳市隆回县环城北路 700 号

91. 邵东县飞跃机动车检测有限责任公司
地址：邵阳市县两市镇两塘路

92. 武冈市友谊机动车安全技术综合性能检测有限公司
地址：武冈市庆丰村

93. 城步和安机动车检测有限公司
地址：邵阳市城步苗族自治县儒林镇人民路

94. 邵阳县超雄机动车安全技术检验有限公司
地址：邵阳市红石工业园区

95. 隆回县双兴车辆检测有限公司
地址：隆回县桃洪镇万和经济开发区

96. 新宁县双星机动车安全检测有限公司
地址：新宁县金石镇金水路（县运管所院内）

97. 邵阳市双兴车辆检测有限公司
地址：邵阳市邵阳大道

98. 凤凰县万能机动车辆技术检测站
地址：凤凰县沱江镇王家寨

99. 湘西自治州机动车安全技术检测服务中心
地址：吉首市大田湾肖家坪工业园区

100. 湘西自治州平安机动车安全性能检测有限公司
地址：吉首市人民南路雅溪

101. 花垣县汽车综合性能检测站
地址：湘西自治州花垣县三岔路

102. 龙山兴旺车辆检测服务有限公司
地址：湘西龙山县民安镇环城西路

103. 永顺县汽车安全技术检验站
地址：永顺县灵溪镇大桥街 687 号

104. 龙山县民安镇机动车安全技术检验站
地址：湘西龙山县民安镇接管街 42 号

105. 张家界市汽车综合性能检测站
地址：张家界市永定区永定大道

106. 慈利县南方机动车检测站
地址：慈利县零阳镇白竹水村

107. 张家界市机动车检测站（张家界高桥机动车安全技术检验站有限责任公司）
地址：张家界市沙堤乡高桥村

108. 慈利县顺通机动车安全技术检测有限公司
地址：慈利县零阳镇零阳东路

109. 张家界市永定区长安摩托车安全性能检测有限公司
地址：张家界市永定区天门路

110. 怀化市国安机动车辆检测有限公司
地址：怀化市狮子园路 4 号

111. 溆浦县汽车综合性能检测站
地址：怀化市溆浦县卢峰镇

112. 湖南省怀化市靖州机动车检测站
地址：怀化市靖州县飞山北路停车场内

113. 辰溪县汽车综合性能检测站
地址：怀化市辰溪县锦滨乡花塘村

114. 沅陵县汽车综合性能检测站
地址：沅陵县迎宾南路

115. 怀化市天信机动车检测有限公司
地址：湖南省怀化市迎丰东路

116. 怀化振兴车辆综合检测站
地址：怀化市迎丰东路 162 号

117. 中方县华丰机动车安全技术检验有限公司
地址：怀化市中方县生态城香樟路

118. 洪江市机动车安全技术检验有限责任公司
地址：怀化市洪江市黔城镇铁坑村

119. 芷江台联机动车安全技术检验站有限公司
地址：怀化市芷江侗族自治县芷江镇社塘坪村胡家垅水库旁

120. 麻阳鸿盛技术检测服务有限公司
地址：怀化市麻阳苗族自治县高村镇逢爷社区美女坪五弄

121. 祁阳港顺机动车检测有限公司
地址：祁阳县浯溪镇黎阳路建湘村

122. 永州市金通机动车安全技术检测有限公司
地址：冷水滩区零陵大道九嶷山学院北侧

123. 道县道江镇机动车安全技术检测站有限公司
地址：道县道江镇月岩西路 46 号

124. 湖南省永州市时新电子有限公司机动车安全技术检测站
地址：永州市芝山区南津北路 38 号

125. 湖南省东安机动车检测中心
地址：东安县交警大队院内

126. 双牌县安顺机动车辆安全技术检测有限公司
地址：永州市双牌县泷泊镇紫金南路南停车场内

127. 江华宝联机动车安全技术检测有限公司
地址：永州市江华瑶族自治县沱江镇鲤鱼井大道 65 号

128. 祁阳畅达机动车检测有限公司
地址：永州祁阳县浯溪镇畅安路

129. 蓝山县安顺汽车摩托车安全性能技术检测有限公司
地址：蓝山县塔峰镇南平路 141 号

130. 道县同发机动车安全技术检验有限公司
地址：永州市道县小江口路（原纺织厂院内）

131. 蓝山县交安机动车安全技术检验有限公司
地址：永州市蓝山县湘粤路 111 号

132. 湖南省东安县机动车安全技术检验站
地址：东安县白牙市镇建设大道 2 号

133. 宁远县泠江路机动车安全技术检验有限公司
地址：宁远县泠江中路 38 号

134. 宁远县有众机动车检测有限公司
地址：永州市宁远县舜陵镇舜德路

135. 新田县龙泉机动车检测有限公司
地址：新田县龙泉镇龙泉路 80 号

136. 江永县机动车检测有限公司
地址：永州市江永县江永东路 398 号

137. 永州市机动车辆检测中心

地址：永州市零陵区南津北路

138. 茶陵县利民机动车有限公司

地址：茶陵县交通局院内

广东

1. 广州市华海汽车检测服务有限公司

地址：广州市人和镇方华路自编 8 号

2. 广州市番禺区机动车排污监察大队

地址：广州市番禺区市桥镇盛泰路盛兴大街 33 号

3. 广州市怡乐路机动车检测站

地址：广州市海珠区怡乐路 48 号

4. 广州番禺西环机动车检测站

地址：广州市番禺区市桥东环路 158 号

5. 广州市番禺区石基机动车检测站

地址：广州市番禺区石基罗家清河东路北 63 号

6. 广州市番禺灵山镇蕉亭摩托车检测站

地址：广州市番禺灵山镇蕉亭

7. 广州市广逡旅游汽车企业集团有限公司新市萧岗汽车检测站

地址：广州市西湾路 160 号内

8. 增城市安迅机动车检测有限公司

地址：增城市荔城镇狮尾路 2 号

9. 广州通达机动车检测有限公司

地址：广州市芳村区龙溪大道 299 之一

10. 增城市摩托车检测站

地址：增城市荔城街园圃路莲翠街 1 号

11. 广州市走马岗机动车检测站

地址：广州市三元里走马岗 1 号

12. 广州市机场路机动车检测站

地址：广州市机场路向云东街自编 576 号

13. 广州番禺富华摩托车检测站

地址：广州市番禺区市桥镇富华东路 338 号

14. 广州市增槎路机动车检测站

地址：广州市增槎路（广州电缆厂侧）

15. 广州市黄石东路（安成）机动车检测站

地址：广州市黄石东路 590 号

16. 广州交通集团汽车检测服务有限公司

地址：广州市海珠区燕子岗路 132 号首层

17. 广州市黄花机动车检测站

地址：广州市水荫路 36 号

18. 广州市天河安利汽车检测中心

地址：广州市天河区岑村考场路

19. 广州市天成机动车检测站有限公司

地址：广州市白云区嘉禾街鹤龙社区鹤龙一路 18 号

20. 广州市海珠区安海汽车检测中心

地址：广州市广州大道南 1383 号

21. 增城市增滩路机动车检测站

地址：增城市罗岗村鸡啼岭

22. 广州市花都区松园里摩托车检测站

地址：广州市花都区新华镇松园大道大华三路

23. 增城市新塘机动车检测站

地址：增城市新墉镇东华村牛角岭

24. 广州市伟盛实业发展有限公司伟盛机动车检测站

地址：广州市天河区黄埔大道西路 668 号北区 7-9 铺

25. 广州市中山大道机动车检测站

地址：广州市中山大道北竹园商业街 19-21 号

26. 广州本田汽车第一销售有限公司黄石东路汽车检测站

地址：广州市黄石东路 448 号

27. 广州交通集团汽车检测服务有限公司

地址：广州市海珠区南泰路 168 号工业村壹号楼

28. 广州市诚万摩托车检测站有限公司

地址：广州市番禺区南村兴业大道

29. 广州芳村机动车检测服务有限公司

地址：广州市芳村区鹤洞路 12-8 号

30. 广州市人禾机动车检测有限公司

地址：广州市白云区人和大马路 13 号

31. 从化市街口镇河东南路汽车检测站

地址：从化市街口镇河东南路

32. 从化市街口镇河东小海摩托车检测站

地址：从化市街口镇河东南路

33. 广州市忠意顺工程检测有限公司

地址：广州市海珠区新港西路鹭江西街 42 号之二 902 号

34. 广州市芳村机动车检测服务中心

地址：广州市芳村龙溪大道裕海路口

35. 深圳市顺安汽车检测有限公司

地址：深圳市宝安区石岩街道洲石公路万大工业园 A1 栋首层

36. 深圳市物运车辆检测有限公司
地址：深圳市福田区梅林路 32 号拯救大厦首层北侧

37. 深圳市远为汽车检测有限公司
地址：深圳市盐田区盐田港后方 16 号区

38. 深圳市锐丰汽车检测有限公司
地址：深圳市公明镇长圳村长兴工业区路口

39. 深圳市国汇汽车服务有限公司
地址：深圳市宝安区松岗街道东方村 107 国道松岗

40. 深圳市龙运通汽车检测有限公司
地址：深圳市龙岗区南联村向银路坻田坜轻工厂房 A 栋一楼

41. 深圳市百威龙汽车检测有限公司
地址：深圳市福田区深南大道西（水上乐园西侧）联合华鹏汽车市场综合楼 A 栋

42. 深圳市葆润汽车检测有限公司
地址：深圳市侨香路沙河建材工业区

43. 深圳市捷明汽车检测有限公司
地址：深圳市龙岗区布吉镇李朗大道南国际汽车城 C 区

44. 深圳市银龙汽车检测有限公司
地址：深圳市龙岗区布吉街道李朗大道盛宝路

45. 深圳市桃园路机动车检测站
地址：深圳市罗湖区桃园路 7 号

46. 深圳市龙珠大道汽车安全检测站
地址：深圳市南山区龙珠大道龙井中路训考场

47. 深圳市坪地机动车检测站
地址：深圳市龙岗区坪地镇深惠路 1 号

48. 深圳市龙岗机动车检测站
地址：深圳市龙岗区龙岗镇深汕路 275 号

49. 深圳市聚福路汽车检测站
地址：深圳市罗湖区莲塘聚福鹏基工业区 703 栋一楼

50. 深圳市路通工程检测有限公司
地址：深圳市宝安区石岩街道办应人石局委会长筑基地

51. 深圳市升华实业有限公司
地址：深圳市宝安区龙华第三工业区五栋

52. 深圳市深南大道汽车检测站
地址：深圳市南山区深南大道麻雀岭工业区

53. 深圳市汇西乡汽车检测有限公司
地址：深圳市宝安区新安镇河坑仔广深公路旁

54. 深圳市东昌永通机动车辆检测有限公司
地址：深圳市罗湖区布心东昌路 42 号新永通大楼一楼

55. 深圳市安茂华车辆检测维修有限公司
地址：深圳市八卦四路 9 号

56. 深圳市大昌车辆检测有限公司
地址：深圳市罗湖区红岭北路 3002 号梅园仓库区 9 号楼一楼

57. 深圳市东泽汽车检测有限公司
地址：深圳市南山大道南园工业大厦一楼

58. 深圳市亿达恒实业发展有限公司
地址：深圳市盐田区深盐路太平洋工业区一栋

59. 深圳市华日安信汽车检测有限公司
地址：深圳市泥岗西路 1006 号华日修理大厦

60. 深圳市恒顺通实业有限公司
地址：深圳市罗湖区水贝一路 69 号大院

61. 深圳顺通车辆检测服务有限公司
地址：深圳市福田区福强路 1021 号

62. 深圳市华昌达机动车检测有限公司
地址：深圳市福田区天安数码城 F5.8 栋首层 B2 单元

63. 佛山市高明区益明摩托服务有限公司
地址：佛山市高明区城镇五路置业楼 B 座北边地下商铺

64. 佛山市张槎路摩托车检测站
地址：佛山市张槎四路四号

65. 佛山市创业汽车维修有限公司五峰四路摩托车检测站
地址：佛山市五峰四路

66. 佛山市禅顺通机动车检测有限公司
地址：佛山市禅城区南庄吉利村杏吉路社边大巷段

67. 佛山市机动车检测站有限公司
地址：佛山市江湾路马鞍岗

68. 佛山市南海区南安机动车检测中心
地址：南海区桂城海五路交警大队内

69. 佛山市南海区南安机动车检测中心大冲分站
地址：南海区桂和路里水大冲路口

70. 佛山市顺德区顺安机动车检测维修有限公司勒流摩托车检测站
地址：佛山市顺德区勒流镇海城工业一区

71. 佛山市顺德区顺安机动车检测维修有限公司杏坛摩托车检测站
地址：佛山市顺德区杏坛镇河北工业区

72. 佛山市顺德区顺安机动车检测维修有限公司新滘摩托车检测站
地址：佛山市顺德区大良金榜大邑工业区

73. 佛山市顺德区机动车辆检测维修总站龙江分站
地址：佛山市顺德区龙江镇广湛公路华西路段

74. 佛山市顺德区机动车辆检测维修总站均安分站
地址：佛山市顺德区均安镇西堤路8号

75. 佛山市南海区官司窑摩托车检测站
地址：佛山市南海区官司窑群岗管理区长埔墩

76. 佛山市南海区大沥机动车检测站有限公司
地址：佛山市南海区大沥永平路1号

77. 佛山市禅城区南庄摩托车检测站
地址：佛山市禅城区南庄镇吉路邓群村邓岗边

78. 佛山市南海区西樵樵乐摩托车检测有限公司
地址：佛山市南海区西樵镇樵乐路欢乐天地侧

79. 佛山市南海区桂城摩托车检测站
地址：佛山市南海区海辉路

80. 佛山市南海区里水摩托车检测站
地址：佛山市南海区桂和路里水大冲路口

81. 佛山市南海区狮山摩托车检测站
地址：佛山市南海区狮山广大路陶洞岗

82. 东源县摩托车检测站
地址：河源大道西四路1号

83. 连平县合水桥摩托车检测站
地址：连平县交警大队内

84. 惠州市惠安机动车安全技术检测有限公司
地址：惠州市仲凯平南工业区

85. 惠州市惠阳区摩托车检测站
地址：惠州市惠阳区白云四路交警大队一楼

86. 惠东县摩托车检测站
地址：惠东县大岭镇新平二路

87. 惠州大亚湾经济技术开发区摩托车安全技术检测站
地址：惠州市大亚湾西区上杨

88. 博罗县安通摩托车检测站
地址：博罗县罗阳镇城东商贸城

89. 惠州市龙门县白沙摩托车检测站
地址：惠州市龙门县迎宾路1号

90. 江门市新会区公园西摩托车检测站有限公司
地址：江门市新会区公园西路18号

91. 开平市摩托车检测站
地址：开平市侨园路36号

92. 江门市农林摩托车检测有限公司
地址：江门市象山新村40号地下

93. 江门市发展大道摩托车检测有限公司
地址：江门市发展大道27号1-2卡商铺

94. 江门市乐翔实业发展有限公司乐翔摩托车检测站
地址：江门市乐文昌花园文苑区2幢105-108

95. 江门市西环路摩托车检测站
地址：江门市西环路65号

96. 开平市恒量汽车检测站
地址：开平市水冈区325国道开平段桥溪路口

97. 江门市江会路汽车检测站
地址：江门市江会路40号之二

98. 江门市坚煌机动车检测站
地址：江门市宏达路39号

99. 揭阳市恒丰机动车检测有限公司
地址：揭阳市东山区建阳路交警大楼后面

100. 茂名市交通工程质量检测中心
地址：茂名市站前四路89号大院

101. 平远县平远大道机动车检测有限公司
地址：平远县平远大道免子岗

102. 清远市华裕实业发展有限公司
地址：清远市新城西37号小区

103. 清新县安达汽车检测有限公司
地址：清新县太和镇107车道南348号

104. 佛冈县鸿达公路客货运输车辆检测有限公司
地址：清远市佛冈县石角镇环城西路8号

105. 阳江市机动车检测中心
地址：阳江市新江北路交警支队大院内

106. 高要市顺安机动车检测站
地址：广东省高要市南岸镇桥东路2号

107. 中山市机动车辆检测中心小榄站
地址：中山市小榄镇花园东路49号

108. 中山市三乡白石摩托车检测站
地址：中山市三乡镇白石

109. 中山市古镇摩托车检测站
地址：中山市岐江公路古镇路段

110. 中山市黄圃镇南三摩托车检测站
地址：中山市黄圃镇南三公路马安路段

111. 珠海市顺达通机动车检测有限公司
地址：珠海市香洲区梅华西路 1089 号 2 栋 101

112. 珠海市机动车辆污染监控管理所
地址：珠海市香洲海滨北路 11 号

113. 珠海市斗门路捷汽车性能检测有限公司
地址：珠海市斗门区井岸镇新青科技工业园新青六路

114. 珠海市粤交摩托车检测有限公司
地址：珠海市斗门区白蕉镇城东开发区白蕉路 3972 号

115. 珠海市斗门区白藤湖汽车检测站
地址：珠海市斗门区白藤湖湖心路边

116. 珠海市西区青湾机动车检测中心
地址：珠海市鑫湾区三灶机场北路 11 号

117. 珠海市斗门区江良机动车检测有限公司
地址：珠海市斗站区桥北三路 106 号

118. 珠海市楠山汽车检测有限公司
地址：珠海市九洲大道东 1199 号

广西

1. 南宁康城机动车检测站
地址：南宁市高新工业园 8 号区

2. 南宁狮山机动车检测有限公司
地址：南宁市邕武路 8 号

3. 南宁市德安机动车检测有限公司
地址：南宁市外环路

4. 南宁市机动车辆检测中心
地址：南宁市长堽路 252 号

5. 南宁市大沙田招通机动车检测有限公司
地址：南宁市大沙田金象大道中段

6. 武鸣县机动车安全技术检测站
地址：武鸣县城东弄坛路一里 76 号

7. 柳州市白沙机动车检测有限责任公司
地址：柳州市跃进路 114 号

8. 广西柳州市柳城县驾联服务中心
地址：柳城县河东大道

9. 柳州市东俊机动车安全技术检测有限责任公司
地址：柳州市东环路 77 号

10. 柳州日通汽车服务有限公司车辆综合性能检测站
地址：柳州市柳邕路 247-1 号

11. 柳州市桂柳机动车技术检测有限责任公司
地址：柳州市桂柳路

12. 柳州市华力机动车安全技术检测有限责任公司
地址：柳州市柳石路 151 号

13. 柳州市汽贸园机动车检测有限责任公司
地址：柳州市柳太路和平路路口

14. 柳江县安保车辆检测有限公司
地址：柳江县拉堡镇建都开发 40 米处

15. 来宾市国仁机动车技术检测有限公司
地址：来宾市河西区天然桥路

16. 桂林市机动车辆安全检验线
地址：桂林市灵川县灵川镇

17. 桂林市车辆综合性能检测站
地址：桂林市七星区空明东路 12 号

18. 梧州金晖汽车运输有限公司汽车检测鉴定中心
地址：广西梧州市钱鉴路 15 号

19. 田东机动车辆综合性能检测站
地址：广西百色市田东县平马镇东宁东路 165 号

20. 玉林市广瑞机动车检测有限公司
地址：玉林市玉州区教育东路 338 号

21. 兴业县兴运服务有限责任公司
地址：广西玉林市兴业县石南镇人造平原（县交警大队后背）

22. 北流市车辆综合性能检测站
地址：北流市城北二路 46 号

23. 北海市安保机动车安全技术检验有限公司
地址：北海海城区北部湾东路 35 号

24. 北海运通汽车检测有限公司
地址：广西北海市西塘镇马兰村

25. 合浦运德机动车辆检测检验有限公司
地址：北海市合浦县廉东大道 19 号

26. 钦州君林机动车检测有限公司
地址：广西钦州市金海大街建材市场旁

27. 灵山县安泰机动车辆检测有限公司
地址：灵山县灵城镇环秀路

28. 防城港市宏安汽车安全技术检验有限公司
地址：防城港市港口区公车镇高支八大队后面

29. 陆川县机动车安全技术检验站
地址：陆川县温泉镇官田村官田垌

30. 藤县平安机动车辆检验有限责任公司
地址：藤县藤州镇桥西路 6 号

31. 桂平市家泰机动车检测有限公司
地址：桂平市城南开发区交警大队内

32. 桂平市汽车综合性能检测站
地址：桂平市西山镇岭头村

33. 容县机动车安全技术检验站
地址：容县蓉城镇南郊 47 号

海南

1. 海口安捷汽车检测维修服务有限公司
地址：海口海榆中线市车管所旁 33–3

2. 海南贝斯特汽车检测服务有限公司
地址：海口市秀英白水塘省扶贫开发区

3. 琼南五指山机动车检测中心有限公司
地址：海南省五指山市

4. 海南通安机动车安全检测站
地址：海口市府城镇林村道崖坡

5. 海口安妥快机动车检测有限公司
地址：海口市丘海大道 68 号（570311）

6. 海口华恒汽车检测服务有限公司
地址：海口市琼山区中山南路 62 号

7. 海口海航思福机动车检测有限公司
地址：海口市蓝天路 168 号

8. 海南泰特汽车检测服务有限公司
地址：海口市万华路原南方航空机场停机坪

9. 琼海市机动车辆检测中心
地址：琼海市塔洋镇联先管区交通城内

10. 三亚永成机动车检测中心
地址：三亚市迎宾大道 26 号

11. 文昌交大机动车检测有限公司
地址：文昌市文城镇文清大道交警大队院里

12. 海口易通汽车检测服务有限公司
地址：海口秀英区海榆中线（距红绿灯 100 米处）

13. 万宁万保路机动车检测中心
地址：万宁市东星工业开发区

14. 白沙顺意摩托车检测中心
地址：白沙县龙江农场车队

15. 临高县机动车检测中心
地址：临高县临美路

16. 万宁保安服务公司摩托车安检站
地址：万宁市万诚镇红专中街

17. 琼海保安服务公司摩托车安检站
地址：琼海市加积镇东风路 105 号

18. 五指山群安摩托车检测站
地址：五指山海榆南路 193 号

19. 东方摩托车检测站
地址：东方市公安局交警大队院内

20. 儋州福源西部机动车辆检测有限公司
地址：那大镇

21. 洋浦保达机动车检测有限公司
地址：洋浦交警大队院内

22. 琼中润捷摩托车检测站
地址：琼中县交警大队左侧

23. 陵水摩托车检测站
地址：陵水县椰树镇建设交警大队

24. 乐东摩托车检测站
地址：县公安局交警大队

25. 保亭保城摩托车检测服务站
地址：保亭县保兴西路

26. 定安龙翔实业有限公司
地址：定安县定城见龙大道交警大队内

27. 昌江银盾保安服务有限公司
地址：昌江县交警大院内

28. 三亚汇鑫汽车检测服务有限公司
地址：三亚市迎宾路 528 号

29. 澄迈富江实业开发有限公司
地址：澄迈县金江镇大拉村

贵州

1. 都匀经济开发区机动车安全检测站
地址：都匀市北工业区七星路 16 号

2. 贵阳市公共交通总公司金关机动车安全技术检测站
地址：贵阳市云岩区金关村金关大道 168 号
3. 贵阳新利源实业有限公司汽车安全检测场
地址：贵阳市乌当区新天办事处顺海村烂泥冲
4. 贵阳恒华汽车安全技术检测有限公司
地址：贵阳市金阳大道南段 118 号
5. 六盘水宏运达交通机动车检测鉴定服务有限公司安全性能检测站
地址：钟山区人民中路（新客车站内）
6. 贵州水城矿业（集团）有限责任公司六枝汽车检测站
地址：六枝特区交通路（加油站对面）
7. 贵州省安顺市金安交通设施有限公司机动车安全技术检测站（一、二线）
（一线）地址：安顺市交警支队车管所内
（二线）安顺市交警支队新车管所内
8. 黔南州汽车检测站
地址：都匀市谢官冲路 4 号
9. 贞丰县安达机动车检测有限责任公司
地址：贞丰县珉谷镇戈然村
10. 黔西县黔洪汽车检测站
地址：黔西县黔洪路 61 号
11. 贵州省人民政府办公厅汽车修配厂检测站
地址：贵阳市云岩区中华北路 346 号
12. 贵阳蟠桃宫汽车服务城有限责任公司检测站
地址：贵阳市南明区蟠桃宫立交桥下
13. 毕节地区金盾安保有限责任公司机动车安全技术检测站
地址：毕节市环东路交警支队院内
14. 兴仁县诚信机动车检测有限责任公司
地址：兴仁县城关镇备战仓库侧面（沿顶兴公路）
15. 贵阳时发汽车电机制造有限公司蛮坡检测站
地址：贵阳市云岩区宅吉路 413 号
16. 贵阳时发汽车综合服务有限公司小关检测站
地址：贵阳市云岩区盐沙路 9.5 公里处
17. 盘县刘官机动车辆安全检测站
地址：盘县刘官镇刘官
18. 贵州汽车修理公司机动车检测站
地址：贵阳市南明区沙冲南路 78 号
19. 安顺开发区仁大机动车安全技术检测站服务有限公司
地址：安顺开发区西航大道变压器厂旁
20. 贵阳南明任达机动车安全技术检测站有限公司
地址：贵阳市花溪大道 12 号通银配件城 10 栋 12–27 号
21. 毕节地区金春机动车安全综合性能检测站有限公司
地址：金沙县西洛乡小河村
22. 贵州省开阳县天佳机动车检测服务有限公司
地址：开阳县城关镇南街 89 号
23. 贵州省铜仁地区平安汽车检测服务有限公司
地址：铜仁市谢桥办事处楚溪村
24. 铜仁地区锦宏咨询服务有限公司思南车辆检测分公司
地址：思南县思唐镇大岩关村
25. 清镇市清远机动车检测有限公司
地址：贵阳市清镇红枫发电厂原运输公司内
26. 贵州省毕节地区威宁机动车检测中心
地址：毕节地区威宁县种养场
27. 六盘水天鹏驾驶学校有限公司机动车安全检测站
地址：六盘水市钟山区南环路（消防支队旁）
28. 遵义市机动车辆交易有限公司马兰坝机动车安全检测站
地址：遵义市红花岗区新店子马兰坝
29. 遵义市机动车辆交易有限公司赤水机动车安全检测站
地址：赤水市文华办事处财神沱（车检所内）
30. 遵义市机动车辆交易有限公司湄潭机动车安全检测站
地址：湄潭县湄江镇天文大道
31. 遵义市机动车辆交易有限公司正安机动车安全检测站
地址：正安县凤仪镇铜乡南路
32. 遵义市机动车辆交易有限公司凤岗机动车安全检测站
地址：凤岗县龙泉镇

33. 遵义市机动车辆交易有限公司仁怀安全检测站
地址：仁怀市中枢镇茅台路（磨朝湾）

34. 北京吉利特安龙机动车检测有限公司
地址：安龙县新安镇南环路

35. 遵义市机动车辆交易有限公司泥桥机动车安全检测站
地址：遵义市汇川区高泥路中段

36. 贵州开阳鑫阳汽车检测服务有限公司
地址：开阳县双流镇双永村

37. 铜仁全升机动车检测有限公司
地址：铜仁市陆场路 127 号

38. 织金县山水机动车技术检测有限公司
地址：织金县三甲乡木嘎村

39. 贵阳凤凰村机动车技术检测有限责任公司
地址：贵阳市南明区凤凰巷 130 号

40. 贵州均运汽车检测有限公司
地址：贵阳市白云区白云南路 1 号

41. 独山县汽车检测站
地址：独山县南大门运管稽查站

42. 贵州省毕节汽车运输公司机动车安全性能检测站
地址：毕节市环城北路 18 号

43. 三穗县天晋机动车服务有限责任公司
地址：三穗八弓镇公园南路

44. 黔东南州宏达驾驶学校机动车安全技术检测站
地址：凯里经济开发区车管所内

45. 贵州玉祥纸业有限公司机动车安全性能检测中心
地址：花溪区竹林村

46. 黔西南州黔安兴业车辆检测有限公司
地址：贵州省兴义市顶效镇开发东路 41 号对面

47. 福泉市广福机动车安全技术检测有限责任公司
地址：福泉市马场坪镇洋基堡

48. 贵阳小河区凯宏汽车检测有限公司
地址：贵阳小河区花溪大道（贵州汽车城内）

49. 遵义市黔北汽车检测有限公司安全技术检测中心
地址：遵义县龙坑镇天池大街

50. 习水县方圆机动车安全技术检测站
地址：贵州省遵义市习水县东皇镇

云南

1. 昆明第一检测站
地址：昆明市东郊昆洛公路 48 号

2. 昆明第二检测站
地址：昆明市东郊经济开发区

3. 昆明第三检测站
地址：昆明市官渡区黑林铺直街 66 号

4. 昆明第四检测站
地址：昆明市西山区岷山七公里

5. 昆明第五检测站
地址：昆明市安宁昆畹公路 36 公里处

6. 昆明第六检测站
地址：昆明市官渡区园博路

7. 昆明第七检测站
地址：昆明市官渡区滇池路 293 号

8. 昆明第八检测站
地址：昆明市官渡区龙泉路上马村月牙塘

9. 昆明第九检测站
地址：昆明市西山区昆沙路 366 号

10. 昆明第十检测站
地址：昆明市安宁龙宝寺 1 号交警大队内

11. 昆明第十一检测站
地址：宜良县蓬莱乡处青山村 324 国道 2856KM 处

12. 昆明第十二检测站
地址：昆明市东川区南郊

13. 昆明第十三检测站
地址：昆明市明波村石安公路旁（第十二培训站内）

14. 昆明第十四检测站
地址：昆明市朱家村东郊路 149 号（老车管所内）

15. 昆明第十五检测站
地址：昆明市官渡区前卫镇官南路 64 号

16. 曲靖第一检测站
地址：曲靖市麒麟区南宁办事处南关三村

17. 曲靖第二检测站
地址：宣威市交警大队

18. 昭通第一检测站
地址：昭阳区团结路（交警支队）

19. 楚雄第一检测站
地址：楚雄市菠萝哨

20. 楚雄第二检测站
地址：元谋县交警大队

21. 玉溪第一检测站
地址：红塔区彩虹桥路

22. 玉溪第二检测站
地址：红塔区红塔山

23. 文山第一检测站
地址：文山州文山县新城路

24. 思茅第一检测站
地址：思茅市北郊三家村

25. 版纳第一检测站
地址：景洪市景洪西路延长线

26. 大理第一检测站
地址：大理市开发区云鹤路

27. 德宏第一检测站
地址：潞西市芒市镇河东路 67 号

28. 德宏第二检测站
地址：瑞丽市瑞宏路中段

29. 德宏第三检测站
地址：盈江县平原镇姐岗桥头

30. 德宏第四检测站
地址：潞西市芒市镇（原交警支队机动车检测站）

31. 丽江第一检测站
地址：丽江市古城区长水路

32. 丽江第二检测站
地址：华坪县顺义汽车服务有限责任公司

33. 怒江第一检测站
地址：泸水县车辆管理所

34. 怒江州第二检测站
地址：兰坪县金凤凰汽车维修中心

35. 迪庆第一检测站
地址：香格里拉县（迪庆州车管所）

36. 临沧第一检测站
地址：临沧县忙畔乡中等村

四川

1. 成都市公安局机动车安全检测中心
地址：成都市郫县犀浦镇国宁村

2. 雅安市机动车检测站
地址：雅安市雨城区多营镇

3. 自贡市机动车辆及驾驶员安全技术检测站
地址：自贡市自流井区盐都大道

4. 内江市公安局交通警察支队机动车安全技术检测中心
地址：内江市东兴区西林大道 721 号

5. 遂宁市柏顺机动车安全技术检验有限公司
地址：遂宁市开发区北兴街 135 号

6. 南充市机动车检测服务中心
地址：南充市顺庆区潆溪镇

7. 凉山州机动车安全技术检测中心
地址：西昌市高枧乡

8. 眉山市公安局交警支队车辆管理所
地址：眉山市东坡区眉州大道

9. 德阳市机动车安全技术检测中心
地址：德阳市泰山南路南段

10. 广汉市机动车检测中心
地址：广汉市佛山路西段

11. 成都市公安局机动车安全检测中心第十三检测站
地址：崇州市崇阳镇永安西路 268 号

12. 资阳市机动车辆安全技术检测中心
地址：资阳市雁江区马鞍村 12 社交警支队

13. 成都市青白江机动车检测有限公司
地址：成都市青白江区红阳路 369 号

14. 巴中市机动车安全技术检测站
地址：巴中市江北新区白云台

15. 德阳市黑马机动车辆技术性能检测有限公司
地址：德阳市华山南路杜鹃巷 1–23 号

16. 四川省崇州市机动车检测站
地址：崇州市崇阳镇老成大路文化街口

17. 南充市蓝天机动车检测有限公司
地址：南充市嘉陵区嘉南路延长段

18. 万源市通达机动车辆检测有限责任公司
地址：万源市太平镇鞠家坝

19. 成都市邛崃康泰机动车检测站
地址：邛崃市南环路 127 号

20. 成都市公安局机动车安全检测中心第十五站
地址：邛崃市南环路 127 号

21. 成都市温江柳城机动车检测有限责任公司

地址：成都市温江区公平镇（温江城东）

22. 成都市公安局机动车安全检测中心第十二检测站

地址：成都市温江区公平镇（温江城东）

23. 成都泰盛机动车检测有限公司

地址：成都市温江区公平镇

24. 成都市公安局机动车安全检测中心第十一检测站

地址：成都市温江区公平镇

25. 米易县通宁机动车检测有限公司

地址：米易县攀莲镇青皮村

26. 武胜县精益机动车检测有限责任公司

地址：武胜县双星乡水口村

27. 阿坝州九黄机动车检测有限责任公司

地址：阿坝州汶川县威州镇岷江路中段 31 号

28. 隆昌县机动车检测站

地址：隆昌县金鹅镇成渝东路 181–185 号

29. 成都鼎盛汽车检测有限责任公司

地址：成都市保和乡天鹅村五组

30. 大邑长运机动车检测有限责任公司

地址：成都市大邑县晋原镇甲子东道

31. 成都市公安局机动车安全检测中心长十四检测站

地址：成都市大邑县晋原镇镇东村

32. 都江堰泰鑫机动车检测有限公司

地址：都江堰市胥家镇实新村

33. 绵阳市机动车安全技术检测中心

地址：绵阳市长虹大道 140 号

34. 江油市技安机动车检测站

地址：江油市太平镇新华村八组

35. 射洪县三合机动车检测有限公司

地址：射洪县太和镇太和大道南段

36. 攀枝花市机动车安全检测中心

地址：攀枝花市仁和区攀枝花大道南段 535 号

37. 江油市科安机动车检测站

地址：江油市德胜路 87 号

38. 阿坝州阿捷尔机动车检测有限公司

地址：马尔康县达萨街

39. 大竹县蜀东机动车检测有限责任公司

地址：大竹县东柳乡东柳村二组

40. 成都市泰盛机动车检测有限公司／成都市公安局机动车第十一检测站

地址：成都市郫县红光镇宋家林村五队

41. 富顺县长运机动车检测站

地址：富顺县富世镇西大街一段 235 号

42. 绵竹西南机动车技术性能检测有限公司

地址：绵竹市大南街下段

43. 邻水县金明汽车检测有限公司

地址：邻水县鼎屏镇环城路鑫源阳光花城

44. 都江堰泰鑫机动车检测有限公司

地址：都江堰市胥家镇实新村

45. 武胜县精益机动车检测有限责任公司

地址：武胜县双星乡水口村

46. 大邑长运机动车检测有限责任公司／成都公安局机动车第十四检测站

地址：成都市大邑县晋原镇甲子东道 168 号

47. 岳池宏盛汽车检测有限公司

地址：岳池县九龙镇岳武路

48. 内江市博强汽车检测有限责任公司

地址：内江市东兴区兴隆路

49. 简阳市恒新机动车检测有限公司

地址：简阳市石桥镇农副产品工业园区

50. 成都兴阳汽车性能检测有限公司

地址：成都市新都区宝光大道 690 号

51. 新津再兴汽车检测站

地址：成都市新津县花桥镇桥津上街 146 号

52. 四川成都四方达汽车检测有限公司

地址：成都市金牛区天回乡长胜村七组

53. 华蓥市双新交通汽车检测有限公司

地址：华蓥市双河街道双桥村二组

54. 富顺县机动车安全技术检测中心

55. 地址：自贡市富顺县晨光工业园区宋渡村

56. 达州市机动车辆安全技术检测站

地址：达州市通川区朝阳办事处皂角垭社区

57. 隆昌县机动车检测站

地址：内江市隆昌县成渝东路 181–185 号

58. 绵阳市顺通机动车安全技术检验有限责任公司

地址：绵阳市涪城区文武中路 69 号

59. 广元市机动车安全技术检测中心

地址：广元市中区兴安路 343 号

60. 中江县开元机动车技术性能检测有限责任公司
地址：中江县工业开发区

61. 成都盼盼永安汽车检测有限公司
地址：金堂县赵杨路

62. 青川县路安检测有限责任公司
地址：青川县乔庄镇北井坝

63. 三台县远达机动车检测有限公司
地址：三台县北坝镇恒昌路中段

64. 广安市机动车安全检测中心
地址：广安市广安区环城北路二段 56 号

65. 泸州市机动车安全检测中心
地址：泸州市龙马潭区龙马南路 29 号

66. 盐亭县乘风机动车检测有限公司
地址：盐亭县云溪镇绵盐路 4 号

67. 广安市康发汽车检测有限责任公司
地址：广安市城南新区碉楼街 4 号

68. 乐山市机动车辆安全技术检测站
地址：乐山市市中区龙游路西段 218 号

69. 眉山辉瑞机动车检测有限公司
地址：眉山市东坡区颍州路

70. 平武县安洲机动车检测有限公司
地址：平武县龙安镇东皋村

71. 安县安洲机动车检测有限公司
地址：安县安昌镇东升村

72. 苍溪县机动车检测有限责任公司
地址：苍溪县陵江镇北门沟路

73. 安岳县诚信机动车检测有限责任公司
地址：安岳县石桥铺镇

74. 成都意达车辆检修有限公司／成都市公安局第九检测站
地址：成都市金堂赵镇十里大道一段 582 号

西藏

1. 山南地区机动车辆检测中心
地址：山南地区乃东县泽当镇沙热路 7 号

2. 昌都机动车检测中心
地址：昌都地区昌都县

3. 拉萨市机动车检测中心
地址：城关区娘热北路 166 号

4. 林芝地区机动车量检测中心
地址：林芝地区林芝县

5. 西藏伊成车辆检测有限公司
地址：城关区当热西路 96 号

陕西

1. 安康市昌达机动车安全技术检验有限公司
地址：安康市江北生物科技工业园区

2. 白河县安凯运输有限公司
地址：白河县城关镇

3. 渭南宏通机动车检测有限公司
地址：渭南市开发区兴陕路南段

4. 大荔宏通机动车检测有限公司
地址：渭南市大荔县许庄镇叶家村

5. 蒲城县红通机动车检测有限公司
地址：渭南市蒲城县南塬洞耳

6. 韩城宏通机动车检测有限公司
地址：渭南市韩城

7. 渭南东方机动车安全检测中心有限公司
地址：渭南市开发区渭清路南段

8. 合阳金源机动车辆检测有限公司
地址：渭南市合阳县

9. 渭南宏通机动车检测有限公司华县分公司
地址：渭南市华县

10. 华阴市华岳汽车服务有限公司
地址：华阴市华岳路南段

11. 渭南市宏通机动车辆检测有限公司富平分公司
地址：渭南市富平县

12. 商洛市鹤雄机动车安全检验有限公司
地址：商洛市商州区大赵峪办事处王巷

13. 商洛市泛华机动车检测有限公司
地址：商洛市商州区杨峪河上赵塬

14. 陕西忠盛达汽车检测服务有限公司
地址：山阳县城关镇西河村

15. 商洛市兴洛汽车尾气检测有限责任公司
地址：商洛市商州区杨峪河赵家湾

16. 铜川市机动车辆技术检测站
地址：铜川市新区正阳路东段交警支队

17. 汉中市机动车驾驶人考试场地管理中心机动车安全性能检测站
地址：汉中市鑫源开发区光明路 3 号

18. 勉县宏昌机动车检测有限公司

地址：勉县定军山镇

19. 陕西东林机动车检测有限公司

地址：城固县西环四路中段

20. 陕西汉中汉台区机动车辆检测有限公司

地址：汉中市汉台区七里店

21. 汉中银盾机动车检测有限公司

地址：汉中市汉台区共农村

22. 陕西省汽车检测站

地址：西安市唐延路特警支队北侧

23. 西安长城汽车检测维修公司

地址：西安市未央区楼阁台村苗木花卉示范园楼尤路3号

24. 西安城东汽车综合性能检测站

地址：西安市霸桥区纺北路252号

25. 西安东升汽车检测维修有限责任公司

地址：西安市未央区朱宏路30号

26. 西安西部国际车城汽车检测站

地址：西安市未央区三桥镇疏导线路58号

27. 西安市城南汽车综合性能检测站

地址：西安市木塔寨北村

28. 西安市新元汽车检测维修有限公司

地址：西安市新城区长乐东路82号

29. 陕西安达装备安全检测科技有限公司

地址：西安区市未央区

30. 临潼区顺安车辆检测有限公司

地址：西安市临潼区

31. 陕西博世车辆检测有限公司

地址：西安市户县石井镇柿园路

32. 西安特律机动车综合检测有限公司

地址：西安市阎良经济开发区新型工业园区经发一路

33. 陕西安远机动车检测服务有限公司

地址：西安市幸福路

34. 户县瑞源车辆检测服务有限公司

地址：户县旁光镇

35. 西安市汽车综合性能检站

地址：西安市北关华强路2号

36. 咸阳机动车辆检测站

地址：咸阳市西兰路98号

37. 咸阳飞达综合服务有限公司

地址：咸阳市渭城区周陵镇陈老户寨

38. 彬县鹏通汽车服务有限责任公司

地址：咸阳市彬县城关镇大佛寺村

39. 兴平市天洋机械有限责任公司

地址：兴平市兴礼路南段路东侧

40. 咸阳市中联机动车检测有限公司

地址：咸阳市秦都区

41. 陕西志盈交通科技有限公司礼泉机动车综合性能检测站

地址：咸阳市礼泉县西环路

42. 榆林市顺达机动车综合检测有限公司

地址：榆林市榆阳区小纪汗乡昌汗界村

43. 榆林市恒泰集团汽车检测有限公司

地址：榆林市榆阳区三官会下巷

44. 榆林市名州汽车检测服务中心

地址：榆林市绥德县

45. 榆林市神木银盾机动车检测有限公司

地址：榆林市神木县

46. 榆林市榆林银盾机动车检测有限公司

地址：榆林市榆阳区

47. 榆林市靖边银盾机动车检测有限公司

地址：榆林市靖边县

甘肃

1. 甘肃外运汽车安全检测有限责任公司

地址：兰州城关区排洪路115号

2. 临夏州平安汽车安全检测有限责任公司

地址：临夏市滨河东路26号

3. 张掖市汽车安全技术检测站

地址：张掖市甘州区东牌坊楼向东500米处

4. 临夏州安通汽车安全检测有限责任公司

地址：临夏市城郊镇瓦窑头村

5. 白银市公安局交通警察支队机动车安全技术检测站

地址：白银市白银区兰包路大坝滩

6. 武威市恒通机动车安全技术检测有限公司

地址：武威市南二环路西100米

7. 金昌市机动车检测协会

地址：金昌市北京路3号

8. 定西市机动车安全技术检测站

地址：定西市安定区安通路444号

9. 嘉峪关市驾协机动车安全技术检验站
地址：嘉峪关市富强西路交警支队内

10. 敦煌市银鑫机动车安全技术检测验公司
地址：敦煌市鸣山路 6 号

11. 甘南州金安机动车安全技术检测有限公司
地址：甘南州合作市扎油沟北路

12. 兰州市红柳滩机动车安全技术检测站
地址：兰州市城关区盐场街道 1-1 号

13. 陇南市公安局交通警察支队检测站
地址：陇南市武都区东江镇

14. 白银顺驰机动车检测有限公司
地址：白银市白银区银山路 116 号

15. 景泰顺意车辆检测有限公司
地址：景泰县一条山镇环城路

16. 金塔县安达机动车检测有限公司
地址：金塔县金鑫工业园区

17. 天水中航汽车检测有限责任公司
地址：天水麦积区花牛路 45 号

18. 兰州机动车检测站
地址：兰州西固东路 6 号

19. 平凉市机动车辆技术检测站
地址：平凉市崆峒西路 33 号

宁夏

1. 银川市机动车安检中心
地址：银川市兴庆区清河南路 836 号

2. 银川市机动车安检中心灵武市检测站
地址：灵武市羊绒工业园区西段号

3. 银川昌昊汽车工贸有限责任公司（汽车综合性能检测分公司）
地址：银川市兴庆区丽景南街 318 号

4. 银川昌昊汽车工贸有限责任公司
地址：银川市金凤区长城中路 765 号

5. 银川市西夏新科机动车辆监测有限公司
地址：银川市西夏区黄河西路 242 号

6. 银川安车汽车检测有限公司
地址：银川德胜工业园区永胜西路 2 号

7. 银川安车汽车检测有限公司永宁分公司
地址：银川市永宁县望远经济开发区

8. 石嘴山市机动车检测有限公司
地址：石嘴山市大武口区胜利东街 324 号

9. 石嘴山市机动车检测有限公司平罗分公司
地址：平罗县萧公大街西街

10. 石嘴山龙达汽车综合性能检测有限公司
地址：惠农区煤炭路龙达驾校院内

11. 吴忠市机动车辆检测有限责任公司
地址：吴忠市利通区上桥乡南环东路

12. 青铜峡市机动车检测（中心）有限公司
地址：吴忠市青铜峡市小坝镇永庆北路

13. 盐池县生存汽车综合性能检测有限公司
地址：盐池县县城盐兴路 1500 米处

14. 固原银联机动车检测服务有限公司
地址：固原市经济开发区长丰路

15. 固原原州恒顺机动车辆检测有限公司
地址：固原市原州区清水河工业园区

16. 中卫市天马机动车安全综合性能检测中心
地址：中卫市城区迎宾大道

17. 中宁天元机动车安全技术综合性能检测中心
地址：中宁县宁安镇石桥村

18. 海原县凯通机动车辆检测有限公司
地址：海原县新区泰和南路交警大队西侧

19. 同心县天圣机动车检测中心
地址：同心县同海公路检测中心

20. 宁夏大世界机动车检测有限公司
地址：银川德胜工业园区大世界汽车市场内

21. 同心鑫月机动车检测中心
地址：同心石狮镇边桥村

青海

1. 青海省西宁机动车安全检测中心
地址：西宁市八一东路 43-1 号

2. 西宁市高原机动车检测有限责任公司
地址：西宁市城南新区黄海路 4 号

3. 西宁警盛机动车安全检测有限公司
地址：西宁市柴达木路 66 号

4. 海东宏达机动车安全检测中心
地址：平安县平安大道 235 号

5. 海东地区安泰机动车检测有限公司
地址：海东地区平安县平安镇东营村

6. 德令哈安信机动车检测服务有限公司
地址：海西州德令哈市天峻路 11 号

7. 格尔木洋嘉机动车检测有限责任公司

地址：格尔木市柴达木东路 40 号

8. 海北州机动车检测中心

地址：海北州西海镇刚察路

9. 黄南州平安机动车检测中心

地址：黄南州同仁县隆务镇东山路 10 号

10. 果洛州福羚汽车检测有限责任公司

地址：果洛州玛沁县大武镇

11. 海南州恒成机动车安全检测公司

地址：海南州共和县团结南路 606 号

新疆

1. 新疆汽车产品质量监督检验站

地址：乌鲁木齐市经一路交通科研所

2. 新疆海威汽车检测站有限公司

地址：乌市滨河中路

3. 乌鲁木齐汽车安全技术测试服务站

地址：乌鲁木齐河滩路

4. 新疆金运机动车检测服务有限公司

地址：乌鲁木齐市迎宾路 146 号附 16 号

5. 乌鲁木齐新亚机动车测试有限公司

地址：乌鲁木齐市喀什西路 628 号

6. 乌鲁木齐鸿信达汽车检测有限公司

地址：乌鲁木齐经济技术开发区中亚大道 222 号

7. 新疆地质调查处汽车检测站

地址：乌鲁木齐市阿勒泰路

8. 中国人民解放军第 7438 工厂汽车检测站

地址：乌鲁木齐市红山路

9. 伊犁州机动车辆检测中心

地址：伊宁市开发区

10. 伊犁新通汽车综合技术性能检测有限公司

地址：伊宁市交通局

11. 伊宁县永兴机动车综合性能检测有限公司

地址：伊犁州伊宁县

12. 霍城县永欣机动车综合性能检测有限公司

地址：霍城县清水河

13. 伊犁润胜机动车综合性能检测有限公司

地址：伊宁市开发区

14. 奎屯宏事达机动车检测有限公司

地址：奎屯市开发区

15. 奎屯安通机动车检测有限公司

地址：奎屯市塔城南路 48 号

16. 塔城地区振华机动车检测有限责任公司

地址：塔城市光明路

17. 沙湾县机动车综合性能检测站

地址：沙湾县三道河子镇火车站路

18. 额敏县宏鑫运输服务合作公司车辆技术检测站

地址：塔城地区额敏县

19. 额敏县宏通达汽车服务有限公司

地址：塔城地区额敏县

20. 北屯金鑫汽车性能检测有限责任公司

地址：阿勒泰地区北屯镇

21. 博州振兴汽车综合技术性能检测中心

地址：博乐市北京路

22. 博乐市腾龙机动车综合性能检测站

地址：博乐市博河西岸

23. 博州精河县金桥机动车综合性能检测站

地址：精河县老 312 国道运管站旁

24. 昌吉州机动车检测站（第一实验室）

地址：奇台县乌齐路

25. 新疆昌明车辆检测有限公司

地址：昌吉市乌伊公路东

26. 呼图壁昌明车辆检测有限公司

地址：呼图壁县老 312 国道旁

27. 昌吉州机动车安全检测有限责任公司

地址：昌吉市

28. 新疆五家渠丰桥机动车检测有限公司

地址：昌吉州五家渠市

29. 新疆荣达车辆服务有限公司阜康检测站

地址：昌吉州阜康市

30. 阜康市准东汽车检测有限责任公司

地址：阜康市准东石油基地

31. 吐鲁番德顺机动车检测有限责任公司

地址：吐鲁番市

32. 巴州四运东风机动车综合性能检测有限公司

地址：库尔勒市四运公司

33. 新疆荣达车辆服务有限公司焉耆分公司检测站

地址：巴州焉耆县城北 3 公里

34. 巴州志远机动车综合性能检测站
地址：库尔勒市开发区

35. 轮台县华辉汽车检测有限责任公司
地址：轮台县城国道 314 公里处

36. 轮台县荣成机动车综合性能检测站
地址：轮台县红桥开发区

37. 和静县兴达机动车检测有限公司
地址：巴州和静县

38. 尉犁县宏升机动车检测有限公司
地址：巴州尉犁县

39. 且末县友康机动车检测有限公司
地址：且末县茫莎路

40. 库车县顺通机动车业务服务有限公司
地址：阿克苏地区库车县

41. 克州亚中机动车检测有限公司
地址：阿图什市亚中公司

42. 喀什农三师机动车安全技术检测中心
地址：喀什市兵团三运司

43. 莎车县八方汽车综合性能检测站
地址：喀什地区莎车县

44. 巴楚县鸿达机动车检测有限责任公司
地址：喀什地区巴楚县火车站旁鸿福驾校院内

45. 和田地区亚中机动车检测有限公司
地址：和田市亚中市场

46. 和田新顺机动车检测公司
地址：和田市车管所院内

47. 和田地区腾达机动车检测有限公司
地址：和田市北京东路 120 号

48. 克拉玛依市万安机动车综合性能检测服务有限公司
地址：克拉玛依市阿山路 5 号

49. 克拉玛依市汽车综合性能检测站
地址：克拉玛依市准葛尔路

50. 石河子平安机动车检测有限责任公司
地址：石河子市

51. 石河子恒信机动车检测服务有限公司
地址：石河子市

52. 石河子安达机动车检测有限公司
地址：石河子市

53. 米泉市新龙河车辆检测有限公司
地址：米泉市青年街

54. 新疆米泉市四平机动车检测有限责任公司
地址：米泉市青年街

二、全国部分机动车综合性能检测站名录

北京

1. 北京门良机动车综合性能检测中心
地址：北京市门头沟区门头沟路 58 号

2. 北京市华永昌汽车综合性能检测站
地址：北京市房山区房山街道马各庄村西

3. 北京市万通兴汽车检测站
地址：北京市通州区宋庄镇邢各庄村

4. 北京顺交汽车综合性能检测站
地址：北京市顺义区南法信地区南法信村西

5. 北京市昌交汽车综合性能检测站
地址：北京市昌平区百善镇沙河机场路王庄工业园

6. 北京市门头沟汽车综合性能检测站
地址：北京市门头沟区门头沟路 58 号

7. 北京兴通运达汽车综合性能检测有限责任公司
地址：北京市大兴区黄村镇团桂路 1 号院内

8. 北京顺丰利源汽车综合性能检测站
地址：北京市密云县穆家峪镇新农村

9. 北京安鹏汽车综合性能检测站
地址：北京市怀柔区庙城镇庙城村东 420 号

10. 北京巴士传媒股份有限公司汽车综合性能检测站
地址：北京市崇文区桃园东里 1 号

11. 北京市新发汽车综合性能检测站
地址：北京市丰台区新发地潘家庙村北 100 米

上海

1. 上海市沪南汽车运输公司
地址：徐汇区中山南二路 557 号

2. 上海吉利汽车综合检测站
地址：嘉定区江桥华江路工业开发区

3. 上海上电汽车综合检测站
地址：闸北区江场路 1385 号

4. 上海申康汽车综合检测站
地址：虹口区汶水东路 937 号

5. 上海市沪东汽车综合检测站
地址：杨浦区定海街道内江路 301 号

6. 上海中集宝检汽车检测有限公司
地址：上海水产路 1699 号兰岗路 276 号

7. 上海市宝山区北部汽车检测维修有限公司
地址：宝山区富锦路 5001 号

8. 上海闵行区汽车综合检测站
地址：闵行区老沪闵路 2388 号

9. 上海康达汽车综合检测站
地址：浦东新区行南路 657 号

10. 上海交运浦东汽车综合检测有限公司
地址：浦东新区上南路 3459 号

11. 上海东方机动车综合性能检测有限公司
地址：浦东新区龚路镇工业小区内

12. 上海嘉定汽车综合检测站
地址：嘉定区马陆镇棕坊村

13. 上海南汇县汽车综合检测站
地址：南汇区惠南镇城南路 97 号

14. 奉贤县汽车综合检测站
地址：奉贤区南桥镇沪杭公路张翁庙

15. 上海松江汽车综合检测站
地址：松江检松东路 331 号、337 号

16. 上海金山汽车检测中心汽车综合检测站
地址：金山区朱泾镇亭枫公路 4831 号

17. 上海青浦汽车综合检测站
地址：青浦区青浦镇南门汽运公司内

18. 上海崇明县汽车综合检测站
地址：崇明县候家镇东三江口东首

天津

1. 天津市长客汽车检测有限公司
地址：河北区普济河道 101 号

2. 津维特种车检测服务有限公司
地址：河北志成道马庄下坡

3. 天津市南开汽车运输场检测站
地址：南开区雅安道工业园区平昌道 5 号

4. 天津市汽车运输六场检测站
地址：红桥区西青道 193 号

5. 天津市六号门汽车运输场检测站
地址：河东区程林庄路 43 路终点站对过

6. 河西汽车运输五场检测站
地址：河西洞庭路 4 号

7. 货车修理厂检测站
地址：解放南路南头汽配诚院旁

8. 塘沽区汽车综合性能检测站
地址：塘沽区新北路 7199 号

9. 汉沽运输公司检测站
地址：汉沽区大丰路 98 号

10. 天津翔达交通运输服务中心
地址：大港区世纪大道 1 号

11. 大港油田汽车综合性能检测站
地址：油田港北汽车技术服务中心

12. 天津市开发区汽车综合性能检测站
地址：开发区广海路海通街 60 号

13. 宝坻交通车辆技术监督站
地址：宝坻区城关镇宝平公路西侧

14. 蓟县交通局汽车综合性能检测站
地址：蓟县经济开发区龙山路 1 号

15. 静海县运通汽车综合性能检测站
地址：静海北丰路建材市场东侧

16. 天津市金东机动车综合性能检测中心
地址：天津市东丽区津塘公路三号桥

17. 津南区汽车综合性能检测中心
地址：津南辛庄镇前辛庄村津沽路北侧

18. 西青区润华机动车检测站
地址：西青区津港路与兴华道交口

19. 西青区京福机动车检测站
地址：西青区京福路

20. 宁河县宁通机动车检测中心
地址：宁河县芦台镇光明路 24 号

21. 北辰运发汽车综合性能检测中心
地址：北辰津围公路小淀镇政府旁加油站北

22. 北辰辰发汽车综合性能检测中心
地址：北辰北仓镇外环线检测站内

23. 武清区汽车综合性能检测站
地址：武清区建国南路增 47 号

山西

1. 介休市通莱汽车综合性能检测有限公司
地址：介休市定阳西路 27 号

2. 临汾市汽车综合性能检测站
地址：临汾市解放东路 84 号

3. 山西省交通科学研究院汽车综合性能检测中心
地址：山西省太原市许坦西街 36 号

4. 临汾市尧都区鑫煜车辆综合检测站
地址：临汾市尧都区尧庙乡尧庙村

5. 霍州市机动车综合性能检测有限公司
地址：霍州市涧南路

6. 昔阳县恒雁机动车综合性能检测有限公司
地址：晋中市昔阳县乐平镇落雁头村东

7. 长治市中天汽车综合检测有限公司
地址：长治市郊区化家庄村西

内蒙古

1. 乌海市中泰机动车综合性能检测站
地址：乌海市海勃湾区海河南路铁南工业园

2. 锡林郭勒盟翔鹰汽车综合性能检测有限公司
地址：锡市额办阿拉坦特木尔街

3. 巴彦淖尔市通政汽车综合性能检测站
地址：临河区经济技术开发区

4. 鄂尔多斯市鑫泉公司达拉特旗汽车综合性能检测站
地址：达拉特旗树林召镇

5. 扎兰屯市车辆综合性能检测站
地址：扎兰屯市胜利路西侧

6. 伊金霍洛旗昌盛运输服务有限责任公司
地址：阿勒腾席热镇

7. 阿荣旗交通车辆综合性能检测站
地址：呼伦贝尔市阿荣旗那吉镇中央街

8. 杭锦旗升达汽车综合性能检验站
地址：杭锦旗锡尼镇

9. 莫力达瓦达斡尔族自治旗宏运汽车综合性能检测有限责任公司
地址：莫力达瓦旗尼尔基镇纳文西大街

10. 陈巴尔虎旗巴彦库仁镇车辆综合性能检测站
地址：陈旗工商局南侧

11. 牙克石市广通达机动车综合性能检测站
地址：牙克石市兴安西街 27 号

12. 呼伦贝尔市车辆综合性能检测中心
地址：呼伦贝尔市巴彦托海路 69 号

辽宁

1. 沈阳市车辆综合性能检测四站
地址：沈阳市苏家屯区枫杨路 171 号

2. 新民市机动车综合性能检测中心
地址：新民市辽河大街 16 号

3. 凌源市方达机动车综合性能检测有限公司
地址：凌源市红山路东段

4. 大连新交运汽车综合性能检测中心
地址：大连市甘井子区郭东街 8 号

5. 彰武县天盛汽车综合性能检测站
地址：彰武县新兴路中段

6. 葫芦岛市汽车综合性能检测中心
地址：葫芦岛市龙湾新区双龙街道

7. 鞍山市汽车综合性能检测站第二分站
地址：海城市哈大路北出口路畅园内

8. 营口市汽车综合性能检测中心
地址：营口市站前区渤海大街东 108 号

9. 桓仁交通汽车综合性能检测服务有限公司
地址：桓仁县桓仁镇虎泉村

10. 本溪满族自治县交通汽车综合性能检测中心
地址：本溪满族自治县小市镇滨河东路

11. 黑山县机动车综合性能检测站
地址：黑山县城南 88 号

12. 调兵山市交通汽车综合性能检测站
地址：调兵山市铁秀路东段

13. 喀左县中外机动车综合性能检测有限公司
地址：喀左县建设街 54 号

14. 瓦房店市机动车综合性能检测站
地址：瓦房店市岗店办事处老皮铺村

15. 宽甸交通运输车辆综合性能检测中心
地址：辽宁省宽甸县宽甸镇城北街 10 号

16. 沈阳市张士综合机动车检测有限公司
地址：沈阳经济技术开发区燕塞湖街 7 号

17. 朝阳市运通机动车综合性能检测有限公司
地址：朝阳市珠江路三段六十号

18. 大连汽车综合性能检测中心有限公司
地址：大连市甘井子区华北路 411 号

19. 旅顺汽车综合性能检测站
地址：大连市旅顺口区开发区兴发路 200 号

20. 清原满族自治县汽车综合性能检测站
地址：清原县清原镇浑河南路 42 号

21. 凤城市机动车综合性能检测中心
地址：凤城市凤山路 242 号

22. 丹东交通机动车综合性能检测中心有限公司
地址：丹东市振兴区花园路 51 号

23. 北镇市汽车综合性能检测中心
地址：北镇市南关关社区南门外 102 线西侧

24. 义县机动车综合性能检测站
地址：义县城关乡东关村

25. 铁岭市清河区瑞泰机动车综合性能检测有限责任公司
地址：铁岭市清河区张相镇

26. 阜新市汽车综合性能检测站
地址：阜新市细河区电工街 6 号

27. 开原市兴运汽车综合性能检测站
地址：开原市工业园区 1 号

28. 昌图龙驿汽车综合性能检测有限公司
地址：昌图县昌图镇满井村 102 废弃公路

29. 盘山县机动车综合性能检测中心
地址：双台子区城北街 54 号

30. 大洼县机动车综合性能检测站
地址：盘锦市大洼县城郊乡

31. 盘锦市汽车综合性能检测服务中心
地址：盘锦市双台子区双兴北路 579 号

32. 建平县汽车综合性能检测站
地址：建平县铁南街道

33. 绥中县汽车综合性能检测中心
地址：绥中县绥中镇新兴街二段 103 号

34. 兴城市汽车综合性能检测站
地址：兴城市南桥路 32 号

35. 鞍山市台安汽车综合性能检测站
地址：台安县台安镇工业园区

36. 岫岩满族自治县汽车综合性能检测站
地址：岫岩满族自治县岫岩镇（兴隆粮库对过）

37. 辽中县宏达车辆综合性能检测有限公司
地址：辽中县迎宾路 88 号

38. 辽阳市亿方汽车综合性能检测站
地址：辽阳市宏伟区西环路 22 号

39. 辽阳市汽车综合性能检测中心
地址：辽阳市繁荣路中段

40. 辽阳县宝利机动车综合性能检测有限公司
地址：辽阳县辽鞍路 79-3 号

41. 营口市鲅鱼圈区车辆综合性能检测站
地址：营口市鲅鱼区疏港路北

42. 灯塔市双杰机动车综合性能检测有限公司
地址：灯塔市兆麟路南立交桥西

43. 大石桥市汽车综合性能检测站
地址：大石桥市青花管理区杨房村

44. 东港市交通机动车综合性能检测中心
地址：东港市新城区柞木村

黑龙江

1. 哈尔滨骏鹰宝通汽车综合性能检测有限公司
地址：哈尔滨市道里区城乡路 441 号

2. 黑龙江骏发绿岛机动车综合性能检测有限公司
地址：哈尔滨南岗区沿河路 6 号

3. 双城市车辆综合性能检测站
地址：双城市迎宾路 37 号

4. 龙江县机动车综合性能检测有限公司
地址：龙江县通齐路 217 号

5. 甘南县龙运机动车综合性能检测有限公司
地址：甘南县人民路 17 号

6. 讷河市长虹机动车综合性能检测站
地址：讷河市通江路 87 号

7. 克山县机动车综合性能检测站
地址：克山县南大街 22 号

8. 穆棱市运来机动车综合性能检测有限公司
地址：穆棱市八面通镇长征路 78 号

9. 绥芬河市远东机动车综合性能检测有限公司
地址：绥芬河市乌苏里大街 216 号

10. 肇州县海缘汽车综合性能检测有限公司
地址：大庆市肇州县奋斗街东门外 100 米

11. 哈尔滨北环机动车综合性能检测有限公司
地址：哈尔滨市平房区平房村

12. 明水县龙驰机动车综合性能检测有限公司
地址：明水县双兴乡双河开发区

13. 铁力市红博机动车综合性能检测有限公司
地址：铁力市西河大桥西侧

14. 集贤县运通汽车综合性能检测有限公司
地址：集贤县福利镇繁荣街 228 号

15. 延寿县顺达机动车综合性能检测有限公司
地址：哈尔滨市延寿县延寿镇高台四队

16. 嫩江县机动车综合性能检测站
地址：黑河市嫩江县墨尔根路南

17. 大庆市道服汽车综合性能检测站
地址：大庆市高新区安萨路 39 号

18. 克东县平安机动车综合性能检测有限责任公司
地址：齐齐哈尔市克东县保安路

19. 拜泉县红博机动车综合性能检测有限公司
地址：拜泉县拜泉镇鑫海路 40 号

20. 密山市运通机动车综合性能检测站
地址：黑龙江省密山市铁西区

21. 黑龙江省宝泉岭农垦宝通机动车综合性能检测站
地址：黑龙江省农垦宝泉岭

22. 哈尔滨捷安机动车综合性能检测有限公司
地址：哈尔滨市松北区红光路 18 号

23. 克东县美达机动车综合性能检测有限公司
地址：黑龙江省齐齐哈尔市克东县

24. 北安市光源汽车综合性能检测有限公司
地址：黑龙江省黑河市北安

25. 林甸县人和机动车综合性能检测有限责任公司
地址：黑龙江省大庆市林甸县

26. 萝北县顺达机动车综合性能检测站
地址：鹤岗市萝北县凤翔大街

27. 勃利县运通汽车综合性能检测有限责任公司

地址：七台河市勃利县勃利镇康华街 365 号

28. 双城市东顺机动车综合性能检测有限责任公司

地址：黑龙江省双城市火磨街

29. 五大连池市大宇机动车综合性能检测有限责任公司

地址：五大连池市青山镇建委二号楼

30. 黑龙江省农垦总局九三分局机动车综合性能检测站

地址：黑河市嫩江县农垦九三分局一委 16 号

江苏

1. 徐州鹏程汽车综合性能检测有限公司

地址：江苏省徐州市鼓楼区三环东路下淀

2. 建湖县通宇汽车综合性能检测有限公司

地址：建湖县近湖镇汇文东路 1009 号

3. 睢宁县鸿达汽车检测有限公司

地址：江苏省徐州市睢宁县城东环岛南侧 6 号

4. 南京交运汽车综合性能检测有限公司

地址：南京市雨花台区郁金香路 8 号

5. 如皋市汽车综合性能检测站

地址：如皋市如城镇李渔路 88 号

6. 启东市汽车综合性能检测站

地址：江苏省南通市启东市人民西路 2288 号

7. 连云港市苏港汽车综合性能检测中心

地址：连云港市新浦区解放东路 269 号

8. 连云港市东海县汽车综合性能检测站

地址：东海县幸福南路

9. 灌云县汽车综合性能检测站

地址：灌云县伊山镇通榆路 8 号

10. 新沂市佳安汽车综合性能检测站

地址：新沂市唐店镇唐店村

11. 东台市汽车综合性能检测站

地址：东台市范公北路 228 号

12. 无锡市交通汽车综合性能检测中心有限责任公司

地址：江苏省无锡市石门路 1 号

13. 无锡市锡山区锡东汽车综合性能检测站

地址：无锡市锡山区东亭镇资景南路 8 号称

14. 镇江市丹徒区汽车综合性能检测站

地址：镇江市丹徒新区

15. 昆山市汽车综合性能检测站

地址：昆山市陆丰西路 66 号

16. 丹阳市宏天汽车综合性能检测中心

地址：丹阳市开发区金陵西路 183 号

17. 南通市汽车综合性能检测中心

地址：南通市外环北路 359 号

18. 赣榆县金路交通实业有限公司

地址：赣榆县城华中南路 33-1 号

19. 句容市华龙汽车综合性能检测有限公司

地址：句容市开发区钤塘转盘西北角 20 米处

20. 宜兴市宏达汽车综合性能检测有限公司

地址：宜兴市宜城红塔宝鸡西路

21. 连云港市恒通汽车综合性能检测有限公司

地址：连云港市连云开发区经十一路 1 号

22. 涟水县车辆综合检测站

地址：涟镇安东北路

23. 江都市车辆综合性能检测服务有限公司

地址：江都市宜陵工业园区 2 号路

24. 泰兴市泰通机动车辆综合性能检测中心

地址：泰兴市泰兴镇苏城村

25. 扬州市车辆综合性能检测中心有限公司

地址：扬州市开发区兴扬路 21 号

26. 淮安市淮阴区通达车辆综合性能检测站

地址：淮安市淮阴区工业园区纬五路 21 号

27. 张家港市金港机动车综合性能检测站有限公司

地址：张家港市杨舍镇新农村

28. 苏州狮山机动车综合性能检测有限公司

地址：苏州新区长江路金山路口汽车西站北

29. 高邮市鹏程机动车综合性能检测中心

地址：高邮市秦邮路 128 号

30. 泰兴市泰通机动车辆综合性能检测中心

地址：泰兴市泰兴镇苏城村

31. 邳州市机动车综合性能检测站

地址：邳州市北京路东侧

浙江

1. 宁海县机动车综合性能检测站

地址：宁海县桃源街道兴宁北路

2. 平阳县车辆综合性能检测站
地址：平阳县前仓镇环城北路 295 号

3. 慈溪市汽车综合性能检测站
地址：慈溪市古塘街道担山北路 58 号

4. 苍南县汽车综合性能检测站
地址：苍南县灵溪镇西客站

5. 宁波市镇海区车辆综合性能检测站
地址：宁波市镇海区镇骆东路 89 号

6. 江山市车辆综合性能检测站有限公司
地址：江山市虎山路 185 号

7. 龙游县长运汽车综合性能检测有限公司
地址：龙游县龙游镇衢龙路 124 号

8. 乐清市汽车综合性能检测站
地址：乐清市后所工业区南侧

9. 杭州景芳汽车综合性能检测有限公司
地址：杭州市拱墅区沈半路 257 号

10. 兰溪市兰敦汽车综合性能检测有限公司
地址：兰溪市丹溪大道 233 号

11. 台州市车辆综合性能检测中心站
地址：台州市路桥新安西街 398 号

12. 丽水市车辆综合性能检测站有限公司
地址：丽水市莲都区岩泉铁丁桥 1 号

13. 杭州汽车综合性能检测中心有限公司
地址：杭州市莫干山路 818 号

14. 杭州汽车城机动车尾气检测中心有限公司
地址：杭州市拱墅区石祥路 589 号

15. 金华市中宇车辆综合检测有限公司
地址：金华市环城西路 1258 号

16. 宁波市鄞州车辆综合性能检测站
地址：宁波市鄞州中心区石矸雅源南路 369 号

17. 杭州天鸿汽车综合性能检测有限公司
地址：杭州市江干区之江东路 52-1 号

18. 平湖市汽车综合性能检测站
地址：平湖市经济开发区兴平一路 488 号

19. 安吉县海运车辆综合性能检测有限公司
地址：安吉县递铺灵峰路东侧

20. 东阳市汽车综合性能检测站
地址：东阳市白云开发区万寿路

21. 温岭市车辆综合性能检测站
地址：温岭市开发区锦屏大道 6 号

22. 杭州萧山车辆综合性能检测有限公司
地址：萧山区宁围镇宁牧村

23. 杭州汽车综合性能检测中心有限公司
地址：1）杭州市莫干山路 818 号
2）杭州市转塘镇中村 275 号 10 幢
3）江干区艮山东路 196-1 号

24. 武义县车辆综合性能检测站
地址：武义县金东路 66 号

25. 富阳市汽车综合性能检测站
地址：富阳市横凉亭路 169 号

26. 临安市保通车辆综合性能检测有限公司
地址：临安市於潜横山头工业园区

27. 临安市保通车辆综合性能检测有限公司
地址：临安市锦城街道马溪路 667 号

28. 富阳市汽车综合性能检测站
地址：富阳市富春街道横凉亭路 169 号

29. 象山县车辆综合性能检测站
地址：宁波象山县大徐镇东郊路 5 号

30. 上虞市汽车综合性能检测站
地址：上虞市曹娥街道外环南路汽车西站南侧

31. 桐庐县车辆综合性能检测中心
地址：桐庐县桐庐镇桐君街道桥林路交警大队内

32. 桐庐县车辆综合性能检测中心
地址：桐庐县桐君街道桥北区 38 号

33. 义乌市恒风汽车综合性能检测有限公司
地址：义乌市北苑工业区三期 3-9-8（黄杨梅路 288 号）

34. 台州市车辆综合性能检测中心站
地址：台州市椒江区白云街道横河头村经中路西

35. 龙泉市车辆综合性能检测站
地址：龙泉市环城西路 57 号

36. 诸暨市汽车综合性能检测有限公司
地址：诸暨市暨阳街道天车罗村

福建

1. 福建省盛辉物流集团有限公司
福新路机动车综合性能检测站
地址：福州市福新东路 249 号

2. 福州洪山桥汽车综合性能检测站
地址：福州市金山工业区金达路

3. **福州华威汽车服务有限公司**
台屿汽车综合性能检测站
地址：福州市仓山区建新镇长埕村

4. **福清市霞河机动车综合性能检测站**
地址：福清市宏路镇清荣大道霞河村

5. **连江县机动车综合性能检测站**
地址：福州市连江县敖江工业小区（东湖口）

6. **闽清县永达机动车综合性能检测有限公司**
地址：福州市闽清县梅城镇梅溪路 40 号

7. **福州市平潭机动车综合性能检测站**
地址：福州市平潭县东大街 82 号

8. **福建省闽运机动车综合性能检测站**
地址：福州市仓山科技园区 8 号

9. **罗源县安通汽车事务有限责任公司**
地址：罗源县凤山镇管柄民营工业区

10. **宁德市机动车辆综合性能检测中心**
地址：宁德市蕉城区单石碑涵内路 133 号

11. **福鼎市宏盛交通运输服务有限公司**
地址：宁德市福鼎市桐城普后

12. **福建省宁德市汽车运输集团公司**
福安机动车辆综合性能检测站
地址：福安市福新村 41 号

13. **福安市正大汽车服务有限公司**
地址：福安市赛岐镇宅里工业园区

14. **福建莆田汽车运输股份有限公司**
地址：莆田市涵江罗界岭（福厦 91km）

15. **福建莆田汽车运输股份有限公司**
地址：仙游县海亭岭

16. **莆田市鸿远机动车综合性能检测有限公司**
地址：莆田市荔城区畅林村 103 号

17. **莆田市兴安运输联运有限公司机动车检测站**
地址：莆田市涵江区白塘镇埭里村

18. **莆田市秀屿区利民汽车检测有限公司**
地址：莆田市秀屿区笏镇埭里村

19. **泉州机动车综合性能检测中心**
地址：泉州市少林路泉州市汽车改装总厂内

20. **永春县机动车检测有限责任公司**
地址：永春县南环路（桃溪）275 号

21. **泉州市晋江机动车综合性能检测站**
晋江市机动车检测有限责任公司
地址：晋江市龙湖晋南开发区

22. **泉州市南安机动车综合性能检测站**
南安市机动车检测有限责任公司
地址：南安市省新镇扶茂岭开发区

23. **华东（泉州）汽车维修中心有限公司**
地址：泉州市洛江区埔头

24. **南平市机动车综合性能检测有限公司**
地址：南平市环城中路 102 号

25. **南平市机动车综合性能检测有限公司**
地址：建阳市考亭 2 号

26. **邵武市安源机动车综合性能检测站**
地址：邵武市汽贸城内（316 国道旁）

27. **厦门市汽车综合性能检测中心**
地址：厦门市枋湖工业区金湖路 11–13 号

28. **厦门市同安区机动车综合性能检测站**
地址：厦门市同安区城东开发区地块

29. **厦门市集美区杏全机动车检测有限公司**
地址：厦门市集美区杏前路 130 号

30. **福建漳州市长运集团有限公司**
地址：漳州市市尾

31. **福建漳州市长运集团有限公司**
蓝田机动车综合性能检测站
地址：漳州市东郊蓝田工业开发区

32. **漳浦威林机动车检测有限公司**
地址：漳州市漳浦县绥安工业开发区

33. **龙海市耀达机动车检测有限公司**
地址：龙海市海澄镇工业区内（海澄西环）

34. **龙岩市鸿升机动车综合性能检测有限公司**
地址：龙岩市新罗区罗龙路石埠路段

35. **龙岩市武平县机动车检测站**
地址：武平县十方镇十方村（老车站内）

36. **永定县鑫安机动车检测有限公司**
地址：永定县高陂镇先富路

37. **三明市鸿通机动车综合性能检测有限公司**
地址：三明市富兴路 13 号

38. **永安市闽中机动车技术综合检测维修有限公司**
地址：永安市燕南街道埔岭山岗

江西

1. **新余市上新车辆综合性能检测站**
地址：江西省新余市渝水区上新路

2. 奉新县车辆综合性能检测站
地址：江西省奉新县冯川镇奉新大道邹家山

3. 新世纪汽运公司赣州车辆综合性能检测站
地址：江西省赣州市章贡区八一四大道 7 号

4. 南城县机动车辆综合性能检测站
地址：江西省南城县建昌镇光塔

5. 景德镇市机动车综合性能检测站
地址：江西省景德镇市昌江区曙光路 55 号

6. 德安车辆综合性能检测站
地址：江西省德安县蒲亭镇五里墩路

7. 高安市车辆综合性能检测站
地址：江西省高安市筠阳镇高安大道 471 号

8. 江西泰和车辆性能检测站
地址：江西省泰和县上田镇北门村

9. 上高县车辆综合性能检测站
地址：江西省上高县敖阳镇

湖北

1. 湖北省车辆综合性能检测中心
地址：武汉市经济开发区汉富街

2. 宣恩县机动车综合性能检测站
地址：宣恩县珠山镇交通街 4 号

3. 公安县机动车综合性能检测站
地址：公安县斗湖堤镇潺陵大道

4. 谷城县车辆综合性能检测站
地址：谷城县城关镇银城大道

5. 宜昌市夷陵区机动车综合性能检测站
地址：夷陵区小溪塔镇马兰路 21 号

6. 空军武汉汽车综合性能检测站
地址：武汉市汉口建设大道 171 号

7. 广州军区武汉汽车检测站
地址：武汉市武昌区复兴路 61 号

8. 武汉市汽车研究所汽车综合性能检测站
地址：武汉市汉阳二桥东村 67 号

9. 赤壁市机动车综合性能检测站
地址：赤壁市河北大道 7 号

广东

1. 广东省道路运输车辆综合性能检测中心站
地址：广州市沙河元岗广东交通职业学校内

2. 广州市道路运输车辆综合性能第一检测站
地址：新广从公路松仔岭 29 号之一

3. 广州市道路运输车辆综合性能第五检测站
地址：广州市昌岗路广州锌片厂内

4. 广州市道路运输车辆综合性能第六检测站
地址：黄埔丰乐北路姬堂路段

5. 广州市道路运输车辆综合性能第八检测站
地址：广州市芳村大道

6. 广州市道路运输车辆综合性能第九检测站
地址：天河区车陂广氮路口

7. 广州市道路运输车辆综合性能第十检测站
地址：广州市新广从公路黄石立交桥侧陈田村口

8. 广州市道路运输车辆综合性能第十一检测站
地址：番禺区市桥镇清河东路石岗东路段

9. 广州市道路运输车辆综合性能第十二检测站
地址：花都区新华镇三东大道

10. 广州市道路运输车辆综合性能第十三检测站
地址：从化市街口镇环城路 6 号

11. 广州市道路运输车辆综合性能第十四检测站
地址：增城市荔城镇三联村

12. 深圳市道路运输车辆综合性能第一检测站
地址：深圳市南山区后海大道东角头工业区 C 栋首层

13. 深圳市道路运输车辆综合性能第二检测站
地址：深圳罗湖区布心工业区东晓路 8 号厂房

14. 深圳市道路运输车辆综合性能第三检测站
地址：深圳市八卦岭八卦三路五街

15. 深圳市道路运输车辆综合性能第四检测站
地址：深圳市盐田区盐田港后方十六号小区

16. 深圳市道路运输车辆综合性能第五检测站
地址：深圳宝安区西乡镇世纪车城内 2 号厅

17. 深圳市道路运输车辆综合性能第六检测站
地址：深圳龙岗区横岗镇荷坳长江布工业区

18. 深圳市道路运输车辆综合性能第七检测站
地址：保安区公明镇长圳长兴工业路口

19. 珠海市道路运输车辆综合性能第一检测站
地址：珠海市拱北九洲大道桂花路

20. 珠海市道路运输车辆综合性能第二检测站
地址：珠海西区西湖开发区金工路

21. 汕头市道路运输车辆综合性能第一检测站
地址：汕头市东厦北路

22. 汕头市道路运输车辆综合性能第二检测站
地址：澄海市蓬岭路交警宿舍旁

23. 汕头市道路运输车辆综合性能第三检测站
地址：汕头市大华路尾 14 号

24. 汕头市道路运输车辆综合性能第四检测站
地址：潮阳市棉城 324 国道红旗岭路段

25. 韶关市道路运输车辆综合性能第一检测站
地址：韶关市陵南路韶关汽车修理厂

26. 韶关市道路运输车辆综合性能第二检测站
地址：韶关市区北郊五里亭前进路 10 号

27. 韶关市道路运输车辆综合性能第三检测站
地址：南雄市雄州镇雄中路新运庄

28. 韶关市道路运输车辆综合性能第四检测站
地址：乐昌市乐城镇长岭头

29. 韶关市道路运输车辆综合性能第五检测站
地址：翁源县龙仙镇朝阳路 52 号

30. 韶关市道路运输车辆综合性能第六检测站
地址：新丰县丰城镇城南西区小区

31. 韶关市道路运输车辆综合性能第七检测站
地址：乳源县民族经济开发区

32. 韶关市道路运输车辆综合性能第九检测站
地址：曲江县马贝大道中

33. 韶关市道路运输车辆综合性能第十检测站
地址：始兴县林业局大院内

34. 河源市道路运输车辆综合性能第一检测站
地址：河源市区东埔高圹

35. 河源市道路运输车辆综合性能第二检测站
地址：河源市紫金县附城镇新华小区

36. 梅州市道路运输车辆综合性能第一检测站
地址：丰顺县汤南镇揭丰段

37. 梅州市道路运输车辆综合性能第二检测站
地址：梅县程江西山

38. 梅州市道路运输车辆综合性能第四检测站
地址：蕉岭县桂岭大道 100 号

39. 惠州市道路运输车辆综合性能第一检测站
地址：惠州市上排鹅岭西路 34 号

40. 惠州市道路运输车辆综合性能第二检测站
地址：惠东县大岭镇新群村三板桥

41. 惠州市道路运输车辆综合性能第三检测站
地址：惠阳市淡水镇南一路中

42. 惠州市道路运输车辆综合性能第四检测站
地址：博罗县博惠路 87 号

43. 惠州市道路运输车辆综合性能第五检测站
地址：龙门县王坪镇周田金龙大道旁

44. 惠州市道路运输车辆综合性能第八检测站
地址：惠州市古圹坳金信大道康利路 2 号

45. 汕尾市道路运输车辆综合性能第一检测站
地址：汕尾大道荷仓岭段东侧

46. 汕尾市道路运输车辆综合性能第二检测站
地址：海丰县城牛黄公山行政小区 36–38 号

47. 汕尾市道路运输车辆综合性能第三检测站
地址：陆丰县城东东埔路段

48. 东莞市道路运输车辆综合性能第一检测站
地址：东莞市大岭山镇太公岭管理区路段

49. 东莞市道路运输车辆综合性能第二检测站
地址：东莞市黄江镇江海城江海大道检测大厦

50. 东莞市道路运输车辆综合性能第三检测站
地址：东莞市东城区峡口管理区榴花路 1 号

51. 东莞市道路运输车辆综合性能第四检测站
地址：东莞市万江区万江工业城内

52. 东莞市道路运输车辆综合性能第五检测站
地址：东莞市厚街镇莞太路新厚沙路口

53. 东莞市道路运输车辆综合性能第六检测站
地址：东莞市城区东纵大道 26 号

54. 中山市道路运输车辆综合性能第一检测站
地址：中山市沙朗镇昌盛工业工区

55. 中山市道路运输车辆综合性能第二检测站
地址：中山市小榄镇小榄大道中 16 号

56. 江门市道路运输车辆综合性能第一检测站
地址：江门市胜利北路 27 号

57. 江门市道路运输车辆综合性能第二检测站
地址：新会市会城镇城郊砚肉围

58. 江门市道路运输车辆综合性能第三检测站
地址：台山市台城镇台砂路

59. 江门市道路运输车辆综合性能第四检测站
地址：开平市砂岗区来前路桥溪路口

60. 江门市道路运输车辆综合性能第五检测站
地址：恩平县江州镇平安路段

61. 江门市道路运输车辆综合性能第六检测站
地址：鹤山市人民东路 11 号 5–7

62. 江门市道路运输车辆综合性能第七检测站
地址：江门市西区工业路 4 号

63. 佛山市道路运输车辆综合性能第一检测站
地址：佛山市佛陈大桥收费站西侧

64. 佛山市道路运输车辆综合性能第二检测站
地址：顺德区大良广珠公路顺峰山北侧

65. 佛山市道路运输车辆综合性能第三检测站
地址：南海市金沙镇城区

66. 佛山市道路运输车辆综合性能第四检测站
地址：三水市西南镇沙头开发区丁字基下涡区

67. 佛山市道路运输车辆综合性能第五检测站
地址：高明市荷城区环城路 51 号

68. 佛山市道路运输车辆综合性能第六检测站
地址：佛山市石湾区来翔岗

69. 佛山市道路运输车辆综合性能第七检测站
地址：顺德区镇龙州西路（龙江镇政府对面）

70. 佛山市道路运输车辆综合性能第八检测站
地址：南海桂城区佛平加油站侧

71. 阳江市道路运输车辆综合性能第一检测站
地址：阳江市区十里铜鼓湾

72. 阳江市道路运输车辆综合性能第二检测站
地址：阳春市站港路经营工业区

73. 阳江市道路运输车辆综合性能第三检测站
地址：阳西县城赤岭工业区

74. 阳江市道路运输车辆综合性能第四检测站
地址：阳江市东风三路 138 号

75. 阳江市道路运输车辆综合性能第五检测站
地址：阳东县大令龙胜路口

76. 湛江市道路运输车辆综合性能第一检测站
地址：湛江市椹川大道南 75 号

77. 湛江市道路运输车辆综合性能第二检测站
地址：湛江市麻章金康东路

78. 湛江市道路运输车辆综合性能第三检测站
地址：吴川县梅录人民南路

79. 湛江市道路运输车辆综合性能第四检测站
地址：雷州市工业大道西三路

80. 湛江市道路运输车辆综合性能第五检测站
地址：徐闻县徐城镇红旗一路 7–9 号

81. 湛江市道路运输车辆综合性能第六检测站
地址：廉江市南北大道西侧

82. 湛江市道路运输车辆综合性能第七检测站
地址：遂溪县城化州路口铁路边

83. 茂名市道路运输车辆综合性能第一检测站
地址：茂名市油城三路 168 号

84. 茂名市道路运输车辆综合性能第二检测站
地址：高州市高新公路中段

85. 茂名市道路运输车辆综合性能第三检测站
地址：化州市河西下郭区汽车客运站内

86. 茂名市道路运输车辆综合性能第四检测站
地址：电白县水东镇新街城岭

87. 茂名市道路运输车辆综合性能第五检测站
地址：信宜县人民北路 500 号

88. 茂名市道路运输车辆综合性能第六检测站
地址：茂名市红旗北路 90 号

89. 肇庆市道路运输车辆综合性能第一检测站
地址：肇庆市端州三路 13 号

90. 肇庆市道路运输车辆综合性能第二检测站
地址：四会市新江镇四会大道

91. 肇庆市道路运输车辆综合性能第三检测站
地址：高要市科德旧村对面

92. 肇庆市道路运输车辆综合性能第四检测站
地址：广宁县城石仔岗

93. 肇庆市道路运输车辆综合性能第五检测站
地址：怀集县怀城镇横洞工业区

94. 肇庆市道路运输车辆综合性能第七检测站
地址：德庆县德城镇大桥管理区 321 国道德城收费站

95. 肇庆市道路运输车辆综合性能第八检测站
地址：鼎湖区新城第九区 321 国道旁

96. 清远市道路运输车辆综合性能第一检测站
地址：清远市松岗路华冠客运站

97. 清远市道路运输车辆综合性能第二检测站
地址：清新县太和 35 号区新 107 国道旁

98. 清远市道路运输车辆综合性能第三检测站
地址：英德大站镇银英公路南侧

99. 清远市道路运输车辆综合性能第四检测站
地址：阳山县阳城镇连江大道旁

100. 清远市道路运输车辆综合性能第五检测站
地址：连州市 107 国道城南收费站右侧

101. 潮州市道路运输车辆综合性能第一检测站
地址：潮州市火车站南侧

102. 潮州市道路运输车辆综合性能第三检测站
地址：饶平县黄岗李厝

103. 潮州市道路运输车辆综合性能第五检测站
地址：潮州市东山路尾

104. 云浮市道路运输车辆综合性能第一检测站
地址：河口街道办事处工业开发区

105. 云浮市道路运输车辆综合性能第二检测站
地址：罗定市素龙镇机场路口

106. 云浮市道路运输车辆综合性能第三检测站
地址：新兴县沿江北路75号

107. 云浮市道路运输车辆综合性能第四检测站
地址：郁南县都城镇近郊新灶口

广西

1. 贵港市车辆综合性能检测站
地址：贵港市区三堆岭

2. 兴安县桂北车辆综合性能检测站
地址：兴安县兴安镇兴桂北路

3. 贺州地区汽车综合性能检测站
地址：贺州市前进西路2号

4. 柳州地区汽车综合性能检测站
地址：柳州市古亭山经济开发区古亭大道1号

5. 桂平市汽车综合性能检测站
地址：桂平市西山镇岭头村

6. 田东机动车辆综合性能检测站
地址：田东县平马镇城东开发区

7. 柳州日通汽车服务有限公司
地址：柳州市柳邕路247-1号

8. 武鸣县汽车综合性能检测站
地址：武鸣县城西开发区

9. 百色机动车辆综合性能检测站
地址：百色市城北二路七号

10. 宾阳机动车辆综合性能检测有限责任公司
地址：宾阳汽车总站大院内

11. 崇左市利通机动车辆综合性能检测站
地址：崇左县太平镇壶兴街170号

12. 北海市机动车辆综合性能检测站
地址：北海市合浦县廉州镇廉东大道19号

13. 河池市车辆综合性能检测站
地址：金城江百旺开发区东江收费站附近

14. 河池市宜州车辆综合性能检测站
地址：宜州市庆远镇山谷路49号

15. 玉林市天雄汽车维修检测中心
地址：玉林市外环西路

16. 玉林市交通车辆综合性能检测站
地址：玉林市五里桥路三资开发区

17. 桂林市车辆综合性能检测站
地址：桂林市七星区空明东路12号

18. 钦州市润通汽车综合性能检测站
地址：钦州市郊清水窝

19. 南宁康城汽车销售维修服务中心
地址：南宁市五一中路3号

20. 陆川县运输车辆综合性能检测站
地址：陆川县陆城镇泉中路323号

21. 博白县运输服务公司
地址：博白县城南开发区C小区

22. 北流市车辆综合性能检测站
地址：北流市城北二路46号

23. 荔浦汽车综合性能检测站
地址：荔浦县荔城镇黄寨

四川

1. 罗江县东升汽车综合性能检测有限公司
地址：罗江县围城路北段

2. 泸州市振兴机动车辆综合性能检测有限公司
地址：泸州市江阳区茜草镇黎明村泸合路

3. 凉山州公路管理局公路运输汽车综合性能检测站
地址：西昌市川兴镇民和村

4. 荣县汇朋机动车综合性能检测有限公司
地址：荣县旭阳镇荣州大道59号

5. 乐山市星源汽车综合性能检测有限公司
地址：乐山市市中区龙游路东段135号

6. 阿坝州机动车综合性能检测站
地址：汶川县威州镇西街13号

7. 成都集通汽车综合性能检测有限责任公司
地址：成都市建材路13号

8. 眉山市兴达运业有限责任公司综合性能检测站
地址：眉山市东坡区眉州大道西段

9. 什邡市路通机动车综合性能检测有限责任公司
地址：什邡市皂角镇双泉村

10. 绵阳市事兴汽车综合性能检测有限公司
地址：绵阳游仙区绵梓路

11. 内江市汽车综合性能检测站
地址：内江市双苏区苏家桥

12. 通江县新东亿汽车综合性能检测有限公司
地址：通江县诺江镇城南村五社

13. 仁寿县鑫通机动车综合性能检测有限公司
地址：仁寿县文林镇卫星村 11 组

14. 通江县新东亿汽车综合性能检测有限公司
地址：通江县诺江镇城南村五社

15. 资阳市恒立运输服务有限公司
地址：资阳大道汪家院小区

16. 江油市科安机动车检测站
地址：江油市德胜路 87 号

17. 阿坝州阿捷尔机动车检测有限公司
地址：马尔康县达萨街

18. 犍为县仁和机动车综合性能检测有限责任公司
地址：犍为县玉津镇联合村

19. 广元市运通机动车综合性能检测有限公司
地址：广元市利州开发区北京路东段

20. 四川银鑫汽车综合性能检测极限公司
地址：成都市光华村街 68 号

21. 自贡市汽车综合性能检测站有限公司
地址：自贡市贡井区虎头街 104 号

22. 九寨沟欣旅汽车安全综合检测有限责任公司
地址：阿坝州九寨沟县漳扎镇牙扎村

23. 中江县开元机动车技术性能检测有限责任公司
地址：中江县工业开发区

陕西

1. 吴起县汽车综合性能检测有限责任公司
地址：吴起县吴起镇张坪

2. 延安凤栖汽车检测有限责任公司
地址：洛川县凤栖镇石家庄村

3. 子长县欢顺汽车综合性能检测站
地址：子长县瓦镇水沟坪村

4. 商洛市秦东机动车辆综合性能检测有限责任公司
地址：商洛市北新街西段 204 号

5. 延安诚明综合性能检测有限公司
地址：延安市宝塔区南二十里铺

6. 长安大学汽车学院汽车综合性能检测站
地址：西安市南二环中段

7. 陕西外远汽车检测修造有限公司
地址：西安市凤城二路 23 号

8. 西安城东汽车综合性能检测站
地址：西安市纺北路 252 号

9. 陕西省汽车检测站
地址：西安市唐延路特警支队北

10. 汉中市汽车检测站
地址：汉中市汉台区石马坡

11. 汉中市汽车综合性能检测站
地址：中市汉台区劳动西路 17 号

12. 安康市新春车辆综合性能检测有限公司
地址：安康市江北鑫通金属有限公司院内

13. 西安市城南汽车综合检测服务公司
地址：西安市高新区唐延路木塔寨北村西口

14. 延安市汽车综合性能检测站
地址：安市马家湾

15. 志丹县永安汽车综合性能检测站
地址：志丹县保安镇麻地坪

16. 渭南市安泰汽车检测有限公司
地址：渭南市民生街北段

17. 宝鸡市坚宝汽车检测有限公司
地址：宝鸡市宝平路 39 号

18. 咸阳市汽车运输技术服务站
地址：咸阳陈阳十字西 200 米

19. 西安市汽车综合性能检测站
地址：西安市北关华强路 2 号

20. 西安城西汽车综合检测服务有限责任公司
地址：西安市雁塔区富裕路 58 号

21. 西安东升汽车检测维修有限责任公司
地址：西安市未央区朱宏路中段 30 号

22. 蒲城县永盛汽车综合性能检测站
地址：蒲城城关红旗路西段

23. 延长县泽隆工贸有限责任公司
地址：延长县七里村乡张义夫子村

24. 延安市普星汽车贸易有限公司
地址：延安市东苑小区后门210国道

25. 铜川市综合性能检测站
地址：铜川黄堡镇李家沟

26. 延川宏承机动车检测站
地址：延川县拐峁石沟湾

27. 渭南市安泰汽车检测有限责任公司（大荔检测站）
地址：大荔县东村北环路九州停车场

28. 渭南市安泰汽车检测有限责任公司（韩城检测站）
地址：韩城市新城区新农村

29. 渭南市安泰汽车检测有限责任公司（富平检测站）
地址：富平县华朱街道

30. 渭南市安泰汽车检测有限责任公司（澄城检测站）
地址：澄城县镇基村独宜路

31. 渭南市安泰汽车检测有限责任公司（蒲城检测站）
地址：蒲城县城北路顺华公司院内

32. 安塞县汽车运输股份合作公司
地址：安塞县城前街

33. 合阳县永盛机动车综合性能检测有限公司
地址：合阳县城西环路南段西侧

34. 富县海林机动车检测有限公司
地址：富县北教场

35. 西安市长安区终南机动车检测服务站
地址：西安市长安区大学路中段

36. 陕西省汽车检测站榆林分站
地址：榆林市榆阳区刘管寨

37. 陕西外远汽车检测修造有限公司
地址：西安市未央区石化大道中段

38. 陕西安达装备安全检测科技有限公司
地址：西安市未央区三桥镇天台八路18号

39. 西安市临潼区顺安车辆检测有限公司
地址：西安市临潼区绿色工业园

甘肃

1. 张掖市汽车综合性能检测站
地址：张掖市北环路6号

2. 定西市汽车综合性能检测站
地址：定西市安定区北川工业园区

3. 天水市运达汽车综合性能检测有限公司
地址：天水秦州区红山路

4. 嘉峪关市汽车综合性能检测中心
地址：嘉峪关市新华北路北端

5. 临夏州运安汽车综合性能检测有限公司
地址：临夏市南龙镇马家庄村

6. 天祝县汽车综合性能检测站
地址：天祝县滨河西路72号

7. 武威市天宝贸易有限公司汽车综合性能检测中心
地址：武威市凉州区南二环路天宝汽贸城

8. 平凉市崆峒汽车综合性能检测站
地址：平凉市崆峒区双桥路103号

9. 武威汽车运输集团公司汽车综合性能检测站
地址：武威市凉州区北二环西路

10. 兰州市汽车综合性能检测指导中心
地址：兰州市七里河秀川路32号

11. 金昌市道路运输服务中心汽车综合性能检测站
地址：金昌市河雅东路

12. 平凉市车辆综合性能检测站
地址：平凉市来远路20号

13. 张掖市方正汽车综合性能检测有限公司
地址：张掖市甘州区新墩镇白塔四社

14. 庆阳市通安汽车综合性能检测站
地址：庆阳市新西环路中段

15. 定西市汽车综合性能检测站陇西分站
地址：定西市陇西县文峰镇

16. 华亭县汽车综合性能检测站
地址：华亭县陈家沟

17. 会宁红玉汽车综合性能检测有限公司
地址：会宁县鸡儿嘴科技园区

宁夏

1. 银川昌昊汽车综合性能检测站（老城站）
地址：银川市东二环路 218 号

2. 银川昌昊汽车综合性能检测站（新城站）
地址：银川市新城长城西路 199 号

3. 吴忠市汽车综合性能检测站
地址：吴忠市利通区西环南路

4. 石嘴山市圣达汽车综合性能检测站
地址：大武口 110 国道南 100 米

5. 石嘴山市龙达汽车综合性能检测站
地址：石嘴山市煤炭路

6. 平罗祥达汽车综合性能检测站
地址：平罗县南门 109 国道旁

7. 固原市汽车综合性能检测站
地址：固原市东关路 261 号

8. 银川市安车汽车综合性能检测站
地址：德胜工业园区汽车修配城内

9. 灵武市福兴汽车综合性能检测站
地址：灵武市北门东山坡 307 国道旁

10. 宁夏中卫市康盛汽车综合性能检测站
地址：中卫市东原工业园区

11. 宁夏盐池县生存汽车综合性能检测站
地址：盐池县南环西路

青海

1. 格尔木欣旺汽车综合检测服务有限责任公司
地址：格尔木市中山路 66 号

2. 青海油田汽车综合性能安全检测站
地址：甘肃省敦煌市七里镇

三、全国部分机动车检测设备厂名录

1. 成都成保发展股份有限公司
地址：成都新都区大丰镇南丰工业区
电话：028-89360929 / 89360919
传真：028-89360909 / 89360901
网址：www.cdcb.com.cn

2. 四川泰斯特汽车工程有限公司
地址：成都光华村省委党校榕园 F7
电话：028-87386298
传真：028-87386158

3. 四川弥荣检测设备有限公司
地址：成都高新西区新航路 6 号
电话：028-87826601-850
传真：028-87826605
网址：www.iyasaka.com.cn

4. 成都驰达实业有限公司
地址：成都青羊工业区 A 线 1 号 22 栋
电话：028-87079991 / 89867392
传真：028-85066034

5. 佛山分析仪有限公司
地址：佛山市禅城区港口路 16 号
电话：0757-83826800 / 83833068
传真：0757-83829033 / 83815506
网址：www.fofen.com

6. 佛山市南华仪器有限公司
地址：佛山市南海区平洲平四路
电话：0757-86718778 / 86718618
传真：0757-86718963
网址：www.nanhua.com.cn

7. 肇庆市华誉机械设备有限公司
地址：肇庆市肇庆大道 89 区
电话：0758-2704663
传真：0758-2704928
网址：www.zqhuayu.com

8. 江苏靖江长安检测设备厂
地址：靖江市经济技术开发区团结工业区 A 区 1 号
电话：0523-84856336
传真：0523-84833333
网址：www.cajcsbc.com

9. 深圳市康士柏实业有限公司
地址：深圳市罗湖区国威路莲塘工业区第一小区 105 栋
电话：0755-25727015 / 25727021
传真：0755-25727016
网址：www.cosber.com

10. 石家庄华燕交通科技有限公司
地址：河北省石家庄市中山西路 536 号
电话：0311-83987788
传真：0311-83986677
网址：ww.hyjtkj.com

11. 石家庄弗斯特机电设备有限公司
地址：石家庄市新华路 570 号
电话：0311-83810676
传真：0311-83815356
网址：www.sjzfst.com

12. 天津圣威科技发展有限公司
地址：天津市西青区中北工业园金霞路 18 号
电话：022-27980166 / 27011515
传真：022-27984086
网址：www.shengweiscience.com

13. 上海西派埃自动化仪表工程有限责任公司
地址：上海市漕宝路 103 号
电话：021-64844570
传真：021-64844578
网址：www.ssaie.com

14. 上海保宇机动车设备有限公司
地址：上海市万荣路 1298 号
电话：021-66522177
传真：021-66522177

15. 上海士尚汽车检测设备有限公司

地址：上海市徐汇区龙水南路 95 号

电话：021-54036527

传真：021-54036526

网址：www.shishangjc.com

16. 浙江江兴汽车检测设备有限公司

地址：浙江缙云县新辉路 18 号

电话：0578-3218280

传真：0578-3218222

网址：www.jiangxingauto.com

17. 浙江浙大鸣泉电子科技有限公司

地址：杭州市西湖科技园振中路 210 号

电话：0571-87986559

传真：0571-87972473

网址：www.zdmq.com

18. 浙江义乌恒风汽车检测有限公司

地址：浙江义乌北苑工业区三期 16 号路

电话：0579-85234558

19. 苏州太平洋汽车保修设备有限公司

地址：苏州高新区珠江路 900 号

电话：0512-87679066 / 87679072

传真：0512-87679068

20. 合肥华西科技开发有限公司

地址：合肥市高新区天达路 71 号华亿科技园 C 座 3 层

电话：05515-359918

传真：05515-359919

21. 合肥和好机电设备科技开发有限公司

地址：合肥肥东经济技术开发区团结路 16 号

电话：0551-7759801

传真：0551-7759802

22. 烟台光宇汽车设备科技有限公司

地址：烟台芝罘区幸福中路付 20 号

电话：0535-6829142

传真：0535-2962437

23. 山东科大微机应用研究所有限公司

地址：淄博高新区万杰路 110

电话：0533-3586222

网址：www.sdkdjt.com

24. 淄博凯迪汽车保修设备有限公司

地址：淄博市淄川区洪山路 32 号

电话：0533-5285636

传真：0533-5285635

网址：www.zbkaidi.net

25. 济南新凌制志科技发展有限公司

地址：济南环保科技园

电话：0531-83177199

26. 威达科技发展有限公司

地址：廊坊市开发区花园道 35 号

电话：0316-5919656

传真：0316-5919659

27. 上海逸运汽车科技有限公司

地址：上海市仙霞路 350 号上海工程大学行政楼 1 楼 103

传真：021-62750339

28. 上海耐思科技有限公司

地址：上海长安路 1001 号长安大厦办公楼 716 室

电话：021-54713198

传真：021-54709528

29. 长沙奥通车辆检测技术有限公司

地址：湖南省长沙市雨花区雨花 122 号三重星都心 3 栋 5B

电话：0731-82962190

传真：0731-82962191

30. 武汉汽车测试设备研究所

地址：武汉市江岸区汉黄路 888 号岱家山科技创业城 C2 栋 4 楼东

电话：027-82343208

传真：027-82351770

31. 肇庆华谊车辆检测设备有限公司

地址：肇庆市端州区景德路 5 号

电话：0758-2763003 / 2982992

32. 肇庆华兴检测设备有限公司

地址：肇庆市端州区和平路 32 号 1403

电话：0758-2729449

传真：0758-2731567

33. 肇庆市诚创科技有限公司

地址：肇庆市前进路 10 号

电话：0758-2759011

传真：0758-2759022

34. 中航电测仪器股份有限公司
地址：陕西省汉中市铺镇中原路 66 号
电话：0916-2577212
传真：0916-2577213
网址：www.zemic.com.cn

35. 上海际维汽车检测技术有限公司
地址：上海市嘉定区马陆彭封路 171-1 号
电话：021-59101126
传真：021-59101127

36. 上海一成汽车检测设备科技有限公司
地址：上海市嘉定区胜辛北路 2399 号
电话：021-69971111
传真：021-69971155
网址：www.yecen.com

37. 中山同胜车辆检测设备有限公司
地址：中山市坦洲镇乐怡路 1 号
电话：076-23638987
传真：076-23638987

38. 广州福立分析仪器有限公司
地址：广州市芳村浣花路 109 号东鹏德宝商务中心九楼 5-6 单元
电话：020-81615299 / 81501590
传真：020-81615299 / 81501590

39. 广州铭华机动车测试设备有限公司
地址：广州市番禺区番禺大道北 555 号天安科技园产业大厦 1 座五楼
电话：020-34792429 / 34784680
传真：020-34784680

40. 厦门通创检测技术有限公司
地址：厦门市火炬高新区（翔安）产业区台湾科技企业育成中心 W902
电话：0592-3169618
传真：0592-3169619

41. 厦门日辰科技有限公司
地址：厦门市思明区软件园 2 期观日路 20 号 103 单元
电话：0592-5077118
传真：0592-5788968

42. 淄博奥科电子有限公司
地址：淄博市高新区中心路 265 号
电话：0533-3588956
传真：0533-3588956

43. 欧普斯仪器（佛山）有限公司
地址：佛山市禅城区张槎街道莲塘村莲丰二路莲丰工业开发区 A1 栋 2 号楼 2 号
电话：0757-82122590
传真：0757-82122591

44. 南通华鹏电子有限公司（南通锐宏）
地址：江苏省南通市青年中路 285 号
电话：0513-85121016
传真：0513-86617395

45. 北京广达汽车维修设备有限公司
地址：北京朝阳区东三环南路 58 号富顿中心 A 座 506
电话：010-58673636 / 58673639
传真：010-58673632
网址：www.bjgdauto.com.cn

46. 北京京恒扬仪器设备有限公司
地址：北京海淀区罗庄西里碧兴园 B-601
电话：010-51735131
传真：010-51735130

53. 北京车安科贸有限公司
地址：北京市大兴区清城世纪联华 B 座 2103 室
电话：010-69251436 / 61252432
传真：010-69251436 / 61252432-26
网址：www.injet-tw.com

54. 北京华信诚汽车技术有限公司
地址：北京市朝阳区望京园 601 号楼（E 座）1003-1005 室
电话：010-64334141 / 64344321
传真：010-64372852
网址：http://www.huaxincheng.com.cn

55. 北京金奔腾汽车科技有限公司
地址：北京市丰台区南四环西路 188 号总部基地 11 区 32 号楼
电话：010-52220888
传真：010-52220898

56. 北京井上青华汽车设备有限公司
地址：北京市海淀区西三环北路甲 105 号科原大厦 B 座 403 室
电话：010-88413866
传真：010-68438372
网址：http://iqrw.b2b.hc360.com

57. 北京科基中意汽车技术有限公司

地址：北京市海淀区蓝靛厂东路金源时代商务中心2号楼C座6F

电话：010-88861445/46

传真：010-88861314

58. 北京圣泰宝汽保设备有限公司

地址：北京亦庄经济开发区宏达北路18号

电话：010-67879749

传真：010-67877346

59. 北京史宾尼斯机电设备有限公司

地址：北京市海淀区板井路69号世纪金源商务中心东区3H

电话：010-87884514 / 88473730

传真：010-87883387 / 88451663

60. 北京天元晟业科技有限公司

地址：中国北京市丰台区百强大道10号天龙华鹤B座

电话：010-63722324

传真：010-63722324-809

61. 北京云飞达仪器仪表有限公司

地址：北京市丰台区马家楼1号京开五金市场南区特A道14号

电话：010-83606213 / 83606112

传真：010-83606212

网址：http://yunfeida.b2b.hc360.com

62. 北京智敏科技发展有限公司

地址：北京市朝阳区北苑路乙108号北美国际商务中心C座三层

电话：010-64814578

传真：010-84827315-888

网址：http://www.zhiminkeji.com

47. 珠海高新区同力机械有限公司

地址：珠海市珠海市拱北九州大道西1063号220室

电话：0756-8887646

传真：0756-6159398

48. 珠海市卡特科技有限公司

地址：珠海市卡特科技有限公司

电话：0756-3813068

传真：0756-3897605

49. 珠海市圣丰机动车辆检测设备有限公司

地址：珠海市金湾区三灶金海岸大道中段

电话：0756-7763441

传真：0756-7763442

50. 珠海市贝恩车辆检测设备有限公司

地址：珠海市金湾区三灶镇东咀虹阳路25号

电话：0756-7630879

传真：0756-7630879

51. 珠海新控车辆检测技术科技有限公司

地址：珠海市金湾区小林工业区东城路东128号

电话：0756-7252298

传真：0756-7260877

63. 奔腾汽车检测维修设备制造有限公司

地址：山东省烟台市经济技术开发区五指山路1号

电话：0535-6105091

传真：0535-6105077 / 89

网址：http://ytbtqch.b2b.hc360.com

64. 博世汽车检测设备（北京）有限公司

地址：北京市北京经济技术开发区永昌南路6号109号楼2层

电话：010-87851498 / 82 / 89

传真：010-87851499

65. 大连菲尔贸易有限公司

地址：大连市中山区解放路广兴巷15-8号

电话：0411-8586-9519

传真：0411-8267-2899

66. 大连俊宇贸易有限公司

地址：大连市金州区战前街道龙泉路97-1号1单元3楼

电话：0411-8276-8800

传真：0411-8276-6264

67. 大连纳思达汽车服务工程股份有限公司

地址：大连市沙河口区东北路37-2号

电话：0411-87549090

传真：0411-87542900

68. 大连双马电子有限公司

地址：大连市金州区金湾路171-30号

电话：0411-87681155 / 87678833

传真：0411-87681155

69. 大统机械设备制造有限公司

地址：辽宁营口路南工业园区
电话：0417-3848490
传真：0417-3827346

70. 东莞市胜万达汽车维修设备制造有限公司

地址：广东省东莞市长安乌沙蔡屋工业一路振龙路2号（358省道乌沙段597号）
电话：0769-88420088 / 81557399 / 81557499
传真：0769-85098659

71. 法国使力得上海代表处

地址：浦东区1409C室斯米克大厦1090世纪大道
电话：021-5636666-5
传真：021-25636666-7

72. 佛山市奥德泰汽车技术设备制造有限公司

地址：佛山市三水区乐平三水科技工业园基业大道3号
电话：0757-83600030 / 83600031
传真：0757-83600032

73. 广州百诺汽车检测设备制造厂

地址：广东省广州市白云区黄石东路江夏工业区99号
电话：020-61106078 / 80961756
传真：020-61106078

74. 广州创芯汽车科技有限公司

地址：广州市白云区太和镇草庄工业园中路2号
电话：020-37312099
传真：020-87433975

75. 广州马缌特汽车科技有限公司

地址：广州白云大道北1400号翔云大厦906
电话：020-28276835
传真：020-28276835

76. 广州荣华汽车检测设备有限公司

地址：广东省广州市白云区鹤边村鹤北西街四巷7号（员村工业区）
电话：020-36276032
传真：020-36276032
网址：zhenglong.net.cn

77. 广州市易喜通汽车检测设备有限公司

地址：广州市白云区东平镇八一北路八一科技园A栋4楼
电话：020-36787010-603
传真：020-36787139

78. 广州正原电子科技有限公司

地址：广东省广州市科学城科学大道111号信息大厦10楼
电话：020-32290246
传真：020-32290248

79. 广州市志义科技开发有限公司

地址：广州市白云区嘉禾街鹤边佳俊工业园二号楼二楼
电话：020-83297040
传真：020-36013593

80. 广州万德福汽车电子数码检测设备有限公司

地址：广州市白云区黄石联合路大院内3号
电话：020-36301860
传真：020-36301886

81. 广州讯奥汽车电子检测设备有限公司

地址：广州市白云区广华路夏茅第五社工业区5栋
电话：020-88591804
传真：020-36209656

82. 广州正隆七宝设备有限公司

地址：广东省广州市白云区鹤泰路87号
电话：020-86544040 / 86544141
传真：020-86407433 / 86544040

83. 桂林通达汽车科技有限公司

地址：桂林市高新区空明西路13-1号留学人员产业园B510
电话：0773-3115688
传真：0773-2126535

84. 哈尔滨众邦龙科技开发有限公司（哈尔滨朗格科技开发有限公司）

地址：哈尔滨市南岗区邮政街434号810室
电话：0451-86229155
传真：0451-86241200

85. 海瑞达（珠海、中山）汽车保修设备科技有限公司

地址：广东省中山市三乡镇新圩村盛业路6号B区B1-A幢厂房（1-4层）
电话：0760-86366656
传真：0760-86366658

86. 杭州仁孚行（汽车）科技有限公司

地址：杭州市拱墅区花园岗街168号易购大厦B幢515室

电话：0570-86881366

传真：0571-86881399-6

87. 黑豹电子机械制造有限公司

地址：广州市天河区林和东华庭路4号富力天河商务大厦301室

电话：020-38103223

传真：020-38106073

88. 济南金诺汽车科技有限公司

地址：山东省济南市无影山中路50号五环花苑6-2-902室

电话：0531-88323608

传真：0531-88323618

89. 江苏艾嘉测控仪表有限公司

地址：江苏省江都市舜天支路私营工业园区

电话：0514-86880701

传真：0514-86889575

90. 江苏省淮安市汇通汽保设备有限公司

地址：江苏省淮安市楚州区楚州大道南段刘湾

电话：0517-85959788

传真：0517-83337913

91. 江苏省徐州市黄河仪器仪表厂

地址：江苏省徐州市环城路181号

电话：0516-83571121

传真：0516-82380245

92. 卡尔拉得优胜汽车修复系统（北京）有限公司

地址：北京经济技术开发区东区经海路新城工业园二期A号厂房

电话：010-67892123

传真：010-67892123-217

93. 科星（中山）汽车设备有限公司

地址：广东省中山市东升镇同兴西路24号

电话：0760-22828130

传真：0760-22224362

94. 堀场贸易（上海）有限公司

地址：上海市南京西路1468号中欣大厦1701室

电话：021-85679966-267 / 86-21-62896060-143

传真：021-85679066 / 86-21-62895553

95. 南宁研华电子科技有限公司

地址：广西南宁市民族大道131号航洋国际城2号楼21层16号

电话：0771-5598988

传真：0771-5853066

96. 南阳南泰试验设备有限责任公司

地址：河南省南阳市高新区南泰路368号

电话：0377-62080668-0659

传真：0377-62080658-0659

97. 青岛孚润汽车设备有限公司

地址：青岛即墨市国强工业园内

电话：0532-87571368

传真：0532-88551298

98. 青岛豪利达汽车设备制造有限公司

地址：青岛即墨市服装工业园内四东路中段

电话：0532-88591222

传真：0532-88583291

99. 青岛宏胜汽车检测设备有限公司

地址：青岛市兴元一路22号

电话：0532-83761515

传真：0532-83779288

100. 青岛金华工业集团有限公司

地址：山东省青岛市北区辽阳西路51号

电话：0532-85656888

传真：0532-85665098

101. 厦门海腾发动机测试设备有限公司

地址：厦门火炬高新技术开发区火炬大厦南四楼

电话：0592-5710105-12

传真：0592-5713597

102. 山东拉宝地试验设备有限公司

地址：山东省泰安市南开发区星火科技园

电话：0538-8932398

传真：0538-8932395

103. 上海澳华光电内窥镜有限公司

地址：上海市松江区申港路660号

电话：021-37788052

传真：021-67681012

104. 上海巴兰仕汽车检测设备有限公司

地址：上海市嘉定区安亭镇星光村工业区

电话：021-39509800-1010

传真：021-39508085

105. 上海邦田交通科技有限公司

地址：上海市平吉路 88 号 7-401

电话：021-29712320

传真：021-29172320

106. 上海鼎盛汽车检测设备有限公司

地址：上海市嘉定区南翔镇嘉美路 1398 号二幢

电话：021-39170468 / 78 / 88

传真：021-39170408

107. 上海汉朝汽车科技有限公司

地址：上海市杨浦区阜新路 169 弄 12 号

电话：0417-4803333

传真：0417-4820000

108. 上海龙邦电子科技有限公司

地址：上海宝山城市工业园市台路 238 号

电话：021-36162361 / 36162371

传真：021-36162351

109. 上海祥鸿汽车维修检测设备有限公司

地址：上海市安亭外青松公路 1688 号 8 栋

电话：021-39215330 / 39215329 / 39215332

传真：021-39215331

110. 上海亿邦工贸有限公司

地址：上海市静安区淮安路 681 号

电话：021-62663019 / 62664015

传真：021-62774812

111. 深圳市奔展驰电子科技有限公司

地址：广东省深圳市宝安区石岩镇水田村亿莱工业园 A 栋 4 楼

电话：0755-29682126

传真：0755-29515486

112. 深圳市车鹰科技有限公司

地址：深圳市南山区西丽阳光工业区 9 栋 6 楼

电话：0755-86267290 / 86267293

传真：0755-29016434

113. 深圳红盒子科技有限公司

地址：深圳市南山区西丽珠光创新科技园 503A

电话：0755-86624005

传真：0755-86624037

114. 深圳市米勒沙容达汽车科技有限公司

地址：深圳市罗湖区桃园路粤华奥特城汽贸中心三楼

电话：0755-25938343 / 29047468

传真：0755-29047428

115. 深圳市三羚智能电子有限公司

地址：深圳市龙华民治路汇宝江大厦 A503

电话：0755-61354832

传真：0755-82926595

116. 深圳市元征科技股份有限公司

地址：深圳市龙岗区坂雪岗工业园五和大道北元征工业园

电话：0755-84528888

传真：0755-84528888

117. 斯比克（中国）投资有限公司－斯比克汽车服务方案业务部

地址：上海市华山路 1568 号财瑞大厦 2 楼

电话：021-22085678

传真：021-22085666

118. 泰安市科门瑞尔工贸有限公司

地址：山东省泰安市东岳大街东首小井加油站西邻

电话：0538-6112588

传真：0538-6122577

119. 泰安试验设备支配厂

地址：泰安市擂鼓石路 5 号

电话：0538-8261764

传真：0538-8222652

120. 武汉博鼎机电技术有限公司

地址：武汉市洪山区关山新安钱 19 号

电话：027-87412566

传真：027-87413766

121. 徐州鸿业仪器仪表有限公司

地址：徐州市金山桥经济开发区经五路西科技企业产业园 B3

电话：0516-85854083

传真：0516-85855299

122. 徐州市广科工业控制技术有限公司

地址：徐州市黄山新村商业 2 号楼

电话：0516-87380660 / 83565898 / 83565698

传真：0516-80297788 / 83565153

123. 中国烟台安科汽车检测技术有限公司

地址：中国山东烟台市芝罘区冰轮路南首 1 号

电话：0535-6301680 / 0535-6301239

传真：0535-6301239

124. 烟台华涵汽车设备有限公司

地址：中国山东省烟台市黄务海特路 5 号

电话：0535-6730919 / 6730119

传真：0535-6730119

网址：www.huahan-china.com

125. 烟台三重技术开发有限公司

地址：烟台市芝罘区南大街 214# 市长大厦 1209 室

电话：0535-6282683 / 6019024

传真：0535-6282673

网址：www.sampe.cc

126. 烟台万泰汽车检测维修设备制造有限公司

地址：烟台开发区嘉陵江路 77 号万泰安顺工业园

电话：0535-2169588

传真：0535-2169559

127. 烟台开发区万腾汽保设备厂

地址：烟台市开发区金盛工业园 8 号

电话：0535-6953276

传真：0535-6939338

128. 烟台优利机电设备制造有限公司

地址：烟台市福山区聚福路 560 号

电话：0535-2137668 / 6322669

传真：0535-2137669

129. 英福康（上海）真空仪器有限公司

地址：上海市松江区民益路 201 号 11 栋 1 楼

电话：021-67687185

传真：021-67687059

130. 营口艾锐电子科技有限公司

地址：营口市站前区福生里 18 号楼

电话：0417-2618186

传真：0417-2618186

131. 营口瀚为科技有限公司

地址：辽宁省营口市工业园区青花路西 40 号

电话：0417-6662899-8205

传真：0417-6662899-8209

132. 营口市宏达检测仪器厂

地址：辽宁省营口市站前区东升路 59 号

电话：0417-3833068

传真：0417-3833068

133. 营口市吉大汽车检测设备厂

地址：辽宁省营口市站前区跃进街太平里 6 号

电话：0417-3855369

传真：0417-4826699

134. 营口市四方汽车维修检测设备厂

地址：营口市河口开发区西车场 5 号

电话：0417-3280888

传真：0417-3290367

135. 营口市通达汽车保修设备有限公司

地址：辽宁省营口市高新技术产业开发区 6 号

电话：0417-6669785

传真：0417-6669786

136. 营口市运通技术应用有限公司

地址：营口市西市区团结东里 44 号

电话：0417-48133654821991

传真：0417-4819785

137. 营口鑫昱汽宝设备厂

地址：营口市站前区太和里 4 号

电话：0417-3886188

传真：0417-3886288

138. 漳州市东方智能仪表有限公司

地址：漳州市港桥漳州高新技术创业中心大楼

电话：0596-2161705

传真：0596-2161717

139. 珠海市京威技术发展有限公司

地址：中国广东珠海市梅华西路香洲科技工业区 7 栋 5 楼

电话：0756-2631117

传真：0756-2631349

大庆市机动车检测站

地址：大庆市让胡路区中央大街南段 212 号
电话：0459-5961555
邮箱：bqc15645990077@163.com

大庆市机动车检测站始建于 1984 年。隶属于大庆油田公共汽车公司，它是 1987 年率先通过黑龙江省质量技术监督局计量认证的高科技智能化汽车检测站之一，下属三个检测站共六条检测线、四个修理厂、两个 4S 店、两个停车场、一个事故车鉴定中心。主要承担大庆市各种机动车辆的年检、落户、转籍、事故车鉴定、违章车事故车停放、大修出场检测和故障诊断、车辆维修及销售等任务。

目前，在行业主管部门的领导之下，大庆市机动车检测站坚持**"优质服务、科学检测"**的理念，以严密的质量控制系统、一流的检测设备为社会提供车辆检测服务。

北京市学院路检测场

地址：北京市海淀区学清路 11 号
电话：010-62914248
传真：010-62914284

北京市学院路机动车检测场是受北京市质量技术监督局、北京市交通管理局、北京市环保局委托，承担北京社会在用车检测及海淀区和门头沟区新车检测的企业，现我场为东升乡农工商总公司下属企业。

目前，共有机动车安全性能检测线 5 条，4 条汽车检测线，1 条摩托车检测线。2000 年为配合北京市政府提倡的首都蓝天工程的宗旨，又投资了 600 万元人民币，新建了 608 平方米的工况尾气检测车间，先后引进安装了 10 条机动车尾气排放工况检测线，5 条 3 吨汽油车工况检测线，3 条 10 吨汽油车工况检测线，1 条轻型柴油车检测线，1 条重型车柴油车检测线。学院路机动车检测场以高级工程师、工程师等为主体的技术队伍和高素质的职工队伍，以方便、快捷的检测为广大客户提供满意的服务，为社会提供准确、公正的检测数据。

北京市良乡机动车检测场有限公司

地址：北京市房山区良乡大南关
电话：010-69361334
传真：010-69371857

北京市良乡机动车检测场有限公司成立于 1988 年，受北京市质量技术监督局、北京市公安局公安交通管理局车辆管理所和北京市环保局的委托，承担机动车的年度安全检测、新车上牌业务和尾气排放检测。

目前企业具有四条全自动汽车安全检测线和一条摩托车检测线；六条工况尾气检测线（两条大、小柴油车检测线，四条汽油车检测线）。

年检服务范围：汽车、挂车、半挂牵引车、四轮农用车、轻便、两轮、侧三轮摩托车、轮式自行机械、9 座以下延缓车、异地委托验车及事故车检测。

良乡机动车检测场已推出免费预约引导验车服务，验车快捷又方便，欢迎广大车主积极参与。

预约电话：69367617

盐城市车辆综合性能检测站

地址：江苏省盐城市开放大道 197 号
电话：0515-88558776
传真：0515-88551096

盐城市车辆综合性能检测站是经省交通厅批准成立的 A 级车辆检测站，主要受道路运输管理部门的委托对车辆进行二级维护竣工检测和技术等级评定检测；接受公安部门的委托进行车辆年度审验检测和事故车辆的技术鉴定检测。

检测场占地近 30 亩，拥有 2 条安检线、1 条综检线，配备了目前国内先进的各种检测仪器设备 30 多台套，能够对机动车的安全、环保和动力性能进行检测。

目前，检测场现有 30 名员工，其中大专以上学历 20 人，硕士学位 1 人、中级以上职称 8 人。盐城市车辆综合性能检测站，坚持**"以人为本"**的理念，以严密的质量控制系统、一流的检测设备为广大车主和维修厂家提供一流的服务。

北京市七四五三机动车检测场

地址：北京市东城区安德里北街 25 号
电话：010-51695001
传真：010-51695168

七四五三机动车检测场（德安利民机动车检测场）受北京市技术监督局、环保局、公安交通管理局委托承担北京市机动车定期检验业务任务，是最早成立的检测场之一。现有三条安全性能检测线，八套汽油车简易工况尾气检测线，二套双怠速尾气检测设备。

业务范围：在用车定期检验；在用汽车尾气检验；异地委托代检；进京证尾气检验；延缓报废车检验。

其他业务：本厂系军队装备保障企业，具有北京市一类维修企业、军车大修定点企业、政府采购定点维修企业、北京市汽车维修行业诚信经营企业等资质，并通过 ISO 9001 质量管理体系和 ISO 014001 环境管理体系的认证。

上海殷腾实业有限公司

地址：上海市杨浦区源泉路 105 号（控江路、周家嘴路中间）
电话：021-55803195
传真：021-55803192

上海殷腾实业有限公司（第 29 机动车安全检测站）是第一批通过计量认证的机动车安全技术检验机构，隶属于五角场（集团）有限公司，成立于 1992 年初，于 1992 年 3 月正式成立运作。本检验机构受上海市质量技术监督局和上海市交警总队车辆管理所的监管、委托，从事各类机动车、二三轮摩托车和轻便摩托车的安全技术定期检验项目工作。

本检验机构现有固定资产 533 万元，工作用房 765.1 平方米，主要仪器设备共有 26 台 / 套。

本检验机构本着**“服务优质、检测认真、收费合理、客户满意”**的企业宗旨，对机动车实行独立检测，检测结果不受任何外部因素干扰，保证公正、准确、及时地完成机动车安全检验工作，为用户提供优质服务。

石家庄弗斯特机电设备有限公司

地址：石家庄市新华路 570 号
电话：0311-83810676
传真：0311-83815356
网站：www.sjzfst.com

石家庄弗斯特机电设备有限公司是集汽车检测设备及检测控制管理系统的研制开发、生产、销售为一体的股份制企业。公司具有独立承建机动车综合性能检测线、安全技术检测线、摩托车三轮车检测线、环保工况法尾气检测线的能力，自主研发、生产汽车底盘测功机、汽车制动检验台、汽车侧滑检验台、汽车轴（轮）重仪检验台、前轮全自动转角仪等检测设备和自动化控制管理系统。产品获计量管理等级证，第一批通过河北省检测设备型式试验，产品按照 ISO 9001：2008 标准建立质量保证体系。

肇庆市华誉机械设备有限公司

地址：广东省肇庆市肇庆大道 89 区
电话：0758-2704663
传真：0758-2704928
网站：http://www.zqhuayu.com

肇庆市华誉机械设备有限公司是一家研制开发生产机动车检测设备和驾驶员全自动电脑桩考仪的专业公司，由（原肇庆车辆检测设备厂）参与开发研制并填补了国内空白的汽车、摩托车检测设备专家组建而成的民营企业，公司大批骨干拥有十多年从事制造机动车检测设备经验，并秉承传统，继续与华南理工大学进行技术合作，致力于机动车检测设备的最新技术研究工作。

华誉公司以产品质量和服务质量为企业第一生命，严格信守合同，秉承以**“优质产品，优良服务”**为宗旨，以客户满意为最终目的，不断完善产品结构及售后服务网络，力求与新老客户携手共进，共同努力，为我国机动车检测技术发展作贡献。

一个负责任的企业

http://www.zdmq.com

浙江浙大鸣泉科技有限公司

地址：杭州市西湖科技园振中路210号

销售电话：0571-87987874　87997236　87986559 | 传真：0571-87972473 | 邮编：310030

售后服务部电话：0571-87962904　13033603640 | E-mail: zdmq@zdmq.com

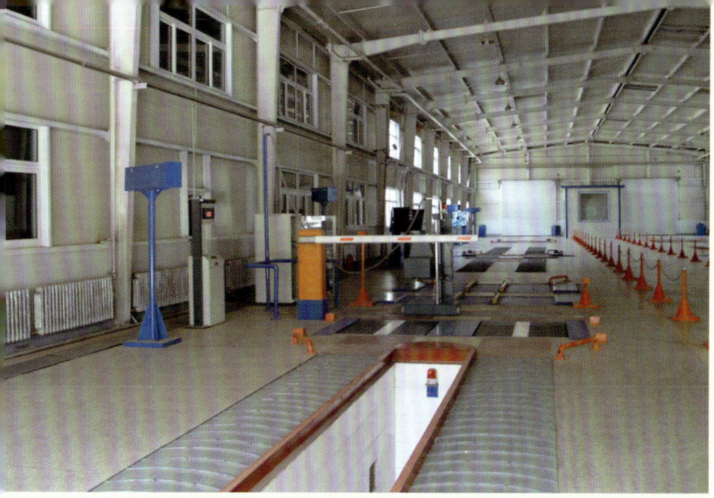

内蒙古中油新兴能源产业有限公司简介

内蒙古中油新兴能源产业有限公司是中油新兴能源产业集团在内蒙古自治区设立的经营公司，立足内蒙古丰富的天然气资源和包头良好的投资环境，定位于汽车检测和大厦写字楼租赁两大业务范围。公司于2003年入住包头稀土高新区，投资兴建了“天然气发展大厦”和“中油新兴汽车检测有限公司”。天然气发展大厦建筑面积11000平米，投资近亿元，是以餐饮、娱乐、服务、写字楼为一体的三星级综合性商务写字楼。汽车检测公司占地面积30600平方米，拥有6000平方米的双燃料汽车维修、改装、改装复检、气瓶检测、机动车安全检测生产厂房和3000平方米的综合办公楼。公司还拥有机动车安全检测线、机动车尾气检测线和专业的气瓶检测线，是包头市政府制定的汽车服务骨干企业。

主营业务：

1、机动车安全检测：采用目前国内较为先进的设备，两条机动车检测线年检能力5万辆，可以对全市各型机动车进行全方位的安全性能检测。同时也可对新车进行上户前的检测。

2、机动车尾气排放检测：包头分公司拥有先进的简易工况法（尾气）检测线，拥有机动车年检和尾气检测可一次性进行的优势，年检车辆达5万辆。

3、车载气瓶检测：包头分公司是包头市唯一一家经质量技术监督局批准指定的车载气瓶检测定点单位，年检出租车车载气瓶与公交车用天然气气瓶达1万只。

4、燃气汽车高压管路泄露检测：该项目包头分公司享有自主知识产权，具有较高的科学性和实用性，填补了国内空白，对天然气汽车改装和运行中的检测问题起到了关键性的作用。

5、天然气发展大厦：已纳入开发区创业中心孵化器基地。凡是入住大厦的企业可以享受创业中心软件园、留学生园、大学科技园和稀土企业孵化器的优惠政策。

地址：包头市稀土高新区黄河大街1号
邮编：014010
电话：0472-5996281. 5996288
传真：0472-5118006
网址：WWW. NMZYXX. COM

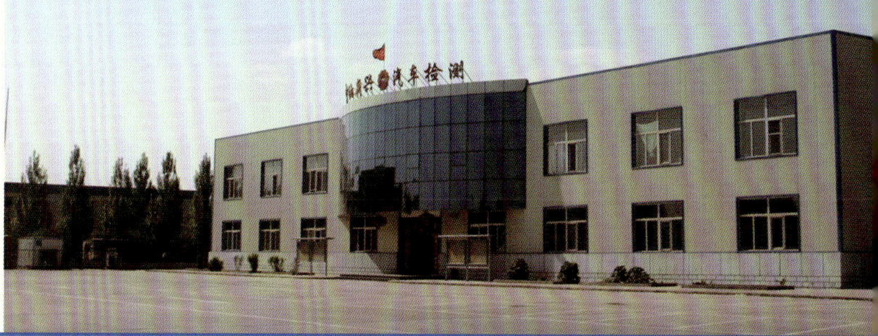

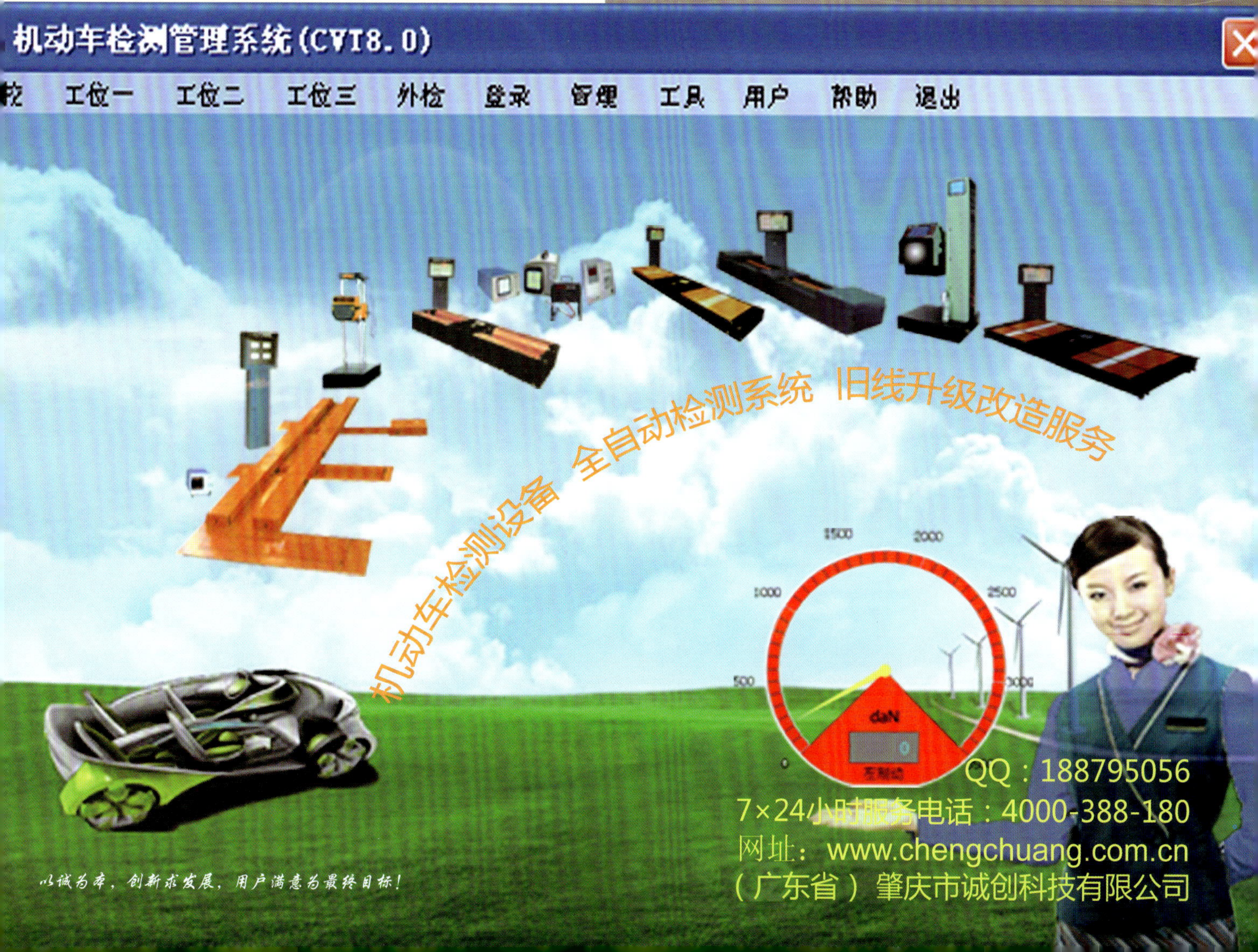

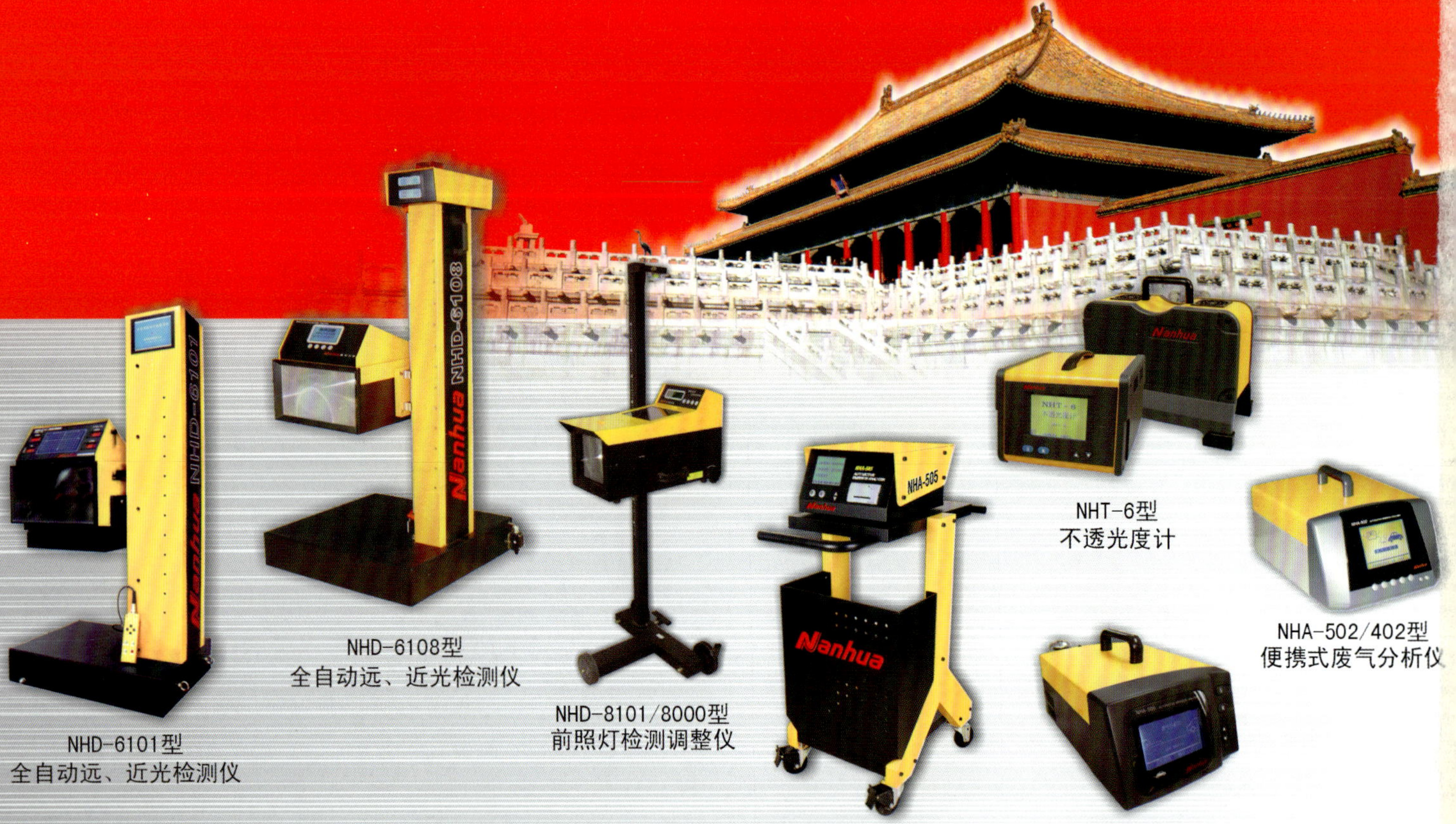